朴 忠錫 박 충석

韓国政治思想史 한국정치사상사

飯田泰三 監修 井上厚史・石田 徹 訳

法政大学出版局

日本の読者のために

本書は、古代韓国人の「巫」——シャーマニズム、古朝鮮時代の檀君神話、三国（高句麗、百済、新羅）時代の建国神話に内在する古代韓国人が宇宙、自然、社会、人間に対して持っていた原イメージ（original image）——の思考様式を起点として、古代韓国人の思考様式が、歴史的に外来文化・思想との相互作用を経ながら、今日に至るまでどのような形で持続的に機能してきたのか、あるいは歴史過程において現実をどのように規定してきたのかについて、宇宙論、人間論、政治的社会的実践論を軸とする政治思想史の観点から究明しようとしたものである。

この『韓国政治思想史』第二版が韓国で刊行されて間もない二〇一一年に、東京大学大学院法学政治学研究科で丸山眞男先生のご指導の下に社会科学としての政治思想史研究に関する学問的技術を習得する同学として親交を重ねてきた飯田泰三先生からの勧めがあり、そして韓国思想史を研究されている井上厚史先生の深い関心、さらに石田徹先生の献身的な支援に後押しされる形で、今回日本語版を出版するに至ったことは、私にとってこの上ない喜びである。私は、今日この地点にたどり着くまでの韓国政治思想史研究に対する個人的感懐を、今改めて深くかみしめている。ここでは日本の読者のために、その感懐の歴程をいささかなりとも紹介したいと思う。

私が大学に進学したのは一九五六年だった。この時期の韓国は、特に歴史学界において、まさに野望に満ちた新たな知的探求が始まったばかりの頃であった。

一九四五年に韓国が植民地から解放されて以降、特に一九五〇年代の韓国歴史学界を筆頭として、「なぜ韓国は、一九世紀中葉以後の欧米勢力の東アジア進出によって惹起された東アジア国際社会での権力政治の渦中で、対外的危機を克服できず、逆に日本帝国主義の植民地へと転落したのか」という問題意識から、「韓国史において〝近代〟とは何か」という知的省察の雰囲気が高揚していた。言わば、韓国史における「近代」に対する知的探求によって、一七世紀以来の実学思想の歴史的道程に関する研究に注目が集まるようになったのである。そして、こうした知的雰囲気の中で、「韓国史において〝近代〟とは何か」という学問的問いは、あたかも韓国人研究者にとって実践命題のように受け入れられたのであった。

しかし、この実践命題は、一九五〇〜五三年の六・二五戦争（朝鮮戦争）による廃墟の中で一九五六年にようやく大学に進学し、社会科学という学問に初めて接することになった当時の私には、全くもって遼遠な手の届かないような課題としか思われなかった。当時の韓国人は、韓国の政治・経済・社会に関する社会科学的研究にようやく着手し始めた段階であった。当時の思想研究の状況を見てみると、玄相允『朝鮮儒学史』（民衆書館、一九四九年）、李丙燾『資料韓国儒学史草稿』（謄写版）（ソウル大学校文理科大学国史研究室、一九五九年）があったが、それらの研究は経学史的、教義史的な次元でなされたものだった。また、実学思想研究としては、史学者である千寛宇の「磻溪　柳馨遠研究（上）・（下）」（『歴史学報』第二・三輯、歴史学会、一九五二年・一九五三年）や、韓国近世史専攻の洪以燮による『丁若鏞の政治経済思想研究』（韓国研究図書館、一九五九年）等があり、また大学新聞で朝鮮王朝である近世以後の実学思想家たちの思想傾向についての紹介記事を見ることもあった。

こうした時代状況の中で私にできたことと言えば、いきなり「韓国政治思想史において〝近代〟とは何か」という大問題に取り組む以前に、韓国実学思想（史）研究のための準備段階として、学問の社会科学的客観性とはどうすれば維持されるのか、思想史の研究方法においてはたして歴史の法則的発展は存立し得るのか等、学問的基礎を蓄積することだった。そして、学部時代の専攻であった政治学分野の授業がない時には、いつも文科大学や神科大学に開設されていた東西哲学に関する講座を聴講しながら、授業の聴講と図書館の往復を日課として日々を過ごしていた。もっとも、この四年間の勉強はせいぜい雑多な知識の羅列に過ぎないものであった。

一九六一年春、大学卒業に先立って、解放後初めての試みであった日本の国際基督教大学（ＩＣＵ）と韓国の延世大学校との間に進められていた国際交換学生プログラムに私が選ばれ、一九六二年一月にＩＣＵに留学することになった。思いがけず一年間日本の大学で日本語の集中教育課程を受けられるという恩恵にあずかることができたのは、大変な幸運であった。さらに、二つ目の幸運が私を待ち構えていた。大学時代に文科大学で指導を受けた韓国近世史がご専門の洪以燮《ホン・イソプ》先生から、「せっかく日本にいるのだから、東京大学法学部に丸山眞男先生という、学問研究において左右どちらにも与しない非常に優れた学者がいらっしゃるので、その先生の下で学問指導を受けてはどうか」というお手紙を受け取ったのである。

私はこの時初めて丸山眞男先生のお名前を知ることになったのだが、この瞬間こそ私の人生にとってこれ以上ない、まさしく私の学問研究の将来を決定する絶好の機会に遭遇したのだと思われた。なぜなら、中学・高校時代から抱いていた学問への情熱を一気に押し広げられる地点にまさに近づいているという予感があったからである。

その後、三鷹のＩＣＵで寮生活を送りながら、生まれて初めて東京大学法学部が東京のどこにあるのかを調べてみたり、大学院入学のための日本語の集中教育や、専攻試験である西洋政治学史、さらに外国語試験として選んだドイツ語の勉強に一生懸命取り組んだ結果、一九六三年四月より東京大学大学院修士課程において丸山眞男先生から政治思想史研究の指導を受けることとなった。

当時の思い出として、ここでどうしても書き留めておきたいことがある。ＩＣＵで日本語を勉強していた時、土曜日や日曜日になると近くは吉祥寺、遠くは新宿までよく出かけていたが、一九六二年九月のある日吉祥寺の町を歩いていると古本屋（「外口書店」）があったので入ってみたところ、その書店で偶然にも丸山眞男先生の『日本政治思想史研究』（一九六二年版）に出会ったのである。まだ丸山眞男先生にお目にかかる前だったので、この本に接した時の私の気持ちは、畏敬そのものであった。そして私を驚かせたのは、目次の第二章のタイトルに「自然」と「作為」という文字が書かれていたことだった。それを見た瞬間、私は驚きのあまり感激しながら、「これだ。まさしくこれだ。私が今まで探しさまよっていたものはまさしくこれだったのだ」ということを確信したのだった。同時に、あふれんばかりの喜びの反面で、「はたして私は東京大学大学院に入学して、丸山眞男先生の指導を受けられるだろうか」という不安も交錯していた。第二章のタイトルである「近世日本政治思想における『自然』と『作為』」は、私が学部で西洋近代政治思想を勉強していた時に西洋思想と東洋思想はどこが違うのだろうかという問題に関心を持ち、儒教思想の自然主義的思考様式に比べて、西洋思想は作為主義的性格が強いということを漠然と感じ取っていたためか、すっと腑に落ちたのだった。「そうだ。もう何も迷うことはない。これ（「自然」と「作為」）を朝鮮後期思想史の中で追えばよいのだ」と自答した。こうした問題関心を持っていたせいか、大学院での丸山眞男先生の研究指導過程において、私は一度も丸山眞男先生と「近代」の座標である「自然」と「作為」について、概念レベルであれ、朝鮮朱子学思想の変容過程のレベルであれ、近世実学思想のレベルであれ、議論になったことはなかったように記憶している。

大学院修士課程では、韓国政治思想史研究のための基礎的な学問的訓練として、先秦時代の政治思想研究に没頭した。次いで博士課程では、朝鮮王朝時代の朝鮮朱子学の理論的性格、当時の思想的状況における実学思想の内在的発展を追跡していった。こうした研究課題に取り組む過程において、丸山眞男先生は、原始儒教－朱子学理論における主要観念の概念的性格や、正統と異端、Legitimacy と Orthodoxy などの思想史研究における主要概念、そして方法としての思想の歴史的変容、西洋・日本・中国と対比する際の主要諸観念、世界認識の在り方の相違など、実に多角的な観点から社会科学としての思想史研究のための学問的技術を指導してくださった。

思想にはその思想家が開拓した領域があり、その思想が到達した地点がある。そして思想は、その社会の地理的位置、自然環境、世界観、およびその社会の人間の現実認識と密接に連関している。それゆえ、思想史研究においても、思想の普遍史的研究領域と、個別史的研究領域があるはずである。この二つの領域に注目しながらどのような史料を取り扱うかによって、思想の歴史的説明が様々に提示され得る。思想史研究とは一つの歴史的説明であり、思想史研究において大切なことは、特定の研究成果を排除することよりも、多角的観点から歴史的説明を蓄積することであろう。

韓国史に登場した思想を振り返ってみると、外来と内生を問わず、原始儒教思想をはじめとして、仏教思想、道家思想、朱子学思想、陽明学思想、東学思想に至るまで、原始儒教－朱子学における主観主義と客観主義の両面性を例外として、すべての思想が主観主義的かつ内面主義的傾向を帯びている。それゆえ、韓国では客観世界に関する理論こそが切実に要求されてきたのであり、韓国史における体制論の貧困は決して偶然ではないのである。思想のこうしたあり方は、中国をはじめとするアジアのいくつかの国にも共通して見出だせる思想の特殊性とも言い得るものである。思想史における思想の個別主義的アプローチの知的蓄積は、普遍主義的アプローチとの同時進行によってはじめて実り豊かな研究成果を期待できる。思想史研究においては、対象内在的研究態度こそが優先されねばならない。カプラン（Abraham Kaplan）は、*The Conduct of Inquiry: Methodology for Behavioral Science*（Scranton Penn.: Chandler Publishing Co., 1964. p. 11）の中で「ある酔っ払いが、遠く離れたところに落とした家の鍵を明るい街灯の下で探していて、ある人が彼になぜ落としたところで探さないのかと尋ねたところ、彼は〝こっちの方がもっと明るいからだ〟と答えた」と言っている。けだし、研究者が陥りやすい盲点を指摘していると言えよう。

韓国は歴史的に、韓国巫、神話、儒家思想、道家思想などにもとづいた「自然」主義的世界観を基調とする道徳主義が深く根を下ろしている。それに対して、日本はアジア大陸の文化・思想の影響から相対的に離れている場合には歴史的相対主義の傾向が強いと言えよう。日本のだけでなく、日本特有の「自然」観（たとえば丸山眞男先生の「いきほひ」の観念）が軸をなしている。両者の差異を歴史意識の次元で見るならば、儒教思想を基調とする歴史的規範主義の傾向が強い韓国に比べて、日本の場合には歴史的相対主義の傾向が強いと言えよう。

また、「作為」の文化・思想も、韓国と日本では非常に対照的である。「近代」以前には、「作為」は「自然」の延長線上に所与として従属していた。人間が「自然」を対象化し、自覚的に「作為」の主体になるわけではなかった。レヴィ＝ストロース（Claude Lévi-Strauss）は、「混合と独創の文化」（『中央公論』一九八八年五月号、中央公論社、七六〜七八頁）において、日本的精神の特質を、「現実のあらゆる面を、細大洩らさず、すべてに同じウェイトを与えてリスト・アップし区別する極度の入念さです。比べられるのは日本の伝統工芸品で、作者は、内側も外側も、表も裏も、目に見える部分も、見えない部分も同じように丁寧に作り上げます」。「（それは、西洋の）『概念のカルテジアニスム（デカルト主義）』に対して、日本の場合は『感覚のカルテジアニスム』、『美的カルテジアニスム』と名付けたいところです」と述べている。これは日本文化の独創としての「ディヴィジオニスム（分割主義）」－美的デカルト主義」を述べたもので、日本の典型的な「作為」の文化的伝統を指摘している。これを韓国文化・思想と比較してみると、韓国では分化ないし分離された個々の領域を全体的調和や秩序の世界に統合しようとする全一主義（holistic harmonization）的傾向を示しており、実に対照的な特徴と言える。一九世紀中葉以前の支配的な傾向として、韓国文化・思想における「作為」は、老子の無為自然の思想はさておき、孔子の「無為而治」を見ても分かるように、「作為」よりも「自然」の方が美徳とみなされるものとしてあった。

思想史研究における思想の歴史的説明のもう一つの軸として丸山眞男先生が提示されたのが、「歴史意識の古層」論である。この古層論については、韓国では一九八〇年代に基層文化と表層文化が論じられていた時期があり、後者が顕在的な思想・文化に関する議論だとすれば、前者はその基底に古代から現在に至るまで貫流している思想・文化の存在様式を意味するものであり、まさに「古層」論に相当する議論であった。「古層」論とは、思想の歴史的説明に着眼する方法論であり、その方法論的性格は思想の個別主義的アプローチであると言えよう。

丸山眞男先生は、世界の神話に現れた宇宙創成論の基底に登場する「造る・作る」、「なる」、「うむ」という基本動詞に着目し、これら三つの基本動詞に内在する思考パターンを概念的に明確化して思想史研究方法の次元へと引き上げ、思想の歴史的説明を行うキーワードとして提示された。

丸山眞男先生の「古層」論が日本歴史の思想史的説明という観点から見た時どのように評価されるかについては今後も議論される課題だと思われるが、日本思想史を専門としない私があえて所見を述べるとするならば、少なくとも「古層」論が提示したパースペクティブは、日本歴史の思想史的・実体史的説明に大いに貢献していると考える。丸山眞男先生はかつて私の論文指導中に、日本人の世界認識を‘The floating world’と説明されたことがあったが、このような「古層」論は、日本思想の歴史的説明に有効なだけでなく、韓国史の歴史的説明においても非常に有効な思想史の研究方法だと考えている。

韓国思想史において、韓国巫–神話を起点にして外来思想である原始儒教を経ながら不断に登場する基本動詞は、「생기다《センギダ》（生じる）」–「낳다《ナッタ》（生む）」–「生」（「天生蒸民、有物有則」『孟子』告子章句上）である。日本の場合は「なる」が主動詞だと考えられるが、韓国人の宇宙創成論においてもやはり「생기다」–「낳다」–「生」が主動詞となっている。韓国史において内生と外来の接合という過程を経て定式化した「天生蒸民、有物有則」を分析してみると、古代韓国人の世界観では、人間は「天」という絶対者の観念の下で道徳的規範の世界に生まれ、「天生蒸民」が示すように「天」と「蒸民」は「生」を媒介として連続しており、ここには超越者の観念は成立していない。「生」の主体は「天」（＝絶対者）であり、「蒸民」はどこまでも客体に位置している。つまり、人間はどこまでも「天」が賦与した道徳的規範の世界につねに順応することが求められているのであり、ここに韓国思想史における歴史的規範主義の道程が開かれることになったと言えよう。

今回、この本を日本語に翻訳して刊行に至るまでには、飯田泰三先生をはじめ、井上厚史先生、石田徹先生の韓国思想史研究に対する愛情のこもった配慮や努力なくしては実現できなかったと思われる。ここに心より深い感謝の意を表したい。そして、今度の翻訳出版にあたって、本書が日本の読者の皆様と接することができるよう、その出版作業を順調に進めて下さった法政大学出版局編集部の高橋浩貴氏に篤く御礼を申し述べておきたい。また、本書の翻訳出版作業の過程で、李禧柱教授と高熙卓教授は忙しい中にもかかわらず、私のために煩わしい作業を手伝ってくださった。あわせて深く感謝申し上げる次第である。

二〇一六年九月一日

朴忠錫

目次

補論二

凡　例

一　本書は、朴忠錫著『[第二版]韓国政治思想史』（ソウル、三栄社、二〇一〇年）の日本語訳である。翻訳にあたっては、まず、本書のまえがき、序論、第一章、第二章、補論一、二、参考文献を石田徹が翻訳し、第三章、第四章、第五章を井上厚史が翻訳した後、井上が日本人読者の通読の便宜を考慮しながら、全体の文体の統一および文章の整序や適宜改行を追加するなどの修正を加えた。

二　本書は初版である朴忠錫著『韓国政治思想史』（ソウル、三栄社、一九八二年）の改訂増補版であることに加えて、著者の提案により、初版『韓国政治思想史』の原本である、東京大学大学院に一九七二年提出された著者の博士学位論文「李朝後期における政治思想の展開――特に近世実学派の思惟方法を中心に」をも参考にして翻訳することになったため、第三章、第四章、第五章の翻訳にあたっては、以下のような五つの原本を参考にしながら訳文を決定するという、非常に複雑な経過をたどることになった。時系列的に整理すれば、以下のようになる。

①一九七二年に東京大学大学院に提出された博士論文の草稿（本書の第三章、第四章、第五章：日本語）

②一九七五年から七六年にかけて『國家學會雜誌』（第八八巻九・一〇号、同巻一一・一二号、第八九巻一・二号）に掲載された①の改訂版

③一九八二年に韓国で出版された初版『韓国政治思想史』（本書の第三章、第四章、第五章、および補論一）

④朴忠錫・渡辺浩編『「文明」「開化」「平和」――日本と韓国』（日韓共同研究叢書一六、慶應義塾大学出版会、二〇〇六年）に収録された「朴泳孝の富国強兵論」（本書の第五章第三節Ⅱ）、および渡辺浩・朴忠錫編『韓国・日本・「西洋」――その交錯と思想変容』（日韓共同研究叢書一一、慶應義塾大学出版会、二〇〇五年）に収録された「韓国近代史における国際関係観念」（本書の第五章第四節）

⑤二〇一〇年に韓国で出版された『[第二版]韓国政治思想史』（右③および④、そして新たに加筆された本書の序論、第一章、第二章、および補論二）

右①は丸山眞男の指導にしたがって数度にわたって修正されており、最後の⑤は博士論文の完成時から

数えると三十八年が経過したことになる。そのため、①と⑤では文体や注記の付け方にかなりな相違があり、また右①と②では日本人に向けて書かれていた朝鮮儒学者の詳細な説明等が韓国語版（③および⑤）ではほとんど削除されているなど、日本語版と韓国語版の相違も大きい。この点について著者および訳者間で再三にわたって協議した結果、本翻訳ではオリジナルの博士論文の文体を基調とし、全体をなるべくそれに統一するように心がけた。また、韓国語版で削除されていた朝鮮儒学者に関する説明や注記についても、基本的に復元することにした。現在においても朝鮮儒学者に関する日本人の知識はさほど変わっていないと判断したためである。そのため、韓国語版の『[第二版] 韓国政治思想史』と比べると、特に第三章以降、文体や注記および改行等が大幅に異なったものになっている部分がある点をご諒解いただきたい。

三　右①の草稿には、丸山眞男自身による直筆の書き込みや注記が残されている。今回の翻訳に当たり、原著者と相談した結果、この丸山の書き込みや注記をなるべく残す形で翻訳を行うことにした。具体的には、丸山が傍線や傍点を付した箇所にはそのままそれを付し、また丸山が書き込んだ注記は〔　〕で括って書き入れるという方式で、韓国語版『[第二版] 韓国政治思想史』にはない加筆を行っている。そのため、初版および第二版とは異なる表記があることをご諒解いただきたい。

四　補論に収録された論文は全部で四つ（補論一の一・二、補論二の一・二）あるが、執筆年代が一九七七年から九五年という長期間にわたっているため、内容的な重複がまま見られる。そのため、井上の判断により、日本語読者の通読の便を優先して文章を一部整序したところがあることをご諒解いただきたい。

五　原書は各節ごとに註番号が付されているが、本訳書では各章ごとの通し番号とした。（　）は原著者による補足、〔　〕は訳者による補足である。

六　漢字の表記に関しては、原則として日本の常用漢字を使用し、異体字や俗字は本字に直したが、人名については本来の字体をそのまま使用した。また、本文中の引用部については、原書には明記されていない原文も可能なかぎり採録し註記した。

七　巻末索引は原書をもとに作成し、適宜項目の追加・削除を行った。頻出項目については原書に従い主要な頁を選択的に掲げた。

第二版まえがき

韓国の文化・思想が開拓した領域は、歴史的に人間の内面世界に偏っている。そのため、韓国人は現実の客観世界で起こる諸問題をそれ自体として解決する方法を追求するよりも、人間の内面世界へと引きつけ、そのレベルで解決方法を探求する傾向が強い。韓国の文化・思想を規定してきた伝統思想が、歴史的に人間の内面世界に偏った仏教思想、儒家思想、道家思想、陽明学思想、東学思想などであったことは決して偶然ではない。

こうした傾向は、今日たえず提起されている自由や平等といった価値や規範が、韓国社会では文化的思想的に、主として哲学ないし宗教の領域に止まっていたということに端的に表れている。言い換えるならば、これらの価値や規範は哲学・宗教の領域に止まっており、歴史的に政治、経済、社会的レベルで自覚的にそれを現実の客観世界の価値規範として外化＝制度化することができなかった。それればかりか、その当然の結果として、自由や平等が現実の客観世界の中で政治、経済、社会的価値規範として活性化され得る政治、経済、社会的技術の発達も達成できなかった。一言で言えば、葛藤と対立を合理的に調整する政治、経済、社会的技術が貧弱だということである。討論文化の貧困は、その典型的な例の一つであろう。

もちろん、韓国の文化や思想が徹頭徹尾、内面主義的傾向を帯びているというわけではない。儒家思想においては、人間の内面世界を重要視する内面主義－主観主義とともに、現実の客観世界を重視する客観主義の領域も同様に開拓されている。しかし、儒家の客観主義が開拓した文化・思想は、主に儒教的道徳の領域におけるものであった。儒家思想は基本的に道徳思想なのである。これを韓国思想史の観点から単純化して言うならば、韓国の文化・思想とは、歴史的に特に高麗朝から朝鮮朝にかけて、人間の内面世界を基調としつつ現実の客観世界を主として儒教道徳‐礼の領域において開拓してきたと言えよう。本書は韓国の文化・思想を、このような歴史的文脈を踏まえつつ執筆したものである。

本書は、一九八二年に出版した初版『韓国政治思想史』の漢字表記部分をハングルに置き換えて編集し直した増補版である。

もともと初版『韓国政治思想史』の構成は、朝鮮朱子学思想が盛んになる朝鮮朝時代に退溪《テゲェ》〔李滉《イ・ファン》〕と栗谷《ユルゴク》〔李珥《イ・イ》〕を起点として構築された政治的思考と、その後の伝統朱子学思想およびそれにもとづく政治的思考と現実との乖離の中から台頭してきた近世実学思想の政治的思考とが、どのような形で現実を打開していこうとしていたのかについて、伝統朱子学思想の政治的思考と対比させながらその歴史的推移を追ったものだった。

しかし、初版『韓国政治思想史』を発表して以降、筆者の学問的関心は徐々に、韓国政治思想の歴史的道程を大きく規定してきた基層文化がどのようなものであるのかについての問いへと傾き、これを解明する作業に取りかかることになった。

すなわち、歴史的にわれわれ韓国人の思考様式を規定しているものは何なのか、古代韓国人の宇宙、自然、社会、人間についての原イメージ‐思考様式とはどのようなものなのか、表現を換えれば、これは古代韓国人が開拓した「思考の原型」(prototype)とも言い得るものであり、こうした「古層」が歴史的に韓国人の思考様式をどのように規定してきたのか、またどの程度規定してきたのか、ということについての問いである。

今回新たに刊行することになった第二版『韓国政治思想史』は、このような観点から、古代韓国人が開拓した思考の原型‐古層についての議論として、第一章で古代韓国人の文化・思想的発想の存在様式——古代韓国人の宇宙、自然、社会、人間についての原イメージ——としての古層の構造、すなわち「天」・「生」・「化」の観念、そしてこのような基調の上に形成された政治社会の存在様式を検討し、第二章でこうした内生と外来の接合という観点から、三国時代から高麗前期にかけての儒教的政治理念の成長過程を、新たに考察し論じた。

したがって、第二版『韓国政治思想史』の全体構成は、初版『韓国政治思想史』第一章「朝鮮朝初期の政治社会と朱子学思想」、第二章「近世実学派の政治思想」、第三章「「開国」期以後の思想運動とその特質」が、それぞれ第三章、第四章、第五章となり、それに続いて補論一、そして今回新たに追加した補論二という順番になっている。

第二版『韓国政治思想史』の第三章と第四章は、文脈上若干の添削補完があるのみであり、大きく修正した部分はない。しかし、第五章については、第三節「開化派の思想的特質」において、高麗大学校亜細亜問題研究所出版部より出版された朴忠錫・渡辺浩共編『「文明」「開化」「平和」――韓国と日本』(韓日共同研究叢書一九、亜研出版部、二〇〇八年)(1) に収録されている拙稿「朴泳孝の富国強兵論――伝統と近代の内的連関を中心に」を亜細亜問題研究所の諒解を得て補完掲載し、初版の「功利的価値と個人主義的人間観――朴泳孝」を論旨の重複を避けるために削除した。また同所から出版された渡辺浩・朴忠錫共編『韓国・日本・「西洋」』(韓日共同研究叢書一一、亜研出版部、二〇〇八年)(2) に収録されている拙稿「韓国近代史における国際関係観念――伝統的存在様式の変容過程を中心に」を、やはり亜細亜問題研究所の諒解を得て第四節に補完掲載し、初版の第三節「執権派の『富国強兵』策」を削除した。

補論一では、「二 『思想史学』と思想史研究」において思想の構造的把握に関する方法論レベルでの大幅な修正補完を行い、補論二では、韓国政治思想史に対する理解と深い連関を有すると考えられる筆者の論文「儒教の

---

(1) 日本語版は、朴忠錫・渡辺浩編『「文明」「開化」「平和」――韓国と日本』日韓共同研究叢書一六、慶應義塾大学出版会、二〇〇六年。

(2) 日本語版は、渡辺浩・朴忠錫編『韓国・日本・「西洋」――その交錯と思想変容』日韓共同研究叢書一一、慶應義塾大学出版会、二〇〇五年。

政治学――原理的考察」（梨花女子大学校法政大学『社会科学論集』第一五輯、一九九五年一二月）と、「儒教の生財論――その原型と変容」（『精神文化研究』第一三巻第四号、韓国精神文化研究院、一九九〇年一二月）の二編を、やはり諒解を得てハングルに直して掲載した。

以上、今回新たに刊行することになった第二版『韓国政治思想史』の構成についてのいささか冗長な説明である。

すでに紹介したように、本書では基本的に二つの問題が提起されている。読者の理解を助けるために、ここで簡単に言及しておくと、一つは、古代韓国人の文化・思想的発想としての原イメージ―「原型」―「古層」が歴史的に韓国人の思考様式をどのように規定してきたのか、またこのような歴史的道程で政治社会における支配服従関係、権力、価値、規範などがどのような形で構築されたのかというものであり、もう一つは、朝鮮朝になり、一六世紀後半に退溪と栗谷に代表されるいわゆる朝鮮朝朱子学が構築されて以来、朝鮮朝の政治思想は大きく二つの流れ、すなわち朝鮮朝朱子学の正統的な流れ――この分野についての研究は未だ開拓段階に止まっており、今後多くの課題を抱えている――と、このような朝鮮朝伝統朱子学派の政治思想の流れに対する内在的批判を通じて成長した、その分流としての近世実学思想があると言えるが、この近世実学思想がどのような道程を経てどのような形で「近代」世界を開拓していったのか、というものである。この二つはすべて韓国政治思想史にどのようにアプローチしていくのかという点についての問題提起であると同時に、実は韓国政治思想史に対する歴史的説明でもある。

およそ政治思想史研究とは、筆者としては、問題史的研究の蓄積であると考える。いわゆる（政治）思想史研究とは、そもそもあらゆる問題に対する解答を提示しているわけではない。問題史的観点からの歴史的説明なのである。

韓国政治思想史研究は非常に日が浅い。玄相允『朝鮮儒学史』（一九四九年）の主に哲学の領域における教義史的研究を起点とし、一九五〇年代以後の韓国政治学の発達に力を得て、一九六〇年代に入ってから政治学の領域で韓国政治思想（史）研究が始められ、一九七〇年代から現在に至るまで、特に朝鮮朝時代から近・現代にかけての政治思想史研究が粘り強く続けられている。

しかし、これまでの研究成果にもかかわらず、第一に、政治思想史研究の基礎的要件と言い得る韓国史における個々の思想家について研究をすること、第二に、韓国政治思想史研究と密接な関連がある韓国哲学史、韓国史、韓国社会・経済史の研究成果を背景とする韓国政治思想史の独自の研究領域を確保すること、第三に、一方に欧米の政治思想史研究の方法論、他方に対象内在的観点で韓国と類似している日本の政治思想史研究の成果を受容しつつ、韓国政治思想史における対象内在的研究方法を開発すること、などが研究課題として残っていると考える。

今回第二版『韓国政治思想史』を執筆する過程で、実に多くの先生方から、直接的、間接的に多くの教えを受けた。その感謝の気持ちは到底筆舌に尽くせるものではない。今回第二版で論拠の起点とした古代韓国人の原イメージとしての「古層」の構造を構想したことについては、恩師である丸山眞男教授から多くの教えを受けた。東京大学の石田雄教授は、丸山眞男教授の古層論について非常に有益な論評をしてくださった。東京大学の渡辺浩教授は、丸山眞男教授の古層論について日本の学界の論評を調査し、貴重な資料を手ずから送ってくださった。古代韓国人の原イメージの基底に貫流している韓国の巫《ムーダン》の文化・思想的発想様式については、著述を通じて延世大学校の柳東植教授、慶熙大学校の金泰坤教授、延世大学校の金仁會教授、ソウル大学校の徐大錫教授、漢陽大学校の趙興胤教授、京畿大学校の金憲宣教授から多くの教えを受けた。古代韓国人の文化・思想的発想と関連した韓国の巫の創世歌に出てくる単語の語源の変遷に関しては、全北大学校の崔昌烈教授、梨花女子大学校の鄭夏英教授、西京大学校の嚴泰壽教授、韓国学中央研究院の黃文煥教授、忠北大学校の趙恒範教授から、多角的観点からさまざまな教えを受けた。梨花女子大学校の申瀅植教授は、三国時代における国家形成の推移と関連して有益な助言と指摘をしてくださった。ソウル大学校の崔柄憲教授は高麗朝の太祖〔王建《ワンゴン》〕の「訓要十条」の評価について有益な助言と観点を提示してくださった。無論、多くの先生方のこうした教えに関わりなく、本書での論旨はすべて筆者に責任がある。

資料調査過程で、成均館大学校の宋恒龍教授、建国大学校の申福龍教授、ソウル大学校の李泰鎭教授、韓国学中央研究院の鄭允在教授、梨花女子大学校の咸東珠教授、東国大学校の申星賢教授は細やかな配慮をしてくださり、便宜を図ってくださった。これまで韓国政治思想史研究に従事し、やり甲斐と楽しみを分かち合ってきた李澤徽教授、柳根鎬教授、李聖根教授、金榮作教授、崔相龍教授、金弘宇教授、そしていつも韓国政治思想史研究の進展に関心を持って激励を惜しまれなかった東京大学の石田雄教授、松本三之介教授、渡辺浩教授、平石直昭教授、法政大学の飯田泰三教授、そして韓国と日本の政治思想史研究分野の多くの同僚たちから実に多くの教えや刺激、そして助力を受けてきた。ここに一人ずつお名前を書くことはできないが、この場を借りて長い学問的厚情を振り返りつつ、深く謝意を示すところである。

本書が刊行されるまで、ずっと以前から治療困難な病で苦しみながらも献身的に助けてくれた妻の無尽蔵の助けがあった。そのありがたさと申し訳なさは計り知れないものがある。

本書を刊行する過程で、西京大学校の李禧柱教授、韓国海洋水産開発院の柳美林博士、ソウルサイバー大学校の李文淑教授、そしてソウル大学校政治学科博士課程の蘇眞瀅嬢は、忙しいなか面倒な校閲作業を始めとして、論旨のおかしいところを直す際に手伝ってくれた。

今回ハングルで著した第二版『韓国政治思想史』が形になるまでには、実に長い歳月が過ぎていった。三英社の高德煥社長と初版『韓国政治思想史』をハングルで出す約束をしてから、これまで数度にわたる学内外の共同研究、日本側との約十年間におよぶ韓日共同研究フォーラムなどのためにやむを得ず遅れてしまった上に、本書の前半部として新たに古代韓国人の古層構造を起点として、檀君神話から高麗朝前期にかけての政治的思考の成長過程を追跡する作業を試みることになったために、予期せぬ多くの時間が必要となってしまった。このような事情にもかかわらず、高社長が普段通りの温情あふれる配慮によって寛恕してくださったお陰で、こうして一冊の本として日の目を見ることになったのだと思う。筆者としては感謝と申し訳なさで一杯である。編集部の林眞淑課長は、ハングル化過程で生じる非常に複雑な校閲作業を巧みに仕上げて下さった。その労苦に対して深い感謝の意を表するところである。

二〇一〇年七月一日

著者

初版まえがき

本書は、一九七二年に東京大学大学院に提出した博士学位論文と、帰国後に発表した論文の中から思想史の研究方法に関する二つの論文（補論一・二）を修正加筆したものである。

もともと博士学位論文は、全体が三章（第一章　朝鮮朝初期における正統朱子学の成立、第二章　実学思想の展開、第三章　開国とその後の展望——結びにかえて）から構成されていた。日本語原文は、一九七五年九月から一九七六年二月にかけて『國家學會雜誌』（第八八巻九・一〇号、同巻一一・一二号、第八九巻一・二号、東京大学法学部國家學會発行）に掲載され、韓国語では、韓国人文社会科学院の好意により『現象と認識』（第二巻一号、第二巻二号、第二巻三号、第二巻四号、第三巻一号）にわたって翻訳連載したものである。本書では同論文のうち、特に第三章を大幅に加筆している。

本書の標題は『韓国政治思想史』となっているが、その骨格は、第一に、朝鮮朝における儒教政治体制の理論的基盤をなしていた朱子学の思想体系が、一七世紀後半以降の近世実学思想の展開過程の中でどのように内面的に崩壊していったのか、第二に、このような過程で構築された近世実学思想との思想史的連関という観点から見たとき、「開国」期に台頭した開化派の思想史的特質はどのようなものなのか、を究明しようとしたものである。

筆者がこのような問題に関心を持つようになった直接の動機は、今から約二〇年前にさかのぼる。歴史的に見たとき、韓中日の三国は一九世紀中葉のほとんど同時期に「西欧の衝撃」を受けながら、なぜ、日本の場合には欧米諸国の資本主義経済体制に時宜を得て編入されることで日本帝国へと成長し、中国の場合には半植民地へ、そして韓国の場合には植民地へとそれぞれ転落してしまったのか、という素朴な疑問からであった。もちろんこれら三国のこうした歴史的道程を検討する上では、これら三国の地理的条件や、欧米諸国のこれら三国に対する認識ないし利害がどうだったのかという点は決して度外視されるべきではない。しかし、当時の国際社会における「権力政治」の渦中にある一国家の歴史的道程が、基本的にはその国家がどのように主体的に対応していくのかというところにかかっているとするならば、その国家がとった対応様式の基調をなしていた内在的契機に注目せざるを得なくなる。

したがって、このような問題意識から出発した筆者は、「開国」期以前の段階の朝鮮朝における内在的条件がどうだったのかを思想史的観点から追跡してみることにした。

しかし、こうした研究を試みる上では、いくつかの基本的な難点があった。それは、まず第一に、この時期の社会経済史的な研究と、第二に、それにもとづく政治史的研究がほとんどなかったという点である。したがって、このような研究上の先行条件が整っていない状態で、本研究は論旨を展開する際に、実際的レベルでの歴史的実証という点で結果的に多くの制約を受けざるを得なかった。また、まさにこの側面が本研究の限界でもある。

こうした状況下で、本研究は一九七〇年以前の段階におけるこの時期についての歴史学界と哲学界の研究業績を導きの糸として出発せざるを得なかった。本研究で依拠した先学の研究業績は本書の註に収録されているが、特に思想史レベルで研究の糸口となり、朝鮮朝思想史の輪郭を明らかにする上で助けになったのが、張志淵《チャン・ジヨン》『朝鮮儒教淵源』、玄相允《ヒョン・サンウン》『朝鮮儒学史』、李能和《イ・ヌンファ》『朝鮮基督教及外交史』、李丙燾《イ・ビョンドゥ》『資料韓国儒学史草稿』、洪以燮《ホン・イソプ》『丁若鏞の政治経済学思想研究』、朴鍾鴻《パク・ジョンホン》『韓国の思想的方向』、李乙浩《イ・ウルホ》『茶山経学思想研究』などであった。これら先学の研究業績には、その基本的視角が異なってはいるものの、朝鮮朝思想史の全体的流れを捉える上で大きく依拠している。

しかし、これに劣らず朝鮮朝思想史を研究するに当たって、政治思想史の次元で方向を模索し、方法論上の示唆を受けたのは、丸山眞男『日本政治思想史研究』であったことに言及しておかなければならない。

もちろん、本研究が一九七〇年以前の研究業績を起点にしているという点で、すでに十年余りにわたるこれまでの諸学界の研究成果を勘案してみれば、内容的に不十分であることは論を俟たないであろう。しかし、今日に至っても、本研究で提示した朝鮮朝における正統朱子学思想と近世実学思想との思想史的な連関についての筆者の基本的視角は少しも変わることはなく、またそのような観点が朝鮮朝政治思想史の一側面を説明してくれるものと考えている。

本書の主たる課題は、第一に、朝鮮朝で一七世紀後半に台頭し、一九世紀前半に開花した近世実学思想が歴史的にどのように変容していったのか、そして第二に、近世実学思想のこのような歴史的変容と関連して、「開国」後における開化派の思想がどのように展開していったのか、を究明しようとするところにある。

前者に関しては、まず、〔既存研究の〕大部分が個々の思想家を対象とした個別研究であり、次に全体的に見て近世実学派における形而上学的側面と政治思想との相互連関が解明されているとは必ずしも言えないと思われる。[1]

また、近世実学派の思想それ自体に関して見れば、近世実学思想は少なくとも哲学レベルで見る場合、朝鮮朝正統朱子学思想の分流の位置を占めていると言うことができ、[2]決して朝鮮朝正統朱子学思想と対立する——この点に関しては後述することにしよう——思想的諸特質を内包していたわけではないと考えている。このような観点から近世実学思想の歴史的変容に関して考えてみれば、そこには朝鮮朝正統朱子学思想から近世実学思想へという視角が設定され得るのであり、同時にまた、その歴史的変容は、近世実学思想が朝鮮朝正統朱子学思想を思想内在的に克服していった過程だという仮説が立てられるものと考えられる。

次に、後者に関して、開化派の思想は、その思想的特質から見てとれるように、「開国」後の対外的危機の中で外来思想の積極的受容による「富国強兵」策と朝鮮の対外的独立を追求したにもかかわらず、基本的には近世実学思想を内在的契機としていた。

このような観点から見るとき、開化思想が「開国」後の外部からの軍事・政治・経済的インパクトによる対内的流動化過程の中で、近世実学思想の内在的限界をどのように克服していったのかという視角を立てることができ、同時にまた、このような場合に開化派の思想家たちによって外来思想はどのような形で定着していったのかという問題が提起され得る。

以上のような問題意識をもって、本研究では、まず、近世実学派における形而上学的側面が全体的に見てどのように変容していったのか、そしてまたこのような形而上学的側面の変容に対応して、近世実学派の政治思想がどのように変わっていったのかという二つの課題を設定し、形而上学的側面においては宇宙論および人性論、そして政治思想のレベルでは国内統治論および国際秩序観という四つの軸を中心にしてその思想史的推移を考察する。次に、朝鮮朝のこのような思想史的文脈との関連の中で、「開国」後の朝鮮朝朱子学的政治体制の変動期において、衛正斥邪派の思想運動や執権派の「富国強兵」策と対比させてみたとき、開化派の思想的特質はどのよ

(1) 今までの朝鮮朝思想史の研究を研究史のレベルで評価するならば、それは第一に経学史(history of doctrine)的な、言い換えれば主に学派の対立を中心にした理気論の研究傾向、そして第二には思想の存在様式には観念論と唯物論という二つのフレームがあると前提して、そうした発想の下に朝鮮朝における思想の展開を両者の対立と闘争として把握しようとする傾向が支配的であり、両者の対立の根柢に横たわっている相互連関に関する分析がほとんど試みられてこなかった。しかし、これらの思想の相互連関性がどのようなものかを分析する視角によることで、実はこれら思想間における発展的な文脈を追求し得るものと考えている。

(2) 本書で使用される正統、または正統的という用語は、英語のorthodoxyないしorthodoxを意味し、これに対応する用語が異端(heterodoxy)である。もともと、「正統」「異端」とは古典(たとえば、儒教、仏教、キリスト教の経典ないし教義)の解釈をめぐってその解釈が正統か異端かというものに対する用語であったが、これが拡大されて、今日、思想ないし思想史の領域ではそれ(正統と異端)が単に古典解釈だけではなく、①ある思想体系(たとえば朱子学思想)内部で正統と認定されたという意味と、②いくつかの思想体系(たとえば儒家思想、道家思想、法家思想)の中でどれがその社会における正統思想なのかという意味として用いられている。

うなものであったのかを検討しようと思う。したがって、本書は全体を三章に分け、以下のような構成となった。

第一章では、近世実学派における思想の歴史的変容を考察するためのプロトタイプとして、主に朝鮮朝初期の儒教的政治体制の一般的性格、高麗朝末期に伝来した朱子学がどのような受容過程を経て退渓《テゲェ》〔李滉《イ・ファン》〕と栗谷《ユルゴク》〔李珥《イ・イ》〕によって代表される朝鮮朝朱子学として体系化されていったのか、そして朝鮮朝における国際秩序観の主軸をなしていた「事大」観念と「中華」思想の性格はどのようなものであったのかという点に関して考察するつもりである。

第二章では、このような朝鮮朝正統朱子学思想は、ついには茶山《ダサン》〔丁若鏞《チョン・ヤギョン》〕や恵崗《ヘガン》〔崔漢綺《チェ・ハンギ》〕によって内在的に克服されていったと言えるが、このような思想的転換を準備した先行思想の動向としての経世致用学派と利用厚生学派[3]において、朝鮮朝正統朱子学思想がどのように把握されていたのかをまず考察し、これを両学派の実践的志向の中に見える経験論的「功利」的思考方法が茶山の段階で初めて積極的に形而上学的レベルにまで深化され、恵崗に至ってついに経験論の哲学的基礎を構築するようになる、言わば思想の歴史的変容を究明する。

第三章では、「開国」期の衛正斥邪派と執権派の指向を、従来の正統朱子学派における朝鮮朝朱子学思想と朝鮮朝儒教体制内の政治的支配との癒着状態からこれら両派が分化していく過程として把握すると同時に、これに対応して開化派――朴泳孝と兪吉濬――の思想を近世実学派の思想との連関という観点から考察する。

本研究が、不十分ではあるがこのような結実を見ることになったのは、実に多くの恩師からのご指導、ご鞭撻と激励の賜物であると言わなければならない。特に延世大学校在学時に当時文科大学に在職中でおられた故洪以燮教授からいただいた学恩、そして今は故人となられた金箕範教授をはじめ、政法大学の多くの先生方のご指導とご鞭撻は、筆者がこの分野を研究する上での土台となった。この機会を借りて感謝の意を表したい。

そして、何よりも、東京大学大学院に在学時、筆者が思想史の分野を研究する学徒として成長できるように実に長い時間に亘って指導してくださっただけでなく、本研究のため直接的な道案内となってくださり、時には夜遅くまで、また時には病臥中にもかかわらず幾度もご教示くださった丸山眞男教授に、その深い学恩に対して感謝の気持ちを表さずにはいられない。また、石田雄教授は筆者が本研究を仕上げるまで未熟な草稿を読んでくださり、指導と批判を加えてくださった。最後に、本研究が完成するまでひたすら耐えて支えてくれた妻に申し訳なさと感謝の気持ちを禁じ得ない。

本書の出版を快く承諾してくださった三英社の高徳煥社長、そして出版に当たってご苦労をいただいた編集部の皆さんに深い感謝の意を表し、併せて、故意でなかったとはいえ、出版を二年あまりにも及ぶ長い間遅らせてしまったことに対して、深くお詫びする次第である。

一九八二年五月二十三日

著　者

（3） 本書において、「志向」とは今から新たに成し遂げようとする目標に向かった方向設定を意味し、「指向」とはすでに固定化した価値体系に依拠した方向設定を意味している。

韓国政治思想史

この本を懐かしい母と愛する妻に捧げる。

序論　「韓国政治思想史」をどう考えるのか

「韓国政治思想史」とは、韓国人の政治生活を歴史的に規定してきた思考様式がどのようなものなのかを研究する学問分野である。古今東西を問わず、すべての民族は、それがどの程度明示的なものか、どの程度合理的なものか、またどの程度自覚的なものかという違いはあるにせよ、歴史的に政治社会の成立を経験しており、その政治社会の成立を起点にしていずれかの形の政治生活へと進み入っている。

しかし、これらの民族の政治生活の様式を見てみると、その民族がそれぞれ置かれてきた自然環境、地理的位置、社会・経済的状況、宗教、哲学等の文化的性格がどうであるかによって、政治社会を合理化する思考様式を異にするだけでなく、その当然の帰結として、政治社会の存在様式の多様性を招来している。

もちろん、一般的に政治社会といった場合、そこには政治社会の存立の基礎として、基本的には権力、価値、規範、政治的主体と客体、支配服従関係などが問題視されており、またこの意味で、政治社会の存在様式の普遍性を認めざるを得ない。しかし、その一方で、すでに述べたように、歴史的に政治社会を合理化する思考様式や、政治社会の存在様式の多様性をもまた認めざるを得ない。つまり、政治社会の存在様式の普遍性にもかかわらず、これを歴史的実際のレベルで見ると、政治社会の存在様式を規定している権力、価値、規範、政治的主体や客体、支配服従関係などの現実的機能、概念、それ自体の構造的特性を異にしているという点で政治社会の個別性、すなわち政治社会の存在様式の相対的独自性を否定することはできないのである。のみならず、政治社会の相対的独自性についての実体的認識に到達することで、かえって政治社会の存在様式の普遍性を理論的に純化することが可能である。政治思想史研究においては、政治社会の相対的独自性に関する研究が、政治社会の存在様式の普遍性に関する研究に先行しているというわけである。

したがって、以上のような観点から、序論では韓国政治思想の歴史的推移についての議論に先立ち、韓国政治思想史を研究し論じようとする時に前提になると思われる、政治社会の相対的独自性に関するいくつかの主要論点を検討しておきたい。

I 「韓国政治思想史」研究の学問的含意

「韓国政治思想史」は、中国・日本の政治思想史とともに東洋政治思想史の一個の独自研究領域である。研究史的観点から見たとき、中国・韓国・日本を横断する政治思想史研究はほとんど成立困難だったからである。このような研究状況は、決して偶然にもたらされたわけではない。

歴史的に東アジア世界において、韓国・中国・日本はヨーロッパとは対照的に、一つの文化圏に属しているという、言わば単一文明への共属意識が非常に貧弱であった。

これに比べて、ヨーロッパの場合には、ローマ帝国形成期以来、単一文化圏の観念が発達してきた。ヨーロッパ文化は東欧、西欧、ラテン、ゲルマンなど多元的だったと言えるが、これらはヨーロッパ文化の中の下位体系

（sub-system）に過ぎず、遡ればギリシャ時代の古典文化、キリスト教文化、ローマ文化を根としている。[1]

東洋は、ヨーロッパ文化とは対照的に、儒教文化圏・仏教文化圏・回教文化圏の平行的発展という多元的性格を帯びている。むろん、これら文化圏の間に文化的交流がなかったわけではない。しかし、それは主に一方通行の、片道の伝来を特徴としていた。のみならず、そこには文化伝播の同時性（cultural synchronization）が乏しかった。仏教がインドで始まったのは前五〇〇年頃だが、中国に伝来したのは前二年、本格的に伝来したのは二世紀後半であるという。仏教が高句麗に伝来したのは三七二年、百済に伝来したのが三八四年、新羅で公認されたのが五二七年である。仏教が日本に伝来したのは五三八年であった。また、中国で開花した儒教を見ても、原始儒教の場合には韓国や日本に伝来した時期は明確ではないが、宋学の場合、中国宋代の周濂渓（一〇一七～一〇七三年）、程明道（一〇三二～一〇八五年）、程伊川（一〇三三～一一〇七年）、朱子（一一三〇～一二〇〇年）等を経て体系化された朱子学が韓国に伝来したのは、安珦《アン・ヒャン》（一二四三～一三〇六年）を基準とすれば一二九〇年代、白頤正《ペク・イジョン》（生没年不詳）を基準とすれば一三一〇年代前後と推定され、[2]朱子学がいわゆる朝鮮朱子学として体系化されたのは一六世紀後半、退溪《テゲェ》（李滉《イ・ファン》、一五〇一～一五七〇年、退溪は号）、栗谷《ユルゴク》（李珥《イ・イ》、一五三六～一五八四年、栗谷は号）の段階である。また、朱子学が日本に伝来したのは、鎌倉時代（一一八五～一三三三年）初期に宋に渡った僧侶によってであったが、朱子学そのものを理解・研究し始めたのは、藤原惺窩（一五六一～一六一九年）、林羅山（一五八三～一六五七年）からであった。つまり、インドで始まった仏教が日本に伝来するまでに約一〇世紀、中国で一二世紀後半に体系化された朱子学が韓国に伝来し、朝鮮朱子学として

（1）丸山眞男『丸山眞男講義録』第四冊「日本政治思想史（一九六四）」（東京大学出版会、一九九八年）七～一二頁参照。

（2）朱子学の受容に関しては、尹絲淳『韓国儒学思想論』（ヨルム社、一九八六年）一七～一八頁、および邊東明『高麗後期性理学受容研究』（一潮閣、一九九五年）二二一～三四頁参照。

体系化されるまでに約四世紀、日本に伝来し、朱子学についての理解・研究が進むまでに四世紀半以上要したことになる。東洋では歴史的に文化の伝播様式が一方通行であり、文化伝播の同時性というものが非常に乏しかったのである。東洋もしくはアジアで文化伝播の同時性が進み、その統一的概念が形成され始めたのは、一九世紀中葉の「西欧の衝撃（western impact）」に対する反応によるもので、外部的に形成されたものであった。[3]

したがって、一九世紀中葉までの東洋政治思想史研究について言えば、文化伝播の同時性の貧困および歴史発展の平行的性格により、西洋政治思想史研究とは対照的に、中国・韓国・日本を横断する政治思想史研究の成立は非常にむずかしいと言わざるを得ない。

むしろ、政治思想史研究と言うときは、中国・韓国・日本の独自的発展に留意する方がより自然なことだと言えよう。韓国政治思想史研究は、まさにこのような意味で第一次的に、文化思想の歴史的独自性に着眼することとなる。後述するが、韓国政治思想史研究においてこのような文化・思想の歴史的独自性に留意するということは、決して排外主義（chauvinism）でも、排他主義（exclusionism）でも、自民族中心主義（ethno-centrism）でもない。[4]

では次に、このような観点から韓国政治思想史を研究するということにどのような意味が内包されているのか。人間は誰しも歴史的所与の中で生まれる。つまり、人間は誰でも特定の時代の政治・経済・社会・文化・思想などが与えられた現実的与件の中で生まれるわけである。のみならず、人間は不断の社会化過程を経て、こうした歴史的所与の中に編入されることになる。

しかし、このような歴史的所与は実は人間の歴史・文化・思想であり、これを主体的実践的レベルから見れば人間の思考と行為の外化であり、またそうした外化の蓄積と言うことができる。したがって、人間はその意味でつねに歴史的現在の中に生きており、歴史・文化・思想の制約の中で生を営んでいる。現代韓国社会で依然として血縁、地縁、学縁などの縁故主義、妄信的教条主義、立身揚名の出世主義が絶えず再生産されており、またそのような思考、価値、規範が当然視されているのは、その典型的な例であろう。こうした状況下で、歴史的現在を実体的に把握したり、現実の中で自らのアイデンティティや民族的アイデンティティを自覚するということは、決して容易なことではない。歴史的現在を実体的に把握し、現実の中で自らのアイデンティティや民族的アイデンティティを自覚するためには、歴史的所与から自分自身を隔離し、これを対象化し、そして客観化しなければならない。

韓国政治思想史研究とは、現在韓国人が置かれている歴史的所与としての歴史・文化・思想を対象化し、客観化する作業である。そしてこの作業は、歴史・文化・思想のレベルでの韓国人の自己発見でもある。この作業が達成されたとき、韓国人は歴史的所与から、そして歴史的制約から自由になれるのであり、自らのアイデンティティや民族的アイデンティティに立脚した実践を享有できるのである。

II　空間的所与

韓国は、地理的に中国や日本とともにアジア大陸の東北側に位置している。しかし、韓・中・日の三国はその地理的位置から見ると、それぞれが非常に対照的な特性を有している。

中国はアジア州の東北に位置する大陸国家である。それだけでなく、中国は儒教文明の発祥の地であり、東アジアは国家によって儒教の定着様式の違いがあるとはいえ、歴史的に中国を中心とする儒教文化圏を形成している。(5) もちろん、歴史的には中国大陸では漢族だけでなく契丹族、女真族、モンゴル族、満洲族などの異民族

(3) 丸山眞男前掲書、一二～一五頁参照。
(4) 朴忠錫「韓国・東洋政治思想・思想史学史」(韓国政治学会五十年史編纂委員会『韓国政治学会五十年史』二〇〇三年) 一三一～一三三頁参照。

が、それぞれ遼、金、元、清などの王朝を確立する政治軍事的変動があった。それにもかかわらず、漢族を中心とする儒教文明にもとづく中華思想が発達し、中国は文化的に華夷体系を、そして政治・経済・軍事的に事大・朝貢・冊封体制を構築し、ゆるやかであるとはいえ、土司・土官・藩部、朝貢、互市など、いわゆる中国中心の中華的世界秩序を制度化してきた(6)。

韓国と日本は、地理的にはこうした中国大陸の東北部に位置する周辺国家である。しかし韓日両国は、その地理的位置から見たとき非常に対照的である。韓国は半島国家であり――これについては後述する――北方では中国大陸と陸続きである一方、南方では三方が海に囲まれており海洋国家として発展できる地理的条件を備えている。これに対して、日本は島国であり、基本的に海洋国家として発展できる地理的条件を備えている。地理的条件が似ているイギリスと比べてみると、イギリスが最短距離でヨーロッパ大陸からわずか二〇マイルしか離れていないのに対し、日本は韓国の南端から一〇〇マイル以上荒海によって隔てられている(7)。

韓国と日本の距離を実感する事例として、一七一九年洪致中《ホン・チジュン》を正使とする通信使が徳川幕府のある江戸に到着するまでの旅程を見てみると、通信使一行は四月一四日ソウル南大門を出発し、釜山浦（今の釜山津）に到着して六月六日永嘉台で海神祭を催し、六月二〇日釜山浦を出発、対馬－赤間関（下関）－大坂－京都を経て、九月二七日江戸に到着している。通信使一行がソウルから江戸に到着するのに一六六日かかっている。このように長期間にわたる旅程になったのは、第一に、釜山浦を出発し（六月二〇日）、海風荒波を避け、対馬－壱岐－下関に到着（八月一八日）するまで六〇日かかっているということ、第二に、徳川幕府が江戸までの経由地各藩主に通信使一行の送迎接待など一切を引き受けさせていたことにもよるが、下関から江戸に到着するまでには、福岡藩、長州藩、岡山藩などをはじめとする四〇余藩を経由し、経由地の学者たちとの交歓、文人たちとの出会いや詩文の唱酬、筆談、舞楽の鑑賞、飲食接待などが行われていたからでもある。これらの藩は単に通過するだけの経由地だったのではなく、文字通りの文化交流であり、善隣友好の実像であった(8)。

丸山眞男は韓日両国の地理的特性に関して次のように指摘している。

日本はかつてのミクロネシア群島、メラネシア諸島たるべくあまりに中国大陸に近く、朝鮮の運命を辿るべくあまりに中国から遠いという位置にある、ということになります。そびえ立つ「世界文化」から不断に刺激を受けながら、それに併呑されない、そういう地理的位置にあります。私は朝鮮型を洪水型といい、日本を雨漏り型というのです。洪水型は、高度な文明の圧力に壁を流されて同じ文化圏に入ってしまう。ところが、逆にミクロネシア群島になると、文化の中心部から「無縁」もしくはそれに近くなる。日本はポツポツ天井から雨漏りがして来るので、併呑もされず、無縁にもならないで、これに「自主的」に対応し、改造措置を講じる余地をもつことになる。……(むろんこういう「型」は大体の傾向に着目して区別するので、歴史的現実をくまなく説明するものではありません)。(9)

(5) 東アジアに位置する韓国・日本を、中国を中心とする儒教文化圏の観点から歴史的に把握しようとする見解に対して、日本の文化・思想的独自性を強調する、つまり儒教文化圏に対して日本の文化・思想の独自の発展に着眼する見解がある。丸山眞男「原型・古層・執拗低音」(武田清子編『日本文化のかくれた形』岩波書店、一九八四年)一三一頁、および朴忠錫「現代『日本文化』論――動向と展望」(現代日本研究会『日本研究論叢』第八号、一九九三年)二一〇〜二二四頁参照。

(6) 濱下武志『近代中国の国際的契機』(東京大学出版会、一九九〇年)二九〜三八頁、および三谷博・山口輝臣『一九世紀日本の歴史』(放送大学教育振興会、二〇〇〇年)二二〜二七頁参照。

(7) George B Sansom, *The Western World and Japan* (Cresset Press. 1950). 金井圓・多田実・芳賀徹・平川祐弘訳『西欧世界と日本』(上)、筑摩叢書五三(筑摩書房、一九六六年)二一四頁参照。

(8) 李進熙『江戸時代の朝鮮通信使』(講談社、一九九六年)三三〜二四〇頁参照。ただし、通信使一行のこのような交流も、一六三六年から一八一一年の間に九回行われたに過ぎなかった。

韓国と日本はこのような地理的特性のために、航路が発達していなかった近代以前までは、その地理的位置によって文化・思想の影響面においてかけ離れた差異がもたらされていたと言えよう。(10)

これら地理的条件を前提にして考えた時、韓国の歴史的発展は、航路の未発達により海洋からの往来が頻繁でなかった近代以前は、主として陸路を通じて中国大陸から文化・思想はもちろんのこと、政治・軍事的に非常に大きい影響を受けてきた。言わば、韓国は歴史的に中国大陸を眺めながら生きてきたのである。

歴史的実証的研究において論争の対象となっている古朝鮮は措くとしても、三国時代以降の中国大陸との関係を見れば、政治・軍事的に高句麗、百済、新羅の三国間の抗争はもちろん、これら三国は北方の中国大陸との緊張関係が続く流動的な状況の中で、たとえば西暦九年に扶餘王帯素《テソ》の使者が高句麗の琉璃王《ユリワン》を戒めた、「それ国に大小あり、人に長幼あり。小を以て大に仕ふるは礼なり。幼を以て長に仕ふるは順なり」(11)という一節に象徴的に表れているように、国家間の流動的状況が認識レベルで規範化‐制度化されていくことにより、三～四世紀以降、高句麗、百済、新羅は徐々に中国大陸諸国家との朝貢・冊封関係へと進んでいった。(12)このような規範化‐制度化の進展は、韓国が中国大陸の隣接国家として、儒教文化圏に制度的に編入されることになる主要な端緒の一つであった。三国統一以後、対内的レベルでは、文化・思想的に中国大陸から、ないしは中国大陸を経て、仏教文化・仏教思想、儒教文化・儒教思想が受容され、宗教的ないし道徳的規範主義的指向が深化したのに対し、対外的レベルでは、宋代以降の朱子学の理論的発展とともに、理念的には中華的世界秩序観念、そして政治・軍事的には事大・朝貢・冊封関係を両軸とする東アジア国際体系が構築されることにより、韓国は中国大陸を中心とする儒教文化圏の一国家として儒教的道徳国家を指向する歴史的道程を歩むことになった。

しかし、韓国のこのような歴史的道程は、韓国史‐韓国文化・思想史の歴史的自律性を失ってしまったということを意味するわけではない。後述するように、土着と外来、内生と外発という観点から韓国の歴史・文化・思想的発展の問題を考えてみれば、韓国史における仏教思想・儒教思想の受容は、単純に完成品の物理的輸入史になるのではなく、価値理念的次元で韓国仏教の独自の領域を開拓した元暁《ウォニョ》（六一七～六八六年）、義天《ウィチョン》（一〇五五～一一〇一年）、知訥《チヌル》（一一五八～一二一〇年）の思想や、[13]退溪や栗谷によって構築されたいわゆる朝鮮朱子学の理論的発展に典型的に見られるように、[14]その中に韓国の文化・思想の独自性を発見できるだけでなく、そのレールの上で韓国の文化・思想的アイデンティティを追求しているのである。これは言わば、儒教文化圏内部における韓国の文化・思想の独自性やアイデンティティの具現と言えよう。

次に、日本に関していえば、日本もまた韓国と同じように、その文化・思想的発展は、少なくとも近代以前には中国大陸から直接、ないしは中国大陸を経由した文化・思想的影響下で展開してきた。しかし、地理的に日本は韓国の南端から一〇〇マイル以上も荒海によって隔離されていたために、中国大陸の軍事的脅威から守られており、東アジアに大海洋国が勃興しないかぎり、日本が軍事的脅威を受けるということはあり得なかった。[15]これは日本において、中国から冊封された首長が古代の「倭の五王」や中世後期の足利将軍などわずかしかいないと

（9）丸山眞男前掲「原型・古層・執拗低音」一三三～一三四頁。石田雄は、丸山眞男が外来と内生の接触－触発－受容という、いわばヨコの交流による文化・思想の発展という観点から中国大陸から歴史的に受けた文化・思想的影響について、韓国の場合を「洪水型」、日本の場合を「雨漏り型」としたのは、地政学的決定論の傾向を帯びるものだと指摘している。石田雄『丸山眞男との対話』（みすず書房、二〇〇五年）一七〇～一七五頁参照。

（10）韓国史に対する地理的決定論を批判した研究として、李基白「半島的性格論批判」（李基白『韓国史像の再構成』一潮閣、一九九一年）八～二六頁参照。

（11）原文は「夫国有大小、人有長幼、以小事大者礼也、以幼事長者順也」『三国史記』「高句麗本紀」瑠璃王二八年条。

（12）全海宗『韓中関係史研究』（一潮閣、一九七〇年）三五～三九頁参照。

（13）本書第二章冒頭、註3、4、5参照。

（14）裵宗鎬『韓国儒学史』（延世大学校出版部、一九七四年）七〇～一一七頁、および本書第三章第二節参照。

（15）本章註7参照。

いうことに典型的に現われている。[16] すなわち、日本の地理的特性という観点から見れば、近代以前には中国大陸と日本列島との計画的連結は断絶していたと言えるのであり、まさにこのような意味で、日本列島は〈島〉宇宙[17]として象徴化されていた。さらに興味深いのは、地理的に日本は長い列島を形成しているものの、アジア大陸に面している海岸線は北九州を除けば港湾がほとんどなく、海岸線に港湾が発達しているのはもっぱら太平洋沿岸であり、言わばアジア大陸を背にしていたということである。[18]

日本のこのような地理的特性を文化・思想の受容様式の観点から見ると、空間的距離のために大陸の文化・思想との緊張関係を緩和できただけでなく、適切な時期に大陸の適切な文化・思想を摂取し、それを修正（modify）し、独自の文化・思想を構築していくことができたと考えられる。[19] つまり、外来の文化・思想の受容様式は価値理念のレベルで深化するというよりも、初めから修正主義的傾向が強かったのである。近世日本における宋学の受容や中華思想の実際的基盤が乏しかったという点に、その典型例を見ることができよう。[20] 日本はどちらかと言えば、むしろ儒教文化圏の外で、日本の文化・思想の独自性やアイデンティティを追求していったのである。

（16）三谷博・山口輝臣前掲『一九世紀日本の歴史』二七頁。

（17）神島次郎編『近代化の精神構造』評論社、一九七四年、二〇頁。丸山眞男は日本の地理的位置について「日本文化（狭くは思想）の空間的所与は、日本の島国性、つまり異質な外来文化の流入によってそれ以前の生活様式が根底から崩れるにはあまりに離れており、逆に、完全に閉鎖的な自足性を保つにはあまりに近い位置にあったということである」と論じている。丸山眞男『丸山眞男講義録』第六冊「日本政治思想史（一九六六）」（東京大学出版会、二〇〇〇年）一一頁。

（18）神島次郎編前掲書、二〇頁参照。

（19）丸山眞男前掲「日本政治思想史（一九六六）」一一頁参照。

（20）丸山眞男前掲「原型・古層・執拗低音」一三一～一三九頁、渡辺浩『近世日本社会と宋学』（東京大学出版会、一九八五年）一九〇頁、および植手通有『日本近代思想の形成』（岩波書店、一九七四年）二四〇頁参照。

第一章　古代韓国人の思考様式――文化・思想的発想

第一節　文化・思想の発展様式

一般論のレベルで、ある社会における文化・思想の発展の歴史を考えてみると、それはタテの次元における文化・思想の発展過程と、ヨコの次元における文化・思想の発展過程を想定することができる。[1]前者は、ある社会における古来からの土着的自生的な文化・思想の内在的発展と言い得るものであり――筆者としては、このような観点に全面的に同意するわけではないが――、たとえば普遍史的な発展段階論や、弁証法的発展（もちろん、内在的発展とは決して法則的発展に限定されるものではなく、発展様式の多様性を想定し得る）が想起される。後者は外発、すなわち外来文化や外来思想の不断の触発を媒介とする文化・思想の発展であり、内生と外発、土着と外来の相互作用による文化・思想の発展を意味している。しかし、ある社会における文化・思想の発展の歴史は、タテの次元における文化・思想の発展とヨコの次元における文化・思想の発展が複合した形で展開される

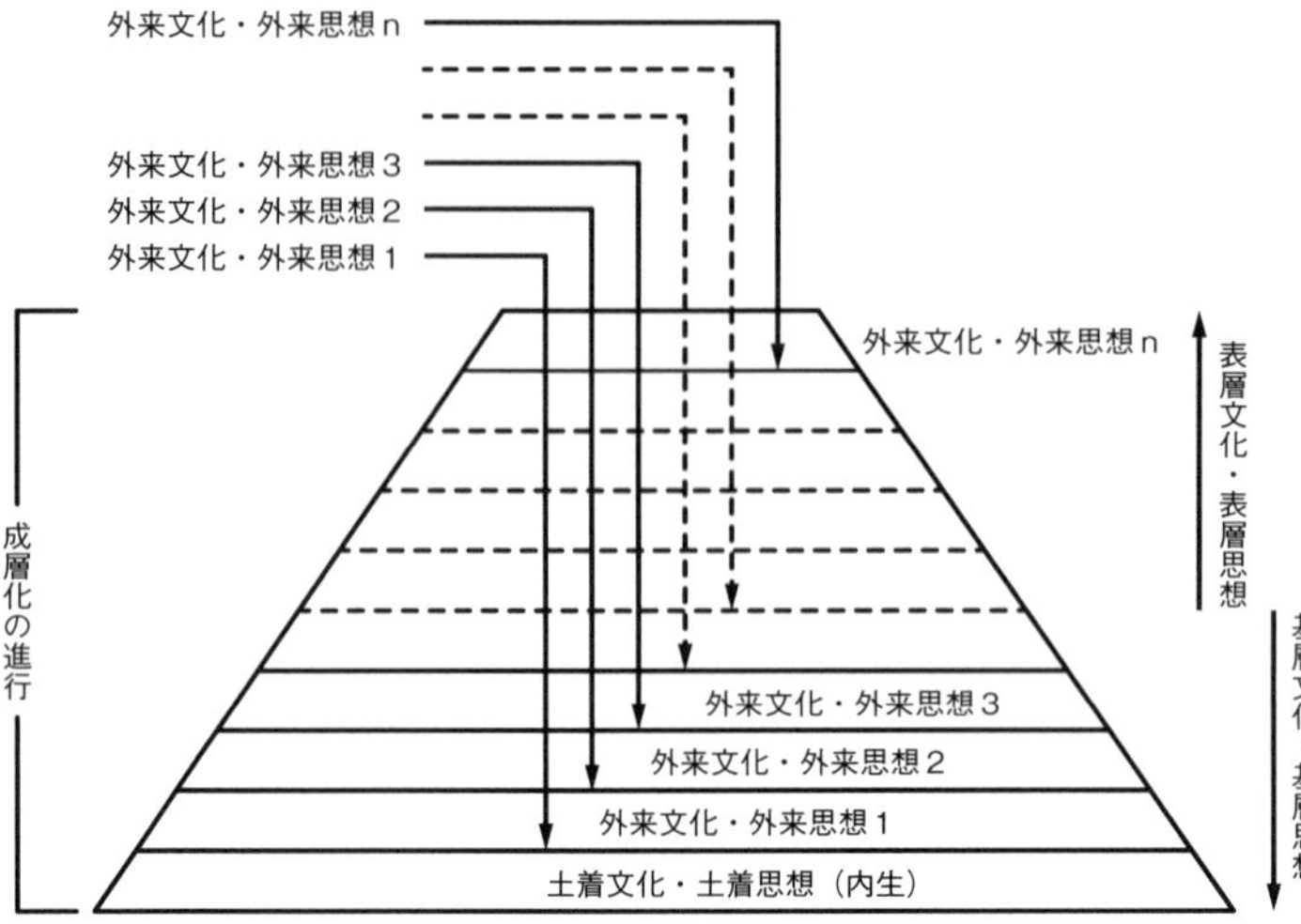

図表１　内生と外来の存在様式、成層化の進行

のが一般的傾向である。したがって、ある社会における文化・思想の独自性やアイデンティティというものは、こうした文化・思想の発展様式の中に求めていかなければならない。

ある社会における文化・思想の発展の独自性やアイデンティティを論じる際、たいていは古来から今日に至るまで伝承されてきた固有の文化・思想、土着の文化・思想に着眼する傾向が見られる。こうした発想は、空間的に外部からの影響がなくその社会に古来から継承されてきた内生的な文化・思想だけを、独自的なもの、主体的なものと考えるものであり、こうした思考方法は文化・思想の植物主義的発想であると言えよう。ある社会における文化・思想の発展様式を歴史的に考えた場合、どの時代がどの程度タテの次元での文化・思想の発展に傾いているか、またヨコの次元での文化・思想の発展に偏っているかという問題はあっても、徹頭徹尾この二つの次元のどちらか一方だけに傾いた文化・思想の発展様式というものはまず考えられない。すなわち、タテ的次元とヨコ的次元を両極とする連結線上に、多様な発展様式を考えることができるはずである。

文化・思想のタテの次元での発展様式の多様性から来る

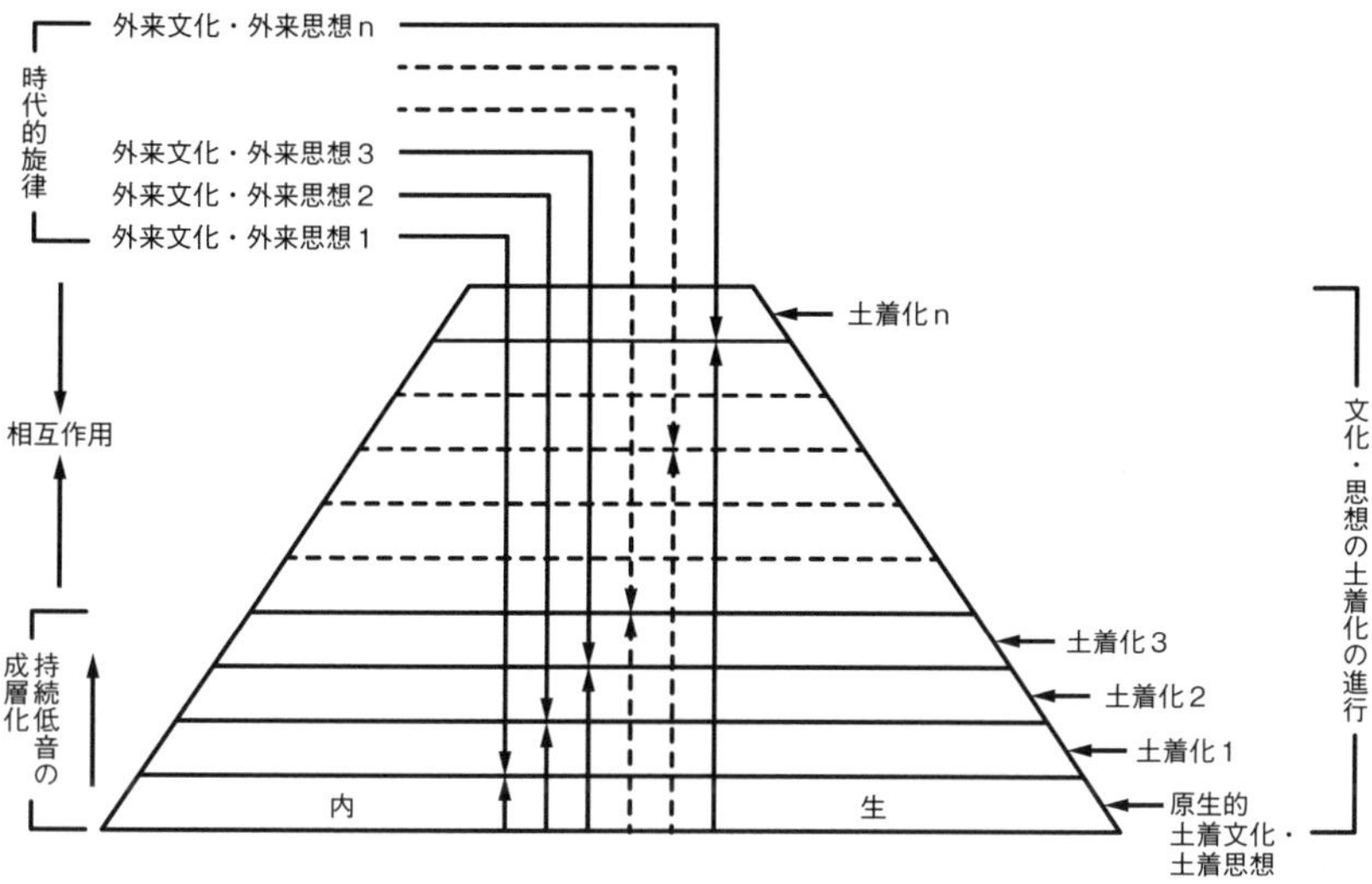

図表２　内生と外来の相互作用

複雑性の問題はいったん留保し、文化・思想のヨコの次元での発展様式を単純化して図式化してみると、次のようになるであろう。[2]

すなわち、図表１に見られるように、土着文化・土着思想（内生）の基盤の上に、歴史的に外来文化・外来思想１から外来文化・外来思想２、……、外来文化・外来思想ｎにいたる多様な外来文化・外来思想の受容を考えることができる。しかし、ある社会における外来文化・外来思想の受容は単純に完成品の物理的輸入史ではない。外来文化・外来思想の受容は、第一次的には土着文化・土着思想との相互作用を経て、受容する側の当時の時代的状況、政治・経済・社会的基礎がどうであったのか、そして対内的・対外的な条件、主体の知的条件などはどうであったのかによって、変容した形で定着することになる。また、時代の流れとともに、この定着した外来文化・外来思想は徐々に土着化の道程を歩むことになる。したがって、原生的な土着文化・土着思想の基盤の上に、外来文化・外来思想の土着化１、土着化２、土着化３、……土着化ｎを想定することができる。この道程を図式化するならば、図表２のようになるだろう。

むろん、この図式は、外来と内生の相互作用の存在様式についての静態的議論に過ぎない。しかし、これはどこまでも文化・思想のヨコの次元での発展様式に関する見取り図であって、動態的把握のためのひな形の提示を試みたものである。

この観点からある社会における文化・思想の歴史的発展を見るならば、図表2のように、構造的に外来と内生の不断の相互作用を経て文化・思想の成層化が進行していくことにより、文化・思想の重層的性格を帯びてくると言えよう。外来と内生の相互作用の歴史的道程において、外来文化・外来思想1―nを時代的旋律とするならば、原生的な土着文化・土着思想、土着化1―nは執拗に繰り返される持続低音と言うことができる。(3) したがって、ある社会における思想史研究とは、基本的に外来文化・外来思想と、原生的な土着文化・土着思想ないしは土着化が進行している思想との相互作用に着目し、その歴史的過程を追跡するものでなければならない。

一般論のレベルで、外来文化・外来思想の受容過程および定着様式に現われる特徴的様相を整理してみると、第一に、ある外来文化・外来思想がある社会に受容され定着したという時、その外来文化・外来思想が有している哲学的原理、政治・経済・社会体制論、国家・社会・個人のレベルにおける価値体系や規範体系など思想のいくつもの領域が一列横隊に並んで同時に受容され定着するということはほとんどあり得ない。換言するならば、これらいくつもの領域が時間差を置きながら、その時代状況や条件、契機によってジグザグな過程を経て受容され定着するのが一般的傾向である。第二に、このような過程を経ながら受容され定着する外来文化・外来思想とは、その文化・思想を受容する側の主体の思考様式＝知的条件、政治・経済・社会的基礎がどうであるかによって、すなわち外来文化・外来思想とこれら内的条件との相互作用によって変容した形で定着する。したがって、第三に、外来文化・外来思想がこうした受容・定着過程を経るのであれば、その文化・思想がどれだけ理論的に体系化され論理的完結性を誇っているとしても、その文化・思想が少しも損なわれることなくあるがままに受容され定着するということはほとんど考えられない。すなわち、受け入れる側面もあれば排斥する側面もあるのであり、また受け入れたとしても、力点を変えているとか、深度の差異があり得ると考えられるのである。外来文化・外来思想の歴史的な受容・定着は、それが単純に完成品の物理的輸入史なのではなく、受容する側の主体の現実認識、歴史意識、世界観、理念などの基調をなしている思考様式－知的条件によって、力点と深度を異にする変容の歴史であると言うことができる。(4)

こうした観点から韓国政治思想史研究を考えてみると――もちろん、これは単に韓国政治思想史研究の場合だ

（1）本書において、古代韓国人の思考様式を追究する際に文化・思想的発想の存在様式に着眼するに至ったのは、丸山眞男教授の個人指導をはじめ、丸山眞男「歴史意識の『古層』」（丸山眞男編『歴史思想集』日本の思想（六）、筑摩書房、一九七二年、同「原型・古層・執拗低音」から教示を受けたところが大きい（この点についての概念的議論は、本章第三節、七二～七四頁参照）。丸山眞男は、歴史の普遍史的な発展段階論に対応して、外来と内生の接触という文化・思想のヨコの発展に着眼し、古代日本の「原日本的世界像」の中に内在する思考特性として「つぎつぎになりゆくいきほひ」――丸山眞男教授は思想史研究についての個人指導過程で日本人の世界認識を 'the floating world'（われわれが生きている現実世界というものは漂う世界のようだ）と譬えたことがある――を設定している。丸山眞男によれば、このような思考様式が歴史的に日本の文化・思想の底辺に貫流しており、日本の文化・思想の発展様式を規定する傾向が強いという。丸山眞男のこの視角は、思想史研究における方法論として日本の文化・思想の独自性に着眼したものであり、これを「原型」－「プロトタイプ」－「古層」－「持続低音」－「執拗低音」とみなした。こうした発想は、思想史研究における研究方法として対象内在的なものである。

本書ではこのような観点から、韓国政治思想史研究において韓国の文化・思想的独自性に着眼し、古代韓国人の現実世界についての原イメージ（original image）を韓国巫の創世神話から析出しようと思う。もちろん一般論のレベルで考えたとき、古代韓国人についての原イメージが、歴史的に韓国の文化・思想をどの程度持続的に、またいかなる形態で規定してきたのかということは今後の研究課題である。しかし、古代韓国史における儒・仏・道思想の受容過程を見るならば、後述するように、古層－「天」・「生」・「化」を媒介にして、儒・仏・道思想が直接無媒介にスムーズに受容され、定着していることは明らかである。

（2）本章註1参照。

（3）丸山眞男前掲「歴史意識の『古層』」五頁、および「原型・古層・執拗低音」一四四～一四八頁参照。

（4）朴忠錫「実学の政治思想的特質」（『儒教思想研究』第三輯、儒教学会、一九八八年）五八頁。

けに要求されるものではないが——、一次的には、韓国史における原生的な土着文化・土着思想がどのようなものかについての実体的研究がまず行われなければならない。すなわち、韓国政治思想史研究において、古代韓国人が宇宙、自然、社会、人間について持っていた原イメージ（original image）－思考様式はどのようなものであったのか、を解明しなければならないのである。そして、自然や社会、人間についての古代韓国人の思考様式が、外来文化・外来思想との相互作用を経ながら、今日に至るまでどのような形で持続的に機能してきたのか、または、そうではなかったのか、そしてその延長線上に、韓国人の政治思想が歴史的にどのような形で構築されてきたのかを究明しなければならないと考える。

第二節　予備的考察——記録された史料の検討

I　史料の制約性

古代韓国人が宇宙、自然、社会、人間について持っていた原イメージ－思考様式とはどのようなものだったのだろうか。これに対する答えを提示することは決して容易なことではない。なぜなら、第一に、古代韓国人のこうした原イメージ－思考様式を析出し得る古代の文献史料が不足しているからである。『古記』『海東古記』『三韓古記』『留記』『新羅古記』『書記』『旧三国志』『先史』など、古代韓国人が持っていた原イメージ－思考様式を析出し得る史料自体が跡形もなく失われており、現存する『三国史記』『三国遺事』「東明王篇」『帝王韻紀』などに断片的に引用紹介されているか、単に書名が紹介されているに過ぎない。したがって、古代韓国人が持っていた宇宙、自然、社会、人間に対する原イメージ－思考様式は、古朝鮮時代や三国時代ではなく、高麗時代（九一八～一三九二年）の著作である『三国史記』（一一四五年）、「東明王篇」（一一九三年）、『三国遺事』[5]（一二七八～一二八一年）、『帝王韻紀』（一二八七年）などから析出する以外に方法がない。つまり、間接史料に依存するしかないのである。[6]第二には、古代韓国人の原イメージ－思考様式を析出するための先行条件として、古代韓国人の原イメージ－思考様式の実質的基盤と言い得る韓国古代史研究が、一九七〇年代以降の精力的研究成果にもかかわらず、いまだにいくつかの領域で争点になっていることが関係している。その代表的な例として、①古代韓国人の原イメージ－思考様式の起点と言い得る古朝鮮の位置――遼東中心説、移動説、大同江中心説――と疆域の問題をどのように把握するのか[7]、②檀君神話を単純に神話として見るのか、建国神話として見るのか、またはこれを歴史的実際にまで拡大して見るのか[8]、さらに③、②と関連して『揆園史話』『桓檀古記』などを単に偽書と見るのか、あるいはその史料的価値を認めるのか等々[9]、韓国古代史研究に関連する実に多角的な論点が提起されている。したがって、古代韓国人の原イメージ－思考様式の析出は、今まで到達した研究成果の制約の中で試みるしかない。

こうした制約状況下において、古代韓国人の原イメージ－思考様式に関する追跡を通じて何らかの豊穣な研究成果を期待するということは不可能である。しかし、基本的に思考様式論という観点から見たとき、古代韓国人

（5）蔡尚植「至元一五年（一二七八年）仁興社刊《歴代年表》と《三国遺事》」（邊太燮編『高麗史の諸問題』三英社、一九八六年）七〇二頁参照。
（6）徐永大「《三国史記》と原始宗教」（『歴史学報』一〇五、歴史学会、一九八五年）一頁参照。
（7）古朝鮮の位置と疆域についての歴史学界の観点についての検討としては、徐榮洙「古朝鮮の位置と疆域」（『韓国史市民講座』第二輯、一潮閣、一九八八年）参照。
（8）金貞培『韓国古代の国家起源と形成』（高麗大学校出版部、一九九三年）四～一二頁参照。
（9）これについては、本節三四～四〇頁に取り上げている資料の検討を要する。

の原イメージ－思考様式に関する追跡が、方法的に悲観的なものだと断定する必要は決してないと思われる。なぜなら、人間の思考とはそもそも概念、判断、推理の精神作用であり、そして人間の思考様式とは、思考主体の次元から見れば、歴史的実際の内面化であり、このような思考過程の不断の蓄積としてのパターンを意味しているからである。

では、ここで古代韓国人が持っていた宇宙、自然、社会、人間についての原イメージ－思考様式を追跡する前に、まず文献批判的観点から、本章に関連する範囲内で前述した現存史料を検討してみよう。

第一に、『三国史記』に関して言えば、『三国史記』は高麗仁宗二三年に金富軾《キム・ブシク》（一〇七五～一一五一年、号は雷川）が王命を受けて撰進した史書であり、韓国古代史研究の基本史料中の一つである。(10)『三国史記』が新羅、高句麗、百済の三国時代から統一新羅時代に至るまでの歴史記録であり、その体裁が中国の司馬遷の『史記』にならって紀伝体形式を取っている点からしても、新羅、高句麗、百済の歴史的独自性を前提とした正史である。しかし、『三国史記』の編纂が王命により当時の高麗儒学界を代表する金富軾の主導下に推進されたことにより、歴史叙述が儒教的合理主義史観で満たされ、①当時の王室・貴族などの支配層を中心とする政治、軍事、外交などに力点を置かれたこと、そしてまさにそうした観点だったために、②檀君神話をはじめとする原始宗教についての歴史的説明が非常に乏しいと言うことができる。(11)

第二に、『三国遺事』に関して言えば、『三国遺事』は高麗後期忠烈王年間に完成した一然《イリョン》（一二〇六～一二八九年）の私撰史書であり、『三国史記』とともに韓国古代史研究の基本史料中の一つである。しかし『三国遺事』は、『三国史記』の編纂が上述のように儒教的合理主義史観にもとづいて支配層を中心にした政治、軍事、外交などに力点を置いていたのとは対照的に、その体裁は王暦、紀異、興法、塔像、義解、神呪、感通、避隠、孝善などから編集されていることから明らかなように、一方で特に「紀異」編や「神呪」編に顕著に見られる説話を素材とした神異史観的傾向を帯びつつも、他方で、仏教の伝播、寺塔の建造、僧侶の行跡など、仏教文化史的観点からの歴史記録であると言うことができる。(12) しかしながら、『三国遺事』が『三国史記』の儒教的な官撰史的視野を脱して、檀君古朝鮮から高句麗、百済、新羅に至るまでの民族史的観点での歴史的起源およびその推移を叙述しているという点で、韓国古代史研究における史料的価値は大きいと言わざるを得ない。

第三に、「東明王篇」に関して言えば、「東明王篇」は高麗明宗二三年に李奎報《イ・ギュボ》（一一六八～一二四一年、号は白雲居士）によって制作された長編叙事詩であり、一名「東明王神話」、「東明神話」、また「東明王説話」とも呼ばれる建国神話の性格を帯びた史料である。「東明王篇」は、特に「東明王説話」の神異事における「鬼」・「幻」を「神」・「聖」として、言わば神異事を「神・聖」化－理念化して、民族史的独自性を追求していると言うことができる。(13)

第四に、『帝王韻紀』に関して言えば、『帝王韻紀』は高麗忠烈王一三年李承休《イ・スンヒュ》（一二二四～一三〇〇年、号は動安居士）によって作られた史詩の形式による私撰史書であり、(14) 檀君を始祖として箕子、三韓、三国、渤海、高麗におよぶ民族の歴史的正統性を追求している。とくに民族の歴史を檀君を起点にしているという点で、『帝王韻紀』は『三国遺事』と軌を一にしてはいるが、儒教的道徳的合理主義史観に立脚し、中国史との対比の中で民族の興亡盛衰を叙述しているという点で、『三国遺事』の神異史観による歴史叙述とは極めて対照的である。

（10）李載浩「『三国史記』と『三国遺事』に現われた国家意識」（『釜山大学校論文集』第一〇輯、一九六九年）六一～六五頁参照。
（11）註10参照。
（12）李載浩前掲論文、六五～六六頁、および李基白「三国遺事の史学史的意義」（李佑成・姜萬吉編『韓国の歴史認識』（上）創作と批評社、一九七六年）一二一～一二六頁参照。
（13）李佑成「高麗中期の民族叙事詩」（李佑成・姜萬吉編『韓国の歴史認識』（上））一六八頁、および卓奉心「《東明王篇》にあらわれた李奎報の歴史意識」（『韓国史研究』四四、韓国史研究会、一九八四年）九三～一〇三頁参照。
（14）邊東明「李承休の『帝王韻紀』撰述とその史書としての性格」（『震檀学報』七〇、震檀学会、一九九〇年）三一～四一頁参照。

最後に、史料的価値をめぐる論争の対象になっている『揆園史話』と『桓檀古記』について言えば、この二つの文献はいずれも歴史的実際の次元における韓国上古史に関する記録である。『揆園史話』は一六七五年北崖《プゲ》（本名未詳）によって書かれたとされており、その主要内容は、桓因・桓雄によって天地が「始分」「化生」によって開創して以来の檀君・桓儉を初めとする四七代一一九五年の歴史を記録している。『桓檀古記』は、桓因・桓雄・檀君以来、北扶餘、高句麗、大震国（＝渤海）、高麗に至るまでの歴史記録であり、一九一一年に桂延壽《キェ・ヨンス》が「三聖紀」「檀君世紀」「北扶餘紀」「太白逸史」を合編したものである。

この二つの文献に対する代表的見解としては、韓永愚《ハン・ヨンウ》の「一七世紀の反尊華的道家史学の成長——北崖の『揆園史話』について」と、趙仁成《チョ・インソン》の「『揆園史話』と『桓檀古記』」をあげることができる。両者の基本的差異は、前者が歴史思想研究における『揆園史話』の史料的価値を認めるのに対して、後者は『揆園史話』や『桓檀古記』は偽書であり、史料的価値を認められないというものである。

韓永愚によれば、『揆園史話』は粛宗元年（一六七五年）に北崖によって作られた道家の史書であり、『揆園史話』をはじめとする道家史書が一般的に神話や伝説を多く含んでいるため荒唐無稽な点が多いのは事実だが、少なくとも檀君朝鮮史に関するかぎり道家史書ほど豊かな記録を残した史書を他に探すことはできないという点を強調している。さらに、歴史意識において道家ほど固有の伝統文化を自負し、尊重し、尊華事大思想を批判した史学もないだろうとも論じている。[15] 要するに、道家史書としての『揆園史話』は、韓国古代史における基層文化・基層思想の源泉であり、この意味で歴史意識において儒家史学とは極めて対照的な特性を持っているというのである。

しかし、趙仁成によれば、史料の真偽如何を把握する上では、①ある単語ないし熟語が史料の成立年代を知らせる指標となること、つまり一定の単語は一定の時期に使用されるということ、②人名や書名と同様に、地名も史料の成立年代を教える指標となり得る、というのである。[16] 趙仁成はこうした観点から、『揆園史話』と『桓檀古記』は一九二〇年代あるいはそれ以後に作られた偽書であり、史料的価値を認めることはできないという。その根拠として、いささか冗長になるが、紹介してみると以下の通りである。

まず『揆園史話』について、趙仁成は、①『揆園史話』の著者は「序（文）」に「北崖老人」と記したのみであり、著者名を明らかにしていない、②『揆園史話』は一六七五年に書かれたとされているが、実は少なくとも一八二三年以後に書かれたものである、という。

その理由はすなわち、『揆園史話』の著者は「檀君記」において、

『高麗史』光宗一〇年に「鴨緑江の外の女真を白頭山の外へ追い出して暮らすようにした」とあるが、白頭山という名前はここで初めて現われる。

と論じているが、実は韓致奫《ハン・チュン》（一七六五～一八一四年）の『海東繹史』の続篇である「地理考」（一八二三年）において、韓鎮書《ハン・ジンソ》（生没年未詳）も『高麗史』光宗一〇年条に、「鴨緑江の外の女真を……」、「白頭の称号がここで初めて現われた」、と書いているからである。つまり、『揆園史話』の著者と韓鎮書はともに、『高麗史』に記載されているこの内容が「成宗一〇年」一〇月条であるのを、「光宗一〇年」と混同しているというのである。確かに、これを偶然の一致と見ることはできず、どちらか一方がもう一方を参照したと考えられ、仮に『揆園史話』が一六七五年に書かれたとするならば、韓鎮書は『揆園史話』を参照したと言えるが、①韓鎮書の『海東繹

（15）韓永愚「一七世紀の反尊華的道家史学の成長――北崖の『揆園史話』について」（李佑成・姜萬吉編『韓国の歴史認識』（上））二六四～二六五頁。

（16）趙仁成「『揆園史話』と『桓檀古記』」『韓国史市民講座』第二輯、一潮閣、一九八八年）七二～七三頁参照。

史』・「地理考」には典拠になっている文献がすべて示されているのに『揆園史話』はあげられておらず、これは韓鎮書が『揆園史話』を参照していなかったことを意味しており、②現存する『揆園史話』はすべて近代に筆写ないし謄写されたものであり、『揆園史話』が一九二八年に著された金洸『大東史綱』に初めて引用されている点から考えても、一九二八年以前のそう遠くない時期に書かれたものであろう、というのである。(17)

次に『桓檀古記』について、『桓檀古記』の「檀君世紀」と「北扶餘紀」は高麗末に、そして「太白逸史」は朝鮮前期（中宗代？）に書かれたとされている。この点について趙仁成は、①「檀君世紀」「北扶餘紀」「太白逸史」には「寧古塔」という地名がよく現われるが、この「寧古塔」は清の始祖伝説と関連して生まれた地名であり、清朝の時から用いられていることを考えれば、『桓檀古記』は一七九六年以前に著されたものではないということ、②「檀君世紀」に「文化」が、そして「太白逸史」に「原始国家」という用語が使われているが、これらの用語は近代的用語であること、③「檀君世紀」序文に、「国が形であるならば、歴史は魂である。形が魂を失って保たれ得ようか」という記述があるが、これは朴殷植《パク・ウンシク》（一八五六～一九二六年）が『韓国痛史』（一九一五年）の「緒言」において、「およそ国は形であり、歴史は神である。今韓国の形は崩れてしまったが、神だけが一人存在し得ないのだろうか。……神が存続し、滅びなければ形は復活するときがあるのだ」と論じているのと似ており、したがって「檀君世紀」はおそらく一九一五年以後に叙述されたであろうということ、④「太白逸史」に淵蓋蘇文《ヨンゲソムン》〔高句麗末期の宰相〕の家系に関する記述があり、ここで著者は淵蓋蘇文の祖父が「子游」であると記録しているが、淵蓋蘇文の祖父が「子游」だということは、一九二三年中国洛陽で淵蓋蘇文の息子である泉男生《チョン・ナムセン》の墓誌が発見されて初めて知られるようになったものであるということ、これらのことから「太白逸史」は一九二三年以後に書かれたものであり、そして「檀君世紀」を初めとする残りの文献も一九二三年以後に書かれたものであると推定している。(18)

以上、はなはだ粗略ではあるが、古代韓国人の原イメージ－思考様式を析出する際に使用される現存文献の問題点を整理した。これらの文献は、既述したように、原史料ではない。『三国史記』『三国遺事』「東明王篇」そして『帝王韻紀』は、すべて一二世紀から一三世紀にかけて作られた文献であり、『揆園史話』と『桓檀古記』はその制作年代がどの時期であるか断定できないのが実情である。

では、検討対象となっているこれらの文献を、思想史研究という観点から古代韓国人の原イメージ－思考様式の析出に使用しようとする場合、どのような議論が出てくるだろうか。それは第一に、これらの文献がすべて、後述するように、[19]すでに三国時代から高麗時代にかけて、儒教や仏教が国家の次元で、また儒家や仏家など思想家の個別の次元において、政治的社会的に理念化や制度化が進行していた状況下で作られたものであり、そのため、これらの文献において古代韓国人の原イメージ－思考様式を表出する歴史的記録がはたして少しも損なわれることなく原義を保っているかどうか、また原義が儒教的あるいは仏教的な理念化や制度化の過程を経ながら、どの程度までどのような形態で潤色され変異（あるいは変移）したのかを明確に補うことは決して容易な作業ではない、ということである。したがって、このような観点から見たとき、古代韓国人の原イメージ－思考様式をその原初的形態の次元で図式化するということは不可能な作業となる。

第二に、すでに検討したように、とくに『揆園史話』や『桓檀古記』が偽書であるのかないのか、またこの意味で、史料的価値があるのかないのかという問題が提起され得る。しかし、こうした議論は、事実史の次元の議論では問題になり得ても、思想史の次元では必ずしもそのように限定的に考える必要はないだろう。もちろん、思想史研究においても、思想の歴史的説明が一次史料の考証によって厳密に支えられていなければならない。し

（17）趙仁成前掲論文、七五～七八頁参照。
（18）趙仁成前掲論文、八二～八五頁参照。
（19）この時期の理念化・制度化過程については、第二章第一節、および第二節参照。

かし、思想史においては、たとえ偽書であるとしても、その時代の思想状況を反映している以上、史料的価値を有するという点で、思想史は必ずしも事実史と一致しなくてもかまわないのである。なぜなら、思想史研究において、イメージ（image）は事実（fact）と独立して扱われるからである。[20] 偽書の中の思考様式は、かなり制限的なものであるにせよ、古代韓国人の原イメージ－思考様式に関連しており、思想の歴史的文脈の中でどのような意味を持っているかに着目することは可能である。

ここでは、偽書説が出されている『揆園史話』と『桓檀古記』の分析的議論は後日の課題とし、『三国史記』『三国遺事』「東明王篇」『帝王韻紀』を対象とする。これらの文献はその文献的特性の多様性にもかかわらず、古代韓国史を叙述している史料であり、古代韓国人が自分たちの生きた時代に宇宙、自然、社会、人間の問題をどのように考えていたのか、そしてその中に内在している思考方式とはどのようなものだったのかについて、できるかぎり原初的形態のイメージ－思考様式に着眼しながら検討してみようと思う。

II　発想様式の特性（一）——『三国史記』

『三国史記』には、他の三つの文献も同様ではあるが、宇宙、自然、社会、人間を包括して説明する宇宙創成論についての議論が明確に提示されているわけではない。しかし、『三国史記』には、宇宙の究極者としての「天」についての議論が数限りなく登場している。

『三国史記』で論じられている「天」の概念は、概念的に見た場合、「天」の人格的性格と客観的な法則的性格とに分けて考えることができる。その典型的な事例として、

国の存亡には必ず天命がある。[21]

天命は十分推し量り得ない。[22]

今日の暴雨は天が周元を立てることを欲していないのではないか。[23]

（金庾信《キム・ユシン》は）……高句麗・百済・靺鞨が国を侵犯するのを見て悲憤慷慨し、これら寇賊を平定する志を持ち……斎戒して天に誓って曰く、……我は一介の微臣であるが、……禍乱を無くす志を持っているのだから、天は（我の志を）見極めて、我に力を貸し給え。[24]

という記述から分かるように、「天」は政治・社会・人間などを主宰し支配する絶対的人格者として認識されている。しかし、他方では、

天道は陽が剛であり、陰が柔である。[25]

(20) 丸山眞男「思想史の考え方について——類型・範囲・対象」（武田清子編『思想史の方法と対象』創文社、一九六一年）二三頁参照〔後に『忠誠と反逆』（筑摩書房、一九九二年）、『丸山眞男集』第九巻（岩波書店、一九九六年）に収録〕。
(21) 原文は「国之存亡、必有天命」『三国史記』「新羅本紀」敬順王九年条。
(22) 原文は「天命不可測」『三国史記』「高句麗本紀」山上王七年条。
(23) 原文は「今日暴雨、天其或者不欲立周元乎」『三国史記』「新羅本紀」元聖王即位年条。
(24) 原文は「見高句麗百済靺鞨侵軼国疆、慷慨有平寇賊之志……、斉戒告天盟誓曰、……僕是一介微臣……、志清禍乱、惟天降監、仮手於我」『三国史記』金庾信伝（上）。
(25) 原文は「天道則陽剛而陰柔」出典同前。

必ず上には天道を得て、下には地理を得て、中には人心を得て、然る後、十分に成功することができる。(26)

天の時と地の利は人の和に如かず。(27)

という論述からうかがえるように、「天」は宇宙・自然の法則や物理的自然の原理である法則を意味している。これは『論語』『孟子』『荀子』などに代表される原始儒教の「天」「天命」「天道」の観念と異なるところはない。まさにこの意味で、『三国史記』における「天」の観念は原始儒教の影響を強く受けている。

では、『三国史記』における新羅、高句麗、百済の建国神話に見える「天」の観念はどうだろうか。『三国史記』に収録されているこの三国の建国神話を調べてみると、「天」に関する直接的な話は「高句麗本紀」「始祖東明聖王」即位年の条に典型的に現われている。「天」の観念に関連する内容を紹介してみると、以下の通りである。

始祖東明聖王の姓は高氏であり、名は朱蒙《チュモン》であった。それ以前、扶餘王解夫婁《ヘブル》が老いて息子がなく、山川に祭祀をあげ、嗣子を得ようと祈った。（その後）ある日、王の乗った馬が鯤淵に至ったが、（そこで）大きな石を見ると涙を流した。王はこれを奇異に思い、人にその石をどかせたところ、そこに一人の幼子がいて、金色のカエルの姿をしていた。（すると）王が喜んで「これは天が我に令胤を下賜されたのである」と言い、（この幼子を）引き取って育てたのだが、名前を金蛙《クムア》といった。……後に国の宰相阿蘭弗《アランブル》が（王に）申し上げるに、「先だって天が某に命じられるには、今後余の子孫をしてここに国を建てさせるつもりだから、汝らはここを避けよ……」と。（その後）この（扶餘の）かつての都には（ある）人がおり、どこから来たのか分からないが、自称、天帝の子、解慕漱《ヘモス》であるといって（この地を）都とした。……朱蒙（天帝の子解慕漱と柳花《ユファ》の間に生まれた息子、高句麗の始祖東明聖王）が……（東扶餘の金蛙王の王子と臣下たちに追われ、川を渡ろうとしたが橋がなく）……水に告げるには、「我は天帝の子、河伯《ハベク》（母柳花の父）の外孫であるが、今は逃げているものの、もはや後を追う兵士たちに捕まりそうである。どうすれば良いのか」と。(28)

この神話に提示されている「天」の発想様式を整理してみると、「天が我に令胤を下賜されたのである」、「……宰相阿蘭弗が（王に）申し上げるには、『先だって天が某に命じられるには……』」、「どこから来たのか分からないが、自称、天帝の子、解慕漱であるといって」、「朱蒙が……水に告げるには、『我は天帝の子、河伯の外孫であるが……』」などの叙述から分かるように、「天」の観念は主に人格的性格の次元で論じられている。こうした発想は、①他者との対比の中で「天帝」の息子という言わば源泉の独自性を強調するものであり、②またその当然の結果として、「天」と現実の政治社会の支配者との血縁的連続性を強調するものと言える。「天」の観念のこのような特性は、原始儒教における「天」の観念が、①′有徳者君主論、すなわち徳のあるものが政治社会の支配者になるという「天命」思想、②′自然、社会、人間など宇宙万物を貫通する一定の法則性があるという

(26) 原文は「必上得天道、下得地理《ママ》、中得人心、然後可得成功」『三国史記』金庾信伝（下）。
(27) 原文は「天時地利、不如人和」『三国史記』「高句麗本紀」宝臧王二七年条。
(28) 原文は「始祖東明聖王、姓高氏、諱朱蒙（一云鄒牟、一云衆解）。先是、扶餘王解夫婁老無子、祭山川求嗣。其所御馬至鯤淵、見大石相対流涙。王怪之、使人転其石、有小児、金色蛙形（蛙一作蝸）。王喜曰、此乃天賚我令胤乎。乃収而養之、名曰金蛙。……後其相阿蘭弗曰、日者天降我曰、将使吾子孫立国於此、汝其避之……。其旧都有人、不知所従来、自称天帝子解慕漱、来都焉。……朱蒙……行至淹淲水（一名蓋斯水、在今鴨緑東北）欲渡無梁、恐為追兵所迫、告水曰、我是天帝子、河伯外孫、今日逃走、追者垂及如何」『三国史記』「高句麗本紀」始祖東明聖王即位年条。

「天道」思想、をその核心的内容にしているという点で、原始儒教における「天」の観念とは懸隔した差異を見せている。もちろん、すでに検討し、また別の視角から再度論じることになろうが、三国時代には外来としての原始儒教の「天」観念が受容され、古代韓国人の内生的な「天」観念と共存していた。しかし、ここでもう一つ言及しておかなければならないのは、一二～一三世紀の高麗がすでにイデオロギー、体制、学問、思想などのさまざまな領域で儒教的に深化された状況にあったということであり、この点から見ると、『三国史記』の建国神話における「天」に関する記述がどの程度古代韓国人の原初的発想を明確に示しているのかという問題は、依然として残っている。

高句麗の建国神話に比べると、『三国史記』における新羅や百済の場合、「天」の人格的性格に関する直接的記述は見られない。しかし、百済においては、東明聖王を始祖と崇め敬い、東明聖王への祭祀を国家的に行っていたという点から考えると、「天」の人格的性格はあったと推定される。(29)

『三国史記』における「天」観念のこうした人格的性格に関連して登場する発想は、「(卵)生」の観念である。この「(卵)生」の観念は、新羅・高句麗・百済の建国神話に等しく現われている発想である。その事例を見てみると、以下の通りである。

> 始祖の姓は朴氏であり、名は赫居世《ヒョッコセ》である。……国の名は徐那伐《ソナボル》（徐羅伐《ソラボル》）といった。これ以前、朝鮮の遺民たちはこの谷あいのそこここに分かれ六村（現在の慶州一帯）をなし（暮らしていたが）、……これを辰韓六部といった。（六部の一つである）高墟村の村長蘇伐公《ソボルコン》が（ある日）楊山の麓を眺めたところ、蘿井の近くの森の中で（ある）馬がうずくまって鳴いていたので、そこに行ってみると忽然と馬が見えなくなり、ただ大きな卵だけが残されており、その卵を割ってみたところ、（その中から）赤ん坊が出て来た。（そうして彼は）その赤ん坊を連れて帰り、育てた。一〇歳くらいになると、才知が抜きんでており、早熟であった。

六部の人々は（この赤ん坊の）出生が神異であったので、その子をあがめ奉り、尊敬するようになり、王に戴くことになった。[30]（新羅）

（東扶餘解夫婁《ヘブル》王の息子）金蛙《クムア》王が太白山の南、優渤水である娘と出会い（その理由を）尋ねると、（その娘が言うには）私は河伯の娘で、名を柳花《ユファ》という。（ある日）弟妹たちと一緒に外で遊んでいると、そのときある男がやって来て自ら（自分のことを）天帝の子、解慕漱《ヘモス》だといって、私を熊心山の麓まで連れて行き、……私通してそのまま行ってしまい、二度と戻っては来なかった。……金蛙王はこれを不思議に思って（柳花を連れて）奥まった部屋に閉じ込めておいたが、陽の光が差して（柳花が）体を避けると、陽の光がまた後を追って来て（柳花の）体を照らし、しまいには身ごもって、卵を一つ産んだ。（卵の）大きさは五升ばかりあった。……母（柳花）が物でその卵を包み、温かいところに置いておくと、男の子が（卵の）殻を割って（その中から）出て来たが、骨格が秀でており、凡庸ではなかった。……（弓をよく射て）扶餘の俗語に弓をよく射る者を朱蒙《チュモン》と言っていたので（彼を）名付けて朱蒙といった。[31]（高句麗）

（29）李基東「百済国の政治理念についての一考察」（『震檀学報』六九、震檀学会、一九九〇年）四～五頁参照。

（30）原文は「始祖姓朴氏、諱赫居世。……国号徐那伐。先是、朝鮮遺民、分居山谷之間、為六村。……是為辰韓六部。高墟村長蘇伐公、望楊山麓、蘿井傍林間、有馬跪而嘶、則往観之。忽不見馬、只有大卵。剖之、有嬰児出焉。則収而養之。及年十余歳、岐嶷然夙成。六部之人以其生神異、推尊之、至是立為君焉」『三国史記』「新羅本紀」始祖赫居世居西干即位年条。

（31）原文は「金蛙嗣位。於是時、得女子於太白山南優渤水、問之曰、我是河伯之女、名柳花。与諸弟出遊、時有一男子、自言天帝子解慕漱、誘我於熊心山下、鴨緑辺室中私之、即往不返。……金蛙異之、幽閉於室中、為日所火炤、引身避之、日影又逐而炤之、因而有孕、生一卵。大如五升許。……其母以物裹之、置於暖処、有一男児、破殻而出、骨表英奇。……自作弓矢射之、百発百中、扶餘俗語、善射為朱蒙、故以名云」『三国史記』「高句麗本紀」始祖東明聖王即位年条。

百済の始祖は温祚王《オンジョワン》であり、その父は鄒牟《チュモ》あるいは朱蒙《チュモン》であるという。（朱蒙が）北扶餘から乱を避け卒本扶餘に至った。扶餘王は息子が無く、娘ばかり三人いたが朱蒙を見て彼が非常な人物であることを知り、二番目の娘を彼の妻にした。しばらくして扶餘王が亡くなると朱蒙が王位を継ぎ、二人の息子が生まれた。長男は沸流《ビリュ》といい、次男は温祚《オンジョ》といった。[32]（百済）

これらの神話によれば、新羅・高句麗・百済の三国はすべて共通して、「天」と現実の政治社会の支配者との血縁的連続性を「（卵）生」あるいは「（卵）出」[33]の観念を媒介にして形象化している。「（卵）生」「（卵）出」は自然の原理を説明する動詞であり、「天」と人間の政治社会の支配者との血縁的連続性という自然主義的連続性を意味している。したがって、「（卵）生」「（卵）出」の観念の基底には二つの発想、すなわち、①政治社会の起源を説明する、あるいは合理化する動詞であるということ、したがって、②人間の政治社会は自然的所与であるという思考様式が貫流している、と言えよう。

次に、『三国史記』における現実の人間と社会についての記述に関して見てみる。『三国史記』は一二世紀の史料であるため、人間の政治的・社会的・道徳的実践と関連して、「義」「礼」「道」「理」「天下の公義」「仁賢の化」「教民礼義」など、儒教的規範観念がいたるところに登場している。[34]もちろん、『三国史記』が官撰史料であり、また編纂者が儒者の金富軾であるという点から見ても、一層そうであると言えよう。

しかし、『三国史記』「新羅本紀」真興王《ジヌンワン》三七年条、崔致遠《チェ・チウォン》（八五七年〜?、字は孤雲）の「鸞郎碑序」には、「わが国に玄妙な道があるが（これを）風流という。この教え（風流の道）を設置した根源は『仙史』に詳しく記されている。（この風流の道は）実に三教（儒・仏・道）を（すべて）含むものであり、万物（＝すべての生命）と接し、これを醇化するものである。家に入っては父母に孝行し、外に出ては国に忠であるのは、魯の国の孔子の旨義である。無為の事（一切の作為的行動をしないということ）にとどまり、言葉が無くても教えを行うのは、周の国の老子の宗旨である。すべての悪（行）を行わず、善を敬い行うのは釈迦の（教）化である」[35]とある。

すなわち、崔致遠のこの議論はその発想において、古代韓国人の原初的発想と儒教思想、道家思想、仏教思想などが共存している。のみならず、この議論において崔致遠は、儒・仏・道三教の政治的・社会的価値・規範の卓越性を高く評価しているが、彼によれば、儒・仏・道のこのような価値・規範は古くから伝えられてきた「玄妙な道」（＝風流の道）の中にすでにすべて内包されていたと言い、それが言わば理念的に「万物（＝すべての生命）と接し、（これを）醇化していく」という「接化群生」の世界なのである。これは言うなれば、政治・社会の存在様式に関する発想において、自然・社会・人間の調和（harmony）の現実世界を指向していたと考えられるものである。もちろん、古代韓国人のこのような発想の存在様式については引き続き議論していくつもりであり、また古代韓国人がこのように自然・社会・人間の調和の現実世界を指向していたとはいえ、政治的・社会的な価値・規範のレベルでは外来の儒・仏・道三教の思想の模範的事例を提示するのにとどまっており、また「接化群生」という政治的・社会的価値・規範についての理念的命題をも提示するにとどまっている。[36]ただ、人間の本性に関する直接的議論がない状況下で、儒・仏・道三教と「接化群生」の延長線上に人間の本性の問題を推定してみるならば、人間本性の道徳的善性を強調していたと言うことはできるだろう。

---

(32) 原文は「百済始祖温祚王、其父鄒牟、或云朱蒙。自北扶餘逃難、至卒本扶餘。扶餘王無子、只有三女子。見朱蒙、知非常人、第二女養之。未幾扶餘王薨、朱蒙嗣位。生二子、長曰沸流、次曰温祚」『三国史記』「百済本紀」始祖温祚王即位年条。

(33) 本章註30、31、32参照。

(34) 『三国史記』「新羅本紀」沾解尼師今条、文武王条（上）および「高句麗本紀」宝臧王二七年条。

(35) 原文は「崔致遠鸞郎碑序曰、国有玄妙之道、曰風流。説教之源、備詳仙史。実乃包含三教、接化羣生。且如入則孝於家、出則忠於国、魯司寇之旨也。処無為之事、行不言之教、周柱史之宗也。諸悪莫作、諸善奉行、竺乾太子之化也」『三国史記』「新羅本紀」真興王三七年条。

Ⅲ　発想様式の特性（二）――『三国遺事』

『三国遺事』について見てみると、[37]『三国遺事』は『三国史記』に比べて一三〇余年以上も後の時代の史料であり、一然の私撰史書であるという点で、王命を受けた儒者である金富軾が編纂した『三国史記』とは極めて対照的な性格を有している。『三国史記』が儒教的合理主義に立脚した歴史叙述に力点を置いているとすれば、『三国遺事』は神異史観に立脚した歴史叙述、すなわち神異的歴史叙述が強く表れている。[38]もちろん『三国遺事』の場合にも、宇宙、自然、社会、人間の原イメージ－思考様式という観点から見れば、『三国史記』に劣らず原始儒教の影響を受けている。また、『三国遺事』の場合も『三国史記』と同様に、宇宙創成論についての明確な議論が提示されているわけではない。しかし、『三国遺事』には、宇宙の究極者としての「天」に関する記述が煩わしいほど多く登場している。

その典型的事例をいくつか紹介してみると、以下の通りである。

王太子曰く、国の存亡は必ず天命にかかっているので[39]……。

皇天（天帝）が我に言うには、ここに新たに国を建て、王になるようにということで、このためにここにやって来た。[40]

天造は天地開闢以来のもので、およそ妙技を披露し対応するのは困難である。[41]

実に、天が徳を生み、この世界のため法（法則、規範）を作った。[42]

つまり、『三国遺事』の場合も、『三国史記』に見られたように、宇宙の究極者としての「天」は、一方では、政治・社会・人間などを主宰し支配する絶対的人格者として認識されており、他方では、宇宙・自然の法則、社会・人間を規制する規範を意味している。

では『三国遺事』に見られる高句麗・百済・新羅の建国神話における「天」観念はどうだろうか。まず、高句麗の建国神話について見てみると、記述上文脈に多少差異はあるものの、①解夫婁《ヘブル》の宰相である阿蘭仏《アランブル》が、夢に天帝が現われて命じるには、将来自分の子孫をしてここに国を建てさせるつもりであるから、汝らはここを避けよと言ったこと、②朱蒙《チュモン》が、河伯の娘・柳花《ユファ》と天帝の息子・解慕漱《ヘモス》との間に生まれたこと、③朱蒙（東明王）が高句麗の始祖ということなど、(43) 建国神話の根幹をなす内容は『三国史記』のそれと異なるところがない。つまり、

（36）崔致遠の鸞郎碑序についての研究としては金炯孝「古代神話に現われた韓国人の哲学的思惟」（韓国哲学会編『韓国哲学史』(上)、東明社、一九八七年）一〇～一一頁、宋恒龍「崔致遠思想研究」（『韓国哲学思想研究』韓国精神文化研究院、一九八二年）三二一～三二八頁参照。

（37）著作年代から考えると、「東明王篇」の成立の方が『三国遺事』よりかなり前になるが、本章では『三国史記』との比較という観点から『三国遺事』を先に検討したい。

（38）李基白「『三国遺事』の史学史的意義」（同『韓国史学の方向』一潮閣、一九八一年）四一～四六頁参照。

（39）原文は「王太子曰、国之存亡必有天命」『三国遺事』巻二、紀異二、金傅大王。

（40）原文は「皇天所以命我者、御是処、惟新家邦、為君后、為茲故降矣」『三国遺事』巻二、紀異二、駕洛国記。

（41）原文は「天造従来草昧間、大都為伎也応難」『三国遺事』巻三、興法三、難陁闢済。〔原文の大意は「悠久の古よりの天の造化、学びて真似るは難きも、おもむろに自得せば、おのずと歌と舞にあらわれ、かたわらの人に（そを）ひき出して、まのあたりに見せしむるなり」。一然（金思燁訳）『完訳　三国遺事』明石書店、一九九七年（六興出版、一九八〇年刊の復刊）二一二頁）を参照した。〕

（42）原文は「実天生徳、為世作程」『三国遺事』巻二、紀異二、駕洛国記。

『三国遺事』の場合にも『三国史記』と同様に、「天」観念が主に人格的性格の次元で述べられており、その発想は、他者との対比の中で「天帝」の息子という源泉の独自性を強調し、またその当然の結果としての「天」と現実の政治社会の支配者との血縁的連続性を強調しており、この意味において、『三国遺事』における「天」観念は『三国史記』と同様に原始儒教における「天」観念とはかけ離れた違いを見せていると言えよう。すでに述べたように、三国時代には外来としての原始儒教の「天」観念が受容され、古代韓国人の内生的「天」観念と共存していたわけである。

『三国遺事』における「天」観念のこうした人格的性格と関連して登場する発想が、「(卵)生」観念である。この「(卵)生」観念は高句麗、百済、新羅の建国神話に等しく現われている発想であり、建国神話の根幹をなす内容は『三国史記』における「(卵)生」観念と異なるところはない。すなわち、『三国遺事』において、高句麗の建国神話で朱蒙《チュモン》の誕生が「(卵)生」神話の形式を取っており、また百済の始祖温祚王《オンジョワン》の血統も東明王(朱蒙)から「生出」している。そして新羅の始祖朴赫居世《ヒョッコセ》の「(卵)生」神話において、「(六部の祖先たちが)高いところに登って、南を眺めると楊山の麓にある蘿井の脇に稲妻のような不思議な気が降りかかるや、白馬一頭が跪拝していた。(人々が)そこを訪ねて見てみると、光り輝く紫卵一つがあった。その馬は人々(が来たの)を見るや、長く嘶《いなな》いて、天へと駆け上がってしまった。(人々が)その卵を割ると(そこから)男の子が出て来たが、姿は端正であり、美しかった。……そうして、この子供を名付けて赫居世王とした」[44]と記されているように、新羅の建国神話も「(卵)生」神話の形式を取っている。ただ、高句麗、百済、新羅の建国神話がすべて「(卵)生」神話の形式を取りつつも、百済と新羅の場合には「天」観念についての明示的な記述に乏しいという点で、高句麗の場合とは対照的であると言えよう。もちろん百済や新羅の建国神話で「(卵)生」神話の形式を取っているのは、その背景に高句麗の建国神話に見られるような「天」観念があったからだと考えられる[45]。

次に、『三国遺事』における現実の人間、社会に関しては、「天地の造化は天地開闢以来のもの」、「天が徳を生み、この世界のために法則・規範を作った[46]」という記述から明らかなように、『三国遺事』における現実の世界は本来的に秩序の世界である。したがって、「王太子曰く、国の存亡は必ず天命にかかっている[47]」、「人々を集め、人物を選んで彼らに孝悌忠信を教える。（これは）国を治める大要である[48]」という記述は、現実世界は本来的に秩序の世界であるという観点から「天地の造化」への順応、政治・社会の儒教的規範化を追求していると考えられる。そして、まさにこの観点から高句麗、百済、新羅の建国神話、歴史に関する記述を検討してみると、『三国遺事』における宇宙・自然・社会・人間に関する記述は、その発想において、『三国史記』におけるこれらの記述と文脈を同じくしている。

しかし、『三国遺事』は、三国時代の建国神話を越えて上古時代まで遡り、古朝鮮の建国神話に関する記録を残している。古朝鮮の建国神話に関する記録は、『三国史記』や『三国遺事』における高句麗、百済、新羅の建国神話に比べて、宇宙・自然・社会・人間に対する韓国人の原イメージ－思考様式をより豊富に残しているという観点から、煩をいとわず、できるだけ仔細に吟味してみようと思う。

『魏書』に曰く、「今から二千年前、檀君王倹がいて、阿斯達に都を定め、新たに国を建て、国の名を朝鮮と

（43）『三国遺事』巻一、紀異一、東扶餘および高句麗参照。
（44）原文は「於是乗高南望、楊山下蘿井傍、異気如電光垂地、有一白馬跪拝之状。尋撿之、有一紫卵（一云青大卵）。馬見人長嘶上天。剖其卵得童男、形儀端美……因名赫居世王」『三国遺事』巻一、紀異一、新羅始祖赫居世王。
（45）『三国遺事』新羅始祖赫居世王条によれば、「この六部の祖先たちは皆天から降りてきたようだ（此六部之祖、似皆従天而降）」、「馬は人を見るや長く嘶き天に昇っていった（馬見人長嘶上天）」と記されている。
（46）本章註41、42参照。
（47）本章註39に同じ。
（48）原文は「要聚徒選士、教之以孝悌忠信、亦理国之大要也」『三国遺事』巻三、塔像四、弥勤仙花・未尸郎・眞慈師。

した。（朝鮮は）高（堯）と同時代だったという。『古記』に曰く、昔、桓因の庶子である桓雄がしばしば天下に意を置いて人間世界を欲しがった（数意天下、貪求人世）。父（桓因）は子（桓雄）の意を知って、三危太伯山を見下ろすと、人間を弘く益すべきである（可以弘益人間）と考えた。これに（桓因は）天符印三つを（桓雄に）与え、（彼をして人間世界に）下らせ、人間を治めるようにさせた。桓雄は人々を三千名率いて太白山の頂上にある神壇樹の下に降り立ち、これを神市とした。これを名付けて桓雄天王という。風伯、雨師、雲師を従え、穀物、生命、疾病、刑罰、善悪など、およそ三六〇余個の人間事を主管し、世（の人々）を（理致〔理法、物事の正しいすじ道〕で）治め、教化した（在世理化）。この時熊一頭と虎一頭が同じ窟にいたのだが、いつも神雄（桓雄）に人間にしてくれと願っていた（願化為人）。……（しかし虎は禁忌を守れず〔人になることに〕失敗し）熊は二一日間の間、禁忌を守り、女の体になった。熊女は結ばれる相手がいなかったので……桓雄がしばらくの間（人に）変わって夫婦となり（雄乃仮化而婚之）、（熊女は）懐胎して息子を産んだ（孕生子）。これを名付けて檀君王倹とした。（檀君王倹は）唐高（堯）即位五十年である庚寅年に平壌城を都に定め、初めて朝鮮とした。（檀君王倹は）再び都を白岳山阿斯達へ移し、……千五百年の間国を治めた」と。(49)

『三国遺事』に収録されている古朝鮮の建国神話は、宇宙・自然・社会・人間に対する韓国人の原イメージ－思考様式を追跡することのできる最古の記録である。それゆえ、ここではこの建国神話に内在している古代韓国人の原イメージ－思考様式に注目してみよう。

①檀君王倹が建国した朝鮮は、古代中国の高が治めていた時代と同じであると記述している。これはその発想において、朝鮮の政治社会の起源に対する歴史的独自性を提示しているものと言える。

②桓因の庶子桓雄が天下に意を置き、人間社会を欲したということ、桓因は桓雄の意を知り……（天下の）人

間を弘く益する価値があると考え、桓雄を（人間世界に）行かせて人間を治めるようにさせたということは、言わば現実の人間世界というものが、天上の神が欲しがるほどの価値ある世界であって、これは基本的に現世肯定の倫理であり、このような発想の延長線上で、古朝鮮の政治社会成立の原点を天孫降臨神話に求めている。

③桓雄天王が、風伯・雨師・雲師を従えて穀物、生命、疾病、刑罰、善悪など人間の政治生活・社会生活で持ち上がる諸問題を主管し、世（の人々）を（理で）治め、教化したということは、風・雨・雲などの自然の世界から穀物、生命、疾病、刑罰、善悪などの政治・社会におよぶ現実世界を主宰し、人間の政治・社会の秩序化を求めていたということである。これはつまり、現実の人間の政治・社会を規範の世界として理念化していると言うことができる。

④桓雄に人になりたいと願った熊が女の体になり（熊女）、桓雄がしばらく（人に）変わってこれと夫婦になり、（熊女は）懐胎して息子を産んだ。そしてこの息子が檀君王倹であり、檀君王倹が治める朝鮮という国がようやく始まったのである。これは、言わば、（ア）桓因－桓雄の天上の神が神話を媒介にして人間の歴史的世界

（49）原文は「魏書云、乃往二千載、有檀君王倹、立都阿斯達（経云無葉山、亦云白岳。在白州地、或云在開城東、今白岳宮是。）開国号朝鮮、与高同時。古記云、昔有桓因（謂帝釈也）庶子桓雄、数意天下、貪求人世。父知子意、下視三危太伯、可以弘益人間。乃授天符印三箇、遣往理之。雄率徒三千、降於太伯山頂（即太伯今妙香山）、神壇樹下、謂之神市。是謂名桓雄天王也。将風伯雨師雲師、而主穀主命主病主刑主善悪、凡主人間三百六十余事、在世理化。時有一熊一虎、同穴而居、常祈于神雄、願化為人。時神遺霊艾一炷・蒜二十枚日、爾輩食之、不見日光百日、便得人形。熊虎得而食之、忌三七日、熊得女身。熊女者無与為婚、故毎於壇樹下、呪願有孕。雄乃仮化而婚之、孕生子、号曰檀君王倹。以唐高即位五十年庚寅（唐高即位元年戊辰、則五十年丁巳、非庚寅也。疑其未実）、都平壌城（今西京）、始称朝鮮。又移都於白岳山阿斯達、又名弓（一作方）忽山。又今彌達。御国一千五百年」『三国遺事』巻一、紀異一、古朝鮮。檀君神話についての文献的検討としては、徐永大「檀君関係文献資料研究」（尹以欽他『檀君その理解と史料』ソウル大学校出版部、一九九四年）四七～八一頁、および崔柄憲「檀君認識の歴史的変遷――高麗時代の檀君神話伝承文献の検討」（同前）一三九～一五七頁参照。（「桓因」は、ソウル大学校奎章閣本では「桓國」となっている。）

とスムーズに連続しており、朝鮮の歴史的世界を天上の神によって権威化するものである。（イ）天上の神と朝鮮の歴史的世界との連続性を合理化する神話的構成に登場する主要動詞を見てみると、「願化為人」「仮化而婚之」「孕生子」に見られるように、「化」「為」「婚」「生」などである。ここで天上の神と歴史的世界との連続性に関係づけてこれらの動詞に概念的説明をつけ加えてみれば、次のようになるだろう。

すなわち、「化」は「変わる」の意味であり、熊が「化」つまり変わり、また桓雄がしばらく人に変わるという意味である。[50] 次に、「為」は「成り立つ」または「なる」という意味であり、熊が変わって（変化して）人に「なる」という意味である。つまり、ここで「化」と「為」、「変わる」と「なる」あるいは「成り立つ」は、すべて自動詞であって、〈何か〉が〈何か〉に変わる、あるいは〈何か〉が〈何か〉になるという状態の変化と親和的関係にあると言うことができる。しかし、「化」＝「変わる」、「為」＝「なる」は、みな「生」＝「生む」を成すための副動詞に過ぎない。これに比べると、「婚」は「婚姻をする」の意味で、桓雄と熊女が「婚姻をする」ということであり、「生」は「生む」の意味で、熊女が檀君王倹を「生む」という意味である。つまり、この「婚」と「生」、「婚姻をする」と「生む」は他動詞であるが、「婚」「婚姻をする」は神話的構成において「生」＝「生む」を成り立たせるための副動詞であり、また熊女が檀君王倹を「生」＝「生む」という意味で、「生」＝「生む」は天上の神と「朝鮮」の歴史的世界との連続性を作り上げる主動詞である。

以上、検討したように、『三国遺事』における古朝鮮の建国神話は、一方では『三国史記』『三国遺事』の高句麗、百済、新羅の建国神話と比較してみた場合には、古代韓国人の宇宙・自然・社会・人間に対する発想様式との類似性を見出すことができる。しかし、他方では、古朝鮮の建国神話における「貪求人世」「弘益人間」「願化為人」「孕生子」から窺えるように、現実世界における人間の生に対する価値を積極的に肯定する理念化の作業が進められている。これは要するに、天上の神から人間の歴史的世界への移行過程、すなわち天孫降臨思想にもとづく現実世界の価値理念の具現化を示すものであると言えよう。

Ⅳ　発想様式の特性（三）――「東明王篇」

「東明王篇」と『帝王韻紀』はどちらも古代韓国人の歴史的独自性を詠う叙事詩である。前者が高句麗の始祖である東明王の建国神話を賛美した長編の英雄叙事詩であるとすれば、後者は檀君の（古）朝鮮建国（前朝鮮紀）から後朝鮮紀（箕子朝鮮）、衛満朝鮮紀、漢四郡〔楽浪郡・真番郡・臨屯軍・玄菟郡〕および列国紀、新羅紀、高句麗紀、百済紀、高麗忠烈王代に至るまでの国家の興亡盛衰を詠う民族叙事詩であると言えよう。(51)

李奎報は、「東明王篇」の執筆動機について次のように論じている。

世に東明王の神異な現象について多く話されている。……癸丑年（一一九三年）四月『旧三国史』を得て、「東明王本紀」を（読んで）見ると、その神異の痕跡は世間で言われている以上のものだった。しかし、やはり最初はそれを信じることができずに考えたのは、〔これ／この現象は〕鬼であるとか、幻であるとかということであったが、三度に亘って繰り返し熟読玩味し、しだいにその根源についてよく通じてみると、（それは）幻ではなく聖であり、鬼ではなく神であった。(52)

(50) ここで「化」は変化、教行（教化）、造化などの意味がある。とくに韓国人の支配的な思考様式である「教行」の思想史的含意については後述したい。
(51) 「東明王篇」についての分析的研究としては卓奉心前掲《東明王篇》に表れる李奎報の歴史認識」がある。
(52) 原文は「世多説東明王神異之事……越癸丑四月、得旧三国史、見東明王本紀。其神異之跡、踰世之所説者。然亦初不能信之、意以為鬼幻、及三復耽味、漸渉其源、非幻也、乃聖也、非鬼也、乃神也」『東國李相國全集』巻三、古律詩「東明王篇幷序」東国文化社、一九五八年。

すなわち、李奎報は、当時の世間で愚かな男女までもがしばしば口にするほど広く知られていた東明王の神異現象をいぶかしく思っていたが、『旧三国史』の「東明王本紀」に書かれた神異現象を再三読むことにより、東明王の神異現象が「鬼」や「幻」ではなく「神」であり「聖」であったことを強調している。これは東明王の建国神話における「鬼」・「幻」から「神」・「聖」への転化であり、東明王の「神」・「聖」化であった。

さらに李奎報は、『旧三国史』に収録されている「東明王本紀」を直接検討し、「東明王本紀」を素材にして東明王の「神」・「聖」性を賛美している。

漢の神雀三年夏の初めに（忽然と臨んだ）海東の解慕漱、本当にこの方は天（帝）の子（天之子）である。……昔から（天）命を受けた王は天が下したもの（天賜）である。……（天の子は）朝には人間（が暮らす）世界へ、日が沈めば天宮へお帰りになる。……朝夕に恣に昇降なさる、このような理がどこにあろうか。[53]

東明王の建国神話によれば、高句麗（国家）の歴史的起源は「天」（神）に由来しており、したがって解慕漱が「天（帝）の子」として朝夕に天上界と人間世界を往来して統治する神権政治の形態を取っていたというのである。この説話には、その基底に二つの思考様式が内在している。一つは、高句麗（国家）の歴史的起源が直接無媒介的に「天」と連結しているということ、したがって高句麗（国家）には中国の歴史的起源とは別の本来的歴史的独自性が内在しているということである。もう一つは、解慕漱が「天（帝）の子」として人間世界を治めるという言わば神権政治であり、「天（帝）の子」による人間世界における政治的支配の場を神聖化していることである。

李奎報は、高句麗の始祖朱蒙（東明王）の誕生について、「金蛙王が解慕漱妃・柳花を見て別宮にいさせると、日の光を受けて朱蒙が生まれた。時に癸亥年（前五八年）、骨格、姿は尋常ではなく、泣き声もまたたいそう壮大であった。初めは升ほどの卵を産んだから、見たものは皆驚いた。金蛙王（が言うに）は縁起でもない、どうして人であり得るか。……これを山深くに捨てると、すべての獣たちがかばい守った。……金蛙王は卵を持ってこさせ、その母（柳花）に渡して育てさせた。卵はまさにその時割れて男の子を得た」[54]と述べている。つまり、これは朱蒙が「天（帝）の子」である解慕漱と柳花との間に生まれたという卵生神話を媒介にして、天上の神から人間の歴史的世界への移行過程、連続性、神聖性を合理化しているのである。

では、「天（帝）の子」解慕漱による人間世界への政治的支配が朱蒙を始祖とする高句麗に継承されるまでの過程で、主に登場する動詞にはどのようなものがあるだろうか。李奎報は次のように記している。

河伯が王（解慕漱）に告げるには、婚姻は大事であり、媒酌と幣帛には通法（礼法）があるにもかかわらず、どうして（あなたは）勝手気ままなのか。「東明王篇」——河伯は礼を以て彼を迎えた。お座りになって話されるには、婚姻の道は天下の（どこでも）通用する法度があるにもかかわらず、どうして礼を守らず、わが宗門を貶めるのか[55]……。

（そこで河伯が解慕漱が上帝の息子であることを確かめるため、彼の超能力的な変化（神変）を試すが）波打つ青い海で河伯が鯉になるや、王（解慕漱）はすぐ獺になり、あっという間に（鯉を）捕まえてしまった。（河伯はまた）翼を生やして雉となって飛ぶと、王はまた霊妙な鷹となって（雉を）打ち据えること荒々し

(53) 原文は「漢神雀三年四月甲寅、海東解慕漱、真是天之子……自古受命君、何是非天賜……朝居人世中、暮反天宮裡……朝夕恣升降、此理復何爾」『東國李相國全集』巻三、古律詩「東明王篇幷序」。
(54) 『東國李相國全集』巻三、古律詩「東明王篇幷序」。
(55) 原文は「河伯乃謂王、婚姻是大事。媒贄有通法、胡奈得自恣」出典同前。

かった。河伯が鹿となって走ると、王は山犬となって追いかけた。[56]

（朱蒙の創業を受けて高句麗を守る）守成君は……寛と仁を以て王位を守り、礼と義によって民を教化した。[57]

すなわち、「天帝の子」解慕漱による人間世界での政治的支配を合理化する神話的構成を見ると、「神変」「河伯化作鯉」「王尋変為獺」「翩然化為雉」「王又化神鷹」「彼為鹿而走」「我為豺而趦」「守位以寛仁、化民由礼義」等に見られるように、先ほど言及した卵生神話と同様に、化・為・変・化為・化作・変為などが主動詞として登場している。既述したように、「化」と「為」はそれぞれ「変わる」と「なる」または「成り立つ」の意味であった。この神話的構成に登場する「変」も、「化」と同じ意味で用いられている。では、「化作」はどうであろうか。「化」はすでに検討したように「変わる」の意味であり、「作」は「為」と同様に「なる」「成り立つ」の意味がある。したがって、「化作」は、「変わり、成り立つ」または「変わって——になる」の意味であり、ここでは「河伯が鯉になった」という意味である。そして「変為」は、先ほど検討したようにすべて「なる」の意味で用いられている。しかし、その一方で、治める者は「寛と仁を以て王位を守り、礼と義によって民を教化する」と記されており、「化」は「教化」すなわち（民を）「教え感化させる」の意味も持っている。まさにこの意味で、「東明聖王」における「化」は、その思考方法において規範的思惟様式が内在していると言えよう。これは河伯が「（解慕漱に）婚姻は大事であり、媒酌と幣帛には通法（礼法）がある」という表現、あるいは「河伯は礼を以て彼を迎えた」「（河伯が解慕漱に）どうして礼を守らず、我が宗門を貶めるのか」という表現からも分かるように、人間の社会的規範関係に関する議論と照応している。

V　発想様式の特性（四）――『帝王韻紀』

『帝王韻紀』について見てみると、李承休は『帝王韻紀』下巻[58]「東国君王開国年代」の序文において、次のように論じている。

謹んで国史にもとづき、各本紀と殊異伝に載っているものを広く選び採りつつも、堯舜以来の経伝（経書と経書を註解した本）と子史（諸子の著書と歴史書）を察して、根拠の無い言葉は除いて正理を取り、その（歴史的）事実を繙いてこれらを詠い、（国家が）興亡する時代を明らかにしましたが、およそ一四六〇言でありました。[59]

李承休は、この序文で民族の歴史を叙述するための執筆方針について論じている。それは、第一に、『旧三国史』『三国史』『三国史記』などの国史書－歴史書を歴史記述の基本史料とするということ、そして歴史的事実を記述する際にはこれらの国史書－歴史書に収録されている「本紀」（紀伝体の国史書－歴史書に収録されている

(56) 原文は「君是上帝胤、神変請可試。漣漪碧波中、河伯化作鯉。王尋変為獺、立捕不待跬。又復生両翼、翩然化為雉。王又化神鷹、搏撃何大鷙。彼為鹿而走、我為豺而趡」出典同前。

(57) 原文は「守位以寛仁、化民由礼義」出典同前。

(58) 『帝王韻紀』は上巻と下巻からなっており、上巻では盤古以来元代に至るまでの歴代帝王の歴史を、そして下巻では東国君王開国年代（檀君から渤海に至るまで）と本朝君王世系年代（王建から忠烈王代に至るまで）の歴史を編んでいる。『帝王韻紀』についての文献的研究としては、邊東明「李承休の『帝王韻紀』撰述とその史書としての性格」（『震檀学報』七〇、震檀学会、一九九〇年）参照。

(59) 原文は「謹拠国史、旁採各本紀与夫殊異伝所載、参諸堯舜已来経伝子史、去浮辞、取正理、張其事而詠之、以明興亡年代、凡一千四百六十言」『帝王韻紀』巻下、東国君王開国年代幷序。

帝王の事績）と、説話ないし伝奇的事件に関する記録と言える『殊異伝』に収録された内容を中心に記述するということ、そして第二に、歴史的事実を記述する上で、中国の経書とその註解、思想家たちの著作と中国の歴史書を参考にして調査し、①文献上の根拠を固持し、②道理に合うもの（正理）を取る、ということである。

この序文において、李承休は歴史記述に関する二つの観点を提示している。一つは、民族の歴史叙事詩らしく、歴史記述において民族の歴史的独自性に着目するということであり、もう一つは、歴史記述において価値理念的に儒教的規範主義にもとづくということである。

このような発想は、『帝王韻紀』下巻冒頭に出てくる「地理紀」によく表れている。

遼東に別天地があるが、（ここは）わずかに中朝と区別されて分けられている。大波がざぶんざぶんと三面を取り囲み、北方に大陸があり、（大陸と）細く続いている。真ん中の千里（の道）、ここが朝鮮である。山河の形勝は天下に名高く、田を耕し井戸を穿つ礼義の国である。華人が名付けて小中華と言った。(60)

この文章は東アジアにおける朝鮮の地理的位置を詠ったものである。しかし、その基底には、民族の歴史叙事詩に流れる二つの思考様式が内在している。一つは、朝鮮という国家が「中朝」、すなわち中国大陸で興亡盛衰の歴史的道程を歩んでいる数ある王朝とは地理的にまったく別の地域の国家であり、また淵源的にも朝鮮という国家が中国大陸の王朝を媒介にして成立した国家ではないということ、すなわち、政治社会の歴史的起源が「天」と直接無媒介に連続していることを含意している。もう一つは、朝鮮という国家が地勢的に優れているだけでなく、中国人も「小中華」と言うほどに農耕を生業とする「礼義の国」であるということ、すなわち、儒教的な政治的社会的規範を重視する国である、ということである。もちろん、ここで儒教的な政治的社会的規範という場合、概念的にどのようなものなのかを正確に提示することは決して容易な作業ではない。これについては、古代韓国人の宇宙・自然・社会・人間に関する原イメージ－思考様式がいかなるものかについて議論する過程でより具体的に検討するつもりであるが、[61]思考様式の次元から見たとき、『帝王韻紀』には、すでに古代韓国人の原イメージ－思考様式に加えて儒教的規範意識が浸透しており、韓国史の歴史認識に投影されている。

李承休はさらに朝鮮の歴史的起源について、最初に、開国が「釈帝（天帝）の孫の檀君」[62]によってであると記している。彼は次のように論じている。

上帝桓因には庶子がいたが、名が雄であったという。……（桓因）がこの雄に言うには、（汝は）下（地上）に降り、三危太白に赴き、弘く人間を益することができないのかと言った（弘益人間）。そうして雄は天符印三つをもらい受け、鬼神三千を率いて太白山頂上にある神檀樹の下に降りてきた。この方を檀雄天王と言うのだという。孫娘に薬を飲ませて人の体にし（令孫女飲薬、成人身）、檀樹神と結婚させて男児を得た（与檀樹神婚而生男）。名を檀君という。朝鮮の地を占め、王となった（拠朝鮮之域為王）。このようにして尸羅（新羅）、高礼（高句麗）、南北沃沮、東北扶餘、穢と貊はすべて檀君の子孫である。[63]

李承休は、『三国遺事』の一連の記述に見られるように、韓国史の歴史的起源を檀君朝鮮に求めている。もちろん、『三国遺事』と『帝王韻紀』に記されている檀君神話の内容を比較してみると、両者の間には文脈もしく

(60) 原文は「遼東別有一乾坤、斗与中朝区以分、洪濤万頃圍三面、於北有陸連如線、一作華句、中方千里是朝鮮、江山形勝名敷天、耕田鑿井礼義家、華人題作小中華」『帝王韻紀』巻下。
(61) 本書第一章三節、四節および第二章一節参照。
(62) 『帝王韻紀』巻下。
(63) 同前。

は字句上の違いが見られるが、古代韓国人の宇宙・自然・社会・人間の原イメージ－思考様式を追跡するという観点から考えた時、これらの違いが何か決定的な意味を持っているとは考えられない。

李承休の檀君神話に関する議論は、古代韓国人の宇宙・自然・社会・人間の原イメージ－思考様式という観点から見ると、基本的に、その発想において天孫降臨神話であり、『三国遺事』における檀君神話に関する議論と一致する。すなわち、李承休における檀君神話が天上世界の上帝である桓因を起点としているということ、そして雄に「弘益人間」を実現させるために地上世界に行かせたということ、そしてまさにこの意味で、その基底に現世肯定の倫理を下敷きにしていると言えよう。

次に、桓因の天上世界と檀君以来の歴史的世界との連続性を合理化する過程を見ると、「孫娘に薬を飲ませて人の体にし（令孫女飲薬、成人身）、檀樹神と結婚させて男児を得た（與檀樹神婚而生男）」、そしてこうして生まれた男児が「朝鮮の地を占め、王となった（拠朝鮮之域為王）」と論じられ、朝鮮の歴史的世界を支配するようになっている。こうした天上の神と朝鮮の歴史的世界との連続性を合理化する神話的構成に登場する主要動詞を見てみると、「成人身」「……婚而生男」「……為王」に見られるように、「成」「婚」「生」「為」である。これらの動詞は、「成」以外はすべて『三国遺事』における古朝鮮の建国神話－檀君神話に登場する動詞である。しかし、実は「成」も「なる」または「なす」、「成り立つ」の動詞であって、「化」「為」と親和関係にある。そして「婚」「婚姻をする」と「生」「生む」は、すでに検討したように、神話的構成において前者が副動詞で後者が主動詞であり、孫女が檀君を生むことによって桓因の天上世界と檀君を起点とする朝鮮の歴史的世界が連続するのである。

韓国史の歴史的起源に対するこうした発想は、新羅、高句麗、百済の建国神話にも貫徹している。

李承休は次のように記している。

新羅の始祖奕居世、出（生）は人間の血統ではない。卵が空（蒼蒼）から降りてきたが、その大きさは瓢ほどもあり、紅糸で結ばれていた。卵の中で長く生き、朴という姓を付けた（新羅人は瓢を朴と言った）。（だから）これはどうして天が啓いたものでないことがあろうか。(64)

高句麗の始祖は、姓は高である、……諡号は東明である。矢をよく射る腕前があり、名は朱蒙である。……父は解慕漱、母は柳花、……（父の解慕漱は）皇天（天帝）の孫であり、河伯の甥である。（父解慕漱は天宮に帰り、母柳花は優渤水の澄んだほとりにいたのだが、扶餘国王金蛙が）別館を建て（柳花を）迎えたのだ。（柳花が）五升ほどの大きさの大きな卵を左脇から産み、くもった日に男の子が（卵を割って）生まれた。(65)

百済の始祖の名は温祚だが、東明聖帝の息子に違いない。（しかし）彼の兄・類利が来て王位を継ぐと、心が穏やかではなく、南方へ移っていった。……弁韓の地に開国したが、野は肥え美しい。天の時と地の利に人の和を得たので（国を）経営して何日も経たない間に千官が具わった。(66)

(64) 原文は「新羅始祖奕居世、所出不是人間系、有卵降自蒼蒼来、其太如瓢紅縷繫、筒中長生因姓朴、羅人、呼瓢為朴。此豈非為天所啓」『帝王韻紀』巻下。

(65) 原文は「麗祖姓高……諡東明、善射故以朱蒙名……父解慕漱母柳花……皇天之孫河伯甥、父還天宮不復返、母在優渤清江汀、扶餘国王名金蛙、為開別舘相邀迎、五升大卵左脇誕、陰雲之日、生陽晶」『帝王韻紀』巻下。

(66) 原文は「百済始祖名温祚、東明聖帝其皇考、其兄類利来嗣位、心不能平乃南渡……開国弁韓原膴膴、天時地利得人和、経営不日千官具」『帝王韻紀』巻下。

新羅、高句麗、百済の建国神話は、檀君朝鮮の建国神話と同様に、発想様式において天上世界と新羅の始祖である朴赫居世、高句麗の始祖である朱蒙、百済の始祖である温祚を起点とした歴史的世界との連続性を基調としており、このような連続性を合理化する神話的構成において、ともに「天」「出」（生）「卵」（生）「誕」（生）に見られるように、その基底に「天」と「生」が貫徹している。

しかし、『帝王韻紀』における李承休の韓国史に関する記述は――この点については後に再論する――、歴史認識の次元から見れば、歴史的実際の次元における論証問題を離れ、檀君朝鮮以後、箕子朝鮮、衛満朝鮮、漢四郡とすでに古代韓国が政治的・文化的・思想的・軍事的に中国大陸からの影響を大きく受けているという認識にもとづいている。とくに政治思想史の観点から見たとき、「後朝鮮の始祖は箕子である。（中国の）周の武王元年、己卯春に亡命してきて、自ら国を建てたが、武王が遠くから封じて印綬を送ってきた。箕子が礼として謝礼せざるを得ず、訪ねて行って謁したとき、洪範九疇や人倫などを尋ねてきた[67]」と記されているように、古代中国の統治原理である「洪範九疇」のような規範意識－思考方法がすでに箕子朝鮮－古代朝鮮時代に中国大陸から浸透していたとみなされている。

李承休はこのような歴史認識に立脚して、『帝王韻紀』上巻において、まず中国大陸を中心に太古の時代の伝説上の天子として知られる盤古時代を起点としてとらえ、天地が化生して元代にいたるまでの歴代王朝の興亡盛衰を記述し、次いで下巻で「東国君王開国年代」と「本朝君王世系年代」を取り上げ、前者において檀君朝鮮（前朝鮮）を起点とし、箕子朝鮮（後朝鮮）、衛満朝鮮を経て渤海に至るまでの歴史的推移を、そして後者において高麗王朝の始祖王建から忠烈王代に至るまでの歴史的推移を記述している。

これは、要するに『帝王韻紀』における歴史記述の基本体裁という観点から見ると、上巻では韓国史に先立って中国史が記述されているということである。これを『帝王韻紀』における歴史記述の文脈の中で考えてみると、中国史に関する記述が韓国史記述の前提になっているということ、すなわち、韓国史は歴史記述において政治的・文化的・思想的・軍事的に中国史と不可分の関係に置かれているという歴史認識にもとづいていることを意味する。しかし、すでに検討したように、下巻では韓国史における政治社会の起源の歴史的独自性を論じているという点を考慮すれば、すでに古代史の段階から韓国史に関する記述は、一方で韓国史の独自性についての自覚的議論が不断に提起されつつも、他方で地理的に韓国が中国大陸と地続きであるために政治的・文化的・思想的・軍事的に中国大陸をはじめとする外来のものからの強力な影響を受けやすい歴史的環境を受け入れていた、と言えよう。前者が韓国史の記述における歴史的自我の追求であるとすれば、後者はこのような歴史的自我を規制する歴史的所与であった。韓国史の記述における歴史認識のこの両面性は、後述するように、正統－異端の観念の成長とともに、中国大陸の文化・思想の中に歴史的自律性を追求するという結果をもたらすのである。

第三節　古層の構造

I　「生じる」－「生む」の論理と「つくる（作、造）」の論理

古代韓国人の宇宙、自然、社会、人間に対する原イメージ－思考様式がいかなるものかについて総合的考察を行うのに先立って、韓国人の日常的思考様式の特性に関する議論から始めたい。

二〇〇六年九月九日（土）、日刊新聞（『東亜日報』）の一面に次のような記事が掲載された。

（67）原文は「後期鮮祖是非箕子、周虎元年己卯春、逋来至此自立国、周虎遥封降命綸、礼難不謝乃入覲、洪範九疇問彝倫」『帝王韻紀』巻下。

○○○現憲法裁判所所長は一四日に退任するので、この日までに○○候補者任命同意案が処理されなければ、憲法裁判所所長がいないという史上初の事態が生じることになる。[68]

この記事の意味は、○○○憲法裁判所長候補者についての任命同意案が一四日までに処理されなければ、憲法裁判所所長がいない史上初の事態が生じることになるというものである。

この新聞記事に登場する「生じることになる」という動詞に関連づけて、一つの問題を提起してみたい。「候補者任命同意案が処理されなければ、憲法裁判所所長がいない史上初の事態が生じることになる」という一文に典型的に見られるように、なぜわれわれ韓国人はこの場合に「候補者任命同意案が……史上初の事態を惹起することになる」、あるいは「……史上初の事態に直面することになる」、さらに「……史上初の事態を経験することになる」などと言い、こうした現象を招くことになる作為的主体が明らかな表現よりも、作為的主体が曖昧な「生じることになる」という動詞を好んで使うのだろうか。「生じることになる」の原型は、「生じる（생기다《センギダ》）」であり、これは自動詞である。韓国語の場合、「生じる」という動詞は――この語彙についての概念的検討は後に行う――、たとえば「西部にまた異なる戦線が生じた」「山を越えて村に小学校が生じたんだなぁ」「お母さんのお腹の中に三番目（の子供）が生じたんだから」「都会の真ん中に公園が生じた」「暑い夏に食べ物を湿度の高い所に置いていたら、虫が生じた」「この制度が生じてから、こんなことは初めてだ」「朝起きてみると、首にこぶが生じた」等の表現に見られるように、一方で作為的主体が不確実であるかと思えば、他方では自然の論理が色濃く下敷きにされており、あたかも現実世界を（自然的）生成の世界のごとくみなす傾向が見られる。「生じる」は、韓国人の言語生活で極めて日常化された特異な位置を占めている動詞と言うことができる。

実証的次元において何らかの言語社会学的研究成果が出ているわけではないが、筆者の見解では、どの民族であれ、その民族が用いている言語体系を検討してみると、彼らの言語生活において、彼らの思考様式や社会的・文化的特性と関連して、それが名詞であれ、代名詞であれ、動詞であれ、形容詞であれ、副詞であれ、日常生活の中で特異にかつ集約的に多用される単語が存在している。もちろん、一民族の構成員の思考様式や社会的・文化的特性によって、このように特異かつ集約的に多用される単語の構成体系がさまざまに現われることは言うまでもない。筆者は、一民族の構成員の思考様式や社会的・文化的特性によって構造化されている、その民族にとっての特異かつ集約的に多用されている単語体系が、実はその民族の構成員が営んでいる思考や社会・文化の躍動性(dynamics)の存在様式と密接な連関を持っていると考えている。したがって、その民族の構成員が営んでいる思考や社会・文化の躍動性の中で、日常的に特異かつ集約的に不断に登場している単語の構成体系を追跡し、これを分析することによって、逆にその民族の構成員の思考様式や社会・文化の躍動性を特徴的に把握することができると考える。筆者は韓国人が日常的に用いている「生じる」が、韓国人の思考や社会・文化の躍動性の基調(keynote)をなす代表的動詞の一つであると考える。本節では、われわれ韓国人の思考や社会・文化の躍動性の基調をなす「生じる」という動詞が、歴史的にどれほど根深いものであるかを検討してみたい。

ではもう一度原点に立ち返って、この問題を検討してみよう。すでに述べたように、「生じることになる」という動詞の原形は「生じる」であり、韓国語辞典によれば、「無かったものが新たにあるようになる(≒生じ[69]る)」という意味の自動詞である。例文をあげれば、「太初、光が生じる前、秩序が生じる前、世界は暗闇だった

(68) 東亜日報、二〇〇六年九月九日、第一面。

(69) 延世大学校言語情報開発研究院編『延世韓国語辞典』(斗山東亜、一九九八年)、李熙昇監修、民衆書林編輯局編『エッセンス国語辞典』(民衆書林、一九九五年)一一八〇頁、および国立国語研究院『標準国語大辞典』(www.korean.go.kr)。「생기다《センギダ》=生じる」の語源を追跡してみると、「생기다」は「삼기다《サムギダ》」に由来するもので、南廣祐『教学古語辞典』(教学社、二〇〇四年)によれば、「삼기다=생기다(生じる)、태어나다《テオナダ》(生まれる)」であり、その例文として「この身が生まれし時、王様(宣祖、一五五二~一六〇八年)

／雷鳴が鳴り、稲妻が落ちると、そこに大きな岩が生じた」[70]のように、原義は自然の原理にしたがって「（無かったものが）新たにあるようになる」ということを意味している。

しかし、「生じる」という自動詞の日常的用法は、非常に多様である。煩をいとわずにそれぞれ例文をあげてみると、①「故郷に小学校が生じて〔できて〕以来初めての慶事だと言った」、②「学生たちの聴解力の差異によってそうした結果が生じたという説が有力である」、③「何事かがきっと生じそう〔起きそう〕だったということでしょう」、④「やっとのことで、食い扶持が心配で戦々恐々としていた洪さんに仕事が生じた〔できた〕」、⑤「俺も長年生きてきて浅はかな知恵が生まれた〔付いた〕」、⑥「やっと木浦の家ではヨンホに花嫁が生じた〔できた〕という事実を知った」、⑦「こうして生きても良いのだろうかという懐疑が生まれた〔生じた〕」、⑧「おじいさまに火病が生じた〔――になられた〕のもその頃からだった」、⑨「こんな暮らしでまた子供が生じたら〔出来たら〕どうしよう？」などである。[71]

では、これらの例文で用いられている「生じる」の含意はどのようなものだろうか。

これらを順に見ていくと、①「故郷に小学校が生じ」たというのは、（機関、施設、制度などが）新たに作られた、設立されたということ、②「……そのような結果が生じた」というのは、（結果などが）現われたということ、③「何かがきっと生じそうだ」というのは、（事故、出来事、問題などが）起きそうだ、発生しそうだということ。④「……洪さんに仕事が生じた」というのは、（あるものが）自分のものになった、（あるものを）得ることになったということ、⑤「……長年生きてきて浅はかな知恵が生じた」というのは、（あるものが誰かに）新たにあるようになったということ、⑥「……ヨンホに花嫁が生じた」というのは、（花嫁や恋人が）新たにいるようになったということ、⑦「……懐疑が生じた」というのは、（ある気持ちに）なったということ、⑧「……火病が生じた」というのは、（病が）発生したということ、⑨「……子供がまた生じた」というのは、妊娠する、妊娠して（子供が）生まれるということなどである。すなわち、「生じる」という動詞は、韓国人の日常の中で「作られる／造られる」、「設立する」、「現われる」、「起きる、発生する」、「自分のものになる」、「得ることになる」、「新たにあるようになる」、「なる」、「妊娠する」、「妊娠して生まれる」などの意味で用いられている。

韓国人の日常における「生じる」のこのような様々な用法の中には、二つの決定的な特徴が内在している。その一つは、例文①に見られるように、「生じる」が「作られる／造られる」の意味で用いられているということである。この二つの自動詞を概念的に単純化してみるならば、「生じる」が「自然」の論理であり、「作られる／造られる」は「作為」の論理である。したがって、これは「作られる／造られる」が「生じる」の中に混ざっているということ、「自然」と「作為」の間に自覚的境界はない、ということになる。換言するならば、「生じる」の論理の延長線上に「作られる／造られる」の論理がある。「自然」の論理の延長線上に「作為」の論理があるということを意味している。二つめは、例文②〜⑨に見られるように、「生じる」の論理は人間の社会関係を説明する際にも拡大・適用されているということである。もちろん、人間の社会関係は、原生的社会関係である「家」共同体社会という自然的所与の基礎の上に構築されている。しかし、近代的「個人」の発見を論拠として提起しなくとも、家共同体社会関係の基盤の上に展開される人間の一般的社会関係とは作為の世界である。言ってみれば、人間の一般的な社会関係とは「自然」の論理から「作為」の論理への転換であると言える。このように考えるとき、例文②〜⑨の「生じる」という自動詞は一般的な社会関係における「作為」の論理を「自然」の論理に擬制（fiction）化しているものと言えよう。そして、まさにこのような意味で現実世界が一つの所与の世

につき従って生まれ」（松江鄭澈、思美人曲）を挙げている。また李熙昇編著の『国語大辞典』（民衆書林、一九八一年）でも同様に、「삼기다＝생기다（生じる）、태어나다（生まれる）」としている。〔本項における「生じる」は日本語訳としては不自然なものもあるが、原文のニュアンスを伝えるために敢えて直訳調とした。〕

（70）『延世韓国語辞典』一〇二六頁。またはNaver（www.navar.com）韓国ブリタニカ→『延世韓国語辞典』「생기다」。

（71）註70に同じ。

界として受け入れられているのである。

では、韓国が歴史的に儒教文化圏に属しているという観点から、「生じる」という動詞に相当する漢字語「生」の用法を見てみよう。第一に、「AがBを生む」「Aが生まれる」―「生じる」に見られるように、「生」には「生む」という他動詞と「生まれる」―「生じる」という自動詞がある。すでに提示したように他動詞の「生む」は「AがBを生む」であり、主体Aと客体B、または生むものと生まれるものの間には根源的な連続性がある。したがって「生（生む）」の論理において超越者の観念は成立しにくい。この意味で、「生（生む）」の論理は「作」ないし「造」の論理と対照的である。「作」ないし「造」の論理は、「AがBを作る／造る」であり、主体Aと客体B、または作る／造るものと作られる／造られるものの間に根源的な断絶がある。それゆえ、「作」ないし「造」の論理においては、超越者の観念が成立することになり、まさにこの点で「生（生む、生まれる）」の論理と「作」ないし「造」の論理は決定的な違いを見せている。その決定的な差違は、儒教の「天」観念とキリスト教の「神」観念に現われている。思想次元における「生」の観念に関するより具体的な議論は後述することとし、第二の用法である「生（生む、生まれる）」という動詞の日常的用法を調べてみると、その代表的なものとして、①「生物」「生業」「生存」「生活」「生動」、②「生成」「生長」「生而知之」、③「生財」「生産」などを挙げることができる。(72)

では、これらの単語に用いられている「生」の含意はいかなるものであるか。これを順に見ると、①「生きている物体」、「生きるためにすること」、「生きているもの」、「生きて活動すること」、「生きて動くこと」などに見えるように、「生きる」、「生きている」の意、②「生じる、発生する」、「出て育つ」、「（生まれ）出てからそれを知る」などに見えるように、「（無かったものが）新たにあるようになる」、「生まれる」の意、③「財物を増やす」、「人力を加え財貨を作り出す、増加させる」の意味で使われている。

つまり、漢字語「生」の用法においても、「生きる」「生じる」「（無かったものが）新たにあるようになる」

「生まれる」といった「自然」の論理とともに、「……を伸ばす／増やす」「……を作り出す／造り出す」のような「作為」の論理が混ざり合っていると言うことができる。「自然」の論理の延長線上に「作為」の論理が置かれているのであり、またこの意味で、漢字語「生」の場合にも現実世界が一つの所与の世界として受け取られているのである。

このような発想の特殊性は、それが単に韓国社会における特定語の用法だけに見られるのではなく、韓国社会の社会・歴史的躍動性（dynamics）を規定している言語体系・思考体系・行動体系にも見出すことができる。歴史現象における恒常性と例外性という観点から歴史的、文化的、思想的に韓国人の言語体系・思考体系・行動体系の支配的傾向を分析するならば――こうした規定は非常に粗雑な論理であって、実証的分析を必要とするが――、作為主義よりは自然主義に、来世よりは現世に、特殊主義よりは普遍主義に、客観主義よりは主観主義に、状況主義よりは規範主義に、実用主義よりは根本主義に、個人主義よりは共同体主義に、より力点が置かれている。もちろん、歴史的、文化的、思想的に韓国人の言語体系・思考体系・行動体系の中に、作為主義、来世、特殊主義、客観主義、状況主義、実用主義、個人主義の傾向がなかったというわけではない。発想の次元で相対的に貧しく、伝統として根を下ろせなかったということである。のみならず、極端な場合には、歴史的、文化的、思想的に例外的発想も展開され得るものであった。

韓国人のこうした言語体系・思考体系・行動体系の次元における歴史的、文化的、思想的特殊性に関する議論は、決して韓国人だけに限定されるものではない。ある社会における歴史的、文化的、思想的特殊性とは普遍的な現象であり、言語体系・思考体系・行動体系の次元で考えた場合にも、発想の力点や構造的連関を異にしているのである。したがって、ある社会における歴史的、文化的、思想的特性に関する実体的把握のためには、何よ

(72) 張三植『漢韓大辞典』(教育出版公社、一九九七年)。

りも比較言語学的観点からこれらに関する内在的分析が先行されるべきであり、その内在的分析は「内生」の問題を起点としなければならない。

Ⅱ　文化的・思想的発想としての古層

まだ学問的に一般論の次元で概念化されているわけではないが、「内生」とは、用法上の文脈から考えるならば、一般的にある社会において外来文化に対して古くからその社会に土着的自生的に成長発達してきた文化・思想の存在様式をいう。したがって、方法論上、外来と土着、外発と内生、または外来と内生というヨコの文化接触の観点から社会における文化・思想の発展様式を説明する視角が成立することになる。もちろんこの視角は、一九世紀中葉以降の西欧文化や思想の東漸によって引き起こされた東西文化や思想の衝突を契機として、西欧文化や思想を受容することによって展開した文化・思想の発展様式を研究する過程で台頭してきた発想であり、まだまだ研究方法論の次元で理論的深化を必要とする領域であると言えよう。

外来と内生の観点からなされた文化・思想の発展様式に関する代表的研究として、丸山眞男の「古層」論がある。[73]言うまでもなく、この「古層」論は日本思想史における外来と内生の視角から文化・思想の発展様式を論じたものであるが、この研究は、日本思想史における「古層」論を越えて、ある社会における外来と内生の文化接触を軸とする文化・思想の発展様式を研究する上で方法論的に示唆するところが大きい。すなわち、「古層」論とは、いささか単純化して言えば、ある社会における文化の存在様式を基層文化と表層文化に分けて考えるときの基層文化を指すものであると言えよう。

また、ここでいう基層文化とは、表層文化がある社会に顕在化して機能している支配的イデオロギー、すなわち特定の時代を支配する文化・思想であるのに対し、その社会に古来より持続的に受け継がれている文化・思想のことであり、その社会構成員の心性の底辺に不断に息づいている思考様式や感情等を指すものである。ある社会の基層文化とは、過去の歴史の中で消滅してしまうものではなく、歴史的に絶えず表層文化との相互作用を通じて表層文化に影響を与え、表層文化の変容を招来するものである。

丸山眞男は一九七二年に「歴史意識の『古層』」という論文を発表している。(74) この論文は日本思想史における歴史意識の「古層」の存在様式を論じたものであり、「古層」論の概念的理解を助けるために、今これを略述してみる。丸山眞男はこの論文で、日本の記紀神話の記述様式に内在する思考様式、すなわち宇宙の創成－日本という国の生成過程に関する記述中に内在している思考様式を析出している。そして、この記紀神話(75)の記述様式の中に三つの基底範疇として、「なる」「次（に）次（に）」「いきほひ」を提示している。すなわち、この三つの基底範疇、「なる」－「次（に）次（に）」－「いきほひ」は古来より存在している古層であり、これら三つの

(73) 丸山眞男「歴史意識の『古層』」五～六頁、同「原型・古層・執拗低音」一三六～一四八頁、および岩崎允胤『日本文化論と深層分析』（新日本出版社、一九九〇年）二〇五～二五三頁参照。丸山眞男の「古層」論は、その発想の源流を検討してみると、一九六三年の東京大学法学部の講義で初めて「原型」－「プロトタイプ」という主題の下に文化・思想の日本的発想を論じたところから出発している。その後、このような発想は「原日本的世界像」とも言い得るものとして、「歴史意識の『古層』」や「原型・古層・執拗低音」の発表を経て、「原型」－「プロトタイプ」から「古層」－「持続低音」－「執拗低音」などと、その発想の存在様式を概念的により鮮明にするために用語を変えて論じられている。

丸山眞男のこのような「古層」論については、石田雄による一種の文化的決定論の観点からの批判的議論（石田雄『丸山眞男との対話』一七〇～一七八頁）また米谷匡史による丸山眞男における思想史研究の道程における「古層」－「執拗低音」の内在的意味を追跡した「丸山眞男の日本批判」（『現代思想』vol. 22–1、青土社、一九九四年、一三六～一六一頁）などがある。

(74) 本章註1参照。

(75) ここで記と紀とは、日本最古の歴史書として知られている『古事記』と『日本書紀』の最後の文字を取ったもので、これら二つの文献はすべて日本最初の天皇である神武天皇が登場する前にすでに神が日本国を治めていたという神代から天皇代にかけての歴史書である。

基底範疇を一言で言えば、「つぎつぎになりゆくいきほひ」[76]と言うことができる。しかし、「つぎつぎになりゆくいきほひ」はそれ自体としては決して教義（doctrine）、すなわち高度に抽象化された理論にはなり得ないと言う。それでは、古層としての「つぎつぎになりゆくいきほひ」は日本の歴史、文化・思想の中でいかなる意味を持っているのか。丸山眞男によれば、古層としての「つぎつぎになりゆくいきほひ」は日本の歴史、文化・思想の中で驚くほど絶えず外来文化・思想を修正・変容させてきたという。そして丸山眞男は、日本の歴史・文化・思想における「つぎつぎになりゆくいきほひ」－古層を、音楽用語を借りて「バッソ・オスティナート（basso ostinato）」、すなわち「執拗に繰り返される低音」－持続低音という。これこそ日本の歴史、文化・思想の中で執拗に繰り返される一つのパターン、事物に対する思考様式、感じ方の様式としての「日本的なるもの」なのである。[77]

Ⅲ　古層——韓国巫の概念的検討

ある社会における古層は、このように、外来の文化・思想に対する内生の文化・思想的基盤を意味している。これを思想史的観点から言えば、内生的な文化・思想の基底に不断に流れている思考様式であると言えよう。むろん、比較思想的観点から見た場合、ある社会における古層は空間的所与－地理的条件はもちろん、内的条件——古代人たちの宇宙、自然、社会、人間に対する原イメージ——思考様式がいかなるものかによって古層の構造的連関を異にするだけでなく、歴史的に現実的機能のかけ離れた違いを招来すると考えられる。ではこの観点において、韓国史における古層の存在様式はどうなっているのだろうか。まず古層の形成と関連して、空間的所与－地理的位置に関する議論から始めることにしよう。

思想史的観点から韓国史の始原に遡ると、古朝鮮に到達する。[78]なぜなら、古朝鮮には檀君神話があるからである。檀君神話には、すでに紹介したように、古代韓国人たちの宇宙、自然、社会、人間についての原イメージ‐思考様式が込められている。もちろん、古朝鮮‐檀君神話に関しては、①檀君神話をあくまでも神話と考えるのか、または檀君神話を歴史的実際として見るのかという問題、②古朝鮮の歴史的実体を把握するための考古学的ないし人類学的研究が進められねばならないという諸問題が提起され得る。[79] のみならず、こうした問題をめぐる研究成果が蓄積されたときにこそ、古朝鮮‐檀君神話についてのより豊かな歴史的、思想史的説明が可能になることについては議論の余地がないだろう。しかし、古朝鮮‐檀君神話に対するこうした問題提起があるとしても、古代韓国人の思考様式論の次元において檀君神話の歴史性を分析‐検討するということは、決して悲観的なことではない。

『三国遺事』に収録されている檀君神話は、現存する史料の中で古代韓国人の思考様式を析出できる最古の記録史料であり、まさにこの意味で、檀君神話は韓国思想史における古層の基点であると言うことができる。檀君神話が古朝鮮の歴史過程において形成されたという観点から考えるとき、[80] 檀君神話はシャーマニズム（shamanism ――巫、巫教、巫俗）を基盤としているので、韓国思想史における古層とは、檀君神話、そして檀君神話の基盤となっているシャーマニズム（巫、巫教、巫俗）をその起点としているとみなすことができる。

（76）丸山眞男「歴史意識の『古層』」二八～二九頁。
（77）同前、六～二九頁、および丸山眞男「原型・古層・執拗低音」一四七～一四八頁参照。
（78）ここで古朝鮮とは文化的・思想史的な観点から檀君朝鮮を指している。
（79）古朝鮮についての歴史学界の議論については、李基白「古朝鮮の国家形成」（『韓国史市民講座』第二輯、一潮閣、一九八八年）一～一八頁、徐榮洙「古朝鮮の位置と疆域」一九～五〇頁、金貞培「古朝鮮の再認識」（同『韓国古代の国家起源と形成』高麗大学出版部、一九九三年）四～二四頁、および尹乃鉉「古朝鮮の位置と疆域」（同『韓国古代史新論』一志社、一九九三年）一五～八〇頁参照。
（80）檀君神話の歴史的性格についての議論としては、李基白前掲「古朝鮮の国家形成」、盧泰敦「歴史的実体としての檀君」（『韓国史市民講座』第二七輯、一潮閣、二〇〇〇年）一～二〇頁、徐永大「神話の中の檀君」（同前）二一～三九頁参照。

歴史的に古朝鮮の位置がどこであるのかという問題は、まだ明確にはなっていない。しかし、この分野の研究成果によれば、初期古朝鮮の位置は「ほぼ遼河以東、千山以西のある地域」と推定される険瀆〔現在の遼寧省鞍山市〕からそう遠くない所であり、「全盛期の古朝鮮の疆域はほぼ遼東半島を中心とした、西は大凌《ママ》河流域から東胡まで、南は大同江流域を境界として辰国と隣り合い、北と東は濊貊・扶餘・真番・臨屯・粛慎と接する所と理解される」[81]という。古朝鮮の位置が遼東だったということは、地理的に韓国が東北アジア大陸と文字通り陸続きであったということであり、このような空間的、地理的状況下で、古朝鮮は文化・思想的に、まず東北アジア・シャーマニズムの一系列である巫を中心とした呪術的原始宗教を基盤とし、[82]次に中国大陸の東北部に位置することで早くから中国の文化・思想ないし中国大陸を媒介とした外来の文化・思想を容易に受容できた、と言えるだろう。換言すれば、韓国史における古層の存在様式は、文化・思想的にシャーマニズムと、その延長線上にある檀君神話、そして中国大陸から、あるいは中国大陸を媒介とする文化・思想的影響によって規定されているのである。

シャーマニズムとは呪術的原始宗教である。また、シャーマニズム現象は、シベリアを中心とする北アジアをはじめ、中央アジア、北米、南米、アフリカ、南太平洋など、歴史的に世界の至る所で見ることができるという点で普遍宗教である。その語源であるシャーマン（shaman）とは、エニセイ（Enisei, yenisei）河岸、バイカル（Baikal）地方のツングース族（the Tunguses）の間から生まれた言葉であり、呪術的宗教生活の中心人物を指している。[83]シャーマニズムという用語は、西洋の民俗学者が、①中央アジア、シベリア地方の種族間で呪術宗教的素質と能力を持っている人々をすべてシャーマンと呼び、②これと関連した呪術的宗教的体系をシャーマニズムと命名したことに由来している。[84]

シャーマニズム現象に関する概念的研究によれば、その有力な観点としてエリアーデ（M. Eliade）による概念規定がある。彼はシャーマンの忘我体験（Ecstasy）に着目し、シャーマニズムを忘我体験（または忘我境）の原初的記述（Archaic Techniques of Ecstasy）と規定した。[85] すなわち、シャーマンは忘我体験によって天上世界や地下世界への旅行を実現するというのである。これは言わば、シャーマンの神霊接触の精神活動と言い得るものであり、これを神霊との疎通形式という次元から見るならば、「憑依（spirit-possession）」、霊魂旅行（soul-journey）、そして対話（facial-dialogue）の三つを核心的要素としている。[86]

では、韓国史－韓国思想史におけるシャーマニズムに関する概念的議論はどうなっているのだろうか。韓国史－韓国思想史におけるシャーマニズム研究は、「巫」に関するものが中心を占めている。[87] しかし、「巫」を概念的にどう規定するのかという問題は非常に論争的なテーマとなっている。

「巫」の概念的議論に関する主要論点を列記してみると、以下のようになる。

◉韓国を含む東北アジア一帯の普遍的な一原始宗教現象をシャーマニズムという。「シャーマン」とはムーダン（巫覡）を意味する言葉であるから、シャーマニズムとは結局、巫覡宗教または巫教という意味である。

◉韓国文化の地核は巫教である。

（81）徐榮洙前掲論文、四七～四九頁参照。
（82）金烈圭『東北アジアのシャーマニズムと神話論』（アカネット、二〇〇三年）二一頁参照。
（83）李符永「シャーマニズムと巫俗」（李相日他『韓国思想の源泉』博英社、一九八〇年）六〇頁。
（84）同前。
（85）M. Eliade, *Shamanism: Archaic Techniques of Ecstasy* (Princeton University Press, 1974), pp. 3–13.
（86）李熙貞「シャーマンの神霊接触形式」（韓国シャーマニズム学会編『シャーマニズム研究』第二輯、文徳社、二〇〇〇年）一二七～一四三頁参照。
（87）韓国のシャーマニズム－巫についての研究史的観点からの議論としては、金成禮「韓国のシャーマニズム概念の形成と展開」（韓国シャーマニズム学会編『シャーマニズム研究』第五輯、文徳社、二〇〇三年）参照。

◉韓国巫教とは、すでに消えてしまった古代宗教でもなく、未開民族の単純な原始宗教でもない。これは古代宗教が残留継承されたものであり、韓国の現代文化社会の中でも民間信仰の形で生き残っている歴史的宗教現象である。……韓国巫教はもちろん、東北アジアと内陸ユーラシア一帯に広がっているシャーマニズムの一部と言える。しかし、これは韓国の文化史を通じて形成された韓国的特殊性を帯びたものである。したがって韓国巫教とは韓国的シャーマニズムについての固有名詞として用いられなければならないだろう。要するに、韓国巫教とは単純な社会的習俗（巫俗――引用者）以上の宗教的現象であることを表す言葉であると同時に、韓国的シャーマニズムを表す名称である。(88)

◉巫教とは単純に古代信仰を言うものではなく、またわれわれが言う現代の巫俗だけを言うものでもない。巫教は古代信仰が歴史の中で外来宗教を受け入れ、その表現様式と内容を装飾してきたものである。そして今も一部は他の宗教の底辺に息づいており、一部は巫俗という民間信仰の形態で存続している。このように多様な歴史的宗教現象全体を呼んで巫教という。（以上、柳東植(89)）

◉三国時代の祭天信仰、……檀君神話……朴赫居世神話など、国祖神話記録に伝えられる天を初めとする山、樹木に関係する信仰……などの一般自然宗教現象と比較してみると、巫俗は、巫という専門的神職の宗教指導者を中心に人間の宗教儀式を集約させた組織性を持っているので、高次の宗教体系に近づいた宗教現象（であり）、これを韓国在来自然宗教の組織的宗教体系の出発点とみ（る）。

◉韓国巫俗とシベリア・シャーマニズムの関連性問題（において）、巫俗ははたして古代韓民族の宗教を代表するもので、また韓国にだけ限られた宗教現象だったのかという（ことについて）、……韓国巫俗が北方のシベリア、モンゴルなどの地のシャーマニズムと、また日本、中国などの近隣地域の巫俗との類同性ないし系統性の分布問題（があるのだが）、この問題は巫俗の歴史的研究において検討されねばならない課題として（捉えようと思う）[90]。

◉巫俗は……巫を中心にした一民間層の伝承的な宗教的現象（である）。

◉巫俗は自然のままに放置された原始的宗教現象であるので、……現代宗教のような概念の宗教体制で即「巫教」としてしまうには多くの問題を伴っている。

◉巫俗は民間信仰の一形態として民俗圏に属している[91]。

◉（したがって）民間信仰（＝巫俗）は民間層の生活共同体の中で自生し、生活を通じて伝承されている自然そのままの宗教現象である[92]。

◉（シャーマニズムに対する）西洋の現実の上に立てられた理論（と関連して）、韓国の学界で好んで引用されるM・エリアーデ（M.Eliade）のシャーマニズム理論は、そのまま韓国の巫俗の現実にあてはまらないということである。同じ東洋圏である東北アジア地域のシャーマニズムを考えても、エリアーデはシャーマニズムの特徴を脱魂（Soul loss）現象であるとみなしたが、このような彼の見解から韓国の巫俗を見るならば、全く反対の現象であることを知ることになる。つまり、韓国巫の特徴は、脱魂ではない憑神（＝降神-possession）現象だからである。（以上、金泰坤[93]）

（88）柳東教『韓国巫教の歴史と構造』（延世大学校出版部、一九八三年）六〇～六一頁、および一五～一六頁。
（89）柳東教、同前、五七頁。
（90）金泰坤『韓国巫俗研究』（集文堂、一九九五年）二一頁。
（91）金泰坤、同前、一八頁。
（92）金泰坤、同前、一九頁。
（93）金泰坤、同前、三四頁。

◉巫とは、人間と神霊とムーダンの出会い（である）。すなわち、巫の中で人間はクッ〔ムーダンの祭祀〕を繰り広げ、そこでムーダンの仲介によって神霊と出会うことによって、彼らの問題を解いてしまうのである。

◉人間たちの問題は、巫ではムーダンが処方して主管する諸般儀式による。儀式が進む間、ムーダンは神霊をもてなして、踊り、歌、供物で喜ばせ、信奉者たちに神霊の言葉（口寄せ）を伝えた後で、神霊を返す。(94)

◉巫は、他でもない宗教である。祖先の性格を有する神霊をもてなし、ムーダンが司祭の役割を担って、信徒であるタンゴル〔固定客〕がいて、クッやチソン〔神仏に誠をささげること〕などの宗教儀礼が行われる。そこに神霊と出会う体験があり、悟りと和解は疑う余地はない。それもまた、古代以来の悠久の歴史を持つ民俗の伝統信仰である。(95)

◉ムーダンに関係するあらゆる現象を含めて、ムーダンやその信徒たちは、それを巫と呼ぶ。たとえば、彼らは決まって「私たちの巫では……」といった調子の表現を使う。これはムーダンだけを指す言葉ではなく、それを中心にして巫神と信徒をともに一つのものとする集団概念である。……したがってこのように価値中立的な用語「巫」がこれから広く使われねばならないだろう。

◉……一部中央アジアを含むシベリア地域を厳密な意味での、または古典的な意味でのシャーマニズムの故郷として見るとき、わが国の巫は当然そこに入るべきである。(96)

◉シャーマニズムのそのような（＝忘我境の原初的な技芸）性格についての彼（エリアーデ）の理解は、私は妥当だと考える。それが人類の最も原初的な宗教性を持っており、また歴史上、シベリアと東北アジア地域で宗教として形成されているためである。二〇世紀を経過して、シャーマニズムは地球村でほとんど消滅してしまった。アフリカと南太平洋の原住民社会でシャーマニズムはまだ宗教的形態を持てずにいる。（以上、趙興胤(97)）

趙興胤によれば、韓民族の起源と関連させてシャーマニズムを本格的に扱った論著は、わが国の学界で報告されたものまだはないそうである。[98] しかし、学界の研究状況を見ると、[99] 韓国のシャーマニズム（巫＝巫教＝巫俗）に関する研究は、一方では個別的次元で韓国のシャーマニズム（巫＝巫教＝巫俗）に関する実証的調査研究をはじめとした資料分析や歴史的研究、実体的分析を通じた理論的構成など、歴史、民俗、宗教、文学などの多様な領域におけるアプローチが精力的に進められており、他方では韓国のシャーマニズムに対する概念的議論と関連して「韓国の巫術信仰を一言でシャーマニズムと言うことはできない」（孫晋泰）[100]、「われわれの民間信仰がすなわちシャーマニズムであると一般化することはできない」（崔吉城）[101]、「（巫術信仰を）北アジアのシャーマニズムの枠の中だけで理解しようとすることはやはり問題」（李基白）[102] と論じられているように、韓国のシャーマニズム（巫＝巫教＝巫俗）が抱えている複雑多義性や力点の違いから生じる観点の交錯性により、韓国のシャーマニズム（巫＝巫教＝巫俗）の存在様式を整合的に位置づけるということは決して容易な作業ではない。しかし、このような難解さにも関わらず、ここでは上に紹介した柳東植、金泰坤、趙興胤の論点を手がかりとして、韓国

(94) 趙興胤『韓国の巫』（正音社、一九八三年）一〇～一一頁、同『韓国巫の世界』（韓国学術情報、二〇〇四年）六三～六七頁参照。
(95) 趙興胤『韓国巫の世界』二一頁。
(96) 趙興胤『巫と民族文化』（民族文化社、一九九一年）九六～九七頁。
(97) 趙興胤「韓国巫の神話的性格」（韓国シャーマニズム学会編『シャーマニズム研究』第四輯、文徳社、二〇〇二年）二五五～二五六頁。
(98) 趙興胤・金烈圭他『韓国民族の起源と形成』（下）（小花、一九九六年）一二頁。
(99) 本章註87、および徐永大「韓国原始宗教研究史小考」（『韓国学報』一志社、一九八三年）一七二～一七五頁参照。
(100) 李基白「韓国の原始思想と伝統文化」（李基白他『韓国思想史方法論』図書出版小花、一九九七年）一八頁。
(101) 崔吉城「韓国民間信仰の系統と類型」（『石宙善教授回甲紀念民俗学論叢』一九七一年）一七一頁。
(102) 李基白前掲「韓国の原始思想と伝統文化」一九頁。

史－韓国思想史における古層の存在様式がいかなるものであったのかという観点から、韓国のシャーマニズム（巫＝巫教＝巫俗）に関する概念的把握から出発し、韓国巫の内在的特性を仔細に検討してみようと思う。

まず第一に提起できることは、韓国のシャーマニズムというとき、なぜ巫、巫教、または巫俗などと呼び名が異なっているのかという問題である。

柳東植は、韓国を含む東北アジア一帯の普遍的な原始宗教現象をシャーマニズムと規定することを起点とし、シャーマン＝ムーダンという観点からシャーマニズムをムーダン宗教、または巫教と定義している。しかし、彼によれば、巫教とは韓国文化の地核であり、古代信仰だけでなく歴史的に外来宗教との混淆過程を経たもの、あるいは外来宗教の底辺に浸透し息づいているもの、現代韓国社会における民間信仰の形態（＝巫俗）として存続しているものなど、様々な歴史的宗教現象全体を指している。

これに対して、金泰坤は、巫を巫俗の観点から把握し、巫俗は巫を中心とした民間層の伝承的宗教現象であって、原始的自然宗教が集約・組織化し、宗教体系に近づいた過渡期的形態の宗教現象であると規定する。彼によれば、巫俗は上古代から韓民族の宗教的主流を形成してきた宗教現象であって、①巫を現代宗教のような概念で巫教と呼ぶには多くの問題があり、②韓国巫俗のシベリア・シャーマニズムとの関連性、日本・中国などの巫俗との比較研究に先立って、韓国地域における巫俗研究が先行しなければならないという点を強調している。彼はこのような韓国巫俗の研究成果にもとづき、エリアーデのシャーマニズム論の韓国巫俗への適用可能性を否定的に評価しているのである。

最後に趙興胤によれば、巫とは人間と神霊とムーダンの邂逅であり、そこには祖先神としての神霊があり、司祭に該当するムーダンがおり、信徒に該当するタンゴルがいて、宗教儀礼に該当するクッやチソンがあるという。そして、まさにこのような意味で巫は宗教であるという。[103] むろん、韓国の巫は淵源的にはシベリア地域のシャーマニズム――古典的シャーマニズム――を故郷にしている。彼によれば、歴史的にこのような韓国の巫が民衆信仰としての宗教に成長していったという。[104]しかし、彼は韓国の巫を、巫教や巫俗と呼ぶことには同意しない。彼は多文化中心主義や文化事大主義にもとづく観点を拒否する。そして彼は、「巫教」と呼ぶことに対しては、巫が宗教だからといって他の宗教に付いている「教」の字を同様に用いるのは不自然であり、[105]また、「巫俗」と呼ぶことに対しては、巫俗とはもともと朝鮮朝の儒学者たちがムーダンを蔑視して呼んだ言葉であり、学界で学術用語として通用してはいるものの、巫俗という呼称には賤しい否定的な意味が内包されている、というのである。[106]したがって、趙興胤は巫教や巫俗に対して、伝統文化の中における巫の宗教的特性に着目し、巫がムーダン、パクス〔男のムーダン〕、タンゴル、そしてこれらの宗教行為を含む包括的な用語になっているという点で、「巫」と呼んでいるという。[107]

以上のような柳東植、金泰坤、趙興胤の論点を要約してみると、①柳東植、趙興胤が韓国巫の歴史的展開過程に着目して、韓国巫の始原をシャーマニズムに置いているのに対して、金泰坤はエリアーデのシャーマニズム理論の韓国巫への適用可能性に対する否定的立場を提示しつつ、シャーマニズムの次元における韓国巫俗の位置づけを留保している、しかしながら、②巫－巫教－巫俗は、一様に宗教－宗教現象という観点を共有している。それにもかかわらず、③韓国巫に対する巫－巫教－巫俗という呼称の違いにも現われているように、韓国巫の研究においてそれぞれ韓国巫＝宗教－宗教現象を共有しながらも、どちらかと言えば柳東植は韓国巫の歴史的特殊性に力点を置いているのに対して、金泰坤は韓国巫の民間信仰としての存在様式に力点を置いており、趙興胤は韓

(103) 趙興胤『韓国の巫』一〇頁、同『巫と民族文化』一九頁、および同『韓国巫の世界』四七～四八頁参照。
(104) 趙興胤『巫と民族文化』三〇頁参照。
(105) 趙興胤同前、一八頁、および同『韓国巫の世界』四七～四八頁参照。
(106) 趙興胤『韓国巫の世界』四八頁、および同『巫と民族文化』二二～二三頁参照。
(107) 趙興胤『韓国巫の世界』四八頁参照。

国巫の宗教的特性に力点を置いている。

第二に提起できることは、韓国巫をこのように韓国史－韓国思想史における古層と規定するとき、韓国巫の原型をどこに見いだせるのか、またこのような韓国巫の原型はどのようなものか、という問題である。もちろん韓国巫の原型に関する議論は決して容易ではない。その理由は、すでに言及したように、一次的には韓国の原始宗教ないし古代宗教に関連した資料の不足、そしてこれに起因する韓国巫の明証的な概念的分析が円滑に遂行されていないからである。[108] しかし、韓国巫の研究に対するこのような制約があるからといって、韓国巫の原型の存在様式を追跡することに対して決して悲観的になる必要はない。

まず、韓国巫の原型の存在様式を追跡するのに先立ち、巫の概念を単純化して言えば、趙興胤が規定したように、「巫とは、人間と神霊とムーダンの邂逅」であると言うことができる。また柳東植は、巫（教）を定義して「歌と踊りで神をもてなし、（巫による）神と人間の交合を通じて災厄を退散させ、祝福を招こうとする原始的な宗教現象」であると論じていた。[109]

そして柳東植は、このような韓国巫の原型を、扶餘の迎鼓、高句麗の東盟、濊の舞天、馬韓の蘇塗に見出している。[110] これは『三国志』「東夷伝」の歴史的記録にもとづくものであり、柳東植によれば、古代には秋になれば部族共同祭礼の形式で全部族が飲酒歌舞によって天祭を行っており、まさにここに巫教の原型があるという。[111] しかし柳東植のこの観点はどこまでも資料にもとづく歴史的記録の次元での議論であって、韓国巫の歴史的起源に関する研究では、韓国巫の歴史的起源を古朝鮮の檀君神話ないしそれ以前とするものが支配的である。

これに関連するこれまでの学界の研究成果をふりかえってみると、李能和が韓国古代社会の信仰はすべて檀君神教であり、古代神教の主祭人はムーダンであると論じたのをはじめとして、[112] 崔南善《チェ・ナムソン》は、檀君はモンゴル語でムーダンを意味するテングリ（Tengri）という言葉とその語源をともに示していると指摘している。すなわち、檀君とは、語源的には湖南地域の言葉でシャーマン（巫）を意味する「タングル」＝天または拝天者を意味するテングリに関連する普通名詞であり、『三国志』「東夷伝」に伝わる韓の国邑で天神に祭祀をあげることを主管していた天君とその性格を共にするものであるとみなしている。(113) そして、韓国巫の歴史的起源については、「韓国巫の始まりもまた古朝鮮の檀君から見」る一方で、(114)「韓国の建国神話である檀君神話はシャーマニズムの創作」であると規定し、(115)「檀君神話は後に古朝鮮社会の中心になる熊崇拝氏族が持っていたシャーマニズムを土台として生まれた神話」であると推定している。(116) 韓国巫の歴史的起源に関するこうした議論は、言わば、古朝鮮の檀君神話が巫を基盤として形成されていたことを論じるものである。(117) したがって、このような文脈の中で韓国巫と檀君

(108) 徐永大「韓国原始宗教研究史小考」一五五〜一五六頁参照。
(109) 柳東植『民俗宗教と韓国文化』(現代思想社、一九七八年) 七八頁。
(110) 柳東植「韓国巫教の宗教的特性」(金仁會他『韓国巫俗の総合的考察』高大民族文化研究所出版部、一九八二年) 一三〇〜一三一頁参照。古代の祭天儀礼に関する研究としては崔光植「韓国古代の祭天儀礼」(『国史館論叢』一三、一九九〇年) 参照。
(111) 柳東植『民俗宗教と韓国文化』七六〜七七頁参照。
(112) 趙興胤・金明秀・李敏雄「韓国社会の原型的道徳律とその変動」(『峨山研究論文集』第一三輯、峨山社会福祉事業財団、一九九五年) 二三頁。
(113) 崔南善「檀君及其研究」(『六堂崔南善全集』五、図書出版亦楽、二〇〇三年) 六〇五〜六〇六頁。このような観点はその後この分野の学界で広く受け入れられている。こうした観点については、柳東植『韓国宗教と基督教』(韓国基督教書会、一九八六年) 一九〜二一頁、文相熙『宗教とは何か』(ブンド出版社、一九七五年) 一三一頁、李基白『韓国古代史論』李基白韓国史学論集四 (一潮閣、一九九五年) 一七頁、盧泰敦前掲「歴史的実体としての檀君」七頁、および徐永大「檀君神話の歴史的理解」(『韓神人文学研究』第二輯、韓神大学校人文学研究所、二〇〇一年) 五五〜五六頁参照。金泰坤は「巫俗上から見た檀君神話」(『史学研究』第二〇号、韓国史学会、一九六八年) において、檀君神話とソンジュ〔家神〕巫歌の体裁の類似性を検討し、檀君神話がソンジュ巫歌の原初的形態である祭天の呪術的賛歌から転成したものであると分析している。
(114) 趙興胤・金烈圭他前掲『韓国民族の起源と形成』一七〜一八頁。
(115) 柳東植前掲『韓国宗教と基督教』一九頁、二一頁参照。
(116) 李基白前掲『韓国古代史論』一八頁。

神話との内的連関を規定するとすれば、檀君神話とは韓国巫を基盤として理念化されたものと言えよう[118]。そして、そうであるとすれば、韓国巫の原型――もちろん韓国巫というときのその原型がどの程度定型化しているのかという問題は提起され得るが――を檀君神話以前にまで遡って想定することが可能となる。さらに、この意味で、韓国史―韓国思想史における古層とは、韓国巫を起点とするものであり、檀君神話はもちろん古代三国の建国神話もその延長線上にあると言うことができるだろう。しかし、韓国巫と檀君神話―古代三国の建国神話は同じ古層を形成していながらも、歴史的に韓国巫がすでに提示していたように、原初的に人間と神霊とムーダンの邂逅であり、その基本的存在様式があくまでも人間がムーダンを媒介として神霊に向かっているのに対して、檀君神話―古代三国の建国神話は韓国巫を基盤にしながらも檀君神話―古代三国の建国神話によく現われているように[119]、理念的に現実世界における人間の政治・経済・社会的諸般の問題に向かっているという点で、両者は決定的な違いを見せている。これは、檀君神話―古代三国の建国神話が韓国巫を基盤にしながらも、単純に巫の世界にとどまらず、現実世界の政治・経済・社会的価値や規範を指向していることを意味している。これは明らかに、現実世界の諸問題に対する思考の転換と言えよう。念のために言及しておくと、檀君＝ムーダンという点で、檀君神話―古代三国の建国神話においては政治社会の統治体制が祭政一致の形態を取っていることは論ずるまでもない。

問題は、今までの議論を前提とするとき、韓国巫―檀君神話―古代三国の建国神話のこうした文脈の中で、韓国巫の原型をどのように位置づけるかということである。今まで議論してきたように、韓国巫と檀君神話―古代三国の建国神話がトータルで一致するわけではない。韓国巫は全面的に檀君神話―古代三国の建国神話への移行ではないのである。むしろ、韓国巫―檀君神話―古代三国の建国神話という文脈の中では、檀君神話―古代三国の建国神話は建国神話が標榜している政治社会の構成と韓国巫の混合体（syncretic system）であるとみなす方がより自然であろう。

したがって、ここでは以上のような文脈から、まず韓国古代史における巫の歴史的実際に注目したい。歴史的記録を見ると、今日のような形態の巫俗儀礼がムーダンによって行われていたという事実を明示するものとして、李奎報『東國李相國全集』巻二に収録されている長詩「老巫篇」がある。この詩は一二世紀頃のムーダンの祭儀方式や内容、祭場の様子、巫俗の性格を叙述したものであり、巫俗の様子やムーダンの性格が今日の巫と驚くほど似ていると評されている。[120] これは、趙興胤の観点に従うならば、李奎報が言うムーダンがナラムーダン（国巫または師巫〔王につきそっている巫〕）であるのに対して、普通のムーダンを呼称するものである。[121] つまり、この事実は、檀君神話‐古代三国の建国神話という観点から見るとき、歴史的に祭政一致の統治体制が変容する過程――世俗的政治権力の拡大とこれによる巫の政治的機能の退潮――において、すでに一二世紀以前にナラムーダンと普通のムーダンが分化していたことを伝えるものである。柳東植は、個人のクッ（普通の巫）は畢竟新羅末期（九世紀頃）から発展して一二世紀頃から盛んに行われたと推定している。[122]

(117) 本章註113で言及したように、金泰坤は「巫俗上から見た檀君神話」で檀君神話が巫歌から転成した過程を追跡している。また金仁會は徐大錫が彼の『韓国巫歌の研究』（文学思想社、一九九七年）で巫歌の神話的性格が檀君神話・朱蒙神話などの国祖神話と一致していることを明らかにしていると論じている（金仁會『韓国巫俗思想研究』集文堂、一九八七年）四九頁参照。

(118) こうした視角については、金仁會前掲『韓国巫俗思想研究』一一三～一一六頁、盧泰敦「檀君と古朝鮮についての理解」（盧泰敦編『檀君と古朝鮮史』四季節、二〇〇〇年）一五～二〇頁、および徐永大前掲「檀君神話の歴史的理解」四七～五九頁参照。

(119) 韓国巫と神話における思考様式についての分析的議論は後述する。

(120) 『東國李相國全集』巻二「老巫篇」。これについての議論としては、金仁會他前掲『韓国巫俗の総合的考察』四頁、一三五頁参照。

(121) 趙興胤は三国時代における政治権力と司祭的機能の分立‐分化過程、そして巫の分化過程について次のように論じている。「韓国古代史において巫の正確な実体はまだきちんと把握されていないが、その初期はおおよそ祭政一致の時期であり、……しかし三国時代にその三つの国が国家の枠をつかんでゆく過程でそれらの政治的権力を喪失した。それは政治的権力と司祭的機能の分立をいうのであるが、ムーダンはいまや、国巫または師巫と普通のムーダンへと分化してしまう。国巫・師巫はそうして絶対的な王権に付属し、ただの国家官吏になってしまい、普通のムーダンは民衆の宗教的欲求を充足させ、存続してゆく。この分化の様相はこの時から朝鮮王朝末までそのまま堅持された」（趙興胤『巫と民族文化』四五頁）。

このように考えてみると、今までの議論から明らかなように、韓国古代史における巫は、韓国巫－檀君神話－古代三国の建国神話－迎鼓（扶餘）・東盟（高句麗）・舞天（濊）・蘇塗（馬韓）－民間信仰としての普通の巫（部落祭、家祭）など、歴史的に様々な形態で展開しているが、たとえ多様な形態への展開があるにせよ、存在様式の次元から見るならば、巫は檀君神話から家祭にいたるまで、国家・部族・部落・個人－ナラムーダン・祭祀場・普通の巫－天神・洞神・家神などの分類は、趙興胤の表現を借りて単純化すれば、人間－ムーダン－神霊という共通の祭天事神のパターンを基調としていることが浮かび上がってくる。

では、韓国史を貫流する韓国巫の存在様式を人間－ムーダン－神霊であるとするならば、このような韓国巫の基底に流れている思考様式、すなわち韓国巫を歴史的に規定している思考様式とはいかなるものであろうか。

それは、第一に、韓国巫は世俗的な価値の世界を積極的に肯定する思考様式を基調としているということである。柳東植は「巫教とは飲酒歌舞によって神に仕え、除災招福をその目的とする宗教現象」であると規定し[123]、巫教の目標は福であり、寿命と財物を豊かに所有しようというところにあると言っている[124]。また、金泰坤は「巫俗の祭儀の目的は、人間の出生、長寿、治病（健康）、招福（幸運）、来世などの祈願であり、祭儀がこのような人間の切実な生存問題を直接行動を通じて実践する形式として現われている」と述べている。すなわち、「人間存在の永久持続を希求している」と言うことであり[125]、徹底的に現世肯定の宗教倫理である。

第二に、韓国巫は調和的な世界観を基調としている、ということである。柳東植は巫教文化について次のように論じている。

> 巫教文化論は、一種のエクスタシー文化論である。太初、韓国文化は巫教文化であった。神と人間が、空と大地が、生と死が、男性と女性が、距離も矛盾もなく「一つの世界」をなす文化であった[126]。

つまり、巫とは神、人間、天地、生死、男女などあらゆるものが調和し、「一つの世界」すなわち宇宙万物が一体となることを究極的目標としている、ということである。そして、趙興胤は次のように述べている。

宗教としての（韓国）巫の原理は調和である。

韓国巫は調和を救いとみなす宗教である。この宗教では生を不調和の連続と考える。そうした不調和が絶えず問題状況を演出する。それが克服され、調和が回復されるとき、人間は救いを受けるものと信じられた。そこで調和とは神霊界と人間がムーダンの仲裁によって出逢い、天地人の合一をなす躍動的状態を言う。クッの構造と原理は調和である。……巫における調和、そして救いは相対的ではあっても陰陽論的なものと考えられる。[127]

趙興胤の巫＝調和論に関するこの議論を再構成してみると、①天地万物との調和が人間の救いの状態だということ、②現実世界における人間の生の中での問題状況とは不調和の状態であり、このような問題状況が現実の中

(122) 柳東植「韓国巫教の宗教的特性」一三三頁参照。
(123) 柳東植『民俗宗教と韓国文化』九四頁。
(124) 柳東植、同前、一〇七頁。
(125) 金泰坤『韓国巫俗研究』一六二～一六三頁参照。
(126) 柳東植『民俗宗教と韓国文化』九五頁。
(127) 趙興胤『韓国巫の世界』七九～八二頁、趙興胤・金明秀・李敏雄「韓国社会の原型的道徳律とその変動」二四～二九頁、および趙興胤前掲『韓国巫の世界』一三六～一三七頁参照。また、古代巫俗の調和論的観点からの研究は、金仁會『韓国巫俗思想研究』八九～一一〇頁参照。

で絶えず惹起しているということ、そして、③人間はムーダンの仲裁を媒介とし、神霊の助けによって天地人が合一した状態を回復するということ、④このようなムーダンの仲裁を遂行する儀式がクッであるということ、したがって、⑤クッは人間の救いを実現する儀式である、ということになる。

以上のことから、巫の世界ではムーダンを媒介とする人間と神霊との関係が基調となっており、この基調の上に天地人の合一、調和が実現していると考えられる。しかし、一方で、柳東植は次のようにも論じている。

巫教には、人間関係あるいは社会関係に対する関心が欠如している。ただ神霊と自己との間の垂直的にして個人的な関係があるだけである。神霊に祈願し、富貴と寿命と平安を充分に得れば、それで足りるのである。部落共同祭とは言うが、これもまた自己が拡大したものとしての部落観念が中枢となっている。そこには自らを客観化する共同社会としての Community 観念が欠如している。したがって、厳格な意味での社会倫理観念が形成されているわけではなかった。(128)

すなわち、巫の世界では人間の政治・経済・社会をそれ自体として自己目的化する、あるいは独自化する思考の発展を期待しにくい。その当然の結果として、人間の社会関係においていかなる形態の権力や支配も構築されることはない、というのである。韓国古代史における檀君神話‐古代三国の建国神話は、韓国巫のこのような内在的特性を基盤としているのである。

Ⅳ　韓国巫の原型——創世神話を中心に

韓国巫は、人間‐ムーダン‐神霊という共通の祭天事神のパターンを基調としていた。では、このような韓国巫の基底に流れている思考様式、すなわち韓国巫を歴史的に規定している思考様式とはいかなるものかについて、具体的に原初的次元からもう一度検討してみよう。

一般論的次元において、ある社会における文化・思想の歴史的起源を検討するとき、第一義的に提起されるのは、宇宙創成論の存在様式に関する問題である。しかし韓国文化・思想史研究において、それが文献神話の形態であれ、口碑神話の形態であれ、(129)宇宙創成に対する創世神話研究が貧弱であったことは否定できない。しかし、幸いにも、一九二三年に孫晋泰が咸鏡南道咸興郡雲田面本宮里の大巫女だった金双石伊《キムサンドリ》の口演した「創世歌」を採録したのをきっかけとして、(130)チョン・ミョンス口演の「創世歌」(一九三六年)、李ジョンマン口演の「시루말《シルマル》」(一九三七年)、朴奉春《パク・ボンチュン》口演の「天地王本푸리《プリ》」(一九三七年)、「初監祭」(一九三七年)、姜日生《カン・イルセン》保有資料の「天地王本푸리《プリ》」(一九六四年)、姜춘옥《チュノク》口演の「생긋《セングッ》」(一九六六年)、鄭운학《ウナク》口演の「三胎子푸리《プリ》」(一九六六年)、崔음전《ウムジョン》口演の「당금아기《タングマギ》I」(一九七一年)、朴용녀《ヨンニョ》口演の「タンコマギの歌」(一九七四年)、権순녀《スンニョ》口演の「順産祝願」(一九四五年)、鄭チュビョン口演の「배포도업침《ベポドオプチム》・天地王本푸리《プリ》」(一九八〇年)などの韓国巫の創世神話が採録され、また創世神話に関する資料も蓄積されてゆき、(131)一九七〇年代からこれらの資料をもとにした創世神話研究が活性化し始めた。(132)

これら韓国巫の創世神話は、その名が示すように、巫の世界における巫歌の形態として伝承されたものであり、

(128) 柳東植『民俗宗教と韓国文化』八四頁。
(129) 徐大錫『韓国神話の研究』(集文堂、二〇〇二年)まえがきxix～xx参照。
(130) 金憲宣『韓国の創世神話』(図書出版ギルボッ、一九九四年)二二七～二二八頁参照。
(131) 徐大錫『韓国神話の研究』二二四～二二九頁、および金憲宣『韓国の創世神話』二二七～四九五頁参照。
(132) 一九七〇年代～一九九〇年代にかけての研究状況については、李志暎『韓国神話の神格由来に関する研究』(太学社、一九九五年)一八九～二一三頁。

宇宙創成論については断片的に叙述されているに過ぎない。そのため、これらの創世神話によって古代韓国人の宇宙、自然、社会、人間の原イメージ－思考様式を概念的に明示するということは不可能である。しかし、第一に、創世神話についてのこれらの資料が歴史的に、済州島を含む全国に分布しているということ、また第二に、たとえこれらの資料が断片的な議論であるとしても、これらの資料を通じて古代韓国人の宇宙、自然、社会、人間についての原イメージ－思考様式がどのようなものだったかを推論することは可能である、と思われる。

徐大錫によれば、これらの創世神話の主要内容を神話素別に区分してみると、「天地開闢」、「日月の調整」、「人間創造」、「人世争奪競争」などに分類できるが、[133] これら創世神話のすべてが神話素別の内容を含んでいるわけではないと指摘している。[134] 神話素の観点から見ると、金双石伊が口演した「創世歌」が神話素をすべて備えている代表的創世神話であり、金双石伊の口演本以外の創世神話は、このうち一〜三個の神話素について、あるいは始祖の出生、事物の起源、生物の起源などについて歌っている。また、これらの創世神話には歌のいたるところに、中国大陸からの儒教・仏教などの文化的影響により潤色された部分が多く見られる。したがって、これら創世神話によって古代韓国人の宇宙、自然、社会、人間についての原イメージ－思考様式を追跡するためには、①創世神話を比較・検証し、②創世神話の中に潤色されている儒教・仏教などの外来文化・思想と古代韓国人たちの宇宙、自然、社会、人間についての原イメージ－思考様式を弁別し、その原義に近づかなければならない。[135]

以上のことから、ここでは方法的に創世神話素が豊富な金双石伊本を中心にして古代韓国人の原イメージ－思考様式を追跡し、①諸創世神話の比較・検証、②弁別にもとづく原義へのアプローチによって、古代韓国人の原イメージ－思考様式をできるだけ明瞭に提示してみようと思う。

金双石伊が口演した「創世歌」の中で論拠の対象となる部分は、以下のとおりである。[136]

ハヌル（天）と地が生ずるとき

弥勒さまが誕生すれば、
天と地とが相附いて、
離れず、
天は釜蓋の取手の如く突き出で、
地は四耳《しほう》に銅の柱を立て、
そのときは日も二つで月も二つで、
月一つ取りて北斗七星南斗七星（に）しつらえ、
日一つ取りて大きい星をしつらえ、
小さい星は百姓《じんみん》と直星の星をしつらえ、
大きい星は王と大臣（の）星にしつらえ。
……

(133) 徐大錫『韓国神話の研究』二二五頁参照。金憲宣は創世神話の神話素を、たとえば「天地開闢と天地創造」、「日月の調整と様々な信仰」、「弥勒の巨人的面貌」、「水と火の起源」、「人間の創造」、「人世争奪競争」、「生食から火食への転換」、「火食の拒絶と永遠の生命の獲得」（金憲宣『韓国の創世神話』二二八頁）など、創世神話に込められた内容を中心に分類している。

(134) 徐大錫『韓国神話の研究』二二四〜二二九頁参照。

(135) 丸山眞男によれば、「原型」または原義に接近する方法としては、儒教や仏教など、外来の教義や世界観を明白に表しているカテゴリーを消去していく方法しかないという。丸山眞男前掲「原型・古層・執拗低音」一三九〜一四四頁参照。

(136)『孫晉泰先生全集』（5）（太学社、一九八一年）および金憲宣『韓国の創世神話』二三〇〜二三三頁参照。この引用文は『孫晉泰先生全集』（5）に収録されている「創世歌」を原義を抜け出ない範囲内で現代語に修正・補完したものである。以下同じ。〔なお、日本語訳に関しては、本註にある孫晉泰『孫晉泰先生全集』（5）（太学社、一九八〇年）にあるものを、句点・ルビ（旧仮名遣い）、踊り字はそのまま用い、改行と一部の表記については引用者にしたがって改めている。以下同。〕

弥勒さまが誕生して、
弥勒さまの歳月《じだい》には、生《なま》の物を召し上がり、
火入ずして、生《なま》の穀を召し上がり、……
我れ斯く誕生して、水の根本・火の根本、
私の外には（探し出す者は）ない、（水と火を探し）出さねばならぬ。
草蝗虫《ばった》（を）捕へ出し、刑台に載せ置き、……
「これ見よ草蝗虫よ、水の根本・火の根本（を）知るか」。
……夜になれば露受けて飲み、晝になれば日の光受け喰ひて生きる動物《むし》がどうして知らう、
私よりもう一遍化《くわ》して見た草蛙《くさがへる》を呼んで聞きなさい。
草蛙を捕へ来て、……「水の根本・火の根本（を）知るか」。
……夜になれば露受けて飲み、晝になれば日の光受け喰ひて生きる動物《むし》がどうして知らう、
私より二遍も三遍もよけい化《くわ》して見た二十日鼠を捕へて来て聞いて見なさい。
二十日鼠を捕へ来て、……「水の根本・火の根本を知るか」。
鼠（の）云ふには、私にどんな功を建てゝ下さいますか。
弥勒さまの言葉が、汝を（して）一天下の米櫃を所有させてやらう、
すると、鼠の言葉に「金ドン山（に）入り往き、片の方は真石《かたいし》にて、片の方は鋼鉄にて、
かち〳〵と打てば火が出ました。
ソハ山（に）入り往けば、泉こん〳〵と出づ、水の根本（はそれである）」。
弥勒さま（が）水火（の）根本を知つたから、人間（の）話をやつて見よう。

昔々そのむかし、弥勒さまが片の手に（は）銀の盤《さら》（を）載せ、片の手に（は）金の盤《さら》（を）載せ、ハヌル（天）に祈禱すれば、
天より虫落ちて、金の盤《さら》にも五つにて、銀の盤《さら》にも五つなり。
その虫（を）生長させて、金の虫は男となり、銀の虫は女にしつらえ、
銀の虫金の虫生長させて、夫婦にしつらえ、世の中に人間が生れたり。

弥勒さまの歳月には、石《こく》の量、斗《ます》の量にて召し上がり、歳月《よのなか》が泰平にして。

然るところを、釈迦さまが生れ出て、この歳月《よのなか》を奪ひ取らんとせば、
弥勒さまのお言葉が、まだ〳〵私の歳月《（世）》で、お前の世には成れない。

釈迦さまのお言葉が、弥勒さまの世は過ぎた、今度は私の世を作らう。

弥勒さまのお言葉が、お前（が）私の世を奪はうとするなら、お前と私と賭け事をしよう

この金双石伊本の「創世歌」において、宇宙創成に関する原初的叙述は、「天と地が生ずるとき、弥勒さまが誕生すれば、天と地とが相附いて、離れず」である。

宇宙創成に関係するこのような叙述は、まるで単調な詩文のように見える。ではこの単調な叙述の中に、古代韓国人のいかなる思考様式が込められているのだろうか。

丸山眞男は、世界の数ある神話の中に現われた宇宙創成論を検討してみると、その発想の基底に流れている三つの基本動詞にぶつかることになるが、それは「つくる（造）」「うむ（生）」そして「なる（成）」であると指摘している。[137] そして、この三者をいったん論理的に区別し、宇宙創成論として命題化してみると、次のような三つ

の型に分けて考えることができるという。

すなわち、われわれが生きる世界と万物は、第一に、人格的な創造者によって一定の目的を持ってつくられたのであり、第二に、神々の生殖行為によってうまれたのであり、第三に、世界に内在する霊力の作用によって形となる、というものである。では、これら三字相互間の親和関係はどうなのか。「つくる」と「うむ」は他動詞だが、「なる」は自動詞である。すなわち、「つくる」と「うむ」はともに他動詞であって、それぞれ目的語を持つという点で、「つくる」と「うむ」は大変親和的である。しかし「つくる」の論理を純化した時、つくるものとつくられるものとの間の関係は、主体と客体としてまったく非連続的なものとなり、結果的につくられるものの側から見れば、つくるものは超越者の性格を帯びることになる。さらに、「つくる」を他動詞の観点から見れば、「つくる」は「誰かが何かをつくる」ということから分かるように、主体が明らかであり、何をなぜつくるのかという行為の中に相対的に目的意識性が強く込められている。つまり、つくるということは思考様式の次元から見れば作為的である。これに比べ、「うむ」の論理を純化した時、生むものと生まれるものとの間の関係は、生まれるものが生むものと血縁的に連続しており、結果的に生まれるものの観点から見れば、主体としての生むものと生まれるものとの間の内在的連続性を肯定することになる。そして、「うむ」を他動詞の観点から見れば、「誰かが誰かを生む」ということから分かるように、主体が明らかであり、やはり誰かをうむという行為の中に目的意識性があると言うことができる。しかし、「うむ」ということは思考様式の次元では自然的である。この意味で、「つくる」と「うむ」は、一方では親和的でありながらも、思考様式の次元から見れば非常に対照的である。

では、「なる」はどうか。「なる」は宇宙創成論において「つくる」「うむ」とともに基本動詞であり、「つくる」「うむ」とは対照的に自動詞である。「なる」の論理を純化したとき、「誰か（または何か）になる」ということから分かるように、主語はあるが目的語はない。すなわち、「――になる、あるいは――が成り立つ」には

「誰か」にまたは「何か」にという主体はあるものの、それ自体としては何もせず、何か外部の、または第三の力（momentum, いきほひ）によって「誰か」にまたは「何か」になる、ないしはおのずからなるという被動的な主体があるだけである。これを思考様式の次元から見れば、その基底に自然的（生）成の観念が貫流していると言うことができる。[138]これら「つくる」「うむ」「なる」という三つの基本動詞を宇宙創成論の次元に単純化してみると、その発想様式はそれぞれが「(創)造」「生(長)」「(生)成」に到達することになると言えよう。世界の数ある神話の中に現われる宇宙創成論には、「つくる」「うむ」「なる」の三つの動詞いずれもが登場するのが一般的傾向である。したがって、宇宙創成論の思想的特性とは、この三動詞の中でどの動詞により力点が置かれているのか、あるいはどの動詞が主動詞であり、どの動詞が副動詞なのか、という三動詞の組み合わせの様式によって、その特徴が決定されると推論できる。

さて、金双石伊本の「創世歌」に戻ってみよう。この「創世歌」における宇宙創成に関する原初的叙述を見ると、最初に登場する動詞が「生ずる」、その次に「誕生」、すなわち「生まれる」である。この「生ずる」は、自然の論理を越えて作為の論理の領域にまで拡大作用していた。しかし「うむ」が他動詞で「誰かが誰かをうむ」と言い、生む主体と目的意識性を有しているのに比べ、「生ずる」「生まれる」はともにそれ自体としては自動詞であり、「うむ」と同様に原生的には自然の論理でありながら、主体と目的意識性が明瞭ではない。それは「誰かが誰かを生む」から「誰かが生じる、または生まれる」という表現の推移に見られるように、目的語が主語に転移し、意味論的に受動態になることで本来の主語（＝主体）が省略されたからである。この観点から考えてみるならば、「天と地」「弥勒」の背後に誰かまたは何か、という主体と目的意識性が覆われていることが推論でき

(137) 丸山眞男「歴史意識の『古層』」六頁。
(138) 丸山眞男前掲論文、六～七頁参照。

る。しかし、ここで、誰かまたは何かという主体がはたして人格的性格を帯びているのか、あるいは客観的法則性を帯びているのかという疑問を無理に断定する必要はない。なぜなら、思想史的観点から考えれば、思考の発展の道程はかくなる地点に到達していたと推論することが可能だからである。ただし、「天と地」「弥勒」の基底に自然の論理が貫流しているということに議論の余地はない。

次に、それでは弥勒が生まれたときの宇宙の実像はどうだったのだろうか。「天と地とが相附いて、……日も二つ、……月も二つ」と叙述されているように、それは混沌そのものであった。そして（弥勒が）天と地を分離して正しくとらえ、月一つ、日一つにそれぞれいくつかの星をあつらえて天と地の調和をなしたのである。この意味で、弥勒は超自然的能力の所有者である。しかし、他方で弥勒は、天と地の調和の中で服を着て草バッタ、草カエル、ハツカネズミに尋ね、金ドン山で火の根本を発見し、ソハ山で水の根本を発見する。つまり、弥勒は巨人だがその生活像は世俗的なのである。それだけではない。弥勒は片方の手には銀盤を持ち、もう一方の手には金盤を持ち、天に「祝詞をあげると」、天から虫が金盤と銀盤の上に「落ちて」、金（盤に落ちた）虫は男に「なり」、銀（盤に落ちた）虫は女に「しつらえ」、これらが育って夫婦へと「しつらえられ」、世の人々を「生むことにな」ったのである。すなわち、弥勒は、天と地が分かれ、日と月と星が調和のとれた世となり、この世の中に高貴な生命が育ち得る水と火がともにあるゆえに人間を下し賜《たま》えと天に「宿願する言葉をささげ」、「天」から虫が落ち、虫が育ってそれぞれ男と女となり、夫婦として世の人々を「生んだ」というのである。

とすれば、宇宙創造のこの叙述の中に貫流している思考方式とは何であろうか。叙述過程の順に確認してみると、第一に、宇宙創成過程の混沌の中で、弥勒が天地を分離させ、天は「膨らみ」（天を「膨らませ」）地に銅の柱を「立て」、月一つ日一つを取り除き、星を「しつらえて」、天から虫が「落ちて」金の虫は男に「なり」、銀の虫は女に「しつらえ」、この虫が「育って」夫婦へと「しつらえられ」、それによって世の人々を「生んだ」、と叙述されている。すなわち、この叙述の中に登場する動詞を見ると、「膨らみ（膨らませ）」「立て」「しつらえて」または「しつらえ」「落ちて」「育って」「生んだ」、そして「なる」である。これらの動詞の原形は「膨らむ（膨らませる）」「立てる」「しつらえる」「落ちる」「育つ」「生む」「なる」であり、「膨らませる」「立てる」「しつらえる」「生む」が他動詞であり、「落ちる」「育つ」「なる」は自動詞である。前述したように、他動詞は「誰かが誰かを、または何かを○○する」の形で、その行為の中に主体と目的意識性がある。しかし、これらの他動詞は「つくる」の場合のように、作為的であっても、主動詞ではなく副動詞に過ぎない。すなわち、天と地、月と日、虫（男）はすでに「なって」いる、または「成り立って」いるものであり、「膨らむ（膨らませる）」「立てる」「しつらえる」は、宇宙の混沌から調和・秩序の世界に向けた補完的手続としての副動詞なのである。しかし、「なる」は「男になる」のように自動詞である。（男に）「なる」は「天」から落ちた（金の）「虫」が他者の助けなくそれ自体で「男にな」ったという意味で自動詞である。これに比べて、「落ちる」「育つ」は、「なる」そして「生む」の過程に登場する副動詞である。「なる」と「生む」はともに自然の論理を表しており、親和関係にあることは言うまでもない。

　第二に、弥勒が片方の手に銀盤を、もう片方の手に金盤を持ち、「天」に人間の誕生を願う祝詞をささげるという叙述は、「天」と「弥勒」との対話であり、「天」という絶対者（あるいは「天」に宇宙創成の人格的主体がいること）が前提とされている。

　では、第三に、天＝弥勒によって「生（長）」－「（生）成」された現実世界とはどのようなものだろうか。宇宙創成以降の現実世界に関する叙述を見てみると、弥勒の歳月には石・斗で食事をし、人間の世の中は泰平であった。しかし、釈迦が降り立って弥勒の歳月を奪おうとしたため、弥勒が「まだ私の歳月である、汝の歳月ではない」と言うと、釈迦が応酬して「弥勒の世は過ぎた、今度は私の世をつくろう」と歌っている。これを学界では「人世争奪競争」と呼んでいる。この「人世争奪競争」を思考様式の次元から考えてみると、弥勒が「天」に人間の誕生を願う祝詞をささげるという表現から明らかなように、現実世界が賛美の世界とみなされていると言えるだろう。これは言わば現実世界を積極的に肯定する世界観である。

では、金双石伊ロ演の「創世歌」を思考様式の次元から整理してみると、その特徴的な様相は何であろうか。以下、列挙してみる。

①宇宙創成の基本動詞としての「つくる」に対して、「うむ」－「なる、ないし成り立つ」が主動詞であるということ、

②宇宙創成過程で最初に登場する基本動詞は、他動詞の「うむ」ではなく、自動詞の「生じる」「生まれる」であるということ、したがって、宇宙創成の主体が明瞭ではないということ、

③人間の起源に関する叙述で、「天」という、ないし「天」に不明確ではあるが宇宙創成の主体－絶対者が前提にされているということ、

④宇宙創成論において、独自の作為の論理にもとづく主動詞が登場しないということ、

⑤宇宙創成論は、弥勒によって混沌から調和・秩序の世界が実現しているということ、

⑥宇宙創成論の過程に登場する動詞は、「うむ」「なる、ないし成り立つ」をはじめとして、その延長線上にある「生じる」「生まれる」、また副動詞である「落ちる」「育つ」など、すべて自然の論理にもとづいているということ、

⑦弥勒の世俗的生活をはじめとして、現実世界を積極的に肯定しているということ、である。

ところで、金双石伊ロ演の「創世歌」に内在するこうした思考様式は、別の創世神話の中にも共通して見出すことができるものである。ここでそれらの創世神話を神話素別に検討してみると、以下のようになる。

①宇宙創成の始原－天地開闢に関する議論は、チョン・ミョンスロ演の「創世歌」、朴奉春ロ演の「初監祭」、

姜チュノク口演の「セングッ」、姜日生口演の「ベポドオプチム」、鄭チュビョン口演の「ベポドオプチム」などに見える。これらの創世神話における宇宙創成の始原＝天地開闢に関する議論は、すべて中国大陸文化の影響、具体的には陰陽家の十二支に従って構築された宇宙創成論の影響を受けている。(139)

②しかし、チョン・ミョンス口演の「創世歌」、姜チュノク口演の「セングッ」、鄭ウナク口演の「三胎子プリ」、李ジョンマン口演の「シルマル」、権スンニョ口演の「順産祝願」、朴奉春口演の「初監祭」、姜日生口演の「ベポドオプチム」、安サイン口演の「ベポドオプチム」、鄭チュビョン口演の「天地王本プリ」などでは、金双石伊口演の「創世歌」に見出されるように、もっぱら宇宙創成論の過程において混沌から調和・秩序への移行が歌われている。(140)

③人間の起源に関する叙述は、姜チュノク口演の「セングッ」に見出すことができる。その内容は次の通りである。(141)

人が昔生じる時には、どこで生じたのですか。

天地アムノク山に行って、黄土という土を集めて男子をつくり、女子はいかにして生産したのやら、女子をつくりました。

(139) 徐大錫『韓国神話の研究』二三〇～二三一頁参照。
(140) 金憲宣『韓国の創世神話』二二五～四三七頁、および徐大錫『韓国神話の研究』二二四～二二九頁参照。
(141) 徐大錫『韓国神話の研究』二三五頁、および金憲宣『韓国の創世神話』二五一～二五二頁参照。

この叙述によれば、人間は（ある）創造主がいて、人間（男と女）をつくったことになっている。この叙述は、（a）人間をつくる主体があるということ、（b）人間は生まれたのではなく（ある）創造主の作為によるものである、ということを意味している。この叙述は、金双石伊口演の「創世歌」における人間の起源に関する叙述とは発想を全く異にしていると言えよう。

姜チュノク口演の「セングッ」における人間の起源に関する議論をもう少し具体的に検討してみると、人間の起源について冒頭で「人は昔生じる時には、どこで生じたのですか」と叙述している。ここで「生じる時に」「生じたのですか」は自然の論理である。しかし、人間の起源に関する具体的叙述においては、「うむ」または「生じる」ではなく、「つくる」が登場している。このことは、前後の文脈から考えると大変不自然であり、意味論的観点から考えれば、この前後の文脈は断絶している。徐大錫は、姜チュノク本の人間の起源に関するこの叙述に対して、「女媧故事のような中国神話素が伝承過程で移入したものだ」と推論している。[142] 宇宙創成に関する姜チュノク本の議論は、「天が開く時には子の方角に開き、この地が闢く時には丑の方角に闢き、人は寅の方角に立つように法を作った」[143] と叙述されているように、姜チュノク口演の「セングッ」は宇宙創成－人間の起源に関する叙述において明らかに中国大陸の文化的影響を受けている。

④「人世争奪競争」に関する叙述を検討してみると、金双石伊口演の「創世歌」をはじめ、さきに列挙したほとんどすべての創世神話においてこのモチーフを見出すことができる。つまり、これら「人世争奪競争」に、弥勒と釈迦が主人公である「人世争奪競争」と大別王と小別王が主人公である「人世争奪競争」の叙述があるように、チョン・ミョンス口演の「創世歌」、姜チュノク口演の「セングッ」、鄭ウナク口演の「三胎子プリ」、崔ウムジョン口演の「タムグマギI」、朴ヨンニョ口演の「タンコマギの歌」、権スンニョ口演の「順産祝願」などの創世神話では、弥勒と釈迦が、そして朴奉春口演の「初監祭」、姜日生口演の「天地王本プリ」、安サイン口演の「天地王本プリ」、姜日生口演の「ベポドオプチム」、高デジュン口演の「天地王本プリ」などの創世神話では、

大別王と小別王が、それぞれ宇宙創成後の現実世界を誰が治めるのかをめぐって対決している。これら両者の対決を思考様式の次元から検討してみると、（a）「人世争奪競争」の基底には現実世界における生を積極的に肯定する思考が流れているということ、（b）金双石伊ロ演の「創世歌」・「人世争奪競争」において、「弥勒さまは釈迦の余りうるさきを受けかね釈迦に世を譲らうと定め、汚く穢らはしい釈迦よ、……汝の世になつたならば、家門毎に妓生出で、家門毎に寡婦出で、家門毎に巫女出で、家門毎に逆賊出で、家門毎に白丁《ゑた》出で、……世がさうであれば末世になる」(144)とあるように、現実の人間世界での混沌・混乱と調和・秩序を対置させ、現実の人間世界での誠実な姿が調和・秩序であることが叙述されているのである。

以上検討してきたことを、韓国巫に関する概念的議論から創世神話に至るまで、その基底に貫流している思考様式の特徴的様相、すなわち古層としての韓国巫の存在様式に特化して整理してみると、

（A）「生む」（(生)長）－「生まれる」－「生じる」、「なる」（(生)成）を基調とする自然主義、

（B）「ハヌル（天）」という、ないし不明確ではあるが「ハヌル（天）」に登場する宇宙創成の人格的主体－絶対者に対する信念、

（C）調和・秩序（主体的、実践的には平安）の世界への指向、出生、無病長寿、財物、治病の除災招福を究極的な目標とする現世主義、

---

(142) 徐大錫、同前、二三六頁。
(143) 徐大錫、同前、二三〇頁。
(144) 金憲宣『韓国の創世神話』二三四～二三五頁。

の三点に要約することができる。

第四節　政治社会の起源

I　予備的考察――政治社会の存在様式

政治社会の起源－構成原理に関する東洋・西洋の歴史的な議論を見ると、理論的構成の多様性にもかかわらず、発想様式の類似性を見出すことができる。

ルソー（Jean-Jacques Rousseau）は政治社会の起源について次のように論じている。

〔自然状態の中で――引用者〕土地に囲いをして『これはおれのものだ』と宣言することを思いつき、それをそのまま信ずるほどおめでたい人々を見つけた最初の者が、政治社会の真の創立者であった。[145]

そして無力なためか、または無頓着なために自分の相続分を手に入れることができなくて相続者の数から漏れた者たちは、周囲では、すべてが変るのに彼らだけはいっこうに変らなかったため、自分は何も失わないのに貧乏になり、やむを得ずその生活の資料を富者の手からもらうか奪うかしなくてはならなかった。[146] そしてそこから、人それぞれのさまざまな性格に従って、支配と屈従、あるいは暴力と掠奪が生れはじめた。

ルソーによれば、人間の間に私有財産の観念が形成されることにより、人間は従来の自然状態を抜け出て社会状態へと移行することになり、そうした社会状態の中で政治社会を建設することになった、というのである。ルソーは、人間が自然状態を抜け出て歴史を形成するようになるのは、人間に自らを発展させる自己完成能力(perfectibilité)があるからだという。[147] つまり、人間は自己完成能力によって社会を作るが、このとき社会の根本悪である私有財産も作られたというのである。そしてルソーは、このような倒錯した社会状態を解決するために、社会契約を基調とする政治組織(institution politique)、すなわち制度に依拠した政治社会の建設を構想している。[148] つまり彼は、「各構成員の身体と財産を、共同の力のすべてをあげて守り保護するような、結合の一形式を見出すこと。そしてそれによって各人が、すべての人々と結びつきながら、しかも自分自身にしか服従せず、以前と同じように自由であること」を主張したのであった。[149]

このルソーの政治社会の起源、政治社会の構想の議論の中に貫流している発想様式を考えてみると、①政治社会の起源を論証する場合に人間の自然状態を想定し、②政治社会の最も根本的な内在的機制として人間の支配服従関係を論じ、③自然状態から政治社会への移行過程で政治社会の秩序下の問題を構想するにあたって、制度に依存し、④政治社会の秩序下の問題を構想する場合に、人間の政治・経済・社会的価値と規範をどのような形態に規定するのかに着眼し、⑤ルソーの人民主権論に見られるような政治体制論を提示していることが分かる。つまり、ルソーのこうした発想は、単純化して言えば、政治社会の起源 - 成立に関して、①人間の自然状態の想定、

(145) J = J・ルソー(本田喜代治訳)『人間不平等起源論』(岩波文庫、一九六五年)七九頁。
(146) J = J・ルソー(本田喜代治訳)同前、九四~九五頁。
(147) J = J・ルソー(本田喜代治・平岡昇訳)同前、四九頁。
(148) J = J・ルソー(桑原武夫訳)『社会契約論』(岩波書店、一九六七年)二八~三一頁。
(149) 同前。

②政治社会における人間の支配服従関係－権力の生成、③制度による政治社会の秩序化、④政治・経済・社会的価値・規範の存在様式、⑤政治体制論の問題、を核心的論点として提起しているのである。政治社会の起源－成立に関するこうした発想は、たとえ観点やその理論的構成は異なっているとしても、ホッブズ（Thomas Hobbes）やロック（John Locke）の場合も例外ではない。[150]

では、文化・思想の歴史的発展という点から見たとき、ヨーロッパと極めて対照的な東北アジアの場合はどうだろうか。

東北アジアの歴史的発展過程において、政治・経済・社会の領域に甚大な影響を与えた思想として、儒家思想、道家思想、法家思想をあげることができる。もちろん、これらの思想の中でも儒家思想は、道家思想や法家思想に比べて東北アジアの歴史的発展に支配的機能をはたしてきたことは言うまでもない。しかし、ここでは、これらの思想がそれぞれ政治社会の起源－成立について独自の観点を提示してきたという点を考慮し、またそれらの観点による理論的構成が東北アジアの歴史的発展を大きく規定している点から、慎重に比較検討してみよう。

第一に、政治社会の起源－構成原理に関する儒家の議論は、『孟子』に次のように論じられている。

（自然状態の中では）（元来、人間の本能的な指向は）お腹が空いたらたらふく食べ、寒ければ暖かく衣服を重ねて着て、何もすることなく平穏に過ごしながら、（そこには文化、道徳などを）教えることがなかったので、禽獣に近い生活をしていた。……契《セツ》をして民の教育を担当させるようにし、人倫を教えたが、（それが）父子有親、君臣有義、夫婦有別、長幼有序、朋友有信だった。[151]

政治社会の起源について、孟子は人間の自然状態を想定している。しかし同時に孟子は、自然状態の中における人間の自然的生活は大変不安定だとも言っている。[152] つまり、自然状態の中における不安定な人間の自然的生活を脱皮するために、農業生産による経済的安定を基盤とする道徳的五倫の世界へと移行したと言うのである。孟子によれば、「心を労する者は人を治め、力を労する者は人に治められる。……天下の通義である」[153]という。つまり、「心を労する者」と「力を労する者」との間の支配服従関係が合理化されているのである。のみならず、「心を労する」ということは、道徳的な五倫の世界の実現を目標としているという点で、治者の知的能力は、基本的に道徳知を意味するものであると言える。これは孟子における政治社会論が、道徳による支配を根幹としているということを教えてくれる。[154]この意味で、儒家思想における政治社会論は道徳国家を指向していると言えよう。

第二に、政治社会の起源‐構成原理に関する道家の議論は、老子の『道徳経』や『荘子』の中で次のように論じられている。

(150) 福田歓一『近代政治原理成立史序説』(岩波書店、一九七一年)二四三〜二九八頁参照。
(151) 原文は「飲食煖衣、逸居而無数、則近於禽獣」、「使契為司徒、教以人倫、父子有親、君臣有義、夫婦有別、長幼有序、朋友有信」『孟子』滕文公章句上。
(152) 朴忠錫「儒教の政治学──原理的考察」(『社会科学論集』第一五輯、梨花女子大学校法政大学、一九九五年)六六頁参照。本書補論二(六〇一頁)に収録。
(153) 原文は「労心者治人、労力者治於人、……天下之通義也」『孟子』滕文公章句上。
(154) 荀子の場合にも自然状態から政治社会への移行過程での礼の起源についての議論で、政治社会における礼規範にもとづいた支配服従関係を合理化している。荀子は次のように論じている。「礼は何に起るや。曰く、人生まれながらにして欲有り、欲して得ざれば、すなわち求むること無き能わず。求めて度量・分界無ければ、すなわち争はざること能わず。争へばすなわち乱れ、乱るればすなわち窮す。先王は其の乱を悪む。故に礼義を制して以て之を分ち、以て人の欲を養ひ、人の求めを給し、欲をして必ず物を窮めず、物をして必ず欲を屈さざらしめ、両者相持して長ぜしむるなり。是れ礼の起る所以なり」『荀子』礼論篇。〔読み下し文は藤井専英著『新釈漢文大系(六)荀子・下』(明治書院、一九六九年)五四三頁による。〕

赫胥氏（太古時代の帝王）の（治める）時には、民は生きていきながら（何を）すべきかを知らず、（どこに）行くにしても行くところを知らなかった。（ただ）食べるものを口に入れて喜び、腹を打って楽しく過ごしていた。民がすることはこれだけであった。[155]

故に聖人曰く、私が無為（で治める）ならば民はひとりでに感化され（自化）、私が静を愛せば民はひとりでに正しくなり（自正）、私が無事（を守る）ならば民はひとりでに豊かになり（自富）、私が無欲（を示す）ならば民はひとりでに素朴になる（自朴）と。[156]

道は常に無為（の状態にとどまってい）ながらも行われないということは無い。[157]

大道が行われなくなっても（作為的な）仁義があるようになった。智慧（ある者）があるようになって、大偽（作為的な嘘が大いに盛んなこと）があるようになった。[158]

政治社会の起源－構成原理に関する道家の議論は、儒家の孟子と同様に人間の自然状態を提起している。しかし、道家では、理論的構成において孟子的な人間の自然状態論と政治社会論の存在様式が転倒している。前述したように、ルソーが政治社会の起源を、「土地に囲いをして『これはおれのものだ』と宣言することを思いつき、それをそのまま信じるほどおめでたい人物を見つけた最初の者が、政治社会の真の創立者であった」と論じたのは、言わば政治社会とは基本的に作為の世界であるということを意味していた。発想は異なっていても、孟子の場合も「契をして民の教育を担当させるようにし、人倫を教えたが、（それが）父子有親、君臣有義、夫婦有別、長幼有序、朋友有信だった」と論じているのは、同様に「教うるに人倫を以てす」という表現からも分かるように、人間の不安定な自然状態から「人倫を教える」ことを媒介として道徳的な作為の世界へと移行している。しかし、道家における基本的発想は、孟子とは反対に、作為の世界を否定し、無為自然の世界＝人間の自然状態を究極的理想状態とみなしている。そして道家の政治社会論では、「大道」の世界、すなわち無為自然の世界が衰退して作為の世界――「人為」「智恵」「大偽」の世界――へ移行することによって政治社会が混乱状態に転落すると論じているのである。道家の観点からすれば、これは作為的な道徳による自然状態の破壊である。

では、道家における政治社会の存在様式とはいかなるものだろうか。老子『道徳経』に、「（心を）虚に至るようにすることをこの上なく行い、（心の平）静を守ることに専一すれば万物が（私と共に）並んで生長し、私は（その根源である道へと）復帰する自然の理法を観照することができる」[159]と論じられているように、道家では治者＝聖人による無為自然の道－自然の理法の発見を要求し、聖人の「無為」「静」「無事」「無欲」が結果的に民の「自化」「自正」「自富」「自朴」をもたらすと考えられている。これは言ってみれば、無為自然の治による政治社会の秩序化を追求するものであり、その指向するところは自然状態への復帰である。「無為を施せば治まらないということは無い」[160]のであり、その当然の帰結として、政治社会における作為の消滅を意味している。しかし、道家のこの政治社会においても、政治社会が存立しているかぎり、治者と被治者の間の支配服従関係があることは言うまでもない。ただ道家においては、治者が「常に民を無知無欲の状態にとどまらせ[161]」るので、治者の

(155) 原文は「夫赫胥氏之時、民居不知所為、行不知所之、含哺而熙、鼓腹而遊、民能已此矣」『荘子』馬蹄篇。
(156) 原文は「故聖人云、我無為而民自化、我好静而民自正、我無事而民自富、我無欲而民自朴」『道徳経』五七章。
(157) 原文は「道常無為、而無不為」『道徳経』三七章。
(158) 原文は「大道廃有仁義、智恵出有大偽」『道徳経』一八章。
(159) 原文は「致虚極、守静篤、万物竝作、吾以観其復」『道徳経』一六章。
(160) 原文は「為無為、則無不治」『道徳経』三章。

支配を自覚することはできず、治者への服従も意識できなくなるだけである。老子『道徳経』で理想的な政治社会として提示されている「小国寡民」論に見られるように、[162]おそらく道家は自然的所与としての小規模の家父長制的な共同体社会を理想的政治社会として構想していると思われる。

第三に、政治社会の起源‐構成原理に関する法家の議論は、『韓非子』では次のように論じられている。

太古時代には人民の数が少なく禽獣が多く、人民が鳥・虫・蛇類などに勝つことができなかった。（そして）聖人が現われて木の枝を引いて（獣の）巣を作ってやり、獣の害を避けるようにした。すると民はこれを喜び、この聖人を天下の王として戴いた。（そして）彼を有巣氏と呼んだ。……古代には男が畑を耕さなくとも草木の実だけで食べるものは充分だったし、女が麻布を織らなくても獣の皮だけで着るものは充分だった。……人民の数が少なく、財物の余裕があったので民は争わなかった。（しかし、人口が増加することで）人民の数が増え、財貨は少なく、……民は争うようになった。[163]

およそ天下を治めるのは人情にもとづく。人情には（利を好み害を悪む）好悪がある。故に賞罰を使うことができる。（また）賞罰を使うことができるので法令を制定することができる。[164]

物に形があり、切りやすく裂きやすい。なぜかと言うに、形があれば短長があり、短長があれば小大があり、小大があれば方円があり、……短長・大小・方円・堅脆・軽重・白黒、これを理と言う。理が定まっていて、物を裂きやすい。[165]……だから方円をつくりあげようと、その規矩（コンパスと定規）に従えば万事がすべて成し遂げられる。

天地を手本として、上手な人を聖人という(166)

政治社会の起源—構成原理に関する韓非子の議論では、韓非子は孟子、道家と同様に、やはり人間の自然状態を想定している。また孟子と同様に、韓非子は自然状態の中における人間の自然的生活を不安定なものとみなしている。韓非子は人間の自然状態から政治社会への移行について、①聖人による統治、および②法治、の二つの次元で論じている。前者が、人間の自然状態の中における自然的生活の不安定性を解消した有巣氏を筆頭とし、火を発見した燧人氏、洪水を治めた鯤と禹など、治者のカリスマ(charisma)に依拠した支配服従関係の成立を述べているとすれば、後者は、性悪説にもとづいて治者の徹底した客観主義的な法治による支配服従関係の成立を述べている。韓非子の政治社会論が後者を基調としていることに再論の必要はなかろう。

韓非子における法治の理論的根拠は、自然法則としての「道」観念にもとづいている。韓非子が「道とは万物の始原であり、是非の土台になるもの(167)」と論じているように、自然法則的な「道」が法治の根源になっている。また、「道とは万物の（根本）原理であり、万物の理（致）が帰一するところ(168)」とも述べている。彼は法治の根

(161) 原文は「……常使民無知無欲……」『道徳経』三章。
(162) 『道徳経』八〇章。
(163) 『韓非子・下』五蠹篇。
(164) 原文は「凡治天下、必因人情。人情者有好悪、故賞罰可用。賞罰可用、則禁令可立」同前、八経篇。
(165) 原文は「凡物之有形者、易裁也、易割也。以何論之。有形則有短長、有短長則有小大、有小大則有方円、……短長・大小・方円・堅脆・軽重・白黒、之謂理。理定而物易割也。……故欲成方円、而随其規矩、則万事之功形矣」同前、解老篇。
(166) 原文は「能象天地、是謂聖人」同前、揚権篇。
(167) 原文は「道者万物之始、是非之紀也」同前、主道篇。
(168) 原文は「道者万物之所以然也、万里之所稽也」同前、解老篇。

拠について、次のように説明している。すなわち、すべての自然物（体）には短長、大小、方円、堅脆、軽重、白黒などの理があり、この理にしたがって規矩を用いれば物（体）は扱いやすいという。つまり、韓非子は、自然の物（体）を扱うときその理にしたがえば「功」＝有用な結果を得られるように、好利悪害の人間社会も客観的な法によって秩序を確立することができると論じているのである。韓非子においては、基本的に人間社会における好利悪害の現象は、人間の自然的本性として物（体）の短長・大小・方円のような自然の延長線上にあると考えられている。韓非子のこの認識は彼の統治論にも貫徹しており、「だから明主（明哲な君主）は法で人物を選ぶようにし、自ら起用しない。法で功を量って、（治者が）自ら評価しない」[169]と論じているように、徹底して法の客観主義を指向している。それゆえ、韓非子の法観念が度量衡的な性格を帯びていることは言うまでもない。

以上、政治社会の起源－構成原理について儒家、道家、法家の代表的な議論を見てきたが、①それぞれ政治社会の起源のモチーヴ（motive）を別にしながらも、一様に人間の自然状態論を提示し、②政治社会の起源の当然の結果であるが、人間の支配服従関係を前提としており、③政治社会の秩序化の問題を解決する際に何に依存するのかという点について、『孟子』では道徳を、老子『道徳経』や『荘子』では無為を、そして『韓非子』では法＝制度をそれぞれ論じ、④政治社会の秩序化の問題を構想する上で、またその当然の結果として人間の政治・経済・社会的価値と規範をそれぞれ道徳、無為、法＝制度の次元でその理論的構成を試み、そして⑤政治体制論においてそれぞれその理論的構成の結晶体として、儒教的道徳国家論、無為を基調とする小国寡民論、徹底した客観主義を指向する法治国家論を提示している。

これら儒家、道家、法家の政治社会の起源－構成原理に関する議論を比較思想の観点から整理してみると、道家と法家を両極として、一方の極に道家の無為自然主義＝反作為主義の次元における国家構想があり、その対極に法家の徹底した作為主義の次元における国家構想があり、そして道家と法家の両極を結ぶ線上に儒家の国家構想があることになる。また、無為自然主義＝反作為主義と作為主義の観点から見れば、儒家の国家構想においても孔子・孟子は道家に近く、荀子は韓非子により近いと言うことができる。(170) しかし、政治社会の起源－構成原理に関する議論からすれば、道徳、無為自然、法という次元では、儒家、道家、法家がそれぞれ独自の領域を開拓しており、歴史的に政治社会の起源－構成原理に関する議論の多様性を見出すことができる。

したがって、一般論のレベルで考えるならば、歴史的に洋の東西を問わず、一方で、政治社会の起源－構成原理における発想様式の普遍性を見出すことができ、もう一方で、政治社会の起源－構成原理における独自領域を開拓することによって政治体制論の多様性を招来し、その当然の結果として歴史的道程を異にすることになった。以上の点を考慮すれば、韓国政治思想史研究においては、政治社会の起源－構成原理という次元における独自の開拓領域とはいかなるものか、またその歴史的道程はどうなのか、ということに関する分析的議論が中心課題とならなければならない。

II　韓国文化・思想の基調――「天」・「生」・「化」

韓国政治思想史における政治社会の起源－構成原理に関する議論は、檀君神話を起点としていた。前述したように、檀君神話は古層としての韓国巫を基盤として理念化されたものであり、その理論的構成は古層としての韓国巫を基盤としていた。したがって、ここでは古層としての韓国巫がどのような形で韓国政治思想史における政治社会の起源－構成原理の基盤となっているのかについて検討してみよう。

(169) 原文は「故明主使法択人、不自挙也。使法量功、不自度也」同前、有度篇。
(170) 荀子が「故に縄なる者は直の至、衡なる者は平の至、規矩なる者は方円の至、礼なる者は人道の極なり」〔読み下し文は藤井専英著『新釈漢文大系（六）荀子・下』（明治書院、一九六九年）五五一頁による〕と論じているように、荀子における「礼」の観念は法家の度量衡的な法概念により近い。

韓国巫に関する概念的検討において提示したように、韓国史を貫流している韓国巫の存在様式は人間－ムーダン－神霊であり、そしてその基底に流れている思考様式は世俗的な価値世界を積極的に肯定する現世肯定の宗教倫理であり、天地人合一の調和的な世界を実現することを目標としていた。

この思考様式は、韓国巫の宇宙創成論により鮮明に提示されていた。韓国巫の宇宙創成論では、①天地万物の存在様式が「生む」－「生まれる」－「生じる」－「なる」という基本動詞を基調とした、言わば自然主義的傾向を強く帯びており、②人間の起源に関する議論において「ハヌル（天）」に関する観念が登場しており、③韓国巫の自然主義的世界観に立脚した現実世界における出生、無病長寿、財物、治病などの除災招福を目標とする現世主義が指向され、④こうした現世主義が主体的、実践的には平安の世界を指向しており、その基底は現実世界における調和と秩序の追求にあったと考えられる。すなわち、韓国巫を思考様式の次元で単純化すれば、その基底には「天」・「生」・「化」の発想が貫流している。

古層としての韓国巫のこのような思考様式は、古朝鮮の檀君神話、高句麗・百済・新羅の建国神話へと継承された。古層としての韓国巫の思考様式は宇宙、自然、社会、人間に関する古代韓国人の原イメージ－思考様式という観点から見たとき、決して整合的ないし体系的な構想を伴った発想だったとは言えない。しかし、それはある意味では当然のことであり、また自然なことでもある。なぜなら、人間の歴史における思想＝思考の発展過程は、それが理念体系の次元であれ、特定の観念または事象の次元であれ、諸観念の組み合わせという観点から見たとき、それらの観念が一列横隊で並び立ち斉一的に移行していくわけではないからである。思想＝思考様式とは諸観念の組み合わせであり、構造的に個別の諸観念の内在的特性を異にしているだけでなく、思考の発想様式にしたがって結果的に個々の諸観念のトーン（tone）も異なってくる。古朝鮮の檀君神話、高句麗・百済・新羅の建国神話における理念化は、韓国巫のこうした思考状況の中で進行していくのである。

（二）「天」・「生」・「化」——韓国巫から檀君神話へ

では、まず古朝鮮の檀君神話に関する議論から始めよう。

すでに検討したように、檀君神話に関する記録は『三国遺事』および李承休『帝王韻紀』に見ることができた。第一の特徴は、檀君神話は天孫降臨神話であるということである。

檀君神話では、政治社会の成立を合理化する過程で「天」観念が前面に登場している。『三国遺事』では桓因＝「帝釈」、『帝王韻紀』では「上帝」＝桓因が登場しているが、「帝釈」「上帝」という言葉が示すように、これらはともに天上世界を治める神、つまり「天神」を意味している。しかし、『三国遺事』の檀君神話では、天神である桓因の庶子桓雄（『帝王韻紀』では雄）が太白山頂上にある神檀樹の下に降り立ち、そこで神市を作り、桓雄天皇（『帝王韻紀』では檀雄天皇）と称して人間社会の出来事を治め、熊女と夫婦となり、檀君を生んだために（『帝王韻紀』では檀雄天皇が孫娘を人の体にさせて檀君を生んだために）朝鮮の始祖になったとなっており、文字通り天孫降臨である。すなわち、「天神」とは概念的には天の人格的性格を意味しており、天の理念化が進行することによって政治社会建設の主体として登場しているのである。

では、韓国巫における天神と檀君神話における天神はどのように異なっているだろうか。それは、①韓国巫における巫とは「神病という宗教体験を通じて神の霊力を獲得し、神と交通する神権者」であり、「これら神の霊力により吉凶禍福という人間の運命をクッで調節する能力を持った」「宗教的指導者」と定義されているように[171]、天神は巫の信仰の対象であり、宗教体験（クッ）の対象である。つまり、天神はどこまでも巫の世界の中の天神である。しかし、檀君神話における天神は、一方では巫の世界にとどまって巫の宗教的体験の対象でありながら、他方では理念的に現実世界における人間の政治・経済・社会のさまざまな問題に向かっているだけでなく、被治

---

(171) 金泰坤『韓国巫俗研究』一四頁。

者との間の支配服従関係が成立しているという点で、巫の世界を超えて統治主体として現実世界に君臨している。

②檀君神話における「天」観念は、天の人格的性格にとどまっていた。しかし、檀君神話における「天」は天神であり、「天」観念の思考領域は天神を軸として構築されていた。すなわち、これは韓国巫における天神観念の継承であり、そこには普遍的原理の源泉としての「天」観念は具体的には提起されていない。韓国巫における創世神話を代表する金双石伊口演「創世歌」でも、「天《ハヌル》と地とが生ずるとき弥勒さまが誕生すれば……」と歌われており、そこには宇宙創成の主体または根源の次元における議論が明示的に提起されてはいなかった。しかし、人間の起源については、「昔々そのむかし、弥勒さまが片の手に（は）銀の盤（を）載せ、もう片方に（は）金の盤を載せ、天に祈禱すれば、天より虫落ちて、……金の虫は男となり、銀の虫は女にしつらえ、……（これらが）夫婦にしつらえられ、世の中に人間が生まれたり」と歌われており、人間の起源に関するところでハヌル、すなわち「天」観念が登場している。しかしここでも「天」観念は人格的性格と推論されるのみであり、普遍的原理の次元における概念的議論を見出すことはできない。したがって、古層としての韓国巫－檀君神話では、宇宙創成の究極的原理としての「天」観念を抽象化するまでにはいたっていなかったことになる。

第二の特徴として、「天」観念の登場とともに、政治社会の起源に関連して登場する基調的発想は、「（熊女は）孕んで息子（檀君王倹）を生んだ」「孫娘をして……息子（檀君）を生ませた」という叙述に見られるように、「生」＝「生む」という動詞が檀君神話における主動詞となっていることがあげられる。

もちろん、「生」－「誕生」－「生む」－「生まれる」－「生じる」という動詞は、すでに検討したように、「天と地とが生ずるとき」「弥勒さまが誕生すれば」「金の虫（と）銀の虫は……夫婦にしつらえられ、世の中に人間が生まれたり」（以上、金双石伊口演の「創世歌」）、「人は昔生じたとき、どこで生じましたか」（姜チュノクロ演の「セングッ」）「天地開闢後、何が生まれたのか、弥勒さまが生まれました」（チョン・ミョンスロ演の「創世歌」[172]）等、韓国巫の創世神話のいたるところに見出すことができる。

しかし、これらの創世神話における「生」－「誕生」－「生む」－「生まれる」－「生じる」は宇宙の始原、天地開闢の次元、また「弥勒」・「人間」の次元に登場しているだけである。すなわち、創世神話では宇宙創成の主体――たとえば、天――に関する観念が鮮明に提示されておらず、その当然の結果として、宇宙創成の主体と人間の起源との（内的）連関に関する議論も明確に提示されてはいない。

これに比べて、檀君神話では、「生」＝「生む」の観念が天孫降臨思想を合理化する主動詞として登場している。これは天神と人間との間に「生」を媒介とする内在的連続性があることを強調するものであり、韓国巫の創世神話の次元から見れば、「生」の観念を基調とする新たな思考領域の開拓と言うことができる。古層としての韓国巫から檀君神話に至る過程において、宇宙・自然・政治社会について、そしてさらに現実の客観世界について、「生」を基調とする思考と認識の発展がすでに進行していたと考えられるのである。また、この思考と認識の発展過程は、抽象化を経ながら「生」の観念を哲学的原理の次元において醇化させていったであろうことも容易に推論されるところである。[173]

第三の特徴として、檀君神話では調和と秩序の理念化として「在世理化」＝（教）「化」の観念が登場していることをあげることができる。趙興胤は次のように論じている。

◉宗教としての（韓国）巫の原理は調和である。

◉（韓国巫における）調和とは神霊界と人間がムーダンの仲介で出逢い、天地人の合一をなす躍動的な状態を言う。

(172) 金憲宣『韓国の創世神話』二三八頁。

(173) これに関する議論は後述する。

◉クッの構造と原理は調和である。[174]

韓国巫のこうした発想は、韓国巫の創世神話の中に原初的に内在している。それゆえ、ここで改めて創世神話素が豊富な金双石伊口演の「創世歌」における天地開闢に関する叙述を吟味してみよう。

天と地とが生ずるとき弥勒さまが誕生すれば、天と地とが相附いて、離れず、天は釜蓋の取手の如く突き出で、地は四耳に銅の柱を立て、その時は日も二つで月も二つで、月一つ取りて北斗七星南斗七星（に）しつらえ、日一つ取りて大きい星をしつらえ、小さい星は百姓と直星の星をしつらえ、大きい星は王と大臣（の）星にしつらえ[175]……。

この歌は「創世歌」の冒頭における天地と日月星辰の形成過程を説明するものである。文脈を綿密に吟味してみると、天地開闢の当初、天と地は互いにくっついて落ちないとされる一方で、日と月はそれぞれ二つずつあるという、文字通り天地自然の混沌の世界が表明されている。しかし、天地自然のこの混沌世界の中で、弥勒（あるいは誰か[176]）によって天は突き出て（突き出されて）、地は四方に銅の柱を立て、天地を正しくおさめた一方で、月一つを取って北斗七星と南斗七星を、そして日一つを取って星をしつらえ、大きい星は王と大臣、小さい星は人々の直星〔人の運勢を司る九つの星〕にしつらえたとされており、つまり天地自然の秩序を作り上げたことが示されている。すなわち、この文脈において、天地開闢は天地自然の混沌から調和・秩序へと移行しているのである。これは韓国巫の宇宙創成論の基底に自然的秩序の観念が貫流していることを意味するものであり、韓国巫の創世神話の中に調和の取れた自然的秩序を希求する「日月の調整」に関する神話素が多いのも決して偶然ではない。[177]

では、創世神話における古代韓国人の調和の取れた自然的秩序に対する希求は、韓国巫の世界においてどのような含意を持つのだろうか。金双石伊ロ演「創世歌」の「日月の調整」、およびその結果としての「人世争奪競争」[178]で検討したように、古代韓国人の創世神話における調和の取れた自然的秩序は、直接無媒介的に現実の人間世界における調和・秩序へと拡大されていた。つまり、古代韓国人にとっては、自然的秩序は所与の世界であるだけでなく、現世肯定の認識基盤となっているのである。

韓国巫では人間と神霊とムーダンの出逢いに際して、人間はムーダンの仲介を媒介として神霊の助けによって天地人の合一を実現する。これは客観世界の次元における調和の取れた自然的秩序との合一、そして主体的実践的次元における現実世界の中での人間の平安の実現である。それゆえ、韓国巫は平安－救援の宗教であると同時に、韓国巫が調和の取れた自然的秩序にもとづいているという意味で、自然主義の宗教であると考えられる。

（i）秩序の概念――「なる」

では、古代韓国人はこの調和の取れた自然的秩序がどのようにして成り立つと考えていたのだろうか。韓国巫の創世神話を見ると、宇宙創成に関して数え切れないほど多くの動詞が登場して

（174）註127参照。
（175）註136参照。
（176）徐大錫は金双石伊ロ演の「創世歌」で天地自然の秩序化の主体として「弥勒」を指摘している。徐大錫『韓国神話の研究』二三〇頁参照。
（177）徐大錫『韓国神話の研究』二三八～二四二頁参照。金双石伊ロ演の「創世歌」において天地自然の秩序化の追求は「日月の調整」においてだけでなく、「人世争奪競争」において弥勒が釈迦の成火に勝てず、釈迦に歳月を与えることにして慨嘆するに「汝の世になったならば、家門毎に妓生出で、家門毎に寡婦出で、家門毎に巫女出で、家門毎に逆賊出で、家門毎に白丁出で、……世がさうであれば末世になる」（金憲宣『韓国の創世神話』二三四～二三五頁）と述べているように、釈迦の世になれば混沌の世界へ堕ちることになると警告している。これはつまり、天地自然の秩序化だけでなく、人間世界の秩序化を予想しているものと言えよう。
（178）前註177参照。

いるが、調和の取れた自然的秩序を想定する上で、一次的に作為的な動詞を消去してみると、調和の取れた自然的秩序観念が内在する動詞を抽出することができる。宇宙創成に関する議論が豊富な金双石伊ロ演「創世歌」を事例にして、具体的に検討してみよう。

金双石伊ロ演「創世歌」中の宇宙創成を歌った部分に登場する動詞を、自然と作為を基準にして分類してみると、次のようになる。[179]

◉自然的現象を叙述する動詞――「天と地とが生ずるとき」「弥勒さまが誕生すれば」「天と地とが相附いて」「離れず」「泉こん〲と出づ」「天より虫落ちて」「その虫（を）生長させて」「金の虫は男となり」「世の中に人間が生まれたり」

◉作為的現象を叙述する動詞――「天は釜蓋の取手の如く突き出で」「四耳に銅の柱を立て」「月一つ取りて」「北斗七星南斗七星（に）しつらえ」

ここには、自然的現象を叙述する動詞と作為的現象を叙述する動詞が混在する形態で登場しており、韓国巫における宇宙創成論に自然と作為が混在していることが分かる。前述したように、韓国巫は自然主義の宗教であり、原初的に自然的秩序を叙述する動詞が主動詞として登場していた。しかし、韓国巫における自然とは、それ自体完全なものではなく、自然には混沌と秩序が混在していた。したがって、自然の中の混沌は自然の力＝自然自体の原理によってではなく、弥勒（？）あるいは誰かほかの者によって人為的に克服していくしか方法がない。つまり、作為によって自然の中の混沌を調和と秩序へと転化させるのである。ここにおいて、まさに作為的な動詞が副動詞として登場するわけであり、韓国巫におけるクッに典型的に現われている。要するに、韓国巫におけるクッ＝作為――ここで、作為とは概念的にいかなる意味なのかという問題については議論を要するが――は、混沌から調和・秩序への回帰を意味しているのである。

では、次に自然的現象を叙述する動詞そのものについて検討してみよう。金双石伊口演「創世歌」における宇宙創成を叙述する動詞の中で自然的現象を叙述している動詞には、「生じる」「誕生する」「附く」「出てくる」「落ちる」「育つ・生長する」「なる」「生む」があった。これらの動詞はすべて自然の原理ないし法則によって自然的現象を説明する動詞である。しかし、これらの動詞を調和の取れた自然的秩序という観点から概念的に把握しようとすれば、どうなるだろうか。すなわち、これらの動詞の中で秩序の思考様式＝観念を含む動詞はどのようなものであり、また自然の秩序化の契機を内包している動詞はどのようなものなのか、という問題である。『標準国語大辞典』によれば、秩序とは「混乱無くスムーズに成り立たせる事物の順序や順番」「秩序が崩れる」「動物の世界にも厳格な秩序がある」「ここに、規則が書いてある。この通りにしなければなりません。共同生活には秩序がなきゃならないからさ（李炳注『智異山』[180]）」と記されているように、自然の世界であれ、作為的な人間社会の世界であれ、基本的に他者との法則的ないし規範的な関係定立を意味している。この観点から見れば、「生じる」「誕生する」「附く」「出てくる」「落ちる」「生む」はそれ自体個別的な自然現象にとどまっていると考えられる。これに対して、「生長する」と「なる」の論理は他者との関係定立に向かっている。すなわち、「育つ・生長する」には「木の枝が育つ」「生物が生長したり、成熟する」「彼はすばらしい人物に育った[181]」などの例文から理解されるように、「育ってどうにかなる」または「育って何かになる」の意味があり、「育つ・生長する」は「なる」と親和的な動詞で、「○○がどうにか、または何かに変化する」という意味を内包している。

（179）本章註136参照。

（180）国立国語研究院編『標準国語大辞典』（斗山東亜、一九九九年）「질서　秩序」またはYahoo：国立国語研究院→標準国語大辞典、「秩序」。

（181）国立国語研究院編『標準国語大辞典』「자라다　育つ」

では、「なる」はどうか。「なる」は「他のものに変わる」「氷が水になる」のように、「〇〇がどうにか、または何かに変化する」の意味を内包している。しかし、「なる」は同時に、「この少女は私の従姉妹になります」「私はその人と友達になりました[182]」のように、他者との関係定立をも意味している。もちろん、「なる」には、「機械が使えなくなる」「仕事がめちゃくちゃになった」のように、変化や他者との関係定立ではなく、破壊・混乱・混沌の意味を内包していることを考慮すれば、「なる」は秩序と破壊・混乱・混沌の両方向に向いた動詞である。さらに、「なる」は「どうなろうと、僕は家にさえ行けばいい[183]」のように、全く異なった意味も内包している。要するに、「なる」は非常に多義的――これは決して「なる」という動詞だけに限定されるものではないが――である。問題は、このような多義性にもかかわらず、「なる」という動詞が歴史的に古代韓国人の思考の発展過程において変化と秩序に力点を置いた形態で深化してきたということである。

では、こうした多義的な「なる」が、金双石伊口演「創世歌」以外の創世神話の宇宙創成論では、どのような意味で用いられているだろうか。

弥勒さまの時代になりました。(チョン・ミョンスロ演の『創世歌[184]』)

土が人になるように

釈迦の時代になってみると……。(姜チュノクロ演の『セングッ[185]』)

昼になれば日が出て、夜になれば月が出る。(鄭ウナクロ演の『三胎子プリ[186]』)

天と地とがひとかたまりになっていらっしゃいました、

昼の日光が一つ生じ、夜に月光一つ生じ、昼に干上がって死んだ百姓、夜に凍えて死んだ百姓が、暮らしやすくなりました。（文チャンホン筆写の『初監祭本』[187]）

天地開闢はどのようになりましたか
天地開闢になりました。（朴奉春口演の『初監祭本』[188]）

これらの創世神話における「なる」は、宇宙創成過程を叙述する際、「弥勒さまの時代になりました」「土が人になるように」「釈迦の時代になってみると」「天地開闢はどのようになりました（か）」「天地開闢になりました」では変化を、「昼になれば日が出て、夜になれば月が出る」「昼の日光が一つ生じ、夜に月光一つ生じ……百姓が、暮らしやすくなりました」等では秩序を、そして「天と地とがひとかたまりになっていらっしゃいました」では混沌を意味している。このことから、韓国巫の宇宙創成論における「なる」は、変化・秩序・混沌を基調としていると考えられる。

「なる」という動詞に内包されたこの発想は、すでに検討した一三世紀後半に記録された檀君神話に関する資

（182）国立国語研究院編『標準国語大辞典』「되다　なる」。
（183）前註182参照。
（184）金憲宣『韓国の創世神話』二三九頁。
（185）金憲宣、同前、二五二、二五五頁。
（186）金憲宣、同前、二九八頁。
（187）金憲宣、同前、三八五、三八六頁。
（188）金憲宣、同前、三九四頁。

料、すなわち『三国遺事』『帝王韻紀』にもそのまま貫流しているものである。

(ii)「なる」——檀君神話における発想様式

では、「なる」という動詞は、建国神話の中ではどのように用いられているだろうか。

(桓雄天皇は)……穀食、生命、疾病、刑罰、善悪など、およそ人間事三六〇余を主管(し)、世の中(の人々)を(理で)治め教化なさった(在世理化)。

(この時熊一頭と虎一頭が……いつも神雄に)人になるようにして(欲しいと願った)(願化為人)。

桓雄がこの時暫時(人に)変わって(熊女と)夫婦になり〔熊女は〕子を孕み男の子を産んだ)(雄乃仮化而婚之)。

(……檀君は……後に阿斯達へ戻ってきて隠れて)山神となった(為山神)。(以上『三国遺事』・古朝鮮)

(上帝桓因が……孫娘に薬を飲ませ)人の体になるようにし(檀樹神と結婚し男の子を産ませた)(成人身)。

(檀君が)朝鮮の地を占め、王となった(拠朝鮮之域為王)。

〔檀君が〕一〇三八年治めてから)阿斯達に入り神にな(ったので死なかった)(入阿斯達山為神、不死故也)。(以上『帝王韻紀』巻下)。

『三国遺事』や『帝王韻紀』に収録された檀君神話に関する叙述の中で、「なる」の論理によって登場している動詞は、「在世理化」「願化為人」「雄乃仮化而婚之」「為山神」「成人身」「拠朝鮮之域為王」「入阿斯達山為神、不死故也」に見られる、「化」「化為」「化」「為」「成」「為」「為」「為」であり、要するに「化」「為」「成」が「なる」という動詞として用いられている。ではこれら「化」「為」「成」の「なる」という動詞は、どのような意味を持たされているのだろうか。

檀君神話の用例を見ると、「在世理化」は「世の中(の人々)を(理で)治め教化なさった」、「願化為人」は「人になるようにして(欲しいと願った)」、「雄乃仮化而婚之」は「桓雄がこの時暫時(人に)変わって(熊女と)夫婦にな(る)」、「為山神」は「(檀君は)山神になった」、「成人身」は「(孫娘に)人の体になる(ようにさせた)」、「拠朝鮮之域為王」は「(檀君が)朝鮮の地を占め、王となった」、「入阿斯達山為神……」は「(檀君が)阿斯達に入って神にな(った)」であり、「在世理化」における「化」を除いた「……化為……」「……為……」「……成……」「……為……」「……為……」はすべて「なる」の意味であり、また「○○になる」という超自然的または政治的次元においては「変化する」の意味を内包している。しかし「在世理化」における「化」は、「なる」の意味であると同時に、「(理で)教化する」の意味を持っており、①「変化する」の意味を内包しつつ、②規範レベルでの調和・秩序化を指向している。「教化する」という言葉それ自体が示しているように、これは規範次元における調和・秩序を人間の内面性において追求していることを示している。つまり、「在世理化」における「化」は、政治的社会的実践の次元では内面主義の道程を歩んでいるのである。もちろん、このような規範次元での調和・秩序の追求がただちに政治・社会的にその存在様式を明示するわけではなく、実践的命題としてその大綱が提示されているに過ぎない。ただ、まさにこれこそが檀君神話における規範的思考が到達した地点であるとは言えるだろう。いずれにしても、檀君神話における「教化する」という発想は、韓国政治思想史の観点から見たとき、人間の政治・社会における規範の問題を人間の内面性＝内面的道徳性において追求する内面主義の道程を切り開いていく端緒となっており、檀君神話における規範主義的思考が人間の内面主義と結合していることが理解されよう。これは、古層としての韓国巫に内在する調和の観念を媒介として推進された「化」の政治・社会的理念化の進行であると考えられる。

(二)「天」・「生」・「化」——高句麗・百済・新羅

では、檀君神話におけるこの「天」・「生」・「化」という発想様式は、三国時代の高句麗・百済・新羅の建国神話ではどのような形態で提起されているだろうか。

(i) 高句麗の建国神話

高句麗の建国神話には、次のように記されている。

これは天が我に令胤を下さったのであろう(此乃天賚我令胤乎)。

自ら天帝の子解慕漱と言い、(この地を)都とした(自称天帝子解慕漱、来都焉)。

水に告げて曰く、我は天帝の子にして河伯の外孫であるが……(告水曰、我是天帝子、河伯外孫……)。(以上、『三国史記』始祖東明聖王)

海東の解慕漱は真に天の子である(海東解慕漱、真是天之子)。

河伯曰く、王が本当に天帝の子であるなら、何か不思議なことがあろうか（河伯曰、王是天帝之子、有何神異）。（以上「東明王篇」）

（柳花が弟たちと遊んでいるときに）ある男子が現われ、自ら天帝の子解慕漱であると言い……（時有一男子、自言天帝子解慕漱……）。（『三国遺事』高句麗）

本紀に曰く、「漢の神雀三年壬戌に、天帝が太子解慕漱を送り、夫餘王の古都に遊ばれた」（本紀云、漢、神雀三年壬戌、天帝遣太子解慕漱、遊夫餘王古都）。（『帝王韻紀』巻下）

すなわち、高句麗の建国神話では、『三国史記』「東明王篇」『三国遺事』『帝王韻紀』において、「天」「天帝」「天帝子」「天の子」などの「天（神）」が、高句麗の建国、つまり政治社会の主体として登場している。とくに「東明王篇」では、「天」「天帝子」だけでなく、「天王」「上帝」「天帝の孫」「天（神）」という観念が執拗に強調されている。

次に、高句麗の建国神話では、「天（神）」観念とともに政治社会の起源に関して、基調的発想として登場しているのが、前述したように「（卵）生」の観念である。

（河伯の娘）柳花が（天帝の子解慕漱と私通し、父母から追い出されて優渤水に暮らしていたが）（金蛙王がこれを変に思って奥まった部屋に閉じ込めていたところ、……日の光が照らして……）孕んで、卵を一つ生んだ。（卵の）大きさは五升ばかりであった。……母（柳花）が物でその卵を覆い暖かいところに置いておいたところ、男の子が（卵の）殻を割って出て来（た）。……（この男の子を後に）扶餘の俗語に弓をよく射る者を朱蒙ということから名付けて朱蒙といった（……柳花……因而有孕、生一卵、大如五升許……其母〔柳花〕以物裹之、置於暖處、有一男児、破殻而出……扶餘俗語、善射為朱蒙、故以名云）。（『三国史記』始祖東明聖王）

（王〔金蛙王〕が解慕漱の妃を知り、別宮にいさせたところ）日の光を受けて朱蒙を生んだ（懐日生朱蒙）……初め升ほどの卵を生んだが、見る者は皆驚いた（初生卵如升、観者皆驚悸）。（「東明王篇」）

高句麗の建国神話では、「天（神）」の観念とともに「（卵）生」神話が基調をなしており、これは『三国史記』「東明王篇」だけでなく、『三国遺事』『帝王韻紀』においても全く文脈を一にしていた。

では、高句麗のこうした「（卵）生」神話を、檀君神話と比較してみるとどうなるだろうか。檀君神話では、天神桓因の庶子桓雄が一時（人に）変わって熊女と夫婦になり（『三国遺事』）、（または、桓因が孫娘に薬を飲ませ人の体にさせて壇樹神と婚姻し〔『帝王韻紀』〕）息子檀君を生んでいるのに対して、高句麗の建国神話では、河伯の娘である柳花が天帝の子解慕漱と私通した後、柳花の体に日の光が当たって息子を孕み、卵を一つ生んだが、母の柳花が物でこの卵を覆って温めたところ、男の子（朱蒙）が殻を破って出て来たとなっている。この二つの神話の出生過程を思考様式の次元で比較してみると、第一に、檀君神話と高句麗の建国神話はいずれも共通して政治社会の起源を天孫降臨によって合理化しており、第二に、檀君神話では政治社会の支配者はどこまでも人間の生殖行為によって誕生したとみなされ、熊が人間（女）になり、天神の子桓雄が一時的に（人間〔男〕に）変わって檀君を生むことになっているのに対し、高句麗の建国神話では、政治社会の支配者の誕生が檀君神話と同様に男女の生殖行為によって成立してはいても、朱蒙の出生過程では、①天神の子解慕漱（男）と河伯の娘柳花を人間に形象化して記しており、そして②このような過程を経ながら、朱蒙の出生も「天（神）」を連想させ、ちょうど空を飛ぶ鳥が卵を生み孵化過程を経て卵の殻を破って雛が生まれるように、天孫降臨が形象化されていることが特徴的である。したがって、「（卵）生」の観念を媒介にして「天（神）」と政治社会の支配者との直接無媒介的な内在的連続性が強調されていることになる。これを檀君神話と比較してみると、「天（神）」と政治社会の支配者との内在的連続性についての歴史的説明をする際の発想様式が異なっているにせよ、神話的構成においては明らかに「生」が主動詞として共通して機能している。

では、「天」「生」に続き、「化」（なる）の観念はどうだろうか。

（扶餘王解扶婁は老いても息子がいなかったのだが……鯤淵で幼子を得るや、……扶餘王は「これは天が我に子を与えたのだ」と喜んで……）名を金蛙と言ったが生長して太子となった（名曰金蛙、及其長、立為太子）。（『三国史記』始祖東明聖王）

（河伯が上帝の子〔解慕漱〕の神変を試す過程で）波打つ青い海で河伯が鯉になるや、王はすぐさま獺となってすぐさま（鯉を）捕まえた（漣漪碧波中、河伯化作鯉、王尋変為獺、立捕不待跬）。

（河伯はまた）翼を生やして雉となって飛ぶと、王はまた霊妙な鷹となって……（翻然化為雉、王又化神鷹）。

（河伯が鹿となって逃げると）王は山犬となって追いかけた……（我為豺而趡）。

（天帝の子東明王の聖なることを褒め称えた後、最後に）後代の国を守っていく王は困難なことに努力し、

> 小事に注意し、王に戒めるに、寛と仁をもって王位を守り、礼と義をもって民を〔教〕化すればこの美徳は末永く子孫に伝わり、国は無窮となろう（……守成君、集蓼戒小毖、守位以寛仁、化民由礼義、永永伝子孫、御国多年紀）。（「東明王篇」）

『三国史記』に収録されている高句麗の建国神話および「東明王篇」に「なる」の論理として登場している動詞を調べてみると、「及其長立為太子」「河伯化作鯉」「王尋変為獺」「翩然化為雉」「王又化神鷹」「我為豺而趂」「化民由礼義」のように、「立為」「化作」「変為」「化為」「化」「為」であり、要するに「化」と「為」が「なる」の動詞として用いられている。『三国遺事』と『帝王韻紀』に収録されている高句麗の建国神話も、この範囲を超えてはいない。では、この「化」と「為」の「なる」という動詞はどのような意味で用いられているのだろうか。

檀君神話の「なる」＝「化為」「化」「為」「成」の用例で見たように、高句麗の建国神話における「立為」「化作」「変為」「化為」「化」「為」も、「化民由礼義」の「化」を除けばすべて「なる」の意味であり、超自然的かつ政治・社会・文化的次元における「変化する」の意味を内包している。ただし、「化民由礼義」における「化」は、「なる」の意味と同時に「礼と義で民を教化する」の意味も含んでおり、①「変化する」の意味を内包しつつ、②規範の次元における調和・秩序化を指向している。これらのことを考慮すれば、高句麗の建国神話は、思考様式の次元で檀君神話の延長線上にあると言えるだろう。

では、檀君神話における「在世理化」と、高句麗の建国神話における「化民由礼義」とを比較してみるとどうなるだろうか。

すでに検討したように、この二つの文脈における「化」はいずれも規範の次元における「教化する」という意味を共通して持っていた。さらに、「教化する」という規範の実現を人間の内面性＝内面的道徳性に求める内面主義を指向しているという点でも共通していた。しかし、檀君神話では、規範主義を指向しつつもそれが政治・社会的次元において具体的な価値・規範として提示されてはいなかった。これに比べて、高句麗の建国神話では政治・社会の秩序化において、「仁」「礼」「義」という価値・規範が具体的に提示されており、これは儒教的価値・規範を媒介とした檀君神話以来の「化」の観念の理念化であると考えられる。

では、「東明王篇」における政治・社会の価値・規範として登場している「仁」「礼」「義」とはいかなる意味を持っているのであろうか。

李奎報は、明宗代（一一七〇～一一九七年）～高宗代（一二一三～一二五九年）にかけて活躍した文章家であり、李齊賢（一二八七～一三六七年、号は益齋）、李穡（一三二八～一三九六年、号は牧隱）とともに高麗三大詩人の一人として評価されている。彼の詩文学は非常に特異であり、二二歳で司馬試に首席で合格し、二三歳で礼部試に合格した。

高麗朝の儒教については後述するが、[189] この時期の儒教の特徴は漢唐の学風であり、漢代の通経明史〔経学に通じ歴史に明るい学問〕と唐代の詞章学を主流としていた。[190]

李奎報は自らの学問遍歴について、次のように述べている。

私は九つの時に初めて文章を読めるようになり、今まで手に本を欠かさず、詩書など六経、諸子百家、史筆の文章から、幽経（神仙の書）、僻典（理に合わないつまらない書）、梵書（仏書）、道家の説に至るまで、たとえその根源を深く研究し、奥義を探求し（その中に）深く隠れているもの（理）を見極められないとは

（189）本書第二章第二節参照。
（190）裵宗鎬「高麗前期の儒学思想」（韓国哲学会編『韓国哲学史』（中）、東明社、一九八七年）七三頁参照。

いえ、広く渉猟して（その）精華を集め詞章（詩文）を開く摛藻（文章を美しく飾ること）の道具と考えないわけではありませんでした。[191]

また伏義以来、夏・殷・周の三代、両漢（前漢と後漢）・秦・晋・隋・唐・五代にわたって（いた）君臣の得失と邦国の治乱、忠臣・義士・奸雄・大盗の成敗と善悪の跡を、すべて一つも遺漏無く包括できなかったとはいえ、（その中で）やはり煩雑なものは切り、重要なものは鑑として照らして見て、考え、記憶し、憶え、読んで、適切な時に応用しようとすべて準備しておきました。[192]

李奎報は学問研究に心血を注ぎ、六経はもちろん、諸子百家、仏教、道家の思想、中国の歴史に至るまで実に広範囲に穿鑿していた。しかし、彼の学問研究は、哲学的思索や理論的あるいは概念的議論に傾注していたわけではなかった。これは漢唐儒学の観点から見れば、文字通り通経明史の域を出るものではない。むしろ彼の通経明史は、詞章を開く摛藻の道具と考えていたと自ら述べているように、彼の詩や文章の土台となっていた。では、彼の詩文学はどこに向かっていたのだろうか。彼は次のように論じている。

またソンビ〔士・士人〕が仕官するのは苟《いやしく》もおのれ一人の身の栄華な官途を営もうとするのではない。およそ（それは）学んだものを将来政事において実現し、経済の策を振興させ、王室に尽力することでその名を長く後世に伝え、永遠に残ることを期そうとするものである。[193]

すなわち、李奎報は彼の詩文学を発揮することによって「経国済世」を実現しようとしたのである。そして彼は「名は儒臣とはいえ、（彼に）不足しているものは、文によって国家を光り輝かせることである」[194]というように、いわゆる儒臣とは「文によって国家を光り輝かせること（以文華国）」を政治的実践のモットーとする者であるとみなしていた。

では、その彼がその政治的実践過程で具体的に実現しようとしていた理想的な政治社会構想とはいかなるものであったのか。

李奎報は「東明王篇」を締めくくるにあたって、守成〔先君の成法を守ること〕の統治者たちに求められる統治者としての責務について、「後代の国を守っていく王は困難なことに努力し、小事に注意し、王を戒めるに寛と仁をもって王位を守り、礼と義をもって民を〔教〕化すれば、この美徳は末永く子孫に伝わり、国は無窮となろう」と論じていた。

李奎報のこの議論は、彼の理想的な政治社会構想を圧縮したものと言えよう。李奎報はここで、統治者とは①「寛」と「仁」によって国を治め、②政治社会の秩序化を追求する上で規範・価値の次元において「礼」と「義」に依拠し、③政治社会の秩序化を実現する方法として「民」の「教化」、すなわち道徳的規範としての「礼」と道徳的価値としての「義」を人間（＝民）の内面性に訴える（依拠する）者である、と論じている。李奎報の統治論は、要するに、統治主体の次元では「寛」と「仁」を、規範・価値の次元では「礼」と「義」を——これ

（191）原文は「僕自九齢始知読書至今手不釋巻、自詩書六経諸子百家史筆之文至於幽経僻典梵書道家之説、雖不得窮源探奥鉤索深隠、亦莫不渉猟游泳採菁摭華、以為騁詞摛藻之具」『東國李相國全集』巻二六「上趙太尉書」。

（192）原文は「又自伏羲已来、三代両漢秦晋隋唐五代之間、君臣之得失、邦国之理乱、忠臣義士奸雄大盗成敗善悪之迹、雖不得幷包竝括挙無遺漏、亦莫不截煩撮要、鑒観記誦、以為適時応用之備」『東國李相國全集』巻二六「上趙太尉書」。

（193）原文は「且士之所以筮仕者、非苟欲自営一己之栄宦而已、蓋将以所学於心者、施於有政、振経済之策、宣力王室、垂名於百世、期為不朽者也」『東國李相國全集』巻二六「上崔相国読書」。

（194）原文は「名窃儒臣而所欠者以文華国」『東國李相國全集』巻三一「丁酉年乞退表」。

については後述するが、李奎報においては道徳と政治が同次元に置かれており、同心円を描いていたと考えられる――、そして実践方法においては「教化」を強調しており、これはすなわち、李奎報の政治理念が君主の徳治を基礎とする儒教的統治原理を基盤にしているということを意味している。

李奎報の学問的傾向は、①通経明史を「詞章を開く摛藻」の道具と考え、②彼の詞章学は「文によって国を光り輝かせること」を目標とすることにあった。これらを念頭に置きつつ、ここでは頌・墓誌銘・詩・官誥・教書など、彼の詞章の中で統治原理に関する議論がいかなる形で提示されているのかを吟味してみよう。

李奎報は、統治者における支配の正統性の根拠に関して次のように論じている。

（わが）聖皇が命を受けられたのは、実に天が下されたものである。(195)

彼は統治者における支配の正統性の根拠を儒教の天命思想によって合理化している。では、一つの政治社会における統治の根拠が天命によるという時、天命を統治原理の次元からどのように把握すればよいだろうか。また、天命を受けた統治者の根源的統治原理とはいかなるものであろうか。李奎報はこれについて次のように論じている。

仁と聖は天に応じ、青雲が洛水に浮いているよ。(196)

統治者が「天」に「仁」と「聖」によって人々を治めると奉ったところ、「青雲が洛水に浮いているよ」というのは形象的な賛美であり、統治者としての能力を認めたということである。

では、統治能力としての「聖」とともに、統治原理としての「仁」は、具体的に民に対する統治の次元でいかに論じられているだろうか。彼は次のように述べている。

わが聖皇が至って仁であらせられ、人々を我が子のように世話をなさる[197]……。

すなわち、政治社会の統治者にとって最も基本的な統治原理とは「仁」による統治、すなわち「仁（政）」だというのである。これは伝統儒教における統治論の基本的発想と言えよう。彼は「仁」について次のように論じている。

公は人となりが、……仁と信は充分に人々を感動させ、清と倹は充分に世を治める手本となっているが、これは公が天からもって生まれた性情である[198]。

すなわち、「……仁と信は充分に人々を感動させ……」と論じていることから明らかなように、「仁」を概念的に見れば、人間の内面的な心性に訴え、相手に心情的に肯かせる状態を意味している。それゆえ、これを統治原理の次元から見れば、「仁（政）」とは、方法的には、治者が被治者の内面的な心性に訴えて被治者を感動させることによって政治社会の秩序化を達成するということである。もちろん、このような統治原理が人間の道徳的心

(195) 原文は「聖皇受命、寔天所畀」『東國李相國全集』巻一九「平契丹頌」。
(196) 原文は「仁聖応天兮、青雲浮洛」『東國李相國全集』巻一九「右神亀負図奉、聖壽万年」。
(197) 原文は「我皇至仁、視人如子」『東國李相國全集』巻一九「平契丹頌」。
(198) 原文は「公為人……仁信足以感人、清倹足以律世、此公之受之天也」『東國李相國全集』巻三六「銀青光禄大夫、尚書左僕射致仕庚公墓誌銘」。

性を前提としているということは言うまでもない。

李奎報はさらに次のように論じている。

聖上陛下におかれましては……衣裳を垂れたままで（無為によって）天下（の人々）を（善へと）（教）化され、坐して昇平（泰平な世の中）を楽しまれ[199]……

これは、儒教の統治原理を形象化して叙述したものである。

『易』に「黄帝・堯舜は衣裳を垂れたまま天下が治まった（黄帝堯舜垂衣裳而天下治）[200]」と論じられ、『書経』には「（衣裳を垂れて）腕を組んだまま天下が治まった（垂拱而天下治＝〝垂拱之治〟[201]）」とある。儒教におけるこれらの概念的議論は後に詳論するが[202]、これは統治者が人為的に施策を講じなくとも政治社会の秩序化が達成されたということを意味している。しかし、これは老子、荘子など道家の反作為主義的な「無為の治（小国寡民論）」とは概念的に大きな違いがある。儒家においては、統治者が「衣裳を垂れたまま（垂れて）腕を組んだまま」の状態にあるということは、統治者の徳治（＝仁政）を前提としている[203]。これは政治社会の秩序化に関する議論であり、儒家においては人為的施策を講じなくとも統治者の徳（治）によって、すなわち無為によって被治者（民）は自然に感化＝教化される――被治者が善に化する――のである。この議論を政治的思考という次元から検討してみると、二つの特徴的な発想がそこに内在している。すなわち、一つは、政治社会の秩序化の問題を人間の内面的心性の次元で構想しているということ、もう一つは、その当然の結果として、政治社会の秩序化の問題を権力や客観的規範――たとえば法あるいは制度――に先立って、人間の内面的規範の次元で構想している、ということである。

『易』では、「黄帝・堯舜は衣裳を垂れたまま天下が治まった」ことを「およそこれを乾坤に取った[204]」と論じている。では、「これを乾坤に取った」とはどのような意味であろうか。

韓康伯は、註釈で「衣裳を垂れ、貴賤を区別した。(これは)乾(=天)を高め、坤(=地)を低めるという意味である」[205]と論じている。「垂衣裳」とは、衣服の制度を定め、貴賤を正し、天下に礼を教え示すことを意味しており、この発想は「乾坤は天地の手本にして、天地が位して万物がよく治まる」[206]と考えたところにもとづいている。これらの議論から分かることは、「聖上陛下におかれましては……衣裳を垂れたままで(無為によって)天下(の人々)を(善へと)(教)化なさり、坐して昇平(泰平な世の中)を楽しまれ」という賛美が、政治的思考の次元からいえば政治社会の秩序化の問題を論じたものであり、その特徴として、第一に、「化」とは「仁政」を頂点とする教化を意味し、政治社会の秩序化を教化の次元から論じたものであり、第二に、この場合「化」=教化とは政治的実践の次元で「乾」「坤」=天地(万物)の「象」(手本)と合致する礼的秩序――これは方法論的には尊卑・貴賤にもとづく道徳的規範の世界、またこの意味における作為的秩序の世界――を指向するものである、ということである。

以上のことを踏まえて、李奎報は政治社会における価値と規範の問題を次のように論じている。

---

(199) 原文は「聖上陛下……垂衣裳而化天下、坐楽昇平」『東國李相國全集』巻一九「晋康侯別第迎聖駕次教坊呈瑞物致語幷序」。
(200) 『易経』繫辞下伝。
(201) 『尚書』武成篇。
(202) 本書第二章第二節Ⅳ「崔承老の統治論」参照。
(203) 前註202参照。
(204) 原文は「蓋取諸乾坤」『易経』繫辞下伝。
(205) 原文は「垂衣裳以弁貴賤、乾尊坤卑之義也」『周易』(冨山房編輯部『漢文大系』第一六巻、冨山房、一九七二年)巻一八、繫辞下、五頁。
(206) 原文は「乾坤天地之象、天地位而万物安」(前註205参照)。

儒家では礼によって人倫を約敕（互いを結び合わせ秩序を守るようにすること）するのであり、それはあたかも絹を織るようなものである。[207]

卿（枢密院副使朴玄珪）は先代から寡人〔王の自称〕に仕えてきたが、道理が正しく行いが方正であり……台諫〔主君をいさめる官職〕の権（限）を担当し、義に照らして実行しなければならないことがあれば腕まくりをし、腕を伸ばして躊躇なく進むことにためらいがなかった。[208]

彼は政治社会の秩序化を追求する際、政治社会の構成員に政治的義務として、規範の次元では「礼」を、そして価値の次元では「義」の実践を要請している。「礼」が本質的に道徳的規範である以上、歴史的に儒教的政治社会においては道徳的規範が政治の領域に根を下ろすことによって道徳と政治の自覚的分離は進行し得なかったわけだが、それは決して偶然ではなかった。

「東明王篇」は李奎報が二六歳の時（一一九三年）の作品である。李奎報は「東明王篇」を締めくくるにあたり、後代の統治者の政治的理想として「王を戒めるに寛と仁をもって（王位を）守り、礼と義をもって民を（教）化すること」を力説していた。彼の政治的理想に関するこうした議論は、以上検討してきたように、彼の頌・墓誌銘・詩・官誥・教書などを貫徹している。

（ii）百済・新羅の建国神話

まず、百済の建国神話では、「百済の始祖は温祚王《オンジョワン》であり、その父は鄒牟《チュモ》または朱蒙《チュモン》という[209]」と述べられている。

すなわち、百済の始祖温祚王が朱蒙の息子だと述べているということは、百済の始祖が高句麗と同じく「天孫」であるということを明示していることになる。こうした発想は『三国遺事』や『帝王韻紀』でも同様であった。そのため、百済の建国神話では卵生神話に関する記述はない。では、「なる」（「化」）の観念はどうだろうか。

……卞韓の地（河南慰礼城、今の広州）に開国したが、野は良く肥えて美しく、天の時と地の利に人の和まで得て、（国を）治めて数日で千官が具わった。[210]（『帝王韻紀』）

温祚が河南・慰礼城に都を定めて開国した後、「天の時（天地自然の法則）」と「地の利（土地の形勢と生産の有益さ）」という自然的条件を背景にして、「人の和」すなわち政治社会の秩序化を達成したとされている。

次に、新羅の建国神話では、次のように記されている。

始祖の姓は朴氏であり、名は赫居世《ヒョッコセ》である。……国の名は徐那伐《ソナボル》（徐羅伐《ソラボル》）といった。これ以前、朝鮮の遺民たちはこの谷あいのそこここに分かれ六村（現在の慶州一帯）をなし（暮らしていたが）、……これを辰韓六部といった。（六部の一つである）高墟村の村長蘇伐公《ソボルコン》が（ある日）楊山の麓を眺めたところ、蘿井の近くの森の中で（ある）馬がうずくまって鳴いていたので、そこに行ってみると忽然と馬が見えなくなり、ただ大きな卵だけが残されており、その卵を割ってみたところ、（その中から）赤ん坊が出て来た。（そうし

---

(207) 原文は「儒以礼而約敕人倫、如帛之辺幅」『東國李相國全集』巻三四「律業首座都行　官誥」。

(208) 原文は「卿越従先代逮事寡人、道直行方……、歴司台諫之権、義有可行、則扼腕申臂而直進無疑」『東國李相國全集』巻三三「枢密院副使朴玄珪乞退　不允教書」。

(209) 原文は「百済始祖温祚王、其父鄒牟、或云朱蒙」『三国史記』「百済本紀」始祖温祚王即位年条。

(210) 原文は「開国弁韓原膴膴、天時地利得人和、経営不日千官具」『帝王韻紀』巻下、百済紀。

て彼は）その赤ん坊を連れて帰り、育てた。一〇歳くらいになると、才知が抜きんでており、早熟であった。六部の人々は（この赤ん坊の）出生が神異であったので、その子をあがめ奉り、尊敬するようになり、王に戴くことになった。[211]（『三国史記』）

辰韓の地に開国して国の境界を定めたところ、風俗が淳美で、至る所泰平であり……男女は仲良く楽しんでおり〔和楽〕、左右に道を分け、糧食無しに旅行している者に門を閉ざすようなことは全くない（門不閉）。[212]（『帝王韻紀』）

すなわち、新羅の建国神話においても、高句麗・百済の建国神話と同様に、始祖は「天孫」であり、そして天孫の誕生では「卵生」の形態を帯びている。しかし、建国以後の政治社会の秩序化については、「風俗が淳美で」、「泰平」で、「男女」は「和楽〔仲良く楽しむ〕」し、（どこに行っても家の）「門」をすべて開け放して暮らせるほど、社会が純朴で秩序があり開放的であったと記述されている。これは百済の建国神話と同様に、新羅の政治社会の秩序化が達成されていることを賛美するにとどまるものである。

百済と新羅の建国神話を高句麗の建国神話と比較してみると、神話に関する史料が相対的に乏しいため、百済と新羅の建国神話について高句麗の建国神話と同様に「天」・「生」・「化」の発想様式に関する概念的理解を追跡すること自体がむずかしい。しかし、こうした史料的制約があるにせよ、比較の観点から検討してみると、第一に、「天」観念については百済・新羅の建国神話は高句麗の建国神話同様に「天孫」の観念を基調としており、第二に、「（卵）生」観念についても百済・新羅の建国神話は高句麗の建国神話と同様に「（卵）生」観念を基調としていることは確かである。ただ、「化」（「なる」）の観念については、高句麗・百済・新羅の建国神話に関する比較の議論は簡単ではない。もちろん、先に示した百済・新羅の建国神話だけを見れば、「天の時」「地の利」

「人の和」（百済の建国神話）、「淳美」「泰平」「和楽」「門不閉」（新羅の建国神話）と賛美されていたように、建国以来の百済・新羅の政治社会の秩序化が達成されていたことを意味しており、その発想の基底に政治社会の秩序化を追求する規範主義的思考が貫流していたとは言えるだろう。しかし、百済・新羅の建国神話には、檀君神話や高句麗神話で見られた「化」、すなわち「なる」という発想の観念化が提示されていないのである。

では、三国時代における「化」（「なる」）の観念はどのように把握できるだろうか。『三国史記』『三国遺事』「東明王篇」『帝王韻紀』はそれぞれ、一一四五年、一二七八〜一二八一年、一一九三年、一二八七年に著された史料であるため、これまでの検討は、一二世紀中盤から一三世紀末にかけての史料に収録された古代神話（すなわち檀君神話、高句麗・百済・新羅の建国神話）を中心にした古代韓国人の宇宙、自然、社会、人間についての原イメージ－思考様式を推論してきた。

しかし、これはあくまでも神話の領域での議論である。「化」（「なる」）の観念を、神話の領域を越えて統一新羅時代の歴史的実際の世界へと視野を広げてみればどうなるだろうか。この時代の「化」（「なる」）の観念を典型的に表す史料として、前に紹介した崔致遠の「鸞郎碑序」がある。

その序文で、崔致遠は次のように論じている。解釈を交えながら論じると、以下のようになる。

わが国に玄妙な道があるが（これを）風流という。この教え（風流の道）を設置した根源は仙史に詳しく記されている。（これ〔「玄妙な道」－「風流」〕は）実に三教（儒・仏・道）を（すべて）含むものであり、万物（＝すべての生命）と接し、これを醇化、すなわち（変）化（教化－生長－自浄）させるものである（「接化」

（211）本章註30参照。
（212）原文は「開国辰韓定疆界、風淳俗美都扃平……、士女熙熙分路行、行不賫糧門不閉」『帝王韻紀』巻下、新羅紀。

群生」)。そして、家に入っては父母に孝行し、社会に出ては国に忠であるのは、魯の国の司寇（孔子）の旨義と同じであり、（聖人が言う）人為によってことを処理せず（「無為」）、（事を）行うが言葉でしめさないという教えは、周の国の柱下史（老子）の宗旨と同じであり、すべての悪（行）を行わず、あらゆる善を敬い行うのは、竺乾太子（釈迦）の（教）化と同じである。[213]

まず、この議論の全体的文脈から検討してみよう。（崔致遠は）この文章で「国に玄妙な道があるが（これを）風流という。この教えを説置した根源は仙史に詳しく記されている」と論じている。この叙述に従えば、新羅には歴史的に「玄妙な道（深奥な理が込められた道）」が文化・思想的伝統としてあり、これを「風流」と呼んでいた。このような「玄妙な道」＝「風流」の根源に関しては『仙史』という資料に詳しく記されているという。では、次に「（これ〔「玄妙な道」＝「風流」〕は）実に三教（儒・仏・道）を（すべて）含むものであり、すべての生命と接し、これを醇化、すなわち（変）化（教化－生長－自浄）させるものである」という論述はどう把えればよいだろうか。

ここで提起されているのは、第一に、「玄妙な道」＝「風流」は儒・仏・道の三教をすべて含んでいるということ、すなわち、新羅の文化・思想的な伝統としての「玄妙な道」＝「風流」にはすでにその発想において儒・仏・道の三教が提示する自然・社会・人間に対する思考様式、価値、規範、実践などが内在しており、三教の思想内容自体が実は「玄妙な道」＝「風流」の具体的表現だということになる。実際、崔致遠は、次のように論じている。

そして盧山の慧遠が論を著して言うには、如来と周公・孔子はたとえ発致（学問を興し知識に至る方法）が違えど帰法は一つである。この上ない道を体得する上でその方法を兼ねることができないのは、物が本来

（同時に）いくつものことを受け入れられないからである。沈約（四四一～五一三年）曰く、孔子はその端緒を明らかにし、如来はその理を極めたというから、実にこれらはすべて儒・仏についてその大体を知る者であると言えるのであり、はじめてともに至道（この上ない道、至善の道）を語ることができる。[214]

すなわち、崔致遠によれば、仏教と儒教の思想的差違とは、宇宙・自然のあらゆる（事）物の生来的な多様性ゆえに「この上ない道〔至道〕」を体得するにあたって単に接近方法が異なっているに過ぎず、結局これらの思想が帰着するところはともに一つの「この上ない道〔至道〕」だというのである。崔致遠にとっての「玄妙な道」とは、まさに「この上ない道〔至道〕」そのものを指しているゆえに、「玄妙な道」＝「風流」は三教思想をすべて包摂しているのである。そして、「玄妙な道」が宇宙・自然の根本原理を命題化した表現であるとすれば、「風流」は「玄妙な道」の価値・規範的世界を実際の次元で形象化したレトリック（rethoric, 修辞）であると言えよう。

第二に、「すべての生命と接し、これを（変）化（教化－生長－自浄）させるものである」という論述はどう把握すべきだろうか。「玄妙な道」とは宇宙・自然の根本原理を命題化した表現であった。したがってこのような「玄妙な道」が「すべての生命と接し、これを（変）化（教化－生長－自浄）させるものである（接化群生）」とは、「玄妙な道」の実践的次元における論理であり、実際の世界における理想的存在様式を意味するものであ

（213）本章註35参照。

（214）原文は「故盧峰慧遠著論、謂如来之与周孔、発致雖殊、所帰一揆、体極（体達至極之理）不能兼者（釈不兼儒、儒不兼釈）、物不能兼受故也、沈約有云、孔発其端、釈窮其致、真可謂識其大者、始可与言至道矣」『崔文昌侯全集』巻二「真監和尚碑銘　並序」。宋恒龍「崔致遠思想研究」三一〇～三一三頁参照。〈註〉に紹介されているように『崔文昌侯全集』には「盧峰」とある。しかし学界では一般的に「廬山」が用いられており、これに従った。

ると言えよう。すなわち「接化群生」とは、「(変)化(教化－生長－自浄)」という言葉がよく表わしているように、すべての生命を「教化」と「生長－自浄」によって価値と規範の世界、調和と秩序の世界へと導くものである。これこそが「玄妙な道」の具現であった。

では、最後に、崔致遠の儒・仏・道の三教思想に関する論述はどう把握すべきだろうか。崔致遠は、これら三教思想は宇宙・自然のすべての(事)物の生来的多様性によって接近方法が異なるに過ぎないと述べていた。またそれゆえにこそ、三教思想は新羅の文化・思想的伝統として、『仙史』に根源をおく「玄妙な道」に包摂されていた。しかし、すでに検討したように、崔致遠における「玄妙な道」－「風流」－「接化群生」はあくまでも命題を提示するにとどまっており、それを概念的に論理化して説明することはできなかった。そのため、ここでは三教思想が「玄妙な道」に包摂されていることを前提として、三教思想の理論的構成を方法的に把握し、そのことによって崔致遠の「玄妙な道」－「風流」－「接化群生」の思想的含意に到達することが可能であると考えられる。

では第一に、儒教に関する議論から始めよう。崔致遠は次のように論じている。

家に入っては父母に孝行し、社会に出ては国に忠であるのは、魯の国の孔子の旨義と同じ(である)[215]。

崔致遠は、儒教で最も重要視してきた家共同体社会関係における規範観念として父母に対する子女の「孝」を、そして政治的共同体下での支配服従関係の規範観念として臣下の君主に対する「忠」を強調している。すなわち、ここでは政治・社会的規範として儒教の「孝」と「忠」を論じている。

第二に、崔致遠は道家について次のように論じている。

（聖人のいわゆる）人為によって事を処理するのではなく、（事を）行うが言葉で示さないという教えは老子の宗旨と同じ（である）[216]。

すなわち、道家の政治・社会的実践においては、一切の作為主義を排除し、徹底して「無為」にもとづいた政治・社会的実践を指向し、政治・社会的実践においては（不完全で作為的な）言語に依存せず、「不言」の教えに従わなければならないというのである。これは、道家のいわゆる無為自然の生長への順応を意味している。

第三に、崔致遠は仏家について次のように論じている。

すべての悪（行）を行わず、すべての善を敬い行うことは釈迦の（教）化と同じ（である）[217]。

すなわち、仏家は「すべての悪（行）を行わず、すべての善を敬い行い、自らその心を浄めること、これがすべて釈迦の教えである」[218]と述べているが、この議論は、①宗教的価値としての「善」の実現を要求しており、②このような宗教的価値としての「善」の実現が方法的に人間の心性を「自浄」する内面主義の傾向を帯びている、というものである。

崔致遠の三教思想に対するこうした議論は、次のような点で「玄妙な道」―「風流」―「接化群生」の含意を豊かにしていると考えられる。

（215）本章註214参照。
（216）同前。
（217）同前。
（218）原文は「諸悪莫作、諸善奉行、自浄其意、是諸仏教」『法句経』仏陀品五。

（1）崔致遠は、儒家から政治・社会的規範観念として「孝」と「忠」を、仏家から宗教的価値として「善」を提起している。

（2）政治・社会的秩序化について、価値理念的に道家における「無為」と「不言」、すなわち一切の作為主義を排除し、無為自然の生長に順応することを提起している。それゆえ、

（3）方法的に言えば、政治・社会的秩序化を実現する上で（変）「化」による政治・社会的価値と規範の顕現を提起していることとなる。

そこで、これら三教思想に現われた「化」の観念を見てみると、以下のようである。

（ア）『論語』では次のように論じられている。

孔子曰く、……上にいる君子として父母を敬うことを篤実にすれば（その道徳的な感化によって）民に仁（愛）の気風が興ることだろう。[219]

孔子曰く、上に任ずる者が礼を好み（これによって民に対すれば）民も（その美風に感化されて上下の礼を備えるようになるので）治めやすくなる。[220]

孔子は人間の道徳的本性について明示的に論じているわけではない。しかし、彼の道徳思想は人間の道徳的善性を前提にしている。すなわち、孔子によれば民の道徳的生活は目上の者からの感化によるのであり、孔子において「孝」「弟」とはこうした（教）「化」を前提としている。

（イ）老子の『道徳経』では次のように論じられている。

（聖人は）人為によって事を処理せず、行って言わないと教えている。（これは天地の生長と同じである。）（天地の道を見ると、天地）万物（の生長）を興しつつ（何も）言わない。（つまり、天地）万物を生（長）ずるようにして（それを）我が物としない。（天地万物を）治めるが（天地万物に）頼らない。[221]

すなわち、ここに明らかなように、老子における「無為」と「不言」には無為自然の「生（長）」に対する絶対的信頼が貫流しており、その当然の結果として、ひたすらな天地万物の道・無為自然の絶対的秩序＝「生（長）」への順応を要求している。したがって、老子における「化」とは無為自然の「生（長）」を意味している。このような無為自然の「生（長）」に対する絶対的信頼は、政治・社会的実践論の次元から見れば、方法的に老子にあっては内面主義的な傾向を伴っている。すなわち、天地万物の道・無為自然の絶対的秩序＝「生（長）」への順応に対する知的探求が要請されていることになる。このことを、老子は次のように論じている。

虚（心を虚にする）に至ることを極め、（心の平）静を守ることに全一するようになれば、万物（と）並作（並び興ること、並び生長すること）して、我は（その根源である天地万物の道へ）復帰（するという自然の理法）を観照することができる。[222]

(219) 原文は「子曰……君子篤於親、則民興於仁」『論語』泰伯篇。
(220) 原文は「子曰、上好礼、則民易使也」『論語』憲問篇。
(221) 原文は「是以聖人處無為之事、行不言之教、万物作焉而不辞、生而不有、為而不恃」『道徳経』二章。
(222) 原文は「致虚極、守静篤、万物竝作、吾以観其復」『道徳経』一六章。

老子は、人間は自然と同質的なので自然の理法は直接無媒介的に、すなわち直観によって把握することができ、また人間は心の「虚静」の状態に到達することで無為自然の絶対的秩序＝「生（長）」と呼吸を同じくし、自然の理法を会得することができるというのである。これは方法的に人間の内面世界を媒介とする知的探求であり、まさにその意味で、老子の思想は徹底して自然主義的かつ内面主義的な傾向を帯びていると言うことができる。

（ウ）『法句経』では、すでに紹介したが、次のように論じられていた。

すべての悪（行）を行わず、すべての善を敬い行い、自らその心を浄めること、これがすべて釈迦の教え（〔教〕化）である。[223]

仏家は、人間に外的に宗教的善を行い、内的にその心（の持ちよう）を自ら浄化することを要求している。このような発想は、宗教的価値としての善、そして方法的には「自浄」、すなわち内面主義的な実践を要求するものと言えよう。

要するに、崔致遠の「鸞郎碑序」において、「化」（〔なる〕）は「接化群生」を軸とした儒・仏・道三教のそれぞれにおいて多様な形態で観念化＝理念化を深めているのである。

（iii）発想様式の内在的特性──「天」・「生」・「化」　以上、古層としての「天」・「生」・「化」の発想様式に注目し、檀君神話、三国の建国神話、そして崔致遠の「鸞郎碑序」を検討してきた。しかし、それぞれの検討過程で見てきたように、古層としての「天」・「生」・「化」の発想様式には、発想様式それ自体のみならず、付随的に発想様式そのものを概念的に説明する多様な議論が提示されていた。それらは、後述するように、単に「天」・

「生」・「化」に関する付随的な議論にとどまるものではなく、むしろ「天」・「生」・「化」の内在的特性を規定する思考様式を提示するものである。もちろん、これらの発想様式＝思考様式は、決して整合的に体系化されてはおらず、観念として醇化されているわけでもない。それゆえ、その発想様式＝思考様式は概念的に明確なものではないが、そこには古代韓国人の宇宙、自然、社会、人間、価値、規範、実践に対する内在的特性が込められている。こうした点を考慮し、ここでは韓国思想史における古層の基調をなしている「天」・「生」・「化」を起点として、それらが提示されている檀君神話－三国時代の建国神話－「鸞郎碑序」に及ぶいくつかの議論を、発想様式＝思考様式の次元から再構成してみたい。

第一に、『三国遺事』や『帝王韻紀』に収録されている檀君神話は天孫降臨神話であり、①桓因＝「帝釈」、「上帝」＝桓因、「帝釈之孫」＝檀君に見られるように、「生」の観念を媒介にして「天（神）」＝天上の神と古朝鮮の歴史的世界との血縁的連続性を合理化していた。これは絶対者としての人格的な「天（神）」と政治社会の支配者としての檀君との内在的連続性を意味するものであり、「生」の観念を媒介にしたこうした発想様式が支配的基調をなしているかぎり、そこには超越者の観念は成長しにくい。②「貪求人世」という言葉から明らかなように、世界認識においては現世肯定的であり、現世主義的である。この発想が支配的な状況下では、価値理念的な次元における来世観の定立は決して容易ではない。③「弘益人間」とは「広く人間（の世界）に益するようにする」ことを意味するものであり、現実世界は人間にとって功利的世界であるという認識にもとづいている。「弘益人間」とは檀君神話の建国理念でもあるが、思想史的観点から見れば、「弘益人間」とは人間世界の存在様式に関する議論であり、実践的命題を提示するにとどまるものである。したがって、こうした功利的世界の構成原理がいかなるものであるかが提示されていない以上、功利的世界に対する構想は後代の課題として残っている

(223) 原文は「諸悪莫作、諸善奉行、自浄其意、是諸仏教」『法句経』仏陀品五。

ことになる。④「在世理化」とは、「弘益人間」が指向する功利的世界の秩序に対する議論であった。それゆえ、「在世理化」とは、「弘益人間」という実践的命題の延長線上で「世の中を（理で）治め、教化する」ということを意味するものであり、これを思考方式の次元から見れば、こうした功利的世界における政治・社会の秩序化の問題を、（ア）規範の次元から構成しており、（イ）方法的に人間の内面性に訴えている。すなわち、ここには政治社会の秩序化を追求する上で、規範的思考と人間の内面主義的な思考が登場していることになる。ただし、この場合にも規範それ自体の性格、および人間の内面主義の存在様式がいかなるものであるかに対する議論があるわけではない。したがって、思想史的観点から見れば、この四点が檀君神話における「天」・「生」・「化」を基調とする発想様式＝思考様式の開拓領域であり、到達地点であると考えられる。

第二に、三国時代の建国神話になると、「天」・「生」・「化」は、「天」「天帝子」＝天の子、「（卵）生」「化」（以上、高句麗の建国神話）、「天孫」「天時」－「地利」－「人和」（以上、百済の建国神話）、そして「天孫」「（卵）生」「風俗」－「醇美」「泰平」「男女」－「和楽」（以上、新羅の建国神話）のように、史料的制約による不鮮明な部分があるにせよ、これら三国の神話的構成は一様に天孫降臨の建国神話であり、「天（神）」と現実世界における政治社会の支配者との内在的連続性、「生」の観念を媒介とする自然主義的発想様式の支配的基調、現世主義的世界認識、功利的世界観、調和と秩序を追求する規範的思考や内面主義的思考など、檀君神話における「天」・「生」・「化」の発想様式＝思考様式がそのまま貫流している。

第三に、崔致遠の「鸞郎碑序」は、「天」・「生」・「化」の発想様式＝思考様式を「化」の次元で論じていた。以下、これを具体的に検討してみたい。

崔致遠が「鸞郎碑序」で「玄妙な道」を「風流」「接化群生」と論じているのは、「玄妙な道」を「化」の次元において論じたものである。したがって、「鸞郎碑序」における儒・仏・道の三教思想に関する具体的議論が「化」の次元において展開していることは再論するまでもない。そして、この三教思想は「玄妙な道」に包摂された現実の規範的世界を抽象化した観念であり、宇宙自然の根本原理＝普遍概念への抽象化を意味していた。

では、この三教思想における「化」をどのように見るべきだろうか。もともと「化」とは、自然界における天地万物の「生息」、自然が万物を育成するという意味での「化育」や「造化」、陰陽・四時の「変化」、人間世界における目上の者の教えが行われ目下の者の風俗が新しくなる、または治るという「教行」＝「教化」に至るまで、実に多義的である。しかし「化」のこうした多義性にもかかわらず、その基底に貫流している思考方式は原理、法則、規範などの調和・秩序の観念である。つまり「化」とは、人間と自然と社会の調和・秩序に関する観念と言っていいだろう。

この観点から「鸞郎碑序」における儒・仏・道の「化」の観念を再検討してみると、①儒家における「化」とは「(教) 化」であって、家共同体社会関係の基本的な道徳規範である「孝」を基調とする「(教) 化」にもとづき、政治社会の秩序化を追求するものと言うことができる。しかし、儒家の「(教) 化」はすでにそれ自体が作為的な発想である。もちろん、儒家思想とは自然主義的性格を帯びているものではあるが――儒家思想における自然主義的性格については後述する[224]――儒家思想における「(教) 化」は、道徳規範それ自体が道家の無為自然主義に比べればはるかに作為主義的である。[225]『論語』に「孝弟こそ仁の根本ではないのか[226]」と記されているように、儒家思想においては共同体社会関係の道徳規範である「孝」こそが「仁」の根本観念であった。

では、儒家の「仁」に対して、道家ではどのように論じているだろうか。老子の『道徳経』では、次のように論じられている。

(224) 儒家の自然主義的性格については、本書第二章第一節Ⅲ「儒・仏・道――比較考察」を参照。
(225) これについては第二章第一節一七九～一九五頁参照。
(226) 原文は「孝弟也者、其為仁之本与」『論語』学而篇。

（無為自然の）大道が行われなくなって仁義があるようになった。智恵（ある者）があるようになって大偽があるようになった。六親（父子兄弟夫婦）が和合できなくなるや、孝慈（＝孝子）があるようになった。国家が昏乱（収拾が付かない状態）するようになって、忠臣が現われた。[227]

すなわち、老子によれば人間社会の「智恵」の世界とは「大偽」の世界であって、儒家の言う「仁義」「孝」「忠」などは無為自然の「大道」が行われなくなったために出現した作為的な道徳的価値規範であり、あくまでも批判の対象であった。

②道家における「化」とは「生（長）」であり、無為自然の絶対的秩序＝「生（長）」への順応こそが政治社会の秩序化を意味していた。つまり、道家における政治社会の秩序化とは、無為自然の絶対的秩序と同心円を描くものであった。

老子の『道徳経』には、次のように論じられている。

故に道はこれ（万物）を生じ、徳は（初めに生成した）万物を育て（畜）、万物を成長させ（長）、万物を発育させ（育）、万物を成り立たせ（成）、万物を成熟させ（孰）、万物を養育し（養）、万物を庇護する。（しかし道は万物を）生じさせて自分のものとはしない。（道は万物が育つように）治めるのであり（道は万物に）頼らない。（道は万物を）成長させるが万物を主宰（支配）しない。これを玄妙な徳（玄徳）という。[228]

すなわち、道家における「（無為自然の）道」とは、万物を不断に「生」・「長」させるが、万物を所有することも、万物に頼ることも、万物を支配することもない。すなわち、儒家における「仁義」「孝」「忠」などの一切の作為を排除しているという点で道家は徹底して自然主義的なのである。道家における政治・社会の秩序化は、実践方法における「虚静」＝内面主義的傾向などを見ても、徹底して「生」・「長」を基調とする「道」の自然的秩序の延長線上に広がっている。

③仏家における「化」は、「（教）化」「自浄」であり、「化」を宗教の領域で追求するものであった。すなわち、仏家では人間は誰しも仏性を持っており、「（教）化」＝修行の不断の過程を実現することにより、現実世界における煩悩や束縛を抜け出て「涅槃」＝浄土の世界に到達できるというのである。仏家の「三法印」は、「諸行無常」「諸法無我」「一切皆苦」を釈迦の最も根本的な教えとして提示している。(229)

つまり、「諸行無常」とは現実世界のあらゆる事物と人間は絶えず生滅・変化し、少しも常住しないということである。そして、「諸法無我」とは、現実世界のあらゆる事物と人間は縁起によって現われる変転であり、実体としての存在はどこにもないということである。また「一切皆苦」とは、現実世界の中の人間は「常住」するものでも実体的に存在するものでもないが、永遠と実体としての自我に執着するために欲望と煩悩と苦痛に堕ちるというものである。

仏家ではこうした世界認識から出発し、釈迦の教え＝「仏性」による「（教）化」＝修行＝「自浄」によって衆生をあらゆる煩悩と束縛から抜け出させ、解脱＝「涅槃」の境地に到達できると考えるのである。

---

(227) 原文は「大道廃有仁義、智恵出有大偽、六親不和有孝慈、国家昏乱有忠臣」『道徳経』一八章。

(228) 原文は「故道生之、徳畜之、長之、育之、成之、孰之、養之、覆之。生而不有。為而不恃。長而不宰。是謂玄徳」『道徳経』五一章。

(229) 三法印とは、仏教の核心思想である縁起法の実像を説明しているものであり、初期経典に現われている。しかし後代になるにつれて「涅槃寂静」が追加され、四法印ともいい、「一切皆苦」を除いて「諸行無常」、「諸法無我」、「涅槃寂静」を三法印とするようになった。三法印または四法印についての概念的議論としては李妍淑訳『精選阿含経』（時空社、一九九九年）四〇～四三、一九〇、三二七、七三一頁参照。三法印または四法印については『雑阿含経』第一巻三四経「五比丘経」、『増一阿含経』第一八巻および第二三巻参照。

仏家では「常」・「楽」・「我」・「浄」[230]の宗教的価値の世界＝秩序の極地を追求し、方法的には儒家や道家と同様に「(教)化」＝修行の内面主義に依存していることになる。しかし、道家や儒家が現実世界でそれぞれ独自の政治・社会体制論を構想しているのに比べ、仏家では存在様式が、自然主義であれ作為主義であれ、内面的な宗教的価値の世界を構想しており、作為主義の極小化と言うことができる。

以上、韓国古代史における「天」・「生」・「化」を基調とする発想様式＝思考様式を検討してきた。その発想様式＝思考様式は、価値理念的には自然・道徳・宗教の領域を開拓しており、方法的には、①作為主義に対して相対的に自然主義に、②現実の客観世界に対して相対的に人間の内面世界に、より力点を置いていたとまとめることができる。

では、こうした発想様式＝思考様式が、「天」・「生」・「化」を基調としながら、歴史的にどのように韓国政治思想史の発展過程を規定していったのかを究明することが次なる課題である。

Ⅲ　政治社会の出現

一般論から言えば、政治社会の成立は、①自然状態（作為以前の状態）論、②支配服従関係、③政治社会の秩序化の様式、④政治・経済・社会的価値・規範の存在様式、⑤政治体制論、を主たる議論の対象としている。しかし、これはあくまでも一般論であり、歴史的には文化・思想の存在様式によってさまざまに変わるのが通例である。

古代韓国人の政治社会に対する発想様式は、韓国文化や思想の基調をなす「天」・「生」・「化」を基軸として構築されていた。これを政治思想史的観点から見れば、古代韓国人の政治的思考は韓国巫－檀君神話－三国時代の建国神話を貫流する「天」・「生」・「化」の土壌から形成されたものであった。しかし、留意しなければならないのは、

「天」・「生」・「化」が韓国巫の形成以降にいかなる形態で観念化が進みそして開拓されていったのか、という問題である。すなわち、第一に「天」・「生」・「化」の観念化がいかにして進行したのか、第二にその「天」・「生」・「化」の観念化の進行過程を思考様式の次元から見た時いかなる領域を開拓していったのか、ということである。

まず、第一の問題に関しては、韓国巫の創世神話で検討したように、「天」・「生」・「化」の観念化が斉一的に進行したわけではなかった。古代韓国人の「天」・「生」・「化」の観念は、韓国巫を起点として檀君神話から三国時代の建国神話の形成過程において「天」・「生」・「化」の個別の観念化が進行し、ジグザグの経路を経ながら徐々に「天」・「生」・「化」が内的連関を構築する形態へと変容し、それが古代韓国人の古層を形成するようになったと推定される。古代韓国人における「天」・「生」・「化」観念の成立過程は、史料の不足によりこれ以上総合的に追跡することができないが、今まで伝えられている記録史料によれば、韓国巫を起点として、檀君神話から高句麗建国神話にかけてより顕著な形で「天」・「生」・「化」観念が提示されたとは言えるだろう[231]。

次に、第二の問題に関しては、「天」・「生」・「化」の観念化の進行過程で「天」・「生」・「化」に内在する思考様式、すなわち「天」・「生」・「化」の観念化を媒介とした思考様式の変容がどのように起こっていたのか、ということである。これについては、韓国巫を起点とした檀君神話－三国の建国神話、そして崔致遠の「鸞郎碑序」について論じた中で断片的に言及したが、改めて古代韓国人の思考様式の発展の推移に注目しながら、韓国巫から檀君神話－三国の建国神話、そして崔致遠「鸞郎碑序」にかけての「天」・「生」・「化」の歴史的、思想史的文

(230)「常」「楽」「我」「浄」とは、涅槃の四徳であり、涅槃に到達すれば永遠に変わらない常の世界であり、生死などすべての苦しみから抜け出た非常な楽しみに満ちた世界であり、空しい自分を去り、真の我の世界であり、煩悩・妄想などを生滅させたいつでも清浄な世界である。『大正新修大蔵経』第一二冊、No. 0374『大般涅槃経』一四巻、聖行品第七之四参照。

(231) もちろん、この点はすでに指摘したように、記録史料の次元における議論であって、百済や新羅に比べて檀君神話や高句麗の建国神話が豊かな歴史的成果を有していたということを意味するものではない。

脈をたどってみよう。
韓国巫における宇宙創成論を典型的に提示している金双石伊口演の「創世歌」には、天地の生成過程について、次のように歌われていた。

ハヌル（天）と地が生ずるとき
弥勒さまが誕生すれば、
ハヌル（天）と地とが相附いて、
離れず、
天は釜蓋の取手の如く突き出で、
地は四耳《しほう》に銅の柱を立て、
そのときは日も二つで月も二つで、
月一つ取りて北斗七星南斗七星（に）しつらえ、
日一つ取りて大きい星をしつらえ、
小さい星は百姓《じんみん》と直星の星をしつらえ、
大きい星は王と大臣（の）星にしつらえ。……

まず、ここでのハヌル＝「天」とは物理的自然、すなわち自然天を意味しており、「天と地が生ずる」というときの「生ずる」とは、天地の生成が自然の摂理によっていることを意味している。しかし、「天と地が相附いて、離れず」「そのときは日も二つで月も二つで」というのは、天地日月の生成過程の不完全さを意味しており、また（弥勒？　あるいは誰かによって）「天は釜蓋の取手の如く突き出で、地は四耳《しほう》に銅の柱を立て……月一つ取りて北斗七星南斗七星（に）しつらえ、日一つ取りて大きい星をしつらえ、小さい星は百姓と直星の星をしつらえ、大きい星は王と大臣（の）星にしつらえ……」というのは、他者の作為によって宇宙の完全な秩序が成立したことを歌っている。すなわち、この記述内容からは、宇宙創成の主体そして根本原理に関する議論は鮮明には提示されておらず、「ハヌル（天）」は自然の一部に過ぎない。そして、「天と地が生ずる」という記述から分かるように、天地の自然的生成原理として「生ずる」が基本動詞となっており、天地の生成の自然主義的発想を意味している。ところが、天地日月の生成過程が不完全だったために補助的に他者による作為が介在しており、ここには作為主義的発想が見られる。自然主義的発想が根源的なものであるのに比べて、作為主義的発想は副動詞であり、補助的なものにとどまっている。

また、金双石伊ロ演の「創世歌」は、人間の起源について、次のように歌っていた。

昔々そのむかし、弥勒さまが片の手に（は）銀の盤《さら》（を）載せ、片の手に（は）金の盤《さら》（を）載せ、天に祝詞をささげれば、天より虫落ちて、金の盤《さら》にも五つにて、銀の盤《さら》にも五つなり。その虫（を）生長させて、金の虫は男となり、銀の虫は女にしつらえ、銀の虫金の虫生長させて、夫婦にしつらえられ、世の中に人間が生れたり。

「弥勒さま」が人間の誕生のために「天に祝詞をささげ」たとは何を意味しているのだろうか。宇宙創成過程において「天と地が生」じたというときの「天」は、物理的自然を意味していた。しかし「弥勒さま」が「天に祝詞をささげ」たというときには、「天」は人間の誕生を主管する人格的主体、あるいは「天」に人間の誕生を主管する人格的主体＝絶対者が存在していることを意味している。つまり、金双石伊ロ演「創世歌」には、天地日月の生成過程はもちろんのこと、人間の誕生においても、人格的主体としての絶対者という観念は鮮明に表れてはおらず、「天」観念が自覚的に提示されてもいない。また人間の誕生過程についても、「天より虫落ちて」「その虫(を)生長させて」「世の中に人間が生れたり」のように、人間の誕生が自然の摂理によっていることが表されており、人間の誕生も自然主義的発想を基調にしている。一方、「金の虫は男となり」「金の虫生長させて」のような「金の虫」の自然主義的発想に対して、「銀の虫は女にしつらえ」「夫婦にしつらえられ」のように「銀の虫」の作為主義的発想が提示されており、夫婦の誕生は作為的なものとして記されている。これは、天地日月の生成過程の不完全性が作為主義的発想を招来したように、人間の誕生過程の不完全性が作為主義的発想をもたらしたものと考えられる。ただし、人間の誕生も天地日月の生成同様に、自然主義的発想がより根源的であり、作為主義的発想はあくまでも副動詞的あるいは補助的である。

では、韓国巫において、天地日月とともに現実世界に誕生した人間はどう位置づけられているのだろうか。第一に、人間の誕生を祈願して「弥勒さまが……天に祈禱すれば……世の中に人間が生れたり」と歌われているように、現実世界への人間の誕生を無上の祝福と見ている。つまり、韓国巫において現実世界とは人間の祝福の場なのである。そして第二に、韓国巫では、現実世界の中の一人一人の人間=個体の次元で、出生や無病長寿、財物、治病などの除災招福を究極的目標としている。これは思考様式の次元から見れば、現世主義的発想の基底に功利的思考が貫流していることを意味している。第三に、韓国巫は一人一人の人間=個体の除災招福を媒介として、宇宙・自然・社会の次元における人間の調和・秩序を追求している。これを思考様式の次元から見れば自然主義にもとづくものであり、その当然の結果として自然主義的発想を基調とする規範主義を指向するものである。

檀君神話は、こうした韓国巫の世界を政治的に理念化したものであった。檀君神話における政治的理念化とは、第一に、檀君神話では「天」・「生」・「化」の観念が整合的に構築されており、①金双石伊ロ演の「創世歌」とは対照的に、檀君神話では桓因=帝釈が天神-絶対者-人格的主体として前面に登場していること、②桓因の庶子桓雄は現実世界の統治者として君臨し、熊女と結婚して古朝鮮の統治者檀君を生んだこと、③桓雄は「在世理化」、すなわち統治者として政治社会の秩序化を追求していること等から明らかなように、檀君神話では「天」・「生」・「化」の基調の上に政治社会が構築されており、韓国巫の自然主義的発想、作為主義的思考、規範主義的思考、現世主義、そしてそれらの基底に流れている功利的思考が、檀君神話では天孫降臨思想の理念の下に、「貪求人世」＝現世主義的、「弘益人間」＝功利的、「在世理化」＝規範主義的、内面主義的な形態で観念化されていると考えられる。(232)

また、三国の建国神話も、檀君神話の「天」・「生」・「化」の観念を基調とする思考様式の延長線上にあった。特に、高句麗の建国神話（「東明王篇」）では「天」・「生」・「化」の観念が、「仁」「義」「礼」など儒家思想における価値規範観念と接合し、「（教）化」の次元で内面主義的傾向を深化させていた。

最後に、崔致遠の「鸞郎碑序」では、韓国巫－檀君神話－三国の建国神話における「天」・「生」・「化」の観念は「接化群生」－「化」に関する議論に集中していた。「化」とは調和・秩序の概念であり、崔致遠は「化」を儒・仏・道の次元から論じていた。儒・仏・道における調和・秩序の問題は、次のように構成されていた。すなわち、儒家の調和・秩序の問題について「家に入っては父母に孝行し、社会に出ては国に忠であるのは、魯の国の司寇（孔子）の旨義と同じ」だが、たとえば『孝経』では「孝」について次のように論じている。

(232) 韓国の文化・思想史的な観点から見ると、古代から現代に至る韓国人の政治・社会的発想様式において、人間の内面主義的な傾向が大変強いと考えられる。もちろん、人間の内面主義的な傾向は古今東西を問わず普遍的な現象である。またこのような意味で、ここで人間の内面主義的な傾向が強いというのは相対的評価である。しかし、文化・思想史的観点から見たとき、問題はある社会において人間の内面主義的傾向が歴史的にどのようなレベルで、いかなる領域を開拓してきたのか、そして政治・経済・社会的に現実をどれだけ規定していたのかというものである。本稿では韓国人の文化・思想的特殊性に着眼して、このような問題提起を韓国政治思想史の領域で追ってみたい。

およそ孝とは父母に仕える（ことで）始まりであり、次に王に仕えて立身して終わる

故に孝でもって王に仕えれば（それが）すなわち忠となる。(233)

儒家の「孝」とは調和・秩序の根本的な規範観念であり、「忠」はその延長線上にあり、「孝」の規範的性格は内面主義的傾向を帯びたものであった。

道家の調和・秩序の問題についていては、「（聖人の）人為によって事を処理するのではなく、行って言わないという教えは周の国の柱下史〔老子〕の宗旨と同じである」と言っているように、道家は一切の作為主義を排除し、調和・秩序そして規範を無為自然の生長それ自体とみなしていた。つまり、道家にとって調和・秩序は無為自然への復帰を意味している。道家は、人間が「虚静」の状態に到達することによって無為自然の絶対的秩序＝「生（長）」と呼吸を同じくすることができると考えたのであり、その発想において内面主義的であった。これは、現実世界における体制論の極小化と言えよう。

仏家の調和・秩序の問題についていては、「すべての悪（行）を行わず、すべての善を敬い行うことは竺乾太子〔釈迦〕の（教）化と同じである」と言っているように、「自浄」という内面主義的修行のたゆまぬ過程を経て涅槃＝浄土の世界に到達することを意味しており、調和・秩序を宗教的な規範的価値の世界において追求していた。

以上、韓国巫から崔致遠におよぶ古代韓国人における「天」・「生」・「化」の観念化の進行過程、そしてその観念化の進行過程における思考様式の開拓領域について思想史的文脈の中で整理してみると、以下のようになる。

韓国巫における檀君神話、三国の建国神話、そして崔致遠の「鸞郎碑序」にかけての「天」・「生」・「化」の観念化は、斉一的に進行したわけではなく、「天」よりは「生」、「生」よりは「化」の観念の相対的な拡大・深化が進行していたのである。〔以下、その段階を整理しておく。〕

(一) 古代韓国巫の段階

(ア)「天」――宇宙創成論や、人間の誕生過程における宇宙の究極者－絶対者－天の観念は鮮明に提示されてはいない。

(イ)「生」――宇宙創成や、人間の誕生が自然の摂理によりなされていると描写されており、自然主義的発想である。しかし、古代韓国巫における宇宙創成過程や人間の誕生過程は、自然の摂理に依拠しながらも不完全な過程であり、そこには作為が介在していた。その意味では作為主義的である。もちろん、自然主義がより根源的であり、作為主義は補助的なものである。

(ウ)「化」――古代韓国巫における宇宙創成過程や人間の誕生過程は、自然の摂理によりながらも不完全な過程であり、作為が介在していた。しかし、この過程における作為の介在は調和・秩序の実現に向かっているものであり、混沌から調和・秩序への規範主義的発想と言える。特に、韓国巫では宇宙・自然・社会・人間の調和・秩序が追求されていた。

(二) 檀君神話の段階

檀君神話は、古代韓国巫の発想を理念化した建国神話である。

(ア)「天」――「天神」が前面に登場しており、「天神」－絶対者－人格的主体という観念が鮮明に表されている。

(イ)「生」――「天神」－絶対者－人格的主体は、「生」＝血統の観念を媒介にして現実世界の統治者としての桓因－桓雄－檀君の支配の正統性を合理化した。すなわち、「生」の自然主義的発想が政治の領域に拡大＝適

(233) 原文は「夫孝、始於事親、中於事君、終於立身」「故以孝事君則忠」『孝経』。

用され、政治社会の成立が被治者に一つの所与として与えられていた。自然主義的発想の政治化であると言えよう。また、古代韓国巫における「生」観念を媒介とした功利的世界観は、檀君神話では「貪求人世」－「弘益人間」の形態へと理念化され、現世的価値・規範を積極的に肯定して追求されることになった。

（ウ）「化」——古代韓国巫における調和・秩序は、自然主義的発想を基調とする規範主義であり、檀君神話では「在世理化」（世の中〔人々〕を〔理で〕治め、教化する）という形態に理念化されていた。「在世理化」とは、檀君神話における功利的世界観を前提として、現世的価値規範に立脚した統治方式を命題化したものである。檀君神話には、この実践命題による価値規範が明示的に示されてはいなかったが、「在世理化」における「化」は古代韓国巫の世界における自然主義的な調和・秩序の規範観念を、（a）現実の功利的世界における人間の政治・社会関係の規範の領域へと引き出しており、（b）その規範観念が人間の内面主義的な実践を要請しているという点を考慮するならば、檀君神話は内面主義に特化していると言える。つまり、檀君神話では自然主義的規範観念が、巫の世界における規範観念と、人間の政治・社会領域における人間の内面主義的規範観念と未分化の状態で共存していると考えられるのである。規範のこうした共存状況は、三国時代から高麗時代を経て政治社会的規範観念の発展が徐々に拡大深化する過程で、巫の世界における規範観念が脱色され、政治社会的な規範観念が徐々に醇化していったと思われる。

（三）三国（高句麗・百済・新羅）建国神話の段階

高句麗・百済・新羅の建国神話は全体的文脈から見ると、檀君神話における思考様式と同一線上に置かれていると考えられる。

（ア）「天」——「天」「天帝子」「天之子」（高句麗）や、高句麗の建国神話の延長線上にある「天孫」（百済）「天（孫）」（新羅）という記述から、その発想において檀君神話と同じ「天神」が起点になっている。

（イ）「生」――「（卵）生」（高句麗）、「天孫」（百済）、「（卵）生」（新羅）等の記述から分かるように、百済の建国神話は高句麗の建国神話の延長線上にあり、「天孫」と記されてはいるが、高句麗と新羅の建国神話における「（卵）生」は「天孫」「天（孫）」が前提にされているという点で、檀君神話と同様に天孫降臨神話の性格を帯びている。

（ウ）「化」――「仁」「礼」「義」など、儒家的規範観念と接合した「化」（高句麗）、「天時」－「地利」－「人和」（百済）、「風俗」－「醇美」－「泰平」、「男女」－「和楽」（新羅）等の記述から分かるように、高句麗、百済、新羅の建国神話における「化」は、檀君神話に鮮明に表われていた功利的世界観を前提とし、人間社会における調和・秩序を理想化している。すなわち、三国時代には、建国神話の多様性にもかかわらず、檀君神話の観念化過程で提示された自然主義的発想、功利的世界観、現世的価値・規範、規範主義－内面主義など、多様な思考様式が共通して受け継がれたと言えよう。

（四）崔致遠「鸞郎碑序」の段階

崔致遠「鸞郎碑序」は、中国大陸の文化思想との接合過程で提起された「化」の観念、すなわち、儒・仏・道における調和・秩序に関する観念を論じていた。

まず、儒家では、自然的所与としての家共同体社会関係の中に調和・秩序の原理を追求し、「孝」と規定した。儒家では「孝」が根本的規範として一般的な政治社会関係に拡大・適用されたのであり、作為的なものであった。儒家における「孝」の実現は、方法的に内面主義的な道徳的感化、すなわち「（教）化」に依存しており、方法的にも作為的である。ただし、この作為的性格は、自然の対象化であるとか、自然からの独自化を意味するものではなかった。それは儒家の「孝」＝根本的規範観念が自然的所与としての家共同体社会関係の規範観念であるというところによく現われている。つまり、儒家思想とは、所与としての自然を道徳的に理念化した思想なのである。したがって、儒家思想は本来的に自然を起点としているという点で自然主義的であり、儒家における作為的発想はあくまでもこの自然主義によるものであった。

次に、道家における「化」は、無為自然の絶対的秩序＝生長への順応を基調としていた。道家では徹底して自然主義を指向したために、儒家の作為主義に対して反作為主義を指向した。そのため、政治体制論においては小国寡民論、社会的秩序においては小規模の自然的家共同体社会関係としての「孝」「慈」にとどまったが[234]、道家は無為自然の絶対的秩序＝順応に到達するために統治者の「虚・静」を要求しており、これは道家の規範が内面主義的傾向を帯びていたことを表している。のみならず、「虚・静」とは自然的秩序への順応、ないしは復帰を指向しているという点で一種の知的探求であり、直観知である。すなわち、道家は徹底して自然主義を指向しつつも、方法的には作為の側面を逃れられないのであり、言わば作為の極小化であったと言えよう。

最後に、仏家における「化」は、宗教的価値の世界に求めていた。仏家は規範の問題を「常」「楽」「我」「浄」の宗教的価値世界に追求し、その価値理念を実現するにあたっては、人間の心性を「自浄」する内面主義に依存していた。すなわち、仏家は所与としての自然を宗教的に理念化しているのである。

以上のように、古代韓国巫から崔致遠「鸞郎碑序」に至るまでの古層としての「天」・「生」・「化」を思考様式の次元から整理してみると、古代韓国巫を理念化した檀君神話以来、自然主義－規範主義－内面主義が現実世界を認識＝規定する思考様式の基調をなしていたことが分かる。

そして、古層としての「天」・「生」・「化」の観念化過程から理解できることは、第一に、「天」、すなわち宇宙・自然・人間の創世の源泉ないし原理に関する議論が「生」「化」に比べて乏しいことは、宇宙、自然、人間、社会などの現実世界を支配する普遍的原理に対する観念化の貧困を意味するものであること、第二に、「生」、すなわち宇宙・自然・人間の創世過程で「生」の観念が基本動詞として登場するということは、宇宙・自然・人間・社会など現実世界に関する認識の源泉に「生」という自然主義的傾向が介在していることを意味していることと、第三に、「化」、すなわち宇宙、自然、人間の創世過程における調和・秩序の観念の登場は、宇宙、自然、人間、社会などの現実世界を調整－統制する際に、「化」が規範主義的思考の源泉となっていたことを意味していることである。こうした規範主義的思考は、檀君神話を起点とした人間の内面的心性に依存する内面主義的傾向を継承したものである。

ただし、「鸞郎碑序」における儒・仏・道の観念化過程はそれぞれ開拓領域＝力点を異にしている。儒家は現実の政治・社会の領域を、道家は自然それ自体の領域を、仏家は宗教的価値世界の領域をそれぞれ開拓しながら、一様に自然主義－規範主義－内面主義的傾向を帯びていた。のみならず、古層としての「天」・「生」・「化」はもちろんのこと、儒・仏・道思想の宇宙・自然・人間に対する認識においても、所与としての自然を起点とすることで自然主義に傾倒し、作為的思考は極小化されている。言うまでもなく、儒・仏・道はすべて外来思想であるが、檀君神話以来、「天」・「生」・「化」の観念化過程で構築された内生的な自然主義－規範主義－内面主義的傾向は、思考様式において同質的な外来の儒・仏・道思想と直接無媒介的に容易に接合をはたし、外来思想が内生の「玄妙な道」－「風流」－「接化群生」の中に包摂されることによって、思想の豊かな結実がもたらされたのである。

こうした古層である「天」・「生」・「化」、そして「天」・「生」・「化」を基調とする自然主義－規範主義－内面主義の思考様式が直接無媒介的に、三国時代から高麗朝を経て一九世紀中葉に至るまで、中国大陸からの外来思想の影響下で韓国思想の歴史的道程を大きく方向付けていったと考えられる。

最後に、古代韓国巫の基盤の上に政治社会の領域を最初に開拓した檀君神話における政治的構想を取り上げ、

(234) 原文は「絶聖棄智、民利百倍、絶仁棄義、民復孝慈」『道徳経』一九章。すなわち、老子によれば、儒家的な「聖」・「仁」を止め、「智」・「義」を捨てれば、「民」の利は百倍になり、「民」は人間の自然な「孝慈」に帰ることができるというのである。

「天」・「生」・「化」を基調とする自然主義－規範主義－内面主義的な思考様式の進行に注目し、韓国政治思想史の道程を検討しておきたい。

檀君神話における政治社会の特性は、第一に、天神・桓因－絶対者の出現である。檀君神話では、「生」－血統の観念を媒介として桓雄＝檀君が絶対者としてその神聖性を確保され、神政政治の源泉になっていた。つまり、天神＝桓因の子孫－桓雄－檀君が神の超越的能力によって被治者を治めるわけである。したがって、第二に、その神政体制下において檀君の支配の正統性が合理化され、統治者の絶対的な政治権力が誕生し、政治社会における支配服従関係が成立していた。しかし、統治者のこの絶対的政治権力の誕生は被治者にとっては一種の自然的所与として受け止められていた。第三に、神政政治の体制下では、まだシャーマニズムが遺制として残っており、呪術師が神の宣託によって自らの判断を絶対化し、被治者に強要する祭政一致の形式を取っていた。檀君が巫だったということは決して偶然ではない。なぜなら、祭政一致とは、神に対する祭祀と被治者に対する統治が一体化したものであり、このような祭政一致の体制下では、檀君は神に対しては巫であり、被治者に対しては統治者だったからである。檀君は、宗教上の権威者であると同時に、政治上の主権者でもあった[235]。第四に、政治社会の秩序化の問題に対して、「世の中（人々）を（理で）治め、教化した」と記述されているように、檀君神話では政治社会の秩序化は、①法・制度・規範に依拠するものとし、②その法・制度・規範を施行する際に人間の内面的本性にもとづくものとしている。第五に、こうした政治社会の秩序化の問題を構成する上で、人間の政治・経済・社会的価値と規範の問題に対して、檀君神話では人間の政治社会を「貪求人世」－「弘益人間」とみなしていた。すなわち、現実の客観世界の次元では功利的価値と規範の世界の実現を指向し、人間の主体的実践的な次元では現実の政治社会における功利的人間の確立を目標としていたと言えよう。

推論にとどまるものであるが、この五点が檀君神話における政治社会構想の到達点ではないかと思われる。

(235) このような発想様式は檀君神話において桓雄が統治者として君臨する過程によく表われている。檀君神話で桓雄は一方では現実世界－政治社会に君臨する過程では呪術師として風伯、雨師、雲師を従えており、またもう一方では、穀食、生命、疾病、刑罰、善悪など、およそ人間の三六〇余個の事柄を主管し、現実世界の政治・経済・社会を統治する対象とみなしている。

第二章　内生と外来の接合——儒教的政治理念の成長

前一世紀の三国成立から、一〇世紀の高麗前期までの韓国の歴史的道程は、文化・思想史的な観点から見れば、内生と外来の接合過程であったと言える。また、この時期の歴史的道程を政治思想史的観点から見れば、一方では古朝鮮以来の祭政一致の政治体制の分化・解体過程であるとともに、他方ではその分化・解体過程において世俗的政治体制の独自化が進展し、儒教的政治理念が構築される過程でもあったと言える。

韓国の地理的位置は、アジア大陸の東北に位置する半島国家であり、北は中国大陸と陸地でつながっており、東西南三面は海に面している。しかし、一九世紀中葉に航路の発達による頻繁な往来が始まるまでは、韓国は歴史的に海洋国家としてよりは、政治・軍事的影響はもちろん文化・思想的にも、中国大陸から容易に触発される位置に置かれていた。このように、韓国の文化・思想が歴史的に中国大陸からの頻繁な文化・思想的触発を媒介として展開する発展様式をとってきたことは否めない。言ってみれば、韓国人は歴史的に中国大陸を臨みながら生きてきたのである。しかし、中国大陸からのこのような文化・思想的触発は、単純な物理的輸入史ではなかった。それは受容する側の主体の現実認識、歴史意識、世界観、理念などの基調をなす思考様式＝知的条件によって、力点や深度を異にする変容の歴史であった。[1]

ここで詳論する余裕はないが、中国大陸からの文化・思想的触発が深化する三国時代以降、崔致遠の儒・仏・道を包摂する「玄妙な道」[2]、元暁《ウォニョ》の「和諍」＝「円融会通」思想[3]、義天《ウィチョン》の教観并修説[4]、知訥《チヌル》の定慧双修説[5]、朱子学における退溪李滉《テゲ・イファン》の道徳的内面主義[6]などに典型的に見られるように、中国大陸からの文化・思想の受容は、それが単純な物理的輸入史ではなく、文化・思想のヨコの触発を媒介とする、言わば文化・思想の全一主義的（holistic harmonization 分化または分離されている個々の領域を全体的にある形態の秩序体系の中へ統合しようとする思考様式）な受容様式と言うことができよう。まさにこの意味で、韓国史における中国大陸からの文化・思想の受容は、単に受容された外来の文化・思想に安住するのではなく、内生と外来の相互作用を経て新たな思想領域を開拓するその基底に文化・思想の歴史的自律性が貫流していたと言えよう。以下、政治思想史的観点から、内生的契機と外来的契機の相互作用の道程を検討してみよう。

第一節　接合様式（一）——三国時代の様相

I　祭政一致の分離——分化過程

高句麗、百済、新羅の古代国家形成は、歴史学界の研究成果によれば、歴史的に（氏族）－部族－城邑国家を基盤とする政治権力の成長を起点としている。[7] しかし、古代国家形成に関する研究成果が示すのは、これら三国の古代国家形成を断定的に論ずることは不可能だということである。[8] 歴史学界の研究成果によれば、韓国史にお

ける古代国家の原型は古朝鮮の段階で出現している。(9)

高句麗、百済、新羅における古代国家の形成過程を見ると、第一に、高句麗は、濊貊(前四世紀頃)～濊君南閭(前二世紀)以降、涓奴(または消奴)、絶奴、順奴、灌奴、桂婁の五部族の部族国家＝城邑国家の段階を出発点とし、(10)一世紀～二世紀中葉の太祖王《テジョワン》(五三～一四六年)の部族連盟国家の形態を経て、(11)二世紀後半の故国川王《コダクチョンワン》(一七九～一九六年)の集権体制強化により、王権中心の中央集権国家、すなわち古代国家を形成した。

(1) 本書第一章第一節註4参照。
(2) 本書第一章第二節。
(3) 李箕永『韓国仏教研究』(韓国仏教研究院出版部、一九八三年)一二九～一三六頁。
(4) 崔炳憲「東洋仏教史上の韓国仏教」(『韓国史市民講座』第四輯、一潮閣、一九八九年)三五～三九頁。
(5) 崔炳憲、前掲論文、三九～四二頁。
(6) 本書、二五五～二五八頁参照。
(7) このような視角からの議論として、李基白『韓国史新論』(一潮閣、二〇〇五年)一九～二一頁および、李基白・李基東『韓国史講座』(Ⅰ)古代篇(一潮閣、一九八五年)三八～四四頁参照。またこのような視角に対する批判的な議論としては金貞培『韓国古代の国家起源と形成』四～二四、四六～六八頁参照。ここで(氏族)－部族－城邑国家と表現したのは、政治社会のもっとも根本的な基礎を支配服従関係の成立－政治権力の誕生という観点から見るとき、(氏族)－部族－城邑国家の成長過程で支配服従関係－政治権力が出現すると考えるからである。もちろん、このような視角は何らかの普遍主義的な観点からの議論ではない。一般論的観点から見て、歴史的に支配服従関係－政治権力の出現に何らかの普遍的な契機があると考えているのではない。
(8) 韓国古代国家の起源－形成に関する学界の研究傾向は非常に多様である。盧重國『百済政治史研究』(一潮閣、一九九四年)二三頁参照。
(9) 李基白・李基東『韓国史講座』(Ⅰ)古代篇(一潮閣、一九八五年)三八～四四頁参照。もちろん、この時期は祭政一致時代であり、典型的な古代国家の出現は王権の絶対化そして宗教的イデオロギーとしての仏教と儒教が定着する三国時代以後であると思われる。申瀅植「韓国古代国家の特性とその展開過程」(『韓国古代史の新たな理解』周留城、二〇〇九年)三一～三八頁参照。
(10)『三国志』巻三〇、魏志東夷伝、高句麗。

第二に、百済は、前二世紀の目支国の辰王代を起点にして前一世紀後半前後の沸流集団と高句麗の一支派である温祚集団の地域連盟体を経て、[12]古爾王《コイワン》代（二三四～二八五年）の王権を中心とする支配体制の強化が推進されたことにより、近肖古王《クンコチョコワン》代（三四六～三七五年）に中央集権的古代国家が形成された。[13]

第三に、新羅は、高句麗、百済の後に続いて、慶州地域に及梁、沙梁、本彼、牟梁（または漸梁）、漢祇（または漢岐）、習比など六つの氏族＝六村の後裔を基盤にして（朴）赫居世《ヒョツコセ》が建てたという斯盧国－城邑国家から出発し、部族連盟国家の形態を経て、奈勿王《ネムルワン》（三五六～四〇一年）の段階で連盟王国が構築され、法興王《ポップンワン》（五一四～五三九年）代に統治体制が整備されたことにより、中央集権的古代国家を形成した。[14]

こうした三国の政治権力の集権化過程を類型的に見れば、①三国はすべて部族国家＝城邑国家から部族を基盤とする連盟国家の形態を経て中央集権的な古代国家へと移行しており、②こうした集権化過程、すなわち連盟国家から中央集権国家へと転換する過程で部族制が倒れ、部族長が中央貴族へと転換することで、部族制が地方行政区域へと変化し、[15]③さらに、その過程で、国王と中央貴族の間に名実ともに君臣関係が成立し、政治権力の王権への集中化と諸加会議＝君臣会議が政治・軍事・外交など、国家運営の軸となって王権の支持基盤として定着する。[16]そして、その当然の結果として、④王権を頂点とした上下関係を系統化＝序列化する一元的官階組織＝身分制が構築され、[17]⑤こうした支配体制＝統治体制を制度化＝理念化する作業が進められた、とまとめることができる。[18]

では、高句麗、百済、新羅における政治権力のこうした集中化過程は、理念的次元ではどのような変化を招来しているのだろうか。端的に言えば、それは祭政分離の現象である。無論、史料が乏しいため三国時代の祭政分離の道程を的確に捉えることはできない。[19]しかし、このような祭政分離の現象は、政治史ないし政治思想史的観点から見れば、広い意味における政治権力の世俗化過程と言えるものであり、政治権力の独自化の道程である。のみならず、その当然の結果として、祭政一致の枠を越えて独自化の道程を歩む政治権力は、その丸裸の政治権力の正統性を自ら新たに開拓していかざるを得なくなる。これはすなわち、政治権力の観念化の過程であり、同時に理論的観点から言えば、政治理念の再構成の道程なのである。

以下、政治権力のこの歩みが、古代韓国政治社会においてどんな思想史的経路を歩んでいったのかを追跡してみよう。

前述したように、檀君神話を政治体制の次元から見た場合、天孫降臨を基調とする祭政一致の統治方式を採っていた。したがって、現実世界の統治者は、天神に対しては天神を崇めて仕える宗教上の最高権威者――檀君－巫－天君[20]――であり、同時に被治者＝民に対しては統治秩序を掌握する最高の主権者であった。しかし、檀君神話を統治理念の次元から見ると、「(桓雄が) 天下に意を置いて人間世界を欲しがった。……(天下に) 降りて

(11) 金哲埈「韓国古代国家発達史」(『韓国古代史研究』ソウル大学校出版部、一九九三年) 三六～三七頁参照。『三国史記』によれば、高句麗初期から国家成立が可能であったという見解もある。
(12) 金哲埈「韓国古代国家発達史」三七頁、および盧重國『百済政治史研究』六二頁参照。
(13) 李基白『韓国史新論』五三～五四頁参照。
(14) 李基白『韓国史新論』四五頁、および五八～六〇頁参照。
(15) たとえば、盧重國『百済政治史研究』一〇八～一一〇頁、および全徳在『新羅六部体制研究』(一潮閣、一九九六年) 七〇～一四〇頁参照。
(16) 申瀅植『韓国の古代史』三〇六頁、三三五～三六一頁、盧重國『百済政治史研究』九九～一〇七頁、および全徳在『新羅六部体制研究』七〇～九二頁参照。
(17) 申瀅植『韓国の古代史』三〇六～三一八頁、三六一～三七二頁、盧重國『百済政治史研究』一〇七～一一二頁、および全徳在『新羅六部体制研究』九二～一四〇頁参照。
(18) このような視角からの議論としては、盧重國『百済政治史研究』一一二～一一七頁参照。
(19) 祭政分離＝分化過程については、以下『三国史記』に依拠して論ずるにとどめたい。
(20) これについては、第一章第三節参照。

みると、人間を弘く益すべきであると考えた（数意天下、貪求人世……可以弘益人間）」というように、現実世界における人間を中心にした功利的世界の実現を志向している。檀君神話におけるこの発想、すなわち「天」・「生」・「化」を基調とする檀君神話の祭政一致的統治体制、現世肯定の功利的世界観は、高句麗、百済、新羅三国の建国神話にそのまま継承された[21]。

『三国志』「東夷伝」には、扶餘の迎鼓、高句麗の東盟、東濊の舞天など、それぞれ「祭天」や「飲酒歌舞」があり、馬韓では五月と一〇月に「祭鬼神」する際に（人々は）群れをなして「歌舞飲酒」をした。そして、（この国では）信鬼神というが、国邑にそれぞれ一人ずつ置いて「祭天神」を主管し、名付けて「天君」と言う。また諸国にはそれぞれ別邑があるので、名付けて「蘇塗」と呼んだ、と記されている[22]。

檀君朝鮮から三国時代までの古代社会では、「祭天」「祭天神」などの宗教的儀礼が行われ、檀君朝鮮において檀君は天神を崇める巫－天君－祭祀長であり、宗教上の最高権威者であるとともに、被治者＝民にとっての最高の主権者＝統治者でもあり、文字通り祭政一致である。しかし、檀君朝鮮以後の古代社会は、「祭天」「祭天神」の主管者と統治者が分化する過渡期だったように思われる。扶餘の迎鼓、高句麗の東盟、東濊の舞天では、最高の主権者－統治者と巫－天君－祭祀長との分化が明示的に提起されていなかったのに対して、馬韓の宗教的儀礼では「祭天神」の主管者＝天君が、最高の主権者＝統治者とは別に推戴されている。

檀君朝鮮から三国時代にかけて最高の主権者＝統治者と「祭天」「祭天神」を主管する巫＝天君＝祭祀長が、歴史的にいつ、どのような形で分離＝分化の道程を歩んだのかというモメンタム（momentum）を捕捉することは、史料的制約により不可能である。しかし、次の記録を検討したい。

①南解次次雄（次次雄または慈充ともいう。金大問曰く「［これは］方言で巫《ムーダン》を指す言葉である。世の人々は巫が鬼神に仕え、祭祀を奉ることで、巫を畏れ、敬い、ついには［このような］尊長者を称して慈充と言っ

た」という）は、赫居世の嫡子である。（南解次次雄は）父王（赫居世）の後を継いで即位し、元年（紀元四年）と称した。(23)

②（始祖温祚王）二五年（七年）二月に王宮の井戸の水が急に溢れた。（これと時を同じくして）漢城の人家で馬が牛を産んだのだが、頭が一つに体が二つであった。（これを見て）日者〔＝巫〕が言うには「井戸の水が急に溢れるのは大王が急に盛んになる兆しであり、牛の頭が一つで体が二つなのは大王が隣国を合わせるようになるということである」と言った。王はこの言葉を聞いて喜び、ついには辰韓と馬韓を併呑する気になった。(24)

③（次大王）三年（一四八年）七月に王は平儒原で狩りをしたが、白い狐が近づきながら鳴き、王は白狐（に向けて矢）を射たが当らなかった。王がその理由を師巫に尋ねると、（師巫が）言うには「狐というものは邪な獣であり、吉祥ではなく、ましてその色が白いのはもっとも奇怪なことです。しかし、天はよく細かく言い聞かせるように話しません。なので（天はこのように）奇怪さを出して示すことで人君をして恐懼修省（敬う気持ちで自らを反省し、修養すること）して自新（改過遷善――心を入れ替えて真人間になる）するようにするのです。王様におかれましては、もし徳を磨かれるならば、禍転じて福となすことができるでし

(21) 本書第一章第四節参照。
(22) 金仁會『韓国巫俗思想研究』六〇～六二頁参照。
(23) 『三国史記』「新羅本紀」南解次次雄即位年条「南解、次次雄（次次雄、或云慈充、金大問云、方言謂巫也、世人以巫事鬼神、尚祭祀、故畏敬之、遂称尊長者、為慈充）、赫居世、嫡子也。身長大、性沈厚、多智略、母閼英夫人、妃雲帝夫人（一云阿婁夫人）、継父即位称元」。〔引用文中の（ ）は原典では二行割書〕
(24) 『三国史記』「百済本紀」始祖温祚王二五年条「二十五年春二月、王宮井水暴溢、漢城人家馬生牛、一首二身、日者曰、井水暴溢者、大王勃興之兆也。牛一首二身者、大王幷鄰国之應也。王聞之喜、遂有幷呑辰、馬之心」。

ょう」と。王は「凶であるならば凶、吉であるならば吉であるものなのに、すでに奇怪なものがまた福になるとは、何たる作り話であるか」と言って、ついにはその師巫を殺した。(25)

④（義慈王）二〇年（六六〇年）六月に、……ある鬼神が宮中に入ってきて、大声で叫んで「百済は滅びる、百済は滅びる」と言うと、すぐさま土の中に入っていった。王はこれを怪しく思い、人に土を掘らせると、三尺ばかり深く掘ったところに一匹の亀がいたのだが、その背に字が書かれてあり「百済は丸い月のようで、新羅は新月のようだ」とあった。王がこれを巫《ムーダン》に尋ねると、巫が言うには「丸い月のようだというのは（月が）満ちているということであり、（月が）満ちているということはすなわち、欠けるということである。新月のようだというのは（月が）まだ満ちていないということであり、（月が）まだ満ちていないということはすなわち次第に満ちるようになるということである」と答えた。王は怒ってその巫を殺した。(26)

これらの記録が示すのは、①新羅の南解次次雄代のように、南解王は統治者であるとともに南解次次雄といい、次次雄＝慈充＝巫《ムーダン》を指している。すなわち、南解王は最高の統治者であるとともに巫＝祭祀長であり、祭政一致の典型であった。また、次次雄＝慈充＝巫に関する金大問の議論から分かるように、巫はそれ自体畏敬の対象であり、政治・社会的価値が高く評価されている。

しかし、②百済の始祖温祚王代では、統治者である温祚王と日者＝日官＝巫《ムーダン》が巫その機能において分離＝分化しており、さらに日者＝日官＝巫に統治者に対する巫固有の領域が認められている。これに対して、③高句麗の次大王代の場合、「師巫」が王に改過自新（虚物を直し自ら新たにすること）を勧めるが、次大王は「凶であるならば凶、吉であるならば吉」と言って「師巫」を叱っており、「師巫」という巫固有の領域を否定するとともに、天意のような超自然的能力から抜け出て、現実状況それ自体を媒介として事物の正否を裁断することにより、世俗的な統治者として祭政の分離＝分化の上に君臨している。これは言わば、政治権力の世俗化への進行である。

最後に、③次大王代に、次大王が改過自新を勧められたことに怒って「師巫」を殺した、④義慈王が巫に亀の甲羅に「百済は丸い月のようであり、新羅は新月のようだ」と書いてある文の含意を尋ねると、巫が前者について「(月が)満ちているということで、(月が)満ちているということはすなわち欠けるということである」、後者について「(月が)まだ満ちていないということであり、(月が)まだ満ちていないということはすなわち次第に満ちるようになる」と答え、この先百済が徐々に衰退するのに対して新羅は徐々に興起すると解釈したことに〔王が〕憤怒して巫を殺しているのは、統治主体の次元における世俗化された政治権力の専横と、統治体制の次元における専制化を意味している。

これを政治的思考の文脈の観点から整理してみると、祭政一致→祭政分離=分化→統治者の祭政分離=分化した上での君臨→統治者の専横=統治体制の専制化、という流れになる。

では、こうした政治的思考の流れを、政治思想史的文脈から見るとどのように把握できるだろうか。檀君神話から三国の建国神話にかけては、天孫降臨を基調とする祭政一致の統治体制が貫流していた。しかし、南解次次雄代から義慈王代にかけては、次大王代=義慈王代に祭政一致ないし祭政分離=分化の統治体制が崩れており、

(25) 原文は「秋七月、王田于平儒原、白狐随而鳴。王射之不中、問於師巫、曰、狐者妖獣非吉祥、況白其色、尤可怪也。然天不能諄諄其言。故示以妖怪者、欲令人君恐懼修省、以自新也。君若修徳、則可以転禍為福。王曰、凶則為凶、吉則為吉、爾綟以為妖、又以為福、何其誣耶。遂殺之」『三国史記』「高句麗本紀」次大王三年条。

(26) 原文は「六月、王興寺衆僧皆見若有船楫随大水入寺門、有一犬狀如野鹿、自西至泗沘河岸、向王宮吠之、俄而不知所去。王都羣犬集於路上、或吠或哭、移時即散。有一鬼入宮中、大呼百済亡、百済亡、即入地。王怪之、使人掘地。深三尺許、有一亀、其背有文、曰、百済同月輪、新羅如月新。王問之巫者、曰、同月輪者満也。満則虧。如月新者未満也。未満則漸盈、王怒殺之。或曰、同月輪者盛也。如月新者微也。意者国家盛而新羅寖微者乎。王喜」『三国史記』「百済本紀」義慈王二〇年条。

その当然の結果として、祭政一致の統治体制を支える天孫降臨思想の流動化が促進されざるを得ない。

韓国巫の創世神話からも明らかなように、古代韓国思想において宇宙創成の源泉としての天－天神の観念は、明瞭な形態ではないが、発想として登場している。たとえば、檀君神話の場合、「桓因」－「桓雄」＝天神、「檀君」＝天神の子孫、すなわち天孫の形で登場しており、「……桓雄が天下に意を置いて人間世界を欲しがった」「……人間を弘く益すべきであると考えた」、「世（の人々）を（理で）治め教化した」[27]というのは、現実世界における政治社会を理念化しているという意味で、天神の天意であった。

檀君神話のこの発想は三国の建国神話にもそのまま継承された。三国の建国神話の中でも檀君神話を典型的に継承した高句麗の建国神話を検討してみると、（解夫婁が）「これは天が我に令胤を下賜されたのだ」、「（阿蘭佛が）少し前に天が某に命じられるには、今後余の子孫をしてここに国を建てさせるつもりだから……」、「どこから来たのか分からないが、自称、天帝の子解慕漱といい……」、「（朱蒙が）水に告げるには、『我は天帝の子にして河伯の外孫である』」、「（朱蒙が）その者共に告げるには『我がいまや（天の）命を受け（国の）基礎を開こうと思うのだが……』」と記しているように、[28]天神、天孫、天意が絶えず登場している。これは要するに、檀君神話から三国の建国神話にかけて、天は天神、天意、天孫の領域で観念化が進んでいたということを示している。またこの天神、天意、天孫は天の観念化が到達した地点をも示していた。

しかし、次大王代－義慈王代では巫《ムーダン》固有の領域を否定するだけでなく、天意を侮辱し、否定することで、天神の権威を毀損している。これはつまり、天孫降臨思想に立脚した政治権力の神聖性を毀損するだけでなく、政治権力の正統性の源泉を喪失する結果をもたらすことになると言えよう。もちろん、天孫降臨思想は祭天儀礼が、形式化される過程で形骸化したものと考えられる。結局、祭政一致→祭政分離＝分化過程において、檀君神話－三国の建国神話を基調とする天神・天意・天孫についての観念化作業がなおざりになることにより、政治権力の世俗化をより容易にしたと言えよう。

三国時代には、文化・思想の次元におけるこうした内的状況が儒・仏・道思想の積極的受容をもたらしたものと考えられる。すなわち、古代韓国思想の外来思想との接合であった。

Ⅱ　儒・仏・道——発想の存在様式

古代韓国人の文化・思想の基調をなしているのは、「天」・「生」・「化」の観念であった。これらは、発想様式の次元から見れば、自然主義、規範主義、内面主義の傾向にあり、またこれを価値理念の次元から見れば、功利的世界観である。外来思想との接合は、まさしくこの「天」・「生」・「化」を基調とする自然主義、規範主義、内面主義、そして功利的世界観のレール上で展開した。すなわち、「天」・「生」・「化」－自然主義、規範主義、内面主義－功利的世界観を基盤として、儒・仏・道の自然主義、規範主義、内面主義の側面が積極的に受容されたということである。

内生と外来の接合様式において、古代韓国人の文化・思想と儒・仏・道の外来思想との間には、おそらくその思考様式、発想様式、そして価値理念において非常に類似した同質的側面があり、それら——内生と外来——自体が直接無媒介的に、あるがままに、人為的な加工無しに、接ぎ木された側面があるのではないだろうか。天孫降臨思想の流動化過程、三国時代、統一新羅時代、高麗前期における政治権力の正統性確立、統治体制の理念化は、こうした文化・思想的状況下で儒・仏・道思想によって彩られていったものと考えられる。[29]

（27）本書第一章註49参照。

（28）本書第一章註28、および『三国史記』「高句麗本紀」始祖東明聖王即位年条。原文は「王喜曰、此乃天賚我令胤乎……阿蘭弗曰、日者天降我曰、将使吾子孫立国於此……有人不知所従来、自称天帝子解慕漱……告水曰、我是天帝子、河伯外孫……乃告於衆曰、我方承景命、欲啓元基」。

ここで三国時代、統一新羅時代・高麗前期における政治権力の粉飾過程に関する議論に先立ち、古代韓国思想と儒・仏・道の外来思想が直接無媒介的に、あるがままに、人為的な加工無しに接ぎ木されたことの意味について、原理的次元から検討してみよう。

第一に、原始儒教に関して見ると、原始儒教における宇宙・自然・人間・社会に関する発想として、次のような議論がある。

詩経に曰く、天が蒸民（万民）を生ずるに、物（事物、または人間の社会関係）があればそこに則（法則、または規範）があるようにした。民はこの則の懿徳（美徳）を好む夷（常、すなわち常性）を有している。(30)

孟子曰く、「万物（の理法）」は全て我（=人間の本性）に備わっている。(31)

有子曰く、その人となりが孝弟を行う者で目上の者に逆らう事を好む者はほとんどいない。目上の者に逆らうことを好まずに乱を起こすことを好む者は未だかつていなかった。君子はその根本に努める。その根本が立ってこそ道が生じるようになる。孝弟は仁となる根本ではないのか。(32)

孔子が答えて曰く、君は君としての道理を尽くし、臣は臣としての道理を尽くし、父は父としての道理を尽くし、子は子としての道理を尽くさなければならない。(33)

（聖人は）契をして民の教育を担うようにし、人倫を教えるが、（それが）父子有親、君臣有義、夫婦有別、長幼有序、朋友有信である。(34)

これらの文は、原始儒教における宇宙と人間と道徳的実践－政治・社会的実践の内的連関に関する含蓄ある議論であり、儒教思想の哲学的基礎をなすものである。

では、その思想的含意を把握するために、引用文の各節に対する概念的議論から始めよう。

①「天」が「蒸民」（万民）を「生」ずるにあたって、「物」（事物）があれば、「則」（法則または規範）があるようにした、と論じられている。「天が万民を生ずるに」とは、「天」が人格的主体として万民を「生」じさせたということを意味し、「天」が万民の源泉であり、「天」と万民との間には内的連続性がある。また、「天」が「物」があれば「則」があるという文からは、「天」が法則（または規範）の源泉となっていることが分かる。これはすなわち、たとえば父と子〔の関係〕があれば、そこに父は慈、子は孝という自ずから成立する自然法則＝道徳的規範が存在することを示しており、「天」が一種の自然法的な道徳規範の源泉となっていることを示すものである。

②「民」はこの「則」の「懿徳」（美徳）を好む「夷」（常性）を持っている、と論じられている。「民」とは、万民、すなわち人間を意味していることから、人間は「天」が与えた一種の自然法的な道徳規範を好む常性を持

---

(29) 筆者の観点からは、三国時代以降、統一新羅時代、高麗時代はもちろん朝鮮時代にも外来思想の受容様式、接合様式がこのようなリズムで展開されたものと考える。
(30) 原文は「詩曰、天生蒸民、有物有則、民之秉夷、好是懿徳」『孟子』告子章句上。
(31) 原文は「孟子曰、万物皆備於我矣」『孟子』尽心章句上。
(32) 原文は「有子曰、其為人也、孝弟而好犯上者鮮矣、不好犯上而好作乱者、未之有也、君子務本、本立而道生、孝弟也者、其為仁之本与」『論語』学而篇。
(33) 原文は「孔子対曰、君君、臣臣、父父、子子」『論語』顔淵篇。
(34) 本書第一章註151参照。

っているということを意味している。孟子は「万物（の理法）はすべて我（＝人間の本性）に備わっている」と論じているが、これは言い換えれば、万物の理法、すなわち普遍的な「天」の理法が人間性の中に内在しているということであり、「天」という絶対者の内在化であると考えられる。

では、人間の本性に内在する万物の理法＝普遍的な「天」の理法とはどのようなものだろうか。孟子は、「惻隠の心は仁の端であり、羞悪の心は義の端であり、辞譲の心は礼の端であり、是非の心は智の端である」(35)と論じている。

孟子によれば、人間は誰でも生来的に「惻隠」「羞悪」「辞譲」「是非」という内面的な道徳的心性を持っており、人間のこの四つの内面的な道徳的心性は、政治・社会的にそれぞれ「仁」「義」「礼」「智」という価値や規範を具現できる「端」（萌芽）であると論じている。そして、人間は誰でもこの内面的な道徳的心性を外界に向けて拡充することで（すなわち、人間の内面的な道徳的心性を基礎として思考し、行動することで）、現実社会における道徳的な価値と規範を具現化すること、すなわち道徳的社会、道徳的国家を実現できるのである。こうした意味で、儒教思想は現世肯定の倫理であり、人間の政治・社会的実践において現世的楽観主義の傾向を帯びていると言えよう。

③人間の政治社会関係の把握についてはどうだろうか。孔子の門人の一人である有子は、「その人となりが孝弟を行って目上の者に逆らう事を好む者はほとんどいない。……君子はその根本に努める。その根本が立ってこそ道が生じるようになる。孝弟は仁となる根本ではないのか」（『論語』学而篇）と論じている。すなわち、儒教では人間の政治・社会関係に関する規範観念は「孝弟」という自然な家共同体の社会関係を起点としている。「孝弟」とは服従の規範観念であり、道徳的規範の範型である君子が「孝弟」の根本に努めることで「道」という普遍的道徳規範が具現化されていくようになる。この意味で「孝弟」は「仁」の根本であり、「孝弟」という道徳規範の実践を通じて「仁」という政治・社会的価値が具現化されるのである。つまり、原始儒教においては家共

同体社会関係の基本観念である「孝弟」が普遍的道徳規範であり、この「孝弟」の政治社会的実践が結果的に「仁」という普遍的な政治・社会的価値を実現するのである。

④原始儒教では、人間の家共同体社会関係のこうした根本規範である「孝弟」を起点として、一般的な政治・社会関係における人間の結合様式をどのように規定しているだろうか。孔子は「君は君としての道理を尽くし、臣は臣としての道理を尽くし、父は父としての道理を尽くし、子は子としての道理を尽くさなければならない」〔『論語』顔淵篇〕と述べているが、これを人間の政治・社会関係の次元から見ると、人間は誰もがそれぞれ「君」・「臣」・「父」・「子」という自分が処する位置があり、この位置の存在様式は階序的だといっている。『孟子』では、人間のこの階序的政治・社会関係が「父子有親」「君臣有義」「夫婦有別」「長幼有序」「朋友有信」と述べられているように、「父子」の間では「親」、「君臣」の間では「義」、「夫婦」の間では「別」、「長幼」の間では「序」、「朋友」の間では「信」という結合様式の次元から論じられている。のみならず、儒教ではこうした階序的な「親」「義」「別」「序」「信」を基調としてこれを一般的な政治・社会関係に拡大適用しており、人間の政治・社会の階序的調和を通じた政治・社会の秩序化がなされている。ここにわれわれは、原始儒教における古層としての「天」・「生」・「化」の体系的理論的構成を見出すことができる。

第二に、道家思想に関して見ると、道家における宇宙、自然、人間、社会に対する発想として、次のような議論がある。

（初めに）混沌〔の状態〕の何かがあった。（それは）天地に先立って生じた。……どこにも頼ることがなく、変わることがなく、（万物に）あまねく及んでとどまることがない。（このようにして天地万物を生じさせ

---

(35) 原文は「惻隠之心、仁之端也。羞悪之心、義之端也。辞譲之心、礼之端也。是非之心、智之端也」『孟子』公孫丑章句上。

て）十分天下の母（根本）と言うことができる。……（これを）字にすると道となり……人は地を手本とし、地は天を手本とし、天は道を手本とし、道は自然（自らそうである道理）を手本とする。[36]

そして道は万物を生じ、徳は（初めに生成した）万物を育て（畜）、万物を成長させ（長）、万物を発育させ（育）、万物を成さしめ（成）、万物を成熟させ（孰）、万物を養育し（養）、万物を庇護する（護）。（しかし道は万物を）生ずるが自らのものとしない。（道は万物が育つように）治めるが（道は万物に）頼らない。（道は万物を）成長させるが、万物を主宰（支配）しない。これを玄妙な徳（玄徳）と言う。[37]

（宇宙万物の）道はいつも無為であるが、そうでありながらも（あらゆるものが）為さないものは無い。侯王（諸侯）がもし（このような道を）よく守り（無為の統治をすれば）、万物はまさに（自然の生成変）化をなすようになるのである。[38]

天地は（言わば）仁（という人間的な愛情）を持っていない。万物をわらで作った犬とみなしている。聖人は仁（という人間的な愛情）を持っていない。民をわらで作った犬とみなしている。[39]

（人間的な作為が無い、統治体制を極小化した、原始的な小家共同体社会のような）国家は小規模であり、民の数が少ない、すなわち「小国寡民」（の社会）が（理想的である）。[40]

（私心であるとか先入観をなくし、無念無想の境地に到達し、心が）虚に至ることを極め、（心の平）静を守ることを全一にすれば、万物は（我と共に）並んで成長し、我は（その根源である道へと）復帰する自然の

理法を観照することができる。(41)

これらの文は、道家思想における宇宙と人間との政治・社会的実践の内的連関に関する含蓄ある議論であり、道家思想の哲学的基礎となるものである。

道家の宇宙創成論において、老子は天地万物を「生」じさせた宇宙の究極的な根源を「道」といい、「天」・「地」・「人」などのすべての万物は「道」の生成の延長線上に置かれている。そしてこのようにして生成された万物は、「徳」のいわゆる「畜」(初めに生成された万物を育てること)、「長」(万物を成長させること)、「育」(万物を発育させること)、「成・熟」(万物を成熟させること)、「養」(万物を養育すること)、「覆」(万物を庇護すること)によって生長することになる。しかし、このような「道」と「徳」によって万物が生成され成長したとしても、万物は決して「道」や「徳」によって所有されたり、依恃〔たよること〕の対象になったり、主宰の対象にはならないのだという。それが「玄徳」、すなわち玄妙な道理である。「道」は「自然」、すなわち自らそうである道理であり、「徳」はこのような「道」によって生成された万物の成長を助けるものである。

そして「道はいつも無為であるが、(そうでありながらも)為さないものは無い」という。老子には、このよ

(36) 原文は「有物混成、先天地生……、独立而不改、周行而不殆、可以為天下母……、字之曰道……、人法地、地法天、天法道、道法自然」『道徳経』二五章。
(37) 原文は「故道生之、徳畜之、長之、育之、成之、孰之、養之、覆之、生而不有、為而不恃、長而不宰、是謂玄徳」『道徳経』五一章。
(38) 原文は「道常無為、而無不為、侯王若能守、万物将自化」『道徳経』三七章。
(39) 原文は「天地不仁、以万物為芻狗、聖人不仁、以百姓為芻狗」『道徳経』五章。
(40) 原文は「小国寡民」『道徳経』八〇章。
(41) 本書第一章註159参照。

うな「自然（的秩序）」－「道」－「徳」の摂理に対する絶対的信頼があった。したがって老子は自然の現象はもちろん、人間の政治・社会における一切の人間的作為の介入を拒否している。「大道廃れて仁義あり」というように、老子にとって儒家の道徳的実践や政治社会的実践は人間的な作為であり、「仁」「義」「礼」「智」のような価値規範も人間の作為的産物だと批判している。老子にとって、政治社会における統治者は、被治者である民をいったん祭祀が終われば何の使い道もない「わらで作った犬」、すなわち無価値なものとみなすのであり、作為の対象ではなかった。政治社会における人間的作為を排除する老子は、代わりに、政治体制を極小化する「小国寡民」を理想的政治社会として提示し、「無為」の統治を志向するのである。

では、老子において、統治者の「無為」の統治とはいかなるものであろうか。統治者が自らの心中で一切の私心や先入観を除去し、無念無想の境地に到達することにより、心を「虚」にし、心の「（平）静」を守れるようになれば、統治者は万物の生成変化と呼吸を同じくし、「道」－「自然」に復帰できる理法を観照することができるのである。これが「無為」の統治としての人間の政治・社会の「自然」的秩序への編入であり、両者の合一である。

以上のように、道家思想を原始儒教と比較して見ると、価値理念の次元では正反対の道を歩んでいるものの、発想様式はともに「天」・「生」・「化」を基調としている。

第三に、原始仏教に関して見ると、宇宙、自然、人間、社会について次のような議論がある。

いかなるものを縁起法の教えというのか。これがあることによってあれがあり、これが生じることによってあれが生ずる。これが無いことによってあれが無くなり、これが滅することによってあれが滅する。(42)

何を苦の聖諦というのか。謂わく、生は苦である。老は苦である。病は苦である。死は苦である。怨み憎むものと会わねばならないことも苦である。愛するものと別れること（愛別離）も苦である。求めるのに得られない（求不得）のも苦である。一言で言えばこの人生の本然の姿は苦（五陰盛苦）である。[43]

比丘たちよ、これが苦の発生の聖諦である。よく理解せよ。後有を引き起こし、喜びと貪心を伴い、至る所ごとにそれに執着する渇愛がそれである。それには欲愛（性に対する欲望）と有愛（個体存続の欲望）と無有愛（名誉、権勢に対する欲望）がある。[44]

八正道は正見（事物に対する正しい見解）、正思惟（正しく考えること）、正語（言語を正しく使うこと）、正業（身体的行為を正しくすること）、正命（正しい生活をすること）、正精進（正しく努力すること）、正念（常に正見を失わず修行に努めること）、正定（禅定〔座禅〕の生活をするであるとか、正しい生活をしようと精神を集中させること）（の八つの正しい道）を言うのである。[45]

法の施与はどの施与よりも勝っており、法の味はどの味よりも勝っており、法の楽しみはどの楽しみよりも楽しいので、貪欲を滅尽することはすべての苦しみに勝る。[46]

（42）原文は「此有故彼有、此生故彼生、此無故彼無、此滅故彼滅」『相応部経典』一二：二一：一九。
（43）原文は「云何苦聖諦、謂生苦、老苦、病苦、死苦、怨憎会苦、愛別離苦、所求不得苦、略五陰盛苦」『中阿含経』。
（44）『雑阿含経』一五：一七「転法輪」増谷文雄著（李元燮訳）『阿含経のはなし』（玄岩社、一九七六年）より再引用。
（45）原文は「八正道、正見、正思惟、正語、正業、正命、正精進、正念、正定」『雑阿含経』一五：一七『転法輪』並びに『大般涅槃経』。
（46）原文は「衆施経施勝、衆味道味勝、衆楽法楽勝、愛尽勝衆苦」『法句経』愛欲品二一。

これらの文章は、宇宙と人間と宗教的実践に関する議論であり、仏教思想の宗教的発想を簡潔に示している。

原始仏教の宇宙論には、宇宙万物の生成過程における絶対者の観念が見られない。縁起法によれば、宇宙万物は「これがあることによってあれがあり、これが生じることによってあれが生ずる。……これが滅することによってあれが滅する」というように、絶対者による万物の生成という発想がなく、宇宙には「これ」と「あれ」の相対的依存関係があるだけであり、万物はこうした相対的依存関係の中で生滅変化が起きているという。

仏教ではこうした絶対者の観念がないことと照応して、万物はそれ自体で絶えず生滅変化しているゆえに、これを「諸行無常」といい、[47] その当然の結果として永遠不変の身体は存在し得ないゆえに、これを「諸法無我」という。[48] では、人間が生きている現実世界はどうか。仏教では、「……これが苦の聖諦である。……謂く、生は苦である。老は苦である。病は苦である。死は苦である。……求めるのに得られない（求不得）のも苦である。……」というように、人間の生活世界は「苦」の世界であり、「一切皆苦」である。また、「……これが苦の発生の聖諦である。……すべてのものに執着する渇愛がそれである。渇愛には欲愛と有愛と無有愛がある」というように、人間の生活世界における「苦」の源泉は、「欲愛」「有愛」「無有愛」であり、[49] 人間にこのような欲望が起きるのは縁起の原理による存在の真相を悟ることができないためである。言うなれば、「苦」とは、人間の共通の偏見にもとづく主観的感情によって下される歪んだ判断に由来するのである。[50] そして仏教ではこの「苦」の諸条件を取り除くことにより、「苦」を「滅」することができるという。[51] では、「苦」を「滅」する修行過程はいかなるものだろうか。仏教では、「八正」、すなわち「正見」「正思惟」「正語」「正業」「正命」「正精進」「正念」「正定」の宗教的実践、いわゆる「涅槃寂静」を要求する。しかし、この宗教的実践は、『法句経』で「法の施与はどの施与よりも勝っており、……法の楽しみはどの楽しみよりも楽しいので」というように、法とは仏陀の教え（教説）＝真理なのであり、人間の生活世界における最高の価値と言い得る法が実現されなければならない。

以上、儒・仏・道の思想的基調をなしている思考様式とその発想様式について、本章の課題と関連する範囲内で主要な論点を提示してきた。以下、これらを比較思想の観点から再検討してみよう。

まず、「天」・「生」・「化」について見ると、原始儒教では絶対者としての「天が万民を生ずるにあたって事物（たとえば父子関係）があれば、そこに慈や孝のような父子関係の秩序ある規範があるようにした」というように、ここには「天」－「生」とともに「化」が整合的に構成されている。すなわち、原始儒教には絶対者としての「天」や自然としての「生」だけでなく、規範としての「化」が連続して整合化されている。この場合の規範とは、「民はこの規範の美徳を好む常性を有している」「万物の理法はすべての人間の本性に備わっている」とあるように、政治・社会の秩序化の源泉を人間の内面的心性に求めるものであり、人間の内面的心性の外化による政治社会の秩序化が指向されている。原始儒教ではこのように、思考様式における「天」・「生」・「化」、および発想様式における自然主義、規範主義、内面主義の基礎の上に、「仁」・「義」・「礼」・「智」のような政治社会的価値と、「父子有親」「君臣有義」「夫婦有別」「長幼有序」「朋友有信」のような規範を基調とする体制論が複合的に構築されている。

しかし、原始儒教のこの理論的構成には、思考様式における「生」という自然主義的思考に加えて、「仁」・

(47) 増谷文雄著（李元燮訳）『阿含経のはなし』一二九～一三一頁。
(48) 同前。
(49) 尹世遠『仏陀の政治思想に関する研究――原始経典を中心に』（中央大学校大学院博士学位論文、一九八五年）三二頁参照。
(50) 同前。
(51) 同前、三三頁参照。

「義」・「礼」・「智」、「父子有親」「君臣有義」「夫婦有別」「長幼有序」「朋友有信」などに見られるように、自然の存在様式を模範とする概念的合理化を追求しながらも、所与としての自然ではなく人間の作為的思考が介在している。そのため、原始儒教思想は、現世肯定の功利的世界に対する家共同体社会関係を基盤とする道徳主義的合理化を指向していると言えよう。

これに対して、道家思想の理論的構成は、天地万物の生成における主動詞が原始儒教同様に「生」であり、道家思想における宇宙論もやはり自然主義的である。しかし、「生」という動詞の主語は、「道は万物を生じ……」というように、絶対者としての主体ではない。「人は地を手本とし、地は天を手本とし、天は道を手本とし、道は自然を手本とする」と言われていることから判断すれば、「生」という動詞の主語は、生成の法則としての「自然」＝「道」、すなわち客観的な自然法則そのものである。したがって、そこには自然法則に依拠した万物の生成と、その延長線上に生成され万物をひたすら「育て」「成長させ」「発育させ」「成熟させ」「養育し」「庇護する」徳（「道」の施し、自然の法則それ自体の施し、そしてそれをもたらす自然の能力）だけがあり、そこには、万物を自分のものとするとか、施してくれる万物に依恃するとか、万物を支配するという一切の作為は見られない。

この自己充足的な「自然」＝「道」の存在様式を、道家では「無為」という。万物を生成し、成長させ、一切の外在的作為を加えないという意味での「無為」である。

それゆえ、道家思想は原始儒教より醇化された自然主義、またその自然主義を基調とする規範主義を指向している。道家思想においては、統治論から儒教的「仁」「義」のような人間の作為を徹底して排除するだけでなく、「民（被治者）」に対する統治の次元における一切の作為を拒否し、「小国寡民」、「孝」・「慈」を主軸とする原始的な小共同体社会を構想するにとどまっている。すなわち、体制論の極小化、素朴化である。人間の作為的な政治・社会的価値、規範の極小化である。道家思想では、人間の政治社会における価値・規範、政治体制が徹底して自然主義的な「自然」＝「道」の延長線上に置かれており、そこではただ「自然」＝「道」への復帰のため、統治者の内面主義的な「虚」・「静」にもとづく「自然」＝「道」の観照－直観のみが要請される。それゆえ、「諸侯（のような地位にある統治者）がもし（このような道を）良く守り、（無為の統治をすれば）万物ははじめて（自然の生成変）化をなすようになるだろう[52]」と論じ、そして「それゆえ聖人は我が無為に臨めば、民は自然と感化される（のだ）という[53]」ことになるのである。

次に、原始仏教の理論的構成だが、宇宙創成論に関する独自の観点は提示されてはいない。したがって、絶対者の観念のようなものは登場せず、宇宙万物の縁起的な生滅変化しかない。

原始仏教における「縁起」とは、因縁生起の縮約語であり、現実世界における万物は相対的な依存関係の中で生滅し、変化する。したがって、現実世界には永遠不変の実体なるものは存在し得ず、現実世界の不断の生滅変化は人間にとって自然の所与として存在しているのである。

しかし、原始仏教では、現実世界の生滅変化は人間にとって、生・老・病・死の「苦」の生活世界である[54]。なぜなら、人間論の次元から見れば、人間は「渇愛」、すなわち欲望によって生存の快楽に囚われているからである[55]。これは、人間は欲望によって生と死の苦海、縁起の束縛から抜け出せないということを意味している。まさにここに、「苦」を滅する宗教的実践、すなわち生と死を超越する「解脱」＝「涅槃」が求められる。

その宗教的実践とは、現実世界に対する「妄執」（妄想に囚われること）を断つこと、「我執」（自らの偏狭な見解に執着すること）を滅することである。詳論する余裕はないが、「妄執」を断ち、「我執」を滅する方法の一

（52）本章註38参照。
（53）原文は「故聖人云、我無為而民自化」『道徳経』五七章。
（54）中村元『原始仏教の思想』（上）「原始仏教（三）」（中村元選集一三巻、春秋社、一九七八年）九六～九七頁参照。
（55）同前、一〇一～一〇二頁参照。

つの模範的事例として、仏陀が「この世で見て、聞いて、考え、識別した、爽快で美しい事物についての貪欲を除くのが不滅の涅槃（Nirvana）の境地である。……この世での執着を超越しているのである」[56]と教えているように、人間の生活世界における「苦」の源泉となる一切の貪欲を捨てることが求められている。これは原始仏教において、いつどこでも守らねばならない永遠の理法、すなわち「法」（dharma）＝正法である。この法は「法の施与はどの施与よりも勝っており、法の楽しみはどの楽しみよりも楽しいので、……」というように、人間の生活世界において最も優れたもの、最上の価値規範であり、八正道はその実践的要綱である。

以上のことから、原始仏教は宗教的実践（涅槃への実践的道程）において極めて作為的であると考えられる。しかし、原始仏教には体制論に関する独自の理論が乏しい。もちろん、原始仏教にも、男女、家庭、社会、国家の次元における実践的規範に関する議論はある。[57]しかし、これら政治社会的実践は仏法を信条とする治世であり、あくまでも宗教的実践の過程＝延長線上に置かれており、男女、家庭、社会、国家自体が自己目的化してはいない。さらに、「この故に宝積よ、菩薩がもし浄土を得ようとするなら、当然その心を澄ませなければならない。その心が澄むにしたがって、御仏の国も澄んでいくからである」[58]というように、その政治社会的実践は、正法によって治め教化する、極めて内面主義的なものである。

儒・仏・道三者の思考様式＝発想様式を、「天」・「生」・「化」の観点から比べてみるとき、「天」・「生」・「化」の思考様式を開拓し、これを整合的に提示しているのは原始儒教である。道家思想では、宇宙創成の究極者は人格的な「天」ではなく、「天」に代わる「自然」＝「道」という、客観的な普遍法則＝普遍的規範になっている。原始仏教には、宇宙創成に関する独自の議論はない。しかし、宇宙創成論に登場する「生」という動詞は、原始儒教や道家思想はもちろん、原始仏教にも現象界の存在様式の次元で登場しており、「生」の思考方式は儒・仏・道三者が共有するものである。また、儒・仏・道三者はすべて自然主義的である。宇宙創成論において「生」という動詞が主動詞となっている場合に超越者に対する観念が乏しいのは、思考様式の次元から見れば、「生」、すなわち生む者と生まれる者の間に内在的連続性があるからである。次に、「化」について見てみると、「化」とは、上の人の教えが民に及んで民の習俗が改善されることを意味する。つまり、「化」とは調和＝秩序の概念であり、教化を意味している。『論語』に次のような議論がある。

（上にいる）君子として父母を敬うことを篤実に行えば、（その道徳的感化によって）民に仁（愛）の気風が興るであろう。[59]

孔子先生が言われた。目上の者が礼を好み（これによって民に対せば）民も（その美風に感化され）上下の礼を持つようになるので治めやすくなる、と。[60]

ここには「化」の意味が端的に示されている。道家思想でも「諸侯（のような地位にある統治者）がもし（道を）良く守れば万物はまさにひとりでに（感）化されるであろう」というように、調和＝秩序観念としての「化」が登場している。また、調和＝秩序観念としての「化」は、「菩薩がこの時再び考えてみるに、私が衆生を

（56）『諸経要集』一〇八六：一〇八七。中村元『原始仏教の思想』（上）三四五頁より再引用。
（57）この分野についての研究としては、金東華「仏教の国家観」（『仏教学報』第一〇輯、東国大学校仏教文化研究所、一九七三年）、洪庭植「仏教の政治思想」（『仏教学報』第一〇輯）、李載昌「仏教の社会経済観」（『仏教学報』第一〇輯）および尹世遠『仏陀の政治思想に関する研究』などがある。
（58）原文は「是故、宝積、若菩薩欲得浄土、当浄其心、随其心浄、則仏土浄」『維摩経』仏国品。
（59）原文は「君子篤於親、則民興於仁」『論語』泰伯篇。
（60）原文は「子曰、上好礼、則民易使也」『論語』憲問篇。

成熟させなければ、誰が成熟させ、私が衆生を調伏しなければ、誰が調伏し、私が衆生を教化しなければ、誰が教化し……これは私に相応しい仕事であるから、私がしなければならないと思うのだ[61]」というように、原始仏教にも見られるものであった。したがって、「化」の思考方式は、儒・仏・道すべてが共有するものであった。

次に、儒・仏・道におけるこうした思考様式を発想様式の次元から見てみると、儒・仏・道はともに自然主義、規範主義、内面主義の傾向を帯びていると考えられる。もちろん、一言で自然主義、規範主義、内面主義と言っても、儒・仏・道における存在様式はそれぞれ顕著に異なる様相を帯びている。

「君子の徳は風であり、小人の徳は草である。草は、これに風を加えると必ず倒れる[62]」というように、原始儒教では自然の原理を形象化して、現実世界における政治・社会的価値や規範を合理化している。すなわち、「生」の観念で考察したように、儒教では自然の原理を直接無媒介的に現実世界に導入して二元的な政治・社会関係を規定する発想様式から、自然の原理を形象化して人間の政治社会的価値や規範を合理化する発想様式に至るまで、実に広範囲に人間の政治・社会関係に自然主義的な発想様式が貫流している。

これに比べて、道家思想は、自然認識において原始儒教より醇化した自然主義の道を歩んでいる。老子『道徳経』に、「智恵（がある者）があるようになって、大偽があるようになった[63]」というように、道家思想は徹底して反作為主義、反主知主義、反文化主義を指向している。つまり、道家では「無為を施せば治まらないことはない[64]」というように、人間の政治・社会関係を秩序化するにあたって無為自然主義を志向しており、これは言わば人間の政治・社会関係の秩序化の「自然」＝「道」の生長への絶対的順応を意味するものである。

原始仏教も、万物の生滅変化を自然の所与として受け入れるという点で自然主義的傾向を帯びているが、理念的に「苦」の世界を抜け出して生死を超越する解脱－涅槃の世界を指向しているという点で、道家思想と対照をなしている。すなわち、原始仏教では「妄執」を断ち「我執」を滅して解脱－涅槃の世界に向けて正法による宗教的実践を追求しており、これは道家思想とは対照的な作為主義的な発想である。また、原始仏教の宗教的実践方法も、一方で原始儒教や道家思想と規範主義的、内面主義的傾向を共有しているものの、他方で原始仏教では「自ら悟るものであるのだから、誰を師匠と呼ぶべきであろうか[65]」というように、あくまでも修行者自身が個別的に解脱‐涅槃を目標としており、原始儒教や道家思想における家共同体社会を基盤とする政治・社会関係の秩序化とは対照をなしている。理念的に言えば、原始儒教思想が道徳の次元における秩序化を追求し、道家思想が「自然」‐「道」の次元における秩序化を追求しているのに対して、原始仏教では宗教的超脱による秩序化を追求していると区分できる。

最後に、現実の功利的世界に対する儒・仏・道の態度について見ると、儒・仏・道三者の間に顕著な相違を見出すことができる。

まず、「功利的世界」についての概念的議論から検討を始めよう。本書で用いる「功利的世界」の「功利的」とは、イギリスにおけるホッブズ以来の個人主義、ロック以来の経験論を背景として一八世紀後半から一九世紀にかけて構築されたベンサム（J. Bentham）の功利主義（Utilitarianism）とは概念的軌跡を異にするものである。古代韓国史における創世神話や檀君神話に見られる世界認識は、「数意天下」「貪求人世」という言葉に典型的に現われているように、現実世界とは人間がこの世に生まれて生を享ける場所、すなわち「弘益人間」の場所を

(61) 無比編『華厳経』第三巻、十行品（民族社、一九九四年）二九五頁。
(62) 原文は「君子之徳風、小人之徳草、草尚之風必偃」『論語』顔淵篇。
(63) 本書第一章註158参照。
(64) 本書第一章註160参照。
(65) 中村元（楊貞圭訳）『原始仏教』（比峰出版社、一九八一年）一〇二～一〇三頁参照。『法句経』「愛欲品」では「あらゆるものに勝ち、すべてのことを悟り、あらゆるものを捨て、執着がなく、愛欲が尽きて解脱した者、彼はすでに聖の道に入った者である」（「若覚一切法、能不著諸法、一切愛意解、是為通聖意」『法句経』愛欲品二〇）と論じている。

意味していた。この発想には現世肯定の功利的世界観が見られ、現実世界をどのようにして人間生活の充足的な場にできるのかという問題に焦点が当てられていた。

こうした発想は歴史的に共通して見られる文化的・思想的現象であり、その支配的思想傾向として儒教思想と道家思想を挙げることができる。ここで詳論する余裕はないが、この二つの思想はすべて基本的に現世肯定の倫理であると言えよう。

一般的に、ある思想が現世肯定の倫理であるという時、これを体制論の側から見れば、これは政治・社会に最も有効な（または効用ある）イデオロギー、価値、規範を追求していることを意味する。換言すれば、儒教思想であれ、道家思想であれ、それは政治社会のイデオロギー、価値、規範を構想するに際に政治的・社会的功利性を前提としている。もちろん、その思想が実践面においてはたしてどの程度功利的であったのかを考えることは、その思想に関する評価者たちの役割である。

原始儒教では、「（自然としての）自己を克服し、礼（の世界）へ入ることを仁という[66]」、「孔子先生が言われた。君子は（事物を見ると）義によって悟り、小人は（すべてのことについて）利によって考える[67]」というように、イデオロギー的に礼的秩序世界を最も理想的な政治・社会として構想しており、事物に対する判断においても「利」に対して「義」を基準とする道徳的な政治・社会的価値や規範の実践に力点が置かれていた。すなわち、原始儒教では、政治・社会的功利性を道徳的な政治・社会的価値や規範の次元において求めているのであり、道徳的な政治・社会的価値や規範の実践こそが政治・社会的功利性の実現を意味していた。

道家思想は「無為」の統治を指向している。しかし、「無為」の統治を指向するといっても、政治・社会的功利性を一切排除しているというわけではない。もちろん「天下に忌諱（禁令のようなもの）を多くすれば、（国を治めるのに費用が掛かり、したがって重い税金を賦課することになり）民はより一層貧しくなり、民が（このような貧しさを免れるために）利器（便利な道具）を多く持つようになれば、国家はより一層混乱するようになる」[68]というように、道家思想は反作為主義、反文化主義的立場から政治・社会的功利性を否定していた。しかし、「聖人や智（者）（との関係）を絶ち棄てれば、民の利は百倍になる。仁・義を絶ち棄てれば、民は孝・慈へと帰るようになる」[69]というように、政治・社会的功利性それ自体を全的に排除しているわけではなく、原始儒教に見られた作為主義的、文化主義的、そして主知主義的な発想を拒否しているのである。

原始仏教では、政治・経済・社会の領域における規範的議論があるという点では政治・経済・社会的功利性の傾向を制限的に看取できるものの、[70]宗教的実践において生死を超越した解脱－涅槃の世界を指向しているという点で、まったく政治・社会的功利性を看取することはできない。

以上、外来と内生との接合の適合性（relevancy）という観点から、儒・仏・道の思想的性格を原理的次元において略述した。では、古代韓国史における古層論に立ち返って考察してみよう。

Ⅳ　儒教思想の受容道程

古代韓国人の「巫」の存在様式を代表する金双石伊ロ演の「創世歌」を起点として、檀君神話から三国時代の建国神話に貫流している文化的思想的性格は、思考様式における「天」・「生」・「化」の観念、発想様式における自然主義、規範主義、内面主義の傾向、理念的次元における現世肯定の功利的世界観を基礎とするものであった。

---

(66) 原文は「子曰、克己復礼為仁」『論語』顔淵篇。
(67) 原文は「子曰、君子喩於義、小人喩於利」『論語』里仁篇。
(68) 原文は「天下多忌諱而民弥貧、民多利器、国家滋昏」『道徳経』五七章。
(69) 原文は「絶聖棄智、民利百倍、絶仁棄義、民復孝慈」『道徳経』一九章。
(70) 註57参照。

そして、この文化的思想的性格が整合的に提示されているのが、檀君神話における「数意天下」「貪求人世」「弘益人間」「在世理化」であった。しかし、檀君神話におけるこうした発想も、実は実践命題を提示するにとどまっており、その実践命題を基調とする文化・思想的観念化は進行していなかった。

こうした文化的思想的状況下において、三国時代の祭政分離＝分化過程を経て、次大王代、義慈王代には、天神の権威が損なわれることにより、天孫降臨思想にもとづく政治権力の神聖性が傷つくだけでなく、政治権力の正統性の源泉を喪失する結果をもたらした。

これは、政治思想史的観点では、政治権力の世俗化が進む過程における政治権力の神聖性、正統性をめぐる観念化の貧困を意味しており、文化的思想的観点では、古代韓国人の「天」・「生」・「化」、自然主義、規範主義、内面主義、現世肯定の功利的世界に対する観念化の貧困を意味している。

こうした文化的思想的状況の中で、古代韓国人は大陸からの儒・仏・道の思想と接することになった。しかし、外来思想としての儒・仏・道の文化的思想的性格を見ると、すでに検討したように「天」・「生」・「化」の観念を整合的に備え、政治権力の正統性の根拠や独自の政治体制論を提示することができる支配的な思想は、原始儒教思想であった。もちろん、仏教思想や道家思想の場合にも、三国時代以来韓国の政治思想領域に与えたところの影響は大きいと言える。しかし、イデオロギー、価値、規範、政治体制の各次元で独自の領域を切り開き、文化的思想的性格において古代韓国人の文化や思想のより豊かな観念化に寄与できたのは、原始儒教思想であったと考える。原始儒教思想は、既述したように、原始仏教思想、道家思想に比べてそれ自体が古代韓国史における古層と直接無媒介的に、あるがままに、人為的に加工されることなく、接ぎ木される側面が多い文化的思想的性格を有しており、古代韓国史における古層との文化的思想的接合に極めて相応しかったのである。そして、その当然の結果として、古代韓国史における古層は、原始儒教を媒介にして政治思想的観念化が容易に推し進められることになった。

古代韓国史において儒教文化・儒教思想がいつ伝来＝受容されたのかという問題については、学界にいくつかの見解がある。簡単に紹介すると、①箕子東来説－孔子教伝来説[71]、②中国上古代（殷末―周初）の交流説－周代孔子思想伝来説[72]、③漢四郡設置時期説[73]、④三国時代起源説－三国時代学校設立基準説[74]などである。前の三者はどちらかと言えば伝来説であり、後の一者は受容説である。もちろん、厳密な意味で両者をはっきりと区分して論じられるわけではない。伝来説の場合、現存史料の不足により儒教の伝来を推論しているに過ぎず、儒教を受容する主体が存在しており、儒教を自覚的に受容するモメントがあり得たと考えられるからである。

儒教のこの伝来説＝受容説に関する李基白の論点を紹介しよう。

> （儒教の伝来－受容を）孔子以後と考える場合にも問題は決して簡単ではない。しかし、文化において接触は必ずしも受容を意味するものではなく、一定の社会的機能を発揮して初めて受容と言い得るのである。たとえば『芝峰類説』に天主教が紹介されたからといって、それが天主教の受容ではあり得ず、後に信仰運動が展開してようやくこれを受容と言い得るのと同様である。
>
> このような基準を立てて考えると、ある程度解決の糸口をつかめるのではないか。それは、儒教の社会的機能を示す代表的な例は、何と言っても学校から見出されるべきだからである。必ずしも学校でなくとも、花郎道《ファランド》〔新羅時代に貴族の子弟によって組織され、儒・仏・三教・三徳の精神を学び、五戒を信条とした〕のような一定の組織で儒教的精神が受け入れられたのであれば、それはもちろん十分に考慮に入れることができる。

（71）金忠烈『高麗儒学史』（高麗大学校出版部、一九九三年）一六～一七頁。
（72）金忠烈、同前、一七～一八頁、および崔英成『韓国儒学思想史』（Ｉ）古代高麗篇（亜細亜文化社、一九九六年）五六～五七頁参照。
（73）金忠烈、同前、一八～一九頁、および崔英成、同前、五七～五八頁参照。
（74）金忠烈、同前、一九～二一頁、および崔英成、同前、五八～五九頁参照。

このように考えてみると、韓国儒教の起源は三国時代に求めるのが正しく、高句麗で太学が設立された小獣林王《ソスリムワン》二年（三七二年）を重要な、記念するに足る年と見てもよいだろう。これはそれ以前に儒教が伝来していた可能性を否定するものではない。ただ、儒教が儒教としての社会的機能を発揮するには至らなかったと判断するのである。この意味で、高句麗の太学設立を韓国儒教の起源と見る一つの基準と考えてもよいと信ずる。(75)

李基白は、外来の文化や思想との接触‐伝来と受容とを概念的に区分して論じている。つまり、彼は外来文化・思想との接触‐伝来とは別に、外来文化・思想がその社会で学校の設立――たとえば高句麗における太学の設立――のように、何らかの形で社会的機能をはたした時にはじめて、これを外来文化・思想の受容と言えると論じているのである。そして彼は高句麗の太学の設立を韓国儒教の起源と見ようとしている。同様の観点から、金忠烈も「中国儒教の伝来、言い換えれば朝鮮半島に儒教が普及した淵源は紀元前四世紀頃と捉えられ、儒教の受容は三韓時代を起点とする。この場合にも、その展開は三国時代に入ってようやく明らかになって(76)」くると論じている。

では、このように、古代韓国史において儒教が明白な形で機能する時期を三国時代とする場合、これを思想史的観点からどのように論じることができるだろうか。韓国古代史における思想史的文脈は、外来と内生の接合を通じ、外来による内生の観念化が進行する過程であった。したがって、ここでは、その外来による内生の観念化という観点から、それが学校・教育レベルであれ、政治・社会制度のレベルであれ、あるいは思想家たちの思考様式や統治層の政治・社会的実践レベルであれ、どのような主体が儒教を自覚的に受容して自らのものとしていくか、という道程を追跡してみることにする。

まず、高句麗の場合を見ると、高句麗は東明王代（前三七～前一九年）から宝藏王代（六四二～六六八年）に至るまで約七〇〇年の歴史を享受した。

『三国史記』に次のような記録がある。

（小獣林王二年（三七二年）六月に）秦（前秦）王符堅が使臣と僧順道を派遣し、仏像と経文を送ってきたので、（小獣林）王は使臣を派遣して廻謝して方物（土産物）を送った。（王は）太学を立て、子弟を教育した。(77)

高句麗では仏教が伝来する三七二年に太学が設立されている。そして太学が設立された翌年の三七三年には律令が頒布されている。(78)これは高句麗建国後約四〇〇年の時点であり、また儒学が伝来した時点を漢四郡設置の時期と見れば、約五〇〇年近くが過ぎた時点となる。つまり、太学が設立されるまで、儒学は政治・社会体制の次元ではなく、君主を頂点とする行政幹部や儒者たちの次元で論じられていたと考えられる。そして、この時期の儒教は、『北史』「高句麗条」に「（高句麗には）書籍に五経三史、三国志、晋陽秋がある」(79)と記されているように、五経中心の漢代儒学が盛んであったことが伝えられている。しかし、統治レベルにおいては、『論語』『孟子』などの原始儒教的発想があちこちに散見される。

---

(75) 李基白「儒教受容の初期形態」（李瑄根編『韓国民族思想史大系』（2）古代篇、蛍雪出版社、一九七三年）一四五頁。
(76) 金忠烈『高麗儒学史』二六頁。
(77) 原文は「二年夏六月、秦王符堅遣使及浮屠順道、送仏像経文、王遣使迴謝、以貢方物、立太学、教育子弟」『三国史記』「高句麗本紀」小獣林王二年条。
(78) 田鳳徳『韓国法制史研究』（ソウル大学校出版部、一九六八年）二六一頁参照。
(79) 原文は「書有五経・三史・三国志・晋陽秋」『北史』巻九四、高句麗伝。

王（太祖王《テジョワン》）が遂成《スソン》（王の弟、次大王）に曰く、予はすでに老い、万機（国王の統治上の様々な事共）に倦んでいる。天の暦数〔巡り・順序〕は汝の身にあるのだと。[80]

（故国川《コグクチョン》）王曰く、悲しいことである、予が民の父母となって民にこのような境地に至らせてしまったのだから、（これは）予の罪であると。[81]

倉助利《チャンジョリ》が（烽上王《ボンサンワン》に）申し上げるには、王として民を救わないのは仁ではありません。臣下として王を諫めないのは忠ではありません。[82]

はじめに、太祖王〔五三～一四六年、太祖大王とも〕が遂成に向かって「予はすでに老い、……天の暦数が汝の身にある」と言ったのは、『論語』の「堯曰く、嗚呼、爾《なんじ》、舜よ、天の暦数（天子の座に上る順番）は汝の身にあるのだ」[83]とまったく同じである。これを思考様式の次元から見れば、原始儒教の天命にもとづく帝位禅譲の形式である。次に、故国川王〔一七九～一九七年〕が「予が民の父母となって民をこのような境地に至らせてしまったのだから、（これは）予の罪である」と嘆いたのは、『孟子』で「民の父母となって民に（王を）怨めしい目で見るようにさせ、また一年の間ずっと真面目に働いても自分の父母を養う事ができなくさせる。……（このようにして）王がどうして民の父母であると言えようか」[84]と鮮明に提示された「王は民の父母である」という家父長制的国家体制と同一線上にある発想と考えられる。最後に、倉助利〔高句麗・烽上王代の国相〕が烽上王に「王として民を救わないのは仁ではありません。臣下として王を諫めないのは忠ではありません」と進言したのは、『孟子』で「今や王が人生を施しさえすれば、天下にいる仕えようとする者たちをして全て王の朝廷に立とうとさせ、畑を耕す者たちをして全て王の（領土内の）畑を耕そうとする（ようにさせる）[85]」と論じられているように、統治において最も重要なのは「仁政」であるということを強調している。

つまり、この時期の高句麗における儒教とは、第一に、五経三史を主軸とする漢代儒学と『論語』『孟子』など原始儒教が並行しており、第二に、原始儒教の統治論がたとえ個別的契機の次元における断片的議論であったとしても、高句麗の統治層に広く定着－共有されていた、ということを示している。

次に、百済の場合を見ると、百済は温祚王《オンジョワン》代（前一八～二八年）から義慈王《ウィジャワン》代（六四一～六六〇年）に至るまでの約七〇〇年近い歴史を享受している。しかし、紀伝体による三国時代の代表的歴史書と言える『三国史記』は、高句麗や新羅にくらべて、百済の歴史的事実に関する記録が、とくに政治・文化・思想領域においていささかなおざりにされる傾向がある。

『三国史記』によれば、百済は古爾王《コイワン》二七年（二六〇年）に六佐平をはじめ、十六官等を設け、公服制度を採択して中央官制を構築し[86]、翌年の古爾王二八年（二六一年）には古爾王が「南堂（中央統治機構）に座り、政事を行った[87]」。そして腆支王《チョンジワン》四年（四〇八年）には、六佐平を統括する上佐平制度が新設されており[88]、中央集権的

(80) 原文は「王謂遂成曰、吾既老、倦於万機、天之暦数在汝躬」『三国史記』「高句麗本紀」太祖大王九四年条。
(81) 原文は「王曰、嗟乎、孤為民父母、使民至於此極、孤之罪也」『三国史記』「高句麗本紀」故国川王一六年条。
(82) 原文は「助利曰、君不恤民、非仁也、臣不諫君、非忠也」『三国史記』「高句麗本紀」烽上王九年条。
(83) 原文は「堯曰、咨爾舜、天之暦数、在爾躬」『論語』堯曰篇。
(84) 原文は「為民父母、使民盻盻然、将終歳勤動、不得以養其父母……、悪在其為民父母也」『孟子』滕文公章句上。
(85) 原文は「今王、発政施仁、使天下仕者皆欲立於王之朝、耕者皆欲耕於王之野……」『孟子』梁恵王章句上。
(86) 『三国史記』「百済本紀」古爾王二七年条参照。
(87) 『三国史記』「百済本紀」古爾王二八年条参照。
(88) 『三国史記』「百済本紀」腆支王四年条参照。

な官僚組織が構築されたのである。なお、百済の六佐平制度は、中国の六典制度を受容したものと思われる。[89]
『三国史記』には次のような記録がある。

『古記』が伝えるには、百済は開国以来文字で事実を記録したものがなかったが、この時になって博士高興《コフン》を得て初めて「書記」が置かれた。しかし、高興はこれまで他の本に現れていないので、彼がどこの人物であるのかは分からない。[90]

（聖王一九年（五四一年）に）王は使臣を梁に派遣して朝貢し、併せて表を送って毛詩博士と涅槃などの経義、そして工匠、画師などを請うたので、（梁は）この意に従った。[91]

百済が博士高興を得て初めて「書記」を有することになったのは、近肖古王《クンチョコワン》三〇年、すなわち三七五年のことであり、おそらく百済史の前半期の統治層における学術的事業は不振であったものと推測される。しかし、『日本書紀』に『百済記』『百済本紀』『百済新撰』などの歴史書が引用されているところを見ると、百済史の後半期にはいくつもの歴史書があったものと推定される。[92]
もちろん、百済史には儒教の教育機関に関する記録はない。しかし、出自は明確ではないものの、博士高興という名称に見られるように、高句麗の太学のような教育機関があったものと推測される。それは、聖王が五四一年に梁から毛詩博士を受け入れたとあることから、より明確である。また、百済史後半には「(百済の) 書籍に五経・子・史があり、また表・疏は全て中華の法に従った」[93]と記されているように、五経はもちろんのこと、諸子百家の書籍や歴史書が、統治層や知識人階層に広く普及していたものと考えられる。
最後に、新羅の場合を見ると、新羅は赫居世居西干《ヒョツコセコソガン》代（前五七〜四年）〔居西干は「王」の意〕から文武王《ムンムワン》代

（六六一～六八一年）に三国統一（六六八年）がなされるまで七二〇余年に及ぶ歴史を享受している。『三国史記』に次のような記録がある。

（智證麻立干四年（五〇三年）に多くの臣下たちが〔王に〕申し上げるには）始祖が創業してから国の名前がまだ定まっておらず、あるいは斯羅といい、あるいは斯盧といい、あるいは新羅といっているが、臣等が考えますには「新」というのは徳業（徳行と事業）が日々新しくなるという意味であり、「羅」というのは四方を網羅するという意味であるので、新羅を国号とされるのがよろしゅうございましょう、と。[94]

新羅は開国以来、斯羅、斯盧、新羅など、国号が一定ではなかったが、臣下たちの進言によって新羅を国号とすることになった。これは徳治を象徴するものであり、儒教的名称である。[95] また同年、臣下たちは昔から国家を治める者をすべて帝または王と称してきたのに、新羅は国を建てて二二代になりながら未だにその称号を方言で呼んでおり、正しい尊号を使えていないので、新羅国王と呼ぶことを進言したところ、王はそれを受け入れた。[96]

（89）崔英成『韓国儒学思想史』（Ⅰ）古代高麗篇、九三頁参照。
（90）原文は「古記云、百済開国已来、未有以文字記事、至是得博士高興、始有書記、然高興未嘗顕於他書、不知其何許人也」『三国史記』「百済本紀」近肖古王三〇年条。
（91）原文は「王遣使入梁朝貢、兼表請毛詩博士涅槃等経義、弁工匠画師等、従之」『三国史記』「百済本紀」聖王一九年条。
（92）崔英成『韓国儒学思想史』（Ⅰ）古代高麗篇、一〇〇～一〇一頁参照。
（93）原文は「其書籍有五経・子・史、又表疏並依中華之法」『旧唐書』巻一九九（上）、百済伝。
（94）原文は「始祖創業已来、国名未定、或称斯羅、或称斯盧、或言新羅、臣等以為、新者徳業日新、羅者網羅四方之義、則其為国号宜矣」『三国史記』「新羅本紀」智証麻立干四年条。
（95）韓国哲学会編『韓国哲学史』（上）（東明社、一九八七年）二八六頁参照。

智證王《チジュンワン》代に続く法興王《ポップンワン》七年（五二〇年）には、律令を頒布して初めて百官たちの公服制を施行し[97]、法興王二三年（五三六年）には「建元」という儒教式年号を初めて採択している[98]。これによって、新羅は外形的に君主を頂点とする儒教的国家体制の面目を備えるようになる。

では、政治・社会の理念的次元ではどうであろうか。真興王《ジヌンワン》二九年（五六八年）頃に立てられたものと考えられる磨雲嶺真興王巡狩碑には、次のような記録がある。

およそ純風が吹かなければ、世道が真のものから逸れることになり、玄化（玄妙な教化）が広く及ばなければ、奸計が互いに競うようになる。ゆえに、帝王が名号を建てるにあたっては修己して、これによって民を平安にしようとしなければならない。しかし朕は暦数が朕の躬に及び、太祖以来の土台を仰ぎ見て王位を継承したので、身を引き締め自ら謹んで乾道（天道）に外れないかを恐れている[99]。

この議論によると、①政治社会の秩序として「世道」、すなわち人間が守らねばならない道徳的規範を志向しているということ、そしてこうした政治・社会の秩序化を「玄化」、すなわち人間の内面的な道徳的心性に訴えており、②政治社会を秩序化するにあたって、統治者が「修己」して、それによって「民」を「平安」にしなければならないというのである。このような発想は『論語』憲問篇に出てくる「己を修めて以て百姓を安んず」[100]と同じである。③「朕は暦数が朕の躬に回ってきて……」から分かるように、禅譲による王位継承が正当化されており、統治理念の根拠を儒教的な普遍的規範としての天道に求めている。

このような道徳的規範主義の発想は歴史認識の領域でも貫流している。

（真興王六年に）伊湌《イチャン》〔新羅の官等・上から二番目〕異斯夫《イサブ》が（王に）申し上げるには、国史というものは君臣の善悪を記録し、（その）褒貶を万代に示すものです。（歴史的事実を）修撰しておかなければ、後代に何を見ることができましょうか、と。(101)

これは、伊湌の異斯夫が王に新羅の国史を編纂することを建議したものだが、ここで注目されるのは、「……国史というものは君臣の善悪を記録し、その褒貶を万代に示」せるようにしなければならないという一節である。歴史叙述において、歴史的事実に込められた善と悪、すなわち正と邪を分けて褒貶するという、歴史的規範主義に立脚した歴史叙述が強調されている。これは、『春秋』の簡潔な表現の中に厳粛な批判が込められているという、いわゆる「一字褒貶」「微言大義」に代表される「春秋の筆法」的な歴史的規範主義を志向するものである。

こうした儒教的発想は、花郎徒《ファランド》という形態で、新羅の政治的社会的な価値・規範や政治・社会的な実践領域においても広く拡散していた。

花郎制度の歴史的淵源は明確ではない。しかし、記録としては、真興王（五四〇～五七六年）と真平王《ジンピョンワン》（五七九～六三二年）の時代に集中している。(102)

---

(96)『三国史記』「新羅本紀」智證麻立干四年条。「四年冬十月、群臣上言、始祖創業已来、国名未定、或称斯羅、或称斯盧、或言新羅。臣等以為新者徳業日新、羅者網羅四方之義、則其為国号宜矣。又観自古有国家者、皆称帝称王、自我始祖立国、至今二十二世、但称方言、未正尊号、今群臣一意、謹上号新羅国王。王従之」。

(97)『三国史記』「新羅本紀」法興王七年条「七年春正月、頒示律令、始制百官公服、朱紫之秩」。

(98)『三国史記』「新羅本紀」法興王二三年条「二十三年、始称年号、云建元元年」。

(99) 原文は「夫純風不扇、則世道乖真、玄化不敷、則邪為交競、是以帝王建号、莫不修己以安百姓、然朕暦数当躬、仰紹太祖之基、纂承王位、兢身自慎、恐違乾道」「磨雲嶺真興王巡狩碑」。

(100) 原文は「曰、修己以安百姓」『論語』憲問篇。

(101) 原文は「伊湌異斯夫奏曰、国史者、記君臣之善悪、示褒貶於万代、不有修撰、後代何観」『三国史記』「新羅本紀」真興王六年条。

斯多含《サダハム》は真骨系統であり……風貌が優れて明るく、志気が方正であり、その時人々が花郎《ファラン》として受け入れることを請うたので、花郎にならざるを得なかった。(103)

この文から判断すると、花郎とは「風貌が優れて明るく、志気（意志と気概）が方正」なエートス（Ethos）を持った青年を意味するものと考えられる。斯多含は真興王二三年（五六二年）に、齢一五〜六歳にもかかわらず伽倻の反乱平定に従軍することを何度も請い、貴幢裨将として戦闘に参加し、戦功を立てている。(104)あるいは、斯多含は当時花郎のエートスを代表する範型だったのかもしれない。

真興王三七年（五七六年）には、源花〔花郎の前身〕を選抜し、さらに花郎を選抜して道義を錬磨する過程で有能な人材を発見し、朝廷に推挙する方策を講究しているが、

ゆえに、金大問の『花郎世記』に、賢明な宰相と忠実な臣下がここから輩出し、良将・勇卒がこれによって生まれた。(105)

（真興王は）また、天性が優れており、大いに神仙を尊び、民家の美しい娘を選んで源花とした。（すなわち）これは徒を集めて（その中から）優れた人物を選び、彼らに孝悌忠信を教えようとするものであり、また国を治める大要であった。(106)

と記されているように、花郎制度とは、儒教的教育を通じて優れた人材を抜擢する機能を担うものであった。圓光《ウォンクワン》法師〔?〜六三〇?年、新羅時代の僧〕の「世俗五戒」は、このような花郎のエートスを儒教的に集約した

ものである。

仏戒には菩薩戒があり、十戒になっているが、汝らは（すでに）よその臣子（臣下と息子）になっており、おそらくこれに堪えられないだろう。今世俗に（見合った）五つの戒めがある。一つ、王に事えるに忠を以てすること、二つ、親に事えるに孝を以てすること、三つ、友と交わるに信を以てすること、四つ、戦に臨んでは退かないこと、五つ、生けるものを殺す時は選り分け（択）がなければならない、というものである。汝らはこれらを行うにあたって、忽《ゆるが》せにすることがないようにしなければならない。(107)

世俗五戒とは、貴山《クィサン》〔新羅時代の花郎・武将〕が士君子と交遊することを約した箒項《チュハン》〔?～六〇二年、新羅時代の花郎・武将〕とともに「正心」「修身」の道を求めようと圓光法師を訪ね、終身の誡（常に注意し、謹むこと）となる言葉を求めたところ、圓光法師が世俗的人間の政治・社会的道徳律として提示したものである。すなわち、この世俗五戒は当時新羅が処していた対内・対外的な政治・社会・軍事的状況下で、花郎など指導的若者たちの実

(102) 花郎制度の淵源については、李瑄根「民族指導理念の確立」（李瑄根編『韓国民族思想史大系』（2）古代篇）一六四～一六八頁、および韓国哲学会編『韓国哲学史』（上）二八九～二九三頁参照。
(103) 原文は「斯多含、系出真骨……風標清秀、志気方正、時人請奉為花郎、不得已為之」『三国史記』斯多含伝。
(104) 『三国史記』斯多含伝参照。
(105) 原文は「故金大問花郎世紀曰、賢佐忠臣、従此而秀、良将勇卒、由是而生」『三国史記』「新羅本紀」真興王三七年条。
(106) 原文は「又天性風味、多尚神仙、択人家娘子美艶者、捧為原花、要聚徒選士、教之以孝悌忠信、亦理国之大要也」『三国遺事』巻三塔像四弥勒仙花・未尸郎・真慈師。
(107) 原文は「仏戒有菩薩戒、其別有十、若等為人臣子、恐不能堪、今有世俗五戒、一曰事君以忠、二曰事親以孝、三曰交友以信、四曰臨戦無退、五曰殺生有択、若等行之無忽」『三国史記』貴山伝。

践を求める教育理念と言えるものであり、特にこれらの徳目の中でも「忠」・「孝」・「信」は、中央集権的政治体制下における君主に対する忠誠、家父長制的社会体制下における父母に対する孝の実践、花郎のような社会集団内における信頼を媒介とするヨコ的紐帯の結束など、明らかに原始儒教における政治・社会的実践倫理を導入したものと考えられる。

第二節　接合様式（二）――体制イデオロギーとしての儒教

I　儒教的観念化の進展

三国時代における外来と内生の接合過程を「儒教による観念化」という観点から見たとき、三国時代の思想史的文脈を追跡できる史料の乏しさも問題ではあるが、それは儒教的な学問的傾向、統治原理、教育制度、歴史認識の次元におけるきわめて断片的な議論にとどまっている。ただ、統一新羅時代から高麗前期にかけての儒教的観念化過程を見ると、それは、①政治権力の正統性を儒教的に合理化していくだけでなく、②中央集権的な政治体制をも儒教的に編成していき、その結果、③政治体制を正当化する儒教的イデオロギーが顕著に成長していた、ということを指摘することができる。

強首《カンス》（?～六九二年）は統一新羅初期の代表的儒者である。強首が同時代の儒教思想をどの程度理論的に把握していたのかを推し量ることはできないが、彼の議論には断片的ではあるにせよ、自らのイデオロギー的方向性が鮮明に示されている。

（強首が）成長して壮年になると、自ら書を読むようになり、義理に通暁し、理に到達した。父が強首の志すところを知ろうと、爾は仏（教）を学ぶつもりなのか、儒（道）を学ぶつもりなのかと尋ねた。（これに強首が）答えて私が聞くところでは、仏教は世外教だそうです。私はこの世の人であるので、どうして仏教を学びましょうか。儒者の道を学ぼうと思いますと言った。(108)

すなわち、強首は儒仏のどちらを選ぶのかという問いに対して、仏教が出世間的宗教であることを指摘し、現実世界における人間の道徳的価値規範を追求する儒者の道を選んだということは、彼の学問論においてイデオロギー的に現実の功利的世界を指向する儒教の現世的合理主義を選んだことを意味している。

このようにして、強首は父の許しを得て、師からさらに『孝経』『曲礼』『爾雅』『文選』などを学んだという。(109)この「強首は父の許しを得て」という部分については、強首の儒教的な規範的実践と関連するものとして、次のような記録がある。

父が怒って曰く、爾は今名望が高く、この国で知らない者はいないのに、微賤な者を嫁にするとは恥ずかしくないのか、と。（これに）強首が二度お辞儀をして曰く、貧しく賤しいことは恥ずかしいことではありません。道を学んでもそれを実行できないことが、本当に恥ずかしいことです、と。(110)

（108）原文は「及壮自知読書、通暁義理、父欲観其志、問曰、爾学仏乎、学儒乎。対曰、愚聞之、仏世外教也。愚人間人、安用学仏為、願学儒者之道」『三国史記』強首伝。

（109）『三国史記』強首伝。原文は「遂就師読孝経、曲礼、爾雅、文選、所聞雖浅近、而所得愈高遠、魁然為一時之傑……」。

（110）本章註109参照。原文は「（強首辞不可以再娶、父怒曰、爾有時名、国人無不知、而以微者為偶、不亦可耻乎。強首再拝曰、貧且賤非所羞也。学道而不行之、誠所羞也。嘗聞古人之言曰、糟糠之妻不下堂、貧賤之交不可忘、則賤妾所不忍棄者也」。

これは、強首が釜谷の鍛冶屋の娘と密かに交際していたが、強首が二十歳の時、両親が邑の中で容貌が美しく行いも正しい娘を娶《めと》らせようとしたときに交わされた父子の対話である。それゆえ、強首のこの議論は、当時貴族層で一般的に行われていた一夫多妻制、そして骨品制にもとづく新羅の伝統的身分制に対する批判であったとも考えられるが、(111) 強首のこの態度は、基本的に儒教的規範主義を徹底して実践しようとする信念にもとづいたものと言えよう。

次に、「師から『孝経』『曲礼』『爾雅』『文選』などを学んだ」については、強首が文章に精通していることと関連して、次のような記録がある。

文武王（六六一～六八一年）曰く、強首は文章を自任し、よく書翰によって中国と高句麗、百済二国に（予の）意志を伝えたがゆえに、よく友好を結び、功をなしたのであり、予の先王が唐に兵を請うて高句麗と百済を平定したことは、武功であったにせよ、やはり文章の助けによってであるのだから、強首の功をどうしてゆるがせにすることができようかと。(112)

すなわち、強首の文章学は、単なる文学的教養としてではなく、儒教文化圏における対外的外交政策に寄与する文章能力として評価されている。(113)

統一新羅時代には、神文王二年（六八二年）に国学〔教育機関〕が設立され、元聖王四年（七八八年）には人材任用ための読書三品科が実施された。

国学では教科課程を三つの部門に分け、それぞれ①『礼記』『周易』『論語』『孝経』、②『春秋左伝』『毛詩』『論語』『孝経』、③『尚書』『文選』『論語』『孝経』、となっている。これを見ると、『論語』と『孝経』は共通必修科目となっており、五経と『文選』が三つの部門に分けられている。[114] この教科課程で『論語』と『孝経』が共通必修科目となっているということは、政治的社会的実践の次元で見れば、『論語』の核心観念である「仁」と『孝経』の核心観念である「孝」の政治的社会的実践に力点が置かれていたことを意味し、「仁」が統治原理次元における根本観念、「孝」が家共同体社会関係の根本観念であった。こうした発想は、統治者の民に対する「仁政」と被治者の「孝悌」を基礎として、家共同体社会関係における「孝悌」という規範を一般的な政治・社会関係にまで拡大し、それへの服従によって政治・社会的秩序の確立を構想しているものと言えよう。統一新羅末期に崔致遠が「政は仁を以て根本となし、礼は孝を以て先となす」[115] と論じたのは、決して偶然ではないのである。

元聖王代における読書三品科の実施は、このような政治的社会的実践を人材登用の次元で制度化したものと考えられる。

読書三品科の人材登用方式は、まず下品、中品、上品の三つに等級化し、下品は『曲礼』と『孝経』を読んだ

(111) 李基白『新羅思想史研究』(一潮閣、一九八六年)二一七頁参照。

(112) 本章註109参照。原文は「……文武王曰、強首文章自任、能以書翰致意、於中国及麗済二邦、故能結好成功、我先王請兵於唐、以平麗済者、雖曰武功、亦由文章之助焉、則強首之功豈可忽也……」。

(113) 文章家としての強首についての評価は、李基白『新羅思想史研究』二一七～二一八頁、および金忠烈『高麗儒学史』四九～五〇頁参照。

(114)『三国史記』職官志(上)および韓国哲学会編『韓国哲学史』(上)三〇〇～三〇三頁参照。原文は「教授之法、以周易、尚書、毛詩、礼記、春秋左氏伝、文選、分而為之業、博士若助教一人、或以礼記、周易、論語、孝経、或以春秋左伝、毛詩、論語、孝経、或以尚書、論語、孝経、文選、教授之、諸生読書、以三品出身、読春秋左氏伝、若礼記、若文選、而能通其義、兼明論語、孝経者為上、読曲礼、論語、孝経者為中、読曲礼、孝経者為下、若能兼通五経、三史、諸子百家書者、超擢用之、或差算学博士若助教一人、以綴経三開九章六章教授之」『三国史記』巻第三八雑志第七「職官上」。

(115) 原文は「……政以仁為本、礼以孝為先」『朝鮮金石総覧』(上)「崇福寺碑」一二〇頁。

者を、中品は『曲礼』『論語』『孝経』を読んだ者を、そして上品は『春秋左氏伝』または『礼記』『文選』を読んでよくその意味に通じ、『論語』『孝経』に明るい者を対象として、五経三史や諸子百家書全般に通じた者を特別任用するものであった(116)。

この任用制度では、基本的に『論語』と『孝経』が重要視され、儒教的知識として五経に関する理解が要求されている。したがって、読書三品科は系統的に国学の基本的趣旨を継承しながら、儒教的知識を持つ人材を登用する教育制度であり、結果的に骨品制の下で政治社会体制を儒教的に編成していく基盤となるものであったと言えよう。

儒教的教育制度の進展とともに進行していたのが、唐に留学した学生数の増加である。学生が唐に初めて留学したのは、「(善徳王)九年(六四〇年)五月、王は子弟を唐に派遣し、国学に入学することを請うた。(この時唐の太宗が天下の名儒たちを学官とし、国子監で学問を講じさせ、学舎を増築するなど、教育体制を強化するや)この時から高句麗、百済……(など)もやはり子弟たちを派遣し、入学させた(117)」と記されているように、善徳王九年である。それから二〇〇年後の文聖王二年(八四〇年)の記録には、質子〔人質〕、および唐に留学し一〇年の修学年限を満了して一時帰国した学生の数が一〇五人に達したと記されている(118)。これは唐に留学した学生たちの集団現象とも言えるものであり、国内における国学-読書三品科の教育制度の運営の進展とともに、統一新羅後期における支配層を軸とする儒教的知識を持つ人材の漸進的拡大が進んでいたことを示している。

周知のように、唐に留学した学生の中で代表的な人物が崔致遠である。崔致遠は慶州沙梁部出身で、一二歳の時に唐に留学し、一八歳で科挙に及第した。登科後、彼は宣州漂水県尉の官職を皮切りに、黄巣の乱の時に高駢の従事官となり、文章で文名を挙げ、侍読兼翰林学士の官職も除授された。しかし、八八五年の帰国後には、崔致遠は新羅の骨品制下で大山郡太守等の地方官に止まり、思いを遂げることはできなかった(119)。

真聖王八年(八九四年)に、王の失政を挽回するために崔致遠は時務十余条を上疏し、王はこれを嘉納し、彼を阿飡《アチャン》〔新羅の一七官階のうち上から六番目。真骨（血縁に王族がいる者）でない者がつける最高位〕にしたといわれているが[120]、その時務策の内容は伝えられていない[121]。

彼は帰国後、新羅の政治的社会的混乱の中で志を遂げることができなくなると、自らの不遇な境遇を哀れんで二度と官職を志さず、慶州の南山、剛州（栄州）の氷山、陜州の清涼寺、智異山の双渓寺などを気ままに逍遥しながら、晩年には伽倻山海印寺に隠居して余生を終えた[122]。

では、崔致遠が政治・社会的実践の次元で構想していたものとは何だったのだろうか。彼は自らを「今の私は儒門末学であり、海外凡材である」[123]とか、「腐儒」[124]と評しているように、儒者であることを自負していた。

崔致遠は政治的社会的実践において、治者の統治原理として「仁」を、政治社会を秩序化する際の根本規範として「孝」を力説したが、こうした「仁」や「孝」は、彼にとって単に当時の新羅の政治的社会的状況に対する

---

(116)『三国史記』職官志（上）参照。原文は「四年春、始定読書三品以出身、読春秋左氏伝、若礼記、若文選、而能通其義、兼明論語、孝経者為上、読曲礼、論語、孝経者為中、読曲礼、孝経者為下、若博通五経、三史、諸子百家書者、超擢用之、前祇以弓箭選人、至是改之」『三国史記』巻第一〇「新羅本紀」第一〇、元聖王四年。

(117)『三国史記』「新羅本紀」善徳王九年条参照。原文は「九年夏五月、王遣子弟於唐、請入国学、是時太宗大徴天下名儒為学官、数幸国子監、使之講論、学生能明一大経已上、皆得補官、増築学舎千二百間、増学生満三千二百六十員、於是四方学者雲集京師、於是高句麗百済高（昌）（吐）蕃亦遣子弟入学」。

(118)金忠烈『高麗儒学史』五二頁参照。

(119)『三国史記』崔致遠伝参照。

(120)『三国史記』「新羅本紀」真聖王八年条参照。

(121)崔致遠の時務策に関しては、李基白『新羅思想史研究』二三二～二三五頁参照。

(122)本章註119参照。

(123)原文は「今某儒門末学、海外凡材」（本章註119参照）。

(124)『朝鮮金石総覧』（上）「聖住寺郎慧和尚碑」七四頁。

処方箋として提起されたに止まるものではなかった。彼は次のように論じている。

およそ道とは人から遠くないものであり、（またこの意味で）人に異国は無い。[125]

これは儒教思想に関する学問的開放性を論じるものであり、外来思想である儒教の積極的受容を力説するものである。彼にとって「道」とは全ての人の身近にあるものであり、したがってそこに国境というものはあり得ず、普遍者としての規範的性格を帯びるものである。そして彼は「天が貴ぶ所の者は人（間）であり、人間が宗（根本）とみなす者は道である。人間はよく道を弘め、道は人間から遠くにあるのではない」[126]と論じている。つまり、彼は「天」「人」「道」の関係について、「道」とは実践的主体としての「人（間）」を媒介として「天」にもとづいているとみなしているのである。イデオロギー的観点から見る時、崔致遠にとって「仁」や「孝」は、「天」にもとづく普遍者としての「道」の政治・社会的実践を意味していたのである。

Ⅱ　太祖王建の儒教的発想

新羅末期から後三国の政治的軍事的な流動化過程において、泰封《テボン》の王、弓裔《クンイェ》の臣下だった王建《ワンゴン》（在位九一八～九四三年）は九一八年に弓裔を滅ぼして王位に就き、高麗王朝を樹立した。続いて九三五年に新羅を平和的に併合し、九三六年には後百済を滅ぼして後三国統一に成功した。[127]しかし、後三国の統一にもかかわらず、これを権力構造の次元から見ると、樹立初期の高麗王朝は、王建が権力の頂点にありながらも、各地方の城主や将軍などが独自の支配構造を構築し、豪族勢力を実質的基盤とする連合的性格を帯びていた。[128]高麗初期のこうした権力構造は、科挙制が実施され、科挙官僚等が登場する光宗代に至るまで続いた。

では、高麗初期のイデオロギー的性格はいかなるものだったのか。王建を新王に推戴する際、洪儒《ホンユ》(?〜九三六年〔高麗の武臣〕)は次のように述べている。

(弓裔は)……放縦と暴虐が大変甚しく、淫乱な刑罰を恣《ほしいまま》に行い、妻子を殺し、臣下を殺し、民を塗炭に陥れ、悪むこと仇の如く、桀紂の無道さもこれより酷《ひど》くはできないことでありましょう。昏君(事理に暗い君主)を廃して、明王を建てることは天下の大義でありますから、願わくば公におかれましては殷周の事を(手本として)行ってくださらねばなりません。(129)

洪儒のこの議論は、有徳者である殷の湯王が暴君である夏の桀王を、同様に有徳者である周の武王が暴君である殷の紂王を放伐するという、原始儒教の天命思想にもとづく易姓革命論である。換言するならば、この洪儒の有徳者による暴君放伐論の主張は、高麗王朝の政治的正統性(political legitimacy)を儒教的に合理化したものと考えられる。

もちろん、洪儒等との対話に依拠するならば、王建は、「吾は平素忠義を以て自負していた。王がたとえ乱暴

(125) 原文は「夫道不遠人、人無異国」『崔文昌侯全集』巻二「真監和尚碑銘　並序」。
(126) 原文は「天所貴者人、人所宗者道、人能弘道、道不遠人」『東文選』巻六四「新羅迦耶山海印寺　善安住院壁記」および崔英成『崔致遠の思想研究』(亜細亜文化社、一九九〇年)七四〜七五頁参照。
(127) 河炫綱「高麗王朝の成立と豪族連合政権」(『韓国史』四、国史編纂委員会、一九七七年)一七〜四四頁参照。
(128) 河炫綱前掲論文、四四〜五九頁参照。
(129) 原文は「……縦虐太甚、淫刑以逞、殺妻戮子、誅夷臣僚、民墜塗炭、疾之如讎、桀紂之悪、無以加也。廃昏立明、天下之大義、請公行殷周之事」『高麗史』巻九二、洪儒伝。

であるとは言え、どうして二心を抱き臣下として王を伐てるというのか。これは革命を謂うのであるが、不徳な吾が敢えて湯武の事を手本とできようか。これが後世の口実となるのではないかと恐れる」(130)というように、洪儒の進言を退けている。しかし「……二心……」「不徳な……」と述べているように、王建は自ら治者としての不徳さ、臣下としての二心を論じてはいるものの、易姓革命論自体を否定しているわけではない。なぜなら、太祖王建の側近で王宮の宿衛としての重責を担っていた桓宣吉《ファンソンギル》が部下を引き連れて内庭に侵入し、太祖王建を襲おうとしたところ、王建は「朕は汝等の力で王になったが、（これが）どうして天意でないことがあろうか。天命はすでに定まったのに、汝等はどうしてこのようなことができるのか(131)」と桓宣吉らを詰問したように、太祖王建自身が天命思想にもとづいて自らの地位を正統化しているからである。

王建は、同〔太祖〕一九年（九三六年）手ずから記した「政誡」一巻と「誡百寮書」八編を中外（朝廷と民間）に頒布し、その製述目的を「臣下となった者をして、礼節に明るくせしめようと(132)」することにあると述べている。

これらの議論から明らかにできることは、第一に、太祖王建が製述頒布した「政誡」と「誡百寮書」は今日伝えられていないため具体的内容を検討することはできないものの、少なくとも両者は統治論の次元における誡命（戒めの命令）的性格を帯びたものと推定され、中外に頒布されたことから、「政誡」は当時の不安定な政治・社会・軍事的状況の中に全国規模の統治上の秩序化を目標とし、「誡百寮書」はその統治上の秩序化を構築する際、臣下たちに君臣間の厳格な規律を求めたものではないかと思われる。そして第二に、製述目的が「臣下となった者をして、礼節に明るくせしめようと」することにあったということから、「礼節に明るくせしめる」という儒教的道徳的規範の実践、すなわち儒教的道徳的規範に立脚した政治社会の秩序化を実現しようとしていたものと推定される。そして、王建のこの統治論の基底に貫流していたものこそ、天命にもとづく易姓革命の思想であった。

では、「訓要十条」はどのように解釈できるだろうか。「訓要十条」は、王建が九四三年に他界する前に、後嗣

がこれを朝夕繙《ひもと》いて鑑とするために残した遺訓である。(133)

「訓要十条」は高麗王室の秘伝であったという点で、広く頒布された「政誡」や「誡百寮書」と政治的性格を異にしていることは言うまでもない。しかし、思考様式の次元から見た時、王建の即位後に、現実的な統治過程で常に留意していた指針が「訓要十条」だったとすれば、「政誡」や「誡百寮書」とは異見がないものと考えられる。したがって、太祖代の統治過程において「訓要十条」がイデオロギー的にどのような意味を持つのかを検討してみよう。

「訓要十条」は、後嗣に対する遺訓的性格を帯びており、全体が十条からできている。しかし、その内容は、条別に明確に区分するのが困難なほど多彩な議論が混在している。そこで、ここでは「訓要十条」を条別に区分して論ずるのではなく、「訓要十条」に込められた内容を思想領域別に裁断し、できるだけその全体的な連関構造を解明することに力点を置きたい。

「訓要十条」は、①仏教、②風水地理、③儒教、④公共の領域、⑤文化・思想的独自性という五つの思想領域にまたがって論じられている。

(130) 原文は「吾以忠義自許、王雖暴乱、安敢有二心、以臣伐君、斯謂革命、予実不徳、敢効湯武之事乎。恐後世以為口実」『高麗史』巻九二、洪儒伝。

(131) 原文は「朕、雖以汝輩之力至此、豈非天乎。天命已定、汝敢爾耶」『高麗史』巻一二七、桓宣吉伝。河炫綱「高麗王朝の成立と豪族連合政権」二七〜二八頁参照。

(132) 原文は「……欲使為人臣子者、明於礼節、遂自製政誡一巻、誡百寮書八篇、頒諸中外」『高麗史』巻二、太祖一九年秋九月甲午条。

(133) 「訓要十条」についての史料的評価については、李丙燾『高麗時代の研究』（亜細亜文化社、一九八〇年）五五〜七四頁、金庠基「高麗太祖の建国と経綸（1）」（『国史上の諸問題』（1）、国史編纂委員会、一九五九年）六〇〜八三頁、崔柄憲「道詵の風水地理説と高麗の建国理念」（国際文化財団編『韓国の風水文化』図書出版パギジョン、二〇〇二年）二九〜三二頁、および金成俊『韓国中世政治法制史研究』（一潮閣、一九八五年）二〜二九頁参照。

まず第一に、仏教の領域に関しては、第一条に「我が国家の大業は、必ずや諸仏のご加護の力に負うものである。故に、禅教の寺院を創建し、住持を送って焚修させ、それぞれその業を治めるようにした[134]」と記されているように、仏教は護国仏教であり、高麗建国の精神的支柱であるということ、したがって禅宗をはじめ各宗派の寺院を建て仏道を磨かせるようにしたことが示されている。その延長線上に、王建は精神的支柱としての仏教の持続的奨励策を促進させ、在位期間中に都城内外に多くの寺刹を建てさせ[135]、また第六条で「朕が切に願うのは燃燈と八関にある。燃燈は仏に仕えるもの、八関は天霊と五嶽・名山・大川・龍神に仕えるものである[136]」とあるように、仏教儀式の年中行事として、燃燈会と八関会を開催することを強調している。

第二に、風水地理の領域に関しては、地徳と関連させて、次のように記されている。

(今ある)諸寺院は、すべて道詵《ドソン》〔統一新羅時代の僧侶〕が山水の順逆を推占して創建したものである。道詵が「私が占いで定めたところ以外に妄りに創建すれば、地徳を損ない、祚業(王業)は長続きしないだろう」と言うので、朕が思うに、後世の国王、公侯、后妃、朝臣等がそれぞれ願堂といって新たに創建すれば、大いに憂いとなるだろう。新羅末に争って浮屠(寺塔)を建てたので、地徳を毀損して滅ぶことになったのだから、(これを)警戒せずにいられようか(第二条[137])。

朕は三韓の山川の陰の佑《たす》けを借りて大業をなした。西京は水徳が調順であり、我が国の地脈の根本となり、大業万代の地となるのだから、当然四仲月(二月、五月、八月、一一月)には巡駐して一〇〇日が過ぎるほど滞留して、安寧をなすようにしなければならない(第五条[138])。

車峴以南と公州江外は、山形と地勢がすべて背逆に走っているので、人心もみなそうなる。その下の州郡の人々が朝廷に参加し、王侯・国戚と婚姻して国政を執るようになれば、あるいは国家を乱すことになり、あるいは統合の怨懣を抱き、王の行路を侵犯し乱を起こすであろう（第八条）[139]。

（134）原文は「我国家大業、必資諸仏護衛之力、故創禅教寺院、差遣住持焚修、使各治其業」『高麗史』巻二、太祖二六年夏四月条。

（135）河炫綱「高麗王朝の成立と豪族連合政権」六二頁、および金成俊『韓国中世政治法制史研究』二四～二五頁参照。

（136）『高麗史』巻二、太祖二六年夏四月条。原文は「二十六年、夏四月、御内殿、召大匡朴述希、親授訓要、曰、朕聞、大舜耕歴山、終受堯禅、高帝起沛沢、遂興漢業、朕亦起自単平、謬膺推戴、夏不畏熱、冬不避寒、焦身労思、十有九載、統一三韓、叨居大宝二十五年、身已老矣。第恐後嗣、縦情肆欲、敗乱綱紀、大可憂也。爰述訓要、以伝諸後、庶幾朝披夕覧、永為亀鑑。其一曰、我国家大業、必資諸仏護衛之力、故創禅教寺院、差遣住持焚修、使各治其業、後世、姦臣執政、徇僧請謁、各業寺社、争相換奪、切宜禁之。其二曰、諸寺院、皆道詵推占山水順逆而開創、道詵云、吾所占定外、妄加創造、則損薄地徳、祚業不永、朕念後世国王公侯后妃朝臣、各称願堂、或増創造、則大可憂也。新羅之末、競造浮屠、衰損地徳、以底於亡、可不戒哉。其三曰、伝国以嫡、雖曰常礼、然丹朱不肖、堯禅於舜、実為公心、若元子不肖、与其次子、又不肖、与其兄弟之衆所推戴者、俾承大統。其四曰、惟我東方、旧慕唐風、文物礼楽、悉遵其制、殊方異土、人性各異、不必苟同、契丹是禽獣之国、風俗不同、言語亦異、衣冠制度、慎勿效焉。其五曰、朕頼三韓山川陰佑、以成大業、西京水徳調順、為我国地脈之根本、大業万代之地。宜当四仲巡駐、留過百日、以致安寧。其六曰、朕所至願、在於燃灯八関、燃灯所以事仏、八関所以事天霊及五嶽名山大川龍神也。後世姦臣建白加減者、切宜禁止、吾亦当初誓心、會日不犯国忌、君臣同楽、宜当敬依行之。其七曰、人君得臣民之心為甚難、欲得其心、要在従諫遠讒而已。従諫則聖、讒言如蜜不信、則讒自止、又使民以時、軽徭薄賦、知稼穡之艱難、則自得民心、国富民安、古人云、芳餌之下、必有懸魚、重賞之下、必有良将、張弓之外、必有避鳥、垂仁之下、必有良民、賞罰中、則陰陽順矣。其八曰、車峴以南、公州江外、山形地勢、並趨背逆、人心亦然、彼下州郡人、参与朝廷、与王侯国戚婚姻、得秉国政、則或変乱国家、或啣統合之怨、犯蹕生乱、且其曾属官寺奴婢、津駅雑尺、或投勢移免、或附王侯宮院、姦巧言語、弄権乱政、以致災変者、必有之矣、雖其良民、不宜使在位用事。其九曰、百辟群僚之禄、視国大小、以為定制、不可増減、且古典云、以庸制禄、官不以私、若以無功人、及親戚私昵、虚受天禄、則不止下民怨謗、其人亦不得長享福禄、切宜戒之、又以強悪之国為隣、安不可忘危、兵卒宜加護恤、量除徭役、毎年秋閲勇鋭出衆者、随宜加授。其十曰、有国有家、儆戒無虞、博観経史、鑑古戒今、周公大聖、無逸一篇、進戒成王、宜当図掲、出入観省、十訓之終、皆結、中心蔵之、四字、嗣王相伝為宝」。

（137）本章註136参照。

（138）同前。

すなわち、第二条の道詵の風水地理に関する言及からも分かるように、王建は道詵の風水地理説に絶対的な信頼を寄せていた。そして、その延長線上に、護国仏教の繁盛と、またその当然の結果としての高麗王朝の大業の永続性、そして特定地域出身の人物の登用への警戒、等を求めている。ただここでは、風水地理説はそれ自体イデオロギー的性格を帯びてはおらず、あくまでも山水等の自然の所与的性格に依存しており、宗教的あるいは政治的イデオロギーの手段とみなされている。

第三に、儒教の領域に関しては、儒教的発想と関連させて、次のような記述が見られる。

嫡子に国を伝えるのは常礼ではあるが、しかし丹朱（堯の息子の名）が不肖で、堯が舜に禅譲したのは、（これは）実に公心であった。もし元子〔嫡子〕が不肖ならば次子に与え、次子が（また）不肖ならばその兄弟の中で（何人かの人たちから）推戴される者に大統を継がせるようにせよ（第三条）[140]。

思うに、我が東方〔高麗のこと〕は、昔から唐の風俗を手本とし、文物礼楽はすべてその制度を遵守した。……契丹は禽獣の国であり、風俗は同じではなく、言葉もやはり異なっているから、決して衣冠制度を倣ってはならない（第四条）[141]。

人君が臣民の心を得るということはとても難しいことである。その心を得ようとする際の要は、諫言に従い、讒言を遠ざけることにあるのみである。……また民を用いる際は時を選んで行い、……稼穡（農事）の艱苦を知れば民心を得られようし、国は国富・民安となる。古人曰く、……仁を垂れた下には、必ず良民がいると（第七条）[142]。

国があり、家があるところには憂いがないことを警戒し、博く経史を見て古を鑑とし、今日を戒めねばならない。周公（のような）大聖も無逸一篇を成王に献じ、戒めるようにしたのだから、当然これを掲げて、出入りの際は観て反省するのである（第十条）(143)。

王建の儒教的発想に関するこれらの記述を検討してみると、①「嫡子に国を伝えるのは常礼ではあるが、……もし元子が不肖ならば次子に与え、次子が（また）不肖ならばその兄弟の中で推戴される者に大統を継がせるようにせよ（第三条）」と述べているように、王建にとって王位継承とはあくまでも業績主義にもとづくものであった。これを儒教的に言えば、徳望があり統治能力がある者が統治者になるべきという有徳者君主論となる。また、「丹朱（堯の息子の名）が不肖で、堯が舜に禅譲した」というのは、その典型的な事例である。しかし、それに続く「次子が不肖ならばその兄弟の中で推戴される者に大統を継がせる」という記述から分かることは、厳格な意味で王建が業績主義を貫徹していたわけではないということである。王建自身はあくまでも、王子が二十五人もいたことも関係して(144)、おそらくこれら多くの王子の中から王位が継承されることを期待していたものと考えられる。しかし、儒教では徹底した業績主義こそが有徳者君主論の基礎となっているのであり、その純粋

(139) 同前。
(140) 同前。
(141) 同前。
(142) 同前。
(143) 同前。
(144) 河炫綱「高麗王朝の成立と豪族連合政権」五三頁参照。

形態は、太祖王建が「堯が舜に禅譲したのは、実に公心であった」と述べているように、「公心」、すなわち公共の領域に属するのである。後述するが、王位の継承とは徹底して私的な利害を排除した公共の領域であり、業績という客観的基準にもとづいた統治能力がある者、すなわち有徳者が王位を継承するのである。したがって、儒教における理想的な統治者論=有徳者君主論とは、公共の領域の枠の中にあって、徳という客観的基準を基礎とした業績主義なのである。

②「我が東方は、昔から唐の風俗を手本とし、文物礼楽はすべてその制度を遵守した。……契丹は禽獣の国であり、風俗は同じではなく、言葉もやはり異なっているから、決して衣冠制度を倣ってはならない」とあるように、前半部分は「文物礼楽」という統治規範を志向しており、後半部分は「契丹は禽獣の国」という、華夷観念に立脚した文化理念的規範に着眼している。これらの記述からも、王建が儒教的規範主義を志向していたことが分かる。

③「人君が臣民の心を得るということはとても難しいことである」とあるように、王建は統治者が臣民にもとづいて統治することを強調している。そして、「その心を得ようとする際の要は、諫言に従い、讒言を遠ざけることにあるのみである……また民を用いる際は時を選んで行い、……稼穡の艱苦を知れば」、「仁を垂れた下には、必ず良民がいる」と言っているように、王建は統治において仁政論を志向していたと考えられる。

④「憂いがないことを警戒し、博く経史を見て古を鑑とし、今日を戒めねばならない」とあるように、王建は政治社会において、統治者とは常に戒めの心をもった統治姿勢——どのように統治するのかという心がけ——を疎かにしてはならないと主張している。また第十条では、周公が成王に「無逸」一篇を献じ、成王につねに戒める統治姿勢を求めた歴史的事例を示して、後嗣に常に統治者としての心がけを怠ってはならないことを強調している。

以上のことから、王建は儒教的統治論による業績主義にもとづいた有徳者君主論、儒教的規範主義、仁政論、統治者の統治姿勢論などを主要原理として提示していることが分かる。
第四に、公共の領域に関しては、王建の次のような記述が目を引く。

古典に曰く、「庸（功）でもって禄を制定し、官（職）を私（的な利害）でもって（処理）してはならない」と。万が一功が無い者、親戚、私的に親しい者が虚しく天禄（国禄）を得ることになれば、下民たちが怨み、誹謗するばかりでなく、その人（自身）もやはり福禄を永く享受できないゆえに、徹底してこれを戒めねばならない（第九条[145]）。

すなわち、「庸」－「禄」は業績主義の次元からの議論であり、「官」－「私」は評価の客観性の次元からの議論である。王建がこれらに言及しているのは、統治の一環として「庸」－「禄」および「官」－「私」を公共の領域に定着させねばならないと考えていたことを示唆している。
第五に、文化・思想的独自性に関しては、外来の文化・思想の受容と関連させて次のように述べている。

我が東方は……殊方異土〔異国の土地〕では人性がそれぞれ異なるので、必ずしもみだりに（唐の風俗と）同化はしない（第四条[146]）。

これは、「我が東方は、昔から唐の風俗を手本とし、文物礼楽はすべてその制度を遵守した」ということに対

（145）本章註136参照。
（146）同前。

する批判的言説である。高麗は中国に対して他国であり、社会的文化的に人性を異としているために、外来の文化や思想の受容において唐の文化や思想をそのまま踏襲することを戒めようとしているのである。

以上、王建「訓要十条」においては、仏教が護国仏教として高麗の国運の精神的支柱になっており、また、王建の儒教的統治原理に関する言説から分かるように、儒教は高麗の政治体制論としての位置を占めている。この意味で、仏教と儒教は太祖代には分業的形態で両立しており、イデオロギー的には競合的な共存関係に置かれていたと言えよう。

このような政治的思想的状況の下で、所与の性格をもつ風水地理説は、護国仏教の隆盛とその当然の結果としての高麗王朝の大業の永続性を支える基盤となっていた。しかし、その一方で、王建は風水地理的な志向とは対照的な政治的社会的実践の次元では、公共の領域を確保しようと試みていたと考えられる。

最後に、太祖王建の文化的思想的独自性とは何であろうか。外来である唐の高度な文物・礼楽に対する慣行的踏襲を批判する一方、「契丹の禽獣のような低級な」社会的文化的制度も拒否していることを考慮すれば、おそらく唐に対して「殊方異土」である高麗の「人性」として、高度な唐の政治・社会・文化を受容しながらも、それを当時の高麗人にふさわしいものへと修正・補完しようとしていたものと推定される。

また、「訓要十条」は太祖王建が後嗣に遺訓として残した秘伝であったが、同時に、王建の思考様式が表出されたものであったことを考えあわせれば、王建の生前の思考様式と「訓要十条」に見られる思考様式との間には、必ず内在的連続性があるはずである。それを示す一例として、王建の寵愛を受けた臣下崔凝《チェウン》との次のような問答がある。

伝に曰く、乱時においても文徳を磨き、人心を得なければならないと。王はたとえ戦争をする時であっても、必ず文徳を磨かねばならないのであり、これまで浮屠と陰陽に依拠して天下を得たということは聞いたこと

がありません。(147)

太祖曰く、「それをどうして朕が知らないことがあろうか。しかし、我が国は山川が霊奇であり、(未開な民たちの)土俗的性質として仏神を好み、それに依って福利を得ようとしている。今は戦さが終わらず、安危を予測できず、朝夕慌ただしく、どう処置すべきか分からずにいる。そしてただ仏神の陰助と山水の霊応を祈り、もしくは臨時変通の効果を得ようとするばかりである。どうしてこれをもって理国得民の大道とみなせようか。乱が静まり、生活の安定を待てば、風俗を変え、教化を美しく行えるであろう」と。(148)

前文は崔凝の諫言であり、後文はこれに対する太祖王建の答えである。崔凝は、統治者は、①平時はもちろん、戦時にも、「文(徳)」を積み、「文(治)」を通じて「人心」を得なければならない、②礼楽制度などの「文(治)」に依拠し、「浮屠」「陰陽」、すなわち仏教の寺塔や吉凶禍福の占卜に依拠していては天下を治めることはできない、と主張している。

これに対して王建は、①我が国は山川が霊妙かつ奇異で、民は仏神を好み、これに依存して福利を求めているのが現状であり、それればかりか、②兵火のために安危を予測できないので、結局民は仏神の陰助と山川との霊妙な感通によって効験を見ようとしている、しかし、③もちろんこのような方策では天下を治められず、天下を治めるためには「理国得民」の「大徳」、すなわち国を治め、民心を得る高い徳=卓越した統治能力が必要である、

(147) 原文は「伝曰当乱修文、以得人心、王者雖当軍旅之時、必修文徳、未聞依浮屠陰陽、以得天下者」『補閑集』巻上。

(148) 原文は「太祖曰、斯言朕豈不知之、然我国山水霊奇、介在荒僻、土性好仏神欲資福利、方今兵革未息、安危未決、旦夕惶不知所措、唯思仏神陰助、山水霊応、儻有効於姑息耳。豈以此為理国得民之大経也。待定乱居安、正可以移風俗美教化也」『補閑集』巻上。

そして、④戦乱が平定し、生活が安定するのを待って、社会の「風俗」を変えて民の「教化」を美しくしたい、と答えている。

この応答から、王建も崔凝と同様に、統治者は「理国得民」の「大徳」、すなわち仏儒の共存の中にあっても、統治は必ず儒教的統治原理に依拠しなければならないことを明確に主張していることが分かる。

なお、王建は臨終の際に次のように述べている。

漢の文帝の遺詔に曰く、天下万物の生〔者〕に死なないものは無い。死は天地の理であり、（万）物の自然である。どうして深く悲しむことがあろうかと。(149)

宇宙生成論については、王建は儒教的に醇化してとらえていたようである。

太祖代のこうした流動的な政治的社会的状況は、光宗代（九四九〜九七五年）になると、従来の豪族勢力との連合的な権力構造を脱し、王権中心の中央集権的権力構造を構築していく。そして、成宗代（九八一〜九九七年）になると、太祖代に実践的命題として提起されていた政治体制の儒教的正統化はもちろん、儒教的イデオロギーが顕在化してくるのである。

Ⅲ　光宗の政治・制度改革

光宗は、〔光宗〕七年（九五六年）に奴婢按検法を施行して豪族勢力の無力化を試み、九年（九五八年）には科挙制を実施し、「これより文風がはじめて興った」(150)と記されたように、儒教的教養を備えた人材を官僚に登用することで文治主義の実質的基盤を形成し、さらに一一年（九六〇年）には百官の公服制度〔実施〕を断行して、官僚たちの階序的秩序化を追求した。

光宗のこうした一連の政治制度改革は、従来の豪族勢力との連合権力構造から豪族勢力を排除し、王権を強化して中央集権的な権力構造を構築しつつ、科挙制の実施によって、儒教にもとづく文治主義的な中央集権的官僚体制を指向したものである。

光宗初年から末年にかけて、豪族勢力と呼びうる勲臣や宿将等に対する大々的粛清が推進された。崔承老《チェ・スンノ》はこれについて、『時務二十八条』「五朝政績評」（太祖、恵宗、定宗、光宗、景宗の五代にわたる王の治績についての論評）で次のように論じている。

また、かつて見たことだが、恵宗・定宗・光宗の三王がそれぞれ（王位を）継いだ初年、全てのことがまだ安定していなかった時、両京（開京と西京）の文官武官はすでに半分も殺傷されていました。まして光宗の末年には、世が乱れて讒訴が起き……歴代の勲臣宿将はすべて誅殺を免れず、皆な死にました。景宗が王位に就いた時、旧臣の中で生き残っていた者は四〇余名だけでした。[151]

このような血の粛清は、主に光宗代の改革が推進される前後に行われている。[152] 光宗は、王権を中心とする中央

(149) 原文は「王曰、漢文遺詔曰、天下万物之萌生、靡有不死、死者、天地之理、物之自然、奚可甚哀」『高麗史』巻二、太祖二六年五月丁酉条。
(150) 原文は「自此、文風始興」『高麗史節要』巻二、光宗九年夏五月条。
(151) 原文は「又曾見恵定光三宗、相継之初、百事未寧之際、両京文武、半已殺傷、況属光宗末年、世乱讒興……歴世勲臣宿将、皆未免誅鋤而尽、及景宗践祚、旧臣之存者、四十余人耳」（李基白他『崔承老上書文研究』一潮閣、一九九三年、六八～六九頁）。
(152) 河炫綱「豪族と王権」（『韓国史』四、国史編纂委員会、一九七七年）一三二～一四四頁参照。

集権的な権力構造を構築する過程で、太祖代以来恵宗・定宗年間〔九四三～九四九年〕に成長した外戚勢力や旧臣等を排除し続けた。李齊賢《イ・ジェヒョン》の贊によれば、光宗の統治過程における行績は、次のように評されている。

……雙冀《サンギ》〔中国後周から高麗に帰化した雙哲《サンチョル》の息子〕がはたして賢人であったならば、どうして王〔光宗〕をよく善へと導くことができず、讒訴を信じて刑罰を恣に行うことがないようにできなかったのだろうか。科挙を設けてソンビ〔士・士人〕を採ることは、光宗の雅〔道〕であり、文によって風俗を教化しようとした意志があったことは理解できるが、雙冀がまたその意志に従い、美をなしたのだから、役立たずであったとは言えない。〔しかし〕思うに、〔彼が〕浮華の文を主張し、後世その弊害に耐えられなくなったのである。(153)

光宗は、一方では血の粛清に対する批判を受けながらも、彼による科挙制施行が高麗朝の文治の基礎となったことが贊美されている。

光宗の治績が、政治制度的改革を通じて儒教的な体制構築に寄与したものとするならば、成宗代には、その基礎の上に儒教的イデオロギーが顕著に成長していくのである。

Ⅳ　崔承老の統治論

成宗は即位後まもない〔成宗〕元年〔九八二年〕に、

王の徳がただ臣下の輔弼にあるのは、昔も今も同じである。朕が新たに万機を総覧することになったが、誤った政事があるのではないかと恐れている。ゆえに、京官五品以上は各々封事を上進し、時政の得失を論ぜよ。[154]

と言って京官五品以上の者たちに求言〔王が臣下の直言を求めること〕詔を下した。そして崔承老は、これに応える上書文を奏上している。[155]

崔承老の上書文は「五朝政績評」と「時務二十八条」とから構成されている。これらを政治的思考の次元から見た時、大きく二つの領域で論じることができると思われる。一つが統治者論であり、もう一つが仏教批判論である。

まず、統治者論に関しては、崔承老は「五朝政績評」から時務策に至るまで、何度も統治者の統治様式について論じている。その一例として、「五朝政績評」の最後に論じられている内容をここで紹介してみる。

……ただ国王は上にいて平安にし、民は下にいて喜ぶようにさせなければなりません。始めを善くする心で、終わりを良くする美しさを思い、毎日、一日一日を慎み、たとえ休める時も休まず、たとえ貴い君主になったとしても自ら尊大にならず、才徳に富んでいても自ら驕《おご》ったり、偉ぶったりせず、ひたすら恭しい心を篤

(153) 原文は「李齊賢賛曰、光宗之用雙冀、可謂立賢無方乎。冀、果賢也。豈不能納君於善、不使至於信讒濫刑耶。若其設科取士、有以見光宗之雅、有用文化俗之意、而冀将順以成其美、不可謂無補也。惟其倡以浮華之文、後世不勝其弊云」『高麗史』巻二、世家第二、光宗二六年条、末尾の李齊賢の贊。
(154) 原文は「后徳惟臣、古今所同、朕、新総万機、恐有闕政、其京官五品以上、各上封事、論時政得失」『高麗史』巻三、成宗元年夏六月甲申条。
(155) 崔承老の上書文は、『高麗史』崔承老伝と『高麗史節要』等に収録されている。本章ではこれらの文献を対照して原文の復元作業を行った李基白等の『崔承老上書文研究』に依拠した。

くし、民を憂う思いを止めなければ、福は求めなくとも自然と得られ、災いは祈らなくとも自然と消滅するので、聖寿がどうして万年にまでならないことがありましょうか。王業がどうして百世に止まることがありましょうか。[156]

すなわち、統治者が行なうべき統治とは、「国王は上にいて平安にし、民は下にいて喜ぶようにさせ」ることを目標とするものであり、統治者は「毎日、一日一日を慎み、たとえ休める時も休まず、……自ら尊大にならず、……ひたすら恭しい心を篤くし、民を憂う思いを止めな」いよう心掛けねばならない。そして、このような統治をすれば、「福は求めなくとも自然と得られ、災いは祈らなくとも自然と消滅する」と論じている。これは『論語』の「無為而治」論を、統治者である成宗に対して分かりやすく事例を挙げながら説明しているものと思われる。

実際、彼は時務策の一四条で、『論語』の「無為而治」について次のように論じている。

『周易』に、聖人は人の心を感動させ、天下が平和になったと言い、『論語』には（孔子曰く）（自ら何事も）しないで（天下が良く）治められたのは舜〔だから〕ではないのか。（舜は）何をしたのか。自分自身を恭しくし、南面、すなわち天子の座に座っていただけであると言っている。[157]

ここで「無為而治」の含意について分析する前に、「無為」の意味を明確にしておく必要がある。「無為」といえば、ただちに老子『道徳経』に出てくる「無為」の概念が想起される。老子は、『道徳経』で次のように論じている。

（宇宙万物の）道はいつも無為（何であれ人為的にしないということ）であるが、そうでありながらも（あらゆるものが）行われないものは無い（または、あらゆるものが為されないものは無い）。侯王（諸侯）がもし（このような道を）よく守り（無為の統治をすれば）、万物はまさに（自然の生成変）化（人為的なものが無く、あるがままの自然な変化）をなすようになるのである。(158)

この文章の前半部では、道家における「道」が万物の自然な生成変化それ自体を意味しており、人間による一切の人為的介入を排除するものであることが述べられている。これがいわゆる「無為」である。道家においては、万物の自然な生成変化はそれ自体が完全な秩序であり、かつ理想的な秩序であり、人間の政治的社会的秩序も万物のこの自然な生成変化に順応しなければならない。したがって、この文章の後半部では、諸侯の統治においても「道」を手本として「無為」の統治をすれば、政治や社会における理想的秩序を実現できるということが述べられている。道家においては、「無為（の統治）を施せば（天下は）治まらないということは無い(159)」というように、一切の人間的作為が排除されているのである。

これを政治的社会的理念の次元から見ると、次のようになる。

(156) 李基白他『崔承老上書文研究』七一～七二頁。原文は「但要君安於上、民悦於下、因善始之心、慮克終之美、日慎一日、雖休勿休、雖貴為君主而不自尊大、富有才徳而不自驕矜、唯敦恭巳之情、不絶憂民之念、則福不求而自至、灾不禳而自消、聖寿胡不万年、王業豈唯百世而已哉」。

(157) 原文は「易曰、聖人感人心、而天下和平、語曰、無為而治者、其舜也歟。夫何為哉。恭己正南面而已」（李基白他『崔承老上書文研究』）一二五頁。上の『論語』に出てくる引用文は『論語』衛霊公篇参照。

(158) 本書第二章註38参照。

(159) 本書第一章註160参照。

故に聖人が言うには、私が無為（で治める）ならば民はひとりでに感化され（自化）、私が静を愛せば民はひとりでに正しくなり（自正）、私が無事（を守る）ならば民はひとりでに豊かになり（自富）、私が無欲（を示す）ならば民はひとりでに素朴になる（自朴）、と。(160)

すなわち、道家は、「無為」の統治による「化」・「正」・「富」・「朴」の政治的社会的秩序を志向していると言うことができる。

では、道家のこのような「無為」に対して、『論語』における「無為」はどうだろうか。

さきほど引用したように、『論語』における「無為而治」は、「（自ら何事も）しないで（天下が良く）治められたのは舜〔だから〕ではないのか。……自分自身を恭しくし、南面、すなわち天子の座に座っていただけである」と述べられていた。

この文章から読み取れるのは、①天子が「（自ら何事も）しない」というのは、多くの賢人たちを起用して適材適所に配置し、それぞれ彼らをして自らの職責を全うさせるようにし、天子はいちいち干渉しない、ということが前提とされている。したがって、②天子は「自分自身を恭しくし、南面、すなわち天子の座に座っていただけ」というのは、天子が自分自身の体を修めて統治者としての道徳的完成を実現し、自分自身を恭しくすれば、民は自然と道徳的に感化されて天下が治まる、ということになる。崔承老も、「……もし聖上におかれては、謙遜した心を持ち、常に恭しく畏れる心を持って臣下を礼遇すれば、誰が心と力を用いて、進んでは良い方策を申し上げ、退いては（国王を）正すことを考えないことがありましょうか。これがいわゆる君主は臣下を礼節でもって用い、臣下は君主に忠誠でもって事えるということです(161)」と論じている。つまり、『論語』における「無為而治」とは、「自分自身を恭しく」すること（「恭」）、そしてその延長線上で崔承老が言う「……聖上におかれては、謙遜した心を持ち（「撝謙」）、常に恭しく畏れる心」を持って（「敬畏」）、臣下を礼節でもって用い（「礼」）、臣下は君子に忠誠でもって（「忠」）事える、というように、「無為而治」の基底に「恭」－「撝謙」・「敬畏」・「礼」・「忠」など、道徳的な価値規範が貫流しており、その当然の結果として、儒教的道徳の実現という作為が介在していることになる。

次に、崔承老の仏教批判論は、「功徳斎」、「普施」、「仏賓」、「燃燈」、「八関」、「金銀による仏教教典と仏像の製作」などの時務策の中で、九箇条に及ぶ仏教の弊害に対する改善策が提示されている。これを、政治的思考という次元から検討してみると、彼の仏教批判の核心的部分は、時務策二十条における儒教と仏教の実践的機能の差違に関する記述であると考えられる。崔承老は、次のように述べている。

また、三教（儒・仏・道）はそれぞれ業とするところがあり、それを行う際に混同して一つにしてしまってはなりません。釈教（仏教）を行うのは修身の本であり、儒教を行うのは理国（国を治めること）の（根）源です。修身とはおよそ来生〔来世〕の助けとなるものであって、理国はまさに今日の責務です。今日は至って近く、来生は極めて遠いので、近くのものを捨てて遠いものを求めるというのは、やはり誤りではないでしょうか。[162]

すなわち、仏教と儒教は根本的に業を異にするものであり、仏教があくまでも人間各自の個別的な利害にもと

(160) 本書第一章註156参照。
(161) 李基白他前掲書、一二五頁。
(162) 原文は「且三教各有所業、而行之者、不可混而一之也。行釈教者、修身之本、行儒教者、理国之源、修身是来生之資、理国乃今日之務、今日至近、来生至遠、舎近求遠、不亦謬乎」李基白他前掲書、一四八〜一四九頁。

づいて追求する修身の根本であるとすれば、儒教は政治的社会的に国家を治める根源であった。そして、これを功利的立場から見れば、仏教が来世指向的であるのに対し、儒教は現世指向的だということになる。したがって、現実世界における統治のためには、あくまでも儒教に依存しなければならないと主張している。

V　成宗の儒教的統治イデオロギー

成宗二年（九八三年）に「円丘で豊年を祈り、太祖を配享〔廟に祀ること〕した。乙亥に自ら籍田に（出かけ）田を耕し、神農氏の祭祀をあげ、后稷〔伝説上の周の始祖〕を配享した。祈穀と籍田の礼はこれから始まった」[163]と記されているように、これは、成宗が高麗は農本社会であることを民に象徴的に教示した模範である。

また、成宗五年（九八六年）の教書では、次のように述べている。

国は民を根本とし、民は食を天と考える。もしすべての民の心をいたわり、平安にしようとするならば、ただ三農（春、夏、秋の農事をする季節）を奪ってはならない。嗚呼、汝ら一二牧の州と鎮の使たちは今から秋になるまで雑務を止め、ひたすら勧農にだけ努めなければならない。余が後で使者を送って調査確認し、田野が荒廃したか、開墾されたか、牧守が真面目だったか、怠慢だったか、を分かつであろう。[164]

すなわち、ここで示されているのは、①「民」が国の根本であるという民本主義を指向しており、②その「民」にとって最も重要なものが「食」である以上、民の心を平安にするためには、民が農事に専念できるように保障しなければならない、ということである。これを理念的次元から見れば、政治的には民本主義を、そして経済的には農本主義を指向していると言うことができる。実際、成宗は「余が聞いたところでは、（国王の）徳はただ善政にあり、政（治）は養民（民の経済的安定）にある」[165]とも述べており、成宗は「徳」治における最も重要なものが「養民」、すなわち「民」の経済的安定だということを認識していた。

では、成宗の「徳」治が指向する理念的性格とはどのようなものだろうか。成宗の教書には以下のような記述が見られる。

教して曰く、寡人は平素薄徳を恥じ、かえって儒教を崇尚する心が切であったので、周公・孔子の風を興し、堯舜の統治をなそうと思うと。[166]

教して曰く、王者が天下を化成（理想的な社会をつくること）するには、学校を最初とし、堯舜の風を祖述して、周公・孔子の道を受け継ぎ、よく修めて国家の憲章制度を設け、君臣上下の礼義を分別することなので、賢儒に（これを）任せずにどうして軌範（手本）をなす事ができようかと。[167]

前者の言説からは、①自らの徳が薄いことを論じることによって、成宗が基本的に儒教を尊崇していたという

(163) 原文は「二年、春正月、辛未、王祈穀于円丘、配以太祖、乙亥、躬耕籍田、祀神農、配以后稷、祈穀籍田之礼、始此」『高麗史』巻三、成宗二年春正月辛未条。
(164) 『高麗史節要』巻二、成宗五年秋七月条。
(165) 原文は「余聞、徳惟善政、政在養民」『高麗史節要』巻二、成宗五年秋七月条。
(166) 原文は「教曰、寡人、素慙薄徳、尚切崇儒、欲興周孔之風、冀致唐虞之理」(『高麗史節要』巻二、成宗五年秋七月条)。
(167) 原文は「教曰、王者化成天下、学校為先、祖述堯舜之風、聿修周孔之道、設邦国憲章之制、弁君臣上下之儀、非任賢儒、豈成軌範」『高麗史』巻三、成宗一一年一二月丙寅条。

こと、②成宗が尊崇していた儒教は、周公と孔子の教えを盛んにし堯舜の治道を手本としてこれを明らかにしようとするものであったことが分かる。後者では、統治者が天下を治め、理想的な社会を作るためには、何よりも学校を作り、儒教的な価値と軌範を教えることが最優先の課題であり、堯舜の教えを明らかにして周公・孔子の道を学んで国家の法制度を構築し、君臣間の統治秩序を確立することが強調された。これは要するに、成宗が天下の秩序を確立するために、①堯舜の教え－周公・孔子の道を基礎とする儒教的理念に立脚し、②この儒教的理念を実現するために、学校を建てて儒教的な価値や規範＝道徳を教えることから始めようとしたことを物語っている。そして、成宗が構想していた儒教的な政治的社会的秩序とは、教書の至るところで「およそ国を治める根本は孝より重要なものはない」[168]であるとか、「五常（仁・義・礼・智・信、または五倫）」、「六籍（六経：詩・書・礼・楽・易・春秋）」[169]について言及していることから考えると、「孝」を基礎とする家共同体社会に仁義礼智信ないし五倫という儒教的な道徳的秩序世界を構築することではなかったかと思われる。これは成宗にとって、民本主義が単に「民」の経済的安定に止まるものではなく、家共同体社会の基盤の上に儒教的な道徳的秩序の世界を構築するという、養民＝教化一体の儒教的民本主義を指向するものであったことを示している。

成宗は教書に、次のように記している。

ああ、天には四時（春夏秋冬）があり、春には陽和（うららかな春の日）の徳を広げ、君主は五教（仁・義・礼・智・信）を行う際に、仁を礼と義より先にした。当然、先聖の典謨（古の聖賢の訓戒）に従い、句芒（五行の神の一つである木神の名で春に木を主管する神）の造化に順応し、ついに予は鳥と魚に性を尽くさせ、草木も恩恵を懐き、枯れ朽ちた群れもすべて生成の恵みを負うようになれば、これもまた美しいことではないか。[170]

ここで成宗は、堯舜以来の聖人の教えを頂点とする人間社会の道徳的秩序、そしてその延長線上にある五行にもとづいた宇宙万物の調和した生成変化を賛美している。人間と自然との調和ある世界を指向していると言ってもよいであろう。

李齊賢は、贊において「成宗は宗廟を立て、社稷〔国家〕を定めて、贍学《せんがく》〔学問が深く豊かなこと〕でもってソンビ〔士・士人〕を養い、覆試〔再試験〕でもって賢人を求めた。守令を督励し、その民を救恤し、孝節（見事な孝行）に下賜して、その風俗を美しくした」[171]と評している。

成宗は儒教的な政治的社会的信念にもとづく実践的統治者として、高麗朝社会の儒教的体制化に大きな寄与をはたした王であった。

(168) 原文は「教曰、凡理国之本莫過於孝」『高麗史節要』巻二、成宗九年九月条。
(169) 原文は「莫不習五常而設教、資六籍以取規」『高麗史』巻三、成宗六年秋八月乙卯条。
(170) 原文は「於戯、天有四時、春布陽和之徳、君行五教、仁為礼義之先、宜遵先聖之典謨、用順勾芒之造化、遂使飛沈遂性、草木懐恩、至於枯朽之群、尽荷生成之恵、不亦美乎」『高麗史』巻三、成宗七年春二月壬子条。
(171) 原文は「成宗立宗廟、定社稷、贍学以養士、覆試以求賢、励守令、恤其民、賚孝節、美其俗」『高麗史』巻三、成宗一六年条、末尾の李齊賢の贊。

第三章　朝鮮朝初期の政治社会と朱子学思想

第一節　朝鮮朝初期の政治・社会思想

李成桂《イ・ソンゲェ》（在位一三九二〜一三九八年）は、一四世紀後半の中国大陸における変動――明・元勢力の交代――に対応して、威化島回軍を断行し[1]、その四年後の一三九二年には自らが開城の寿昌宮で君主の座に登った。

しかし、このような高麗朝から朝鮮朝へという政治的変動は、それが単純に「匹夫」と「有徳者」の政権交代[2]

（1）この時代の政治的推移に関しては、李相佰『李朝建国の研究』（朝鮮文化叢書、第九輯、乙酉文化社、一九四九年）二八〜四七頁参照。

（2）たとえば、鄭道傳は、恭讓王に対する評価として、「政事が悖乱し、人心が自ずから離脱し、天命が自ら去ってしまったので、国君の尊貴さは匹夫が逃げ出すものとなり、王氏の祭祀も消えた」と述べている。鄭道傳『経済文鑑』別集下（『三峯集』巻一二、国史編纂委員会、一九六一年）三五二頁。

に終わるものではなく、同時にそれは後述するように、思想の劇的な転換を招来するものであった。

I　政治・思想的推移——高麗朝から朝鮮朝へ

そもそも高麗朝においてはすでに検討したように、太祖王建以来、仏力が国家を庇護して国運を繁栄させるという現世的な国家庇護思想の下で仏教が奨励され、[3]高麗朝の精神的支柱となっていた。しかし、高麗朝の政治体制について見ると、一〇世紀後半に科挙制度の実施をはじめとするさまざまな中央集権的行政機構が確立されたことにより、[4]君主を頂点とし、貴族や儒者を官僚的に編成した中央集権的な家産官僚制的性格を帯びた国家が成立した。[5]すなわち、一方で儒教的に政治体制が構築されながらも、高麗朝時代には、仏教と儒教が少なくとも政治の次元で競合関係に置かれていたのである。

しかし、権門勢家による大土地兼併や農場の拡大、そして寺院を中心とした寺領の膨張が進行し、一二世紀中頃から田柴科の体制が徐々に崩壊していくことによって高麗朝の統治構造は大きく動揺し、[6]一四世紀末に至ると、ついに新興儒臣団が主導する田制改革運動が起こった。[7]

こうして、高麗朝末期の政治的社会的変化としては、第一に、従来の仏教と儒教との競合関係が崩壊し、仏教が事実上その国教としての地位を喪失したこと、第二に、新興儒臣を主軸とした田制改革運動を発端とする政治体制の再編成の道が開かれたことである。[8]

高麗朝における儒教は、九経三史が強調され、原則的には経学主義が標榜されていた。[9]それにもかかわらず、現実的には、科挙制度と結びついて詩文主義が広く流行していたため、[10]高麗朝の儒者の一般的知識は主に文学的教養を意味していた。こうした高麗朝の詩文主義に対して、高麗朝末期の朱子学振興運動は、経書、特に四書を重視する新興儒臣団によって展開された。[11]韓国に朱子学が伝来したのは、安珦《アン・ヒャン》と白頤正《ペク・イジョン》（生没年代未詳）によると言われている。[12]その後、朱子学は白頤正より李齊賢《イ・ジェヒョン》・李穀《イ・ゴク》へと受け継がれ、[13]李穡《イ・セク》並びに鄭夢周《チョン・モンジュ》に至ると、

（3）太祖は、彼の子孫に亀鑑として残した「訓要十条」に、「我国家大業、必資諸仏護衛之力、故創禅教寺院、差遣住持焚修、使各治其業」（『高麗史』巻二、「太祖世家」）と言及している。『高麗史』巻二、太祖二六年、夏四月条。

（4）この点に関する概説的な研究としては、李丙燾『韓国史』（中世篇、震檀学会、一九六二年）一一二～一四九頁参照。

（5）本章で使用した「家産官僚（制）」とは、マックス・ウェーバーがいう「家産国家的構成体」（patrimonial-staatliche Gebilde）を前提とした概念である。Max Weber, *Wirtschaft und Gesellschaft*, 世良晃志郎訳『支配の社会学』（創文社、一九六〇年）一六一～一六六頁参照。「家産制国家」とは、所有権の観念が発達し始める近代以前に、世界史的に広範囲に論議の対象となった複雑で多義的な政治経済史的概念である。近代以前の韓国の場合も、その例外ではない。しかし、近代以前の韓国史において、公田－私田の制度下で家産制国家がどのような形態で存立していたのかについては、まだ開拓的な論議の段階とどまっており、後ほど特に高麗朝そして朝鮮朝の国家的性格を究明する過程で本格的論議が要求される課題として残されていると考える。

（6）この時期の状況については、高麗大学校民族文化研究所編『韓国文化史大系』（Ⅱ）政治・経済篇（高大民族文化研究所出版部、一九六五年）一三二九～一三三五頁参照。

（7）李相佰前掲書、一一七～一七九頁参照。

（8）朝鮮朝初期の政治体制の編制に関しては、李相佰『韓国史』近世前期篇（震檀学会、一九六六年）に詳述されている。同書、一四五～一八三頁参照。

（9）李丙燾『資料韓国儒学史草稿』（ソウル大学校文理科大学国史研究室、一九五九年）第二版第二章、七二頁参照。

（10）徐兢〔中国宋代の人物で、一一二三年に使臣として高麗を訪れている〕は、〔高麗では〕経学はあまりできていない反面、この時期の文章は唐の余弊を彷彿とさせていると、指摘している。徐兢『高麗図経』（亜細亜文化社、一九七二年）巻四〇、二二一頁参照。

（11）『三峯集』巻三、九〇頁参照。

（12）そもそも高麗朝末期における朱子学の伝来者については、二つの説がある。一つは安珦（初名裕、一二四二～一三〇二年）であるという説であり、もう一つは白頤正――年代は不詳であるが、忠宣王朝（一三〇八～一三一三年）時代に官界にて活躍している――であるという説である。前者には、李丙燾（『韓国史』中世篇、六四五頁、震檀学会、一九六二年）の見解があり、後者には、尹瑢均（『尹文学士遺稟』二四～三一頁、京城、一九三三年）、尹瑢均の実証的研究に従った阿部吉雄（『日本朱子学と朝鮮』五五二～五五三頁、東京大学出版会、一九七一年）、張志淵（『朝鮮儒教淵源』五頁、一九二二年）、および李相佰（『韓国史』近世前期篇、六八一頁、震檀学会、一九六二年）等の見解がある。また、近年の朱子学の受容に関する研究としては、尹絲淳『韓国儒学思想論』（ヨルム社、一九八六年）一七～一八頁、および邊東明『高麗後期性理学受容研究』（一潮閣、一九九五年）二二一～三四頁参照。

公教育の最高学府である「成均館」が再興（恭愍王一六年、一三六七年）されることによって、(14)彼らはその中心となり、そこで朱子の『四書集註』が初めて講義されたという。(15)

このようにして、朱子学は高麗期末期において早くも官学的地位を確保したのであった。しかし、高麗期末期におけるこうした朱子学の政治的地位の高揚は、高麗期の伝統的な詩文中心主義の儒学あるいは訓詁の学から四書中心の朱子学へと学問的傾向の重点を移行させるほどのものではなかった。後述するように、朝鮮朝において朱子学が儒学の中での正統な地位を確保しつづけた時代においても、依然として儒林や行政官僚の間に詩文を重んじる傾向や訓詁の学が深く根をおろしていた。(16)すなわち、朝鮮朝においても、こうした詩文尊重の傾向と経書――四書――を重んじる傾向は共存していたのである。(17)

そもそも詩文を重んじる傾向は、それ自体の中に仏教思想に対抗し得るような形而上学や統治論を持っていない。これに対して、形而上学や統治論をその基本的な体系として具備していた朱子学は、伝来以来既存の仏教との争いを経て、朝鮮朝が当面していた政治課題を遂行しながら、朱子学自体をレジティメイト（legitimate）な統治理念にまで高めることができたのである。(18)高麗朝末期より朝鮮朝初期にかけて展開された朱子学振興運動の思想史的意義は、まさにここにあると言えよう。

この時期の新興儒臣団を中心とする政治・思想運動について見ると、第一に、朱子学振興運動においては、王室や貴族の絶対的な庇護を受けてきた仏教の僧侶や寺院によって、俗化された政治的社会的存在様式に対する批判がなされただけでなく、(19)鄭道傳《チョン・ドジョン》（一三四二〜一三九八年、号は三峯）や權近《クォン・グン》（一三五二〜一四〇九年、号

（13）朱子学の伝来以来、それは白頤正に師事した李齊賢（一八二七〜一三六七年）より李穀（一二九八〜一三五一年）へと伝授されたと言われている（尹瑢均前掲『尹文学士遺稾』京城、一九三三、三一〜三二頁参照）。ちなみに、高麗朝末期における儒学の地位ならびに傾向について一言するならば、「行釈教者、修身之本、行儒教者、理国之源、修身是来世之資、理国乃今日之務」（『高麗史』巻九

一三「崔承老伝」）と説かれているように、タテマエとしては各々仏教は「修身之本」として、儒教は「理国之源」として理解されていたように思われる。しかし、高麗太祖（九一八～九四三）の「十訓要」に、「我国家大業、必資諸仏護衛之力、故創禅教寺院、差遣住持焚修、使各治其業」（『高麗史』巻二「太祖世家」）と説かれているように、高麗朝において仏教は国教として国を裨補し、国運を繁栄せしめるという現世的な意義を有していた。そこでは、高麗朝を支える精神的支柱は仏教だったのであり、儒教は漢唐儒学の影響の下に、主として詩・賦・頌・策といった詞章が重んじられていた。これは高麗朝の科挙試験において詞章を主とする「製述業」（これに対して経史を主とするのは「明経業」）が最も盛んであったことと照合している。高麗朝の実質的な国家行政の担い手であった家産官僚はこうした詞章に長じたゆえに登用されていたのである（尹瑢均前掲『尹文学士遺稟』一三～一四頁）。

(14) 張志淵の『朝鮮儒教淵源』（匯東書館、一九二二年）には、当時の「成均館」の再興状況について次のように記してある。「自兵乱以来、学校荒廃、恭愍王新創成均館、選嶺儒鄭夢周・金容九・朴尚衷・李崇仁・朴宜中等兼学官、以李穡為大司成、毎日坐明倫堂、分経授業、講畢相与論難、於是程朱之学始興焉。是時学者所習経書、自中国至者、惟朱子集注……」（同前、一六頁）。また、成均館の歴史的推移に関しては、李成茂「鮮初の成均館研究」（『歴史学報』第三五、三六合輯、歴史学会、一九六七年）参照。

(15) 同前。

(16) この点については、本書第四章第二節において言及している。

(17) 朝鮮朝初期に至ると、儒者の間に科挙制をめぐって経義を重視する講経論と詩文を重視する製述論との対立が露呈したのであるが（李成茂前掲「鮮初の成均館研究」二四一～二四五頁参照）、そうした対立はなによりも儒者の官界進出と直接利害関係があったがゆえに、中宗朝（一五〇六～一五四四年）において「己卯士禍」（一五一九年）へと発展したほどである。申奭鎬「己卯士禍の由来に関する一考察」（『青丘学叢』第二〇号、一九三五年五月）参照。

(18) 朱子学的な思惟にもとづく統治理念の追求は、一三九〇年代において鄭道傳や權近によって初めて試みられたと思われる。後述するように、それは朱子学を異教である仏教に対してはもとより、儒学の中での正統的（orthodox）な学問として捉えようとする指向とほとんど時を同じくして、朝鮮朝儒教体制におけるレジティメイトな統治理念として胎動している。『三峯集』巻七、国史編纂委員会、二〇四～二〇五頁参照。〔L（legitimacy）正統とO（orthodoxy）正統の違いは、丸山眞男「闇斎学と闇斎学派」（一九八〇年）で論じられている（『丸山眞男集』第八巻、岩波書店、二〇〇三年、所収。同巻の飯田泰三「解題」も参照）〕

(19) たとえば、「仏氏之教、以清浄寡欲離世絶俗為宗、非所以治天下国家之道也。近世以来、僧徒不顧其師寡欲之教、土田之租、奴婢之庸、不以供仏、僧而自富、其身出入寡婦之家、汚染風俗、賄賂権勢之門、希求巨利、其於清浄絶俗之教何。願自今選有道行者、住諸寺院、其田租奴婢之傭、令所在官収之、載諸公案、計僧徒之数而給之、禁住持窃用。凡僧留宿人家者、以姦論充軍籍、其主家亦論罪」と批判されている。前掲『高麗史』一一一巻、趙仁沃伝。

は陽村）は、朱子学を宇宙論や人性論の次元から理解しようと試み、その理解を背景にして、仏教——彼らの批判は仏教だけでなく、広く楊朱、墨翟、老荘にまで及んでいる——を異端として排斥したのである。(20) 第二に、田柴科《でんさいか》〔高麗時代に行われた土地制度〕の体制崩壊を招来した土地の「私田」化傾向を改革し、「科田法」を実施することによって、(21) 家産官僚制的儒教体制の経済的基礎を強固にしたのであった。

II　政治的思考の特質と朱子学の受容様式

ここで、以上の二つの点を視野に置きながら、その思想史的推移をもう少し具体的に検討してみよう。詳述するまでもないが、朝鮮朝初期の鄭道傳や權近の段階においては、いまだ朱子学的思惟を基礎とする包括的世界像が確立していたわけではない。むしろ、伝統儒教の流れに乗った政治的思考——体制改革論——が政治体制の現実的課題に即応していたために、彼らは制度改革論の重要性を主張していたのである。したがって、このような政治的思考を、朱子学的世界像の中で体系的に理論化する段階にまでは至っていなかった。すなわち、当時の儒者の間には、制度論の思想的意味に対する自覚がさほどなかったことを意味している。

しかし、鄭道傳や權近の朱子学的宇宙論や人性論に対する理解は、(22) 少なくとも仏教を異端視する決定的な契機(moment)となり、輪廻説や因果説に対する批判はもちろんのこと、儒教的生活態度が基本的には現世における合理的な即応を主眼とし、そのための秩序倫理を第一義的な実践過程としていたのに対して、「仏氏は人倫を仮合の世界とみなしている」(23) と論じているように、仏教のいわゆる現世を全的に「仮合」世界とみなす世界観が痛烈に批判された。仏教のこうした現世的価値——秩序倫理——の否定は、仏教それ自体が規範主義的指向——た

(20) 鄭道傳は、仏教の排斥に際して、「心気理篇」（一三九四年）並びに「仏氏雑弁」（一三九八年、鄭道傳前掲『三峯集』巻九および

巻一〇、二五四～二八六頁）を著している。また権近は右二篇の「序」を書いている（鄭道傳前掲『三峯集』二七七～二七八頁、および二八六～二八八頁）。ここで権近の所説を紹介しておくと、「先生（鄭道傳）、常以明道学闢異端為己任、其言曰、人之生也。受天地之理以為性、而其所以成形者気也。合理与気、能神明者心也。儒主乎理而治心気、本其一而養其二、老主乎気、以養生為道、釈主乎心、以不動為宗……老欲無為、不計事之是非而皆去之……釈欲無念、不論念之善悪而皆遣之……是二家之学、不陥於枯槁寂滅、則必流於放肆縦恣、其賊仁害義、滅倫敗理……若吾儒道、則不然。天命之性、渾然一理、而万善咸備、君子於此、常存敬畏、而必加省察、萌於心者、原於理則拡而充之、生於欲則過而遏絶之……」（鄭道傳前掲『三峯集』二八六～二八七頁）などである。朝鮮朝初期におけるこうした仏教や諸子百家の排斥に先んじて、朱子学の形而上学的な理解が試みられていたが、権近の『入学図説』（一三九〇年）はその代表的な著作である。権近の『入学図説』に関する研究としては、李丙燾「権陽村の入学図説に就いて（上・下）」（『東洋学報』一七巻四号および一八巻一号、一九二九年）がある。これは一三九〇年代における朝鮮朝朱子学の傾向を知る上で最も実証性の高い論文の一つである。『入学図説』には数多くの図説が収められているが、李丙燾の所説によるならば、「第一、此の図説中に於いて著者（権近）の最も力を入れ、此の本の根本的部分をなし、後人の学問および図説の上に最も深く関係し影響したのは、何よりも「天人心性合一図」である……。そもそも天人心性合一図は、……宋の周濂渓の太極図および朱子の中庸章句の説（天以陰陽五行化生万物、気以成形而理亦賦焉）を参酌して、人間の心性の上に就き、理気、善悪の殊を示したもの……」と記されている（同前、一八巻一号、一二一頁）。李丙燾はさらにこの『入学図説』が後に鄭之雲（一五〇九～一五六一年）の「天命旧図」、李退溪の「天命新図」に甚大な影響を及ぼしていることを指摘しており（同前、一三一～一三三頁）、また李退溪の「四端七情」説もこの影響を受けていることを主張している（同前、一三三～一三九頁）。

（21）高麗朝末期における寺領の拡大や権臣豪族の土地兼併については、旗田巍「高麗朝に於ける寺院経済」（『史学雑誌』第四三編第五号、史学会、一九三二年）一二～一六頁、および深谷敏鉄「鮮初の土地制度・一班（上）——いわゆる科田法を中心として」（前掲『史学雑誌』第五〇編第五号、一九三九年）四九～五三頁参照。ここに用いられている「私田」という言葉は、朝鮮の土地制度上の用語で、「公田」に対する概念である。千寛宇は、「税の徴収という点からみて国家の直接管轄を受ける……（土地）……を公田といい、免税の特権が許容され国家の直接管轄を受けない……（土地）……を私田」と解釈している。千寛宇「磻溪柳馨遠研究（上）」『歴史学報』第二輯（歴史学会、一九五二年）二五頁を参照。「科田法」とは、高麗朝末期における土地制度の紊乱に際して改革された（一三九一年）土地制度である。それは土地を国家公有とし、その前提にもとづいて、現職・休職者を問わず家産官僚の等級に従って一定の収租権を与える家産官僚中心の土地分給法といわれている。

（22）『三峯集』巻九、二五四～二五八頁参照。

（23）原文は「仏氏以人倫為仮合」同前、巻九、二六二頁。

とえば、政治体制論――を具えていなかったことを意味している。それに比べて、高麗朝以来の伝統儒教は、一方で強固な詩文主義的傾向が厳存していたにせよ、伝統儒教それ自体に政治体制論が内在していた。そして、そうした側面があることによって、伝統儒教はついに、高麗朝末期の儒者による朱子学の導入を契機として、オーソドクシー（orthodoxy）の地位にまで発展する朝鮮朝思想史における画期的な思想状況を造り出すことができたのである。

次に高麗朝末期から朝鮮朝初期にかけて儒者が展開した「狭義」の政治的指向は、新興儒臣団の田制改革運動に見られるように、明らかに、為政者の修徳よりも儒者を統治主体とする家産官僚制的儒教政治体制の経済的基礎を再建しようとする制度（改革）論であった。[24] もちろん、当時の儒者の間でこれに対応する、政治における統治者の修身論が度外視されていたわけではない。[25] しかし、彼らの修身論は、朱子学の修身論のように哲学的に体系化されていたわけではなかった。彼らはむしろ、修身論以上に朝鮮朝儒教政治体制の基礎となる制度――統治規範――の問題に、より多くの関心を寄せていたのである。それは、鄭道傳が一三九四年に太祖に撰進した『朝鮮経国典』が、その後成宗朝（一四七〇～一四九四年）に至るまでの約八〇年間に遂行された法典編纂作業のモデルになったということを見ても明らかであると言えよう。[26]

もちろん、このような法典編纂事業が、建国当初の政治的必要性から推進されたことは明らかである。しかし、少なくとも、その根底には制度論に関する次のような思考方法の推移があったと考えられる。すなわち、高麗朝末期の田制改革運動に見られた制度論が基本的に「改革」の論理であったとすれば、朝鮮朝建国当初の『朝鮮経国典』から『経国大典』に至る法典編纂事業の過程で、確かに「成憲」――一旦制定された法典を護持しようとする指向――の論理が成長した、ということである。[27] 換言すれば、儒者を高麗朝の政治体制批判から朝鮮朝の新しい政治体制の建設に移行させた客観的政治状況の変化は、同時代の儒者の制度論の根底を流れていた政治思考までも変換させてしまったのである。そして、この成憲主義的指向は、建国当初の法を「祖宗の法」ゆえに神聖視するという伝統主義的思考方法を生み、その伝統主義的思考方法が当時の儒者の政治思考の中で何よりも——たとえば、制度改革論よりも——優位を占めるに到ったのである。これは同時に、制度改革論に見られる政治的リアリズムの衰退を随伴していた。もちろん、当時の朱子学思想の諸範疇が個別的理解にとどまっていたことと対応して、すでに述べたような制度改革論から法における伝統主義的思考方法に至る制度論の変遷がどのような思想的意味を持っているのか、ということに対する自覚はさほどなかったと考えられる。制度論が朝鮮朝朱子学の中で体系的に理論化されるのは、李退溪の包括的世界像が形成された後のことである。

では、こうした思想状況の中で、朱子学がまさに「朝鮮朝朱子学」として定着していく過程において、これまでも述べてきた統治規範＝制度論の問題に対応するものとして、朱子学的政治的指向の中核的課題の一つでもある統治者の修身論がどのような過程を経て朝鮮朝朱子学の方向を設定したのか、について検討してみよう。

これまでの説明から明らかなように、朱子学が朝鮮朝朱子学として体系化され、朝鮮朝朱子学体制内の正統（orthodoxy）として君臨する李退溪の段階に至るまで、高麗朝以来の伝統儒教や過渡期の段階にとどまっていた朱子学は、ともに正統としての思想的限界によって制約されていたため、朝鮮朝儒教体制内の政治的地位は非常に流動的な性格を帯びていた。(28)

(24) たとえば、「夫仁政、必自経界始。正田制、而足国用、厚民生、此当今之急務也。国祚之長短、出於民生之苦楽、而民生之苦楽、在於田制之均否」と記されている。『高麗史』巻七八「食貨志」二〇丁。

(25) 鄭道傳は「君道」に関して、「堯自唐侯、昇為天子……以言其心法、則曰欽明文思安安、以言其身法、則曰允恭克譲」と述べている。『三峯集』巻一一、二九六頁。

(26) 浅見倫太郎『朝鮮法制史稿』（巌松堂書店、一九二二年）三一九～三二〇頁参照。

(27) 『太宗実録』巻八、太宗四年九月丁巳条、参照。

(28) 朝鮮朝初期の儒学思想の推移に関しては、李丙燾『資料韓国儒学史草稿』第三編第一章、および同編第二章を参照。

しかし、一五世紀中頃から一六世紀中頃にかけての政治過程に見られるように、世宗（一四五五～一四六八年）の王位簒奪事件を始めとする一連の戊午士禍（一四九八年）、甲子士禍（一五〇四年）、己卯士禍（一五一九年）、乙巳士禍（一五四五年）を通じて、[29]統治層内部に「君臣の義」をとりまく統治者の自己規律＝修身の問題が儒者間の当面の政治的課題とならざるを得なくなり、この修身論が結局は朱子学と結びつくことになったのである。特に、金宗直《キム・ジョンジク》（一四三一～一四九二年）から金宏弼《キム・グエンピル》（一四五四～一五〇四年）を経て趙光祖《チョ・クワンジョ》（一四八二～一五一九年）に至る嶺南派[30]の道学尊崇論は、まさに治者としての修身論を論じたものである。[31]換言するならば王位簒奪事件以来の客観的な政治状況を背景にしてようやく朝鮮朝朱子学は開花への道が開けたと言えるのであり、儒者が当時の政治状況から得た政治的教訓として、君臣が統治者になるためには、まず統治者として必要な徳を具えていなければならないという修身論に傾倒したとしても、少しも不思議なことではなかった。その意味で、彼らにとって「存心」（朱子学の修身の方法の一つで、人間の内面的な本然の性を保存すること）や「持敬静坐」（敬を持って心身を静かにし、本然の性に到達すること）等の朱子学の――治国平天下の前提としての――主観主義的な実践倫理は、最も適合的なものであった。こうして、朝鮮朝朱子学が朝鮮朝儒教体制の正統的統治イデオロギーとして確立されるためには、上記のような政治過程を媒介にして道が開かれた主観主義的指向が、伝統主義化された法の規範的指向＝客観主義とともに、李退溪の完結した朱子学的世界像の中で理論化されなければならなかったのである。

ところで、朝鮮朝朱子学それ自体の足跡をたどってみると、中央の成均館を通じてその振興が図られたにもかかわらず、[32]世祖朝（一四五五～一四六八年）から中宗朝（一五〇六～一五四四年）にかけて官学としては次第に衰退していった。[33]このことは、逆に朝鮮朝朱子学が私学として発展し得る契機を助長しており、それは主として嶺南派に見出すことができる。[34]そして、朝鮮朝朱子学は明宗・宣祖両朝においてその極盛期を迎え、畿湖学派と嶺南学派の二大学派を形成するに至る。[35]つまり朝鮮朝朱子学が私学によって発展させられたということもさることながら、朝鮮朝儒教体制を支える統治理念がまさにこの私学によって担われるようになったということは、朝鮮朝儒教体制の最も特質なる一側面である。朝鮮朝朱子学がこの私学を背景にしながら、詩文中心主義的指向に

(29) 戊午・甲子の二つの士禍に関しては、瀬野馬熊「燕山朝の二大禍獄」（『青丘学叢』第三号、一九三一年）を、己卯士禍に関しては申奭鎬前掲論文を参照。

(30) 詳しいことは、李丙燾『資料韓国儒学史草稿』第三編第一章、四〇～四三頁、および同編第二章、四六～六二頁を参照。

(31) 玄相允『朝鮮儒学史』（民衆書館、一九六〇年）五〇～五二頁参照。

(32) 李成茂前掲論文、二四五～二六三頁参照。権近の詩文重視はその後、官学界において二〇余年間の論争へと発展し、世宗朝（一四一九～一四五〇年）において勝利を得るに至る。朴天圭「陽村権近研究」（『史叢』第九輯、高麗大学校史学会、一九六四年）三三頁参照。朴天圭前掲論文は、朝鮮朝初期の官学界における経義と詩文をめぐる論争を理解する上で有効である。

(33) 柳洪烈「朝鮮に於ける書院の成立（上）」（『青丘学叢』第二九号、一九三九年）五九～七六頁。こうした官学としての朝鮮朝朱子学の衰退は、本節註17で述べたところの朝鮮朝初期における詩文優位と照応するものであった。

(34) 柳洪烈「麗末鮮初の私学」（『青丘学叢』第二四号、一九三六年）九七～一一七頁参照。また嶺南派の主な系統は、金宗直（一四三一～一四九二年）→金宏弼（一四五四～一五〇四年）→趙光祖（一四八二～一五一九年）といえる（李丙燾『資料韓国儒学史草稿』第三編第一章第七節、四〇～四三頁、および同第二章第二節、四六～六二頁参照、ソウル大学校文理科大学国史研究室、一九五九年）。彼らの政界においての詩文尊重派との党争については、申奭鎬前掲「己卯士禍の由来に関する一考察」参照。

(35) 畿湖学派と嶺南学派は朝鮮朝儒学思想史において、朝鮮朝末期に至るまで各々学統が受け継がれた二大学派である。嶺南学派とは、李退渓を祖宗とし、今の慶尚南北道地方を中心に形成された学派であり、畿湖学派とは李栗谷を祖宗とし、今の京畿道、忠清南北道地方を中心に形成された学派である。この両学派の思想的対立は、理気論争をめぐって始まる（次節参照）。こうした理気論争を中心にした両学派の経学史的な研究としては、高橋亨「朝鮮朝儒学史に於ける主理派主気派の発達」（『朝鮮支那文化の研究』所収、京城帝国大学法文学会編、一九二九年）がある。そこでは、各々の学派における理気論の変遷が検討されている。嶺南学派と畿湖学派における学的系譜については、各々同論文の二二六頁および二五六頁に記されている。本論文では、近世実学派の思想を考察するに際して必要な限りにおいて述べるつもりであるが、後述するように、特に畿湖学派は後に政界において老論派の中心思想となるので、主に畿湖学派の思想が考察の対象になることをことわっておきたい。経学史的な研究としては、その他に、玄相允『朝鮮儒学史』（民衆書館、一九六〇年）および李丙燾前掲『資料韓国儒学史草稿』等があげられる。

対抗しつつ、朝鮮朝儒教体制の中に安定した政治的地位を得るのは、朝鮮朝朱子学の極盛期到来と同時に顕著に進行したことであった。明宗（一五四六～一五六七年）および宣祖（一五六八～一六〇八年）の熱烈な道学崇尚により、李退溪や李栗谷をはじめ、私学界から輩出した多くの儒林が続々と政界に登用された。(36) 栗谷の「経筵日記」はこの間の事情を最もよく明らかにしている。(37) 私学が朝鮮朝儒教体制の思想的トレガー（Träger——担当者、支持者）として、朝鮮朝末期に至るまで決してその衰えを知らなかったのは、明宗・宣祖両朝において私学の政治的地位が高揚したことにより、家産官僚の恒常的な供給源として、常に朝鮮朝儒教体制に密着していたからにほかならない。こうして、朝鮮朝朱子学は朝鮮朝において最も正統的な学問として恒存することができたのである。

しかし、このように朝鮮朝儒教体制に密着していた朝鮮朝朱子学が、他面で悪名高い「党争」と強固に結びついていたことは否定できない。というのは、朝鮮朝における家産官僚の調達が私学によって支えられていたために、私学界における学派の対立が朝鮮朝の儒教的家産官僚制の中に投入され、官僚制の中に学閥が形成されただけでなく、やがてそれが政治的党派へと発展したからである。(38) 一五七五年の東西分党以来四分五裂していった党派の中で、一六八三年の老少分党を契機として、老論派は——一時的には少論派との対立を見せているが——朝鮮朝末期に至るまでほとんどの時代を支配していた。(39) 彼らは権力と教義の両面を掌握していたのである。そこで

(36) 私学界から官界に進出した当時の儒林をあげるならば、李退溪をはじめ、その門下の柳成龍《ユ・ソンニョン》（一五四二～一六〇七年）、金誠一《キム・ソンイル》（一五三八～一五九三年）、鄭逑《チョン・グ》（一五四三～一六二一年）、禹性傳《ウ・ソンジョン》（一五四二～一五九三年）など、栗谷をはじめ、その門下の趙憲《チョ・ホン》（一五四四～一五九二年）、李貴《イ・グィ》（一五五七～一六三三年）、黄愼《ファン・シン》（一五六〇～一六一七年）など、その他、宋翼弼《ソン・イクピル》（一五三四～一五九九年）、徐敬德《ソ・キョンドク》（一四八九～一五四六年）門下の許曄《ホ・ヨプ》（一五一七～一五八〇年）および朴淳《パク・スン》（一五二三～一五八九年）など、曺植《チョ・シク》（一五一〇～一五七二年）門下の崔永慶《チェ・ヨンギョン》（一五二〇～一五九〇年）などがあげられる（李相佰前掲『韓国史』五六七～五七一頁参照）。

(37) たとえば、次の諸節は明宗や宣祖が道学者としての李退溪にいかに愛着を持っていたかを示している。「以李滉為同知中枢府事、有旨曰、予以不敏、似乏好賢之誠、自前累召、毎辞以老病、予心不寧、卿其体予至懐、斯速上来」（「経筵日記」『栗谷全書』所収、巻二八、成均館大学校大東文化研究院、一九五八年、影印本）、六丁右。「三月李滉謝病帰郷、滉自陳老病、懇乞環郷、章累上、上許之、引見于便殿、上問曰、卿欲何言、滉曰、伏願聖明愛護士林、上曰当為卿勉之、又問曰、朝士何人可倚信、何人為道学乎、滉対曰、李浚慶可託大事願信任勿疑、奇大升学問之士也。但未造精微耳」（同前、三〇丁左）。

(38) 本論文の課題からして、ここで朝鮮朝の官界における党争それ自身を論ずる必要はないと思う。ただ、ここでは老論派が台頭するまでの党派の分裂を年代順に記しておくにとどめたい。一五七五年、政界に進出していた儒林群は東人と西人とに分裂するが、東人には主に李滉の門人（嶺南学派）が、西人には主として栗谷の門人（畿湖学派）が各々多数を占めることによって、私学界における思想的対立が政界における党派の形成と絡み合うことになった。東人はさらに一五八九年に北人と南人とに分裂し、西人は一六二三年、功西と清西とに分裂する。そして、西人系の清西がさらに一六八三年に老論と少論とに分裂していく。少なくとも李栗谷が他界した一五八四年頃から一六二三年頃までには東人が政界において優勢であったが、その後は西人系の功西（一六二三～一六五〇年）、そして一六五〇年頃から朝鮮朝末期に至るまでは、ほとんど清西が政界において優勢であった。詳しくは、李相佰前掲『韓国史』五六六頁に挿入されている「党争の経過」図表を参照。また、人物中心の党派分裂に関しては、李丙燾『資料韓国儒学史草稿』第三編第三章、一二〇頁に挿入されている「党派分裂表」を参照。

(39) 老論派の主な学統は、一般に次のように理解されている。李栗谷→金長生（一五四八～一六三一年、号は沙溪）→宋時烈（一六〇七～一六八九年、号は尤庵）→権尚夏（一六四一～一七二一年、号は遂庵）→韓元震（一六八二～一七五一年、号は南塘）および李柬（一六七七～一七二七年、号は巍巖）。その他に主な分流として、①宋時烈→金昌協（一六五一～一七〇八年、号は農巖）→李縡（一六七八～一七四六年、号は陶庵）→任聖周（一七一一～一七八八年、号は鹿門）、②宋時烈→金昌協および金昌翕（一七五三～一七二二年、号は三淵）→金元行（一七〇二～一七七二年、号は渼湖）→朴胤源（一七三四～一七九九年、号は近齋）→洪直弼（一七七六～一八五二年、号は梅山）→任憲晦（一八一一～一八七六年、号は鼓山）→田愚（一八四一～一九二二年、号は艮齋）等の系統がある。ここで老論派の政治的意義について述べておこう。すでにふれたように、明宗・宣祖両朝時代において、私学の中から輩出された儒林が数多く政界に進出したことによって、朝鮮朝儒教体制下における政治的支配と朝鮮朝朱子学の結合が進行していたのであるが、特に一六八三年の老少分党以来、朝鮮朝末期に至るまでほとんどの時代を老論派が支配していたということは次のような意味において朝鮮朝儒教体制の政治的特質と言えると思われる。すなわち、老論派は一方では栗谷以来、朝鮮朝朱子学の主流の一つである畿湖学派の学統を誇りつつ、他方では政界における党争の勝利者となったのであるが、そこにおいて朝鮮朝儒教体制下における政治的支配と私学の中に深く根を下ろしている朝鮮朝朱子学との強固な結合が実現されることとなったのである。

は、正統的な学問としての朝鮮朝朱子学は、党派の理論的武器に置き換えられていった。

Ⅲ　儒教政治体制の諸般の基礎

では次に、朝鮮朝儒教政治体制内における儒者の政治的地位について言及しておくことにしよう。言うまでもなく、この家産官僚制的儒教政治体制のトレガーをなしていたのは、一般に儒学を修得し科挙に合格した家産官僚である。しかし、すでに述べたように、彼らの知的訓練が私学＝書院によって成就されていくにしたがい、その当然の結果として、私学は朝鮮朝正統朱子学それ自体の理論的支柱にならざるを得なかった。したがって、朝鮮朝の政治社会においては、朱子学におけるさまざまな教養の正否を判断する教養解釈者としての儒林と、朝鮮朝儒教政治体制の実質的トレガーである行政官僚とが常に存在していたのである。[40]

では、彼ら両者はどのような社会的基盤から生成されたのであろうか。一般に朝鮮朝は身分制社会と言われており、大別して両班・中人・常民および賤民からなっている。[41] こうした身分制社会と照応して、儒林や行政官僚の調達は身分層の最上位を占めている両班によって事実上独占されていた。[42] そもそも両班とは、高麗期の官職についていた東班（文官）と西班（武官）の総称であり、[43] それが即自的《アン・ジッヒ》に社会的身分を示すものではなかった。しかし、朝鮮朝においては、両班とは文官あるいは武官の官職に就いている士類だけでなく、その士類の属する家柄をも意味しており、すぐれて血縁概念であったのである。したがって、こうした血縁を中核とした両班は、高麗期のそれに比べれば、すぐれて身分的な概念であったと言える。[44] また、朝鮮朝の両班は血縁の上に成り立っていたために、他の身分――中人・常民・賤民――と厳格に区別されていた。こうした傾向は単に身分上の閉鎖をもたらしただけでなく、士農工商という職業上の分業にも顕著にあらわれ、血縁関係を主な基準とする職業的閉鎖性をもたらした。つまり、両班の子弟は両班の家門に生まれたために常に両班の身分的地位を保たなければならず、また両班は政治的に他の身分層を支配する治者であるために儒学を修得し、儒林あるいは行政官僚にならなければならなかった。朝鮮朝社会においては、自分がどの身分に属するか、またいかなる職業に専従することが

(40) しかし、実際においては、両者は互いに極めて流動的であり、行政官僚と区分される純粋な儒林とは極めてまれに見られるものと思われる。朝鮮朝における儒林の模範としての李退溪も両方の役割を果たしており、朝鮮朝末期における儒林を代表し得る衛正斥邪派の宗匠、李恒老《イ・ハンノ》(後述)についても同じことが言える。そもそも儒林は、実質的な行政官僚でなくても「士」としての身分が保証されている限り、広い意味での支配層に属するものであり、直接国家の政策決定に参加しないにしても、その政策の正当性如何を判定する教義解釈者として、あるいは正当な教義にもとづく新しい政策の進言者としてその政治的役割は極めて大きかった。その身近な例は、朝鮮朝末期における衛正斥邪派において見ることができる。また、その流動的な側面を強調し得る例としては、朝鮮朝後期における老論派の政治的役割をあげることができる。朝鮮朝において朱子学は官学よりもむしろ私学によって支えられていたために、朱子学的な統治理念はもとより、実質的な行政官僚もこの私学を通じて多く輩出されていた。彼らはこうした私学を背景に、純粋な儒林としてとどまることなく、一方では朝鮮朝儒教体制のレジティームな統治理念の担い手として、他方ではそれにもとづく政策決定の直接の担当者として、朝鮮朝後期のほとんどの時代を支配していたのである。

(41) 朝鮮朝における身分制はその分類の仕方によって多少の異同が見られ、「両班」「中人」「吏校」「良人」「賤人」、あるいは「両班」「中人」「下人」とも分類され得る。李相佰前掲『韓国史』近世前期篇、三〇三～三二四頁参照。しかし、一般的には「両班」「中人」「常民」「賤民」と分類するのが通念となっている。たとえば、四方博「朝鮮朝人口に関する身分階級別的観察」(『京城帝国大学法学会論集』第一〇冊、岩波書店)九頁。

(42) 朝鮮朝の科挙制において行政官僚を採用する文科の受験資格については明文化されていない。李相佰が文科の受験資格には身分的な制限があり、両班以外には原則的に受験資格がなかったというのは誤りである(前掲『韓国史』二七八～二七九頁)。金永謨「李氏王朝時代の支配層の形成と移動に関する研究」では、両班以外の身分から文科に及第している実例が指摘されている(『中央大学校論文集』第一一輯、一八六～一八九頁、中央大学校、一九六六年)。鄭求福「磻溪柳馨遠の社会改革思想」では、良人(=常民)が官職に進出できなかった理由として、経済的条件に起因するものであると指摘している(『歴史学報』第四五輯、二二頁、歴史学会、一九七〇年)。

(43) 両班の語源については、末松保和「高麗初期の両班について」(『東洋学報』第三六巻第二号、東洋学術協会、一九五三年)参照。

(44) 四方博前掲「朝鮮朝人口に関する身分階級別的観察」三七三～三七八頁、および李相佰前掲『韓国史』三〇七～三〇八頁参照。

できるかということは、すべて血縁関係が支配的な基準となっていたのである。(45)したがって、こうした身分制の厳格な閉鎖性が士農工商の職業的閉鎖性をもたらし、朝鮮朝儒教体制のトレガーたる儒林や行政官僚は、常にこの両班社会から調達されていたのである。

しかし、朝鮮朝において官途につく最も正規のルートは、科挙制それ自体について見るならば、必ずしも身分制的な閉鎖性が貫かれていたわけではなかった。むしろ、タテマエとしては厳格な業績主義を貫こうとしていた。(46)にもかかわらず、その実情は全く逆行していた。(47)特に文科合格者の身分的背景を見ると、身分の位階が高ければ高いほど多くの合格者を出しており、(48)こうした傾向は、多くの場合官界の中に一つの門閥を形成するに至ったのである。(49)朝鮮朝科挙制におけるこうした血縁主義への偏向と並行して、朝鮮朝科挙制のもう一つの特質をなしていたのは、試験科目の内容である。そこでは四書とともに、相変わらず詩、賦、表、箋、箴、頌、対策等の詞章が重んじられていた。(50)

最後に、朝鮮朝儒教体制の政治的・社会的基礎に関連するものとしての経済的基礎について解説しておく必要があるだろう。朝鮮朝儒教体制の経済的基礎は、「農者、万事之本也」(51)と説かれているように、主として農本主義的経済政策の上に立っていた。朝鮮朝初期における農本主義的経済政策の制度的基礎をなしていたのは「科田法」である。「科田法」はすでにふれたように、高麗朝末期の土地制度の紊乱――権門豪族並びに寺院の莫大な土地の領有――に対し、李成桂一派によって遂行された田制改革運動の結実であった。(52)「科田法」によれば、「土地公有の基礎の上に、収租権の帰属に依って全国の土地を公田、私田の二形態に分ち」(53)、私田は京畿道において、そして公田は京畿道以外の地方においてのみ認めることによって、公田と私田の地域的区別を明確にした。その意図するところは、在京の現・休職官吏に収租権を与える私田を京畿道に限定し、公田の私田化を防ぐためであ

(45) 朝鮮朝における身分制は、そこに血縁主義が貫かれていたために極めて閉鎖的であったのであるが、それに反してその血縁上の閉

鎖性が破られ、相異なる身分の間に血縁関係が成立した場合には、身分上の制限や移動が見られる（李相佰前掲『韓国史』三一〇～三一九頁参照）。

(46) 本節註13参照。

(47) 朝鮮朝の科挙制は、大別して文科・武科・雑科に分けられる。文科についてみるならば、それは行政官僚の登用試験過程として、さらに小科と大科に分けられている。小科初試および覆試に合格すると、「生員」あるいは「進士」といい、①成均館への入学資格、②「士」としての社会的地位、③下級官僚への就職資格、④大科応試の資格が与えられる。そうして、さらに大科初試および覆試に合格すると、高級官僚の資格が与えられる。以上の受験方式がいわゆる「式年試」というものであり、この他にその変形として、「増広試」「別試」「庭試」「謁聖試」「春塘台試」等がある。

(48) 金永謨前掲「李氏王朝時代の支配層の形成と移動に関する研究（続）」表一三および表一四（同前、第一二輯、一二九～一三二頁、中央大学校、一九六七年）参照。

(49) 金永謨はこうした門閥の形成について、南陽洪氏の「文信公派譜」に見られる実例をあげつつ、次のように説明している。洪氏の「八代の孫である子敬（参判＝従二品に該当する官職）より十三代の孫である暹（領議政＝正一品で中央行政の最高官職）に至るまで五世代の間に二品以上の官階を維持したのであり、その子孫は蔭徳により「参上官（朝鮮朝の官階において六品以上正三品堂下官までをいう）に入仕し、後に科挙に合格する現象が見られる」。金永謨前掲「李氏王朝時代の支配層の形成と移動に関する研究」第一一輯、一九六～一九八頁参照。朝鮮朝における官吏登用は、正規の「式年試」の他に、不定期の別試を通じて門蔭子弟を大幅に受け入れる方式をとっていたのであり、そうした門閥は、さらに名門家系間の通婚を通じてより強固なものになっていた。

(50) 朝鮮朝の科挙制においては、高麗朝のそれにおける「明経業」と「製述業」とがそのまま踏襲され、制度上の名称は変わるにしても、文科の小科および大科の試験において経義とともに詩文が重んじられている（李相佰前掲『韓国史』二八〇～二八四頁参照）。これをさらに朝鮮朝初期の朱子学者である鄭道傳と権近についてみるならば、鄭道傳の経義優位に対して、権近の詩文重視が見られる（李成茂前掲「鮮初の成均館研究」二四二頁）。

(51) 鄭道傳前掲『三峯集』二二四頁。

(52) 高麗朝末期における田制改革論については、李相佰「朝鮮朝建国の研究――朝鮮朝の建国と田制改革問題」（『朝鮮文化叢書』第九輯、乙酉文化社、一九四九年）が最も有益である。

(53) 深谷前掲「鮮初の土地制度・一班（上）」六七頁。同論文（上・下）は「科田法」それ自体についての分析を試みているもので、科田法のその後の推移については、同「科田法から職田法（上・下）」（前掲『史学雑誌』第五一編、第九号および第一〇号、史学会、一九四〇年）参照。

った。しかし、高麗朝末期の田制改革運動のスローガンとも言うべき、「およそ仁政とは、必ず経済のことから始めて、国制を正しくし、国の使用に充分なようにし、民の生活を厚くすること、これが目下の急務である。国が栄えているかいないかは、民の生活が苦しいか楽しいかに関わっている。そして民の生活が苦しいか楽しいかは、田制が均等かそうでないかに関わっている」[54]という当初の政治的目標の結実として生み出された「科田法」は、私田を京畿道に限定することで国家財政の経済的基礎を立て直そうとしたものだったとはいえ、農民――身分的には常民――に土地を分給するものではなかった。[55] すなわち、「科田法」においては農民は全く疎外され、せいぜい小作人の地位にとどまっていたのである。「科田法」にその端を発する朝鮮朝の土地制度は、むしろ家産官僚制的な儒教体制の経済的基礎を確立しつつ、その担い手たる家産官僚の経済的地位を高めようとしたところにその特色があったと言えよう。しかし、結果的には、朝鮮朝儒教体制の経済的基礎の確立の方向よりも、すでに太宗朝（一四〇〇～一四一八年）において、

わが太祖である康獻大王様におかれましては、天命に応じ人心に従い、創業なさった初めに、まず第一に私田を改革して疆界を正されたので、本当に盛代万世の良法であります。しかし、給田法に対しては、言うべきことがあります。給田の科は十八等ありますが、その第一科の受田が百五十結になると、収租は多くないとは言えず、また受け取る禄も多くないとは言えないので、これは充分一家の一年間の用途を充分供給することができます。その上に、功臣田を加えて、開国や定社や佐命や元従や回軍とし、また別賜田があるので、一人がもらうものはほとんど千結になるのです。[57]

と批判されていたように、「功臣」を初めとする特定の家産官僚の私田の拡大をはじめ、大土地領有化の方向へと進んでいた。[56]

さらにこうした朝鮮朝土地制度の崩壊に拍車をかけたのは、土地行政の一線に立っていた地方胥吏《しょり》〔庶民から採用された下級役人〕の不正である。彼らは、朝鮮朝の土地制度が高麗期の土地制度の基調をなしていた「結負法」を無批判に継承していたために、[58]土地の測量、等級の判定、収穫量の計算等を自由に操作することができたのである。[59]こうして、一方においては朝鮮朝儒教体制を担うべき国家財政の供給源が次第に減少していったのであり、他方においては農民の収奪が日常茶飯事のごとく行われたのである。

(54) 原文は「夫仁政、必自経界始、正田制、而足国用、厚民生、此当今之急務也、国祚之長短、出於民生之苦楽、而民生之苦楽、在於田制之均否」『高麗史』巻七八「食貨志」二〇丁。
(55) 「科田法」には農民に土地を給付するという規定は見出されない（深谷前掲「鮮初の土地制度・一班（上）」五六〜一六八頁参照）。
(56) 李相佰前掲『韓国史』三八一〜三八五頁参照、および深谷敏鐵「科田法から職田法へ（上）」（『史学雑誌』第五一編第九号、史学会、一九四〇年）二〇〜四二頁。
(57) 原文は「惟我太祖康献大王、応天順人、創業之初、首革私田、以正疆界、誠盛代万世之良法也。然於給田之法、有可言者、給田之科、十有八等、其第一科、所受之田一百五十結、則所収之租、不為不多、又所受之禄、亦不為不多、此足以供一家一歳之用。加之以功臣之田、曰開国、曰定社、曰佐命、曰元従、曰回軍、又有別賜之田、一人所受、幾於千結」『太宗実録』巻一八、太宗九年己丑十一月丁亥条。
(58) 結負法とは、税額を算出するために用いられた特殊な計算法をいう。すなわち、土地はその肥沃の度合いによって同じ面積の土地であっても収穫量の相違が生じる。そこで、一定の収穫量を基準にして土地の面積を測る。したがって、同じ一結（結とは面積の単位の一つ）であっても、その肥沃の度合いによって——収穫量は同じであるにしても——広いものと狭いものがあるようになる。これに対するのが、頃畝法というもので、それは収穫量にこだわらず、一定の面積単位（頃、畝など）をもって固定し、そこで生産された収穫量に従って税額を算出する計算法である。
(59) 後述するように、朝鮮朝の土地制度における結負法の採用は近世実学派の批判の的になったのであるが、それは土地行政を直接担当している地方胥吏が結負法を巧みに利用し、農民を収奪したことに起因する。すなわち、土地の肥沃度の判定、収穫量の計算などにおいて直接担当者である地方胥吏の主観的恣意が介在し得る余地が多く残されていたのである。これは、朝鮮朝の土地行政において地方胥吏に法定の報酬がなかったことと照応していた。

ここまで、高麗朝期末期より朝鮮朝初期にかけて、主として政治的経済的状況の変動にふれつつ、本論と関連する限りにおいて朝鮮朝朱子学と朝鮮朝儒教体制との相互連関をごく簡単に述べてきた。ここで、もう一度朝鮮朝朱子学について要約してみるならば、高麗朝末期における朱子学の伝来以来、朝鮮朝朱子学は仏教に代って朝鮮朝の儒教的政治体制の思想的基盤を形成し、単に朝鮮朝儒学の中における正統的〔オーソドックス――丸山〕な学問になったということだけでなく、明宗・宣祖両朝に至って朝鮮朝儒教体制を支える最もレジティメイトな政治的理念の位置を占めるようになったのである。

次節においては、こうしたいわゆる朝鮮朝朱子学なるもののさまざまな特質について検討することにしよう。

第二節　朝鮮朝正統朱子学の理論的特質――李退溪と李栗谷を中心に

I　視角の問題

明宗・宣祖両朝において形成された嶺南学派と畿湖学派を代表する思想家として、それぞれ李退溪と李栗谷をあげることができる。(60) 両思想家は、朝鮮朝朱子学界の双璧として、その学問的地位は朝鮮朝末期に至るまで衰えることを知らなかった。しかし、そのことは必ずしも朝鮮朝思想史が単に両思想家の思想的対立――主として理気論をめぐって――がそのまま持続したことを意味するものではない。(61) 両思想家は、一方において理気論をめぐる激しい論争を展開しつつも、他方においては様々な次元において共通の思想的基盤を形成していた。(62) もし、こうした共通点を強調するならば、その限りにおいて、李退溪は朝鮮朝朱子学に内包されている基本的パターンを体系的に示した最初の思想家である。それに対して、もし両者の対立面を強調するならば、それは単に同じ時代に二つの思想が併存し対立関係にあったというよりは、李退溪から李栗谷へという思想の歴史的変容において捉えられるべきものであると思われる。こうした見方は、近世朝鮮朝において独自の思想的領域を切り開いた近世実学思想についても同じくあてはまる。すなわち、もし、朝鮮朝における近世実学思想を評価しようとする場合

(60) 本節は朝鮮朝朱子学の特質を全般にわたって考察するものではないことを、あらかじめ断っておきたい。ここでは、ただ次章の課題である近世実学派の思想を検討するための前提として、主として、朝鮮朝朱子学の基本的なパターンを築き上げた二人の思想家――退溪と栗谷――を通じて、その限りにおいての思想的特質をたどってみるだけにとどめたいと思う。

(61) 朝鮮朝思想史に関する今までの研究業績を振り返ってみるならば、それは次のような捉え方が主な傾向であったと言うことができると思われる。それは、すでに前節においてしばしば触れてきたところの嶺南学派と畿湖学派とを主として理気論のレベルにおいて捉え、そこに見出された思想の相対立する側面を強調していくことによって、朝鮮朝思想史が嶺南学派の主理論と畿湖学派の主気論との思想的対立のままの持続であるということであった。その代表的な研究論文としては、高橋亨前掲「李朝儒学史に於ける主理派・主気派の発達」があげられる。そうして、その二元的な捉え方は日本においては、阿部吉雄に受け継がれており(阿部吉雄前掲『日本朱子学と朝鮮』五二八～五三四頁参照)、韓国においては、玄相允に影響を及ぼしているように思われる(玄相允前掲『朝鮮儒学史』九五～九八頁)。また、こうした二元的な捉え方を明らかに打ち出さないにしても、李丙燾前掲『資料韓国儒学史草稿』においてはもっぱら退溪と栗谷を各々軸とした思想的対立という高橋流の捉え方が支配的となっている(同書、第三編第三章、八一～一一五頁参照)。高橋流の捉え方によるならば、そこでは主として退溪と栗谷を軸とする理気論争が注目され、その論争を単に対立という意味においてのみ捉えていたために、そこには退溪より栗谷へという思想の歴史性という発想は生み出されなかった。

(62) 退溪と栗谷との思想的相違については次第に明らかにされるであろう。彼らの共通した思想的基盤について見るならば、たとえば、彼らは宇宙と人性が「理」によって貫かれているという朱子学においても最も基本的な思考方法を共有していたことがあげられよう。また、「臣按敬者、聖学之始終也。故朱子曰、持敬是窮理之本、未知者非敬無以知。程子曰、入道莫如敬、未有能致知而不在敬者、此言敬為学之始也。朱子曰、已知者、非敬無以守。程子曰、敬義立而徳不孤、至于聖人、亦止如是、此言敬為学之終也」(前掲『栗谷全書』巻二〇「聖学輯要」九丁左)と説いているごとく、栗谷は学問論においてもまず「持敬」を重視する。後述するように、退溪においてはこの「持敬」がもっぱら強調され、学問の方法が内省的かつ主静的な傾向に移行していたのである。

に、単に朝鮮朝朱子学対近世実学思想という発想法のみからアプローチするならば、そこでは思想の動的歴史性が全く捨象され、静態的な考察にとどまらざるを得ない。本章は、朝鮮朝朱子学から近世実学思想へという思想の歴史性に重点を置きつつ、近世実学思想を朝鮮朝朱子学思想自体の［内部からの――丸山］変容として取り上げようとするものである。この意味において、朝鮮朝朱子学、わけてもその基本的パターンを築き上げた李退溪、そして、後述するように一方においては朝鮮朝朱子学の正統的な地位を保ちつつも、他方においては近世実学思想の基本的指向を提示した李栗谷の思想を考察しないわけにはいかないのである。

Ⅱ　退溪朱子学の基本的視座――内面的道徳性の強調

退溪李滉《テゲェ・イファン》（一五〇一～一五七〇年、退溪は号）は、燕山君七年礼安県温溪里に生まれた。彼は一五三四年科挙に合格し、中宗（一五〇六～一五四四年）、明宗並び宣祖の三代に仕えた。[63] 特に明宗・宣祖両朝において、その学問的名声は彼の学問の晩成と相俟って、その絶頂に達していた。彼の年譜を見れば明らかなように、こうした学問的名声から、彼は明宗・宣祖両朝において数多くの官職に除授されたにもかかわらず、再三辞退し、一生のほとんどを朱子学研究に捧げた。[64] これは彼が「為人の学」に対し、「為己の学」を学問の真の在り方だとみなしたことと照応している。

退溪が言うには、自分のためにする学問（為己の学）とは、道理をわれわれがまさに知らなければならないこととみなし、徳行をわれわれがまさに行わなければならないこととみなして、遠くよりも近くから、表よりも裏から勉強を始め、心に得て自ら行うことを約束することである。他人のためにする学問（為人の学）とは、心に得て自ら行うことを努力せず、嘘を飾り、外面によって名前を求めて賞賛を得ることだ。[65]

しかし、彼のいわゆる「為己の学」は、「心経後論」[66]において「……ゆえに、（私は）平生この書（『心経』）を尊信し、四子（中庸・大学・論語・孟子）や近思録の下には置かない[67]」と説かれているように、心の問題に大きく傾倒していた[68]。それは彼の日常生活にも貫かれている。

先生は若い時から老いた時まで、たくさんの人と（いっしょに）いることを喜ばず、一人部屋に座り（心の）根源を涵養した。徳弘が「動く時にはこの心を収拾することがより難しい」と尋ねると、先生は「静を

(63) ここで退溪の思想についての研究書を紹介するならば、高橋前掲論文の他に、同「李退溪」（『斯文』第二一編、一一および一二号、斯文会、一九三九年）、阿部吉雄前掲書の他に、同『李退溪』（『日本教育先哲叢書』第二三巻、文教書院、一九四四年）、玄相允前掲書等があげられる。

(64) 「退溪先生年譜」巻一および巻二（前掲『退溪全書』（下）所収、五七六～五九六頁）参照。退溪の行状については、阿部吉雄前掲『李退溪』一四～二四頁に簡単な紹介がある。

(65) 原文は「先生（退溪）曰為己之学、以道理為吾人之所当知、徳行為吾人之所当行、近裏著工、期在心得、而躬行者、是也。為人之学、則不務心得躬行而飾虚徇外、以求名取誉者、是也」「退溪先生言行録」巻一（前掲『退溪全書』（下）所収、七九九頁）。こうした学問的態度は、『論語』憲問篇に見られる。「子曰、古之学者為己、今之学者為人」。

(66) 彼は真西山［宋の真徳秀、他に『政経』を著す。ただし、後者は偽書説あり――丸山］の『心経』に心酔し、「心経後論」を著している。この『心経』が彼の思想に与えた影響は甚大であり、おそらくこの書によって、彼の思想は内省的かつ主静的な方向に導かれたように思われる。

(67) 原文は「……故平生尊信此書（心経）亦不在四子近思録之下矣」『退溪先生文集内集』巻四一、雑著（前掲『退溪全書』（上）所収、九一六頁）。

(68) 阿部吉雄は、こうした退溪の学問的態度について次のように評価している。「退溪の学問は最も心学心法を重んずる学問であり、敬を中核とする学問であることは疑いない。ゆえに、いわゆる居敬と窮理を併べ称しても、第一の着手処は窮理ではなくてむしろ居敬であり、重心はむしろ居敬の方におかれているのである」（阿部吉雄前掲『日本朱子学と朝鮮』三七三頁）。

主としてその根本を立てることには及ばない」とおっしゃった。[69]

こうした傾向は彼の学問論や統治論に少からず影響を及ぼしていた。

そもそも朱子学には、主観的方法（存心）と客観的方法（格物致知：朱子学の修養のもう一つの方法であり、客観世界の事物の理を見て正しく明らかにすること）とがある。[70] 彼はこうした朱子学の両極に立って、[71] 仏教、老荘の学並びに管仲・商鞅の術業はもとより、[72] 陽明学を徹底的に排斥し、[73] 朱子学を正学として擁護した。

ところで、彼の思想論争は、これら朱子学以外の学問との争いに終わるものではなかった。明宗・宣祖両朝における朝鮮朝朱子学の全盛期を迎えて、退溪は朱子学そのものの理解をめぐって戦わねばならなかったのである。[74] その最初の論敵は、門人の奇大升《キ・デスン》（一五二七〜一五七二年）であった。この両者の八年間にわたる理気論争は、直接には主として人性論をめぐって争われたが、それは同時に宇宙論における理気論の問題と深くかかわりあっていた。[75]

まず彼の宇宙論について見てみよう。彼の宇宙論は朱子のそれに大きく負っている。彼は周濂溪のいわゆる

無極でありながら太極である。太極が動いて陽を生じ、動きが極に至れば静ゆえに、静であって陰を生じ、静が極に至れば再び動くゆえに、一動一静は互いにその根本となる。陰と陽に分かれて、両儀を成す。陽が変じて陰が合すれば、水火木金土を生ずるゆえ、五気が順布し、四時が行われる。……無極の真と二・

（69）原文は「先生自少至老不喜群居、独処一室、涵養本源、德弘問動時此心、尤難収拾、曰莫如主静而立其本」前掲『退溪先生言行録』巻一（同、七九四頁）。

（70）丸山真男『日本政治思想史研究』（東京大学出版会、一九六二年）二三〜二五頁参照。

（71）今までの叙述からすると、退溪の学問は極めて主観的方法に傾倒していることになる。そうして、そうした見解は決して誤りではな

い。しかし、それは何も彼がもう一つの客観的方法を排斥したことを意味するものではない。つまり、彼は主観的方法を第一義的なものとして考えていたのに過ぎないのである。「敦聖学以立治本、臣聞帝王之学心法之要、淵源於大舜之命禹。其言曰人心惟危道心惟微、惟精惟一允執厥中……、雖然、舜之此言、但道其危微而不及其危微之故、但教以精一而不示以精一之法……、其後列聖相承、至孔子而其法大備、大学之格致誠正、中庸之明善誠身是也。諸儒迭興、逮朱氏而其説大明、大学中庸之章句或問是也」前掲『退溪先生文集内集』巻六「戊辰六条疏」(同、一八四～一八五頁)。

(72) 前掲『退溪先生文集内集』巻六(同、一八八頁)参照。

(73) たとえば、陽明学における「心即理」について、次のように批判している。「於是創為心即理也之説、謂天下之理只在於吾内、而不在於事物、学者但当務存此心而不当一毫求理於外之事物、然則所謂事物者、雖如五倫之重、有亦可無亦可、剗而去之亦可也。是庸有異於釈氏之教乎哉」前掲『退溪先生文集内集』巻四一「白沙詩教伝習録抄伝因書其後」(同、九二五頁)。

(74) 朝鮮朝儒学史上、最も大きな論争といえば、退溪とその門人である奇大升との間に繰り広げられた人性論における理気論争である。退溪の理気論に対して奇大升の理気論は、その後栗谷によって支持され、退溪の説は主として嶺南学派の、そして栗谷の説は主として畿湖学派の定説として固定化される。今、その論争の発端について略述するならば、前述した嶺南派の金宏弼の門人、金安国(一四七八～一五四三年)および金正国(一四八五～一五四一年)に師事していた鄭之雲(一五〇九～一五六一年、号は秋巒)は朱子学において宇宙論と人性論に貫かれている「理」の連続性を理解しやすく図にあらわし、これを「天命図説」と名づけたのであるが、理気論争は退溪がこの「天命図説」に「四端発於理、七情発於気」と記されているものを「四端理之発、七情気之発」と考訂したことから始まる。一般にこの「天命図説」には二種があって、退溪によって修正される前の、つまり鄭之雲の「天命図説」を「天命旧図」といい、修正後の「天命図説」を「天命新図」といっている。退溪はわざわざ「天命図説後叙」を著し、自分の見解を弁護したのであるが、そこにはこの両図が収録されている。前掲『退溪先生文集内集』巻四一(同、九一一～九一六頁)参照。

(75) 退溪の「四端理之発、七情気之発」という人性論に対して、奇大升は次のように批判している。「但子思孟子所就以言之者不同故、有四端七情之別耳、非七情之外復有四端也。今若以謂四端発於理而無不善、七情発於気而有善悪則、是理与気判而為両物也。是七情不出於性而四端不乗於気也」(前掲『退溪先生文集内集』巻一六、同、四〇八頁)。すなわち、奇大升の退溪批判は直接的には人性論の批判であるけれども、その根底には退溪の理気二元論に対して理気不可分論の主張がなされている。言い換えるならば、退溪の理気二元論はそれを宇宙論の次元から見るならば、「気」に対して「理」の超越性を認めるものであるが、奇大升の理気不可分論からはそうした「理」の超越性は認められない。この「理」の超越性の否定が栗谷の宇宙論や人性論に貫かれていることについては後述するつもりである。退溪はこうした奇大升との理気論争の過程の中で、「四端理之発、七情気之発」という当初の見解を「四端理発而気随之、七情気発而理乗之」と修正した(高橋前掲「朝鮮朝儒学史に於ける主理派主気派の発達」一四三～一七〇頁)。

五——陰陽と五行を言う——の精が妙合して凝結し、乾道は男を成し、坤道は女を成す。二気が交感して万物を化生するゆえに、万物が生じに生じて、変化は無窮である。[76]

という発出論（Emanationstheorie）的な性格を帯びた宇宙論をふまえながら、[77]朱子学において最もポレミック（polemic）な概念の一つであった「無極而太極」について、

朱子が「無極にして太極」に関して論じる所にも言うには、無極を言わなければ太極が一物と同じになって、万の変化の根本にはならず、太極を言わないならば、無極は空寂に陥って万の変化の根本になることができない[78]……。

と述べており、「無極而太極」が万物の根源であると同時に、単純な仏教的「空寂」ではなく、実質的に万物の根本になるという朱子の見解を擁護する。さらに、これを理気論に即して言えば、彼は奇大升の

……理と気は互いに従って離れない（ので）……、考えるに、理の無い気は無く、また気の無い理は無い。[79]

という説に対して、「無極而太極」に関する朱子の超越的な解釈にもとづき、

事物がまだ有る前に、この理が具わっていた。[80]

といって「理」は「気」を離れた独自性を持ち、それ自身超越的な性格を帯びているものと主張した。彼はこう

して理先気後説を採ったのであるが、それは同時に、

今調べてみるに、孔子と周子は陰陽が生じたのだと明確に言ったが、もし理と気が本来一物だとすれば、太極はすなわち両儀であり、どうして太極が陰陽を生じたと言えようか。（無極の）真や（陰陽五行の）精というものは一つではないので、妙に合して凝結すると言ったのである。（理と気が）もし一物だとすれば、どうして妙に合して凝結することがあるだろうか。(81)

(76) 原文は「無極而太極、太極動而生陽、動極而静、静而生陰、静極復動、一動一静互為其根、分陰分陽両儀立焉。陽変陰合而生水火木金土、五気順布四時行焉。……無極之真二五之精、妙合而凝、乾道成男坤道成女、二気交感化生万物、万物生生而変化無窮焉」前掲『退溪先生文集内集』巻七（同、一九八頁）参照。

(77) こうした宇宙論における発出論的な性格に照応するものとして、後述するように、近世実学派や開化派における政治的思惟の基調になった宇宙の循環論的な把握について一言述べておく必要があると思う。栗谷はつとに制度改革論を「易」に見られる「窮則変、変則通」（『周易繫辞下伝』）という循環論的な発想にもとづいて打ち出したのであるが、その循環論的な発想は、とりもなおさず周濂溪の「太極図説」における「……動極而静……静極而動、一動一静互為其根……」に見出される循環論的な思考方法と全く照応している。朱子学の宇宙論に見出される特質は、こうした発出論的なあるいは循環論的な性格を希薄化して、「一種の合理主義」（丸山前掲『日本政治思想史研究』二二頁参照）的な道学論を貫こうとしたところにあると思われる。退溪がこうした朱子学的な宇宙論にコミットしていたことは次第に明らかにされるであろう。

(78) 原文は「至於朱子論無極而太極処、亦曰不言無極、則太極同於一物而不足為万化之根、不言太極、則無極淪於空寂、而不能為万化之根……」前掲『退溪先生文集内集』巻一六（同、四二一頁）。

(79) 原文は「……理気之相循之離……、以為未有無理之気、亦未有無気之理」同前、巻一六（同、四一二頁）。

(80) 原文は「未有事物之時、此理已具」同前、巻二五（同、五九三頁）。

(81) 原文は「今按孔子周子、明言陰陽是太極所生。若曰理気本一物則太極即是両儀、安有能生者乎。曰真曰精、以其二物故、曰妙合而凝、如其一物。寧有妙合而凝者乎」同前、巻四一「非理為一物弁証」（同、九二一頁）。

という、理気二元論をも随伴していた。また、「理」については、

天は理である。そしてその徳は四種類あり、元・亨・利・貞がそれである。……ゆえに陰陽と五行が流行するときに、この四つのものが常にその中にあり、万物に命じるその根源になった。そうして、大体万物が陰陽五行の気（生気）を受けて形象をなすものは、元・亨・利・貞の理を具えており、性をなさないものは無い。その性の条目は五つあり、仁・義・礼・智・信である。ゆえに四徳五常は上下が一つの理であり、かつて天と人間との間に区分はなかった。(82)

と論じているように、退溪は超越的な「理」がその超越的性格を失わず、しかも陰陽五行と結合し、万物に宿って四徳五常の「性」になるという朱子学的思惟を忠実に展開するのである。

退溪の人性論には、彼の宇宙論における理気二元論ならびに理先気後説がそのまま再現されている。そもそも朱子学においては、すでにふれたように「理」は万物に宿って「性」となるが、それは事物に先行するという意味で「本然の性」ともいわれる。「本然の性」はまた「仁義礼智信」の五常であり、「理」そのものを指しているから、「純善無悪」である。しかし、他方で「性」は「気」を稟けて「気質の性」となる。「気質の性」は言わば性の差別相を表すものであり、すなわち「気」の清濁いかんによって聖賢暗愚の差別が生じる。また、「本然の性」は未発の状態にあるかぎり、「純善無悪」と言えるが、それが一たび外界に触れて已発になった場合は「情」として現れる。そして、この「情」が已発にして動なので、それが中正を失えば悪に流れてしまうのである。言い換えれば、悪とは「情」の過不及なのである。

朱子学におけるこうした人性論を、「天理を存し、人欲を去る」とか、「気質の性」を純化して「本然の性」に

復するという倫理的な実践命題に照らしてみた場合、次のような特色を導き出すことができる。

すなわち、すでに先学によって指摘されているように、

本然の性は聖人にも凡人にも等しく具り、ただ混濁した気稟が之を蔽《おお》うから悪が生ずる。蔽っているものを除きさえすれば、元来存在している善性が顕現する。(83)

という意味において、自然主義的なオプティミズムが内包されている。(84)退渓はこうした朱子学における自然主義的オプティミズムをふまえて、次のように説いている。

仁とは天地が万物を生じる心であり、人がそれを得て心となすものである。(85)

およそ聖学は仁を求めることにあるのであり、当然この意味を深く体得して、まさに天地万物と一体になり、真実そうであることを見ることができるようになるべきであり(86)……。

(82) 原文は「曰天、即理也、而其徳、有四、曰元亨利貞、是也。……故当二五流行之際、此四者常寓於其中而為命物之源、是以凡物、受陰陽五行之気以為形者、莫不具元亨利貞之理以為性、其性之目有五、曰仁義礼智信。故四徳五常、上下一理、未嘗有閒於天人之分」『退渓先生文集続集』巻八（前掲『退渓全書』（下）一四〇～一四一頁）。

(83) 丸山前掲『日本政治思想史研究』二七頁。

(84) 朱子学における人性論を「自然主義的なオプティミズム」という意味において捉える見解については、丸山前掲『日本政治思想史研究』二七～二八頁参照。

(85) 原文は「朱子曰、仁者天地生物之心、而人之所得以為心、未発之前四徳具焉」前掲『退渓先生文集内集』巻七「進聖学十図箚」（同、二〇六頁）。

彼における倫理的実践は徹底して主静的かつ内省的な性格を帯びるものであった。また、朱子学におけるのと同じく、退溪においても「心」は「性情を統ぶる」ものである。そこで、心は未発の性の側面（体）と、已発の「情」の側面（用）と両面から捉えられる。すなわち彼は、

四端の情のようなものは、理が発することで気がこれに従い、自ずから純善で悪が無い。しかし理が発するがまだ遂げず、気によって遮られた後には、不善に流れていくようになる。七情は気が発して理がそれに乗り、または善でないことがない。もし気が発するが節度に当たることができず、その理を滅すれば、悪になる。(87)

と論じる。つまり、現実における人間の具体的な政治的社会的行為そのものが、「純善無悪」あるいは「無有不善」の場合と、「流為不善」あるいは「放而為悪」の場合の二つの方向があると指摘している。もし前者を強調するならば、そこには一種の政治的社会的「レッセ・フェール」が予想されるのであり、後者を強調するならば、一種の政治的社会的干渉主義が予想されるものと思われる。退溪の思考方法が前者の強調に傾いていたことは明らかであり、それは彼の統治論において一層露わとなる。

彼は統治（政治）の根本義を、「存心」に求めた。

……大学にいたっては、たとえその規模の大きさが至極だとしても、その知で言ってみれば、事物に関して窮格（事物の理致を窮究すること）を言ったのであり、その行いで言ってみれば、誠意・正心・修身から家・国に（推し量って）至り、天下に達するので……その治を論じることにおいては、存心が治を広げる根

本であるだけである。(88)

すなわち、彼は朱子学におけるように、「修身」と「治人」の連続性を説きながらも、むしろ「修身」の方にもっぱら重点を置き、「治人」についっては具体的な政治的実践を提示していない。(89) 彼にとって「治人」とは、

道術を明らかにすることによって人心を正しくとらえるのでございます。……ゆえに人心が正しきを得て、治めることと教化があまねく達しやすかったのです。……ゆえに、人心が正しくできなくなると、(民を)治めようとしても治められず、(民を)教化しようとしても教化しにくかったのでございます。(90)

と説いているように、彼にとって「治人」とはすぐれて倫理的性格を帯びるものに過ぎなかった。次の一節は彼の政治的思惟を最もよく表している。

(86) 原文は「蓋聖学在於求仁、須深体此意、方見得与天地万物為一体、真実如此処……」同前(同、二〇一頁)。
(87) 原文は「如四端之情、理発而気随之、自純善無悪。必理発未遂、而揜於気、然後流為不善。七者之情、気発而理乗之、亦無有不善。若気発不中、而滅其理、則放而為悪也」同前(同、二〇五頁)。
(88) 原文は「……至於大学、雖有以極其規模之大、然以言乎其知、則就事物、而言窮格、以言乎其行、則由誠意正心修身、而後推之於家国而達之於天下……其論治也、猶不過存心出治之本而已」同前、巻一九(同、四七八〜四七九頁)。
(89) 元来、朱子学においては「修身」と「治人」は緊密に結びついている。この点については、友枝龍太郎『朱子の思想形成』(春秋社、一九六九年)三七三〜四一八頁参照。これに対して、退溪においては、すでに触れたように、朱子学における主観的方法が第一義的なものとして捉えられていたことと照応して、統治論においても「修身」論がもっぱらの課題となっていた。
(90) 原文は「明道術、以正人心。……故人心得正、而治化易治也。……故人心不正治之、不治化之、而難化也」前掲『退溪先生文集内集』巻六「戊辰六条疏」(同、一八六頁)。

ゆえに臣は必ず道術を明らかにし、人心を正しくとらえることを新政の献策とみなすのでございます。たとえそうだとしても、其の明らかにすることにおいては、また本末・先後・緩急の施行上の順序がございます（ので）……君主が自ら行い、心に得ることを根本として、民生が日常生活で行うように彝倫を教えることが本でございます。法制に追従し、文物を襲美し、今の事を改革し、古の事を師匠として模倣し比較することは末でございます。[91]

と論じているところに、退溪の政治的思考が最もよく表れている。すなわち、彼において統治とは、第一義的には統治者の「修身」であり、また被治者の「教化」であった。そして「法制」の問題、つまり「革今師古」の制度改革などは「末」であって、第二義的な意義しか持たなかった。こうした政治的指向は、

祖宗が築かれた憲章の中で長らく弊害を生じましたことは、ある程度変通せざるを得ませんが、その良法や美しい意味までも合わせて一括りにして変えてしまえば、必ず大きな混乱に至るでしょう。[92]

と説かれているように、およそ具体的な制度改革に対して、彼に極めて消極的な姿勢をとらせたのである。このような彼の統治論の基底には、すでにふれた自然主義的なオプティミズムの思考方法が流れているのは明らかであろう。

　ここまで、退溪の朱子学理解が宇宙論より人性論に至るまで朱子学における道学的認識をふまえつつ、実践倫理においては極めて主静的かつ内省的なものに傾倒していたことを明らかにした。そこでは自然主義的オプティミズムが支配的だったばかりではなく、さらにそれが統治制度論においては反作為主義を予想させ、統治とは統

治者の「修身」とそれにもとづく被治者の「教化」が最も重要であるという思考方法を生み出したのである。

こうした退溪における諸々の思考方法は、その後、嶺南学派において支配的であったことはもとより、畿湖学派にも甚大な影響を及ぼした。特に、栗谷を祖とする畿湖学派の流れを汲む宋尤庵《ソン・ウアム》（宋時烈《ソン・シヨル》）について見るならば、彼の思想は栗谷より尤庵へという単調な学派の継承というよりも、退溪より栗谷を経て尤庵へという思想史

（91）原文は「故臣愚必以明道術以正人心者、為新政之献焉。雖則然矣、而其明之之事、亦有本末先後緩急之施……本乎人君躬行心得之余而行乎民生、日用彝倫之教者本也。追蹤乎法制、襲美乎文物、革今師古依倣比較者末也」同前、巻六（同、一八七頁）。

（92）原文は「祖宗之成憲旧章、積久而生弊者、雖不可不稍変通、然或幷与其良法美意、而一切紛更之、必致大患」同前、巻六（同、一九二頁）。

（93）本章註62において、退溪と栗谷の共通した思想的基盤について触れたのであるが、さらに尤庵をこの両思想家との関連において見るならば、次のようなことが言えると思われる。すでに触れたように（本章第一節註39参照）、尤庵は栗谷の学統を受け継いでいる。そうして、尤庵は畿湖学派の一人にふさわしく、人性論においては退溪の説を斥け、全く栗谷のそれに傾倒していた。「（退溪）今乃因朱子説、而分四端七情、以為理之発気之発、安知朱子之説、或出於記者之誤也。栗谷曰四端亦気発而理乗之、退溪謂四端理発而気随之、七情気発而理乗之、殊不知四端七情皆気発而理乗之之妙也」〔尤庵はむしろ全体的具体的には退溪に近い――丸山〕（『宋子大全』雑著巻一三〇、二三丁）。しかし、尤庵が退溪の人性論を排斥したことは何もそれがただちに朱子の人性論を斥けたことを意味するものではなく、むしろ『朱子語類』に見出される朱子の人性論、つまり四端と七情が各々「理之発、気之発」であるというのは後世の誤記であるとすることによって、栗谷の人性論を朱子学の最も正当な解釈として受け取ろうとするのである。彼は朱子学の理解に際して朱子自身の真義を究明することを目指して「朱子言論同異巧」という考証的な研究に着手した（これは彼の死後、韓元震によって完成されている）ほどである。この点から見るならば、尤庵は、朱子学の本義を追求しつつも、結果的には朱子学における内省的かつ主静的な側面を強調していった退溪と照応していると言えよう。というのは、栗谷は一方においては退溪と共通した朱子学の思想的基盤の上に立ちつつも、他方においては彼独自の解釈を徹底して貫こうとしたからである。「大抵発之者気也、所以発者理也、非気則不能発、非理則無所発、発之以下二十三字、聖人復起不易斯言」（前掲『栗谷全書』巻一〇「答成浩原」五丁）。また、尤庵の思想自体について見るならば、彼は退溪と栗谷が共有していた思想的基盤に安住していたばかりでなく、さらに退溪の内省的かつ主静的な指向に傾いていた。そうした思考方法は彼の統治論に明白に示されている。「……彼俗学者乃不知以正心誠意為本……故臣之所

的推移の中に位置づけることができる。(93) この尤庵が一七世紀後半において特に老論派の領袖であったことは、彼の時代における朝鮮朝朱子学が、権力による政治的支配といかに強固に［理気論争だけで進歩性を論じない証拠——丸山］結合されていたかを物語っている。(94)

ところで、退溪から栗谷を経て尤庵へという思想史的推移の中で栗谷を取り上げてみると、宇宙論ないし人性論の次元においては、そうした思想史的文脈の中で評価され得るが、殊に彼の統治論だけを取り上げてみるならば、栗谷は後述するように、退溪や尤庵に比べて特異な地位を占めている。そしてこの特異な地位こそ、実は栗谷を近世朝鮮朝における実学思想の先駆者とするものであった。思想におけるこうした二元的［アンビヴァレント——丸山］な発想は、初期実学派にも同じく見出される傾向である。(95) われわれは、まず栗谷の基礎哲学から考察を始めよう。

Ⅲ　状況主義的な政治的指向の台頭——栗谷

李珥《イ・イ》（一五三六～一五八四年、号は栗谷《ユルゴク》）は、「太極図説」について、

> 聖賢の説もはたして不十分な所があり、「（それは）太極が両儀を生じた」と言い、「陰陽は本来あるのであり、始めに生じた時にあるのではない」とは言わなかったためである。ゆえに、文字だけ見て解釈する者が曰く、気がまだ生じていない時には、ただ理だけがあるのみだと。(96)

と説いているように、周濂溪から朱子を経て退溪に貫かれた「太極」（＝理）の超越的性格を否定し、「陰陽」を宇宙に本有するものとして捉える。(97) したがって、彼は理先気後説をも真向から否定し、

動・静の機は、それを（そのように）なるようにすることがあるのではありません。理と気も先後を言うことができるのではありません。しかし、気の動静は、すべからく理が根柢になるのです。ゆえに曰く、太極が動いて陽を生じ、静かで陰を生じ……。(98)

と述べる。また彼は、「理」と「気」の関係を次のように説いている。

およそ、理とは気の主宰で、気とは理が乗る所です。理でなければ、気が根柢する所がなく、気でなければ理が依著する所がありません。（理と気は）すでに二物ではなく、また一物でもありません。一物ではな

進皆主乎殿下之一心、誠能持養於燕閒蠖濩之中、而省察於用人所事之間、則知天下雖広兆民雖衆、所以治之者不外乎此、而真得堯舜周孔相伝之要法矣」（『宋子大全』巻五「己丑封事」三～四頁）。

(94) たとえば、玄相允『朝鮮儒学史』一九七～二三〇頁参照。

(95) 第四章第二節参照。

(96) 原文は「聖賢之説、果有未盡処、以但言太極生両儀、而不言陰陽本有、非有始生之時故也。是故縁文生解者、乃曰気之未生也。只有理而已、此固一病也」前掲『栗谷全書』巻九「答朴和叔」一八～一九頁。

(97) すなわち、彼は宇宙論において「陰陽」本有説を主張することによって、「理」の超越的性格を斥けたのであるが、それは何も「気」が宇宙のより根源的な要素であることを意味しない。「又有一種議論曰太虚澹一清虚、乃生陰陽、此亦落於一辺、不知陰陽之本有也。亦一病也、大抵陰陽両端、循環不已、本無其始、陰尽則陽生、陽尽則陰生、一陰一陽而太極無不在焉」（同前、一九丁）。むしろ、彼においては退溪の宇宙論において希薄化されていた循環論的な性格が前面に打ち出されるのである。この循環論的な宇宙論は後述するように、彼の統治論において貫かれているが、今もう一つそれは彼の理気不可分論と照応するものであった。

(98) 原文は「動静之機、非有以使之也。理気亦非有先後之可言也。第以気之動静也、須是理為根柢。故曰太極動而生陽、静而生陰……」。前掲『栗谷全書』巻二〇「聖学輯要」三九丁。

いゆえに、一でありながら二で、二物ではないゆえに、二でありながら一です。一物ではないということは、どういうことでしょうか。理と気はたとえ互いに離れることができないとしても、妙合の中で、理は自ずから理であり、気は自ずから気であり、互いに混ざらないゆえに、一物ではないのです。二物ではないということは、どういうことでしょうか。たとえ理は自ずから理、気は自ずから気だとしても、(この二物はすでに分離しないまま)渾然とすきまがなく、先後がなく、離合がなく、二物であることを見てとれないので二物ではありません。ゆえに、動と静は端緒がなく、陰と陽は始まりがなく、理は始まりがないので、気もまた始まりがないのです。(99)

すなわち、彼によれば、「理」は「気」の主宰ではあるが、「気」を離れては存在しない。そして「理」と「気」は相互に離れ得ず、妙合していながらも、「理」は自ら「理」であり、「気」は自ら「気」として挟雑しないために、両者は[二物ではないが——丸山]区別されるのである。宇宙論におけるこうした「理」と「気」の関係は、さらに彼の人性論において次のように展開される。

……四端もやはり気が発し、理がそれに乗るのです。なぜなら、幼い子供が井戸に落ちるのを見たその後に、ようやく惻隠の心を発するので、これを見て惻隠を感じるのは気です。これはいわゆる気発です。惻隠の心の根本は仁であり、これはいわゆる理がそれ(=気)に乗るのです。人心だけがそのようなものなのではなく、天地の(変)化も(気化であり)、気が(変)化して理がこれに乗らないことはないのです。(100)

すなわち、彼はすでにふれた退溪の「四端理発而気随之、七精気発而理乗之」を批判しつつ、「気発而理乗之」があるだけだと強調した。そして、そこでは同時に人性論における「四端」と「七情」という退溪の二元的発想も崩れるのである。

四端はただ善情の別名であり、七情とは四端がその中に（入って）いるのです。……もし七情から言えば、すでに四端がその中に内包しているので、四端は七情ではありませんが、七情は四端ではないと言うことはできません。どうして両辺に分けることができるでしょうか。(101)

と論じているように、彼において、原理的には「理」がアプリオリ（a priori）に道徳的性格を具有しているものと認められるとはいえ、「理」は「気」より先に発せざるを得ないために、換言するならば、「理」は「気」によって拘束されているために、「四端」も「七情」の中に含まれるのである。したがって、本然・気質の二性についても、

(99) 原文は「夫理者、気之主宰也。気者、理之所乗也。非理則気無所根柢、非気則理無所依著、既非二物、又非一物、非一物故一而二、非二物、故二而一也。非一物者何謂也、理気雖相離不得、而妙合之中、理自理気自気、不相挟雑、故非一物也。非二物者何謂也、雖曰理自理、気自気、而輝淪無間、無先後無離合、不見其為二物、故非二物也。是故動静無端、陰陽無始、理無始、故気亦無始也」同前、巻一〇「答成浩原」二丁。彼は、退溪のごとく理先気後説を否定するにしても、「夫理者、気之主宰也」として、「理」が「気」に対して価値的に優位している。ここに、本節註97でも述べたごとく、「気」を宇宙の根源的要素とする主気論とは異なった指向が見出される。

(100) 原文は「……四端亦是気発而理乗之也。何則見孺子入井、然後乃発惻隠之心、見之而惻隠者気也。此是所謂気発也。惻隠之本則仁也。此所謂理乗之也。非特人心為然、天地之化、無非気化而理乗之也」同前五丁。こうした人性論が朱子学の実践倫理において退溪に顕著に見られる内省的かつ主静的な指向を批判する基調となるということは言うまでもない。

(101) 原文は「四端、只是善情之別名、言七情則四端在其中矣……若七情則已包四端在其中、不可謂四端非七情、七情非四端也。烏可分両邊乎」同前七丁。

臣が調べてみるに、本然の性と気質の性は二つの性ではありません。気質においてただその理を指す時には（理を）本然の性と言い、理と気質を合わせて理を命名する時には気質の性と言います。(102)

本然の性はすなわち気質を兼ねて言うのではなく、気質の性が反対に本然の性を兼ねています。(103)

と説かれているように、「性」そのものが一元的に捉えられる。このように、人性論において「理」に対し「気」を［より――丸山］重視する傾向は、さらに彼の「心」論において新しい局面を切り開いた。

朱子学においては、「心は性情を統ぶ」「性は心の体なり、情は心の用なり」(104)というように、「心」は常に「性」（未発）と「情」（已発）との関係の上において説かれている。すなわち、「心」そのものの本質がいかなるものであるかについてはアド・ホックに定義されていない。そしてこれは退溪にもそのまま継承されていた。しかし、栗谷はこうした「心」論をふまえながらも、

天理が人に賦与されたものを性と言い、性と気を合わせて一身に（おいて）主宰となるものを心と言い、心が事物に応じて外に発するものを情と言い……。(105)

まず心の字を前におくと、心は気です。あるいは原とも言い、あるいは生とも言うものの、心の発でないことはないので、どうして気発ではないでしょうか。心中にある理は性であり、心が発して性が発しない理はまだありません(106)……。

と説いているように、「心」をはっきりと「気」として捉えるばかりでなく、少なくとも論理的には「心」（の「発」）と「理」（の「発」）を区別するのである。彼によれば、「性は心の理」[107]ではなく、「性は心中の理であり、心は性を盛っておく器です」[108]であった。そして、そこではもはや〔栗谷は――丸山〕「ゆえに性は理であり、心は気であり、情は心の動です」[109]と言うように、「心」の純化が進められる〔性情からの独自化カテゴリー――丸山〕。かくして彼が、

およそ心は必ず感（外部からの感）じて動があるが、感じることはすべて外物である。天下にどうして感がなく、内から自ずから発する情があるだろうか。[110]

(102) 原文は「臣按本然之性、気質之性、非二性也、就気質上単指其理曰本然之性、合理与気質而命之曰気質之性」前掲「聖学輯要」巻二〇、五一丁。
(103) 前掲『栗谷全書』巻九「答成浩原」三五丁。
(104) この点については、楠本正継『宋明時代儒学思想の研究』（広池学園出版部、一九六四年）七一～七三頁および二二四～二二六頁、また宇野精一他編『講座東洋思想』（2）「中国思想（I）」（東京大学出版会、一九六七年）一九三～一九五頁参照。
(105) 原文は「天理之賦於人者、謂之性。合性与気而為主宰於一身者、謂之心。心応事物而発於外者、謂之情……」前掲『栗谷全書』巻一四「人心道心図説」四丁。
(106) 原文は「先下一心字在前、則心是気也。或原或生而無非心之発、則豈非気発耶。心中所有之理乃性也、未有心発而性不発之理……」同前、巻一〇「答成浩原」二八丁。
(107) 原文は「性者心之理」同前、巻一二「答安応休」二一丁。
(108) 原文は「性則心中之理也、心則盛貯性之器也」前掲『栗谷全書』巻九「答成浩原」三六丁。
(109) 原文は「是故性、理也。心、気也。情、是心之動也」同前、巻一二「答安応休」二〇丁。
(110) 原文は「夫心、必有感而動、而所感、皆外物也、天下、安有無感、而由中自発之情乎」同前、巻三五「行状」四七丁。

と、「性」「情」から「心」のカテゴリーの独自化を試み、「心」の機能を純粋に感覚的なものとして捉えようとした時、

易に曰く、寂然として不動であるが、感（外部から感）じて遂に通じると。たとえ聖人の心だとしても、かつて感が無く自ずから動くということはありません。必ず感があって動くことがあるので、感はすべて外物です。なぜかと言えば、父に感ずれば孝が動き、君に感ずれば忠が動き、兄に感ずれば敬が動くので、父であろうが、君であろうが、兄というものがどうして心中にある理でしょうか。[111]

と説いているように、実践倫理は積極的に外に向かって動態化されるのである。

こうして、彼における実践倫理は、退溪のように「為己の学」の名の下に、単に「居敬静坐」（静坐して心身を専一にすることによって、敬の状態にとどまるようにすること、いわゆる主一無適のこと）や「格物窮理」（事物の理を窮究すること）という主静的かつ内省的な性格にとどまらず、現実社会における具体的な政治的社会的実践へと移行していたのである。それは彼の統治論により明らかに表れている。

彼は統治論において「聖賢の学は修己・治人であるに過ぎない[112]」と説いているように、「修己」と並んで「治人」を強調した。もちろん「修己」と並んで「治人」が説かれるのは朱子学本来の発想である。[113] しかし、朱子学においては、

古に（聖王になり）英明の徳を天下に広く明らかにしようとした者は、まず立国の名君としてその国を平安に治めた。……自分自身を（善良に）修養しようとした者は、まず（自分の）心を正しくした。……（自分の）意を誠実にしようとした者は、（根本的に）まず自分の知を広く明晰にした。知を広く明晰にする方法

は、事物の理を窮究し、その極処に到達することにある。(114)と〔いう『大学』の命題に基いて——丸山〕、「治国平天下」と「修身」は連続させられており、しかも「修身」は「治国平天下」のための必要条件であった。栗谷はこうした「治国平天下」と「修身」との関係について、次のように批判する。

修身を治国より先にするということは、ただその順序の当然を言っただけである。もし必ず修身が至極になることを待った後に、やっと政治を行うことができるとすれば、誠の徳が成り立つ前には、国家をどこに置くというのだろうか。(115)〔徂徠と全く同じ——丸山〕

すなわち、彼は朱子学において「修身」より「治国天下」へという連続的思惟を原理的には認めつつも、「治

(111) 原文は「易曰寂然不動感而遂通、雖聖人之心、未嘗有無感而自動者也。必有感而動、而所感皆外物也。何以言之、感於父則孝動焉、感於君則忠動焉、感於兄則敬動焉。父也君也兄也者、豈是在中之理乎」同前、巻一〇「答成浩原」六丁。
(112) 原文は「聖賢之学不過修己治人而已」前掲『栗谷全書』巻二五「聖学輯要」一八丁。
(113) この点については、朱熹『大学章句』「序」参照。
(114) 原文は「古之欲明明徳於天下者、先治其国……欲修其身者、先正其心……欲誠其意者、先致其知、致知在格物」同前「経」。
(115) 原文は「曰、修身先於治国、只言其序当然耳。若必待修身極其至、然後乃可為政、則允徳未終之前、将置国家於何地歟」前掲『栗谷全書』巻一九「聖学輯要」六七丁。
(116) 彼は統治者の「修身」を待たずして「治国平天下」がいかに可能であるかということについて、次のように述べている。「但得人主、識取捨誠好悪、奮必治之志、而求賢信任、則徳雖未成、治道可始也。自此以往、漸至於学日就、徳日進、政日理、化日広、則修身治、可以竝臻其極矣」(同前)。すなわち、ここでは統治者の「修身」というごとき倫理的実践に対して、統治者の実践的な統治能力が重視され、両者の並行が可能であるとするのである。こうした思考方法は後述するところの彼における具体的な政治的実践と照応している。

国平天下」の問題の相対的独自性を重視する方向に傾いていた。そして、一定の条件が備われば、(116)統治者は「修身」を待たずして「治国平天下」が可能であることを示唆したのである。われわれはこうした栗谷の統治論の中に、統治を「修身」の単なる延長線上に置かず、それ独自の方向に進ませようとする指向を見出すことができる。彼にとって、統治は退溪のように統治者の「修身」の自然的結果ではなく、遂行すべき具体的な政治的実践を意味していたのである。だからこそ栗谷が「養民然後、可施教化(117)〔民を養い、しかる後に教化を施すべし〕」と説いたように、そこでは統治における退溪的なオプティミズムが著しく後退し、彼の「万言封事」において明らかに指摘されているように、(118)むしろ統治者の統治技術や具体的な政策が重視されている。こうした政治的指向は次の命題において最も明らかにされている。

……ゆえに、聖人がすでに没すれば、必ずまた他の聖人が出て、代わりに天下に臨み、時に従って変通〔間違ったことを改めて通じるようにすること〕することによって、民をして窮しないようにしたのです。そして、それはいわゆる人心に依拠して天理に根本を置くものゆえに、少しも変化しませんでした。変化しない者は天地の常経であり、変通する者は古今の通誼です。(119)

これは栗谷の政治的思惟の基調をなした命題と言えるが、そこには二つの政治的指向、つまり「不変者、天地之常経也」という自然法的な指向と、「変通者、古今之通誼也」という状況主義的な指向とが見出される。すでにふれたように、退溪は「変通」に対して消極的であったのであり、そこでは「天地の常経」を追求する言わば伝統的な自然法的指向が支配的であった。その意味で退溪は復古主義者でもあった。しかし栗谷は統治において統治者の統治技術や具体的な政策を重視したことからも明らかなように、自然法的な指向が希薄化し、状況的発想の方向へと移行していた。

そもそも、「変通」という状況主義的な指向の基底には、「随時変易」[120]という歴史的思考方法がある。栗谷はこうした歴史的思考方法の上に立って、政治や社会の諸現象を理解しようとした。彼の現実における状況認識には、「天地の常経」が行われた古《いにしえ》を基準としながらも「時に随って変易する」それぞれの時代に即して行われるべきであるというリアリズムが胚胎していた。彼が制度について、

法は時によって作られるもののゆえ、時が変われば法も同じではないのでございます[121]……。

(ゆえに)およそ舜が堯の後を継ぎ、当然同じでないものがないようにしなければならないので、九州を分けて十二州を作り、禹が舜を継ぎ、当然同じでないものはないようにしなければならないので、十二州を改

(117) 前掲『栗谷全書』巻一五「東湖問答」二七丁。

(118) 「万言封事」は、前掲「聖学輯要」および「東湖問答」とともに彼の政治論を理解する上においても最も肝要な文献の一つである。本章註116で指摘したところの「修身」と「治国」との並行論は、彼の「万言封事」において具体的な形をとって現われている。今、ここに彼の「修身治国」論を紹介するならば、「今進修己安民之要、為祈天永命之術、修己為綱者、其目有四。一曰、奮聖志期回三代之盛、二曰、勉聖学克尽誠正之功、三曰、去偏私以恢至公之量、四曰、親賢士以資啓沃之益。安民為綱者其目有五、一曰、開誠心以得群下之情、二曰、改貢案以除暴斂之害、三曰、崇節倹以革奢侈之風、四曰、変選上以救公賤之苦、五曰、改軍政以固内外之防」前掲『栗谷全書』巻五「万言封事」二四〜二五丁。

(119) 原文は「故聖人既没、則必有聖人者、代莅天下、随時変通、使民不窮、而其所謂因人心、本天理者、則未嘗少変、不変者、天地之常経也。変通者、古今之通誼也」前掲『栗谷全書』巻二六「聖学輯要」三六丁。

(120) こうした思考方法は、そもそも「周易」に由来するものであるが、後述するように彼はこれを彼の政策論の論理的根拠とした。「夫所謂時宜者、随時変通、設法救民之謂也。程子論易曰、知時識勢、学易之大方也。又曰、随時変易、乃常道也」(前掲「万言封事」一三丁)。この「随時変易」論はすでに本章註97で述べたところの循環論的宇宙論と照応しているものと思われる。

(121) 原文は「法因時制、時変則法不同……」同前。

めて九州を作ったのであって、これをどうして聖人が変易を好んで行ったことだと言えるでしょうか。時に従ったに過ぎないのでございます。[122]

と説き、時代の歴史的個別性を重視したことも、右のような思考方法に基礎づけられているものと考えられる。それはさらに、退溪において普遍化されていた「古の聖人の制」の相対化を導くものであった。

しかし、「変通」とはこうした歴史的認識次元の問題だけでなく、さらに時代や制度の個別性に基礎づけられた改革の論理でもある。栗谷が、「およそ法が久しくなれば弊が生じて、弊が生ずれば改めなければならないが、易に『窮すれば変じ、変じれば通ず』と言っている」[123]と論じているのは、制度が一定の時期を過ぎれば弊を生じ、「変通」することによって、その窮した状況を乗り越えられるという制度改革論である。そこでは、退溪において「末」とみなされていた制度改革論が統治の中心的課題となっている。ただそれが、彼の思想構造内部において人性論と対応するものとして自覚されていたというよりは、

臣が伏して考えてみますに、政は時を知ることを貴く思い、事は実に努めることを緊要に思うものゆえに、政（治）を行う時に時宜を知ることができず、事（業）を行う時に実功に努めなければ、たとえ聖君・賢臣が互いに会ったとしても、治効を成し遂げることはできないのでございます。[124]

と述べているように、統治者のより賢明な統治技術の問題として捉えていたように思われる。

以上、われわれは明宗・宣祖両朝におけるいわゆる朝鮮朝朱子学なるものを、特にその時代を代表すると思われる朱子学者の李退溪と李栗谷を取り上げて、ひとまず退溪から栗谷へという思想史的推移の中で考察してきた。正統朱子学派という次元で見るならば、理気論に関するかぎり、明宗・宣祖両朝以来、退溪と栗谷の理気論は退

渓から栗谷へという思想史的推移をとるのではなく、二つの対立した理気論として朝鮮朝思想界を二分するものと見ることも可能であろう。しかし、統治論についていうならば、理気論の場合のような二元的［明確に対立した――丸山］発想を見出すことはできない。そこにはむしろ退渓的なモラリズムが支配的であったのであり、[125]栗谷に発芽していた程度の政治的リアリズムさえ第二義的な意味しか持たなかったのである。

第三節　国際秩序観念――「事大」と「中華」思想［慕華 or 正確には小中華――丸山］

I　歴史的考察

韓国において、いわゆる近代的な国家平等観念が形成される以前の段階における国家間の国際秩序観念、換言すれば、自国と他国との間を規律する秩序関係が、いかに捉えられ、そしてそれがいかに思想史的に変容していったかということが、本章のもう一つの課題である。韓国において対外関係を関係づけた基本的概念を捉えようとした場合、そこには少なくとも二つの軸を立てることができると思われる。その一つは「事大」観念であり、もう一つは「中華」的世界秩序観念である。[126]順次明らかにしていくが、前者は、第一義的にはすぐれて軍事的政

(122) 原文は「夫以舜継堯、宜無所不同而分九州為十二、以禹継舜、宜無所不同而革十二為九州、此豈聖人好為変易哉。不過因時而已」同前。
(123) 原文は「大抵法久弊生、弊生則当改、易曰窮則変、変則通」前掲「東湖問答」二六丁。
(124) 原文は「臣伏以政貴知時、事要務実、為政而不知時宜、当事而不務実功、雖聖賢相遇、治効不成矣」前掲「万言封事」一二丁。
(125) すでに本章註93において検討している。

治的意味を有するものであり、後者は極めて文化理念的な意味を有するものと言える。この両者はともに、朝鮮朝が一九世紀後半以降近代的な国家平等観念を受容する過程において最も大きな妨げになった観念である。具体的に言えば、衛正斥邪派の閉鎖的で［夷狄への開国を拒む――丸山］しかも普遍的な「中華」主義的指向や、執権派のリアリズムを欠いた「事大」的指向がまさにそれである。[127]

しかし、韓国においてこの二つの概念の形成期を見るならば、両者は必ずしも同時に成立したのではなく、それぞれ異なる時代に成立した。「事大」観念はすでに三国時代に三国（高句麗、前三七～六六八年、百済、前一八～六六〇年、新羅、前五七～九三五年）に見出されており、韓国内部で「中華」的世界秩序観念が形成されるのはそれよりはるかに遅く、一六世紀後半から一七世紀前半にかけてである。[128] 韓国において「中華」的世界秩序観念が形成される以前の段階においては、後述するように、「冊封」や「朝貢」の名の下に主として軍事的政治的な「力」関係が韓国と他国との間の関係を規律する決定的な要因をなしていた。遼・金・元に対する高麗の「朝貢」関係はその典型的な模範の一つである。[129] すなわち、一〇世紀後半より一四世紀後半にかけての遼・金・元と高麗との間に保たれた「朝貢」関係は、なにも遼・金・元が高麗に対して文化的に優越するという「中華」的世界秩序観念を基調とするものではなかった。これは高麗朝に代った朝鮮朝の対清関係についても言えることである。

（126） 本節で明らかにしようとする朝鮮朝初期においての国際秩序観念、換言すれば、朝鮮朝と他国との間を規制した秩序観念がいかなるものであったかということは、「東アジア世界」――本書においてしばしば用いられるであろう括弧つきの「東アジア世界」という言葉の意味については、本章註132で述べるつもりである――に伝統的な国際秩序観念がいかなるものであったかということと密接に関連している。もちろん、本節の課題は朝鮮朝初期における国際秩序観念の基本的なパターンを明らかにすることであり、「東アジア世界」における国際秩序観念それ自体をつぶさに検討する必要はないと思うが、しかし、最小限度、朝鮮朝初期における国際秩序観念を把握していく過程において、「東アジア世界」における国際秩序観念についての今までの通説に見出される欠陥を指摘するということは避けられないと思う。それはまた、逆に言えば、そうした欠陥を指摘することが実は朝鮮朝初期――これは必ずしも朝鮮朝初期に限定されるべきものではない――の国際秩序観念をより正確に把握し得る鍵の一つになる。そこで、本節において設定した二つの国際秩序観念――「事大」観念と「中華」的世界秩序観念――をも含めて、「東アジア世界」の国際秩序関係の基調をなしていた「礼」観念、中華観念、「朝貢」あるいは「冊封」関係について述べよう。まず、「事大」について見るならば、それは後述するように、韓国の対外関係を表した観念として歴史とともに古い術語である。しかるゆえに、その意味は固定されることなく、時代とともに変化した。そうした意味変化に先立って、それが本来いかなる意味を内包していたかについて述べる必要があるだろう。「事大」の語彙について見るならば、それは古くは『春秋左氏伝』（詳しくは李春植「『左伝』中に見出される事大の意味」二八～二九頁参照、『史叢』第一四輯、高麗大学校史学会、一九六九年二月）や『孟子』「梁恵王」等に見出される。その一節を紹介してみると、「礼也者、小事大字小謂、事大在共其時命、字小在恤其所無」（『春秋左氏伝』昭公三〇年）と説かれている。しかし、この意味するところは、「事大」や「字小」が「礼」であるということ以前に、そこには小国と大国との軍事的政治的「力」関係が予想されており、こうした両国間の「力」関係を規範のレベルで実現されるべき理念として倫理的に規範化するために「礼」観念が用いられたと思われる。ここに、春秋時代の諸侯国関係の「力」関係について述べる余裕はないが、少なくとも「事大〔大に事《つか》える〕」や「字小〔小を養育・教化する〕」というものはこの諸侯国間の「力」関係の上に成り立った関係づけとして、すぐれて状況的な性格を帯びていると言える。

　次に、これに対比するものとしての朝鮮朝における「中華」的世界秩序観念の原型となる中国＝中華観念について見るならば、中華観念は周知の通り、極めて文化理念的な指向を核心とする華夷観念であり、そこでは軍事的政治的――つまり状況的――な指向は第二義的な意味しか持たない。

　こうした二つの観念をより明確に捉えるためには、儒教における規範観念としての「礼」観念について述べなければならない。そもそも、「礼」とは五倫によって代表される〔国内の――丸山〕政治的社会的規範であり、それが国際秩序規範――中華や「事大」――という意味において用いられているのはその拡大された擬制に過ぎないのである。そうして、次第に明らかにされるように、「東アジア世界」の諸国家間の国際秩序関係は基本的にこうした「礼」観念がその基調をなしていたと思われるのである。言い換えるならば、中華とか「事大」というのはそもそも国際〔関係についての――丸山〕概念であり――その意味において「礼」＝五倫とは区別される――、それらが国際社会における規範観念となり得るためには、「礼」観念との結合が必要と思われる。つまり、「礼」観念とは何も中華観念に特有なものではなく、「事大」とも結合していた。すでに中華観念と「事大」観念の本質的な差異を検討したが、「礼」観念が本質的に階序的な規範観念であるがゆえに、それが中華観念や「事大」観念と結合することによって「東アジア世界」における国際秩序関係が階序的な関係で位置づけられるということは言うまでもない。こうした見方〔のインプリケーション――丸山〕は、次第に明らかにされるであろう。

しかし、一六世紀後半より一七世紀前半にかけて、世に「三学士」と呼ばれた洪翼漢《ホン・イッカン》（一五八六〜一六三七年）、尹集《ユン・ジプ》（一六〇六〜一六三七年）、呉達濟《オ・ダルチェ》（一六〇九〜一六三七年）や、鄭蘊《チョン・オン》（一五六九〜一六四二年）、金尚憲《キム・サンホン》（一五七〇〜一六五二年）、ならびに宋時烈《ソン・シヨル》（一六〇七〜一六八九年）らを中心に形成された国家秩序観念は、言うまでもなく、従来の軍事的政治的次元における「力」関係を基調とするものではなく、文化的次元において国家間の関係を規律しようとする普遍的な「中華」主義的指向であった。したがって、朝鮮朝において一七世紀前半より一九世紀後半に至るまでの対清観は力点を異にする二つの指向——「事大」的指向と普遍的な「中華」主義的指向——の上に築かれていたと言える。こうした対清観の二重構造については後述することにし

次に、「東アジア世界」の国際社会に特有なものとして右のような諸観念と結合している「朝貢」ないし「冊封」関係について見よう。従来の通説に従うならば、「朝貢は中国と夷狄との間に設けられた慣例（Tribute was a Chinese-barbarian institution（J. K. Fairbank, *Trade and Diplomacy on the Chinese Coast*, p. 23, Stanford University Press, 1969）」として捉えられている。こうした捉え方は、中華観念——文化理念的な指向——と「朝貢」関係——政治的指向（この点については後述する）——とは同次元的なものであるという認識の上に立っていると言うことができる。また、藤間生大も同様に、「朝貢」あるいは「冊封」関係と中華観念とを区別せず、むしろ中華観念を「冊封」関係の中核をなすものであるという見解を取っている（藤間生大「東アジア世界形成の契機」四七頁『歴史学研究』第二八三号、一九六三年）。さらに、西嶋定生は「中華文明を中心とする自己完結的な文明圏」を「東アジア世界」と設定——ここに用いられている「東アジア世界」とは文化レベルにおける歴史像に他ならないが——し、その「東アジア世界」において、中国王朝を中心とする「冊封体制」——これが諸国家間の政治的な国際関係であるが——が成立していたとする（岩波講座『世界歴史』古代（4）「総説」三〜一九頁、一九七〇年参照）。このように、中華＝文化と「朝貢」あるいは「冊封」＝政治とを同次元において捉えるところには、東アジア世界の歴史が中国中心の歴史であったという前提に立っていることを意味する。しかし、中華観念はあくまでも文化理念的なものであり、具体的な歴史的政治的状況によって流動している「朝貢」あるいは「冊封」関係とは一応区別する必要があると思う。後述するように、「東アジア世界」における諸国家間の国際関係を見ると、そこには中華と「朝貢」あるいは「冊封」関係と結合した形で発想された場合もあれば、純粋に軍事的かつ政治的な状況の下に「朝貢」あるいは「冊封」関係のみが成立している場合もある。先ほど中華観念と「事大」観念を区別した所以もまさにここにある。中華観念と「朝貢」関係とを区別する上にお

いて参考になる研究論文としては、李春植「朝貢の起源とその意味」『中国学報』第一〇輯、韓国中国学会、一九六九年八月）があげられる。

(127) 一九世紀後半における衛正斥邪派や執権派の対外観については、第五章で述べる。

(128) 三国時代における「事大」観念については、たとえば次のような記録がある。「扶餘王帯素使来譲王曰、我先王与先君東明王相好、而誘我臣逃至此、欲完聚以成国家。夫国有大小、人有長幼、以小事大者礼也……」（金富軾『三国史記』巻一三「高句麗本紀」琉璃王二八年）。もう一つ、韓国において中国即中華という発想は、「事大」とともに古くからあったと言える。「(金) 春秋跪奏曰、臣之本国、僻在海隅、伏事天朝、積有歳年。……春秋又請改其章服、以従中華制……」（同書、巻五「新羅本紀」第五）。しかし、韓国が自ら「(小) 中華」と自称する指向は、後述するように、朝鮮朝初期における朱子学の形成を俟って初めて打ち出されたのである。

(129) 韓国と中国大陸における諸国との間に成立した朝貢関係の研究としては、全海宗『韓中関係史研究』（一潮閣、一九七〇年）がある。全海宗は、朝貢関係には典型的朝貢関係と準朝貢関係があるとし、典型的朝貢関係の構成要素をⓐ経済的関係、ⓑ儀礼的関係、ⓒ軍事的関係、ⓓ政治的関係およびその他、準朝貢関係のそれを典型的朝貢関係以外の諸関係としてのⓐ政治的関係、ⓑ経済的関係、ⓒ文化的関係とに分類している。そうして、典型的な朝貢関係や準朝貢関係における右のような諸関係をさらに具体的な項目をあげて細分化している（同書、三一～三二頁）。また彼はそうした具体的な項目の実行有無を韓国の中国大陸における諸国との間の朝貢関係において調べ、高麗朝から朝鮮朝にかけて中国大陸における明朝および清朝との間に最も典型的な朝貢関係が成立したと述べている（同書、三三～三四頁および五〇～五四頁参照）。すなわち、彼は朝貢関係をもっぱら韓国と中国大陸における諸国との間に行われた様々なレベルにおける交流ないし手続きとして捉えている。もちろん、そうした具体的な項目が朝貢関係を構成した内容であることには違いがないが、もしそうした項目の実行有無のみをもって朝貢関係を評価し、さらに韓国と中国大陸における諸国との間の国際関係を捉えようとするならば、それは朝貢関係の具体的な実行の度合いは明らかにし得るものの、「東アジア世界」という国際社会における諸国家間の「力」関係を動的に把握する上においては、あまり役に立たない。つまり、朝貢関係における諸項目が忠実に遂行されたということが朝貢国と受貢国との関係がより緊密であったということは実証され得るけれども、それがただちに、朝貢国の受貢国に対する従属の度合い、すなわち「力」関係の度合いを意味しない［朝貢国と受貢国との間の緊密性が高かったから当然に従属性が大きかったということはない――丸山］。

本来「朝貢」関係は軍事的政治的文化的な契機から成立するものであるゆえに、むしろその成立条件に注目し、「朝貢」関係に内包されている軍事的政治的文化的意義を明らかにすることによって、両国間の動的な把握が可能であると思われる。こうした角度から見るならば、すでに明朝や清朝以前の段階、つまり遼、金、元と高麗朝との間に成立した「朝貢」関係はそれ本来の意義を内包しているものと思われる。

て、ここではまず、韓国において「中華」的世界秩序観念が形成される以前の段階における対外的な国家間の関係づけがいかに捉えられていたかについて考察したい。

Ⅱ 「事大」観念の特質と変容

解放以前の研究業績によれば、韓国史において対外的な国家関係は全く自律性を欠いた他律的指向をとっていたかのように評価されている[130]。歴史的に中国と韓国との関係は宗主国と従属国、受貢国と朝貢国、あるいはその統治主体に即して言うならば、天子と藩臣というような様々な表現を用いて関係づけられてきた。そして、それらはいずれも階序的に関係づけられていたことによって、韓国の自律性の欠如を正当化する論理的基盤を提供した。特に、朝鮮朝において朝鮮朝自らが用いていた「事大」という用語は[131]、この歪曲を一層容易ならしめたものと思われる。しかし、こうした様々な表現を用いて階序づけられた中国と韓国との実質的な関係がいかなるものであったかは、必ずしも明白にされてはいない。「東アジア世界」[132]において、一般に宗主国と従属国、受貢国と朝貢国、天子と藩臣と言った場合、これは後で明らかにすることであるが、その関係づけの中における宗主国の影響力には自ずから限界があった[133]。にもかかわらず、従来、両国の階序的な関係づけは、あたかも韓国の対外的自律性の欠如を意味する［かの――丸山］ように解せられていた。しかし、そこには基本的に二つの視角が看過されている。

第一に、さしあたって、「東アジア世界」において国家関係を規律する規範が本質的に階序的なものと考えられていたことと、韓国が中国に対して自律的であったかどうかということとは全く別の次元に属するものであるということである。すなわち、中国と韓国を関係づけるための規範と、こうした規範的な関係づけをはなれて、韓国が中国に対していかなる態度をとっていたかという事実とは、分離して理解されるべきである。

第二に、このように規範的な関係づけを離れて見た場合、両国の事実上の関係がいかなるものであったかとい

(130) たとえば、その典型的なものとして三品彰英『朝鮮史概説』(一九四〇年)参照。また、こうした見方への批判については、旗田魏「朝鮮史研究の課題」(朝鮮史研究会・旗田魏編『朝鮮史入門』太平出版社、一九六六年)および李基白『民族と歴史』(一潮閣、一九七一年)一六八頁以下参照。

(131) たとえば、『通文館志』巻三および巻四参照。

(132) 本書において用いられるであろう括弧つきの「東アジア世界」とは、西嶋定生の前掲論文あるいは同「六〜八世紀の東アジア」(岩波講座『日本歴史』古代(2)、岩波書店、一九六七年)において試みられた中国中心の「冊封体制」、あるいは堀敏一「東アジアの歴史像をどう構成するか」(『歴史学研究』第二七六号、一九六三年)においての「中国を中心とする世界帝国」(同論文、六六頁)というすぐれて中国中心の東アジア世界像を前提とするものではない。すでに触れたように、本節の課題とも関連して、「東アジア世界」における国際秩序観念といった場合、そこには中華、「事大」、「朝貢」、「冊封」など諸国の間を関係づける観念あるいは実質的形式があり、こうした様々な観念や形式が用いられていたにもかかわらず、そこに共通した、そしてしかもそれら諸形式の基調をなすものが「礼」という規範観念であるということを指摘しておいた。そして、その「礼」という規範観念が本質的に階序的なものであるゆえに、「東アジア世界」における国際秩序観念もまた諸国間の関係が規範づけられる時には階序的に関係づけられざるを得ない。本論文において「東アジア世界」とは、こうした「礼」という階序的な規範観念を基盤とし、それを共有している国際社会を意味するものである。

(133) 西嶋定生による「東アジア世界」における中国中心の「冊封体制」に対して、藤間生大は次のように批判している。「冊封を媒介とする唐世界帝国の秩序は、唐を中心とした東アジア世界の発展と持続の為にも内面的な寄与がないばかりか、……したがって古代における東アジア世界の発展と持続の上で、唐世界帝国の政治秩序の機能を大きく評価することは、さかだちした考えである。東アジアの全領域に及ぶ唐世界帝国の秩序が、いかに光りかがやき、吾々の眼をうばおうとも、それは東アジア世界のシンキローのようなものである」(藤間前掲論文、四六頁)。

(134) 江畑武は、こうした視角にもとづいて韓国における古代三国の中国大陸の諸国との間の冊封関係を解している。同「四〜六世紀の朝鮮三国と日本——中国との冊封をめぐって」(『日朝関係の史的再検討』、朝鮮史研究会編『朝鮮史研究会論文集』第四集、極東書店、一九六八年)参照。また、朴忠錫「李朝後期における政治思想の展開」(1)(『國家學會雜誌』第八八巻、第九・一〇号、東京大学法学部国家学会、一九七五年九月、四七頁註(9)参照。

う事実認識は、それぞれの主体に立脚してその主体［の態度――丸山］から導き出されるべきである。[134] にもかかわらず、従来は規範の次元における階序的な関係づけから事実認識に至るまで、もっぱら中国中心に偏重していた。つまり、「東アジア世界」の歴史叙述が、中国文明あるいは中華的世界秩序の名の下に、すべての次元において中国中心の一元的な発想にもとづいていたために、「東アジア世界」の歴史形成における国家、民族、文化および政治等の多元的な要素が捨象される傾向があった。[135] 中国が「東アジア世界」において他の国より文化的に優越していたという評価と、「東アジア世界」の歴史を形成する要素［が多元的であったかどうかという問題――丸山］とは一応区別して考えなければならない。そして、中国と韓国の関係においてもこのような発想から両国の事実上の関係を重視することによって、その上に構築された規範的な関係がいかなる意味を持っていたかを明らかにすることが可能である。

韓国で「中華」的な世界秩序観念が形成される以前の段階においては、常に「朝貢」あるいは「冊封」関係が支配的であったということは、すでにふれたところである。その段階においては、一方で中国が文化的に優越した［伝統をもった――丸山］国であるために、韓国側の支配層に中国の文化的伝統に対する崇敬の念が流行していたのは否定できない事実であるが、[136] 他方で四世紀から一四世紀にかけての韓国――三国時代から高麗朝まで――の対中国国際関係を決定的に方向づけたのはむしろ政治軍事的要素をその基盤とするものだった。そして、「朝貢」あるいは「冊封」関係は、こうした政治軍事的要素から生じた両国の緊張関係を緩和ないし抑止する外交手段として用いられた。

その典型的な範型をあげるならば、①想定された敵対国を攻撃する際に隣接国からの攻撃を防ぐために隣接国との間に、②自国と敵対関係にある隣接国を牽制あるいは攻撃するために第三の強国との間に、③敵対国の軍事的な「力」によって服従させられるか、またはその脅威の中にあった時に、それぞれ「朝貢」ないし「冊封」関係が成立している。こうした「朝貢」ないし「冊封」関係のプロトタイプは、古代朝鮮の三国時代における中国大陸の諸国との間に見出すことができる。[137]そこでは、三国自ら中国大陸の諸国と「朝貢」ないし「冊封」関係を結んでいるが、それは決して自己の主体性の否定による受貢国への隷従を目指したものではなく、三国相互間の激しい「力」関係において、敵対国を抑止あるいは攻撃するために取られた外交手段だった。[138]この段階における「朝貢」ないし「冊封」関係は、いずれも右の範型においてみるならば、①あるいは②にあてはまると思われる。つまり、当時の「朝貢」ないし「冊封」関係の成立は中国大陸における諸国の軍事的圧力の下に行われたのではなく、朝鮮三国が隣接国との「力」関係において自国の立場を有利に導くために自主的にとった外交手段だったのである。そこでは、自己保存のための自律性が失われなかったばかりでなく、柔軟な外交手段として、時には「朝貢」ないし「冊封」関係が多元的に編成される場合さえあった。[139]すなわち、常に流動的かつ状況的な関係において、この「朝貢」ないし「冊封」関係は、他国との間の「力」関係から生じた緊張関係を緩和するためのクッション装置として大きな役割を担っていたのである。

しかし、特に一〇世紀後半から一四世紀後半にかけての遼・金・元と高麗との間に、あるいは一七世紀前半から朝鮮朝末期にかけての清朝と朝鮮朝との間に成立した「朝貢」ないし「冊封」関係は、いずれも高麗や朝鮮朝を軍事的に屈服させたという共通した事実を随伴してはいたものの——この意味で四世紀における朝鮮三国の場合とは異なる——、そこに成立した「朝貢」ないし「冊封」関係はそれぞれ両国の緊張関係を緩和するためのク

(135) たとえば、西嶋定生前掲「六～八世紀の東アジア」参照。またその反論としては、藤間生大前掲論文、四五～四六頁参照。
(136) たとえば、新羅末期には崔致遠(八五七～?)、崔承祐、崔彦撝等を始め、多くの渡唐留学生があり、唐の「賓貢科」(外国人が受ける科挙)に合格している(金富軾前掲『三国史記』巻四六「列伝」第六参照)。
(137) 全海宗前掲『韓中関係史研究』三五～四三頁参照。
(138) 江畑武前掲論文、三〇頁および四三～四四頁参照。
(139) 全海宗前掲『韓中関係史研究』三八頁、および江畑武前掲論文参照。

ッション装置であったことはまぎれもない事実である。[140] これは右の範型から見れば③にあてはまるものだが、この場合においても、高麗や朝鮮朝がそれぞれ単に軍事的に屈服せざるを得なかったといって、それがただちに高麗や朝鮮朝の〔対外的――丸山〕自律〔自主――丸山〕性の欠如を意味するものとは思われない。

では、こうして「朝貢」ないし「冊封」関係が成立した場合、そこに生じる朝貢国側の主たる制約とは一体いかなるものであったのだろうか。主として次の三点をあげることができる。

（i）受貢国と朝貢国との間に君臣関係が成立し、朝貢国王は受貢国の皇帝より一定の官爵が授けられるとともに、藩臣としての藩属国の国王に封ぜられる。

（ii）朝貢国は受貢国の年号を使用する。

（iii）朝貢国は受貢国に土産物を進上する。[141]

ここに明らかなように、「朝貢」ないし「冊封」関係に入っても受貢国による朝貢国の政治的な直接支配は行われていない。これを政治的次元で言うならば、両国の関係はせいぜい一方の皇帝に対する他方の藩王という名分論的な君臣関係〔礼――丸山〕が成立しているにとどまる。すなわち、そこでは藩属国として、朝貢国の対外的自律性が受貢国によって決定的に規制されることはないのである。[142] つまり、朝貢国は受貢国に対して隷属的な他者依存を全くしていないために、換言すれば、基本的には自己保存を自律的に追求しているために、朝貢国は自己保存のための軍事的な「力」を常に蓄えなければならない。ただ、この場合、自己保存のための自律性がどれほど貫徹されているかは、朝貢国の自律的な自覚と能力に頼らざるを得ない。このように「東アジア世界」における国際秩序を実質的に関係づけていた「朝貢」ないし「冊封」関係は、原理的には強国による弱国の植民地的支配という政治的経済的隷属というよりも、国家間の軍事的な「力」関係により生じた緊張を緩和させ、両国間

の関係を階序的に整序しようとするところにその特徴があっと言える。(143)

特に、解放前の［日本人の――丸山］朝鮮史観の中で歪曲された「事大」という言葉も、実は「東アジア世界」

(140) 高麗と遼、金、元との間における朝貢関係、あるいは朝鮮朝と清朝との間における朝貢関係がすぐれて軍事的政治的な緊張関係の中において成立しているということは、次のような諸論文において明らかにされている。全海宗前掲『韓中関係史研究』四六～五八頁、金庠基「高麗と金・宋との関係」（『国史上の諸問題』第五輯、国史編纂委員会、一九五九年一二月）二七～七九頁、全海宗「丁卯胡乱に関する研究」（全海宗前掲『韓中関係史研究』）一一四～一三八頁参照。

(141) 朝貢関係が成立した場合のその具体的なあり方については、全海宗前掲『韓中関係史研究』二六～三二頁参照。

(142) この点はすぐ後に朝貢関係を保っていた高麗朝と明朝との間における実質的な関係がいかなるものであるかを検討していく過程で明らかにされるであろうが、こうした見方を裏付ける見解として、堀敏一は「異民族の首長の中国にたいする朝貢あるいは貢納関係を、中国の異民族にたいする収奪関係だとはかならずしも言うことができない。むしろ朝貢品よりは中国側からの回賜の方が多いのが普通であって、したがって中国側では財政的な見地から朝貢を制限する必要がしばしばであった。しかもなお朝貢が奨励され歓迎されたのは、上にも述べたように、異民族の朝貢・服属が専制権力の存立にとって重要な政治的意義をもっていたからであろう」、「以上のような、アジアの世界帝国、つまり中国を中心とする異民族支配のやりかたは、……異民族の相対的自立性を認めるはなはだルーズなゆるやかな結びつきであるとともに、異民族社会の多様性と中国との力関係のちがいによって、さまざまな偏差をもつという特質をもっているといえる」（同「近代以前の東アジア世界」一五～一六頁、『歴史学研究』第二八一号）と述べている。また、これと同じ見解として、藤間生大前掲論文参照。

(143) 「東アジア世界」の国際社会における規範観念が基本的に階序的な「礼」であったということについては、本章註126で述べた。つまり、両国の間に朝貢関係が成立し――すでに明らかにされたように、両国間の朝貢関係が成立したからといって、受貢国が朝貢国に対してどれほど規制力を持っているかということは常に流動的である――両国の関係を規範のレベルにおいて関係づけようとした場合、そこでは受貢国の朝貢国に対する規制力の度合いに関係なく、「礼」という階序的な関係づけしか成り立たない。

(144) 「事大」の用語例については、すでに本章註128および同131で述べたのであるが、もう一つ高麗朝におけるその例をあげてみよう。「独孝資謙・拓俊京曰、金昔為小国、事遼及我、今既暴興、滅遼与宋、政修兵強、日以強大、又与我境壌相接、勢不得不事、且以小事大先王之道、宜先遣使聘問」『高麗史』仁宗四年三月辛卯条、藤田亮策「朝鮮の年号と紀年（上）」（『東洋学報』第四一巻第二号、東洋学術協会、一九五八年九月）四七頁より再引用。

のこうした軍事的な「力」関係において、大国に対する小国の外交手段として用いられていた特殊な用語であった[144]。そして「事大」は実質的には大国と小国との間の「朝貢」ないし「冊封」関係として表れている。すなわち、「事大」と「朝貢」ないし「冊封」関係とは表裏一体をなしているものであり、もし「朝貢」ないし「冊封」関係が両国間の「力」関係を緩和せしめる具体的な手続きを伴うものであるならば、「事大」とはその「力」関係の下で、両国間に用いられる外交的レトリックだったのである。したがって、「事大」的指向は具体的には「朝貢」ないし「冊封」関係であったに過ぎなかったために、そこには小国の大国に対する隷従という意味は内包されない。すでに言及したように、「事大」という言葉は韓国側の史料に多く見出されるが、それは必ずしも「力」における全面的な他者依存［権威主義↕長いものにはまかれろ――丸山］の意味に用いられてはいない。その基底では、少なくとも韓国の対外的自己保存が最大の目的となっていたのである。

　では具体的に、韓国の中国大陸との関係――主として高麗朝末期から朝鮮朝初期にかけて――において「事大」という言葉がいかなる意味で用いられたかを見てみよう。明の洪武帝（太祖、一三六八～一三九八年）が高麗の恭愍王《コンミンワン》（一三五一～一三七四年）に送った親諭の中に含まれている次の一節は、両国の関係を最もよく表しているものの一つである。

> 古から天下には中国があり、外国がある。高麗は海外の国で、今まで中国と相通し、事大の礼を失わず、分をよく守って来たので[145]……。

すなわち、明と高麗は互いにはっきりと他国であり、「事大の礼」によって常に両国間の平和が保たれているというのである［礼的関係だから、やはり中華的秩序と関係があるのではないか。いや、蒙古帝国は中華ではないが、やはり礼的関係だった。しかし、冊封関係は中華を前提としない――丸山］。ここで「事大の礼」と指摘されているように、両国の軍事的な「力」関係は「朝貢」ないし「冊封」関係に入ることにより、さらに規範的には君臣という名分論的な階序関係に置きかえられている。しかし、

高麗は山で境界をなし海でさえぎっている。天が東夷（＝高麗）を作ったので、わが中国が治めるところではない。お前たち礼部から回答する文書に、声教は自由にするものであり、はたして天意に従って、人心に合（致）し(146)……。

と説かれているように、両国が事実上の外交関係を「事大の礼」という君臣関係を保って［で規範化して――丸山］いるとはいえ、理念的には、「天」は「東夷」と直接無媒介に――つまり明＝中華を通過することなく――連［接――丸山］続しているものと捉えられている［事大をたんに軍事的力概念といえるか。事実と規範とのアイマイな概念で

ちなみに、韓国の学界において「事大」あるいは「事大主義」がいかに理解されているかについて、二、三の例や文献をあげるにとどめよう。全海宗は、「事大」を「政治的事大」と「文化的事大」とに区分している（同、前掲『韓中関係史研究』二四頁）。崔昌圭は、「事大（以弱役大）」と「畏天事大」とに区分している（同「韓国人の政治意識」一二五頁、韓国文化研究所、一九七一年）。李基白前掲『民族と歴史』は、「事大」と「事大主義」を区別して検討している（同書、一六八～二〇一頁参照）。梶村秀樹「朝鮮思想史における『中国』」（『中国文化叢書』（8）「文化史」大修館書店、一九六八年）は、韓国における「事大主義」を検討している（同書、九四～一一七頁）。

(145) 原文は「自古天下有中国有外国、高麗是海外之国、自来与中国相通、不失事大之礼、守分的好有…」『高麗史』巻四三「恭愍王世家」二一面。

(146) 原文は「高麗限山隔海、天造東夷（＝高麗）、非我中国所治、爾礼部回文書、声教自由、果能順天意、合人心……」『太祖実録』巻二、元年一一月甲辰条。

(147) 原文は「高麗国王、自入朝貢、奉表称臣……」『明実録』洪武十年一二月戊申条。

はないか――丸山」。

また、高麗朝の側に立って見るならば、「高麗国王は自ら朝貢し（た）」[147]と書かれているように、高麗朝側の対明態度は決して高麗朝側の全面的な他者依存や、自律性の放棄を意味するものではなかった。韓国側から見れば中国大陸の諸国は常に脅威の対象だったのであり、こうした状況の中で朝貢は大陸諸国との緊張緩和はもとより、大陸諸国の内情をうかがうための公に認められた唯一の入国方法でもあったのである。場合によっては――高麗朝の意図に反して――朝貢のために逆に両国の緊張関係が造成され、一時は明朝自ら朝貢禁止を言ってきたことさえあった。[148]高麗朝に続いて朝鮮朝が建国して以来、朝鮮朝側が明朝に対して「誥命」[149]を要求したのも、明朝と朝貢関係にあった高麗を朝鮮朝が易姓革命の名の下に転覆することによって生じた両国間の敵対関係を緩和させるというところにその狙いがあったように思われる。

しかし、中国大陸や朝鮮において各々統一国家が成立し、その安定が続くにつれ、「朝貢」ないし「冊封」関係がその本来の流動的かつ状況的な性格を失い、次第に固定化していったのは否定出来ない事実である。特に、朝鮮朝における清朝との「朝貢」ないし「冊封」関係の固定化は、次第に朝鮮朝の外に対する緊張関係の意識を鈍化させ――これは一六世紀後半から一七世紀前半にかけて形成された普遍的な「中華」主義的指向の登場と密接に関連している――、ついにはその自律性にまで浸潤していったものと思われる。[150]

以上の考察から、次のような結論を下すことができる。すなわち、「事大」的指向をとるゆえに、当然そこに自律性が欠けていたわけではなく、それとは反対に、自律性が失われることで自国を支えうる「力」を自らの中にではなく外に求めていかざるを得なくなり、このような状況下でついに「事大」の意味変化をもたらすことになったのである。したがって自律性の欠如の問題と「事大」観念それ自体とは厳密に区別しなければならない。

Ⅲ 「中華」的世界秩序観念の形成

次に、韓国における対外関係を規律してきた概念装置として、「事大」以外のもう一つの「中華」的世界秩序観念について考察しよう。韓国においてこの観念が形成されたのは一六世紀後半から一七世紀前半にかけてであった。ところで、その形成の主的要因は壬辰（一五九二〜一五九八年）、丙子（一六三六〜一六三七年）の両大戦乱であるかのように評価されている。[151] もちろん、壬辰・丙子の両大戦乱と朝鮮朝における「中華」的世界秩序観念との歴史的因果関係を否定するつもりはない。しかし、韓国において「中華」的世界秩序観念が形成されるためには、今一つの内的要因があったことを看過してはならない。すでに述べたように、一六世紀後半から一七世紀前半にかけて、朝鮮朝においては李退溪ならびに李栗谷らを中心にして朱子学的世界像が形成されていた。しかし、このような朱子学的世界像の形成の思想史的意義を考えると、それは単に朝鮮朝の対内的な統治原理としてだけでなく、爛熟した朱子学的世界像の中で、朝鮮朝を外との関係において位置づけようとする普遍的指向

(148) 末松保和「麗末鮮初における対明関係」（『史学論叢』第二、京城帝国大学文学会論纂、第一〇輯、岩波書店、一九四一年）七六〜八〇頁、および申奭鎬「朝鮮王朝開国当時の対明関係」（『国史上の諸問題』第一輯、国史編纂委員会、一九五九年）一〇五〜一一四頁参照。

(149) 「誥命」とは、中国の皇帝が新しく即位した国王の王位を承認する文書。朝鮮朝初期の対明関係については、末松前掲論文の他に、末松の見解を批判した論文として、申奭鎬「朝鮮王朝開国当時の対明関係」（『国史上の諸問題』第一輯、国史編纂委員会、一九五九年三月）がある。

(150) 朝鮮朝における清朝と朝貢関係の惰性化傾向については、全海宗「清代韓・中関係の一考察」（『東洋学』第一輯、東洋学研究所、一九七一年）二二九〜二四五頁参照。

(151) 玄相允前掲『朝鮮儒学史』一八四〜一八六頁参照。

(152) 前掲『退溪先生文集』内集巻四一「天命図説後叙　附図」（同書、九一一〜九一六頁）参照。

をすでに内包していたのである。壬辰・丙子の両大戦乱は、内在的に準備されたこの朱子学的世界像を朝鮮朝の対外観にまで押し広げた直接的な要因だったと言えよう。つまり、朝鮮朝における「中華」的世界秩序観念の形成は、朝鮮朝における朱子学的世界像、特に李退溪において典型的な宇宙の道学的認識から導き出された「道」をその思想的基盤としているものと思われる。そして退溪の段階において、すでに彼の「天命新図」において明らかなように、[152]宇宙の道学的認識が陰陽五行説や天円地方説と結合され、中華的世界秩序観念を受容し得る契機が内在的に準備されていた。

では、ここで中華的世界秩序観念そのものの一般的性格に注目し、それがさらに壬辰倭乱より丙子胡乱にかけての歴史的過程の中で朝鮮朝における対外観――とくに対明観ならびに対清観――をいかに形づくっていったかを検討しておこう。

中華観念それ自体について見るならば、中華とは中夏、華夏、あるいは諸夏等とも言い、漢民族が四囲の「夷蛮戎狄」に対して自国を呼称した言葉である。[153]この観念は、発生的には中国が世界の中心であるという民族中心主義的［エスノセントリズム――丸山］な指向から出発しているものの、同時に、自己の文化世界が最も優秀であるという文化的優越感から、禽獣に類する四囲の「夷蛮戎狄」を礼的秩序の中に編入し、文化の恩恵に浴させるという開放的かつ世界主義的指向を内包している。したがって、そこには、理念的には国家あるいは民族による領域や国境を超越した「天下」だけが存在する。そして、「華夷内外之弁別」あるいは「尊内卑外」に表象された領域性は、決して固定的な意味を持たず、天子の徳化または教化によって常に拡大される性格を持っている。

しかし、こうした中華観念を、一六世紀後半から一七世紀前半にかけて正統朱子学派がいかに受容したかを考察しようとする場合、次のような点に注目しなければならない。一つは、文化理念としての「中華」がアプリオリに中国と結合されていること、そしてそれゆえに、中華は中国を通じて顕現されるということである。その二は、中華観念は単に中国を中心とする名分論的な礼的秩序を編成維持するということだけでなく［「礼的秩序」は事大観念と中華観念の両方に出て来る。つまり、媒介的カテゴリーではないか――丸山」、普遍的な「道」を実現するという文化理念的概念だったために、これが改めて朱子学的な宇宙論によって基礎づけられていたということである。

次の諸説は、正統朱子学派が「中華」＝中国という発想の上に立っていたことを如実に表している。

> 天朝（明）はわが国においてはまさしく父母であり、奴賊（清）はわが国においては、すなわち父母の怨讐である。(154)

> 二公が言うには、わが国が大明に仕えて来て以来、すでに三百年にもなった。（われわれは）一国の臣民として大明があることを知るのみである。……われらが争うのは、ただ大義のみである。勝敗存亡は論ずるところではない。(155)

これらの諸説は、明朝に替わって中国大陸に君臨した清朝への抵抗過程において正統朱子学派が取った対清朝の態度であるが、そこでは対外関係を軍事的な「力」関係として捉えようとする指向は著しく後退し、「君臣」「父子」という普遍的かつ階序的な規範概念が支配的となっているばかりでなく、明朝が中国における「中華」的文化理念を継承する正統的（orthodox）な国家であることを実証している。すなわち、こうした「中華」的世

(153) 中華観念については、那波利貞「中華思想」（岩波講座『東洋思想』第七巻「東洋思想の諸問題」）、小倉芳彦『中国古代政治思想研究』（青木書店、一九七〇年）一三一～一六〇頁および三二〇～三三五頁参照。

(154) 原文は「天朝（明）之於我国、乃父母也、奴賊（清）之於我国、即父母之仇讐也」『尤庵先生文集』巻一五六「三学士伝」九丁。

(155) 原文は「二公曰、我国服事大明、今已三百年矣。一国臣民知有大明而已……我等所争者、惟大義而已。勝敗存亡、不須論也」同前、一六丁。

界秩序観念の台頭は、従来、韓国の対外観の基底に流れていたリアリスティックな指向——「事大」関係——を希薄化させ、対外関係をより理念的に捉えようとする指向を生んだのである。朝鮮朝の対外観におけるリアリズムからアイディアリズムへの転化は、壬辰倭乱から丙子胡乱にかけて繰り広げられた外との関係の中で遂行されていった。

しかし他方で、対外関係を理念的に捉えようとする正統朱子学派は、自らを文化理念的な「中華」的世界秩序の中に位置づけなければならなかったのである。本来、中華観念は開放的かつ世界主義的指向を内包しているために、この側面を強調していくならば、当初中華観念と結合していた漢民族中心主義的発想は、次第にその存在意義を希薄化させていくことになる。そして、そこでついにイデーとしての「道」に表象された普遍的指向が支配的となる。正統朱子学派は、対外関係についてのこうした普遍的指向を、

> 我東（わが国）がたとえ東夷だとしても、……高麗末に圃隠鄭先生（鄭夢周）が出て要職に就いてからは大きく鳴り響き、（まるで鳥が静かで深い谷間から出て、幹がまっすぐな高い木に移るように）栄転してからはもっぱら礼義によって旧俗を変化させ、また中国から朱子の書を得て来ては、国内で（それを）教えたので、その後道学が徐々に明らかになりつつ、晦齋（李彦迪）・退溪・栗谷・牛溪（成渾）にいたると、道学が世に大きく明らかになった[156]。

というように、李退溪によって築き上げられた道学的な普遍的世界像から導き出したのである。

初期「中華」主義論者の一人である鄭蘊《チョン・オン》［桐溪〔一五六九～一六四二年〕——丸山］は、韓国を「中華」的世界秩序の中に位置づけるために、次のように説いている。

天は東土（朝鮮）に道を行おうとして、（箕子をして）異姓に仕えない忠があるとしても、武王が〔箕子を〕朝鮮に封ずることを受けさせたのであり、封じたのは武王が封じたのではなく、天が封じたのであり、受けたのは箕子が受けたのではなく、天が受けさせたのである。（箕子を朝鮮に封じることを）受けさせるのが天によってであったゆえに、その封じたのは箕子を封じたのではなく、その道を封じたのであり、その（封ずることを）受けたのは、武王が封じたことを受けたのではなく、その道を封じることを受けたのである。[157]

すなわち、「道」という普遍的指向が強調されることで、歴史的個体性〔個別的関係――丸山〕――今まで階序的に位置づけられていた周の武王と箕子との関係――が克服されていた。しかし、歴史的個別性を否定し、普遍的指向を強調した「中華」主義論者たちにとって、逆説的ではあるが、韓国を改めて歴史的に位置づけるためには、歴史的特殊関係を再び引照しなければならなかった。すなわち、

わが東（わが国）は元来箕子の国である。箕子が行った八条（八条法禁）はすべて洪範に根本を置くもので、すなわち（このような）大法が行われたことは実に周国と同じ時期である。[158]

（156）原文は「我東雖曰東夷……粤自麗末圃隠鄭先生出、而当路蔚然、出幽遷喬、一以礼義変其旧俗、而又得朱子書於中州、以教於国中、自後道学漸明、以至於晦退栗牛、則道学大明於世矣」『宋子大全』巻一三一「雑著」二五丁。

（157）原文は「天欲其行道於東土、則存不事異姓之忠、而受武王朝鮮之封、封之也、非武王封之也、天封之也、受之也、非箕子受之也、天受之也、封之以天、受之以天、則其封之也、非封箕子也、封其道也、而其受之也、非受武王之封也、受其道之封也」『桐溪先生集』巻二「箕子受封朝鮮論」。

（158）原文は「我東本箕子之国、箕子所行八条、皆本於洪範、則大法之行、実与周家同時矣」前掲『宋子大全』巻一三一「雑著」二四丁。

と説かれているように、韓国の文化的優越性は再び中国古代に求められ、歴史的挙証によって、中国と同等かつ同時的なものであると位置づけられたのである。

　このように、「中華」的世界秩序観念を自らの中に求めようとする彼らにとって、中華観念の中に本来内包されていた地理的制約性は修正せざるを得なかった。

> 中原の人々がわが国の人々を東夷とし、号名がたとえ正しくなくとも、やはり作興（振るって起こすこと）如何によるだけなのである。孟子は「舜は東夷の人であり、文王は西夷の人である」と言ったが、真実聖人になり賢人になるならば、わが国が雛魯（の地）にならないと言って心配することはない。[159]

　しかし、中華観念に内包されている地理的制約性の意味変化は、決して「中華」と中国を分裂させようという指向からではなく――この点についてはすでに述べた――、むしろ韓国を［伝統的な――丸山］中華［的世界秩序――丸山］の中に編入しようとする論理的手続きであったように思われる。すなわち、彼らにとって中華がアプリオリに［古代から連続した意味での――丸山］中国と結合されているということと、その中国が世界の中心であるということについては、少しも疑う余地がなかったのである。

　しかし、こうした指向が、正統朱子学派にとって純粋に理念的なものであったことはすでに述べた通りである。丙子胡乱における清朝への降伏（一六三七年）によって、朝鮮朝は中華的世界秩序から見れば［夷狄であるはずの――丸山］清朝と事実上の「朝貢」ないし「冊封」関係に入らざるを得なかった。すなわち、一六三七年以後において、朝鮮朝は、対外観における二元的な発想――「中華」主義的指向と清朝に対する事実上の「朝貢」ないし「冊封」関係――を指向することになったのである。もし、正統朱子学派にとって前者が自らによる発想であるとするならば、後者は清朝、すなわち外から強いられた発想であったと言うことができる。そして、正統朱子学派がもっぱら前者に執着していたために、清朝と事実上の「朝貢」ないし「冊封」関係にあったとしても、彼らの文化理念的指向から見るかぎり、清朝は常に夷狄の烙印をまぬかれることはできなかった。また、後者よりも前者を強調することは、韓国におけるそれまでのリアリスティックな対外観が次第に希薄化し、同時に、［まさに「小中華」以外の世界を蔑視していたために、かえって、清を含む周辺の外国に対して――丸山］韓国の対外的自律性を支える「力」を失いつつあったのである。こうした正統朱子学の文化理念的指向は、中国大陸において清朝の安定が続き、朝鮮朝末期に至るまで、清朝と朝鮮朝との「朝貢」ないし「冊封」関係が持続されるかぎり、少しも変わることはなかった。しかし、正統朱子学派の「中華」主義的指向そのものについて見れば、外に対してその文化的優越性を誇りつつも、清朝との事実上の「朝貢」ないし「冊封」関係によって生じる制約のために、中華観念に内包されている世界主義的指向（徳化）は後退し、自己閉鎖的な孤立主義に陥ったのである。なぜなら、「中華」主義者にとっては自らが享受している文化よりも優越した輸入するに値する文化などあり得なかったからである。正統朱子学派の外に対するこの閉鎖的かつ普遍的指向は、朝鮮朝儒教政治体制の経済的基礎をなしていた自給自足的農本主義と全く照応している。そして、朝鮮朝儒教政治体制を支えていた農本主義的な経済的基礎が自らの力で持続できなくなった時、それと照応していた閉鎖的かつ普遍的な「中華」主義的指向もまた崩れていかざるを得なかったのである。その過程は、近世実学派において見出すことができる。

（159）原文は「中原人指我東為東夷。号名雖不雅、亦在作興之如何耳、孟子曰舜東夷之人也、文王西夷之人也。苟為聖人賢人、則我東不患不為雛魯矣」前掲『尤庵先生文集』巻八七「雑著」。

第四章　近世実学派の政治思想

第一節　「実学」概念の検討

I　実学概念の多様性

朝鮮朝においては特に一七世紀以来特に「実学」と呼ばれる一連の学問的傾向が台頭したが、本論に入る前にまずそれがいかなる意味において「実学」と呼べるのか、その実体についてここで略述しておこう。

従来、実学という概念は哲学（広い意味での儒学、または朱子学等）、政治、経済、歴史、社会から、農学、天文、地理、医学、金石学等に至るまで様々なレベルにおいて多義的に捉えられてきた。(1)「実学」という用語は、一定の時代における特定の学問的傾向について、その学問を担っていた学者たち自身が自らの学問的傾向を「実学」と主張する際に用いた場合と、後世の学者があらかじめ現実性、実用性、批判性、あるいは合理性といった多角的な基準を設定し、(2) 過去におけるある特定の学問的傾向の中にいくつかの特性を見出すことで、その学問の傾向を「実学」と呼称した場合とがある。「実学」という言葉は用語史の上から見ても、時代や学問の対象の相違によって実に多種多様な意味において用いられている。したがって、「実学」という概念がそもそもポレミカルな性格を帯びているのは当然と言える。本章においては思想史的叙述に先立って、このような概念規定に対する正否をあらかじめ論定することは一応避けることにしたい。しかし、朝鮮朝において、特に一七世紀以来主として経世済民の名の下に生成された学問的指向は、単に経世済民という政治や経済のレベルにおける変革論にとどまらず、天文学、文学、歴史学、地理、農学など多様な分野に波及するとともに、一九世紀に至ると、それまで朝鮮朝政治社会において正統的な地位を享受していた朱子学思想をその根柢からゆるがし、独自の思想体系を築き上げていったのである。こうした学問的傾向が通常「実学」と呼ばれる限りにおいて、この場合の「実学」という概念がいかなる内包と外延を持っているかを検討することは最小限度必要であると思われる。

そもそも、これら一連の学問的傾向を担ってきた学者群を特に「実学派」と呼称するようになったのは、一九三〇年代における「国学」(Koreanology)研究運動に淵源する。(3) 当時、「国学」研究運動の主役の一人であった崔南善《チェ・ナムソン》（一八九〇～一九五七年）は著書『朝鮮歴史』（一九三一年）の中で、柳磻溪《ユ・バンゲェ》、李星湖《イ・ソンホ》、丁茶山《チョン・ダサン》等を含む一連の学者群の学問的傾向を「実学の風」と評価した。(4) また、「実学」の大成者である丁茶山の逝去百周年に当たる一九三五年には、これらの学者群を文一平《ムン・イルピョン》（一八八八～一九三六年）が「実学派」と呼び、彼らの学問的傾向を「実学、……実行、……実政、……実事、……」（鄭寅普）、「実事求是の学風」（文一平）と評価するに至るのである。(5) そして戦後になると、これら先駆的な「国学」者の研究業績を道標として、実学研究が韓国において盛んに行われるようになり、(6) このような状況下で近世朝鮮朝における実学派に対する様々な概念規定や評価が試みられてきた。

II　近世「実学」概念に関する考察

まず、「実学」の概念規定に関する二つの代表的な見解を紹介してみようと思う。(7)

その一つは、朝鮮朝において主として朝鮮朝朱子学者が自ら好んで用いた「務実」、「実心」、「実功」、「実徳」、

(1)「実学」がいかなるものであるかを総括的に検討した文献としては、杉本勲『近世実学史の研究』(吉川弘文館、一九六二年)があげられる。特に、「実学」を本論文の課題である近世朝鮮朝における実学思想と限定した場合にも、その範囲は極めて広いものと捉えられている。千寛宇「磻溪柳馨遠研究(上)」(『歴史学報』第三輯所収、歴史学会、一九五三年)一二七〜一三四頁、および同「『実学』概念成立に関する史学史的考察」(『李弘植博士還甲紀年韓国史学論叢』所収、新丘文化社、一九六九年)三六五〜三七一頁参照。

(2) 杉本勲前掲書、四一頁参照。後述するように、千寛宇はこうした発想にもとづいて近世朝鮮朝における実学思想を定義づけた一人である。

(3) 高麗大学民俗文化研究所『韓国文化史大系』Ⅵ(同、一九七〇年)九八九〜九九五頁。

(4) 千寛宇前掲「『実学』概念成立に関する史学史的考察」三七六頁参照。柳馨遠および李星湖については本章第二節、丁茶山については同第四節で各々詳論する。

(5) 同前、三七七〜三七九頁参照。

(6) 戦後の実学の研究動向については、渡辺学「近代朝鮮への思想変革――実学と開化思想」(旗田巍編『朝鮮史入門』所収、太平出版社、一九六六年)二三三〜二五二頁参照。

(7) 本章で論述する「実学」の概念規定に関する二つの代表的な見解は、すでに一〇余年ないし二〇余年前に代表的だったものであり、その間に「実学」の概念規定に関するわれわれの見解とは別に、その後今日に至るまでの近世実学思想の研究成果に関して後進が教示され得る多くの高見が蓄積されていることと思われる。にもかかわらず、本章で「実学」の概念規定に関するその後の新たな成果を検討することなく、この二つの代表的な見解を紹介するのは、次のような理由からである。すなわち、筆者としてはこれから紹介する二つの代表的な見解が記述するように、近世実学派の学問的傾向を「実学」という時に、「実学」という概念がどのような内包と外延を持っているかを検討することにおいて、根本的な問題提示をしていると考えるからである。したがって、本章では朝鮮朝における「実学」の概念規定それ自体に対する包括的な検討をしようとするものではないことを付言しておきたい。

「実学」、「実事」等[8]をモットー（motto）とする学問を「実学」と呼称し、それを「実心実学」あるいは「窮経実学」として、「李朝学者（朝鮮朝朱子学者）たちの共通した通念」[9]であるとするものである（韓㳓劤）。この場合、「実学」とは韓㳓劤自ら指摘しているように、高麗朝以来の伝統的な詞章の学に対する「朱子学」を指しており、その意味で、「実学」は「修己」あるいは「治心」の学を意味している。これは、朝鮮朝における正統朱子学派の朱子学理解が、第一義的に「修己」あるいは「治心」の学として捉えられていたことと照応している。したがって、この見解によれば「実学」とはそもそも朝鮮朝朱子学を指す言葉であるゆえに、「正心修徳の中よりも、世務や日常行事の中に学問を求めるべきである」[10]という、換言すれば新しい学問の対象を切り開いた近世朝鮮朝における実学思想の学問的傾向を、「朝鮮朝学者たちの共通した通念」としての「実学」と区別することを提言している。[11]これは言わば、朝鮮朝朱子学と近世実学思想との間に見出される非連続的な側面に焦点を当て、後者の学問的傾向に内在する独自の要素を打ち出すことによって、両者の名称の区別を図るべきであるとする。

「実学」に対するこのような概念規定に依拠するならば、「実学」とは何よりもまず自ら「実心実学」あるいは「窮経実学」と呼称したように、朝鮮朝朱子学のみを「実学」と呼称すべきであるという極めて狭い意味に捉らえている。[12]しかし、「実学」という用語はすでに歴史とともに多義的に用いられており、またそれ自体が歴史的概念であるゆえに、朝鮮朝朱子学を他の学問的傾向――さしあたって近世朝鮮朝の実学思想――と厳密に区別することは不可能である。また、近世朝鮮朝の実学思想は、多くの側面において朝鮮朝朱子学と連続しているのである。[13]すなわち、筆者としてはむしろ、近世朝鮮朝における実学思想は、哲学のレベルで朝鮮朝朱子学をふまえつつそれを超越的にではなく、思想内在的に批判かつ克服していくことによって、朝鮮朝朱子学それ自体の変容がもたらされたと考えるべきであろう。この意味において、近世朝鮮朝における実学思想は、同時に「実学」（＝朝鮮朝朱子学）そのものの変容でもあるわけである。筆者としては何よりもまず、こうした「実学」という用語の多義性にとらわれることなく、近世朝鮮朝における実学思想に含まれている諸々の思想的特質を明らかにし、そのような思想的特質が朝鮮朝朱子学思想の歴史的文脈の中に占める思想的位置がどのようなものかを提示することにより、初めて近世朝鮮朝の実学思想に対する概念規定の全体的把握が可能になると思われる。

次に、もう一つの見解は、「実学」を特に「壬辰倭乱以後に芽生え、英・正祖両朝（英祖一七二四〜一七七六年、正祖一七七六〜一八〇〇年）時代に、その全盛を誇った学術思想の一傾向」と限定し、この「学術思想」を担ってきた学者群を、それらが研究対象とする分野や力点の相違によって、それぞれ「経世致用学派」、「利用厚生学派」、「実事求是学派」に三分し、この三学派がいずれも、①「批判精神」、②「実証精神」、③「実用精神」を共有しているものと規定するものである。(14)

（8）韓㳓劤「明齋尹拯の『実学』観――朝鮮実学の概念再論」（『東国史学』第六輯、東国大学校史学会、一九六〇年）一四〜一五頁および一八〜二〇頁参照。

（9）韓㳓劤前掲論文、一〇頁および二一頁参照。

（10）同「朝鮮朝後期の社会と思想」（『韓国文化叢書』第一六輯、乙酉文化社、一九六一年）三九一頁。

（11）つまり、韓㳓欣は「実学」という名称が高麗朝末期より朝鮮朝初期にかけて朝鮮朱子学者の間で用いられたことを実証することによって（同「朝鮮朝後期の社会と思想」三六三〜三七〇頁参照）、近世朝鮮朝における実学思想を「経世致用の学」と呼称すべきであるとする（同書、三九一〜三九二頁参照）。

（12）杉本前掲書、一二〜三六頁、および全海宗「釈義学」（『震檀学報』第二〇号所収、一九五九年）一〇四〜一〇八頁参照。前者は日本における「実学」の用語史的考察であり、後者は中国におけるそれである。

（13）韓㳓劤前掲「朝鮮朝後期の社会と思想」三八一頁参照。

（14）そもそも、近世朝鮮における実学思想を「経世致用学派」、「利用厚生学派」ならびに「実事求是学派」とに分類したのは、李佑成である。彼は、学問の分野の相違を基準にしつつ、「（一）星湖を大宗とする経世致用学派――土地政策および行政機構、その他制度上の改革に重点を置く学派、（二）燕巌によって代表される利用厚生学派――商工業の流通および生産器具、一般技術面の発展を指標とする学派、（三）阮堂に至って一家をなした実事求是学派――経書典故、金石等、考証関係を主とする学派とに区別して」いる。李佑成「一八世紀ソウルの都市的様相」（『郷土ソウル』第一七号、一九六三年）八頁。千寛宇はこうした李佑成の分類に従いつつ、ここの見解は、特に英・正祖両朝時代に開花した「学術思想」と、朝鮮朝朱子学との非連続的な側面を重視した点において、第一の見解と軌を同じくするものである。しかし、同時にそれは「実学」を英・正祖両朝時代の「学術思想」にのみ限定した点において、第一の見解と対立している。この見解においては、英・正祖両朝時代に開花した「学術思想」の中から「批判精神」「実証精神」「実用精神」という三つの特徴を導き出すことによって同時代の「学術思想」を「実学」と規定している。しかし、この場合、第一の見解において朝鮮朝朱子学を「実学」と自称した場合と明確な区別を示すことが困難だと考えられる。つまり、もし「批判……」「実証……」「実用……」などの学風をもって「実学」を評価するならば、筆者としてはこれを韓国史に限定してみても、「実学」という名で呼ばれ得る唯一の学問的傾向は、英・正祖両朝時代に開花した「学術思想」だけではないと考えられるからである。換言すれば、朝鮮朝後期に開花した「学術思想」を特に「実学」と呼称しようとするならば、それは何よりも従来「実学」（＝朝鮮朝朱子学）と自称していた学問的傾向と峻別すべき特質を呈示しなければならないと思われる。

Ⅲ　近世「実学」の思想的性格

朱子学は以上のように、初期実学派の思想的状況を検討して見るならば、彼らは決して同時代の正統朱子学派に抗し得るような独自の哲学的体系を備えていたわけではない。それは、近世実学思想の先駆といわれている李栗谷、金堉《キム・ユク》（一五八〇～一六五八年）、愼懋《シン・ム》（一六二五～一六九九年）や、その鼻祖とみなされている柳磻溪の思想を検討するだけで充分であろう。[15] 彼ら先駆者や鼻祖が指向したのは、既存制度の改革による朝鮮朝儒教体制の再建であった。すでに前章で栗谷の「理気」論に関する検討をしたが、栗谷の「理」と「気」に対する見解はその後の老論派のドグマ（dogma）となっていた。また後述するように、柳磻溪は少なくとも哲学の次元においては正統朱子学派の枠組（framework）を出るものではなかった。思うに、後期実学派に顕著な彼らに特有な哲学的理論は、自覚的に正統朱子学派の対立の中で獲得されたものではなく、むしろ本章で明らかにするが、星湖、湛軒等から茶山、惠崗に至る思想史的推移の中に見られるような、朝鮮朝正統朱子学派における朱子学的思考が次第に思想内在的に克服されていった、言わば思われざる結果、あるいは予期されざる結果とみなされるべきである。つまり、後期実学派における哲学的理気論の展開は、後述するように、「政治社会思想の哲学次元での――思われざる結果としての――リバウンド（rebound）に依るものであり、その媒介となったのが、近世実学思想の特質――丸山」と言える功利的思考方法であると考えられる。初期実学派について見れば、彼らが正統朱子学派と対立していたのは統治論の次元においてであった点に留意する必要がある。

　では、後期実学派はもちろん、哲学の次元において正統朱子学派の枠組を抜け出せなかった初期実学派――そ

れらの学派における「学風の精神上の共通点」を「批判精神」、「実証精神」および「実用精神」であるとしたのである。千寛宇「柳馨遠――新しい学風の先駆者」（『韓国の人間像』第四巻、新丘文化社、一九六五）三〇〇～三〇一頁参照。

　本章では、先学のこうした研究成果に留意しながら、本論文においては、最小限度自覚的に意図したところの学問的指向や具体的な政治的社会的実践方法の相違を分類基準とし、磻溪と星湖を経世致用学派、そして湛軒、燕巖ならびに楚亭を利用厚生学派と名づけたに過ぎない。もちろん、右のような分類――経世致用学派と利用厚生学派――は何も近世朝鮮朝においていわゆる実学者と呼称されている学者群を包括していることを意味しない。しかし、本論文の中心的な課題――朝鮮朝朱子学思想より近世実学思想へという発想にもとづく思想史的推移――に照らしてみた場合、朝鮮朝朱子学思想を思想内在的に克服していったと考えられる茶山や惠崗に先立って、後述するように、多様な命題を提示しながら、茶山や惠崗の思想を内在的に準備した代表的な実学者たちを追求するならば、すでに述べた両学派をあげることができると思われる。

（15）栗谷の思想に関しては、第三章第二節で記述した。金堉および愼懋の思想に関しては、洪以燮『韓国史の方法』（探求堂、一九六八年）二一一～二一八頁参照。そうして、磻溪の思想に関しては、本章第二節参照。「王政、莫先於安民、民安然後国可以安」（『丁茶山全書』（下）第五集第一一巻、文献編纂委員会、一九六一年）、「経世遺表」三〇丁。また、金堉の制度改革論に関しては、洪以燮『韓国史の方法』二一一～二一四頁参照。

の典型として、柳磻溪と李星湖をあげることができるが――は、なぜ正統朱子学派の「修己」「治心」論よりも、統治論――制度改革論――に多くの関心を寄せたのであろうか。彼らにおいては――初期実学派の場合により明白であるが――決して統治論の思想的基礎が確立されていたわけではなかった。彼らの統治論はむしろ、具体的な現実の中での政治や経済に対する経験的な蓄積がその基礎となっていた。彼らは、経験的な蓄積と正統朱子学派における「修己」「治心」論との間に埋めることのできない懸隔があることを見落とさなかったのである。それゆえ、彼らは初めて経験的な蓄積を基礎にして、正統朱子学派の諸般の思考方法を批判することができたのである。そして、そこに貫かれているものこそ功利的な思考方法であった。近世実学思想が、政治や経済の問題をはじめ、自然に関する研究や正統朱子学派の国際秩序観――「中華」観念――に至るまで、様々なレヴェルにおいて、改革、関心、批判を惜しまなかったのは、まさに彼らの功利的思考方法に由来していたからだと思われる。

したがって、朝鮮朝における正統朱子学派と近世実学派の統治論に関する対立にもかかわらず、近世実学派の思想的特徴を析出するために留意しなければならない視角は、近世実学思想の歴史的変容、乃至思想の内在的相互連関がどのようであったかという問題だと思われる。もし、ある思想の思想的特徴を析出するために思想の歴史性を捨象してその研究対象をその研究対象と歴史的に密接な連関性を持っている他の対象と分離させて考えたり、あるいはあらかじめある仮説を設定してその仮説を出発点として対象を研究したり評価したりすれば、そこではその対象についての全体的・構造的あるいは歴史的理解が不可能になるばかりでなく、対象の全体像を把握することが困難になると言えよう。思うに、「実学」の特質を究明しようとする場合には、何よりもまず、近世実学思想における一定の目的のために採用された手段や、その手段の基底に流れていた思考方法や、そしてそれによる結果として生成された種々の成果とを、明白に区別しなければならないと思われる。もちろん、実証主義は近世実学派――主として経世致用学派――の一貫した学問的方法であったと言うことができる。しかし、その実証主義的方法とは、何よりも彼らの具体的な指向――たとえば制度改革論――を正当化するために採用された学問上の手段に過ぎなかったのである。

したがって、筆者としては近世朝鮮における実学思想を評価しようとする場合、次のような二つの評価基準を設定し得ると思われる。

(i) 彼らによって用いられた手段(学問自体の研究方法)――たとえば、政治、経済、歴史、あるいは経典の実証的研究ならびに「実事求是」的な態度

(ii) 功利的な思考方法[16]――ここでは、常に国家あるいは社会全体のための政治的経済的価値が追求される

近世実学思想を評価しようとする場合には、まず彼らによって用いられた手段と、彼らが本来有していた功利的な思考方法とは明白に区別する必要がある。なぜならば、ある対象を実証的に研究する、あるいはある事象について「実事求是」的態度を取るということは、たとえそれが学問的方法であるにせよ、それ自体がいかなる媒介も経ることなく政治や社会における功利的結果を予想するものではないからである。つまり、何が政治や社会にとって功利的であるかという問題設定は、学問自体の研究方法[の探求――丸山]とは次元を異にする一つの思考方法なのである。そして、この功利的思考方法が自分に最も適した学問的方法を選択することによって、従来の伝統、ドグマ、体制等を再評価することが可能となる。たとえば、後述するように、清朝考証学が実学派――

(16) 本書で使用している「功利的……」または「……功利性」という用語は、イギリス経験論の伝統を背景にした一八世紀から一九世紀にかけてのベンサム(J. Bentham)的な功利主義を意味するものではない。すなわち、近世実学派における民は、個人の集合体ではなく、未分離な状態の総体――この視角から見る限り、近世実学派は伝統朱子学派に対して特異な点を見出すことができない――であり、これにともなって、「……功利性」とは、民全体、国家または社会という統一体のそれを意味するものとなる。このような指向を筆者流に名づけてみるならば、「集団功利主義」または「国家功利主義」といってもかまわないと考えられる。

特に丁茶山の場合――に及ぼした影響は、大きな思想史的意義を持つものであった。

では次に、近世実学思想に特有な功利的思考方法とは何かを明らかにするために、彼らが対処した具体的な政治的経済的社会的状況に立ち返って検討してみよう。それは、現実に対するリアルな認識とその政治的実践＝制度改革論から始まっていた。

李栗谷は、制度改革論において(17)、当時の経済政策が農民不在の施策であることを批判している。特に、壬辰・丙子の両大戦乱という外からの侵入は農村経済の破壊を加速度的に進行させていったが(18)、それは他方で、朝鮮朝儒教政治体制の財政的基礎が失われていくことを意味している。こうした朝鮮朝儒教政治体制の弱体化に対して、詩文を重んじる傾向や朝鮮朝朱子学における退溪的なモラリズムが全く無能であったことは多言を要しないであろう。こうした状況下で、近世実学思想の先駆と言われる金堉《キム・ユク》の「王制は民を平安にすることよりも優先させるものはない。民が平安になった後に、国が平安になることができるからだ……(19)」や、慎懋《シン・ム》の「民は国の根本であり、治においては保民より大きなものはない……(20)」は、いずれも李栗谷による農民不在の経済政策批判を継承しつつ、国家の施策における「民」の政治的意義――民本主義的志向――を強調するものであった。つまり、彼らは一様に民全体の経済的安定を志向し、そしてその民全体の経済的安定が結果的に国富の基礎になると考えていたと言えよう。すなわち、このような政治的志向の根底には、いかにすれば国富が成就されるかという功利的思考方法が存在していたのである。

初期の実学派――柳磻溪や李星湖――の場合には、彼らは具体的実践を通じて、門閥主義に対する能力主義論や田制改革論等をより幅広く展開した。そして、統治における功利的結果を最も重視する思考方法が、後述するように単に統治論に限ることなく、経済、文学、自然科学、哲学などあらゆる面に波及し、さらに海外貿易論、文学［におけるリアリズム――丸山］、自然科学的な知識への関心、性情的な人間の発見等、様々な経路をたどりながら、次第に朱子学的世界像を克服していく。さらには、その思考方法が、一九世紀後半になると――主として開化派によって——「開国」論、西洋の科学的知識の受容、功利的人間観の形成、「中華」観念の克服等の基調をなしていったのである。

したがって、近世朝鮮朝における実学思想を朝鮮朝朱子学との関連の中で評価するならば、一七世紀から一八世紀にかけての経世致用学派ならびに利用厚生学派に関するかぎり、朝鮮朝朱子学を思想内在的に批判するところまではいかなかったと考えられる。彼らはむしろ、その名が示すように朝鮮朝における家産官僚制的な儒教政治体制の矛盾を批判することに重点を置いていた。しかし同時に、その体制批判の過程における思わざる結果として、散発的ではあるが、朱子学の核心的諸範疇を読みかえ（reinterpretation）ていったのである。そして、一九世紀に入ると、丁茶山や崔恵崗らがそうした体制批判にもとづいて朝鮮朝朱子学を思想内在的に克服していくのである。では次節で、その具体的歩みについて経世致用学派を中心に考察することにしよう。

（17）前掲『栗谷全書』巻五「万言封事」二四～二五丁参照。

（18）たとえば、李相佰『韓国史』四〇五～四〇七頁に収録されている全国の墾田の結数に関する統計表を参照。

（19）原文は「王政、莫先於安民、民安然後、国可以安……」『丁茶山全書』（下）第五集第一一巻（文献編纂委員会、一九六一年）「経世遺表」三〇丁右。なお、金堉の制度改革論については、洪以燮『韓国史の方法』（探求堂、一九六八年）二一一～二一四頁参照。

（20）「民為邦本、治莫大於保民、……」（『星湖先生全集』巻六八「晩湖愼先生伝」一三丁）。愼懋の思想に関しては、洪以燮前掲書、二一五～二一八頁参照。

第二節　功利主義的な政治的思考の追求――経世致用学派

I　客観主義的規範論――柳馨遠

柳馨遠《ユ・ヒョンウォン》（一六二二～一六七三年、号は磻渓《バンゲェ》）は、典型的な士大夫の家門に生まれた。[21] だが、彼は祖父柳成民の勧めにしたがって進士科に及第した[22]（一六五四年）ことを除けば、一六五三年に全羅道扶安愚磻洞に退いてから他界するまで官途につくことなく、田野にて一生を送った。この点で、彼は近世朝鮮朝実学思想の先駆と言われる李栗谷とは対照的である。しかし、磻渓について、「李朝ではただ李栗谷と柳磻渓が識務（状況によってやらなければならないことが何かを知ること）の長であるが、あるいは抑えられて施行されなかったり、あるいは埋もれて現れることができなかった。これは十分に恨めしいことである」[23] と評価されているところからも明らかなように、彼の在野生活が脱政治的（depolitical）態度であったことを必ずしも意味するものではない。むしろそれは、丁卯（一六二七年）丙子（一六三六～七年）両乱を通じて、悲惨にも清朝の武力の前にひざまずいた朝鮮朝の無力さを痛感し、その根源的要因を朝鮮朝儒教政治体制の中に見出した彼が体制に対してとった一つの抵抗の姿勢とも言い得る。彼の経世の学が集約された『磻渓随録』（二六巻、以下『随録』と略す）は、実に約二〇年間にわたる在野生活において完成された制度改革論である。[24] この他にも、彼は「理気総論」、「論学物理」、「経説問答」、「朱子纂要」等、数多くの著作を著したが、これらはいずれも散佚し、現在は『随録』のみが残存している。したがって、近世朝鮮朝における実学派の鼻祖と評される磻渓が、当時の朝鮮朝思想界を風靡していた「理気」論や「心」論等の朱子学的諸観念をいかに捉えていたかについて詳論を試みることは、ほとんど不可能に等しい。ただ、彼の「年譜」、「伝」あるいは『随録』の中に散在している断片的表現を通じて、彼の哲学的な立場をうかがうことができるだけである。[25]

彼は「理」と「気」について、次のように説いている。

たとえ気を理だと言えなくても、しかし気の外に理はない。要するに、理はただ気の理であるだけである。朱子の説は疑心するところが多い。……考えてみるに、理と気はとても混じっていて間がない。たとえ気の外に理がなくとも、しかし理は気によってあるのではない。上天の事は、声もなく臭いもないが、かえって至極に真実である。その本体においては、それを道と言い、その真実においては、それを誠と言い、その総会〔すべて会わせること〕においては、それを太極と言い、その条理があることにおいては、それを理と言うが、その実は一である。(26)

すなわち、彼は退溪における「理」の超越性を否定し、「気」に内在する「実理」のみを「理」として認めて

(21) 磻溪の一生については、安鼎福「磻溪先生年譜」『磻溪随録』(景仁文化社、一九七四年)所収、五六五～五七八頁、および「伝」(『磻溪随録』所収、景仁文化社、一九五八年)五一九～五二二頁、および「行状」(同前)五二一～五二四頁参照。

(22) 第三章註47で、朝鮮朝の科挙制について略述したが、進士科とは文科の中の小科の一つである。小科は進士科と生員科とから成っており、進士科の場合は賦一篇および古詩・銘・箴の中の一篇を、そうして生員科の場合は、五経の義一篇と四書の疑一篇を作る試験を各々受ける。この両科は漢城府および各道の地域別に行われた。

(23) 原文は「李朝惟李栗谷・柳磻溪為識務之最、而惑抑而不施、或蘊而未顕、此為可恨」『星湖先生文集』付録巻二「諡状許伝」四丁。洪以燮「実学における南人学派の思想的系譜」(『人文科学』第一〇輯、延世大学校文科大学、一九六三年一二月)一九四頁参照。

(24) 『随録』は一六五二年に執筆が始められ、一六七〇年に完成している。安鼎福前掲「磻溪先生年譜」四頁および一一頁参照。

(25) 本章註21参照。

(26) 原文は「雖不可認気為理、然気外無理、要之、理只是気之理也。朱子之説、可疑者多……蓋理気渾融無間、雖気外無理、然理非因気而有也。上天之載、無声無臭、而却至真至実、自其本体、而謂之道、自其真実、而謂之誠、自其総会、而謂之太極、自其有条理、而謂之理、其実一也」安鼎福前掲書、五七〇頁。

いる。しかし、彼の見解は、「非理則気無所根柢、非気則理無所依著〔理でなければ気は根柢する所がなく、気でなければ理は依著する所がない〕」といって退溪を批判した栗谷の「理気」論を超えるものではなかった。[27] また、こうした「理気」論は、当時西人の領袖として、[28] 朝鮮朝朱子学界をリードした一人である尤庵（宋時烈）の見解でもあった。[29] つまり、朱子学的思惟の基調をなす「理気」論のレベルから見るならば、初期実学派——特に磻溪——に関するかぎり、「理気」論そのものは栗谷から尤庵へという正統朱子学派の思想史的な流れから乖離するものではなかったのである。次の言説は、磻溪自身が朝鮮朝朱子学にコミットしようとしていたことを最も明らかに示している。

公（磻溪）が顧みて楽しんで言うには、古人が「静があって後によく安定し、よく考えられる」と言ったが、意味が深い言葉だ。またかつて人々に告げて言うには、功夫《くふう》がたとえ動と静を貫通するとしても、静でなければ根本となるところがない。単に学問をする者だけがそうなのではなく、（天地の）造化・流行が動と静を互いにその根本としているが、その主となる所は静にあるのだ。ゆえに翕聚（集まり）しなければ発散しない、と言った。[30]

聖賢が学問を論ずるにおいて必ず敬を主としたが、敬とは聖学の始終（始めと終わり）に至るものである。[31]

ゆえに、程子は敬を言うことにおいて、必ず整斉して厳粛にし、衣冠を正しくし、思慮を一つにすることを優先したが、これが内と外を合わせる道だ。もし真実に（行実を）篤実にさせ、（心で）（恭）敬しなければ、百行と万善はすべて由って立つことができないのである。[32]

すなわち、彼において、「静」とは自然現象ならびに政治的社会的現象の根源的要素であり、またそれゆえに、「静」や「持敬」とは「本然の性」に復帰するための学問的方法として捉えられた。

しかし、磻渓は退渓のように「静」や「持敬」を観照的なレベルにとどめようとはしない。すなわち彼は、

また言うには、事物が各々その居所にとどまることも静を主とするという意味であり、聖人の井田の法が地を根本として人々を等しく良くしておくことは静によって動を制御するという意味である。(33)

と説いているように、「静」や「持敬」を個人修養における主観的方法よりも、むしろ統治における規範観念として捉えている。(34) そして「聖人井田の法」は、まさしくその典型的模範であるとする。彼の制度改革論は、こう

---

(27) 第三章註99引用文参照。

(28) 西人については、第三章註38を参照。

(29) 尤庵の人性論が栗谷のそれを継承していたということについては、すでに第三章註93で述べたところである。尤庵は人性論における理気論をさらに宇宙論のレベルにまで拡大して、次のように説いている。「又曰、退渓理発気随之誤、以太極説観之、則尤暁然、聞太極乗陰陽而流行、未聞陰陽乗太極而行也。故朱子曰、太極者本然之妙也、動静有所乗之機也、動静即陰陽也」(『宋子大全』巻一三〇、一三丁)。

(30) 原文は「公（磻渓）顧而楽之曰、古人云静而後、能安能慮、旨哉言乎。又嘗謂人曰、功夫、雖貫動静、非静、無以為本、不但学者為然、造化流行、動静互為其根、然其主処在静、故曰、不翕聚則不発散」前掲『随録』附録「行状」八丁左〜九丁右。

(31) 原文は「聖賢論学必主於敬、敬者聖学所以成始成終者也」同前。

(32) 原文は「故程子言敬、必以整斉厳粛正衣冠一思慮為先、此合内外之道。苟不篤敬、百行万善無由以立」前掲『随録』巻九、二六丁左。

(33) 原文は「又曰物各止其所、亦主静之意、聖人井田之法、本地而均人、由静制動之意也」同附録「行状」九丁右。

した客観主義的な規範的指向をその基調とするものであった。したがって、彼にとっては、朱子学の場合のように、「天理を存し、人欲を去る」という実践命題においても、それは個人修養の目標というよりは、

夏・殷・周三代の法は、すべて天理に従い人道に従って制度を作ったものであり、その要領は万物をして（万物が）処するところの場を得ないことがなく、四霊（鳳亀麟龍）をすべて至らせた。（しかし）後世の法は、すべて人欲によってただ平安を図って制度を作ったのであり、その要領は人類をして靡爛（腐って落ちること）に至らせ、天地が閉塞したので、古代の法とはまさに相反することになったのである。[35]

と説かれているように、客観的制度の思想的根源となるのである。すなわち、磻溪は、朱子学における「天理を存し、人欲を去る」という実践命題それ自体を否定したのではなく、その実践方法を改めたのである。それゆえに、彼は少なくとも理念的には、「人欲」を認めていなかったと言える。

以上のように、磻溪の客観主義的な規範的指向により、「理」そのものの捉え方が、退溪におけるような「本然の性」としての「理」を重視する傾向から、規範としての「理」を重視する傾向に移行していたことを知ることができる。磻溪のこうした「理」の客観主義的な把握は、彼の統治論において極めて重大な意義を持っていた。

呉光運は、『随録』の序文の中で磻溪を評価して次のように述べている。

道徳は天に根源を置くのであり、政制は地に根本を置くのであるから、天を師匠として地を知らないとか、地を師匠として天を知らないということが、どうして正しいと言えるだろうか。……天下で功労を言う者は禹王よりも高い理はないが、禹王の功では土地に根本を置き、天下の統治を言う者は周よりも具備した国はないが、周の統治は田地に根本を置いていたが、聖賢にはまたどんな心があったのだろうか。天地に順応し

ただけである。形而上者はこれを道と言い、形而下者はこれを器と言うが、道は円で気は方ゆえに、政制は器である。……孟子が王道を論ずる時には必ず井田（政治制度論）を言い、かつて道と器を分離させて言ったことはなかった。……大抵、程子と朱子の大賢として、慨然として三代の統治に意味を置き、その論じて文章を書くのには、道には詳しく器には欠けているのはどんな理由からだろうか。……大抵その意味は、道が明らかになれば器は自然に回復するだろうと考えたからである。……しかし程子と朱子以後に道が明らかにならなかったと言うことはできず、器が蕩然であるのは以前と異なることはないのだから、道がどうしてこれまで器を離れてひとりで行われるだろうか。(36)

この評価から読み取れるのは、「天」と「地」、そして「道」と「器」を対応させ、これらをそれぞれ二元的に「道徳」や「政制」と対比させることによって、「禹の功」「周の治」そして孟子の「王道」論を媒介にして「道」や「器」の重要性を論じつつ、「道明則器自復爾〔道が明らかならば、器は自ずからそこに復《かえ》る〕」という政治的思惟を批判しているということである。呉光運のこの評価は、決して磻溪の『随録』を過大評価したものではない。徐々に明らかになるように、むしろ朝鮮朝における正統朱子学派が「道明則器自復爾」という統治論にコミ

(34) つまり、彼において「主静」はもはや倫理的実践方法というよりは、まさしく外に向かって具体的な政治的実践を成し遂げるという意味に解せられている。

(35) 原文は「三代之制、皆是循天理順人道、而為之制度者、其要使万物無不得其所、而四霊（鳳亀麟龍）畢至。後世之制、皆是因人欲図苟便、而為之制度者、其要使人類至於靡爛、而天地閉塞、与古正相反也」前掲『随録』巻二六続編下「書随録後」二七丁左。

(36) 原文は「道徳原乎天、政制本乎地、師天而不知地、師地而不知天、可乎……天下之言功者、莫尚於禹、而禹之功本於土。天下之言治者、莫備於周、而周之治本於田。聖賢亦何心哉、順天地而已。形而上者謂之道、形而下者謂之器、道円而器方、政制者器也……孟子論王道、必曰井田未嘗離道器而言之……夫以程朱之大賢、慨然有意於三代之治、而其所論者詳於道而闕於器何也……盖其意以為道明則器自復爾……然程朱以後、道不可謂不明、而器之蕩然者自如、道何嘗器離而独行哉」前掲『随録』巻一「序」一～二丁。

ットしたために、高麗朝以来の伝統的な遺産を受け継いだ朝鮮朝儒教政治体制がそれ自体の中に多くの矛盾をはらみながらも持続的に温存されたのである。

磻溪は、こうした朝鮮朝儒教政治体制における朝鮮朝朱子学の限界を思想の内側から打ち破った最初の一人である。呉光運が「禹之功本於土〔禹の功績は土に本づく〕」、「周之治本於田〔周の功績は田に本づく〕」、「孟子論王道、必曰井田未嘗離道器而言之〔孟子が王道を論じるときには必ず、井田は道器と離して言ったことは一度もないとおっしゃった〕」と指摘しているように、磻溪の統治論においては退溪の統治論における倫理的性格――「修身」と「教化」〔への全面的依存――丸山〕――が次第に希薄化していたのである。その発酵作用は、まず状況認識から始まった。

朝鮮朝初期における土地制度ならびにその「私田」化傾向については、すでに触れたところであるが〔第三章第一節参照〕、今しばらくその後の推移について略述しておこう。「科田法」による家産官僚の土地分給は、早くも太宗朝において分給すべき土地の絶対量の不足によって行きづまり、その打開策として世祖十二年（一四六六年）には「職田法」に踏み切らざるを得なかった。[37] しかし、「壬辰年以後に、境界が紊乱し、職田が廃しされ（た）」[38]と説かれているように、壬辰乱後には事実上、有名無実化してしまった。こうした土地制度の崩壊と並んで指摘しなければならないのは、残残戸[39]が土地領有者の絶対的多数を占めていたことである。これに対応して顕著に進行したのが、中央権力層の大土地領有化――たとえば官房田の場合[40]――や、地方における伝統的土地中間地主層の土地領有化であった。[41] 磻溪はこの極度に弛緩していった土地制度の不合理さを直視した。

> 古の制度がすでに廃れた後には、田土は（国の）公有としてあるのではなく、民の私有としてあることになった。（そして）富んだ者は（全土が）東西南北四方につながり、貧しい者は錐《きり》を差す土地もないゆえに、これによって富んだ者はしだいにもっと富み、貧しい者はしだいにもっと貧しくなった[42]……。

今、外方（地方官庁）の官員はみんな一定の禄俸がないゆえに、守令は決められている名目以外のものを民から取り立てて（自分の）資とし、監司は各々邑から取り込んで食べ（暮らし）、兵使・水使・僉使・万戸は番軍〔警備などを担当する軍士〕を免じてやる（家に送る）代わりに布を取り込んで資とし、察訪〔駅站の任務を負う外官〕は駅卒〔宿駅を守る人夫〕から取り入れて資とし……。(43)

つまり、彼は現実に対するこうしたリアルな認識を通じて、祖法を墨守する（祖法墨守視）土地制度の弛緩や、

(37) 朝鮮朝初期の土地制度については、すでに第三章註52で触れたところであるが、朝鮮朝初期における「科田法」は一方において「科田」の世襲化（「科田」は原則として一代に限って収租権が認められていた）の傾向を招くとともに、他方において、新しい仕官者に分給すべき土地の絶対量の不足によって行き詰っていた。そこで新しく施行されたのが「職田法」である。「職田法」と「科田法」との基本的な相違の一つは、「科田法」における土地分給の対象が現休職の官僚であったのに対し、「職田法」においては現職の官僚にのみ一代に限って収租権を与えたことである。詳しくは、深谷前掲「科田法から職田法へ」（上）（下）参照。

(38) 原文は「壬辰後、境界紊夷、職田廃」『国朝宝鑑』巻七一、正祖九年八月。

(39) たとえば、世宗一八年（一四三五年）の江原道における土地領有関係の比率を見ると、残残戸は六七・四％となっている。詳しくは、李相佰前掲『韓国史』三八四頁参照。

(40) 千寛宇前掲『磻溪柳馨遠研究』（上）二七頁参照。

(41) 同前、二四頁参照。朝鮮朝において大小土地領有化が拡大するということは、収租権が土地領有者にあるため結果的には国家財政の収入源が減少することを意味する。千寛宇はこうした国家財政の状況について、「国初（朝鮮朝初期）四十万石の歳入が、宣祖十四年（一五八〇年）には七万石ないし十万石」に減少していたことを指摘している（同書、一九頁）。

(42) 原文は「古制既廃之後、田不在公地在民、富者連絡阡陌、貧者無立錐之地、是以富者漸益富、貧者漸益貧」前掲『随録』巻二「田制」（下）一三丁左。

(43) 原文は「今外官挙無常禄、守令則科外歛民以為資、監司則食於各邑、兵水使僉使万戸、則放番軍収布以為資、察訪則斂於駅卒以為資」同前、巻三「田制後録」（上）二七丁右。

その土地制度の矛盾によって露呈を余儀なくされた人間の恣意ないしは荒々しい欲望の動態を把握することで、単なる現状維持とか、あるいは「修身」や「教化」というもっぱらモラリスティック（moralistic）な統治論に安住するかぎり、そうした矛盾の打開は全く不可能であると自覚したのである。そこで、彼は統治における制度の重要性を次のように説いている。

> およそ、法（制度）というものは、匠人の墨縄や尺と同じであり、治人の（道具を作る）手本と同じである。いわゆる墨縄と尺が正しい墨縄や尺でなく、いわゆる手本が正しい手本でないならば、たとえ天下に良工がいたとしても一間の家も一箇の器も作ることができないゆえに、世の中の連中が、良工については話して、必ずしもその墨縄や尺や手本を作る必要がないと言っているのは、その考えないことの甚だしいことである。[44]

すなわち、統治において最も重要なのは良い制度の施行であり、治者（良工）はこの良い制度があることによって初めて良治が可能であるとするのである［cf. 天理の制度化――丸山］。そこではすでに述べた「理」の規範化と統治における制度の重視がたがいに照応していた。そして、彼はその良治――統治において制度を重視する指向――の規範を古代に求めて、

> 古法は田土を根本として全土を計算し、賦税を出すので、人はその中に入っていた。それゆえに、その経界を正し、人が受ける全土に従うことになり、弊がなかったが[45]……。

と説いている。

『随録』に限って見るならば、磻溪が最も重視したのは『孟子』に見られる政治的思考の諸特徴である。そも

そも、『孟子』における政治的思考の特徴は、王が「仁政」を施しさえすれば、天下の民は皆王に帰服するというところにある。(46)『孟子』において、「およそ仁政というものは、必ず経界（を正すこと）から始まる」(47)と説かれているように、「仁政」とは具体的に土地政策、つまり「井田法」を実施することであった。孟子が「仁政」を「井田法」に求めた理由は、「民が（自然にいつも）傾きやすい方向は、恒産（一定の生産）があれば恒心（いつでも正しいことに従う一定不変の心）が維持され、恒産がないときには（心がけも動揺して）恒心をなくすものだ」(48)と説いているように、統治において「恒産」を最も重視したからである。すなわち、教民（興学）とは養民（務農）を俟って初めて可能になると考えたからであろう。『随録』の至るところに、『孟子』のこうした「仁政」論的政治的思考が蘇生しているのを見出すことができる。『随録』の「田制」の初めに、次のように述べられている。

（中国）古代の井田法は至極なものだ。（土地の）経界が一様に正しくなれば、万事はすべて畢《お》わり、民は恒業を固くし、兵は捜索して集める弊害がなくなり、貴賤・上下のすべてが各自その職分を持たないことがなくなり、これによって人心が安定し、風俗が敦厚になるので、古代に（国を）強固に維持して数百千年になり、礼楽が興行するようになったのは、これ（井田法）を根基としたからである。後世には田制が廃れ、

(44) 原文は「大抵法（制度）者、猶匠人之縄尺也。猶治人之模範也。所謂縄尺非縄尺、所謂模範非模範、雖有天下良工、無以成一間室一箇器、世之徒談良工而謂不必用其縄尺模範者、其不思甚矣」同前、巻四「田制後録」（下）二三丁左〜二四丁右。
(45) 原文は「古法以田為本、計田出賦人在其中、故正其経界、随人所受而無弊……」同前、巻一「田制」（上）二丁左。
(46)『孟子』梁恵王（上）参照。
(47) 原文は「夫仁政、必自経界始」同前、滕文公（上）参照。
(48) 原文は「民之為道也。有恒産者有恒心、無恒産者無恒心」同前。

（土地の）私的な専有に制限がなくなったため、万事がすべて疲弊することとなり、一切がこれに反するようになったのである。[49]

ここには、前述した『孟子』の政治的思考の特徴が少しも損なわれずに再現されている。すなわち、統治において治者の第一の課題は民に「恒業」を与えることであり（養民）、「礼楽興行」（教民）はむしろ、その上に成り立つものであるとする。そして、「古法」こそ、この民の「恒業」を支える模範的な制度であると言う。磻溪の政治的思考はまさしく栗谷のそれを継承しており、そこでは退溪的なモラリズムが著しく後退していた。しかし、このような指向は少なくとも彼の統治理念から言うならば、

およそ天下の万事は、ただ天理と人欲の二つのこと（がある）のみである。近くは一心の隠密な考えから、遠くは天下のことに及ぶまで、すべて一つの法則だ。人が真実に天理を保存すれば、人欲は自ずから退くようになり、（天理の命令を）よって（あらゆることが）吉となって有利にならないことがないゆえに、どうしてかつて天理を保存して身を患わせる者がいるだろうか。[50]

と述べているように、決して「天理を存し、人欲を去る」という朱子学の実践命題を打ち破るものではなかった。にもかかわらず、彼が統治において人間の欲望を外から規制するという制度論を重視したことは、人欲を「個人――丸山」倫理的な問題としてよりも「人欲を価値ニュートラルに見るところまでは行っていない――丸山」、まさに統治の対象として捉えていたということの表れであると思われる。彼が人欲と対応する制度の模範を「古法」――あるいは「聖人の制」――に求めたということはすでにふれたが、しかし、「夏・殷・周の三代を仰ぎ敬って王の統治の根本とする時には、民が産出する物資（生業）を正しく得ることよりも良いことはない……[51]」と説いてい

るように、彼は「古法」を「尚古」的に捉えてはいたものの、退渓のように普遍的なものとして捉えようとはしなかった。むしろ彼は、

およそ法をつくる時には、当然極めて公平であるように改めるのみであり、もし特別に（民を）優恤するのであれば、その時その時の当然であることを斟酌することにあるのみである……。[52]

と論じているように、彼は時代の個別性の重視へと移行したのである。そこには言うまでもなく、栗谷によって切り開かれた「変通」という改革の論理が貫かれていた。しかし、磻渓はそれをさらに「およそ時宜（その時その時の当然であること）にもとづいて、人情に従って制度を準備し……[53]」と展開している。つまり、彼は「人欲」を具有した存在としての人間を統治の対象としたのに対応して、「人の情」を立法の思想的基盤に置いたのである。そして、「均之（＝法）令各得其分者法之善者也[54]〔これ（＝法）を均しくして、それぞれに分を得させることが、

（49）原文は「古井田法至矣。経界一正而万事畢、挙民有恒業之固、兵無捜括之弊、貴賤上下無不各得其職、是以人心底定、風俗敦厚、古之所以鞏固維持数百千年、礼楽興行者、以有此根基故也。後世田制廃而私占無限、則万事皆弊、一切反是」前掲『随録』巻一「田制」（上）一丁右。
（50）原文は「大凡天下万事、只是両端天理人欲而已、近自一心之微遠至於天下之事皆一規也、人苟存天理則人欲自退聴而吉無不利、何嘗見存天理而病身者乎」同前、巻二「田制」（下）一七丁。
（51）原文は「慕尚三代、以為王政之本、莫如制民之産……」『澹溪遺稿』巻三「磻溪柳先生行状」。鄭求福「磻溪柳馨遠の社会改革思想」（『歴史学報』第四五輯、歴史学会、一九七〇年）参照。
（52）原文は「大抵作法、則当止於至公耳、若特為優恤、則唯在其時酌宜而已……」前掲『随録』巻一「田制」（上）四六丁。
（53）原文は「大抵因時之宜、順人之情而制……」同前「田制」（上）一〇丁左。
（54）同前。

法の善なるものである」」というように、「法」そのものに「道」と区別された善悪という新しい倫理的価値を付与した。しかし、ここで「法の善」という倫理的価値は、「法」そのものにアプリオリに内在している属性ではなく、その「法」によって各人が己の「分」を得たという功利的効果を意味するものである。彼によれば、「法」の設立は、すでにふれたように、[55]「三代の制」のように「循天理順人道〔天理に循《したが》い、人道に順《したが》う〕」の場合もあれば、「後世の制」のように「因人欲図苟便〔人欲にしたがって図ればまことに便利である〕」の場合もある。したがって、「法」が「善」であるかどうかは、「法」の施行によって、その結果が「善」であるかどうかで定まる。彼が「古法」――あるいは「聖人の制」――を最も高く評価したのも、「聖人が制度を治める時には、すべて自然の形勢によって有利に引導したので、真にその理に従えば、各々その宜に得るようになるのである[56]」と説いているように、「古法」が「法の善」に値する効果をもたらした模範的制度であったからに他ならない。

では、磻溪のこうした制度観を、彼の具体的な改革案において見ることにしよう。

> たとえ(国を)良く治めることを願う君主がいたとしても、もし田制を正しくすることができなければ、民の生業はついに一定化できず、賦役はついに均等に行われることができず、戸口はついに明確にはならず、軍隊はついに整頓できず、……賄賂はついに食い止めることができず……このようになって、政治と教化が(よく)施行されることはなかった。そもそも、このようになったのはどんな理由からだろうか。土地は天下の大きな根本であり、大きな根本がよく施行されれば、あらゆる法度が(これに)よって一つもその当然であることを得ないことはなく、大きな根本がすでに紊乱すれば、あらゆる法度は(これに)よって一つもその当然であることを失わないことはないのである。[57]

すなわち、彼は土地を統治の大本とし、一切の行政の成否がそこにかかっていると見ていた。この点で、彼は朝鮮朝儒教政治体制の農本主義的な経済的指向それ自体については何の疑いも持っていなかったと考えられる。[58]彼が批判したのは土地制度の問題であった。壬辰乱後における「職田法」の事実上の廃止をはじめ、中央権力層の大土地領有化や地方における伝統的な土着中間地主層の土地領有化、ならびに地方官や地方胥吏の農民に対する収奪は、直接に朝鮮朝儒教政治体制の経済的基礎を脅かす方向に進行していた。彼は、こうした朝鮮朝土地制度の全面的崩壊に対する処方箋として、「公田」制を提案する。「公田」制によれば、①すべての土地を「公田」とし、身分および身分内における品階・職種等の相違に依って土地を分給する、②分給された土地の世襲やそれ以上の土地領有を認めない、③税率は分給された土地の収穫量の二十分の一とする、④中間搾取を除くために従来の「結負法」を廃止して「頃畝法」を適用する、などである。[59]ここでは朝鮮朝初期の「科田法」において疎外されていた農工商が土地分給の対象となっている。

この改革案は単に当時の甚大な土地制度の紊乱――大土地領有、土地の世襲、収奪等――を是正するだけでなく、それを基礎にして、朝鮮朝儒教政治体制全体の再建を図ろうとするものであった。その基底には、民全体（農工商）の経済的安定（安民）が国富や国防の第一の課題であるという功利的志向が流れていたことを見出す

（55）本章註35の引用文参照。
（56）原文は「聖人経制、皆因其自然之勢而利導之、荀順其理各有其宜」前掲『随録』巻二「田制」（下）一八丁左～一九丁右。
（57）原文は「雖有願治之君、若不正田制、則民産終不可恒、賦役終不可均、戸口終不可明、軍伍終不可整、……賄賂終不可遏、……如此而能行政教者未之有也、夫如是者其何故乎、土地天下之大本也、大本既挙則百度従、而無一不得其当、大本既紊則百度従而無一不失其当也」同前、巻一「田制」（上）一丁左。
（58）たとえば、彼は「工商」について次のように述べている。「工商之不可無、士農無異、但業之者過多、則害於農、多則重其税以抑之、小則軽之以開通貨之路」前掲『随録』巻一「田制」（上）五九丁左。
（59）「公田」および「頃畝法」の意味については、すでに第三章註52および58で各々略述した。なお、磻溪の土地改革論については、千寛宇前掲『磻溪柳馨遠研究』（上）が最も詳しく述べている。

ことができる。このような功利的志向は、彼の科挙制批判にもよく現れている。

彼は、朝鮮朝儒教政治体制における家産官僚の調達方法として採用されていた科挙制を廃止し、貢挙制を施行することを主張していた。[60] 朝鮮朝科挙制において詩文が重んじられたことはすでにふれた通りである、[61] 彼は科挙制を批判しつつ、次のように説く。

表と詞に至っては、（それらが）むだな言葉の中でさらに文字を害する賊となり、それが人の心術を壊してしまうことが特にまたはなはだしい。人君が太学に進んで視学する時には、まさに学識のある士を呼んで近づけ、経書や学術を講論し、治道を問うて人材を選抜する資料とするのであり[62]……。

こうした詩文を重んじる傾向に対する批判は、すでに退溪にも見られたものであり、そこでは、学問が「為己の学」でなく「為人の学」に堕していると批判されていた。[63] しかし、退溪の統治論を克服した磻溪は、詩文は、

曰く、天下の事は、常に実行が不足したことを心配して言葉が不足したことを心配せず、常に実（践）が不足したことを心配して文（彩）が不足したことは心配しないため、後世に実徳がなくなったのは志（すこと）が浮虚した文章に傾いたからであると。[64]

というように、「行」「実」「実徳」というような政治的社会的実践に対比されながら斥けられている。しかし、それにもまして磻溪の科挙制批判において画期的であったことは、朝鮮朝の科挙制が事実上身分によって厳格に閉鎖されていたという非合理的側面を排除しようとしたことである。「曰く、礼に、天下には生まれて以来貴い者はないゆえ[65]……」、「貴賤（の身分）を世系によって定めないことは、古の道である」[66] というように、彼は身分

制を支える家柄ないし血縁主義を斥け、能力主義を貫こうとする。そして、「その上級学校に昇ることを論じることにおいては、門閥を問わず、一様に学行や材能によって行う……」と述べている。すなわち、彼にとっては、

わが国では、ひたすら門閥ばかりを崇尚して風俗が非常に貧しくなり、ただ一族や世系が輝いているか輝いていないかばかりを論じ、行義が磨かれているか磨かれていないかを問わないゆえに、もし世族・門閥の子孫だと言えば、たとえ庸才〔凡才〕・鄙夫〔心がせまくいやしい人〕であっても、交わりが丞相〔宰相〕判書〔六曹の最高官職〕に通じて……。[68]

と述べているように、身分制の病理現象ともいうべき門閥主義が痛烈に批判されている。しかし、彼の能力主義的指向には限界があった。つまり、官吏志望者の第一関門である「邑学」や「四学」[69]への入学資格については、

(60) 磻溪の貢挙制については、千寛宇前掲『磻溪柳馨遠研究』(下)九五～九八頁参照。
(61) 第三章第一節参照。
(62) 原文は「至於表詞、空言之中、尤為文字之賊、其壊人心術特又甚焉。人君視学則当引近有識之士、講論経術、詢及治道、以資簡抜……」前掲『随録』巻一〇「教選之制」(下)二七丁左。
(63) 第三章註65引用文参照。
(64) 原文は「曰天下之事、常患於行不足、而不患言不足、常患於実不足、而不患文不足、後世実徳之喪、以役志於浮文之故也」前掲『随録』巻一〇「教選之制」(下)二八丁右。
(65) 原文は「曰礼、天下無生而貴者……」同前五丁右・左。
(66) 原文は「貴賤之不以世、古之道也」同前。
(67) 原文は「其論升則不問門地、一以学行材能……」同前六丁右。
(68) 原文は「本国徒尚門地、成俗苟且、唯論族世之華楚、不問行義之修否、若世閥子孫則雖庸才鄙夫、分通於卿相……」同前五丁右。

大夫や士の子弟で学問に志す者や一般人民の中から俊秀な者は、年齢が十五以上になれば、みな学校へ入学することを許可し……工匠・商人・市井（市街に生きる）人々の子どもや、巫覡《ふげき》〔シャーマン（男女とも）〕・雑類〔正業のない身分の低い民〕の子、その他の公賤・私賤の子どもたちは、入学を許可しない。(70)

と説いているように、彼は官吏登用を士大夫および凡民（たとえば農民）以上の身分に限定すべきであるとしたのである。

Ⅱ　磻溪的思考の継承と統治主体の問題――李瀷

磻溪のこうした政治的指向を継承した思想家として、李瀷（一六八一～一七六三年、号は星湖）を挙げることができる。彼は『藿憂録《かくゆうろく》』を執筆した動機について述べながら、栗谷と磻溪を「職務の最」と称賛し、

そうして、学問を研究し始めた初めから、世務（時務）に留意し、大抵国政の弊壊（すり減り壊れること）や民事（民に関する事）の艱苦（苦しいこと）において、その弊害の根源を黙って窮究し、その具体策をもれなく考えて、ここに藿憂録を撰述した。(71)

と説いているように、経世の学に限って見るならば、彼は明らかに栗谷‐磻溪の流れを受け継いでいる。(72)その上、彼は生涯、官途に就くことはなく、京畿道広州膽星里にある居所、星湖荘にて学問に身を投じた点でも、磻溪の一生に酷似している。もともと彼は、学統から言うならば、嶺南学派の流れを汲む南人派に属している。(73)当

時南人派は、いわゆる「庚申大黜陟」[74]（粛宗六年、一六七九年）によって、西人のために獄死、賜死、罷職、流配等の様々な形で粛清され、一大受難時代を迎えていた。しかし、政界における西人と南人との争いが直接「理気」論や統治論の対立から生じなかったことからも明らかなように、星湖が南人派の雰囲気の中で成長し、かつ

(69) 磻溪の貢挙制の根幹をなしていたのは教育制度論である。つまり、彼は官吏の調達方法をもっぱら国立の教育機関を通じて供給すべきであると主張したのであるが、その第一次教育機関として、京には「四学」、府郡県には「邑学」を各々設けるとしている。彼によれば、その第二次教育機関として、全国に「営学」、京に「中学」、第三次教育機関として、京に「太学」、そうしてさらにその上に「進士院」を設置し、入学者は選抜方式で「四学」ないし「邑学」より「進士院」まで段階的に進み、官吏に登用される。

(70) 原文は「大夫士子弟志学、及凡民俊秀者、年十五以上、皆許入学……工商市井之子、巫覡雑類之子及公私賤口、不許入」前掲『随録』巻一〇「教選之制」（下）四丁右・左。

(71) 原文は「是以自為学之初、留心世務、凡於国政之弊壊、民事之艱難、黙究弊原、咸思捄策、乃撰藿憂録」『星湖先生全集』附録巻一「家状」一四丁。洪以燮前掲「実学における南人学派の思想的系譜」一九四頁参照。

(72) 李星湖は、「磻溪柳先生遺集序」（『星湖先生全集』巻五〇、東洋文庫所蔵本）、「磻溪随録序」（同前）、および「磻溪柳先生伝」（同書、巻六八）等を著している。

(73) 李退溪以後における嶺南学派の学統を南人派について整理すれば、次のような二つの系列が成り立つものと思われる。①退溪→鄭述（一五四三～一六二一年、号は寒岡）→鄭蘊（一五六九～一六四一年、号は桐溪）、許穆（一五九五～一六八二年、号は眉叟）、尹鑴（一六一七～一六八〇年、号は白湖）等。②退溪→金誠一（一五三八～一五九三年、号は鶴峯）→張興孝（年代不詳）→李玄逸（一六二七～一七〇四、号は葛庵）→李栽（一六五六～一七二九年、号は密庵）→李象靖（一七一〇～一七八一年、号は大山）等。特に、尤庵を中心とする老論派の形成期と前後して、それに対抗する南人派の主流をなしていた者として、許穆および尹鑴をあげることができる。顕宗朝（一六五九～一六七四年）において、南人派と西人派（後に少論と老論に分裂）との間に繰り広げられた「礼訟」と呼ばれている教義論争は、政界における党争と深く絡み合っていた最も典型的な事例である。「礼訟」については、姜尚雲「礼訟と老少分党」（『亜細亜学報』第五輯、八八～一一七頁参照。「礼訟」は、一六六〇年の第一次礼訟と一六七四年の第二次礼訟と前後二回にわたって展開されたが、第二次礼訟において南人派の「朞年」説が採用されたことによって、南人派は一六八〇年の「庚申大黜陟」まで一時政界において優勢となった。李星湖の父君李夏鎮（一六二八～一六八三年）は南人派に属し、粛宗朝（一六七四～一七二〇年）初期に大司諫（正二品の官職）という要職に就いた。

彼らと受難をともにしたからといって、星湖の学問や思想がそのために大きく左右されたとは思われない。顕宗（一六五九〜一六七四年）朝より粛宗（一六七四〜一七二〇年）朝にかけて次第にその勢いを増していった激烈な党派間の闘争、すなわち「党争」の中にあって、彼はむしろその党争の場から自己を隔離しようとしていたのであり、それは党争から自らを退かせることを意味していた。これを裏返して言うならば、当時の政界において党争がいかに根深かったかを物語っている。こうした脱党派的な態度は、彼の学問や思想に明白に現れている。

彼は宇宙論において、

太極は動・静がないと言うが、おそらくこれはそうではない。大体、動・静というものは気であり、動・静させるものが理である。もし初めに動・静の理がないのであれば、気にどうして自らこれ（動・静）があるだろうか……。(75)〔↓張子批判——丸山〕

と述べているように、朱子から退溪に受け継がれた「一陰一陽する所以の道」あるいは「然る所以の理」という、朱子学的宇宙論を受け入れていた。そして、それはさらに「理」と「気」との関係においても明らかにされる。

およそ理というものは気の将帥であり、気というものは理の卒徒である。およそ動くものはすべて理が先である。おそらく気が先に（動き）理がまさにその後にしたがう道はないだろう……。(76)

というように、そこには、単に「理」が「気」に対して価値的に優位にあるだけでなく、「理」そのものを純化していくことによって、〔結果的には——丸山〕「理」と「気」を厳格に区別するようになるのである。

彼は人性論において、

心が感じて応じるものは、ただ理が発して気が従う一つの道があるだけである。四端と七情がどうして異なることがあるだろうか。ただ七情というものは、初めに形気によって有るゆえに、気の発という。それが発する時、気が先に動いて、理がまさに来てそれに乗るということではない(77)。

と説いているように、退溪の「四端理発而気随之、七情気発理乗之〔四端は理が発して気がそれに従い、七情は気が発して理がそれに乗る〕」という説をより純化させて、「理発気随一路〔理が発して気がしたがうのは一つのことだ〕」のみを認めた。すなわち、星湖によれば、「気発理乗之」という場合の「気発」も、「理」に先行して「気」が発するのではなく、ただ初めに「形気」によって現れた(有)ということを意味するに過ぎず、どこまでも発するものは「理」なのである。「気が発するということは、(事)物が形気に触れることであり、理はこの時に発するのである(78)」。これは、明らかに退溪の人性論を受け継ぐものであり、栗谷の「四端亦〔(七情と同じく)――丸山〕是気発而理乗之也〔四端も(七情と同じく)気が発して理がそれに乗るのである〕」という人性論とは真正面から対立するもの

---

(74) 前註73で述べたように、南人派は第二次礼訟において優勢を保っていたが、粛宗六年に領議政の高職に就いていた南人派の許積の油幄濫用事件やその直後の「三福の変」により、南人派は政界から大挙粛清された。この事件を「庚申大黜陟」という。詳しくは、李相佰前掲『韓国史　近世後期篇』三二一〜三八頁参照。

(75) 原文は「太極無動静、恐是不然、夫能動静者気也、而所以動静則理也、若初無動静之理則気何自有此乎……」『星湖先生全集』巻一五「答沈判事(一羲)」四丁。

(76) 原文は「夫理者気之帥也。気者理之卒徒也。凡動皆理先也。恐無気先而理方随後之道也……」同前、巻一四「答権台仲」三丁右。

(77) 原文は「心之感応、只有理発気随一路而已、四(端)七(情)何嘗有異哉。惟其七(情)者、初因形気而有、故曰気之発、非謂其発之之際、気先動而理方来乗之也」同前、巻一七「答李汝謙」二三丁。

(78) 原文は「気発者、物触形気、而理於是発也」同前、二一丁。

である。それだけでなく、彼はこのような人性論において「理発」を強調することによって、かえって「気」と「理」を徹底的に峻別し、「気」それ自体を独自な意味で解釈する契機（moment）を切り開いたのであった。星湖は次のように述べている。

いわゆる理が発して気がそれに従うという時の気は、すなわち方寸神明の気を言い、気が発して理がそれに乗るという時の気は、形体周流の気を言う。もしこの二つの気の字が異なる意味ではないとするならば、私の知るところではない。[79]

すなわち、星湖は「気」を、「理発気随」の場合の「方寸神明の気」と、「気発理乗之」の場合の「形体周流の気」とに区別する。しかし、この解釈において画期的なことは、「気」を二義的に捉える指向が彼の「心」論においても貫かれていることである。

心は性を載せるものである。性は理であり、心は気である。そうして理が気を率いるならば、知覚は理に従って理義の心となり、気が（一方に）傾いて理が暗ければ、ただ知覚の心があるだけであり、禽獣と同じになる[80]……。

彼は「理」の純化に照応して「性」と「心」とをはっきり区別し、「性」＝「理」、「心」＝「気」と捉える。換言すれば、星湖において「性」を純化する方向が「心」をも独自化する結果を招いたのである。「性」と「心」とを区別し、「心」を「気」とする方向は、すでに栗谷によって切り開かれていた。そこにおいて、「心」を退溪のように人性論を倫理的に定義づけようとする枠組の中で捉えるのではなく、それ自身が独自な――［外からの刺激に反応する――丸山〕感覚的な――機能を有するものとして解釈されたのである。こうした「心」の機能的な側面への注目は、星湖によってさらに分析が試みられた。彼は、「気」には「方寸神明の気」と「形体周流の気」とがあると説いていたように、「心」の場合にもこれに照応すべく、次のように説いている。

心には血肉の心があり、神明の心がある。血肉の心は五臓（中）の一であり、いわゆる神明の舎である。神明の心は、血肉の心中の気の精英であり、いわゆる出入・存亡するものである。(81)

すなわち、「心」も「血肉の心」と「神明の心」とに分けられるというのである。(82)

さらに、次のようにも述べている。

心は、鑑と比べてみれば、鑑は（それ自体の中に）何物もなく、生動する（活物）ことがない。心は、水と比べてみれば、水は生動することはあるが、覚りがない。心は、猿と比べてみれば、猿は覚りはあるが、霊

---

(79) 原文は「其所謂理発気随之気、即方寸神明之気也。気発理乗之気、形体周流之気也。若曰両気字無異旨　則非愚所知也」同前、巻一五「答洪亮卿」五丁。

(80) 原文は「心者載性有者也、性理而心気、故理御于気則知覚循乎理而為理義之心、気偏理昧則只有知覚之心而同乎禽獣……」同前、巻四一「心説」二二丁。

(81) 原文は「心有血肉之心、有神明之心、血肉之心、是五臓之一、即所謂神明之舎也。神明之心、是血肉之心中気之精英、即所謂出入存亡者也」同前、二三丁。

(82) 星湖は、本章註80の引用文に言うように、「性」と「心」をはっきりと区別しつつ、「理」と「気」の相互関係のあり方いかんによって「理義の心」にも「知覚の心」にもなると捉えており、これは「心」を倫理的なレベルで捉えていたことを物語っている。そして、このことは、星湖が「心」をさらに機能的に捉えて、「神明の心」と「血肉の心」とに分けたことと照応していると思われる。

魂の精気がない。それゆえに、心は畢竟比喩することができないものである。（それ自体の中に）何物もないことは鏡に比喩し、生動することは水に比喩し、覚ることは猿に比喩し、これに霊魂の精気を加えればいいのである。(83)

すなわち、彼は人間の「心」には、単に動物に見られる感覚活動だけでなく、人間固有の霊的能力があるというのである。そして、次のようにも述べている。

心は活物であるが、比べてみることができない。（比べてみれば）鏡（と同じく）水（と同じ）だけであるだ。鏡と水は（外から）（事）物が来ることを受けて照すが、霊妙な感応を行うことができない。（外から）（事）物が来れば照らして、（事）物が去れば空にし、きれいであればきれいに照らし、醜ければ醜く照らす。その実（体）は（外からの）（事）物にあり、鏡や水の霊魂の精気（のようなもの）と関係があるようなことはない。いま心の本体を論ずれば、まだ（事物が）近づかなければ迎えることはなく、まさに近づけば先を争って照し、すでに去ればとどまっていることはないが、これは鏡や水とお互いに同じものかと疑わしく思える。しかし人が（過去に一度であった人を）十数年後に互いに会っても、すぐにその顔を覚えていて、その名前を聞けば彼がどんな人か分かる。これは（心中）にとどまっている物がない中でとどまっている物があるのである。それゆえ、耳や目がすでに接すればすぐに思い出す。まさにこれが霊応、すなわち霊妙な感応となるのである。(84)

「心」は「活物」であり、「血肉の心」に照応する「鑑」あるいは「水」に比せらるべき純粋に感覚的な作用と、「神明の心」に照応する「霊応」のような事物や事象に対する記憶や積極的な識別作用とを持っていると捉えている。こうした星湖の「心」についての倫理的、機能的、そして認識次元における分析は、退溪が「存心」あるいは「虚霊不昧」という名の下に主静的かつ内省的に捉えていた「心」論とはっきりと区別される新たな境地を切り開いたものと思われる。(85) しかし、この機能的な分析がただちに政治や社会における諸々の現象を即物的(sachlich)に認識すべきであるという認識方法を切り開くものではなかった。

人が、その生長および知覚の心を持つようになるのは、もとより禽獣と同じである。しかしまた、いわゆる理義の心を持つこともある。知覚の心とは、それを知り、それを覚ればとどまる。それゆえ、その用は、利に走り、害を避けることに過ぎない。人にあっては、それが人心というものである。もし人が、必ず天命がまさにそうでなければならないと決めた所(所当然)を主宰とし、それを生よりも甚だしくし欲し、死よりも甚だしく悪《にく》むならば、それが道心である。(86)

(83) 原文は「心比於鑑、鑑空而不活、心比於水、水活而不覚、心比於猿、猿覚而不霊、然則心終不可喩乎。空処喩鑑、活処喩水、覚処喩猿、加之以霊得矣」安鼎福『星湖僿説類選』(『朝鮮群書大系続』第一九輯、朝鮮古書刊行会、一九一五年)巻二「上」一一六頁。

(84) 原文は「心活物、無可取比、不過曰鑑曰水、鑑与水可以受物之来照、而不足以霊応也。物来則照、物去則空、妍則妍、媸則媸、其実在物、不係於鑑水之霊也。今論心之体、則曰未来而不迎、方来而争照、既去而不留、此疑若与鑑水相似、然有人相逢於十数年之後、便識其面、聞其名而知其為何人、是不留之中、有留者存、故耳目既接、便能識認、方是為霊応也」同前。

(85) こうした星湖の「心」論は、次のような思想史的意義を持っていた。すなわち、彼は栗谷の人性論に対抗して、退溪のそれを再確認しつつも、さらに「理発気随」論を推し進めていくことによって、逆説的ではあるが、「理」と「気」がはっきりと区別されただけでなく、「気」それ自体を独自に捉え、「性」=「理」、「心」=「気」という見解に到ったのである。「心」=「気」というのはすでにふれたように(第三章第二節)、栗谷の見解でもあった。しかし星湖は、栗谷のように「心」=「気」を人性論のレベルにおいて「定式化したという――丸山」よりも、むしろ「心」それ自体を機能的に、そして認識のレベルで捉えることによって、経験論への道を切り開いたと考えられる。

すでに検討したように、星湖において、人性論における「理発気随一路」と道学的指向は明らかに生き続けている。「理」が人間の本性にアプリオリに内在するという道学的指向は、後述するように、丁茶山を俟って初めて克服された。しかし、星湖は、このように宇宙論や人性論のレベルにおける道学的指向を自らの中に含みつつも、統治論のレベルにおいては、栗谷から磻溪におよぶ統治論を継承して、「理」の具体的な展開を試みたのである。

星湖は、当時の現状を支えていた「祖法」について次のように説いている。

およそ、わが王朝の成憲（先王が定めた法律）は至極だと言うことができる。『経国大典』をもとにして『明律』を斟酌したものである。『経国大典』と『明律』は、厳格さを主とするものだが、寛大さと荒々しさが互いに助け合い、長久なものであった。しかし、聖祚（天子の位）が綿々と続き、三百余年が過ぎる間に……すべての法度が弛緩して、四維（礼、義、廉、恥）がゆがんでなくなっており、思うに、弊を改革する時期ではないのか。(87)

彼がこのように「祖法」の改革を提唱していることを考えると、栗谷や磻溪に比べて制度論について特異な視角を提示しているわけではなかった。星湖の制度改革論は、むしろ彼に先行した栗谷や磻溪のそれを受け継いだものに過ぎないと言うこともできる。ただ、その基底には一様に「たとえ立法が良いとしても、長くなれば必ず蠹弊（シミが広がりぼろぼろになること）となる」(88)という制度観が貫かれていた。磻溪の制度改革は、新しい立法がいかなる意味において妥当であるか、そしてその立法がもたらす効用はなにかというところに重点が置かれていた。そして、彼は統治手段としての客観的規範を追求したという点において、「道明則器自復爾〔前が明らかならば、器は自ずからそこに復《かえ》る」」という思考方法が支配的であった正統朱子学派の統治論とは全く対比をなしていたのである。しかし、星湖は磻溪のこうした客観的規範を重視する視角を受け継ぎつつも、そうした規範の創出者である統治主体の問題により多くの関心を寄せていた。それは当時の状況から見て、磻溪の土地改革論が実現性の乏しい極めてラディカルなものであったのに対し、星湖のそれはまさしく現状の上に立って現行の土地制度を漸次に改革していこうとしたこととも照応している。(89) もちろん、すでに述べたように磻溪も当時横行していた詩文主義や門閥主義に対して能力主義を打ち出したという点から見れば、統治主体の問題に関心を寄せていたということを示している。そしてそれは、次の言説のように、星湖によって受け継がれた。

およそ、国家がもっぱら文芸によって士を取るということは、すでに本務を失うことである。(90)

(86) 原文は「至於人其有生長及知覚之心、固与禽獣同。而又有所謂理義之心者、知覚之心、知之覚之而止。故其用不過乎趨利避害、在人則人心是也。若人者必以天命所当然者為主宰而欲或甚於生、悪或甚於死、則道心是也」前掲『星湖先生全集』巻四一「心説」二一丁。

(87) 原文は「夫我朝之成憲、可議至矣。軆之以経国之典、参之以皇明之律、国典明律主厳、寛猛互済、所以能長久也。然聖祚綿歴、迄三百余年……百度弛廢……意者弊而可革之機耶」李瀷『藿憂録』(鄭寅普校注『星湖僿説』京城・文光書林、一九二九年)所収、五～六頁。

(88) 原文は「立法雖良、久必蠧弊」同前、四〇頁。

(89) 後述するように、星湖においては統治における統治者の知的能力＝インテリジェンスが極めて重大な意味を持っている。そして、この統治者の知的能力＝インテリジェンスは、彼の「変通」論とも密接な関係を持っていた。つまり、制度改革において、時の移り変わりを見極め、その時に最も適した制度を設けるためには、統治者の知的能力に頼らざるを得ない。この意味で、星湖は磻溪より現実の状況認識をより重視していたと言えよう。

(90) 原文は「蓋国家専以文芸取士、已失本務」前掲『藿憂録』「論科挙之弊」三八頁。

行実と才能によって人を求めるならば、たとえ百種類の法に反して私心に従う害があるとしても、推薦する法があるゆえに人を得る方法になるが、文芸だけで人を求めるならば、たとえ大学者やすばらしい士がその中から出て来るとしても、科挙の法のままにすることはついに人を得る方法ではない。[91]

才能と器局がある人が生まれることにおいて貴賤の区別はないが、今はもっぱら門閥だけを崇尚し、それと疎遠な者は百名に一人も進出できない。[92]

ここでは明らかに、星湖は、統治者の出身や文学的教養よりも統治者の統治能力を重視する傾向に移行している。しかし、磻溪においては、統治者の統治能力が本質的にいかなるものであるべきかということについてまだ明確ではなかった。その課題は、星湖の段階に至って初めて積極的に成し遂げられたのである。彼は当時の経筵〔王に経書などの講義をすること〕に出入りする筵臣がもっぱら詞科出身あるいは門閥の中から選出されたことについて、次のように批判する。

国の治乱は人主（君主）の一心に係わっているが、（君主の）心の智恵があることと愚かさは講学（学問を研究すること）を勤勉にすることと怠ることにあるのである。それゆえ経筵（君主の前で経書を講論する地位）が国を経営する時の急務になるのである。……（君主が講席から退けば）誰もすべての経書を説いて義理を話す人々ではないので、どうやって身心を養って出治〔政治を行うこと〕の根源になり得るだろうか。今筵臣（経筵で講読する臣下）で文科出身ではない者はいないが、経書の意味については、かつてその選録を考究しなかった。もっぱら閥閲が繁盛することだけを選んで、その人員を補い、栄進の媒介にするので[93]……。

すなわち、彼によれば、統治において最も重要なのは統治者の知的能力＝インテリジェンスであり、そのためには経筵における講学が「経義」を考究した筵臣によって行わなければならないとする。これは言わば「賢人政治」の主張である。

欠点がない人はいても、弊害がない政事はない。欠点がない人はまさに聖人である。聖人は政治制度を作ることは作ったが、その制度とともに長く生きることはできなかった。それゆえ、その政治制度は書籍に記録されているが、聖人が死ぬと弊害が生じた。どうして弊害が生じるのか。時代が流れれば状況が変わるからである。変われば通じなければならないが、通じることを見通して制度を施行することは、ただ知恵のある者だけができるのであり、大体、政治の大要は治民であり、治民には人（材）を得ることより優先することはない。(94)

この引用文が示すように、星湖にとって統治者の知的能力とは、統治者が「時が移れば、事が変ずる」という歴史変化に立ち会い、その「移」り「変」わっていく時代に即応し、その時代に合った方策を講じ、制度を改革

(91) 原文は「求之以行能、雖有百種枉法循私之害、自在法為得之之道也。求之以文藝、雖或鴻儒碩士出於其間、而在法非終得之之道也」前掲『星湖先生全集』巻四四「貢挙私議」三五丁。
(92) 原文は「才器之生、貴賤無別、今也則専尚門閥、疎遠者百無一進」同前、巻四五「論用人」二四丁。
(93) 原文は「国之治乱、係於人主之一心。心之智愚、存乎講学之勤慢、此経筵所以為有国之急務也。……況人主居至尊之位……皆非説経談理之人、如何能培養身心為出治之原耶。今筵臣莫非詞科出身、其於経義、未嘗考究其選録也。又必只捉閥閲華盛、以充其員、為栄進之媒……」前掲『藿憂録』「経筵」一頁。
(94) 原文は「有無瑕之人、無無弊之政、無瑕者、聖人是也。聖人立政、不与政倶生、故布在方冊而人亡政弊也。何謂弊、時移而事変也。変則通、観通行典、其惟智者乎。夫政之大者、曰治民、治民莫先於得人」同前「貢挙私議」二七頁。

（観通行典）し得るような知的能力、ないしは智恵を意味している。そこでは統治それ自体の概念が著しく純化されつつあるものと思われる。すでにふれたように、栗谷を経て磻溪に至ると、退溪的なモラリズムは統治論において著しく後退していた。しかし、栗谷や磻溪においては、「養民をした後に、教化をすることができる（養民然後、可施教化）」あるいは「民が恒業を固くし……風俗が敦厚になると、……礼楽が興行するようになったのは、この（井田法）を根基にしたからである（挙民有恒業之固……風俗敦厚……礼楽興行者、以有此根基故也）[95]」というように、統治における「養民」や民の「恒業」は、あくまでも「教化」や「礼楽」という道学的政治理念を実現するための前提条件であった。すなわち、「養民」と「教化」、そして民の「恒業」と「礼楽」は、いずれも因果関係をなしているのであり、究極的な政治目標は普遍的な「道」の達成にあったのである。星湖の段階に至ると、こうした道学的指向はさらに希薄化していった。星湖は、統治について「治道は徳礼から始まり政刑に終わるものだが、たとえ徳礼が明らかになったとしても、政刑が治められなければ、民は治められたと言うことはできない[96]」と述べているように、彼にとってはすでに統治方法は「徳礼」から徐々に「政刑」へと移行しつつあったのであり、統治の重点が究極的には「政刑」をいかにすべきかというところに置かれる段階にまで至っていた。星湖が「国家の治乱はもっぱら憲令の盛衰にあるが、法が行われないならば、たとえ仁心善政があったとしても、国家の助けにはならない[97]」と説いたのは、まさに「仁心善政」（＝徳礼）から「憲令」（＝政刑）への決定的な重点の移行を示すものである。換言すれば、これは統治概念が本質的にすでに「徳礼」や「仁心善政」よりは、「政刑」や「憲令」というものであったことを意味している。したがって、彼が言うところの統治者の知的能力というものが、具体的に「政刑」や「憲令」に関するそれであったことは明らかである。

統治概念のこのような変容に照応するように、星湖においては功利的国家観が展開される。

国家が国家として成立する理由は、君がいて民がいるからである。君と民はすべて（同じ）人間である。[98]

およそ、君は心を労して民を治め、民は力を労して君に仕えるが、両者が互いに報恵することは、あたかも父がその息子を育て、息子がその父に孝行することと同じく、どの一面も闕くことはできない。……民がいなければ君もないが、これは民の恵沢がその君より重いということである。(99)［これは孟子の分業論――丸山］

(95) 第三章註117、および本章註49の引用文参照。

(96) 原文は「治道始於徳礼、終於政刑、徳礼雖明、政刑不修、民不可得以治也」李瀷『星湖僿説』（下）（慶熙出版社、影印本）二六五頁。ここで改めて星湖と磻溪の政治的思惟を比較してみよう。すでにふれたように、磻溪の土地改革論においては「孟子」の「仁政」的な政治的思惟が支配的であった。もちろん、星湖においても、「夫子曰、初学必置冊子籍記、其所得所見、斯豈欺哉、其必自七篇（『孟子』）、始者何、孔子没而論語成、曾子述而大学明、子思授而中庸伝、孟子弁而七篇作、以世則後、以義則詳、後則近、詳則著、故曰求聖人之旨、必自孟子始也」（前掲『星湖先生全集』巻四九「孟子疾書序」四丁）というように、学問はまず「孟子」から始めることを唱える。しかし同時に、その意味するところは、何も学問が『孟子』に尽きるということではなく、「聖人之道　論語一書尽之矣」（前掲『星湖僿説』（下）二〇七頁）というように、『論語』を最も重視しているのである。つまり、『孟子』は「聖人之旨」あるいは「聖人之道」を明らかにするための端緒、聖人之最不軽許者惟仁也。仁不過曰人欲尽処、天理流行、仁在其尽処流行之間、而天理之全体可見」［仁の朱子学的解釈だ――丸山］（同前）と説いているように、「聖人之旨」あるいは「聖人之道」を『論語』の中の「仁」に求めている。この意味で、星湖は磻溪の「仁政」論を『論語』の「仁」によってさらに根拠づけたと言えよう。しかし、『論語』に帰着した星湖には、次のような逆説的な指向が生まれていた。すなわち、『論語』においては、「仁」が最も重視されたことと照応して、「子曰、道之以政、斉之以刑、民免而無恥、道之以徳、斉之以礼、有恥且格」（『論語』為政篇）というように、「政」「刑」に対して「徳」「礼」が統治の大本となっていたのであるが、星湖は「徳」「礼」から「政」「刑」へと移行していたのである。磻溪の土地改革論の思想的根拠となっていた「仁政」論は、星湖によって克服され、「政」「刑」が独自化されていく過程をここに見出すことができる。

(97) 原文は「国之治乱、専在憲令張弛、法之不行、雖有仁心善政、無補於国矣」前掲『星湖僿説』（上）三三六頁。

(98) 原文は「国之所以為国者、有君有民也、君与民皆人也」同前（下）七一頁。

ここに説かれているように、国家において「君」はそれ自体自足的な存在でなく、むしろ「民」がなければ「君」がいないことが強調される。そして「君」「民」関係は国家を営為するための機能的な相互作用の次元において捉えられている。換言すれば、両者はこうした機能的分化という原則の下で、相互報恵の関係にあるのである。

ここには、基本的に二つの指向を見出すことができる。第一は、「民は力を労する……」ゆえに、当然「国家の経費は民力から出る」[100]という指向である。したがって彼は、「国家を利するには民を利する（方法）以外にない。治を論じながら民を先にしないのは末である」[101]〔民主主義の強調――丸山〕と説いたのである。そこでは国富を持ってくる根源的な力は民にあり、その「民」全体の福利こそが国富の基礎になると考えていたのである。[102]しかし、彼のこうした国富論は、磻溪同様、「財（財貨）は田土から出る。ゆえに、政（治）は田制より大きいものはない」[103]というように、依然として農本主義的な指向の上に基礎づけられていた。したがって、彼の統治論において土地制度は重大な意義を持っている。そこで彼は、「およそ、田（土）というものは本来国家の所有であり、おそらく私主（私的な所有）だとあえて断定するところではない。古今憎悪する者は、私田の弊害である」[104]と論じているように、当時の土地制度の「私田」化傾向を痛烈に批判しつつ、「永業田」制[105]の実施を主唱したのである。

第二は、君主たる者は、あくまでも統治者としての職務の遂行者であるという発想である。すでにふれたように、君主たる者の地位は生来的な所与ではなく、言わば、「君」は自足的な存在ではないために、「君」は心を労」すること――知的能力として国家を営為するための「政刑」を遂行すること――によって「民」との授受関係を維持していくという機能的な意味で解釈されているということである。そこでは伝統的な家産制的君主観の意味さえ斥けられている〔民主主義の強調――丸山〕。

人がいて（田）土があるのである。（田）土はすべて民の（田）土である。聖王が井田を区分して民に与えたのであり、民は王の田土をもらうのではない。ゆえに、王は田民がいて経界〔土地の境〕の争奪ができないようにするのである。こうして、（王は）十分の一（税として）を賦課し、王がその九を引いて民に与えるのではない。民がその一を出して君に提供するのである。ゆえに、天下は天下の天下である。一人の天下ではない。(106)

星湖に見られるこうした政治的思惟の諸特質は、やがて丁茶山において、儒教の枠内で最も極限的な形態にまで展開していくのである。その思想史的推移を、第四節で検討してみることにしよう。

(99) 原文は「夫君労心以治之、民労力以事之、両相報恵、如父畜其子、子孝其父、不可闕一……無民則無君、是民之恵重於其君也」。前掲『星湖僿説類選』巻三「下」二四六頁。
(100) 原文は「国用出於民力」。星湖は、引き続き次のように説いている。「……民力繫乎所導。是以明王制民之産、俾有足用、然後取以資国」前掲『藿憂録』「国用」一三頁。
(101) 原文は「利国不外於利民、論治而不先民者末矣」同前「銭論」三五頁。
(102) 例をあげれば、星湖は次のように論じている。「国が維持するのは民であり、民が維持するのは財（財物）だ〔国之所頼者民、民之所頼者財〕」前掲『星湖僿説』（上）二三三頁。
(103) 原文は「財出於田、故政莫大於田制」前掲『星湖僿説類選』巻四「下」三四一頁。
(104) 原文は「夫田者、本国家所有、恐非私主所敢断、古今所憎悪者、是私田之弊也」。前掲『星湖僿説』（上）三三八頁。
(105) 星湖の田制論に関しては、韓沽劤前掲『李朝後期の社会と思想』二三七頁以下を参照。
(106) 原文は「有人、此有土、土皆民之田也。聖王画井而授民、民非受王之田也。乃王者田民之有而経界之禁其争奪也。於是賦以什一、非王者鐲其九而与民、乃民出其一而供君也。故天下者天下之天下也。非一人之天下也」李瀷『孟子疾書』（人）「滕文公下篇」。

第三節　朱子学的自然観の変容と社会・経済的功利性の追求——利用厚生学派

I　朱子学的自然観の変容

一名「北学派」とも呼ばれている洪大容《ホン・デヨン》[107]（一七三一～一七八三年、号は湛軒《タモン》）、朴趾源《パク・チウォン》（一七三七～一八〇五年、号は燕巖《ヨナム》）、朴齊家《パク・ジェガ》（一七五〇～一八〇五年、号は楚亭《チョジョン》あるいは貞蕤《ジョンユ》）らは、一八世紀後半の旧態依然たる朝鮮朝思想界に全く新しい学問的傾向を形成した。[108] これらの思想家は、すでに前節でふれた「経世致用学派」とは対照的に、老論派の学問的雰囲気の中で成長した。[109] 特に「利用厚生学派」のアヴァンギャルドともいうべき湛軒は、その系譜から見れば、老論派の金昌協《キム・チャンヒョップ》および金昌翕《キム・チャンフプ》の流れを汲む金元行《キム・ウォネン》に師事している。[110] しかし、その学問的傾向においては、燕巖や楚亭も含めてむしろ経世致用学派の功利的思考方法を継承していると言うことができる。経世致用学派と利用厚生学派の両学派は、少なくとも、朝鮮朝における正統朱子学派に支配的であった退溪的なモラリズムや、朝鮮朝儒教体制内の身分的閉鎖性や、支配層の知識や能力の尺度となっていた詩文優位主義、そして官吏登用における門閥主義の横行などに抵抗していたという点で共通している。では、彼らを経世致用学派と区別し、利用厚生学派あるいは北学派と呼称する理由は何であろうか。

両学派の違いはまずその学問の対象の相違に見出される。経世致用学派に関して見れば、彼らの国富論は、伝統的な農本主義的指向のフレーム内にとどまっていた。そして、農業生産の増加という面でも、農地の開拓という自然的所与としての土地の効用に重点が置かれていた。もちろん、利用厚生学派においても、湛軒の『林下経綸』、燕巖の『課農小抄』、楚亭の『北学議』といった著作中に見出されるように、決して農業生産そのものが過小評価されていたわけではない。もし、われわれが農業生産そのものを基軸にして両学派を比較するとすれば、経世致用学派は主として土地制度の改革という、いわゆる政策上の問題にとりくんでいたのに対し、利用厚生学派は農業生産をいかに増加させるかという、いわゆる農業生産の技術上の問題に多くの関心を寄せ、その合理的生産方法を追求していたと言えよう。そこには、自然に対する両学派の基本的な違いがある。すなわち、経世致用学派にとって自然とはあくまでも所与としての自然であったのに対し、利用厚生学派はこうした所与としての自然よりは、自然を人間によって加工されるべき対象とみなそうとする指向に移行しつつあった。しかし、利用厚生学派のこの指向は、決して形而上学的な理気論を背景とするものではなかった。むしろ、近世朝鮮実学派

(107) 利用厚生学派を「北学派」とも指称しているのは、朴齊家の著書『北学議』に由来している。彼は『北学議』自序において、次のように述べている。「取孟子陳良之語、命之曰北学議」。詳しくは、金龍徳『貞蕤朴齊家研究』(中央大学校出版局、一九七〇年)六〇頁参照。

(108) 利用厚生学派の学問観およびその傾向がいかなるものであるかについては、後述するつもりである。利用厚生学派の思想に関する研究としては、姜在彦「朝鮮実学における北学思想」(『思想』五四六号、岩波書店、一九六九年一二月)があげられる。姜在彦は、また前掲『朝鮮近代史研究』において、利用厚生学派の思想を朝鮮朝末期における開化派の思想に先行するものとして、両派の思想的連関にふれつつ、その位置づけを試みている。同書、三六頁以下参照。利用厚生学派とほぼ同時代の正統朱子学派——特に老論派——の思想動向については、本章第四節註153、および註154で述べている。

(109) 李佑成前掲「一八世紀ソウルの都市的様相」は、ソウルを中心とした利用厚生学派の相互交流やその成立条件について述べている。洪大容の家系や学説については、本章註110参照。朴趾源は老論派の家系に生まれている。詳しくは、李家源「燕巖小説研究」(『韓国文化叢書』第一八輯、乙酉文化社、一九六五年)四一頁参照。朴齊家は、承旨(承政院所属の正三品の官職)朴坪(党属関係未詳)の庶子として生まれ、朴趾源に師事している。このように、利用厚生学派はおおむね老論派の家系に属し、その学問的雰囲気を避けることはできなかったと思われるが、彼らの学問的傾向は老論派と全く対立していたのであり、その批判に向けられていた。たとえば、湛軒は老論派を次のように批判している。「当今之以老為名者、其処世而無言議之可観、立朝而無事業之可指滔、皆是不見其彼善於此矣」洪大容『湛軒書』内集巻三(新朝鮮社、一九三九年)三丁。

(110) 千寛宇によれば、湛軒の「祖父(洪龍祚)は大司諫(司諫院に属する正三品の官職)、父親(洪櫟)は牧使(正三品の地方官職)という堂々たる名門の出身」(前掲『韓国の人間像』第四巻、三六七頁)であり、湛軒が師事した金元行は尤庵の高弟である金昌協や金昌翕に師事している。金元行は金昌協の孫であり、金昌翕の従孫でもある(同書参照)。

に特有な功利的思考方法が基調をなしていたものと思われる。すなわち、利用厚生学派は、後述するように、清朝乾隆期の中国における文化生活や農業技術を直接見聞しており、その中に自然の効用性を見出したのである。換言するならば、彼らにとって自然とは単なる所与ではなく、人間の生活を豊かにするために用い得る道具として映っていたのである。たとえば、燕巖は明確に次のような命題を打ち出している。

このようにして初めて、ついに利用だと言うことができよう。利用があって後に厚生を行うことができ、厚生を行った後に正徳を言うことができる。[11]

このような命題は自然の効用性を前提とするものである。この命題は、経世致用学派が統治において退溪的モラリズムを厳しく批判して打ち出した「民之為道也、有恒産者有恒心、無恒産者無恒心〔民が道を実行するとき、恒産がある者は恒心を持ち、恒産がない者は恒心もないということになる〕」に対応するものでもあった。もちろん、彼ら両学派において「正徳」（教化）や「恒心」（教化）がともに第二義的課題であったことは言うまでもない。しかし、経世致用学派にとって自然があくまでも所与としての自然であるかぎり、自然そのものに対して疑いを抱くよりも、与えられた自然の中で棲息している人間をいかに規制するかという統治規範の問題に取り組むことの方が重要であったのである。そこでは人間の欲望が常に規制の対象となっていた。これに反して、利用厚生学派にとって自然は人間社会にとって効用的であるという点に関心が寄せられていたことと照応して、人間による利の追求を積極的に認めようとする指向が提起されていた。これは、利用厚生学派が経世致用学派とは全く対照的な新しい学問領域を切り開いたことと関連している。

利用厚生学派の思想的役割として、次のことを銘記しておく必要があるだろう。近世朝鮮朝における実学派の功利的思考方法を、経世致用学派について検証してみると、それは朝鮮朝における正統朱子学派の普遍主義的指向に対する状況主義的指向（変通論）として打ち出されていた。これは主として、国内統治論をめぐる対立とみなすことができる。利用厚生学派はこうした状況主義的指向に依拠し、正統朱子学派における普遍主義的指向のもう一つの側面であった「中華」的世界秩序観念にもとづく対外的閉鎖性を打ち破ろうとしていた。近世朝鮮朝における実学派のこのような対外観については後述することとして（本章第六節参照）、ここでは彼らの宇宙論、人間論、そして統治論を引き続き検討することにしよう。

II　朱子学的諸観念の批判――湛軒

湛軒《タモン》洪大容は、宇宙論について次のように述べている。

天地にいっぱい充ちた者はただこの気だけで、理はその中にある。気の根本を論じようとすれば、澹一〔静かで純一なこと〕で沖虚〔混じりっけがないこと〕で、清濁を言葉では言えないが、その（気の）升降と飛揚で互いにぶつかり互いに動き……清らかな気を得て（変）化したものは人になり、濁った気を得て（変）化したものは物になった。(112)

湛軒にとって、宇宙の根源的な要素は「気」であり、「理」は「気」の中に内在するものとして捉えられてい

（111）原文は「如此然後、始可謂之利用矣。利用然後可以厚生、厚生然後正其徳矣」朴趾源『燕巖集』巻一一「熱河日記」（慶熙出版社、一九六六年、影印本）一二丁。

（112）原文は「充塞于天地者只是気而已。而理在其中、論気之本則澹一沖虚、無有清濁之可言、及其升降飛揚相激相蕩……得清之気而化者為人、得濁之気而化者為物」前掲『湛軒書』内集巻一、三丁。

る。「理」の超越的性格を否定する見解はすでに栗谷や磻溪によって打ち出されたものであり、湛軒において初めて見出されたものではない。しかし、「理」について、彼は次のように述べている。

また曰く、無声・無臭だが、造化（天地自然の理）の枢紐となり、品彙（物品の種類）の根柢になったとするならば、すでに作為をする所はないのだから、何によってそれを枢紐・根柢になるとみなせようか。また、いわゆる理というものは、気が善であればやはり善で、気が悪ならばやはり悪だというが、これは理が主宰する所はなく、気がする所に従うだけである。もし理が本来善で、その悪という気質と関係する所としてその本体でないと言うならば、この理がすでに万化の根本だと言ったとすると、なぜ気をして純善にさせず、この雑駁なものが混じって純一になり得ず、はずれた気を生み、天下を乱すのか。すでに善の根本になり、また悪の根本になるならば、これは（事）物によって変遷し、まったく主宰することはないとする[113]……。

湛軒は「気」を宇宙の根源的要素とみなすことによって、「理」を宇宙における主宰的かつ根源的要素として固持する正統朱子学派の見解を徹底して斥けている。そして、宇宙における「理」の主宰的かつ根源的な機能が否定されるために、そこでは「理」の道徳的性格さえもはぎ取られようとしている。湛軒は明らかに「理」を「気」の条理として捉えていたのである。こうした彼の「理気」論は、経世致用学派のそれをはるかにのり越えていた。

湛軒は人間論においても、こうした見解を貫いていた。

今の学者は、口を開けばすなわち性が善であると言うが、いわゆる性というものは、何によってその善を見るのか。幼い子どもが井戸に落ちたのを見て、惻隠の心があるとすると、本当にこれを本心だと言うことができる。もし玩好（好きな玩具）を見て、利心（欲しがる心）が生じ、泰然として直に進んで（考える）暇もなく安排《あんばい》〔対処すること〕したとすると、なぜ本心ではないと言えるのか。また性というものは一身の理で、理は声も臭いもない。（それゆえ）善悪の二字をどこに着けるつもりか。(114)

彼において、人間の「性」はすなわち「理」ではあるが、「理」それ自体はアプリオリに道徳的要素を内含しないものとして捉えられている。そしてむしろ、善悪とは客観的な事象――たとえば、「孺子入井」や「玩好」――を媒介にして初めて判断されるものとしている。ここにおいて、彼は「惻隠の心」と「利心」という二元的な人間性を提示するのである。湛軒にとって、人間性が根源的に二元的であるという捉え方は、取りも直さずそれが退溪的人間論から演繹されたものではなく、現実の人間社会における湛軒自らの経験から創出されたものに他ならない。言うまでもなく、そこでは人間の「性」に関する退溪的な自然主義的オプティミズムが顕著に後退していることは明らかである。そして、さらに湛軒は栗谷の「気発而理乗之〔気が発して理がそれに乗る〕」という人性論をも克服している。彼は、「気」をより重視することによって、あるいは「気」をより根源的要素とみなすことによって、栗谷の「夫理者、気之主宰也……〔そもそも理とは、気の主宰である〕」という命題を斥けたのである。退溪の「四端理発而気随之〔四端は理の発であり、気がそれに従う〕」という見解に対して、栗谷は「理発」とは「気発」を待って初めて「理乗之」と説くべきであると述べていた。退溪と栗谷は「理」と「気」の発する

(113) 原文は「且曰無声無臭、而為造化之枢紐、品彙之根柢、則既無所作為、何以見其為枢紐根柢耶。且所謂理者気善則亦善、気悪則亦悪、是理無所主宰而随気之所為而已。如言理本善、而其悪也為気質所拘而非其本体、此理既為万化之本矣。何不使気為純善而生此駁濁乖戻之気、以乱天下乎。既為善之本、又為悪之本、是因物遷変全没主宰……」同前一丁。

(114) 原文は「今学者、開口便説性善、所謂性者、何以見其善乎。見孺子入井、有惻隠之心、則固可謂之本心。若見玩好而利心生、油然直遂、不暇安排、則何得謂之非本心乎。且性者、一身之理、而理無声臭矣。善悪二字、将何以着得耶」同前。

順序の相違では対立していたが、両者はいずれも「理」がアプリオリに道徳的性格を内含していることに対しては何の疑いも持っていなかった。しかし、湛軒は現実の人間社会から得た経験的知識にもとづいて人間性を評価しようと試みたために、そこには退溪から栗谷に至る、ひいては経世致用学派における、道学的人間観を断ち切ろうとする発想が芽生えていたのである。

さらに湛軒は、人間における「利心」を認めようとする方向に進んでいった。彼は堯・舜・禹三代の古代を極めて悲観的に解釈している。正統朱子学派の古代観に見出される古代の聖人の治の普遍的性格はすでに経世致用学派の制度改革論の段階において崩壊していた。しかし、湛軒は、

それゆえ、礼楽と制度というものは聖人が架漏・牽補してある時一時的に作ったものであり、(人間の)情欲の根が抜けず、利欲の根源が塞がらず、まるでその形勢が土手を積んで川の水を防ぐように、畢竟裂けてしまったことを、聖人もすでに知っていた。[115]

と説いているように、人間における情欲や利欲といったものが、「礼楽制度」によっても根絶しがたいものであるとみなしたために、経世致用学派に支配的であった規範的指向にも疑いの念を向けたのである。彼は利用厚生学派のアヴァンギャルドとして、自然の効用性により多くの関心を寄せていた。

その傾向を彼の学問観を通じて検証してみよう。彼は朝鮮朝における当時の学問的堕落を次のように批判している。

私はお前が道術に幻惑されていることを真に知っている。(続いて言うには)ああ、哀しいかな。道術がなくなってから久しい。孔子が死んだ後、諸子がこれを乱し、朱門の末期に来て、諸儒がこれを混乱させたの

で、その業を崇めてその真を忘れてしまい、その言を習ってその意を失ってしまった。……真意は日々なくなり、天下は水が流れるように日々虚妄へと突き進んでいった。(116)

すなわち、彼によれば孔子から朱子に受け継がれた「道術」が、「朱門の末」の「諸儒」によって汨《みだ》され、その真意が失われたのであり、彼自身、朱子学そのものを否定しているわけではなかった。むしろ、

正心と誠意が真に学と行の体ならば、開物成務（人々の知識を開いて、世の中のことを達成させること）は学と行の用ではないのか。揖譲《ゆうじょう》〔武力や強制によらず、おだやかな態度で行うこと〕と升降《しょうこう》〔盛んであることと衰えること〕が真に開物成務の急務ならば、律暦・算数・銭穀〔地租として徴収した金銭や米穀〕・甲兵がどうして開物成務の大端ではないのか。(117)

と説いているように、彼は「開物成務」の名の下に「律暦、算数、銭穀、甲兵」などを重視していたのである。つまり、学問の対象が、次第に正統朱子学派の主静的かつ内省的指向や、形式的な儀礼主義、あるいは高麗朝以来の訓詁的学問から、自然そのものに関する研究へと移行しつつあったのである。

---

(115) 原文は「是以礼楽制度、聖人所以架漏牽補、権制一時、而情根未抜、利源未塞、勢如防川、畢竟潰決、聖人已知之矣」同前「内集」巻四、三五丁。

(116) 原文は「吾固知爾有道術之惑、嗚呼哀哉。道術之亡、久矣。孔子之喪、諸子乱之、朱門之末、諸儒汨之、崇其業而忘其真、習其言而失其意……真意日亡、天下滔々、日趨於虚」同前一七丁。

(117) 原文は「正心誠意、固学与行之体也。開物成務、非学与行之用乎。揖譲升降、固開物成務之急務、律暦算数銭穀甲兵、豈非開物成務之大端乎」同前「内集」巻三、二二丁。

では、彼が自然をいかに捉えていたかを明らかにするために、もう一度彼の「理」論に戻って検討してみよう。彼は、「人には人の理があり、物には物の理がある。いわゆる理は仁であるだけである[118]」と述べているように、「人の理」と「物の理」をはっきりと区別しつつも、それらはふたたび「仁」によって統合されている。つまり、彼は「仁」を「人の理」においても「物の理」においても認めているのである。次の一節はそれを最も明白に表している。

天においては理といい、物においては性という。天においては元・亨・利・貞といい、物においては仁・義・礼・智という。その実は一つである[119]。

すなわち、ここでは正統朱子学派のように、「天」と「物」が「理」によって連続させられている。しかし、「仁義礼智」は、正統朱子学のような「本然の性」として主静的かつ内省的な実践の目標としてではなく、「理」がすでに道学的性格を失ったことと相俟って、万物に見出される自然の秩序として捉えられているのである。次の一節も、そのことを物語っている。

草木はまったく知覚がないとは言えない。雨と露が降って芽生えるのは惻隠の心であり、霜と雪が降って（木の）枝と葉が揺れて落ちるのは羞悪の心である[120]。

これは一見、彼が自然の秩序（「発生」、「搖落」）を汎心論的に捉えているように思えるかもしれない。しかし、彼は「ただ、天というものは空虚な気であり、はてしなく広く遠く、形態がなく、兆しがない……[121]」というように、明白に「天」を「気」とみなすことによって、「天」を自然現象の根源的要素としていたのである。彼にとって「理」は「気」の条理であるから、「仁義礼智」は「毫釐《ごうりん》〔ほんのわずか〕の微もただ仁義であり、天地の大もただ仁義である」(122)と説きつつも、そこには道学的意義が希薄化しており、常に「物理」の自然が予想されていた〔朴君は、物にも仁義礼智というコトバを使っているのでキハク化と考えた。（注）でもっとくわしく説け――丸山〕。このように、彼が自然の理を単に客観的秩序として認めようとする傾向は、特に彼の天体論において顕著であった。彼は次のように述べている。

(118) 原文は「人有人之理、物有物之理、所謂理者仁而已矣」同前「内集」巻一、一丁。
(119) 原文は「在天曰理、在物曰性、在天曰元亨利貞、在物曰仁義礼智、其実一也」同前。
(120) 原文は「草木不可謂全無知覚、雨露既零、萌芽発生者、惻隠之心也。霜雪既降、枝葉搖落者羞悪之心也」同前。
(121) 原文は「惟天者虚気、蕩蕩、灝灝、無形、無眹……」同前「内集」巻四、二三丁。
(122) 原文は「毫釐之微、只此仁義也。天地之大、只此仁義也」同前「内集」巻一、一丁。湛軒は、註119および120の引用文に見られるように、自然と人性とを「理」によって連続させている。しかし、他方において、「理」はもはや「気」の条理に過ぎないために、そこでは人性における自然主義的なオプティミズムが斥けられていた。では、彼は人性において「仁義礼智」をいかに捉えていたのであろうか。「言仁義、則礼智在其中、言仁、則義亦在其中、仁者理也」（同前）と説いているように、「仁義礼智」は「仁」によって統合され、しかも「仁」は「理」である。つまり、彼にとって「理」は「気」の条理であったゆえに、「仁」や「義」が必ずしも外在化された規範的意味においてのみ捉えられているとは断定しがたい。「虎狼之父子仁也。而所以行此仁者義也。蜂蟻之君臣義也。而所以発此義者仁也」（同前二丁）というように、彼は「仁義」を二通りに解釈している。一つは、「父子」や「君臣」の規範として、もう一つは、「所以行……」あるいは「所以発……」の「仁」や「義」として。これは、本節註113の引用文に見られる「理」論と矛盾しているように思われる。

退溪の朱子学体系においては、道学の主観主義的思考がきわめて強い。しかし、朝鮮朝における実学思想の思考の発展は、主観主義より現実の客観世界に目を向ける客観主義へと進行しつつ、道学的な規範観念を客観主義的思考のレベルで再構成する道程を歩んだものと思われる。つまり、自然の対象化－客観化に向かう過渡期の発想としてあったと考えられる。

陰陽に縛りつけられて理義にふさがり、（自然の）天道を調べないことは、先儒のあやまちである。そもそも月が太陽をおおえば日食になり、地球が月をおおえば月食になる。経度と緯度が同じで、三界（太陽、月、地球）が一直線にならび立てば、互いにおおって、日食と月食になるのは（天体の）運行の法則である。(123)

この引用文に見られるように、彼は自然を客観化することによって、正統朱子学派において内面的に結合していた「道理」と「物理」の分解を図ったと言える。これは、換言すれば、自然的秩序と社会的秩序との間に質的な差異があることを認識していたことを意味している。こうした両者の質的差異という前提の上に立っていたからこそ、彼は、

また太陽が地球に食われて見える時には、地球が月に食われて見え、月が地球に食われて見える時には、太陽が月に食われて見える。これは三界（太陽、月、地球）の（天体の）方式であり、地球上の治乱とは関係がないのである。(124)

と説いているように、もはや政治現象と自然現象との感応関係をきっぱりと否定したのである。

以上、湛軒における新しい自然観への指向を検討してきた。しかし、こうした彼の自然観がただちに利用厚生学派における「利用厚生学」を生むことになる哲学的基礎となっていたとは思われない。思想の発展は全く反対の歩みを描きながら展開していた。つまり、これは湛軒をも含めて言えることであるが、自然を純粋に客観的秩序として、あるいは人間によって加工されるべき対象とみなす指向は、むしろ彼らが当時の清朝社会における文化生活や農業技術の中に自然の効用性を認め、それを朝鮮朝社会に適用した場合にいかに有益であるかという、より功利的思考方法から出発して得られた結果なのである。それは彼とはほぼ同時代に活躍した燕巖《ヨナム》において、

一層明らかである。

Ⅲ　現実批判と学問観の変容——燕巖

燕巖朴趾源《パク・チウォン》には、その門弟であった楚亭《チョジョン》も含めて、自然それ自体を内在的に理解しようという指向をあまり見出せない。(125) 燕巖の若き日の活動はもっぱら文学的創作で占められていた。『両班伝』『穢徳先生伝』を含む初期の文学作品九伝は、一七五四年から一七六六年にかけて創作されたものであるが、(126) 彼はこうした創作活動を通じて、当時の朝鮮朝社会を蝕んでいた様々な要素を批判していくのである。それゆえ、彼の創作活動をぬきにして彼の思想的特徴を編み出すことはほとんど不可能に等しい。それればかりでなく、彼は創作活動を通じて現実の社会批判を展開していったという点において、他の実学者たちとはちがった特異な地位を占めていたと言えよう。

彼は、当時の『古文真宝』や『唐詩品彙』を模範とする(127)古陋な文学形式の盲従的踏襲を、次のように批判する。

この世の中の人々を私が調べてみると、他人の文章をほめたたえる者は、文は必ず両漢を手本とし、詩は必

---

(123) 原文は「拘於陰陽、泥於理義、不察天道、先儒之過也。夫月掩日而日為之蝕、地掩月而月為之蝕、経緯同度、三界参直、互掩為蝕、其行之常也」同前「内集」巻四、二七丁。

(124) 原文は「且日食於地界、而地食於月界、月食於地界、而日食於月界、此三界之常度、不係於地界之治乱」同前。

(125) たとえば、燕巖は次のように述べている。「万物之生、何莫非気也。天地大器也。所盈者気、則所以充之者理也」（前掲『燕巖集』巻二、二〇丁）。一方、楚亭は宇宙論それ自体については述べていないようである。

(126) 李家源は、燕巖の文学における創作活動を三期に分けている。ちなみに、その各期別に作品を紹介するならば、第一期——『馬駔伝』『穢徳先生伝』『広文者伝』『閔翁伝』『両班伝』『金神仙伝』『虞裳伝』『易学大盗伝』『鳳山学者伝』の計九点。第二期——『虎叱』『許生』の計二点。第三期——『烈女咸陽朴氏伝』となっている。李家源前掲『燕巖小説研究』一一九、四三六、七三六頁参照。

ず盛唐を手本としていると言えるが、似ているというその言葉はすでに真実ではないと言うように、漢唐がどうして再び存在するという理があるだろうか。……目の前のことに即すれば正しい興趣が得られるのに、よりによって遠い昔の事を採らねばならないのか。漢唐は今の世でないだけでなく、わが民謡は中国と異なっているのに。(128)

彼の文学論は、次の二つの点において、朝鮮朝における陳腐な漢唐流の文学形式に対する画期的な意義を持っていた。第一は、「稗官奇書」(129)と蔑視された彼の文学形式が、実は、

文とは(その対象の)意味を表す時に終わるだけである。文の(主)題に臨んで、筆を持ってから突然に昔の語句を思うというのか。無理に経書の意味を探って、仮に謹厳さを考えて一文字一文字謹厳で荘重にするということは、たとえば画工を招いて肖像を描く時、容貌を変えてその前に進むようなものである。眺める目は動かさずに、衣服の模様をきれいに磨くように、その平常の態度を失うので、すばらしい画工であってもその真実の姿を得るのは難しいことである。文を書くということが、これとどうして異なるだろうか。……文を書くということは、ただその真実を書くだけである。(130)

というように、あるがままの真実を描くことを本質としていたのである。第二は、彼の創作方法が、現実社会における直接的経験を素材にしてモティーヴを設定し、それを形象化しようとしていたことである。彼はこの文学的形象化を通じて、朝鮮朝儒教政治体制の矛盾を把握し、その批判を惜しまなかったのである。

彼の作品を見ると、至るところで朝鮮朝社会をあたかも外科医のような手さばきで解剖して厳しく批判していることが分かる。彼の作品は当時の朝鮮朝社会の風刺、滑稽、寓言、揶揄で満ちている。彼はまさしく批判的リ

アリストであった。初期の代表的作品の一つである『両班伝』に明らかなように、彼の批判の的は、主として朝鮮朝社会の閉鎖的かつ非生産的な身分制に執着している両班の腐敗に集中していた。そこでは、身分制の社会的矛盾を暴いて見せているだけでなく、当時の農民や商人の憧憬の的となっていた両班生活が実はいかに幻滅を味わわせるものであったかが描かれている。[131] 彼にとって当時の両班は「七尺長身の蝗蟲〔いなご〕」[132] に過ぎなかった。ところで、彼はこうした批判をいかにして導き出したのであろうか。ここで彼の初期作品である『穢徳先生伝』[133] を紹介してみよう。彼はこの作品の中で、「嚴行首」という主人公を登場させて、彼の日課を次のように描いている。

（嚴行首は）朝には楽しそうに起きて、簣《あじか》（土などを運ぶ竹で編んだカゴ）をかついで村に入り、厠を掃除し、牛をはじめ、鶏、犬、鵞鳥等の家畜が排泄した糞を集めた。（嚴行首は）それでもうけるのだが、それ

(127)『古文真宝』は、宋の黄堅が編纂したもので、戦国末から宋に至るまでの詩文集（全二〇巻）である。また『唐詩品彙』は、明の高棅が撰したもので、本集九〇巻と拾遺一〇巻からなっている。両作品とも朝鮮朝儒者の間で最も愛誦された。『古文真宝』は高麗朝末期に輸入され、『唐詩品彙』の輸入時期は明らかでないが、少なくとも一六世紀以前の段階から流布していた。なお、李家源は「清代の新書はすべて禁令により輸入されていない」（同書、三三五頁）と指摘している。詳しくは同書、三三五～三四二頁参照。

(128) 原文は「我見世之人、誉人文章者、文必擬両漢、詩則盛唐也。曰似已非真、漢唐豈有且、東俗喜例套……即事有真趣、何必遠古担漢唐非今世、風謡異諸夏」前掲『燕巖集』巻四、二丁。

(129) 李家源前掲『燕巖小説研究』四四四～四四六頁参照。

(130) 原文は「文以写意則止而已矣。彼臨題操毫、忽思古語、強覓経旨、仮意謹厳、逐字矜荘者、譬如招工写真、更容貌而前也。目視不転、衣紋如拭、失其常度、雖良画史、難得其真、為文者、亦何異於是哉。……為文者、惟其真而已矣」前掲『燕巖集』巻三、一丁。

(131) 同前、巻八『両班伝』一〇～一二丁参照。なお、『両班伝』に表現された文学思想については、李家源前掲『燕巖小説研究』二九二～三六四頁参照。

(132) 前掲『燕巖集』巻八『閔翁伝』七～八丁参照。

によって義に害を及ぼすことはない。（そのうえ）枉十里の大根、ニラ、石郊のナス、スイカ、かぼちゃ、延禧宮の山椒、ニンニク、ネギ、らっきょう、青坡のセリ、梨泰仁の里芋等をすべて、嚴行首が集めたものをもって肥料に使い、肥沃で豊かで、毎年その収入が六千両になる。……なぜ嚴行首のような者が、自分のその徳行を汚れたもので覆ってこの世を生きる尊貴な隠士でなかろうか。[134]

すでに触れたように、『両班伝』は一人の両班を主人公に登場させ、両班生活が社会にとっていかに不合理的なものであるか、あるいは当時の両班が社会にとっていかに無益であるかを暴いた作品であるが、『穢徳先生伝』は、それに対して新しい人間像を描き出し、この作品を通じて、経済生活の向上を志向する人間を追求している。両班生活の中から導き出した退廃した人間像を常にこの新しい人間像の側に立って批判し、そうした人間像を通して、彼は「徳」を人間生活に実益をもたらす実践の結果であると捉えている。実は『穢徳先生伝』で描写されたこの新しい人間像こそ、すでに見た「利用然後、可以厚生、厚生然後、正其徳矣（利用の後に厚生ができるのである、厚生の後にその徳を正すのである）」という利用厚生学派の命題にふさわしい人間像でった。燕巖はその中期作品である『熱河日記』において、「（中国の）壮観はくだけた瓦礫にあり、また糞による（肥えた）土にある」[135]と述べて、乾隆期の清朝文化の中に見出した生活様式を社会的経済的功利性を目指しているものだと讃美することによって、後述するように（第四章第六節参照）、正統朱子学派の華夷観念にもとづく対清朝観を痛烈に批判しえたのも、実はこうした初期文学思想において成熟していたもののもう一つの現れに過ぎないと思われる。

さらに、『熱河日記』の中に収められた「虎叱」や「許生」等から明らかに分かるように、彼は一七八〇年代の『熱河日記』を境として、その後晩年に至るまで、初期作品に見られた朝鮮朝社会の非生産的な身分制、両班生活の不合理性、そしてその腐敗等の批判にとどまることなく、いかにして社会を改善していくべきかを追求している。つまり、中期以降になると、現実批判を伴いつつも、重点が次第に実質的な改革の追求へと移行しているのである。そうした傾向は、彼の学問観の中にも見出すことができる。『課農小抄』(136)（一七九九年）に、次のような一節がある。

臣（朴趾源）が謹んで考えますには、古代に民は四であり、士・農・工・賈であります。（この中で）士の業を高く感じます。農・工・商・賈の事もその始祖はやはり聖人の耳目心思から出て……しかし士の学問は農・工・賈の理を兼ねて包括するものなので、この三つの業は必ずすべて士（の学を）待って初めて成し遂げられるものです。そもそもいわゆる農業を明らかにするとは、商に通じて工を恵むことです。その明らかにして通じて恵む者が、士でなくて誰だというのでしょうか。(137)

すなわち、「士の学」はもはや退溪に顕著に見られた主静的かつ内省的な「存心」でもなければ、両班社会に

(133)『穢徳先生伝』は、前掲書巻八に収録されており（四～五丁）、その文学思想については、李家源前掲『燕巖小説研究』一五六～一八四頁参照。

(134) 原文は「朝日、熙熙然起、荷畚入里中、徐溷、歳九月、天雨霜、十月、薄氷、圊人、餘乾、皂馬通、閑牛下、塒落鶏狗鵝、矢笠豨苓、左盤龍、翫月砂、白丁香、取之如珠玉、不傷於廉、独専其利、而不害於義……枉十里、蘿蔔箭串菁、石郊、茄蓏水瓠胡瓠、延禧宮、苦椒蒜韭葱薤、青坡、水芹、利泰仁、土卵、田用上上、皆取嚴氏糞、膏沃衍饒、歳致銭六千……如嚴行首者、豈非所謂穢其徳、而大隠於世者耶」前掲『穢徳先生伝』四～五丁。

(135) 原文は「曰壮観在瓦礫、曰壮観在糞壌」前掲『燕巖集』巻一二『熱河日記』三丁。

(136) 正祖（一七七六～一八〇〇年）は一七九八年に農書を求める綸音を全国に発布したが、それに応じて進疏したのが、この『課農小抄』である。

(137) 原文は「臣謹按、古之為民者四、曰士農工賈、士之為業尚矣。農工商賈之事、其始亦出於聖人之耳目心思……然而士之学、実兼包農工商賈之理、而三者之業、必皆待士而後成、夫所謂明農也、通商而恵工也、其所以明之通之恵之者、非士而誰也」前掲『燕巖集』巻一六『課農小抄』二二丁。

支配的であった詩文でもない。また経世致用学派――磻溪や星湖――について見ると、彼らは徹底した農本主義者だったこともあり、国富を常に農業生産の中に求めていた。そして「工賈」に対する評価は、農業経済がいかにあるべきかによってその存在意義を変えていたために、「士の学」はもっぱら農業政策論に傾倒していた。しかし、燕巖はこうした経世致用学派の農業政策論を踏まえつつも、[138]さらに一歩進んで、「士の学」が「農工賈の理」を含むという極めて画期的な学問観を打ち出したのである。そこでは、国富はもっぱら農業生産にのみ依存するという経世致用学派の農本主義的指向は、次第に後景に退かざるを得なかった。つまり、「農工賈」こそが国富のための根源的な力であるという志向に移り変わっていたのである。

こうした燕巖の学問観の変容と合わせて、彼によって追求された二つの積極的な志向を指摘しておかなければならない。第一は、農業生産における営農法と農業技術（道具の利用）への関心であり、第二は、商業による利の追求である。まず農業生産における営農法と農業技術について検討しよう。とはいえ、本節では彼の営農法や農業技術それ自体について分析する必要はないと思われる。ただここでは思想史的推移を追跡していくことが本節の課題であるゆえに、燕巖における営農法や農業技術への関心が思想史的文脈の中でいかなる意味を持っていたかを指摘するにとどめたい。

燕巖は『課農小抄』において、農業生産がいかにあるべきかに注目し、「授時」「占候」「田制」「農器」「耕墾」「糞壌」「水利」「択種」「播穀」「鋤治」「備蝗雑法」等について詳しく述べている。こうした彼の農業生産における営農法や農業技術への至大な関心から、次のような結論を得ることができるだろう。すなわち、

およそ、天の道（法則）は寒暑、早晩の節気であり、地の利は燥湿、肥痩の適宜です。たとえ良い種子があったとしても、その時に合わなければ生えず、たとえその時を得たとしても、その土が適当でなければ成熟しません。ゆえに、この二つの言葉は、農法の大綱なのです。[139]

と説かれているように、燕巖にとって、もはや経世致用学派のように、自然は単なる所与としての自然ではなく、自然の合理的な利用によって農業生産の増進を図ることができるという開発対象としての自然として捉えられている、ということである。

次に、彼の商業観について見るならば、彼の中期作品の一つである『許生』は、両班が自ら当時の厳格な「士」の法度を打ち破って商業を営んで巨額の利を蓄積するという、社会における「士」の役割の変化を描写している。朝鮮朝儒教政治体制下においては、身分と職業は内面的に結合していた。そして、経世致用学派のそれに対する批判も、能力主義的立場から「士」を調達すべきであることが唱えられたのであり、「士」の身分的な地位や役割については何ら疑いを抱いてはいなかった。しかし、燕巖においては、「心を労する」治者としての「士」が、商業を営み利を追求する――これまでの価値体系においては賤しい――「賈人」に変わっていたのである。

Ⅳ　商業政策論――楚亭

このように、燕巖が一方において文学作品を武器として朝鮮朝における非生産的な身分制を批判し、商業の中に経済的功利性を追求する一方で、営農法や農業技術の開発によって農業生産の増進を図ろうとしたとするなら

(138)『課農小抄』は、もっぱら営農法や農業技術に関する研究書である。燕巖の農業政策論に関する著作としては、『限民名田議』がある。

(139)原文は「夫天道者寒暑早晏之時也。地利者燥湿肥瘦之宜也。雖有佳種、不以其時則不生、雖得其時、非其土宜則不成、故二言者、為農法之大綱」前掲『燕巖集』巻一七『課農小抄』四一丁。

ば、楚亭《チョジョン》朴齊家はこうした志向を踏まえつつも、特に国内商業や海外貿易によって国富の増進を目指すべきであるという商業政策論に傾倒していた。同じく利用厚生学派であっても、少なくとも湛軒や燕巖は、農業生産を基調とする経世致用学派の農本主義的指向の延長線上に立っていた[140]。もちろん、楚亭が農業生産そのものの重要性を度外視していなかったことは明らかである[141]。しかし、彼が、

車は天体の形状を手本にして出て来たものであり、地（上）で運行する。万物を載せるので、利はこの上なく大きい[142]。

およそ車百台に載せる荷物の量は、船一隻に載せる荷物の量に及ばず、陸路で千里を行くことは、船が海路で一万里行くことよりも便利ではない［便利＝交通手段と速度――丸山］。それゆえ、通商をする人は必ず航路を貴いとみなす。わが国は三面が海に囲まれており、西側には（中国の）登州・萊州との距離が直線で六百余里であり、南海の南端は呉の先頭、そして楚の末尾と向き合って見通している[143]。

と論じるように、通商上の経済性が重視され、こうした背景の下、彼の関心は商業による国富の増進へと移行していたのである。さらに、

わが国は、国（の規模）が小さく、民は貧しい。今（わが国は）畑を耕す時に勤勉に働き賢明な才能を持つ人を起用して、産業に通じさせ、工業に恵沢を与え、国中から利益になるものをすべて尽くしても、不足を心配せずにはいられない。また必ず遠方の物資に通じた後には貨財（貴重な物資）が増加し、多くの器具が生じることになる[144]。

楚亭は、少なくともこの時点においては、経世致用学派とは全く対照的な立場に立っていた。彼は、国富の増進を農業生産にのみ依存することについて、「今もしすべての民が土地を生計とするならば、民はその生業を失い、農業は日が経つほど傷つくことになるだろう」(145)と述べており、国富における農業生産そのものの限界を指摘している。また、

今の論者が必ず言うのは、近世の民はもっぱら末利を高く感じている。一つも漏れることなくこれらすべて

(140) 燕巖の農業政策論に関する著作は、本節註138で紹介した。湛軒は『林下経綸』(前掲『湛軒集』内集、巻四)において、田制について述べている。しかし、両者の農業政策論は、経世致用学派のそれとは異なった方向に移行していた。すなわち、同じく農本主義的な指向を取り、国富の増進を求めていたとしても、経世致用学派の場合には、その具体的な実践方法がもっぱら制度改革論を通じて成し遂げられるものと思惟されていたのに対し、利用厚生学派の場合には、学問観の変容とも照応して、営農法や農業技術を通じて、自然の合理的利用の問題により多くの関心が寄せられていたのである。燕巖の『課農小抄』は、まさにそうした指向の具体的な表れの一つである。

(141) 楚亭は、『北学議』外編において、「田」「糞」「農器」「稲種」「地利」「水田」「水利」等について述べている(『貞蕤集』所収、同書四一九頁以下参照、『韓国史料叢書』第一二輯、国史編纂委員会、一九六一年)。金龍德前掲『貞蕤朴齊家研究』は、楚亭の生涯や思想について最も詳しく検討した研究の一つである。

(142) 原文は「車出於天、而行於地、万物以載、利莫大焉」前掲『貞蕤集』『北学議』内編三八四頁。

(143) 原文は「夫百車之載、不及一船、陸行千里不如舟行、万里之為便利也。故通商者、又必以水路為貴、我国、三面環海、西距登萊、直線六百余里、南海之南、則呉頭・楚尾之相望也」同前『北学議』外編四三二頁。

(144) 原文は「我国、国小而民貧、今耕田疾作、用其賢才、通商恵工、尽国中之利、猶患不足。又必通遠方之物而後、貨財殖焉、百用生焉」同前。

(145) 原文は「今若一切食土、則民失其業、農日益傷矣」同前、四五〇頁。

を追い出して南側の田畑に追い払えば、農業を奨励することができる、ということである。……およそ商人も四民の一つだが、その一つによって三つ（士・農・工）に通じたとすれば、十分の三を占めなければならない。(146)

と述べているように、彼にとっては「士農工商」の中で「商」がより重視されている。これは、燕巖がすでに「士農工商」における「士」の役割の重視から「商」の独自な役割を認めていく志向へ移行していたことを想起させるものである。楚亭のこうした志向は、後述するように、茶山における社会的分業論へと継承されていった。

以上、朝鮮朝儒教政治体制ならびに朝鮮朝朱子学との関連において、茶山学に先行する実学派――経世致用学派および利用厚生学派――の思想を、その思想史的推移をたどりながら考察してきた。最後に、両学派が思想史的文脈の中で到達していた地点に関して触れておこう。

既述してきたように、両学派の朝鮮朝儒教政治体制ならびに朝鮮朝朱子学に対する批判は主として彼らが目指していた政治・社会的功利性の立場から行われていた。そして、その限りにおいて、茶山学を内在的に準備していたと言える。つまり、経世致用学派や利用厚生学派のいずれにおいても、朝鮮朝朱子学の哲学的諸範疇に対する超越的批判を見ることはできない。彼らは何よりもまず、いかなる制度や学問が政治・社会的功利性をもたらすのかを追求していたのであり、彼らはそれを古代の制度や学問に求め、そこにおいて新たな学問観の境地を切り開くことになったのである。しかし、その求められた制度や学問は、決して古代に帰るという「復古」主義的なものではなく、古代の制度や学問を範型にして、現在に最も適合的な制度や学問が何であるを考える「尚古」主義的立場から捉えられたものであった。彼らは常に自らが立っていた現在の位置を自覚していたのであり、そこから古代を振り返っていた。それは彼らの歴史観の根柢に置かれていた「変通」論に明らかである。したがって、彼らにおける古代の制度や学問の追求も、古代の制度や学問それ自体を追求するにとどまるものではなかった。つまり、あくまでも現在の位置に立って、現実における政治・社会的功利性を追求するというレベルで、古代の制度や学問が再定義されたのである。

しかし、すでに明らかにしたように、そこで形成された制度論や学問観は、それ自体の中に、特に朝鮮朝朱子学と対比され得る哲学的基礎が構築されていたわけではなかった。少なくとも、朝鮮朝朱子学に対する哲学的批判は、彼らが目指していた政治・社会的功利性をより一層推し進めていく過程において、その後に残された社会的課題となったのである。まさにこの点が思想史的文脈から考えた場合の、両学派が到達していた地点ではないだろうか。この意味で、その後の茶山学の成立と展開は、後述するように、朝鮮朝思想史において画期的な位置を占めるものと思われる。では、次節において、この残された課題と取り組んだ茶山学を具体的に検討することにしよう。

第四節　茶山学における政治的思惟の特質

I　思想的背景

粛宗二〇年（一六九四年）の「甲戌獄事」[147]以来、当時の政界では老論派と少論派が風靡するようになり、[148]いわゆる南人一派は漢城から退いて京畿道の漢江流域に聚居し、閑寂な田園生活を送っていた。丁若鏞《チョン・ヤギョン》（一七六二

(146) 原文は「今之議者、必曰近世之民、専尚末利、悉駆之而縁南畝、則農可勤矣。……夫商処四民之一、以其一而通於三、則非十之三不可」同前。

～一八三六年、号は茶山《ダサン》あるいは與猶堂《ヨユダン》）は、こうした南人一派に属する丁載遠《チョン・ジェウォン》の第四子(149)として生まれた。茶山の前半生は全盛期にあった清朝文化の影響を北方から受けつつ、朝鮮朝後期において最も輝かしい文化を開花させた英・正祖時代に当たっている。しかし、正祖の崩御後、純祖朝（一八〇一～一八三四年）時代を迎えた彼の後半生は決して平坦なものではなかった。早くも二八歳（一七九〇年）という若い身で彼は忠清道海美での配流生活を味わい(150)、さらに一八〇一年からは全羅道康津で一八年間という長い謫居生活を送らねばならなかった(151)。しかしながら、彼の学問的成熟はもっぱらこの一八〇一年以後の謫居生活において達成され、『易学緒言』『論語古今注』『孟子要義』『大学公議』『中庸自箴』『経世遺表』『牧民心書』『欽々新書』等数多くの著作を残したことからも明らかなように、晩年においてより精力的な著作活動が行われた(152)。

ここで茶山学の考察に先立ち、正統朱子学派、わけても宋時烈以来の老論派の思想動向について略述しておこう。一般に、老論派の学統とされる李栗谷から宋時烈にかけての百余年間にわたる時期における朝鮮朝朱子学は、主として宇宙論ならびに人性論における理気論――退溪の「四端理発而気随之、七情気発而理乗之」に対する栗谷の「気発而理乗之」――が論争の焦点になっていた。しかし、宋時烈の死後、老論派の学統が権尚夏《クォン・サンハ》を経てその門下の韓元震《ハン・ウォンジン》や李柬《イ・ガン》に至ると、世に「湖洛論争(153)」と呼ばれる教義解釈上の分裂が引き起こされ、今までの理気論争から「人物性同異(154)」をめぐる論争へとその焦点を移していった。しかし、これは何も理気論をめぐる退溪と栗谷の対立が解消されたことを意味しない。ただ、この教義論争における主題の移行は、単なる主題の移行に

(147)「庚申大黜陟」（本章註74参照）以来、政界において西人派が優勢であったが、南人派は粛宗一五年（一六八九年）の「乙巳士禍」（「元子定号」をめぐって、粛宗と西人派が対立し、西人派の主要人物が流配あるいは賜死した事件。西人派の宋時烈もこの事件に関係し、賜死している）を契機として政界に返り咲いた。しかし、粛宗二〇年（一六九四年）閔妃（一六八九年廃妃された）の復位問題をめぐってふたたび西人派と南人派が対立した。この事件において、南人派の領袖であった閔黯は賜死、権大運、睦来善、金徳達らは流配され、南人派はついに政界から退けられた。この事件を世に「甲戌獄事」という。

(148)「甲戌獄事」以来、政界はほとんど西人派――老論派と少論派――の独り舞台となり、特に老論派は朝鮮朝末期に至るまで優勢に立っている。

(149) 茶山の生涯や茶山学が成立するまでの経緯については、洪以燮「丁若鏞の政治経済思想研究」(『韓国研究叢書』第三輯、韓国研究図書館、一九五九年)九～三二頁参照。

(150) 同前、一一頁参照。

(151) 同前、一七～一九頁参照。

(152) 同前、二三頁参照。また、同書、二五五～二五九頁には、茶山の著作に関する目録が収録されている。

(153) すでに言及したように(第三章註39参照)、老論派の学統は、尤庵から権尚夏に受け継がれ、権尚夏の門人には韓元震や李柬がいたのであるが、後述するように(本章註154)、両門人の間に「人」と「物」の「性」の「同」(李柬)、「不同」(韓元震)をめぐって大論争が繰り広げられた。権尚夏、尹鳳九(一六八三～一七六七年)、蔡之洪(一六八三～一七四一年)らは韓元震の説を、金昌翕、李縡、朴弼周(一六八〇～一七四八年)らは李柬の説を、それぞれ支持した。後世、韓元震一派の「人物性不同」論は〈湖論〉と、李柬一派の「人物性同」論は〈洛論〉と呼ばれるようになった。これがいわゆる〈湖洛論争〉である。この論争は、一七〇九年から五、六年間に最も熾烈に展開し、その往復弁論は数万言に達すると言われている。

(154) 論争の焦点は、次の通りである。朱子は『中庸章句』において、「天が命じるもの、それを性と言う(天命之謂性)」を解して「人や物が生じるのは、それぞれ賦与された所の理を得ることによって、健順五常(健は陽で化育の徳、順は陰で従順の意味。陽の健と陰の順は秩序の根本をなす。五常とは仁義礼智信)の徳となる。いわゆる性である(人物之性、因各得其所賦之理、以為健順五常之徳、所謂性也)」と述べていたが、李柬はこの解釈に依拠して「性即理」と解し、一切万物の本「性」はみな同じであり、「人」と「物」の「性」の差異は気質のそれだと説いた。これに対し、韓元震は「性」を単に「理」のみとみなさず、そこには「気」が配合されており、その配合される気の量の度合いによって「性」の相違が生じるとした。そして、これをもとにして、韓元震は「人」と「物」の「性」を区別したのである。この「人物性同異」論争は、その後朝鮮朝末期に至るまで尾を引いている。その推移を、洛論系の李縡に師事した任聖周について見るならば、彼はこの論争が基本的には「理」と「気」を二物とみなしたことに起因するとみなして理気一物論を唱え、「万理万象也、五常五行也……太極元気也、皆即気而名之者也。今人毎以理一分殊、認作理同気異、殊不知理之一、即夫気之一而見焉。苟非気之一、従何而知其理之必一乎。理一分殊者、主理而言、分字亦当属理、若主気而言、則曰気一分殊、亦無不可矣」(『鹿門集』巻一九「塵廬雑識」玄相允前掲『朝鮮儒学史』四〇七頁より再引用)と説いているように、主気論に傾倒した。こうした主気論は、その後任靖周(一七二七～一七九六年)、任魯(一七五五～一八二八年)、任憲晦(一八一一～一八七六年)らに継承された。以上、玄相允前掲『朝鮮儒学史』による。

過ぎず、従来の「理」の実在論的解釈は――鹿門一派を別にすれば――依然として彼らの共通した思想的基盤をなしていたのである。

茶山学の思想史的意義は、このような思想状況の中にありつつも、前述した磻溪や星湖に見られる経世致用学派の伝統、あるいは湛軒から楚亭に至る利用厚生学派の伝統を受け継ぎながら、しかも両学派に共通する功利的指向から生み出された政治・社会的実践論――特に制度改革論や人間の能力を基調とした政治社会構造論等――を支える哲学的基礎にまでその思索を掘り下げていった点にあると思われる。初期の実学派＝経世致用学派の始発点が政治的実践にあったことは前述したところだが、それがほぼ二世紀を経た一九世紀初頭の茶山に至って初めてその哲学的基礎を構築する課題に取り組んだことは、朝鮮朝における思想史的発展の一特質をなすものである。もちろん、この茶山学の成立に際して、それに先行する経世致用学派や利用厚生学派の思想の中に、すでに茶山学を内在的に準備する思想運動が進行していたことは既述した通りである。特に、栗谷から磻溪に継承された「理」の超越的性格の否定や、湛軒における「理」の唯名論的＝反道学的解釈は、茶山における経験的人間論の思想的基盤となっていた。[155] このような思想史的文脈は、次第に明らかになるだろう。

II　学問論

まず、茶山学が成立した客観的条件として、清朝考証学の影響について一言ふれておく必要があるだろう。朝鮮朝における清朝考証学の伝来については、いまだに明らかにされてはいない。[156] しかし、清朝考証学における実証主義的学問方法が茶山の経典解釈に援用されたことは、疑う余地がない。[157]

私は（康津の）海辺に謫居しながら（振り返って）考えると、幼い時に学問に志してから二十年、（その間に）世路（処世、官職等の世俗的生活）に沈倫し、先王の大道が分かっていなかった。今、余暇を得てついに欣然として自ら慶賀し、六経・四書を手に入れて究索に沈潜すると、大抵漢魏から明清に至るまで、儒家の説の中で経典に助けになるものを広く蒐集して広く考究し、誤謬をただちに取ってその取捨を明らかにし、私自身の学説を探すようになった。[158]

すなわち、彼は四書中心主義から自らを解放し、「先王大道」を広く「六経四書」に求めたのである。ここにはすでに清朝考証学における六経主義が重大な意味を持っていたが、彼の学問的傾向は決して朱子学から清朝考証学への移行を意味しなかった。

今の学者は、漢代の儒者の注釈を詳考してその詁訓（文字の意味と古語の解釈）を求めて朱子の集伝を判断しているが、その義理を求めても、その是非と得失は必ず経伝から判断するのであれば、六経・四書のその

(155) 本章第二節および第三節参照。
(156) 清朝考証学の朝鮮朝への伝来に関する李相玉「清代考証学移入に関する研究」（『史学研究』第二一号、金聲均教授華甲記念論叢、韓国史学会、一九六九年）によれば、金正喜（一七八六〜一八五八年）が清朝の学者阮元（一七六四〜一八四九年）と交流した時期をもってその移入期と推察されている。同論文一三五頁参照。
(157) 黄元九「『與猶堂全書』所引清学関係記事考（1）」（『東方学志』第九輯、東方学研究所、一九六八年）は、茶山の著書に引用あるいは参考にされている顧炎武、閻若璩、毛奇齢等の清儒の著作の頻度数を統計で表している。そのうち、毛奇齢、閻若璩、徐乾学、顧炎武の著作の頻度数が最も高い。同論文一〇四頁参照。
(158) 原文は「鏞（茶山）既謫海上、念幼年志学二十年、沈淪世路、不復知先王大道、今得暇矣。遂欣然自慶、取六経四書沈潜究索、凡漢魏以来下逮明清、其儒説之有補経典者、広蒐博考以定訛謬、著其取舎、用備一家之言」『丁茶山全書』（上）第一集一六巻（文献編纂委員会、一九六〇年）「自撰墓誌銘」一二丁左。

原義と本旨（本来の趣意）には相因（互いにもとづくこと）と相発（互いに起こすこと）があり、始めには見分けがつかなくとも最後には真実に到達するようになり、始めには彷徨しても最後には直通するようになる。[159]

この引用文に説かれているように、彼は逆に第一義的に経書の原義に還ろうとしたのである。また、彼は学問の真のあり方について、次のように説く。

古代に学問をする（方法）は五つであり、博学（詩・書・礼などを広く学ぶこと）、審問（詳しく調べて問うこと）、慎思（慎重に自分の体に照らして反省し考えること）、明弁（明らかに分別すること）、篤行（篤実に行うこと）であった。[160]

漢儒は経典を注釈することにおいて考古を法（準則）とみなしたので、明弁が不足していた。それゆえ、讖緯〔未来のことを書き記した書物と神秘的なことを書き記した書物〕・邪説がともに受け入れられることを免れなかったので、これは学而不思の弊害である。後儒は経典を説明する時、窮理を主とするので、考拠に粗忽だった。それゆえ、制度・名物〔名と物〕が時にはずれることがあったので、これは思而不学の過ちである。[161]

すなわち、彼は漢儒と朱子学派のそれぞれ正反対の欠陥を止揚（aufheben）し、「窮理」と「考古」がともに備わるべきであると強調しているのである。しかし彼は、

今のいわゆる詁訓学というものは、これを名づけて漢儒と宋儒の学問を折衷したものであるが、実際はと言

えば、漢儒の学問を宗とみなすだけであり、宮と室を詁して蟲と魚を訓じ、文字等を通して句節を切るだけである。[162]

というように、清朝考証学の訓詁的性格を批判しつつも、六経を通じて孔孟の真意を明らかにしようとする清朝考証学の古学的指向を斥けない。彼はむしろ、こうした古学的指向にもとづいて、朝鮮朝朱子学における主静的かつ内省的な側面を次のように批判するのである。

（そのようにすれば、これは）性命の理と孝悌の教と礼楽刑政の文には、真に暗い。[163]

今、世の中の人は治心を誠意とみなし、ただちに虚霊不昧の体を取って体内に留まるようにようにして振り返り、その真実無妄の理を観照しようとする。[164] これは当然一生涯静坐して黙然と内観することなので、まさに佳境があってもも坐禅でなくてなんだろうか。

(159) 原文は「今之学者、考漢注以求其詁訓、執朱伝以求其義理、而莫是非得失、又必決之於経伝、則六経四書、其原義本旨有可以相因相発者、始於疑似而終於真的、始於彷徨而終於直達」同前、第一集第一一巻『五学論二』二〇丁左。

(160) 原文は「古之為学者五、曰博学之、審問之、慎思之、明弁之、篤行之」同前二一丁右。こうした学問論は、『論語』に由来している。

(161) 原文は「漢儒註経、以考古為法、而明弁不足、故讖緯邪説未免倶収、此学而不思之弊也、後儒説経、以窮理為主、而考拠或疎、故制度名物有時違舛、此思而不学之咎也」同前、第二集第七巻『論語古今注』三〇丁左。

(162) 原文は「今之所謂詁訓之学、名之曰折衷漢宋、而其実宗漢而已。詁宮室、訓蟲魚、以之通其字、絶其句而已」同前、第一集第一一巻『五学論二』二〇丁左。

(163) 原文は「于性命之理、孝悌之教、礼楽刑政之文、固昧昧也」同前。

しかし、朱子学におけるこうした仏教的な性格に対する批判がそのまま朱子学そのもののトータルな批判でないことは、次の一節から明らかである。

しかし、その詁訓して伝受されたものも必ずしもすべて元の意味ではなく、その元の意味を得たとしても、文字の意味を明らかにして句節を正すに過ぎない。先王・先聖の道の教えの根源に対しては、かつてその奥義を調べて遡ることはできなかった。朱子はこれを心配し、漢代と魏代に詁訓したこと以外に、別途に正義（正しい意味）を求めて、集伝・本義・集注・章句等を作り、斯道（儒教の道）を中興させたので、その豊功・盛烈は漢儒に比べられるものではなかった[165]。

むしろ彼は、

今の俗っぽい学問に溺れながら、朱子（の議論）を引き寄せて自らを防御しようとする者は、すべて朱子を欺く者である。朱子がどうしてかつてそのようにしたというのか[166]。

と述べて、「今の性理の学」が真の朱子学ではないことを説いている。だからといって、彼のこうした学問的態度は、経典の朱子学的解釈への追従を意味するものではなかった。彼が「先王大道」を広く「六経四書」に求め、清朝考証学の実証主義的方法を導入することによって、朱子学的な解釈にこだわらずに原義を正そうとしたことについては、すでに言及したところである。

III　朱子学的人間観の変容

彼は、朱子学において最も根本的な範疇である「理」――「自然」と人「性」を連続させた「理」――について批判しながら、次のような定義を下している。

およそ理というものはどんなものか。理には愛憎がなく、喜怒がなく、がらんと空いて、広くてはてしなく、名前もなく、形体もない。(167)

(164)　原文は「今人以治心為誠意、直欲把虚霊不昧之体、捉住在腔子内、以反観其真実无妄之理、此須終身静坐黙然内観、方有佳境、非坐禅而何」同前、第二集第一巻『大学公議』九丁左。

(165)　原文は「然其詁訓之所伝受者、未必皆本旨、雖其得本旨者、不過字義明而句絶正而已。于先王先聖道教之源、未嘗窺其奥而遡之也。朱子為是之憂之、於是就漢魏詁訓之外、別求正義、以為集伝・本義・集注・章句之等、以中興斯道、其豊功盛烈、又非漢儒之比」同前、第一集第一一巻『五学論二』二〇丁左。

(166)　原文は「沈淪乎今俗之学、而援朱子以自衛者、皆誣朱子也。朱子何嘗然哉」同前、二〇丁右。李乙浩『茶山経学思想研究』(『韓国文化叢書』第一九輯、乙酉文化社、一九六六年)によれば、茶山学を思想史のレベルに位置づける場合、「経世学的部面と性理学的部面とは区別する必要がある」(同書、一〇頁)と述べている。つまり、「磻溪は彼の著述がすべて経国済民の書であるゆえに、性理学的な面では彼を問題視する必要がないかもしれないが、星湖は朱子を尊信しつつ退溪を私淑したのであり、茶山はその後を継ぎながらも(経世致用学の側面において――引用者)、六経四書を演義して」(同前)、彼独自の経学思想を樹立したために、経学思想のレベルで前二者と茶山学との間には学統の相違が見られる、と述べている。しかし、すでに本章第二節において、茶山学(経学思想)を準備する前奏曲として磻溪や星湖の思想を検討したように、茶山学を評価する場合に、決して彼の経学思想と経世の学とを区別して評価し得るものではないと考える。

(167)　原文は「夫理者何物。理無愛憎、理無喜怒、空空漠漠、無名無体」前掲『丁茶山全書』第二集第六巻『孟子要義』三八丁左。

すなわち、「理」はここではもはや人間的価値や感情を引き剝がされた「物理」の意味しか持っていない。したがって、「道」の観念も、

およそ陰陽の造化や金・木・水・火・土の変動は、私の身がもとづくことができるものでないので、どうして私（人間）の道になるだろうか。もし一陰一陽を道だというのは、易伝（周易の繫辞伝）に根本を置くことなので、これは天道を言うものであって、人道ではなく、これは易道を言うものであり、天道ではない。どうして私（人間）の率性の道（天命の性に従う道）を一陰一陽に帰属させることができるだろうか。(168)

と説かれているように、自然法則的な「道」（易道）と「人道」とに分解されたのである。既述したように、湛軒においては、「理」の道学的性格が希薄化されつつも、「自然」と人「性」はいまだ「理」によって連続していた。茶山は「理」を「物理」のみに限定し、人「性」について彼独特の新たな解釈を付与することによって、湛軒の段階で残されていた課題を成し遂げたのである。(169)

しかし、このような「理」の朱子学的ないし退溪的な解釈の著しい後退にもかかわらず、朱子学的宇宙論のもう一つの特色である発出論的性格は、依然として茶山の宇宙論の中核的地位を占めていた。

『易』に曰く、太極が両儀を生じ、両儀が四象を生じ、四象が八掛を生じると。……両儀は天・地である。天と火が合わさって天という名があるようになり、地と水が合わさって地という名があるようになった。……太極というものは、先天の胚膜〔丸い膜〕だ。太極が分かれて天と地になり、天・地が並び立って天・地・水・火になり、天と火が（互いに）混じって風と雷になり、地と水が（互いに）助けあって山と沢になった。ゆえに、四象が八掛を生じると言ったのである。(170)

この引用文に見られるように、茶山は、自然が人間社会にとって効用的なものであるという利用厚生学派の志向を受け入れつつも、それを哲学的に基礎づけることはできなかったのである。

彼はむしろ、経世致用学派から利用厚生学派にかけて一貫していた機能主義的志向、すなわち国富を増進するために人間社会を各人の機能にしたがって組織化しなければならないという志向を、哲学的に基礎づける作業を綿密に進行させていた。すでにふれたように、茶山は、朱子学の根本命題をなす「道理」と「物理」、あるいは宇宙的自然の「理」＝「天理」と「人道」との連続を分離させ、「人性」から「理」が締め出されたことによって、彼の人間観もこれまでの道学的な羈絆から解放され、独自の方向へと移行していた。すなわち、今まで朱子学の「人性」に内在していた「理」（規範性）が外在化したことで、経験的情感の自然性を容認する方向への道が開かれたのである。まず、退渓において顕著に示されていた主静的かつ内省的な指向に対する批判について述べよう。

彼が「治心」の仏教的性格を批判したことは、既述した通りである。しかし、彼の「治心」論は単にその仏教的性格を批判するにとどまらなかった。

(168) 原文は「夫陰陽造化、金木水火土之変動、非吾身之所得由、則豈吾道乎。若云一陰一陽之謂道、本之易伝、則是言天道、不是人道、是言易道、不是天道。豈可以吾人率性之道、帰之於一陰一陽乎」同前三九丁右。

(169) 湛軒の「理」の解釈が過渡期的な段階にあったことについては、本章第三節で既述した。

(170) 原文は「易曰、太極生両儀、両儀生四象、四象生八掛……両儀者、天地也。合天与火而天之名、合地与水而有地之名……太極者、先天之胚膜也。太極之判而為天地、天地之叙而為天地水火、天火之交而為風雷、地水之与而為山沢、故曰四象生八掛也」前掲『丁茶山全書』第一集第二一巻「示両児」一九丁右。

仏教における治心の法は、治心によって事業をなすが、わが儒家における治心の法は、事業によって治心をなす。誠意・正心は、たとえそれが学ぶ者の至極な勉強であっても、いつもの（現実の）事にもとづいて誠意を尽くし、いつもの（現実の）事にもとづいて正心（心を正しくすること）を尽くすことである。（仏家におけるように）壁に向かって（坐って）心を観照して自ら虚霊の体を検考し、深く静かな中で空明し、塵一つも染めないようにして「これが誠意・正心である」というものではない[171]。

古人のいわゆる正心というものは、応事接物（事物に応接すること）にあり、主静凝黙（静かさを主として、黙って静かさに集中すること）にあるのではない。『易』に曰く、敬によって内を直にし、義によって外を方正にするとあるが、物に接した後に敬の名が生じるのであり、事に応じた後に義の名が成立するようになるのである[172]。

茶山は、「治心」（修身）を、仏教的「治心」論はもとより、その影響を受けている朱子学の「主静凝黙」もことごとく斥け、「応事接物」を通じて成し遂げられるものとみなしている。彼の人間論は、明らかに朱子学のスタティック（static）なアプローチに訣別を告げ、経験的な人間の追求へと移行している。そして、彼は人間の「性」について、「性とは嗜好である[173]」と説いている。人間の「性」は「理」を離れ、具体的なある事象、あるいはある事物に対する人間「性」の傾向性（inclination）を意味していた[174]。それだけではなく、彼はさらに人間「性」には、「私が考えるには、性には善もあり悪もあるが、孟子がただ性善を言ったとすれば、孟子は性を知らなかったのである[175]」と言うように、傾向としての「善」と「悪」があることを認めている。それゆえ、彼は「嗜好」を「形軀の嗜（好きな傾向）があり、霊知の嗜がある[176]」と二分し、次のように述べている。

耳目口体の嗜を性と言うが、これは形軀の嗜好（好きで好む傾向）である。天命の性、性と天道、性善・尽性の性、これらは霊知の嗜好である。[177]

およそ、人が胚胎するようになれば、天はすなわち霊明・無形の体（根本－心性）を賦与する[178]……

すなわち、「性」は、一方において「形軀の嗜好」＝耳目口体の感覚的な自然性において認められる方向と、「霊知の嗜好」＝天より賦された道徳的な「性」の方向との二つの方向に分化している。そして、この二分され

(171) 原文は「仏氏治心之法、以治心為事業、而吾家治心之法、以事業為治心、誠意正心雖是学者之極工、毎因事而誠之、因事而正之、未有向壁観心、自検其虚霊之体、使湛然空明一塵不染、曰此、誠意正心者」同前、第二集第一巻『大学公議』九丁右。

(172) 原文は「古人所謂正心在於応事接物、不在乎主静凝黙、易曰、敬以直内義以方外、接物而後敬之名生焉。応事而後義之名立焉」同前九丁左。

(173) 原文は「性者嗜好也」同前、第一集第一六巻「自撰墓誌銘」一六丁右。

(174) 茶山は、「性を言うことは、必ず嗜好を主として言った時にその意味が立つ。もしそれが虚霊無形の物であり、その体が渾然至善なものであり、少しも悪いことがないと言うならば、やはり赤ん坊が生まれて始めて泣き叫んで、乳を探して抱かれようとすることを知っているだけで、なぜ強硬に純善だと言えるのか。もし（人間の）自主の権能から言えば、その形勢は善であるとも言え、悪であるとも言える」と述べている。原文は「言性者、必嗜好而言其義乃立。若謂此虚霊無形之物、其体渾然至善一毫無悪、則赤子始生。但知啼哭索乳求抱、安得硬謂之純善乎。若以其自主之権能而言之、則其勢可以為善、亦可以為悪」同前、第二集第五巻『孟子要義』三三丁。

(175) 原文は「鏞（茶山）案、性有善有悪、而孟子単言性善、則孟子不知性矣」同前三四丁右。

(176) 原文は「有形軀之嗜、有霊知之嗜」。同前、第一集第一六巻、「自撰墓誌銘」一六丁右。

(177) 原文は「以耳目口体之嗜為性、此形軀之嗜好也。天命之性、性与天道、性善尽性之性、此霊知之嗜好也」同前。

(178) 原文は「蓋人之胚胎既成、天則賦之以霊明無形之体……」同前、第二集第三巻『中庸自箴』二丁左。

た「性」をそれぞれの傾向性から言えば、「形軀の嗜」は「難善而易悪」[179]の傾向を、そして「霊知の嗜好」は「好善而恥悪」[180]の傾向を有しているということになる。つまり、「性」はあくまでも結果としての善悪行為をもたらす可能態に過ぎないゆえに、人間は自らその善悪行為を選択せざるを得ない。そして、彼は次のように述べている。

それゆえ、天が人間に自主の権（自主の権能）を付与し、（それをして）善をしようとすれば善をなすようになり、悪をしようとすれば悪をなすようになり、游移・不定なので、その権（権能）は自己にある[181]……。

すなわち、人間における善悪行為の選択を全て人間自身の「自主の権」に委ねるのである。つまり、

天はすでに人間に善も行うことができ、悪も行うことができる権衡をしたので[182]……。

また人間は善悪に対してすべて能く自作し、自ら主張することができるのである[183]。

というように、彼は善悪行為に対する人間の自己決定権を認め、この「自主の権」をもって人間を禽獣から峻別したのだった。では、この「自主の権」はいかにして善悪行為をもたらし得るであろうか。

心は一だけだが、それが発して心になることは、千になることもでき、万になることもできる。……（心は）本来より活動・不定の物である[184]。

それゆえ、善を行えば、実に自己の功になり、悪を行えば、実に自己の罪になるので、これは心の権能であり、いわゆる性ではない。(185)

これらの引用文にあるように、それは全く人間の心的活動によるものであるとみなされている。心的活動とは「応事接物」に他ならない。しかも、「性」そのものは純粋に善悪行為の可能態に過ぎないゆえに、「心」とは厳密に区別されるものである。(186) このように、彼が心的活動による自主的な選択権を人間固有のものとして認めたことは、朝鮮朝思想史において近代の自律的な人間観の最初の芽生えと言えよう。茶山におけるこうした自己決定

(179) 同前、第二集第二巻「大学講義」二八丁右を参照。茶山は、「(『孟子集注』における朱子は)大体は心で、小体は耳目の類だと言っている。鏞(茶山)が考えるに、大体は無形の霊明であり、小体は有形の軀殻である。その大体に従うことは性に従うことであり、小体に従うことは欲に順従することである(大体心也、小体耳目之類也、……鏞(茶山)案、大体者無形之霊明也、小体者有形之軀殻也、従其大体者率性者也、従其小体者循欲者也)」(同書、第二集第六巻『孟子要義』二九丁左)と述べている。

(180) 同前。

(181) 原文は「故天之於人予之以自主之権、使其欲善則為善、欲悪則為悪、游移不定、其権在己……」同前、第二集第五巻『孟子要義』三四丁左。

(182) 原文は「天既予人以可善可悪之権衡……」同前、第二集第二巻『大学講義』二八丁右。

(183) 原文は「且人之於善悪、皆能自作以其能自主張也」同前、第二集第六巻『孟子要義』一九丁右。

(184) 原文は「心一而已、其発而為心者可千可万……本是活動不定之物」同前、第一集第一九巻『答李汝弘』三三丁。

(185) 原文は「故為善則実為己之功、為悪則実為己之罪、此心之権也、非所謂性也」同前、第二集第五巻『孟子要義』三四~三五丁。

(186) 茶山は「心」と「性」について、「道経に言うには、人心は危うく、道心は隠微だと言った。今、人々は人心を気質の性だと言い、道心を義理の性だと言うが、(これは)心と性が示すものが同じではないことを分かっていないのだ。性という字は、もっぱら好悪を主として言うものなので、どうして心を性だと言えるだろうか(道経曰、人心惟危、道心惟微、今人以人心為気質之性、以道心為義理之性、不知心之与性所指不同。性之為字、専主好悪而言、豈可以心而為性乎)」(同前、三四丁左)と述べている。

権の論理は、彼の政治社会論においても貫かれるが、それは後述することとし、今しばらく彼の人「性」論について引き続き論ずることにしよう。

すでに述べたように、茶山にとって、人間行為の根源的機能は「応事接物」という心的活動に求められていた。そして、この人間の心的活動を媒介にして、人「性」は、感覚的な自然性が容認される方向――これは恵崗における経験的人間論を内在的に準備した側面であるが――と、その道徳性が強調される方向へと分裂していったのである。まず後者から見てみると、そこでは人「性」における「理」の内在性が否定されているために、その道徳性の根源は朱子学の「天即理」という意味では「天」に求めることはできない。茶山においても、道徳性の根源としての「天」が登場するが、その場合の「天」は非人格的な側面においてではなく、逆に「天」は「上帝」というはっきりとした人格的主宰者として登場する。しかも、それは、

天の主宰者には上帝がなり、それを天ということは、ちょうど国君を国と称することと同じことであり、あえて名指しでは話さないという意味である。(187)

というように、統治者(国君)に類比されている。ではこの場合、人格的な「天」と人間はいかなる関係に立っているのであろうか。前述したように、「霊知の嗜好」は、天賦の性として「好善而恥悪〔善を好んで悪を恥じること〕」の傾向性を有すると考えられていた。これは言うまでもなく、「天」の道徳性を反映するものであり、

天の霊明はただちに人心に通じ、どんなに隠したとしても察しないことはなく、どんなに微細なものでも照らさないことはない。……人間が真にこれを知れば、たとえ胆力が大きい人間であっても、戒慎恐懼(警戒して謹んで恐れること)せざるを得ない。(188)

と論じているように、「天」は人格者として君臨している。そればかりではなく、「天」は人間に「徳を好み悪を恥じる性（好徳恥悪の性）」を付与し、

これから（私が）善に向かって行けばあなたの功になり、悪に向かって行けばあなたの罪になる。(189)

という引用文に示されているように、「天」は、人間行為における功罪を媒介にして現実の人間と緊張関係を有している。そしてまさに、

道心（善を好み、悪を恥じること）と天命は、二つに分けて見ることはできない。天が私に儆告（警戒して告げること）することは、雷や風になることではなく、隠密に自己の心の中に告戒す（ることである）……。(190)

というように、「天」は客観的な事象を通じてではなく、内面的な道心を通じて人間を「当為」の世界へと導く。そうでありながらも、善悪行為の選択は人間固有の「自主の権」あるいは「権衡」によるものであるゆえに、人

(187) 原文は「天之主宰為上帝、其謂之天者、猶国君之称国、不敢斥言之意也」同前、第二集第六巻『孟子要義』三八丁左。
(188) 原文は「天之霊明、直通人心、無隠不察、無微不燭。……人苟知此、雖有大胆者、不能不戒慎恐懼矣」同前、第二集第三巻『中庸自箴』五丁左。
(189) 原文は「自此以往、其向善汝功也、其趨悪汝罪也」同前、第二集第一五巻『論語古今注』一二丁右。
(190) 原文は「道心（好善而恥悪）与天命、不可分作而段看、天之儆告我者、不以雷不以風、密密従自己心上丁寧告戒……」同前、第二集第三巻『中庸自箴』五丁右。

間行為の道徳性は人間の具体的実践を俟って初めて明らかになるのである。他方、前者においては、人「性」における「難善而易悪」をその属性とする「形軀の嗜好」は「耳目口体の嗜」をもって「性」と捉えることで、人間行為を全て人間の感覚器官に委ねることになる。つまり、茶山においては、以上のように人「性」が二元的に捉えられているために、経験的な傾向性と「理」とが併行し、他方、道徳的行為を励行させうる「好善而恥悪」の性も認められることになり、この点で、彼は人「性」における朱子学的な自然主義的オプティミズムの残骸をきれいに振り払うことはできなかったのである。茶山は、後述するように、政治論において常に客観的規範としての法による統治を主張しつつ、他方、人間個々人の道徳的実践を――政治論として――強く要求したのも、こうした人「性」論の相対立する二面性を前提としていたからに他ならないであろう。

では、人「性」論に続いて、次に彼の道徳的実践論について述べることにする。

正統朱子学派においては、「理」が「本然の性」として「人性」にアプリオリに内在しているために、「仁義礼智」は「性」と等置され、主静的かつ観照的な「窮理」ないし「持敬」によって発露されるものと解されている。しかし、茶山においては、「性」は「好善而恥悪」や「難善而易悪〔善を難しいと考え、悪を易しいと考えること〕」という傾向性に過ぎないゆえに、「仁義礼智の名は、行事の後に成り立つものである。これは人徳であり、人性ではない」[191]というように、「仁義礼智」はそのアプリオリな性格を失っており、

心には本来徳はない。ただ直性（まっすぐな性）があるだけなので、私が（人間が）直心を行うことができるということ、それを徳と言う。……善を行った後に、徳の名が成立するのである。[192]

というように、徳は正統朱子学派の場合のように「心の徳」ではなく、道徳的実践の事後に初めて生じるものであり、その行為の結果に付けた名に過ぎない。すなわち、「徳」＝「仁義礼智」とは、

仁義礼智の名は、本来われわれの行事（実践）から得られるものであり、心の玄妙な理にあるのではない。人間が天から賦与されたものは、ただこの霊明さだけで、（これによって）仁・義・礼・智を実現することができる可能性があるのである。[193]

というように、人間にとって目標として実現されるべきイデーとして把握されているのである。換言するならば、善悪は、人間の本性の内観によって把握されるものではなく、人間の外界に向かう具体的行為によって初めて存在するものなのである。このように茶山は、「徳」＝「仁義礼智」をあくまでも人間の具体的実践を通じて達成されるものだと言う。では「徳」＝「仁義礼智」とは具体的に何を意味するものだろうか。

この点に関して、茶山が何よりも重視した「仁」と「礼」に注目してみよう。茶山によれば、「仁は天理ではない。それは人徳である」[194]と言うように、「仁」は「天理」でもなければ、「性」でもなく、「仁というものは、人間と人間が互いにその道を極め尽くすことである」[195]［仁斎と似る――丸山］というように、人間関係における実践的規範に他ならない。

---

(191) 原文は「仁義礼智之名、成於行事之後、此是人徳、不是人性」同前、第二集第四巻『中庸講義』三八丁右。
(192) 原文は「心本無徳、惟有直性、能行吾之直心者、斯謂之徳、……行善而後徳之名立焉」同前、第二集第一巻『大学公議』八丁右。
(193) 原文は「仁義礼智之名、本起於吾人行事並、非在心之玄理、人之受天、只此霊明可仁可義可礼可智則有之矣」同前、第二集第四巻『中庸講義』二丁左。
(194) 原文は「仁非天理、乃是人徳」同前、第二集第六巻『孟子要義』三〇丁左。
(195) 原文は「仁者人与人之尽其道也」同前、第二集第八巻『論語古今注』一四丁右。

仁とは人倫の徳を成したものである。[196]

仁とは、人と人が重なった文字である。父と子は二人である。兄と弟は二人である。君と臣は二人である。牧と民は二人である。およそ二人の間でその本分を尽くすことを、仁と言う。[197]

これらの引用文から明らかなように、「仁」は具体的規範として人間相互の倫理的かつ階序的な規律であり、同時に君臣および君民の間の統治関係の規律でもあった。しかし、彼が統治において最も重視したのは「礼」の観念であった。茶山にとって、「礼とは、一王の典章であり、法度である」[198]というように、「礼」はあくまでも公的な統治のための制度として把握されているのである。

Ⅳ　規範観念の特質と政治社会論

以上述べてきた彼の人「性」論および道徳的実践論から、次のような二つの画期的な指向を指摘することができる。第一は、統治における規範主義的指向であり、第二は、人間の能力主義にもとづく政治社会構造の構築である。

第一の統治における規範主義的指向について、考察してみよう。すでに述べたように、彼にとって「徳」はもはや「心の徳」ではなく、規範的意義が付与されていた。ではこの「徳」論と、彼の政治的思惟との関連はいかなるものであろうか。茶山は『大学』の「明徳」の定義において、朱子学や退溪における個人道徳と公的道徳との連続的把握を拒否し、「明徳とは孝・弟・慈である」[199]と述べていた。そして、次のように述べる。

道とは、人間がそれにしたがって行うものである。仁とは、二人が互いに共にすることである。親に事《つか》える孝は、仁である。父と子は、二人である。兄に事える悌は、仁である。兄と弟は二人である。君に事える忠は、仁である。君と臣は二人である。民を牧する慈は、仁である。牧と民は二人である。夫婦・朋友に至るまで、およそ二人の間にその道を尽くすことは、すべて仁というものである。(200)

すなわち、「孝弟慈」は人間を政治的社会的に規律する規範であり、「仁」によって統合されている。彼は、この規範的性格をおびた「孝悌慈」を「天子と庶人は修身を根本とする(201)」と説いているように、この場合の「修身」とは、人間の政治社会的規範の習得を意味している。ここで、「仁」によって統合された「孝悌慈」は、朱子学の八条目に見られる私的道徳と公的道徳の論理的連続性を持つことなく、「孝」はあくまでも子の親に事える、あるいは民の君に事える「徳」=規範であり、「悌」は少の長に事える「徳」=規範であり、そして「慈」は牧の民を救う「徳」=規範であるというように、各々独自の方向へと進んでいく。したがって、統治者にとっての「修身」とは、統治者個人の私的な道徳的修養ではなく、統治のための公的な道徳的修養ではあるものの、「君子の学は修身が半分である。他の半分は牧民である(202)」と説かれているように、統治者の修身はそのまま「牧

(196) 原文は「仁者人倫之成徳也」同前、一三丁右。
(197) 原文は「仁者人人畳文也。父与子二人也。兄与弟二人也。君与臣二人也。牧与民二人也。凡二人之間、尽其本分者、斯謂之仁」同前、第二集第四巻『中庸講義』三六丁右。
(198) 原文は「礼者一王之典章法度」同前、第二集第七巻『論語古今注』三五丁左。
(199) 原文は「明徳也孝弟慈」同前、第二集第一巻『大学公議』六丁左。
(200) 原文は「道者人所由行也、仁者二人相与也。事親孝、為仁、父与子二人也。事兄悌、為仁、兄与弟二人也。事君忠、為仁、君与臣二人也。牧民慈、為仁、牧与民二人也。以至夫婦朋友、凡二人之間尽其道者皆仁也」同前、第二集第七巻『論語古今注』九丁左。
(201) 原文は「天子庶人修身為本」同前、第二集第一巻『大学公議』一二丁右。

民」や「治人」になるのではなく、統治者の統治者としての「半ば」を占めるに過ぎないのである。「六経・四書によって修己をなし、一表(『経世遺表』)・二書(『牧民心書』と『欽欽新書』)によって天下国家を治めるゆえに、本と末を具備した」[203]という命題からも明らかなように、茶山が「牧民」や「治人」のために「一表二書」を著したのは、道徳的世界とは質を異にする新しい政治の世界をそこに見出したからに他ならないであろう。

彼は『周礼』をその範としつつ、朝鮮朝における儒教的政治体制の再建を目指して著した『経世遺表』において、次のように説いている。

ここで論じたことは、法である。法でありながら、これに名づけて礼と言うのはなぜなのか。先王は礼によって国を治め、礼によって民を引導した。(しかし)礼が衰退すると、法の名が使用され始めた。法は国を治めることではなく、民を引導することでもない。察して天理に合当し、施行して人情に和合することを礼と言う。危険を見て恐れ、逼迫して悲しくなり、民が恐れてあえて犯すことができないようにすることを法と言う。先王は礼によって法をなし、後王は法によって法をなしたゆえに、これは同じではないのである。[204]

この引用文から、茶山が「礼治」を最も理想的な統治理念としていたことが分かる。しかし、そこには逆に、もし「礼」が「法」の機能を営まないならば、「法」を独自に制定するというモメントが潜んでいた。そうした指向は、すでに「衣食足、然後知礼義〔衣食足りてその後に礼儀を知る〕」という政治認識の上に立って、統治の力点を「徳礼」から「政刑」に置いていた李星湖に見出すことができる。[205]茶山はこの制度観に対応する人間論において、人間の「性」に「難善而易悪」というペシミスティック(pessimistic)な側面があることを指摘するのである。そしてここにおいても、一方で『周礼』という規範体系にもとづく「礼治」主義的指向が推し進められつつも、他方で統治において人間の「易悪〔悪を易しいと考えること〕」という側面をいかに統制すべきであるかというリアルな問題が繰り返し提起されるのである。そして茶山は、問題が後者の領域に置かれている場合には、「法治」に頼ることを躊躇しなかった（この点については後述する）。彼が若き日の官僚生活や、全羅道康津での一八年間の長い配流生活を通じて体験し、目撃した現実社会というのは、そもそも不信と陰謀と狡猾に満ちた人間行動の交錯する場であった。(206) こうした赤裸々な人間世界を見出した彼にとって、「礼治」という理念に安住することはあり得ず、統治を統治者の技術として、リアリスティック（realistic）に捉えていくということは決して不自然なことではなかった。中央集権的朝鮮朝の政治体制においては、それを支えている家産官僚制の欠陥も手

---

(202) 原文は「君子之学、修身為半、其半牧民也」同前、第一集第一二巻『牧民心書』序四二丁左。

(203) 原文は「六経四書、以之修己。一表二書、以之為天下国家。所以備本末也」同前、第一集第一六巻「自撰墓誌銘」一八丁右。

(204) 原文は「茲所論者、法也。法而名之曰礼、何也。先王以礼而為国、以礼而道民、至礼之衰而法之名起焉。法非所以為国、非所以道民也。揆諸天理而合、錯諸人情而協者、謂之礼、威之以所恐、迫之以所悲、使斯民兢兢然莫之敢干者、謂之法。先王以礼而為法、後王以法而為法、斯其所不同也」同前（下）第五集第一巻『経世遺表』一丁右。

(205) 茶山が「人がその力を尽くせば、地もその有利さを尽くす。地の有利さが興されれば、民の産物も豊かになり、民の産物が豊かになれば、風俗が厚くなり、孝悌が確立する。これが制田の上術だ（人莫不尽其力、而地無不尽其利、地利興則民産富、民産富則風俗惇而孝悌立、此制田之上術也）」（同前（上）第一集第一一巻「田論三」四丁左）と述べているように、「衣食住、然後知礼義」という政治認識は、栗谷以来近世実学派に共通した思考方法であった。

(206) 茶山は、自ら目撃した田制の腐敗について次のような事例を紹介している。「初めて官職に就いた田制の実相に暗い官吏は、隠結（租税の対象から抜け落ちた田土）がどのようなものなのかを知らないと言って、よく深い谷間には別途にいくつかの結があり、王籍から抜け落ちるたものを隠結と名づけている。これは隠結の実相を間違って把握したものである。納税の実相を見れば、田制で初めて量田（土地の測量）をした時に正確に測量せず、一束、二束という方式で畝に付け加えて最後に総数だけを実際に納付する金額で記載しているが、官ではこれを一々計算せず、租税の対象を正確に把握することができなかった」と批判している。原文は「生疎初宦之人、不知隠結為何物、謂深山窮谷、別有幾結之田、漏於王籍、名之曰隠結非也。隠結之所以興其竇極多、一原初量田之時、一束二束逐畝増附、唯其末、総載之以実納之額、官不能一一打算」同前（下）第五集第七巻『経世遺表』一六丁左。

伝って、中央の政治権力が実質的に及ぶのはせいぜい地方の守令のレベルまでであって、そこから先の具体的な統治過程は、守令を囲む吏属や地方豪族によってどうとでもなってしまうというのが現実の状況であった[207]。つまり、朝鮮朝の地方統治構造は、王名によって赴任した守令の他に、地方行政の実質的担当者であり、おおむね世襲制をもって維持されてきた吏属という土着的な農民支配層が重大な役割を演じていた。茶山の「一表二書」は、こうした守令と農民の間に介在する吏属によって代表される不信、陰謀、狡猾が渦巻く地方政治の具体的再建策を試みたものに他ならない。

彼が不正と陰謀を日課とする吏属をいかに統御すべきかについて、

> 衙前（地方官庁の世襲的な下級役人）たちが奸悪なことをでっち上げるが、史〔歴史官〕が主謀になっている。衙前たちの奸悪なことを防ごうとすれば、史をおどさなければならず、衙前たちの奸悪なことを明らかにしようとすれば、史が計略にひっかかるようにしなければならない。史とは書客（文字を書く人）である。倉庫内の穀物が奸計によってひっくり返されて雲に変わり霧に変わっても、それが分かるのは史である。田制をかすめ取り、こっそり山に隠し、草藪の中に隠したとしても、その数量が分かるのは史である[208]。

と説いているのも、また守令の統治姿勢について、

> 守令は一人で目立つように立っているので、座る腰掛け一つ以外には、すべて私をだます者たちである。四目（四方の民事を見る眼識）を明らめ、四耳を通すようにすること、すなわち広く四方の事物を見聞することは、帝王だけがそうするのではない[209]。

と説いているのも、統治＝政治に対するリアルな認識の表現と言えよう。

衆を正しく導く道は、威・信だけである。威は清廉から生まれ、信は忠誠によるものであり、忠誠を得てよく清廉であれば、衆を服従させることができる。(210)

と説かれているように、統治は道徳的な特性に代わって、政治的な「威」と「信」によって遂行される思考へと移行している。そして、しばしば論じてきたように、彼の統治理念が「礼治」であったとしても、政治に対するリアルな認識から、「法とは君の命令である。法を守らないということは、君の命令に従わないことである。臣下としてあえてそうすることができようか」、「およそ、国法が禁じることと刑律が載せることは、当然震えるほど恐れなければならず、あえて犯すようなことはないようにせよ」(211)というように、あくまでも「法治」を貫徹し

(207) たとえば、茶山は流配されていた康津地方の収税の実相について、「ただ郷吏一二名が田畓に対して全部で五九二四斗の米をさらに付け加えて徴収していたが、これを県令の廩料とすることもなく、監司の禄俸とすることもないのみならず、太倉が知らず、戸曹も知らずにいて、ちょうど天が郷吏に下した禄のようになっている（……通計所剰、則下下田加徴之米、毎年二千六百一十九斗零也。其以黄豆之故而加徴者、又二千六百一十九斗零也。下下畓加徴之米、六百八十六斗零也。通共五千九百二十四斗之米、国所不知、民則出之、県令不以為廩、監司不以為俸、太倉不知、戸曹不知、惟一二郷吏、以之為天賜之禄、古今天下其有是乎）」と批判している（同前、四丁右）。

(208) 原文は「吏之作奸、史為謀主、欲防吏奸、怵其史、欲発吏奸、鉤其史、史者書客也。倉穀反弄、雲渝霧変、知其事者史也。田税偸窃山蔵藪伏、知其数者史也」同前（下）第五集第一九巻『牧民心書』一二丁左。

(209) 原文は「牧子然孤立、一榻之外、皆欺我者也。明四目達四聰、不唯帝王然也」同前、二七丁右。

(210) 原文は「馭衆之道、威信而已。威生於廉、信由於忠、忠而能廉、斯可以服衆矣」同前、一三丁右。

(211) 原文は「法者君命也。不守法、是不遵君命者也。為人臣者其敢為是乎」、「凡国法所禁、刑律所載、宜慄慄危懼、毋敢冒犯」同前、第五集第一八巻『牧民心書』五丁。

ようとするのである。

こうした彼の徹底した政治認識のもとで登場するのが、「閭田制[212]」である。すでに多くの研究業績のある「閭田制」そのものについては再論を要しないと思われるが[213]、ただ、「閭田制」が有する基本的指向について簡単に説明しておくと、それは朝鮮朝土地制度の腐敗を招いた根本原因である私田制の全面的廃止によって、土地の兼併、穏結、中間搾取層の横行等を根絶しようとしたものであった。そこでは、徹底した土地管理のもとに、土地共有、共同生産、能力に応じた収穫量の分配が貫かれようとしていた。彼のこうした制度改革論が、当時の朝鮮朝の現状から見て[214]いかにラディカルな指向であったかに驚かされるとともに、彼に先行する実学派における制度改革論の極致を飾るものであった。

第二に、彼の能力主義にもとづいた政治社会構造論について考察してみよう。既述したように、経世致用学派や利用厚生学派は、朝鮮朝儒教政治体制における身分制が政治的社会的功利性に敵対するものであるという批判にとどまっていた。茶山はこうした先行学派の身分制批判を哲学の次元から基礎づけようとした。彼にとって、人間のアプリオリな性格――たとえば徳性――は否定されていたために、人間の能力を計り得る唯一の基準は、政治や社会における具体的実践しかなかった。その基本的指向は彼の道徳的実践論において見たところであるが、それは彼の政治的思惟や社会分業論の基調をなすものでもあった。

茶山にとって、人間は「皆能自作、以其能自主張也〔みんな誰でも自ら作ることができ、また自ら主張することができるのである〕」という自律的な選択能力を有しているのであり、そしてそれは「自主の権」あるいは「権衡」によって自然法的に基礎づけられていた。以下述べる古代政治社会の起源に関する彼の考察は、もっぱらこうした人間固有の自律的選択能力を前提とするものである。茶山にとって、こうした人間の自律的選択能力こそ純粋な生物的自然界と峻別された政治社会の構成原理になっている。ここに初めて、彼の政治的作為の論理が明確な形を取って現れてきたのである。

彼によれば、人間の自然状態（state of nature）は、

　太古時代には、民がいるのみだった。どうして牧（統治者）がいただろうか。民は無知であり、集まって村を作って生きていた。（しかし）ある人が隣とけんかをした時、（それに対して）判定を下すことができなかった。(215)

というように、「一夫」と「鄰」の「鬨《たたか》」いが恒存する無統治、無規範の社会であると設定されていた。そして、この自然状態において、

（212）鄭奭鐘「茶山丁若鏞の経済思想」（『李海南博士華甲記念史学論叢』一潮閣、一九七〇年）は、「閭田制」について「閭田制においては、……治田と均産の統一的な解決が可能であり、……耕者有田の原則が……貫徹され」（同論文、一九七頁）ている。そして、閭田制においては「閭（地勢にしたがって区分した一定の地理上の「行政」区画）が基本単位であり、最小の集団労働単位である。これはまた共同所有の最小単位でもある。このような共同所有・共同労働単位としての閭では、三十家の中から選出された閭長が共同耕作における各人の担当分量を分け、分業の効果を発揮するようにする」のであり、「この共同耕作に参加した各人の労働量は閭長の冊簿に記録されるが、それは毎日の労働量として記録される。このようにして推計された労働量は収穫期の収穫量にしたがって共同分配される」（以上、同論文、一九八頁）と記されている。ちなみに、茶山の田制論に関する研究としては、洪以燮前掲『丁若鏞の政治経済思想研究』、朴宗根「茶山・丁若鏞の土地改革思想の考察」（『朝鮮学報』第二八輯、一九六三年）、同「李朝後期の実学思想（上）」（『思想』五六二号、岩波書店、一九七一年四月）、同論文（下）（同前、五六七号、一九七一年九月）等がある。

（213）本節註212参照。

（214）鄭奭鐘前掲「茶山丁若鏞の経済思想」は、茶山によって把握された一八世紀における全国土地の漏結状況について検討している。同論文、一八〇～一八二頁参照。

（215）原文は「邃古之初、民而已。豈有牧哉。民于于然、聚居、有一夫与鄰鬨、莫之決」前掲『丁茶山全書』（上）第一集第一〇巻「原牧」四丁左。

ある老人がいて、公正な言葉をよくした。（そして）（闘った隣人たちが）その老人の所に行って判決をもらったので、四方の隣人たちはみんな彼に服従するようになった。（そしてさらに彼らは彼を推戴し、里正と呼んだ。……四方の方伯たちが一人の人間を推戴して最高の長とし、皇王と呼んだ。皇王の根本は里正から生まれたものである[216]……

というような、「一夫」と「鄰」の「鬨」いに対する善き公平な判断者を推戴して「里正」「伯」「皇王」にすることによって、人間はみずから政治社会を建設する。すなわち、茶山によれば、政治社会における支配服従関係は、「一夫」という自然人である民の自律的選択能力を基礎にして成り立つものと捉えられており、そこに選ばれた統治者──「里正」「伯」「皇王」──が純粋に統治能力を有しているゆえに統治者たり得たことを明らかにしているのである。

こうした統治原理の上に立って、茶山は「後世にはある一人が自ら立ち上がり、皇帝にな（った）。……そして皇帝は自己の欲望に従って法を制定し（た）[217]」といって、後世の君主制の堕落を批判している。政治社会における統治者の恣意は徹底して排除されるべきであり、「里正は民の望みに従って法を制定し（た）[218]」というように、「民望」にしたがって法が制定されなければならない。これは「牧」よりも前に「民」があったという前述した命題と密接に関連するものであるが、ここには、法制定は「民望」によって統治者に依頼された職務であるという新しい政治像が導き出されている。

このような茶山の政治的思惟の中には、民の観念の画期的な変容を見出すことが可能である。従来の正統儒教においては、統治主体は君主および臣として直隷する官僚に限られ、民はあくまでも統治の客体に過ぎなかった。また儒教的民本主義にしても、君臣と民との支配服従関係の規律は「天命」という全く別の次元から導き出されており、民自体の意思が直接に君をコントロールする余地はなかった。そのため、「仁政」とはあくまでも君主の心的な自制論を出ることがなかった。ところが、茶山は自身の統治原理に照応するように、革命論において次のように述べている。

　天子とは、衆が推戴して成った者である。およそ（天子とは）衆が推戴して成った者で、やはり衆が推戴しなければ、（天子には）成れない。ゆえに、五家が和合できず従わなければ、五家はこれを議論して鄰長を改選し、五鄰が和合できず従わなければ、二十五家がこれを議論して里長を改選し、九侯・八伯が和合できず従わなければ、九侯・八伯がこれを議論して天子を改選する。……誰が臣は君を放伐すると喜んで言うだろうか(219)。

すなわち、従来の正統儒教において易姓革命を正統化していた「天命」に代わって、茶山は革命の原理を民の自律的な意志に求めているのである。ここには、朝鮮朝における伝統的儒教政治思想をその根底から揺るがす論理が内在している。それゆえ、茶山は、近世朝鮮朝において初めて、正統儒教において統治の客体に過ぎなかった民を政治の主体にまで高めることによって近代的な政治社会への道を切り開いたと言うことができるだろう。

(216) 原文は「有叟焉、善為公言、就而正之、四鄰咸服、推而共尊之、名曰里正。……四方之伯、推一人以為宗、名之曰皇王。皇王之本、起於里正……」同前、四〜五丁右。
(217) 原文は「後世一人自立為皇帝……於是皇帝循己欲而制之法」同前、五丁右。
(218) 原文は「里正従民望而制之法」同前。
(219) 原文は「天子者、衆推之而成者也。夫衆推之而成、亦衆不推之而不成、故五家不協、五家議之、改鄰長、五鄰不協、二十五家議之、改里長、九侯八伯不協、九侯八伯議之、改天子……誰肯曰臣伐君哉」同前、第一集第一一巻「湯論」二四丁右。

最後にもう一つ、彼の社会分業論について見ておくならば、彼にとって身分を立証する人間のアプリオリな性格＝徳性は否定されていたため、「士農工商」はもはやアプリオリな身分＝出生によって区分されるべきものではなく、社会における職業的分化を表す用語に過ぎなかった。換言すれば、茶山にとって、人間の能力は社会における具体的実践を通じて初めて立証されるものだったために、「士農工商」は社会における人間各々の役割を基準にして区別されなければならなかった。それは、彼が土地の分配に際して「使農者得田、不為農者不得之、則斯可矣[220]（農民が田を手に入れるようにし、農民が田を手に入れられないということがなくなれば、それでいいのである）」と説いていたように、農業を他の「士」「工」「商」とは全く区別された独自の職業として認めようとしたところにも見出すことができる。茶山によって、今まで身分＝出生によって厳しく閉鎖されていた職業の選択の道が開かれたことによって、「士」は自らの選択にしたがって、農業や商工業に転じることが可能となったのである。[221]

このように、「士農工商」を社会的身分から解放し、それを純粋に職業として捉えようとする指向は、人間のはたし得る役割の相違によって身分が決められるべきであるという能力主義的な基礎の上に立つものであった。こうした能力主義的な指向は、経世致用学派――磻溪と星湖――によって試みられたものであった。しかし、彼らの批判は主として「士」の詩文主義や門閥主義に向けられていたように、「士」の政治・社会的役割という側面に関心が集まっていた。そして、国富をもたらす根源的要素は農業生産であると考えられていたために、「士農工商」を社会的分業というレベルで捉えようとする思考方法はついに生起しなかったのである。[222]こうした農本主義的指向は、やがて利用厚生学派内部において崩れ始めた。前述したように、それは「士」「農」に対して「工」「商」をそれ自身国富をもたらす根源的要素の一つとして認めたところから始まった。[223]すなわち、燕巖は依然として「農工商」に対する「士」の政治・社会的役割の優位を説いていたが、その主張は、楚亭によって覆されることになったのである。[224]

茶山はこうした先学の影響下にあった。[225]そして、彼によって構築された社会分業論は、彼の人間論によって裏付けられてはいたものの、あくまでも社会的分業を営む主体の定立であった。彼は、利用厚生学派によって開発された自然の効用性に対して「農業技術が精密ならば、占有する土地は少しでも多量の穀物を得ることができ……紡織の技術が精密ならば、（生産に）消耗される物資は少しでも多量の糸を得ることができ……」と述べているように、技術や機器がもたらす経済的功利性を継承する段階にとどまっていた。彼において、自然はいまだ発出論的に捉えられていたのである。[226]

以上、茶山によって初めて成し遂げられた近世実学思想の哲学的基礎に触れつつ、それを彼の政治的社会的実践論との関連に留意しながら述べてきた。

要点を改めて整理してみるならば、近世実学思想における茶山の思想史的役割の一つは、朱子学や朝鮮朝正統朱子学における「道理」と「物理」の連続性を分解したところにあると思われる。しかし、その「道理」と「物理」の分解の上に立ちつつも、茶山は彼の政治・社会的実践論に見られるように、「道理」の内在性を外在化させる客観的規範的指向により多くの関心を寄せていた。換言すれば、彼において「道理」から分解された「物

(220) 原文は「使農者得田、不為農者不得之、則斯可矣」同前「田論二」四丁右。
(221) 「士」の「農工商」への転業論については、拙稿「李朝後期における政治思想の展開」（2）（『國家學會雑誌』第八八巻第一一・一二号、東京大学法学部・国家学会、一九七五年一一月）六五頁、註75参照。
(222) 本章第二節参照。
(223) 本章第三節参照。
(224) 李成茂「朴齊家の経済思想」（『李海南博士華甲記念史学論叢』一潮閣、一九七〇年）一六四～一六七頁参照。
(225) 茶山は、「天下の利には、商賈ができることはない（天下之利、莫加商賈）」（前掲『丁茶山全書』（下）第五集第一〇巻『経世遺表』三二丁左）と述べている。
(226) 原文は「農之技精、則其占地少而得穀多、……織之技精、則其費物少而得絲多……」同前（上）第一集第一一巻「技能論二」一一丁右。茶山の利用厚生学派との思想的連関については、洪以燮前掲『丁若鏞の政治経済思想研究』五六～六〇頁参照。

理」はほとんど留保されたままになっていたのである。それは彼の人間論においても全く同じことが言える。彼が人「性」として提示した「形軀の嗜好」と「霊知の嗜好」は、あくまでも経験的な人間にとって予想し得る命題を定立したに過ぎない。茶山にとって人「性」とは「霊知の嗜好」を内包するものであり、それゆえ、人間を道学的に捉えようとする指向がいまだ残されていたのである。

崔漢綺は、この茶山がほとんど手を付けていなかった「物理」や経験的な人間の哲学的基礎を、意欲的に掘り下げていったのである。次節においてそれを考察することにしよう。

第五節　経験論と政治的リアリズム——崔漢綺

崔漢綺《チェ・ハンギ》（一八〇三～一八七七年、号は惠崗《ヘガン》あるいは浿東《ペドン》）は、茶山に次いで近世実学思想の哲学的基礎を構築したもう一人の思想家である。彼の著作の一部が散逸している現在において、彼の思想の全容を体系的に把握することは不可能である。[227]しかし、幸いにも彼の代表的著作と思われる『推測録』（一八三六年）、『神気通』（一八三六年）、『人政』（一八六〇年）等は現存しているので、彼の思想の核心に近づくことはそれほど難しいとは思われない。では、はじめに彼に前後する当時の思想動向について略述しておこう。

前節で言及した老論派内部における「湖洛論争」は、一八〇〇年代に入ってからも勢いは衰えなかった。洛論系であった任聖周《イム・ソンジュ》が畿湖学派の主気論を支持した「湖洛」両論折衷説に対して、呉熙常《オ・ヒサン》（一七六三～一八三三年）や洪直弼《ホン・チッピル》（一七七六～一八五二年）などの洛論からの反論はそれを如実に物語っている。[228]当時こうした思弁的「湖洛論争」をよそに、老論派系統のもう一つの思想運動が台頭していた。それは、李恒老《イ・ハンノ》（一七九二～一八六八年、号は華西《ファソ》）を中心とする衛正斥邪派[229]が一八〇〇年代に入ると次第に成熟して来た「西学」——主として天主教――を始めとして、欧米や日本からの軍事的政治的経済的な挑戦におよんだ一連の動向に対する危機意識から、自覚的に朱子学を理解し、その本義を正すことによって朝鮮朝末期における対外的危機を乗り越えようとした運動、すなわち「尊華的攘夷」論である。恵崗はこうした一連の正統朱子学派的思想状況の中にあって、それとはまったく対比的な立場に立っていた。

I　経験論的人間観の登場

彼は「理気」論について、次のように述べている。

理は気の条理であり、気があれば必ず理があり、気がなければ必ず理はない。気が動けば理もやはり動き、気が静かであれば理もまた静かである。気が散ずれば理もまた散じ、気が聚まれば理もやはり聚まる。理は

(227) 恵崗の思想に関する研究としては、朴鍾鴻「崔漢綺の科学的な哲学思想」（同『韓国の思想的方向』所収、博英社、一九六八年）が最も有効な論文である。朴鍾鴻によれば、恵崗の「著述は『明南樓集』といい、千巻にのぼる膨大なものであると伝えられ」（同書、一六〇頁）ているが、その全容は未だ明らかにされていない。朴鍾鴻は、前掲論文の「附記」に、今まで判明した著作の簡略な紹介とその所在を記している（同書、一六〇～一六三頁）。また、恵崗の家系や年譜については、李佑成「崔漢綺の家系と年表」（『柳洪烈博士華甲記念論叢』所収、探求堂、一九七一年）がある。恵崗の没年については、一八七七年説（李佑成前掲論文、六一三頁）、一八七九年説（朴鍾鴻前掲書、一六〇頁）等があるが、その中で、李佑成の見解は『朔寧崔氏世譜』に依拠しており、最も確実なものと思われるので、ここでは李佑成の見解に従った。

(228) 老論派の「湖洛論争」や、任聖周の「湖洛」両論折衷説については、本章註153および154参照。また、それに対する呉熙常や洪直弼の反論については、玄相允前掲『朝鮮儒学史』四二四頁および四七六頁参照。

(229) 李恒老を宗匠とする衛正斥邪派については、第五章でその思想史的特質について言及するつもりである。

まだ気より先んじたことはなく、またまだ気より後に来たこともなく、これが天地流行の理である。[230]

すなわち、惠崗は「理」に対する「気」の根源性を説く。「理」は「気の条理」あるいは「天地流行の理」として「物理」の意味しか持っていないのである。また彼は、「理の字を気の理と見て、道の字を気の流行と見る」[231]というように、「気」の「運化流行」をもって「(天地の)道」とした。彼のこうした「物理」の世界において、道学的な意味での「理」が介入する余地は全くなかった。惠崗は、この「天地流行の理」によって支配される「物理」の世界を「自然」とみなしたのである。[232]「自然」は「天地の気は休まず運行し、(万物に)あまねく及び、ふたたび初めにもどって来る……」[233]というように、循環論的に捉えられていた。しかし、彼はその「自然」が「物理」の世界であるゆえに、計り得るものとして考えていたのである。[234]

彼はこうした「物理」の「自然」に対して、人間には推測能力を認めていた。

人心は自ら推測の能力を持っており、その已然(すでに生じたこと)を測量し、またその未然(まだ生じていないこと)を測量することができるが、これが人心推測の理である。流行の理は天地の道であり、推測の理は人心の功である。[235]

すなわち、彼は人間に固有な推測能力としての「推測の理」を認めることにより、「自然」の「流行の理」(=物理)とはっきり区別したのである。そして、「推測の理」があくまでも「人心」の推測能力によって得られた「人心の功」に過ぎない以上、

孟子が、万物はすべて我に具備されていると言い、朱子が、すべての理(衆理)を備えて万事に応ずると言

ったが、これらはともに推測の大用を賛美したものであって、決して万物の理がもともと心に具備されているということではない(236)。

というように、朱子学の人性論におけるような内在的な意味は全くなく、むしろ人間の推測能力論の立場から朱子学の実在論的な「理」の観念を批判している。

主理（を論じる）者は、推測の理によって流行の理に渾雑し、あるいは流行の天理を推測の心理と認めてしまったり、あるいは推測の心理を流行の天理と同じものと見ている(237)。

---

(230) 原文は「理是気之条理、則有気必有理、無気必無理、気動而理亦動、気静而理亦静、気散而理亦散、気聚而理亦聚、理未嘗先於気、亦未嘗後於気、是乃天地流行之理」『推測録』巻二「流行理推測理」一三丁。

(231) 原文は「理字、以気之理認之、道字、以気之流行認之」『人政』巻一〇「道理求於気」一三丁。

(232) 本章註269参照。

(233) 原文は「天地之気、運行不息、周而復始……」『神気通』巻三「変通条目」二一丁。恵崗はまた、「気は天地に充満し、循環して欠けることがなく、聚散に一定の時期がある。その条理を理と言う（気者、充塞天地、循環無虧、聚散有時、而其条理謂之理也）」（前掲『推測録』巻二「大象一気」一丁）とも述べている。

(234) たとえば、恵崗は次のように述べている。「数生於象之加減乗除、象生於理之形容曲節、理生於気之前後推測、気為数之体、数為気之用……従古習算者、略及于象与理……」（『習算津筏』「序」）。詳細は、朴鍾鴻前掲論文、一三〇～一三四頁参照。

(235) 原文は「人心、自有推測之能而測量其已然、又能測量其未然、是乃人心推測乃理也。流行之理、天地之道也。推測之理、人心之功也」前掲『推測録』巻二「流行理推測理」一三丁。

(236) 原文は「孟子曰、万物皆備於我矣。朱子曰具衆理応万事。此皆賛美推測之大用也。決非万物之理、素具於心也」同前、巻一「万里推測」二〇～二一丁。

このように、惠崗にとって道学的な「理」は「虚中の虚理」[238]に過ぎなかったのである。朱子学的思惟の特徴である自然と人間の「性」における「理」の連続性は、すでに茶山の段階において分解を遂げていたが、惠崗はこの分解を踏まえた上で、さらに人間を認識主体にまで引き上げようとする。そこでは、朱子学における主観的側面（持敬静坐）に対する客観的側面（格物・窮理）が積極的に推し進められており、認識主体としての人間にとって「自然」はあくまでも客体としての認識対象でしかなかった。

> 気質の理は、流行の理である。推測の理は自ら得る（経験の）理である。まだ習い（学んで習うこと－経験）がない初めにはただこの流行の理だけがあり、すでに習いがある後には推測の理がある[239]。
>
> 耳で聞き、目で見、手で持ち、足で動くことは、すべて行である。胎から出た後は、耳で聞くことがあるようになり、目で見ることがあ（るようにな）り、手で持つことがあ（るようにな）り、足で動くことがあ（るようにな）り、次第に神気に得られることがあ（るようにな）るが、これを知と言う[240]。
>
> 気の動用（運動と作用）を行と言う。理（天地流行の理）の推測を知と言う。人間が始めて生まれた時には、別途に知識はなかった。……（しかし）次第に成長するにしたがい、事にしたがって習（学んで習うこと－経験）があるようになり、知識もしたがって拡大するが、これがすなわち先行後知というものである[241]。

これらの引用文が示すように、惠崗は「理」が「気の条理」に過ぎないという命題にもとづき、「理」の道学的なアプリオリ性を前提とした「先知後行」説や陽明学における「知行合一説」をことごとく斥け、「先行後知」（経験知）を主張するのである。すなわち、彼にとっての「格物窮理」とは、事物から発する人間の即物的

(sachlich) な認識に他ならないのである。恵崗に至って初めて、純粋に生物的側面から見た人間が登場したのである。(242) その限りにおいて、人間は「自然」と何ら変わりがない。天地の「運化流行」が「天地の道」であったように、「人貌、人気、人心、人事、(これを) すべて合わせて人道と言う」(243) のである。彼があえて「推測の理」を「人道」とみなしたのも、(244) 人間を「物理」の「自然」と同次元の生物に過ぎないと認識していたからであろう。では、生物としての人間はいかにして認識活動が可能になるのであろうか。彼は「心」について次のように説いている。

(237) 原文は「主理者、以推測之理、渾雑於流行之理、或以流行之天理、認作推測之心理、或以推測之心理、祀同流行天理」同前、巻二「主理主気」二七丁。恵崗はまた、次のようにも述べている。「およそ理の字は、運化の気によって推測すれば実理でないものはない、それゆえ、理学の理は気の字によって見れば、形体がある理となるのである (凡理字、皆推運化気而測之、無非実理、故理学之理、以気字認之、乃有形之理也)」前掲『人政』巻八「理即気」五一丁。
(238) 前掲『人政』巻一一「知与数虚実」二五丁。
(239) 原文は「気質之理、流行之理也。推測之理、自得之理也。未有習之初、只此流行之理、既有習之後、乃有推測之理」前掲『推測録』巻二「天人有分」二五丁。
(240) 原文は「耳聞目見手持足運、皆是行也。自出胎以後、耳有聞目有見、手有持足有運、漸次有得於神気、是謂知也」前掲『人政』巻一一「知行先後」二丁。
(241) 原文は「気之動用、謂之行、理之推測、謂之知。人於始生、別無知識……至于漸長随事有習而知識随広、是乃先行後知也」前掲『推測録』巻四「知行先後」八丁。
(242) 恵崗は、人間の機能について次のように述べている。「人身の形体は一つの器械である。内には神気を盛り、外では酬用に接する。耳目口鼻や手足頭体には、またそれぞれ接用する器物がある (人身形体、是一器械也。内盛神気、外接酬用、耳目口鼻手足頭体、又各有所接用之器物)」前掲『神気通』巻二「窮格器用」一一丁。
(243) 原文は「人貌、人気、人心、人事、統而名之人道也」。前掲『人政』巻六「相測以人道為主」一八丁。
(244) たとえば、恵崗は「流行の理はすなわち天道である。推測の理は人道である。人道は天道から出て、推測は流行から出る (流行之理、即天道也。推測之理、即人道也。人道出於天道、推測出於流行)」(前掲『推測録』巻二「天人有分」二六丁) と述べている。

心とは、（外部の）物においては用となり、（私自身の）身においては体となるものであり、（外部の）物と関連してその用を論じるならば一つ一つ挙げることはできないが、（私自身の）身においてその体を明らかにするならば、自ら変化しない常がある。人間の一身には、臓腑（五臓六腑）が内から九竅（目、耳、鼻と口、肛門、尿道）に通達し、皮膚は外から抱き……ひっくるめて言うならば、身は心の体であり、分けて言うならば、見（見ること）は眼の心で、聴（聴くこと）は耳の心で、齅（嗅ぐこと）は鼻の心で、味（味わうこと）は舌の心で、触（触れること）は皮の心である。すべてよく推して測る、すなわち推測が生んだことがあるものである。[245]

すなわち、彼において「心」とは、朱子学におけるアプリオリな「理」を排除した以上、純粋に人間の感覚的機能の統体に過ぎないのである。そこでは、茶山の人性論に見られた「霊知の嗜好」というような倫理的な性格がさらに希薄化されている。もっとも彼は、「仁の端」である「惻隠の心」について、

以前（人が）重い物に押しつぶされたり、水に溺れれば、多くは死ぬということを聞いて知ることとなったので、突然幼い子どもが井戸に落ちるのを見れば、怖くて惻隠の心が生じるようになる。（しかし）今まで重い物に押しつぶされたり、水に溺れる患難を見聞きできなかったならば、幼い子どもが井戸に落ちるのを見ても、惻隠の心は生じないのである。[246]［経験を通じての「同情」――丸山］

と説いているように、人間性における倫理的性格の排除を試みたにもかかわらず、「心とは、その質から言えば気で、その性から言えば（物）理である[247]」と論じているように、人間の「性」に善的行為をなし得る素地がある

ということまで否定することはできなかった。しかし、彼は次のように、「心」を「物理」の「自然」と同次元で捉えようとしたことは明らかである。

心は、事物を推測する鏡である。その本体から言えば、純澹・虚明であり、その中にはどんな事物もない。ただ見聞・閲歴（事を経験すること）が長く積み重なり、習を成して、（そこから）推測が生じる。(248)

恵崗にとって、「心」はそもそも「純澹虚明」なものであり、外からの「見聞閲歴」を俟って初めて「推測」が可能となる。しかし、外からの「見聞閲歴」を通じて「推測」を可能ならしめるものは、

我（人間）の神気には推測の理があり、（事）物の気質には流行の理がある。これ（両者）に通じるようにするのは耳目の力であり、これをして推測させるのは神気の用である。(249)

(245) 原文は「夫心、在物為用、在身為体、就物而論其用、則不可枚挙、在身而明其体、則自有其常、人之一身、臓腑内縁而通達九竅皮膚外抱……總言之、則身是心体、分言之、則見是眼心、聴是耳心、齅是鼻心、味是舌心、触是皮心、皆能有所推而測生」同前、巻一「心離名像」二一～三頁。
(246) 原文は「前日聞知圧溺者多死、故乍見孺子入井、有怵惕惻隠之心、曾未聞圧溺之患者、見孺子入井、未有惻隠之心」前掲『人政』巻九「善悪虚実生於交接」二丁。
(247) 原文は「夫心、言其質則気也、言其性則理也」前掲『推測録』巻二「心気清而理明」一四丁。
(248) 原文は「心者、推測事物之鏡也。語其本体、純澹虚明、無一物在中、但見聞閲歴、積久成習、推測生焉」同前、巻一「万理推測」二〇丁。
(249) 原文は「在我之神気、有推測之理、在物之気質、有流行之理、所以通之者、耳目之力也。使之推測者、神気之用也」前掲『神気通』巻一「理由気通」一六丁。

というように、「神気」であるとする。[250] 彼は「神気」について、次のように述べている。

気は一である。（しかし、気が）人間に賦与されれば、自然に人間の神気となり、（事）物に賦与されれば、自然に事物の神気となる。人間と事物の神気は同じでないのは質にあって、気にあるのではない。[251]

（人間の）神気とは、他の能力があることではなく、その明（事理に明るいこと）が神（精粋な気）から生じるものであり、……分開（分別して悟ること）・量度（数えること）とは明である。明とは、閲歴が増えるにしたがって磨きに磨かれて光が出、見聞が広くなるにしたがって明察するようになることである。[252]

神気は知覚の根基であり、知覚は神気の経験であり、神気を知覚ということはできず、また知覚を神気だとは言えない。経験がなければ、神気があるだけである。[253]

すなわち、惠崗にとって「神気」とは事物に対する「分開量度」の能力であり、この「神気」の「分開量度」という能力を基礎にして初めて経験的な人間が創り出されたのである。しかし、ここでいう「知覚」とは「神気」にもとづいた外界の事物や事象に対する「経験」を言うのであって、外界の事物や事象に対する形相的認識を意味するものではない。この形相的な認識は、惠崗によれば、

人心は自ら推測の能力を持っており、その已然（すでに生じたこと）を測量して、またその未然（まだ生じていないこと）を測量することができるが、これが人心推測の理である。[254]

というように、人間の「推測」能力によって可能であるとするのである。

因・以・由・遂の字は、すなわち推の義であり、量・度・知・理の字は、測の義である。(255)

目で昔見たものを推して、まだ見ることができないものを推し量り、耳で昔聞いたものを推して、まだ聞くことができないものを推し量るのであって、鼻で匂いをかぎ、舌で味わい、身で外物に触れる時においても、すべてそうでないものはない。(256)

(250) 恵崗は、「神気」を「神者、気之精華、気者、神之基質也」(前掲『神気通』巻一「知覚優劣従神気而生」三七丁)と述べている。

(251) 原文は「気是一也。而賦於人則自然為人之神気、賦於物則自然為物之神気、人物之神気不同、在質而不在気」同前、巻一「気質各異」八丁。

(252) 原文は「神気無他能、而明生於神……分開量度、明也。明随閲歴之多而磨光、見聞之博而照察矣」同前、巻一「明生於神力生於気」三六丁。

(253) 原文は「神気者、知覚之根基也。知覚者、神気之経験也。不可以神気謂知覚也。又不可以知覚謂神気也。無経験、則徒有神気而已」同前、巻一「経験乃知覚」四二丁。恵崗はまた、「知覚は神明の閲歴をしたがって生じ……」(知覚従神明之閲歴而生……)」(同書、巻一「知覚優劣従神気而生」三七丁)とも述べている。

(254) 原文は「人心自有推測之能、而測量其已然、又能測量其未然、是乃人心推測之理也」本章註235参照。

(255) 原文は「因字、以字、由字、遂字、乃推之義也。量字、度字、知字、理字、是測之義也」前掲『推測録』巻一「聖学及文字推測」六丁。

(256) 原文は「推目之所嘗見、測其未及見者。推耳之所嘗聞、測其未及聞者。至於鼻之嗅、舌之味、身之触、莫不皆然」同前、巻一「捨其不可」六丁。

すなわち、「推測」とは、感覚器官を通じて得た経験をもとにして事物や事象を形相的に認識することを意味している。[257] しかし、彼はあらゆる事物や事象の起滅が「物理」にもとづくと考えていたために、「推測の理は、流行の理によって標準になる[258]」というように、事物や事象に対する「推測」は「流行の理」をもってその準的としなければならないと考えていた。彼はあらゆる事物や事象の根源を「物理」であるとし、次のように述べている。

運化を功夫《くふう》〔考える手段〕とするならば、功夫はすべて運化である。一身の生長・衰老の運化から、交人・接物の運化にいたるまで、天地の運化に推し量って到達するようにする。……万事万物はすべて運化にしたがって起滅するものであり[259]……。

彼のこの志向は、事物や事象に対する客観的認識の追求を意味するものである。まさにそれゆえに、初期実学派から茶山に至るまで貫かれていた「尚古」主義的指向は、次のように相対化されなければならない。

古代の人間の知識が、どうして後代の人間（の知識）に及ばないことがあろうか。後代の人間の知識が、必ず古代の人間（の知識）より多い（多くある）と言えるだろうか。ただ（後代の人間は）経歴が悠久で、いろいろな人々の議論を収集し、参酌して折衷するようになるゆえに、古代の人間の明らかなことを引き継いでもっと明らかなことがあれば、古代の人間のまだ得られていないことを、後代の人間が固有するように持つことができる[260]。

さらに彼は、認識における客観主義を貫くために、次のように述べている。

人間が（学んで）習うことを見れば、小さくは先入見におぼれてしまったり、大きくは（自分が）住んでいる地方に偏狭になったりする。……もし天下の大同の準的があるということを知り得ず、先入見におぼれて実際に施行されていない過去の法によって活動する気を処理すれば、どうして時にしたがって変通することができようか。また、あるいは（私が）住んでいる地方に偏狭になって偏邦の土風によって運化の気を測るならば、どうしていたるところで証験を得られようか。(261)

恵崗にとって、斉一的な先入見やパロキアリズム（parochialism）による偏見は徹底的に斥けられねばならないものであった。

(257) 恵崗は「推測」について、「見聞を推して行事を推し量ることは、推測が生じることであり、行事を推して利宜を推し量ることは、推測が成し遂げられることである（推見聞而測行事、推測之生也。推行事而測利宜、推測之成也）」（同前、巻一「推測生成」二五丁）と述べている。

(258) 原文は「推測之理、以流行之理為準的」同前、巻二「推測以流行理為準」二三丁。

(259) 原文は「以運化為功夫、則功夫皆運化也。自一身之生長衰老之運化、至於交人接物之運化、推達於天地之運化……万事万物皆従運化而起滅……」前掲『人政』巻八「功夫本末」四八丁。また、「運化」において常に「天地流行之理」が予想されていることは、次の一節から明らかである。「天地流行の理は、すなわち運化の条理である……（天地流行之理、即運化気之条理……）」同前、巻九「理就気認」二四丁。

(260) 原文は「古人之知、何嘗不及于後人、後人之知、未必有加于古人、但経歴悠久、収集衆論、参酌折衷、階古人之所明益有所明、則古人之所未得而後人之所固有」前掲『神気通』巻一「古今人経験不等」二二～二三丁。

(261) 原文は「人之所習、小泥着於先入之見、大泥着於所居之地……若不知有天下大同之準的、泥着於先入之見、以死法措置活動之気、何能随時変通。又或泥着於所居之地、以偏方土風、料度運化之気、何能到処得験」前掲『人政』巻一二「泥着除去」四八～四九丁。

II　状況主義的指向の特質

では次に、彼の「変通」論について検討してみよう。恵崗以前の実学派における「変通」（政治的社会的諸改革）の範型は依然として「古の聖人の制」という基準に求められていたが、恵崗は客観主義的志向によって「古の聖人の制」と「変通」の結びつきを断ち切り、「変通」をそれ独自の方向へと進ませていった。

事（ある事件）がたとえ古今で互いに同じだとしても、今日（これを）手本として模倣し実行する時に合致しないものがたくさんあるのは、時と位と才と処が同じではないからである。[262]

この引用文にあるように、恵崗は時・位・才・処の具体的状況における相違によって「古」と「今」を区別し、事物や事象の歴史的個体性を前提としていた。この「変通」論における歴史的個体性の重視に対応し、その捉え方においても、

（政・教に関連して）古代におぼれず、現在にとらわれず、自分自身に偏らず、他人におもねらず、ただ天人の正道によって時宜の適切さにしたがって政教と変通の準的（標準）とするならば、取捨において（ある）事にこだわって決断を下せず、心配するということがどこにあ（ろうか）[263]……。

と述べているように、「古」「今」「己」「人」によるあらゆる偏見を取り除き、正しく「天人の正道」を「準的」とすべきであることを主張する。そして、

万事・万物はすべて時にしたがって運化することによって、人間が設置する法制は、当然運化にしたがって変通しなければならない[264]……。

と説いているように、「天人の正道」を「準的」とすることは、「天地流行の理」という「自然」の「物理」に逆らうべきではないことを意味していた。

もちろん、彼が「天道」と「人事」を、「変通はすなわち人の事である。天道によってよく進むものは、人間の変通を使用する必要がなく[265]……」、「およそ変通の道は、天地の神気にあるものではなく、ただ人事の周旋にある[266]」といって明白に区別しているように、「変通」は明らかに「人事」に限定されている。しかし、「天道」と「人事」が全く切り離されているわけではない。

天地の気は、休まず運行し（万物に）あまねく及んでは再び初めにもどり、君長の政令は、時にしたがって

(262) 原文は「事雖有古今相同者、今日効倣行之而多不合者、以其時也、位也、才也、処也之不同」前掲『推測録』巻六「事同不合」一九丁。恵崗は、「古今」よりも「今」を重視して、次のように述べている。「もし昔と今のことを取捨して論じるならば、私が資育する所と依頼する所は今にあって昔にはなく、私が須用する所と遵行する所は今にあって昔にはないゆえに、むしろ昔のことを捨てても今のことを捨てることはできない（若以古今取捨論之、我之所資育所依頼、在今不在古、所須用所遵行、在今不在古、寧可捨古、而不可捨今）」前掲『人政』巻一一「古今通不通」二七～二八丁。

(263) 原文は「勿泥於古、勿拘於今、毋偏於己、毋党於人、惟以天人之正道、随時之適宜、為政教変通之準的、取捨何患乎牽累難決……」前掲『神気通』巻三「政教沿革」二九丁。

(264) 原文は「万事万物、皆有随時運化、人所設之法制、当随運化而変通……」前掲『人政』巻一六「変通選法」三三丁。

(265) 原文は「変通乃人之事也、因天道而順就者、不必費人之変通……」前掲『神気通』巻三「変通条目」二二丁。

(266) 原文は「蓋変通之道、不在於天地之神気、惟在於人事之周旋」同前、巻三「変通在初及公私之分」三三丁。

弛張があっておのおの勧懲を異にし、人物の酬応にも、通塞は同じではなく向背の違いがある。(この)三つの運行はそろわず、会う機会も一様ではないゆえ、あらゆる事業経綸において三つが会うことを調べなければならず、その時に依拠し、その(形)勢に乗り、(状況の変化に対応できる)端緒を見通して(観機)有利に導く(ため)……変通でないことはない[267]。

ここに説かれているように、「変通」とは循環的な「天地」の「運行」に照応して激変する政治・社会的状況に即応し、その状況ができあがっていく様子を深く研究しながらその成り行きを見窮め、それに最も適合した施策を取るということである。われわれはここには、初期実学派から丁茶山に至る「変通」論を根幹とする政治的リアリズムが、彼の循環論的宇宙論に基礎づけられながら明確な形を取って現われていることを見てとれる。こうした政治的思惟は、正統朱子学派の普遍的指向に対して、徹底した状況主義的思考の上に成り立っているものであり、彼はこの状況主義的思考にもとづいて人間社会における新しい倫理的基礎を確立するのである。もちろん「天地流行の理」によって支配されている「物理」の世界には、倫理的価値がそれ自身アプリオリに存立し得る余地はない。彼は「物理」と「道理」(倫理的価値)の関係について、次のように述べている。

自然は天に属するものであって、人力によって増減できるものではなく、当然は人間に属するものであって、これを敬って功夫(工夫)することができるものである。当然以外に、また不当然があるのは、仁以外に不仁があることと同じである。ゆえに、その不当然を捨て、その当然を取る[268]……。

すなわち、「自然」とは人間の能力や志向によって変えることのできない必然であり、「当然」は人間の能力や志向によって変えうる倫理的な要求なのである。ここには、必然を本質とする「自然」と倫理的な価値を追求する「当然」とがはっきり分離＝分解されている。換言すれば、恵崗は生物的人間を「物理」の世界に帰属させることによって、人間社会の把握においても「流行の理」を準的とする客観主義を貫こうとしたのであるが、他方で、彼は人間社会に固有の「当然」という倫理的価値を取り入れることによって、人間社会を「物理」の「自然」とは区別しようとした。この両者の関係について、彼は次のように説明する。

　自然は天地流行の理であり、当然は人心推測の理である。学者は自然を標準とし、当然を功夫とする。(269)

すなわち、「自然」（＝流行の理）を「標準」とするのはあくまでも「自然」に対する認識や学問の方法であり、「当然」としての「人心推測の理」は人間に対する倫理的要求を満たすための「功夫」＝方法に過ぎないのである。それだけでなく、彼は次のようにも述べている。

　人間が天から稟受したものは、すなわち一団の神気と通気の諸竅（穴）と四肢だが、用いるべき器具はこれだけであり、さらに異なる所で得て来たものはない。幼い子どもから壮盛な大人にいたるまで、獲得する知覚と使用する推測はすべて自ら私が得たものであり、天が私に下したものではない。(270)

(267)　原文は「天地之気、運行不息、周而復始。君長之政令、時有弛張、各異勧懲。人物之酬応、通塞不同、向背有異。三条之運行不斉、所値之機会、不一其端。凡事業経綸、須察三条所値、因其時乗其勢、観機利導……莫非変而通之也」同前、巻三「変通条目」二一〜二二丁。

(268)　原文は「自然者属乎天、非人力之所能増減。当然者属乎人、可将此而做功夫也。当然之外、又有不当然者、如仁外有不仁。故捨其不当然而取其当然……」前掲『推測録』巻二「自然当然」三五丁。

(269)　原文は「自然者、天地流行之理也。当然者、人心推測之理也。学者、以自然為標準、以当然為功夫」同前。

彼にとって「知覚」や「推測」における善悪是非の判断は、天から「神気」や「通気」を稟授している認識主体である人間に委ねられているのである。

III　倫理的価値観の問題――自然性と規範性

では、恵崗は、人間社会における倫理的価値（「当然」）をいかに捉えていたのであろうか。既述したように、彼において「理」の道学的普遍性は著しく後退し、それに対応して人間社会における事象の個別性を重視する状況主義的指向が顕著に現れ、それは彼の人間論にも貫かれていた。

（学んで）習うことがおのおの異なれば、見聞がまた異なり、見聞がすでに異なれば、推し量ることもやはり異なるが、推し量ることがすでに異なれば、測ることもやはり異なる。[271]

もちろん、彼は朱子学に見られる普遍主義的指向をきれいに洗い落としているわけではない。[272]しかし、「気」をより根源的要素とみなした彼の思想体系において、それは一種の原則論であるに過ぎなかった。彼は人間社会における倫理的価値を具体的状況の中に求めていったのである。

古代のいわゆる心体とは、すなわち神気である。（この神気が人間の）身体に運化するときには強弱や清濁があり、外気に交接する時には善悪や虚実となる。善は順気で、悪は逆気であり、虚は忘気で、実は充気である。交接運化にもとづいて善悪・虚実の名があるのであり、まだ交接・運化がある前に、どうして善悪・

虚実の名があるだろうか。(273)

すなわち、倫理的価値はそれ自体人間性の中にアプリオリに内在しているのではなく、具体的な社会関係の中で定立されると捉えられている。これは言うまでもなく、人間社会は経験的な人間の集合体であるという彼の思考方法にもとづくものである。

では、倫理的価値は人間社会の中でどのようにして定立されるのだろうか。すでに述べたように、彼は人間を第一義的に生物的人間として捉えていた(274)。つまり、人間の「性」から朱子学の「本然の性」（＝道学的な「理」）が排除されたことにより、人「性」は「本然の性」にもとづく静的性格やリゴリズムから解放され、動的に把握されるのである。換言すれば、これは朱子学的人性論における規範性と自然性の分解を意味する。

まず、その自然性について見ることにしよう。恵崗にとって、「性」とは、「情は性が発するものであり、性は情の本体である(275)」というように、道学的な「理」ではなく、「情」の「本体」として把握される。しかし、「情」は「性」から無媒介に発せられるものではない。

(270) 原文は「人之所稟于天者、乃一団神気与通気之諸竅四肢、則須用之具、如斯而已。更無他分得来者矣、自孩嬰至壮盛、所得之知覚、所用之推測、皆自我得之、非天之授我也」前掲『神気通』巻一「知覚推測皆自得」四丁。

(271) 原文は「所習各異、見聞亦異、見聞既異、所推亦異、所推既異、所測亦異」前掲『推測録』巻一「所習各異」八丁。

(272) たとえば、恵崗は「五倫は天生の人道である……（五倫乃天生之人道……）」（前掲『人政』巻八「人道」一八丁）と述べている。

(273) 原文は「古所謂心体、即神気也。運化於身、有強弱清濁、交接於外気、為善悪虚実、善者順気也。悪者逆気也。虚者忘気也。実者充気也。由交接運化、而有善悪虚実之名、未有交接運化、有何善悪虚実之名」同前、巻九「善悪虚実生於交接」二丁。

(274) 本節註242参照。

(275) 原文は「情者性之発也、性者情之本体也」前掲『推測録』巻三「推流知源」四丁。

たとえ目前の好悪があったとしても、まだ推測がなければ、私の好悪は発していない。聞知（聞いて知るようになること）を待って、好悪が生じるのである。ゆえに情は推測から生じるものであることが分かる。[276]

このように、「情」は「推測」を媒介にして初めて生ずるのである。また「情」は、「情の発する所（それを）名づけると、七（情）があるが、その実は好悪だけである」[277]とも説明される。ところが、「好悪」が「生にふさわしいこと（宜）を好み、生にふさわしくないこと（不宜）を悪《にく》む」[278]であるとするならば、彼にとって人「性」とは本質的に功利的なものに他ならない。したがって、「欲」が「生に宜しき」ものであるかぎり、これを「好」の対象としても何ら不思議ではないことになる。彼はこうして、人「性」における「情」の自然性を容認する功利的捉え方から、「物欲」に対して新しい解釈を加える。

物欲とは捨てられない（または放棄できない）物件があり、その物件によって欲望が生じることである。[279]すなわち、「物欲」とは、その物によって欲する所のものであると定義されている。そして、さらに「物欲」は彼の人「性」論における功利的な立場から次のように再定義される。

道義にはずれた（非義）物欲は、義と不義によって論定できるが、ただ物欲（それ自体）だけで言うことができるものではない。[280]

「物欲」には、政治的社会的功利性にかなった「義」としての「物欲」と、そうでない「不義」としての「物欲」があり、その「物欲」が「義」であるか「不義」であるかは社会的功利性からのみ問題とされるのである。

ここに、人間社会における倫理的基礎が定立されるモメントが切り開かれることになる。また、「物欲」についても、「物欲不可頓除、亦不可沈着、自有中正之至善（物欲はにわかに取り除くことはできず、落ち着かせることもできず、自ずから中正の至善がある）」(281)というように、「物欲」には「中正の至善」があり、いかにしてこの「中正の至善」を保ち続けるかを問いかけている。換言すれば、恵崗は「物欲」の過不及を警戒しているのである。しかし、「物欲」はそれ自体《アン・ジッヒ》に自らを規制し得る装置（apparatus）を持てないために、後述するように、「習い」によって善へと導かれることになる。

このように、恵崗は「物欲」を是認しつつも、それを無限定に是認するのではなく、「物欲」の「義」と「不義」を問うていた。しかし、「物欲」の過不及を判断する善悪の基準が、朱子学のように人性の内に具わっていないため、当然、それは人性の外に求めざるを得ない。このように恵崗が、一方で「物欲」を是認しつつも、他方でその善悪を判断する基準を人間性の外に求めた時、そこには人間の「物欲」を外から規制する客観的規範が求められる（要求される）段階にまで進んでいたのである。この作業がすでに茶山によって成し遂げられたことは、既述した通りである。

次に、朱子学的人性論における規範性の問題を考えてみよう。恵崗における善悪の判断基準は政治的社会的功利性と結びついていた。

---

(276) 原文は「雖在目前之好悪、未有推測、我之好悪未発也、待聞知而好悪生焉、故知情生於推測也」同前、巻三「推測生於性」四丁。
(277) 原文は「情之所発、名雖有七、其実好悪而已」同前、巻三「七情出於好悪」四〜五丁。
(278) 原文は「宜於生者、好之、不宜於生者、悪之」同前、四丁。
(279) 原文は「物欲者、物有不可去者、而因其物有所欲也」同前、巻六「物欲自有中正」五〇丁。
(280) 原文は「非義之物欲、乃可以義不義論定、而不可但以物欲言也」同前。
(281) 同前。

善悪は、公議の利害である。利害は事勢の善悪である。初めから終りまで、隠微から顕著な事にいたるまで、善は利となって利は善となり、悪は害となって害は悪となる。(282)

すなわち、「公議」にかなうものを「善」とし、「公議」にかなわないものを「悪」とみなしている。それだけでなく、彼にとって「善」は「利」と、「悪」は「害」と各々同義語(synonim)であり、またその「利害」は「事勢の善悪」になっていた。この捉え方が、朱子学における固定的絶対善としての規範性からあまりに遠い道程を歩んでいることを改めて感じさせられる。

「善悪」の判断基準を「公議」とした以上、

善悪の弁別は、諸人を見てみれば、諸(人)がすべて好むものが善となり、諸(人)がすべて憎むものが悪となる。一人が善と言ったかどうか、一人が悪と言ったかどうかいうことは、本当の善悪ではない。(283)

といっても何ら驚くに値しない。なぜなら、「公議」は「衆」(多数者)の「好」と「悪」によって決められるものだからである。恵崗に至って初めて、近世実学派の政治社会における功利性の追求は、経験的人間の集合体としての人間社会の中に新しい倫理的基礎を構築するまでに到ったのである。これを思考のレベルで見た時、状況主義的指向の基礎の上でなされていたということに合わせて、恵崗による新しい倫理的基礎が道学的な普遍的指向を哲学のレベルで排除し、状況主義的な人間社会論の上に定立されたということは、近世実学思想の発展において最も画期的な業績の一つであろう。

ここで、彼の教育論についてふれておきたい。彼は「物欲」の過不及を警戒し、「習い」によって人間が善に

導かれるものと捉えていた。しかし彼によれば、

(状況の変化に対応できる)端緒にしたがって変通することは、常に人事の交接(互いに接触すること)にあるのであり、……水火の器械が呼吸し、雪中の花草が気の温暖を借りてくるのは、気が器にしたがって元来そうなのであり、人間がその気を変化させてそのようにするのではない(284)。

と説いているように、「気」(=性)そのものの「変通」は不可能である。ただ、彼は、「性は互いに近いが、習慣によって互いに遠くなるというのは、習いによって変わることがあるということを示すからである(285)」と言い、外からの「習い」により人「性」が「遷《うつ》る」ことを認めているのである。

天下の人間に習いがないことはなく、善悪の事にはすべて習いがあり(286)……。

これらの引用文から明らかなように、恵崗は外からの「習い」によって人性が「遷る」ことを認めているので

---

(282) 原文は「善悪者、公議之利害也。利害者、事勢之善悪也。自初至終、自微至著、善為利而利為善矣。悪為害而害為悪矣」前掲『神気通』巻三「善悪利害」三四丁。
(283) 原文は「善悪之分、観於衆人、衆皆好之為善、衆皆悪之為悪、一人謂善、一人謂悪、非真善悪也」前掲『人政』巻一「測人為万事本原」六二丁。
(284) 原文は「随機変通、常在於人事交接……水火器械、因気而嘘吸、雪中花卉、借気之温煖、乃是気随器而固然、非人能変其気而致然也」前掲『神気通』巻三「器可変通気不可変通」二四~二五丁。
(285) 原文は「性相近習相遠者、指其随所習而有遷也」前掲『推測録』巻三「性習有遷」三丁。
(286) 原文は「天下之人、莫不有習、善悪諸事皆有習……」同前、巻一「習変」一九丁。

あり、それゆえに、外からの「習い」の育成という意味での「教育」が重大な意味を持つのである。こうした指向は、彼の統治論にも貫かれていた。

では、惠崙において、朱子学的人性論における自然性から分離解放された規範性はどこに行くのだろうか。既述したように、彼にとって人「性」は「気」であり、また「情」の本体であった。そして、そこから、「物欲」を媒介とした人欲の是認が導かれた。「本然の性」として人性に内在していた「仁義礼智」は、茶山の段階において、人「性」に具わるものではなく、人「性」の外にあるもの、すなわち「行事（政治・社会的実践）の後に成るもの（成於行事之後）」の「徳」とみなされていた。惠崙は、こうした茶山の議論を継承し、人「性」から外在化された「仁義礼智」を各々独自に純化させていくのである。彼の「格物・窮理」論における「智」の純化過程はすでに考察したのでここでは省略し、惠崙の「礼」の解釈を取り上げたい。

礼には、一身を周旋する礼があり、一家に通行する礼があり、一国を動かして治める（一国動衆御衆）礼があり、天地の運化の礼がある[287]……。

すなわち、「礼」は一身、一家、一国、天地の「礼」へと分解され、それぞれ純化の徴候を見せ始めている。特に「有一国動衆御衆之礼（国が衆人を動かし衆人を統御するという礼）」という考え方は、「礼」を統治規範として純化しようとする考え方を特徴的に示すものである。さらに、

一身の礼は一家の礼にもとづいており、一家の礼は一国の礼にもとづいており、一国の礼は天地の礼にもとづいている[288]。

と説明しているように、「一身の礼」は「一家の礼」に、「一家の礼」は「一国の礼」に、「一国の礼」は「天地の礼」にそれぞれ従属させられている。「天地の礼」を自然法的規範として政治・社会的規範の源泉とみなすということは、統治規範（＝「一国の礼」）が個人倫理（＝「一身の礼」）や家倫理（＝「一家の礼」）よりも優位に立つことを意味するものであり、「礼」の倫理性が希薄化されていると考えられる。星湖や茶山においては、「礼」から「法」へという発想が推し進められていたのであり、「礼」の観念そのものを読み替えるという指向は見出されなかったことは、既に述べたとおりである。また、「仁義」について見るならば、「仁とは人道である。義とは人道の当然である。仁義は、神気にあまねく及び、行事に発するが……」[289]というように、「仁」とは「人道」であり、「義」とは「人道」の「宜」（イデー Idee）であった。彼が「人道」について、「人貌、人気、人心、人事、（これを）すべて合わせて人道と言う」[290]、「人道を尽くそうとすれば、万事・万物と関係せざるを得ない。しかしその中でも、人に事え、人を働かせ、人に交わり、人が集まって近づくこと（接）は、すなわち人道の大綱であり……」[291]と説いていたように、「人道」とはそれ自身なんら倫理的な意義を含んではいなかった。それはまさしく、彼が人間を「物理」の「自然」と同次元で捉えていたことを証明するものである。[292] 恵崗にとって「人道」とは、経験的人間のあらゆる有形（具体的な行為）無形（心理的作用や思考活動等）の行為そのものを意味していた。そして「そもそも、天道の流行は（事）物に実理を付与し、人間の道はただ（このように）（事）

(287) 原文は「礼有一身周旋之礼、有一家通行之礼、有一国動衆御衆之礼、有天地運化之礼……」前掲『人政』巻八「礼」一九丁。
(288) 原文は「一身之礼、就質于一家之礼、一家之礼、就質于一国之礼、一国之礼、就質于天地之礼」同前。
(289) 原文は「仁者人道也。義者人道之宜也。仁義治於神気、発於行事……」同前、巻五「仁義」二三丁。
(290) 本章註243参照。
(291) 原文は「欲尽人道、万事万物、無不関渉、然其中事人役人交人接人、乃人道之大綱……」前掲『人政』巻六「人道貴賤」一二丁。
(292) 本章註244参照。

物に付与された実理を考えるため、（そこには）違もなく、邪もない」[293]と論じているように、「人道」は倫理的な規範観念ではなく、人間の思考活動そのものに他ならなかった。そして「義」とは、こうした人間のあらゆる行為（＝「人道」）に付与された倫理的価値であった。彼は人間のあらゆる行為を「物理」的現象として把握することを躊躇しなかったのである。こうした指向は、彼の統治論においても見出すことができる。茶山の場合には、人「性」から朱子学的な「道理」を一旦排除したものの、道徳的な「天」から与えられた「霊知の嗜好」という「性」を人「性」の中に再び導入することによって、人「性」のアプリオリな道徳性を是認せざるを得なかった。そしてついに、惠崗に至って初めて、茶山の人「性」論をさらに乗り越えて、「性」を倫理的にニュートラル（neutral）な「物」として認識する途が開かれたのである。

Ⅳ　政治的リアリズム

次に、彼の統治論を見てみよう。

『大学』に、天子から庶人にいたるまで修身を根本にすると言っているが、考えるに、その根本とするところはたとえ同じであっても、（治めることが）及ぶ境界があるのは、自然にその処したところや習ったところによって同じでないことがあるからである。……帝王の学は、治平（治国平天下）によって境界をなすのである。[294]

この引用文が示すように、統治者の「修身」は、それが統治に関するものである限りにおいて、「修身」の対象になると捉えられている。朱子学においては個人道徳と公的道徳が連続していたが、惠崗はこうした連続性を断ち切っただけでなく、「修身」の内容を純粋に統治に必要な学問や技術に限定したのである。さらに、「治平の道は、他人から選択して（自分自身の）心にふさがれ、自分自身を根本として（それを）民に証験するとなると、必ず本末の交差がある」[295]と述べるように、「治平の道」は、正統朱子学派に顕著だった観照的な「理」の追求ではなく、統治の対象としての「人」[296]から得られるものと思惟されていた。つまり、実際の統治経験そのものが「修身」の素材なのである。それゆえ、「修身によって治平の根本となし、治平（＝統治経験）によって修身の証験とし……」[297]と述べているのは、恵崗が統治における被治者の操作が統治者の最も重要な課題の一と考えたことを示唆するものである。つまり、彼は統治の支柱を、次のように統治者の統治技術に求めていたのである。

測人〔人をおしはかること〕の道は、万事の枢紐になる。[298]

国政の治乱は、測人の明・不明にもとづくのである。[299]

彼は、統治において被治者をどのように操作するのかということが、統治者の最も重要な課題の一つだと考え

(293) 原文は「蓋天道流行、付物以実理則人之道、維思付物之実理、無違無邪耳」前掲『推測録』巻二「天人有分」二五丁。
(294) 原文は「論曰、大学云、自天子至於庶人、皆以修身為本。蓋其所本則雖同、而至於覃被之止限、則自有所処所習之不同……帝王之学、以治平為所止之限」崔漢綺『講官論』巻一、一丁。
(295) 原文は「夫治平之道、取於人而択諸心、本於身而験諸民、則必有本末之交」同前。
(296) 「人」とは、被治者、つまり民を指す。恵崗が「治平の道」を民に求めるということは、彼の「測人」論と密接に関連している。
(297) 原文は「以修身為治平之原、以治平為修身之験……」前掲『講官論』巻一、一丁。
(298) 原文は「測人之道、為万事枢紐」前掲『人政』巻一「測人為万事本原」六二丁。
(299) 原文は「国政治乱、由於測人之明不明」同前、巻二「国政治乱」二四丁。

ていた。すなわち、彼は統治の支柱を統治者の統治技術に求めたのである。かくして彼は、

天下の治乱と聖徳の成就は、その根本を語れば、人主の心術に始まるのであり、その事を語れば、人臣の供職にあるのである。(300)

このように、彼が統治を一つの「術《アート》」として独自化しようとしたところに彼の政治に対するリアルな認識を見出し得るだろう。そして、そのリアルな政治観の中には、

およそ、治国平天下に有益なことはまず自らこれを行い、治国平天下に無益なことはまず自らこれを捨て、その間に取舍・折衷が生じるのである。これが人主の学問の大権というものである。(301)

というように、実学派に特有な功利的思考が綿々と流れていた。

しかし、彼は統治を一つの「術《アート》」として独自化しながらも、統治者の専制を警戒することを忘れてはいない。

私がこれを好んでも民がこれを好まなければ、善ではないのである。私がこれを悪んでも民がこれを悪まなければ、悪ではないのである。それは、一人の好悪によって善悪となしたり、烝民（万民）の好悪によって善悪となすものではないからである。(302)

すなわち、統治者の統治における善悪の基準が、統治者個人ではなく民にあるとすることによって、統治者の専制を防ごうとしているのである。

ただし、惠崗の経験論にもとづいたこの政治的リアリズムが、次のような限界を持っていたことも指摘しておかなければならない。彼は人間の「性」を朱子学的な「理」から解放し、また同時に政治における道学的性格を洗浄したとはいえ、人間の「性」を「習い」によって「善」へと導くことが可能であるというオプティミスティックな倫理的指向を振り払うことはできなかった。彼はこの指向を政治の世界に持ち込むことによって、彼の政治における経験的リアリズムの不徹底さを招いたと思われる。人間の「性」は「習い」によって遷っていき、また「習い」によって「善」へと導くことができるというオプティミスティックな指向の残存は、政治社会における人間の「教育」の重要性を示唆するものに他ならない。彼は「食」と「教」について、次のように述べている。

それゆえ、教えがなければ食（食糧）を得ることができず、食があれば教えを行うことができる。この二つの権（「食」と「教」）において先後を定めるならば、当然教えを先にし、食を生産することによって食の道理を安定させ、民の意志を一つにして風俗を安定させることができる。(303)

すなわち、彼は「養民然後、可施教化〔民を養った後に、教化を施すべきである〕」という実学派のテーゼの延長線

(300) 原文は「天下治乱、聖徳成就、語其本、則自人主之心術、語其事、則在人臣之供職」前掲『講官論』巻二、一〇丁。

(301) 原文は「凡有益於治平者、先自身而行之、無益於治平者、先自身而去之、取舎折衷生於其間、是謂人主学問之大権也」同前、巻一一丁。

(302) 原文は「我好之而民不好之者、非善也。我悪之而民不悪之者、非悪也。是不以一人之好悪為善悪、以烝民之好悪、為善悪也」前掲『推測録』巻一「善悪有推」二一丁。

(303) 原文は「是以無教則不可得食、有食則可以行教、於斯二権、欲定先後、当先教以生食安食之道、一民志而定風俗」前掲『人政』巻二五「教食先後」四二丁。

上に立っていた。こうした教育論が、実は十九世紀後半の開化派の啓蒙思想や運動の中心課題の一つとなっていくのであるが、その推移については次章に譲ることにしよう。

最後に、社会分業に対する彼の見解を見ておこう。近世実学派における能力主義的指向は、茶山に至って初めて新しい人間観による社会の職業的分業の提唱が試みられた。惠崗がこの茶山的な指向を堅持していたことは、明白である。[304]彼はさらに歩を進めて、人間社会における新しい倫理的価値を定立した立場から、「貴賤」について次のように述べている。

貴賤の分別は、衆人から現れるものである。衆（人が）すべて尊ぶ者は貴となり、衆（人が）すべて卑しむ者は賤となる。一人が貴いと言うかどうか、一人が賤しいと言うかどうかということは、正しい貴賤ではない。[305]

測人の本意は、行事を見てから取用することである。ただ容貌を見てから貴賤を分別するのではない。[306]

すなわち、彼は「貴賤」という倫理的価値の根拠も民（衆人）の中に求めたのであり、しかもそれを業績主義的指向のレベルで新たに評価しようとしたのである。

以上、経世致用学派――磻溪と星湖――から惠崗にかけて、主として宇宙論、人間論、そして統治論の次元においてその思想史的推移をたどってきた。では続いて、本書のもう一つの課題である近世実学派における国際秩序観念の変容過程について、次節において考察することにしよう。

第六節　同時代における国際秩序観の変容

退溪以降における正統朱子学派の国際秩序観が、それ以前の朝鮮における国際秩序観といかに異なっているかについては、すでに指摘したので（第三章第三節参照）、ここではそれを要約するにとどめる。退溪によって構築された朱子学的世界像に見出せる普遍的指向は、従来の「事大」的指向を次第に後退させるとともに、それに代わって登場した「中華」主義的国際秩序観の哲学的基礎となった。この正統朱子学派の普遍的指向の上に成立した「中華」主義的国際秩序観は、朝鮮朝後期において強固に持続し[307]、開国（一八七六年）前後における朝鮮朝対外観の主流をなした衛正斥邪派の「尊華的攘夷」論や執権派の「攘夷」論の思想的背景になったことについては、次章において明らかにするつもりである。本節においては、「開国」以前の段階において、正統朱子学派の閉鎖的でしかも普遍的な「中華」主義的指向が強固に持続される中で、近世実学派がいかにそれ

(304) 惠崗における士農工商の職業的分業論は、彼の教育論と結びついて、次のようにより具体的な形をとって表れている。「もろもろの農夫の中から田師を選択すれば、ただ（自分が）生きる土地に慣れて、農事に勤勉にすることはしても、運化を洞察して天下の農夫を教えることはできない。もろもろの商賈の中から賈師を選択すれば、ただ千百里の物産を運輸することができるが、運化を周通して天下の商賈を教えることはできない。もろもろの工匠の中から工師を選択すれば、ただ土産俗習の器皿を知っているだけで、気数運化に到達し、天下の工匠を教えることができない。もろもろの士（ソンビ）の中から士師を選択すれば、ただ土俗流伝の学問を知っているが、運化を測験し、天下の士を教えることを知ることができない（衆農之中、選択田師、只是慣習所居土宜、勤労稼穡、不能洞察運化、教天下之農。衆賈之中、選択賈師、但能運輸千百里物産、不能周通運化、教天下之賈。衆工之中、選択工師、惟知土産俗習之器皿、不達気数運化、教天下之工。衆士之中、選択士師、但知土俗流伝之学問、不識測験運化、教天下之士）」同前、巻一二「可教士農工賈」一九〜二〇丁。

(305) 原文は「貴賤之分、観於衆人、衆皆尊之為貴、衆皆卑之為賤、一人謂貴、一人謂賤、非真貴賤也」同前、巻一「測人為万事本原」六二丁。

(306) 原文は「測人本意、為観行事而取用焉。非為但観容貌、分別貴賤而已」同前、巻四「行事貴賤」五丁。

を読み替えていったのかを考察するにとどめたい[308]。正統朱子学派の朱子学的世界像の見出せる普遍的指向が彼らの「中華」主義的国際秩序観と密接に関連しているように、近世実学派の状況主義的指向は彼らの対外観の思想的基盤をなしていたものと思われる。

I　天文学的側面からの批判

ではまず、その推移を経世致用学派の磻溪ならびに星湖について検討することにしよう。

磻溪は明清交代期の思想家であり、また、この時期の代表的な崇明反清論者である宋時烈と同時代人であった。『磻溪先生年譜』の次の一節は、彼の対明観と対照をなす対清観を最もよく表している。

> 大明の淪亡〔滅亡〕によってもたらされた国恥をまだそそぐことができず、深い怨恨となっている。……いつも雪辱の策を講究し、家畜や駿馬を毎日三百里走らせて、良弓や鳥銃によって家僮（家にいる召使）を教育し、また里人にも教育を及ぼし、暇な日も習わせたところ、すべてに妙手となった者が二百余人に達した[309]。

（307）一六世紀後半から一七世紀前半にかけて形成された正統朱子学派の閉鎖的でしかも普遍的な「中華」主義的指向が朝鮮朝末期まで強固に持続したことについて、ここで詳述する必要はないだろう。ただ、朝鮮朝後期における正統朱子学派の自画像を最もよく表している一節を紹介するにとどめる。「わが先大王におかれましては、日と月のように光臨され、正学を一念になさった。崇儒・重道なさって朱夫子全書を表章〔広く世間一般に知らせること〕なさり、尊華攘夷なさって魯国の春秋の大統を明らかに露わにされた。一国に孝を起こして自ら行い、心に得て余りあったが、四海が仁に帰し、過ぎる場所ごとに感化され、神妙さがあった。どうして、西の果ての災難を持ち込む陰寒な気が小中華礼義の邦に闖入し、あえて道（太清）を汚そうとしていることを考えることができただろ

うか。（洪惟我先大王、二紀光臨、一念正学、崇儒重道、表章朱夫子全書、尊華攘夷、昭掲魯春秋大統、一国興孝、推躬行心得之余、四海帰仁、有過化存神之妙。豈意極西方陰沴之気、敢欲滓穢太清）」（完山李晩采編纂『闢衛編』巻五「討逆頒教文」京城、闢衛社）。

なお、「討逆頒教文」については、浦川和三郎『朝鮮殉教史』（全国書房、一九四四年）一八七～一九五頁参照。ちなみに、朝鮮朝後期における「中華」主義的指向のあり方に関する好著をあげるならば、李能和『朝鮮基督教及外交史』（新韓書林、一九六八年）がある。また、「中華」主義的指向が対外観の支配的地位を占めていた朝鮮朝後期において、従来韓国の対外観の基底に流れていたリアリスティックな指向＝「事大」的指向が特に正統朱子学派によっていかに捉えられていたかを追求することは、朝鮮朝後期における対外観の全般的指向を把握する上で重要な基準になると思われる。既述したように、『孟子』は春秋戦国時代における諸侯国間の力関係を「王道」によって倫理的に規定しようとした。たとえば、「事大」は次のように説かれている。「斉の宣王が尋ねて『鄰国と付き合うのだが、なにか良い方途はないだろうか』とおっしゃった。孟子がこれに対して言うには、『あります。ただ仁者だけが、（自国が）大国でありながら小国に対して礼を尽して付き合います。……ただ智者だけが、（自国が）小国でありながら、大国に対して礼を尽して付き合います。……大国をもって小国に仕える者は、天を楽しむ者です。小国をもって大国に仕える者は、天を敬畏する者です。天を楽しむ者は天下を維持することができ、天を敬畏する者はその国を維持する事ができます』と。（斉宣王問曰、交鄰国有道乎。孟子対曰、有。惟仁者為能以大事小……惟智者為能以小事大……以大事小者、楽天者也。以小事大者、畏天者也。楽天者保天下、畏天者保其国）」（『孟子』「梁恵王章句下」）。正統朱子学派の流れを汲む李縡（一六七八～一七四六年）は、「事大」をこうした『孟子』的認識の上に立って倫理的に規範化している（李縡『宇衡』巻一八「交臨国」参照）。

（308）前節まで、近世実学派の思想を正統朱子学派思想の変容過程として、主に宇宙論、人間論、統治論について考察してきた。本節では、本書のもう一つの課題である正統朱子学派の国際秩序観念が近世実学派においてどのように変容していったか、その一般的推移について、総合的――経世致用学派、利用厚生学派、茶山および恵崗――に検討してみたい。徐々に明らかにしていくが、朝鮮朝における国際秩序観念を通観した時、近世実学派の第一義的な課題は、正統朱子学派に支配的であった閉鎖的でしかも普遍的な「中華」主義的指向をいかにして打破するかであった。そこにおいては、朝鮮朝の国際秩序観のもう一つの範型である伝統的な「事大」観念は、近世実学派が「事大」と結合していた階序的な「礼」観念を自覚的に読み替えないかぎり、予期せぬ結果として思想史的変容が遂行されるということは不可能であった。それには、二つの理由を指摘することができる。第一は、近世実学派の至大な関心が、主として朝鮮朝の国富にあったということ。第二は、対外的に清朝と朝貢関係を保っている限り、朝鮮朝儒教政治体制の対外的安定が保証されていたからである。「東アジア世界」における国際秩序観の基調をなしていた階序的な「礼」観念が打破されるためには、内発的に思想内在的克服過程が開拓されなければならないというよりも、打破するための契機をコンパクトな「東アジア世界」の外から受容する外発的な客観的条件が整えられる必要があったと思われる。

ここに見られるように、対明観に関するかぎり、彼は少しも正統朱子学派の「中華」主義的指向と対立しているところはない。正統朱子学派との対立は、統治論における政治的リアリズムの中に胎動していたに過ぎない。彼は一方で「天理を存し、人欲を去る」という普遍的指向を取りつつも、他方で時代の個別性に即応して旧制度を改革しなければならないという制度改革論に傾倒していた。[310] 彼にとっては、正統朱子学派に支配的だった普遍的指向と彼の制度改革論の根底に流れていた状況主義的指向とが、少しも矛盾せずに併存していたのである。こうした傾向は、星湖においてもほぼ同じことが言えるように思われる。[311] 星湖は時代の個別性に即応して、統治方法を普遍的な徳礼論から状況主義的な政刑論へと明瞭な形で移行させた。それにもかかわらず、磻溪から星湖に至る状況主義的指向の漸次的顕在化は、あくまでも統治論の枠内にとどまるものであった。これは、磻溪や星湖の統治論が農本主義的指向の上に成り立っていたことと密接に連関しているものと思われる。この意味で彼らは、正統朱子学派が農本主義的な経済的基礎の上に構築した自給自足的朝鮮朝儒教政治体制を背景にして展開した閉鎖的でしかも普遍的な「中華」主義的指向を、いささかも打破することはできなかったのである。後述するように、こうした統治論における状況主義的指向を、正統朱子学派の閉鎖的かつ普遍的な「中華」主義的指向の批判にまで拡大したのは、利用厚生学派であった。しかし、星湖は全く別の次元からその作業に着手し始めていた。

彼は、正統朱子学派における「中華」主義的世界像の思想的背景となっていた「天円地方」説を批判して、次のように述べている。

昔、単居離が曾子に尋ねて、「天が円で地は方だというのは本当にそうですか」と言うと、曾子は答えて、「もし天が円で地が方ならば、四角い所はおおうことができない。地がもし四角い物体だというならば、天が四角い稜角におおわれることが多いはずだ」と言った。今、天が地上にあるのは、一八二度半強であり、半天である。（だから）それ（天）が四角ではないことを知ることができる。[312]

(309) 原文は「先生（磻溪）以大明淪亡、国恥未雪、深以為恨……常講究復雪之策、家畜駿馬、日行三百里、以良弓鳥銃、教家僮、以及里人、暇日習之、皆為妙手、至二百余人」安鼎福『磻溪先生年譜』（『磻溪随録』附録、東国文化社、一九五八年）八頁参照。

(310) 本章第二節参照。

(311) 星湖に関して見る限り、彼の「理気」論はより退溪的な指向に傾倒しており、それは彼の制度改革論に見られる政治的リアリズムとは相反するものであった。本章第二節参照。

(312) 原文は「昔単居離問於曾子曰、天円地方者、誠有之乎。曾子曰、如天円而地方、則是四角之不揜也。地若如四方之物、則天為其四廉稜角所蔽者多矣。今天在地上者、恰為一百八十二度半強、則半天也。其無四角可知」『星湖僿説』巻之三「天地門」天円地方、七〇頁。朝鮮朝において「天円地方」説に対して「地円」説を説いた学者としては、星湖とほぼ同時代を生きた金錫文（生没年不詳）があげられる（「吾東近世先輩有金錫文、為三大丸浮空之説……」（朴趾源前掲『燕巖集』巻一四『熱河日記』八丁）。ここまで、近世実学派における思想史的発展を主にその内在的契機をたどりつつ検討してきた。しかし、朝鮮朝における「中華」主義的世界像の変容過程を考察しようとする時、一六世紀末以来の「西学」（主として天主教および自然科学）の影響を看過することはできない。実際、星湖自身、「跋天主実義」「跋天問略」「跋職方外紀」等を著している（前掲『星湖先生全集』巻五五）。近世実学派にとって「西学」は重大な関心事の一つだったのであり、「西学」の受容が正統朱子学派の「中華」主義的世界像の批判に少なからぬ影響を及ぼしたと思われる。しかし、「中華」主義的世界像の批判における内発的契機と外発的契機を区別することは至難の業である。近世実学派における西欧天文学の受容や多元的世界の発見が、彼らの宇宙論や人間論の思考方法にどれほどの影響を及ぼしたかは、将来の研究に委ねられた課題である。ただ、近世実学派における思想史的発展の主軸をなした茶山から惠崗にかけての思想史的変容を見る限り、外来的なものの思想的影響は極めて薄いように思われる。本節は、近世朝鮮朝における西学史の考察を直接的課題としていないため、「西学」に関しては、本節と関連する限りで述べることにとどめたい。星湖以前の段階における「西学」との交渉事例をあげるならば、一六〇二年北京で刊行されたマテオ・リッチ（Matteo Ricci 利瑪竇）の『坤輿万国全図』は、翌年に早くも朝鮮朝に伝えられている（山口正之「近世朝鮮に於ける西学思想の東漸と其の発展」一〇〇九〜一〇一〇頁、『小田先生頌寿祈念朝鮮論集』所収、一九三四年）。また、瀋陽館所における八年間の抑留生活（一六三六〜一六四四年）の後、約七〇日間の北京滞在中にドイツ人耶蘇会士のアダム・シャール（Johannes Adam Schall von Bell 湯若望）と親交を結んだ昭顕世子（一六一二〜一六四五年）は、天球儀や天文書等を持ち帰っている（山口正之『朝鮮西教史』雄山閣、一九六七年、三七〜四三頁）。

すなわち、星湖には地球が天体の中心であるという伝統的思考がそのまま残っていたと言えるものの、彼は正統朱子学派の「天円地方」説に対して「天円地円」説を主張していた。のみならず、「地球の上下に人が（住んで）いるという説は、西洋人が初めて明らかにしたことで……」と論じているように、星湖はもう一歩進めて、「地球上下有人の説」によって、階序的価値を相対化する道を切り開いた。そして、まさにこのような論理的道筋を経て、地理的に中国が世界の中心であるという「中華」主義的世界像が否定されると同時に、西洋は中国とは異なる国であってそれぞれ皇王がいると論じているように、地球上には「中華」以外に「中華」とは政治的文化的淵源を異にするもう一つの「西洋」があるという多元的世界像が導き出されたのである。

もちろん、星湖による多元的世界の発見が、ただちに「中華」観念が内含する文化的価値の全否定へと移行したわけではない[315]。しかし、少なくともそこでは「中華」観念が内含する価値の絶対性が相対化されたのに応じて、思考上における多元的価値が認められ始めていたのである。こうした、絶対的価値に対する多元的価値の優位が、普遍性に対する個別性の重視をもたらすと同時に、従来の文化的価値にもとづく序列化に対する政治的単位の相対的重視を随伴していた[316]。正統朱子学派の「中華」主義的指向に対するこうした天文学レベルからの破壊作業は、利用厚生学派の湛軒によってより幅広く進められていった。

ここではまず、彼の天体論について略述しておこう。湛軒における「天円地方」説の否定は、星湖と全く同じ思考方法にもとづくものであった[317]。しかし、星湖においては、まだ地球が天体の中心であると理解されていた。その仮説は湛軒によって初めて覆されたのである。

虚子が曰く、七政（太陽・月と水、火、金、木、土の五星）が地球をめぐっているのは、測候による証拠があるが、地球が真ん中にあるのは、当然疑う余地がなさそうだと。実翁が曰く、そうではない。満天の星霜が世界でないことはない。星界から見れば、地界もまた星だ。限りない世界が空界に散らばっており、ただこの地界だけが（空界の）真ん中にあるという理はないと。[318]

そもそも、地球は一日に一周回る[319]……

（313）原文は「地球上下有人之説、至西洋人始詳……」『星湖僿説』（上）五五頁。

（314）原文は「夫西洋之於中土、未之相属、各有皇王……」『星湖先生全集』巻五五「跋天問略」。

（315）「中国は人と（万）物が初めて生じた地で、聖賢がまず初めに出た所であり、文明がとても完成していたようである（今中国、是人物肇生之地、聖賢首出之郷、似是文明之極盛）」前掲『星湖僿説』巻二「天地門」分野、三五頁。また、「東方の慕華は檀君から始まったが、堯（と同じ時代）と並んで（国を）立てた（東方之慕華、自檀君始、与堯並立）」（同書、巻九下、三〇一頁）と述べているように、彼は「中華」が中国とアプリオリに結合していることを疑うことはなかった。

（316）たとえば、星湖は「今、中国は大地の中の一つの片土に過ぎず、……大きくは九州（中国）も一つの国であり、小くは楚も一つの国で、斉も一つの国である（今中国者、不過大地中一片土……。大則九州亦一国也。小則楚亦一国也。斉亦一国也）」（『星湖僿説』巻二「天地門」分野、三五〜三六頁）と述べている。

（317）「虚子が、『古人が天は円く地は方だと言ったが、今夫子は地の体が円だと言うのは、どうしてですか』と言った。実翁が言うには、『甚だしいかな。人を悟らせるのが難しいのは、万物が形体を成すのは、円くて方なるものがないからであり、まして地は言うまでもない。……昔、曾子は天は円で地は方だと言ったが、これは四角が相手（円）を掩うことができないからである。』……実翁が言うには、『そうだとすれば、横向きに生きることはできず、どうして下に落ちないだろうか』と。虚子が言うには、『その通りです』と。実翁が言うには、『そうだとすれば、人や（事）物のような小さなものは下に落ちる。重くて大きな塊がどうして下におちないだろうか』と。（虚子曰、古人云天円而地方、今夫子言地体正円、何也。実翁曰、甚矣。人之難暁也、万物之成形、有円而無方。況於地乎。……昔者、曾子有言曰、天円而地方。是四角之不相掩也。……実翁曰、然則、居不可横倒。豈不以墜下歟。虚子曰、然。実翁曰、然則、人物之微尚已墜下。大塊之重、何不墜下）」洪大容前掲『湛軒書』内集巻四『毉山問答』一九丁。ここに登場する「虚子」や「実翁」について、姜在彦はそれぞれ「道学者の典型」や「実学者の典型」と解釈している（姜在彦前掲「朝鮮実学における北学思想」六一頁参照）。

（318）原文は「虚子曰、七政包地、測候有拠、地之正中、宜若無凝然。実翁曰、不然。満天星霜、無非界也。自星界観之、地界亦星也。無量之界、散処空界、惟此地界、巧居正中、無有是理」前掲『毉山問答』二二丁。

こうして湛軒は、「地転」説を唱えるのである。すなわち、地球は天体に散在する「無量の界」の一つに過ぎないのである。換言すれば、天体において地球を相対化したことから分かるように、彼においては天体論の絶対的価値を明証する根拠を少しも残さなかった。また、「地転」説は、正統朱子学派の主静主義的道学的指向とは相反する思考方法であった。彼の宇宙論（理気論[320]）における「理」の道学的性格を批判しつつ、「気」をより根源的なものとみなす点と相俟っていた。彼はこのように、星湖よりはるかに体系化された天体論に依拠しながら相対的価値を追求していった。そこでは、正統朱子学派の普遍的価値を内含する「理」が批判される一方で、個別的価値が積極的に認められるようになったのである。それは、次のような正統朱子学派の「中華」主義的指向に対する批判にはっきり表れている。

また、中国と西洋との経度の差異は一八〇度に及ぶが、中国人は中国を正界として西洋を倒界とし、西洋人は西洋を正界として中国を倒界としている。（しかし）実際には、天を戴き地を踏んで生きるのは界によってすべてそうであり、横も倒もなく、ひとしく正界である。[321]

すなわち、彼にとっては、地球上のある一定地域を世界の中心とし、それを頂点とする階序的関係によって世界の地域の位置を決めるという仮説が打ち破られ、宇宙に無数の星の世界が散在しているように、地球上には階序的に価値づけられない多数の地域があると主張されている。ここには、規範に対する新しい解釈が登場している。つまり、正統朱子学派では道学的な「理」に依拠した普遍的規範としての「礼」が主に「君臣」「父子」「兄弟」という階序的性格を帯びていたが、彼はこうした普遍的規範としての「礼」に含まれる階序的性格を排除したのである。湛軒におけるこの画期的な命題は、地域的相対性の主張にとどまるものではなかった。

天が生まれ、地が養う（ものの中で）、およそ血気があるのはすべて（同様に）人である。（その中で）平凡を超えて優れ、一つの国を治めるならば、（そのような人々は）すべて（同様に）君王である。門を幾重にも立てて取締を厳格にし、濠（城をぐるりと囲んで掘った池）を深く掘って、領土をよく守るならば、（それらは）すべて（同様に）国である。章甫（殷代の戴冠の名）・委貌（周代の官の名）、文身（東夷族の入墨）・雕題（南蛮族の額に入墨すること）は、すべて（同様に）習俗である。天から見れば、どうして内外の差別があるだろうか。それゆえ、おのおのが自国人を愛し、おのおのが自国の君主を尊敬し、おのおのが自分が住む国を守り、おのおのが暮らしていく習俗に安住するゆえに、中華と四夷はすべて一つである。(322)

湛軒は階序的価値を否定し、明らかに「人」（間）、「君主」、「邦国」、「習俗」という政治や文化における個体の平等な価値を積極的に認めようとする方向に移行していったのである。そして、彼は普遍的規範としての「礼」から階序性を排除した（これは普遍的規範そのものを斥けるものではない）ために、新しい価値判断の基

(319) 原文は「夫地塊旋転一日一周……」同前、二〇丁。ここで、湛軒の天体論自体を朝鮮朝天文学史の中に位置づける必要はないだろう。本節の当面の課題は、湛軒の天体論が正統朱子学派における「中華」主義的指向の思想的背景になっていた伝統的天体論をいかに克服し、それが「中華」主義的世界像をいかに読み替えていったかを確認することにあるからである。

(320) 本章第三節参照。

(321) 原文は「且中国之於西洋、経度之差於于一百八十、中国之人、以中国為正界、以西洋為倒界、西洋之人、以西洋為正界、以中国為倒界、其実戴天覆地、随界皆然、無横無倒、均是正界」前掲『毉山問答』二二丁。

(322) 原文は「天之所生、地之所養、凡有血気、均是人也。出類抜華、制治一方、均是君王也。重門深濠、謹守封疆、均是邦国也。章甫委貌、文身雕題、均是習俗也。自天視之、豈有内外之分哉。是以各親其人、各尊其君、各守其国、各安其俗、華夷一也」同前、三六丁。

準を定立しなければならなかった。湛軒は、それを歴史の個別性に求めようとした。

およそ、天地が変化するにしたがって人物が繁盛し、人物が繁盛するにしたがって物我（客体と主体）が現れ、物我が現れるにしたがって内外が区分される。[323]

ここでは、文化・政治的価値が正統朱子学派のようにアプリオリなものとしてではなく、歴史的後天的な——つまり状況的な——ものとして捉えられている。文化・政治的価値がアプリオリなものではないとするならば、「中華」文明がアプリオリに漢民族に内在するものであるという思考そのものが否定されても何ら不思議ではない。

孔子は周の人である。……たとえそうだとしても、もし孔子をして海に浮かべ、九夷（野蛮人の国）に行かせて住まわせたならば、中華の文化によって九夷の風俗を変化させ、周の道を域外に起こさせ、内外の分と尊攘の義を自然に（もう一つの）域外春秋があるようにするゆえ、これがまさに孔子が聖人になるゆえんである。[324]

こうした歴史における個別的価値を積極的に認め、正統朱子学派の道学的な「理」の批判をする過程で、湛軒の国際社会に対するリアルな見方が生起したと思われる。[325]

しかし、同じく利用厚生学派といっても、燕巖や楚亭は次のような点で湛軒とは異なっていた。すなわち、湛軒が道学的指向と結びついた正統朱子学派の天体論を覆し、そこから新しい個体性の価値を導き出すことによって普遍的な「中華」主義的世界像を克服したとするならば、燕巖や楚亭は現実における実質的な政治・社会的功利性の追求を前面に押し出すことによって、正統朱子学派が夷狄視していた対清朝観を変革させていったのである。そうした指向が、何よりも朝鮮朝社会の身分的な閉鎖性に対する痛烈な批判となって現れたことはすでに述べたところだが、正統朱子学派のもう一つの側面である「中華」主義的指向に対する批判の原動力となっていったのである。既述したように、(326)彼らにおける実質的な政治的社会的功利性の追求がすぐれて経験的な指向を伴っていたものではあるにせよ、それは農本主義的な経済的基礎の上に立つ朝鮮朝の国富をいかにして増進させうるかという現実的要求から出発していたものであり、それ自体のうちに、正統朱子学派の道学的指向に対比し得るような哲学的基礎が確立されていたわけではなかった。それが丁茶山を経て崔恵崗に至って初めて確立されたこ

(323) 原文は「夫天地変而人物繁、人物繁而物我形、物我形而内外分」同前。

(324) 原文は「孔子周人也。……雖然、使孔子浮于海、居九夷、用夏変夷、興周道於域外、則内外之分、尊攘之義、自当有域外春秋、此孔子之所以為聖人也」同前、三七丁。

(325) 湛軒は、文化や政治の次元における個体の平等な価値を積極的に認めようとしたことから、歴史の個体性を重視するようになり、歴史の叙述において「中華」主義的指向にもとづく一元的かつ文化理念的な解釈を取らず、多元的で状況主義的な思考方法を貫こうとした。たとえば、彼は中国大陸における諸民族の興亡盛衰について次のように述べている。「六朝は江左（長江の下流域）に付属し、五胡は宛洛（宛邑と洛陽）に跳盪（踊り動くこと）し、拓跋（鮮卑族）は北朝に正位し、西京（晋の時代の十六国の一つ）は唐祚（唐の君主）に一統され、遼・金は君主が入れ替わって松漠（満州熱河省および内蒙古）に合一し、朱氏は道統を失い、天下は薙髪（髪の毛を剃ること）した。大体、南風が競わず（南の国の勢力がふるわないこと）、胡運の日が長い（夷狄の天下が長久であること）のは、すなわち人間が招いたことであり、天の運行にとっては必然である（六朝付属於江左、五胡跳盪於宛洛、拓跋正位於北朝、西京一統於唐祚、遼金迭主、合於松漠、朱氏失統、天下薙髪、夫南風之不競、胡運之日長。乃人事之感召、天時之必然也）」（同前、三六丁）。こうして、歴史の叙述において文化理念的な解釈を斥けたからこそ、あるいは歴史をリアリスティックに捉えようとしたからこそ、それまでの正統朱子学派の分化理念的な国際秩序観とは異なる、国際社会をリアルに捉えていこうとする思考方法が導き出されたと思われる。

(326) 本章第三節参照。

とは、前節において明らかにしたところである。

Ⅱ　現実的功利性からの批判

今しばらく、燕巖から楚亭にかけて正統朱子学派の閉鎖的で普遍的な「中華」主義的指向がいかに読み替えられていったかを検討することにしよう。

利用厚生学派を経世致用学派と区別する大きな指標の一つは、学問観の変容にあった[327]。それは「北学[328]」という言葉に象徴されるように、利用厚生学派が一様に「燕行」（朝鮮朝において清朝への往来は「燕行」と呼ばれていた）を通じて得た直接的な経験から生まれたものである[329]。燕巖は、乾隆期の清朝文化を讃美して、「（言わば、それらの）壮観は瓦礫にあり、また糞壌にある[330]」と述べていた。彼のこの清朝観は、二つの点において正統朱子学派と対比的であった。第一は、正統朱子学派の清朝に対する閉鎖的指向であり、第二は、真の学問は人間社会における実質的な功利性をもたらすものでなければならないという認識である。

わが国のソンビ〔士・士人〕たちは、一隅の土地に生まれて偏った季節を持っている。足で中夏（中国）の地を踏んでみることはできず、目で中国人を見ることはできない。生まれて老い病で死ぬ時まで、（自国の）疆土（領土）を離れることはなかった。（言わば）鶴の脚が長かったり、烏が黒いように、おのおのその生まれつきのものを守り、井戸の中の蛙や、枯れて死んだ木にいる鷦《ミソサザイ》のように、一人でその地を信じてきた。……（そうして）利用・厚生を整えることは、日々困窮するようになった。これは他でもない、学問の道を知らないからである[331]。

(327) 同前。

(328) 利用厚生学派における「北学」の意義については、既に述べた（本章第三節註113）。利用厚生学派の活躍した正祖朝（一七七七〜一八〇〇年）時代における政界の崇明反清的な雰囲気について、金龍徳は「胡乱以後、われわれ（朝鮮朝）は清国に対して政治的に事大の礼をとりながらも清国を胡視して蔑視する反清的な気風が上下に瀰漫していた。滔々たる大勢をなしている崇明反清思想は正祖時代においてもまだ情熱的な信念となっていたのである。正祖二〇年（一七九六年）八月尹煌は胡乱の時に斥和を首唱した功として領議政を特贈されているのであり、同年九月星州忠荘祠に致祭する時、祭文に清国年号を用いたということにより、礼房承旨および香室官は罷職、道伯は責罪された。また民間では、かの燕巖の『熱河日記』が乾隆年号を用いたということにより「虜号之藁」と指弾されていたのである。」（前掲『貞蕤朴齊家研究』六一頁）と述べている。この論からも分かるように、正祖朝時代の「中華」主義的対外的閉鎖性に比べ、利用厚生学派の「北学」論がきわめて最新の学問的指向であったと言える。

(329) 千寛宇「北学派の先鋒将＝洪大容」によれば、利用厚生学派——湛軒、燕巖、楚亭——の「燕行」年代は、「洪大容（湛軒）、一七六五年（『湛軒燕記』を著す）、朴趾源、一七六〇年（『熱河日記』を著す）、朴齊家、一七七八年（第一次「燕行」、『北学議』を著す）、一七九〇年（第二次、第三次）、一八〇一年（第四次）」（前掲『韓国の人間像』第四巻、三七二頁）。湛軒の『湛軒燕記』、燕巖の『熱河日記』、楚亭の『北学議』は、従来の燕行録のような単なる紀行文や風物詩として評価されるべきではない。彼らは朝鮮朝の伝統的詩文主義を排斥するとともに、近世実学派に特有な功利的価値を積極的に追求していた。その一例として『北学議』の構成を紹介してみると、それは内外二篇に分かれており、内篇では「車」「船」「城」「甓」「瓦」……「道路」「橋梁」「畜牧」「牛」「馬」……「市井」「商賈」「銀」「銭」「鉄」「材木」等、外篇は「田」「糞」「桑・菓」「農蚕総論」……「科挙論」「官論・禄制」「財賦論」「通江南・浙江商舶議」……「兵論」等について述べている。なお、朝鮮朝の燕行については、金聖七前掲「燕行小攷」、および全海宗「清代韓中朝貢関係考」（前掲『韓中関係史研究』所収）参照。

(330) 原文は「曰壮観在互礫、曰壮観在糞壌」前掲朴趾源『燕巖集』巻一二『熱河日記』三丁。

(331) 原文は「吾東之士、得偏気於一隅之土、足不蹈函夏之地、目未見中州之人、生老病死、不離疆域、則鶴脛烏黒、各守其天、鼃井鷦枯、独信其地……而至於利用厚生之具、日趨於困窮、此無他、不知学問之道也」朴趾源「北学議序」（前掲『貞蕤集』所収、三八〇頁）。ただし、前掲『燕巖集』所収の「北学議序」と『貞蕤集』所収の「北学議序」との間には、多少字句の相違が見られる。『燕巖集』の「解題」によれば、『燕巖集』は一九三二年朴栄喆刊行の『燕巖集』の影印本であり、『貞蕤集』の「解題」によれば、『貞蕤集』所収の『北学議』は、朴齊家の自筆原本に依拠している。それゆえ、ここでは『貞蕤集』所収の『北学議』から引用した（以下同じ）。

燕巖のこうした正統朱子学派との対立が、清朝文化の中に功利的価値を見出すことによって生み出されたものであることは容易に分かることである。換言すれば、彼がまさしく功利的価値の追求を指向していたために、清朝観の変容をもたらすことができたのである。そして、この清朝観の変容こそ、正統朱子学派の清朝に対する閉鎖性の打破を意味するものであったが、それは同時に、正統朱子学派の「中華」主義的世界像の基調をなしていた道学的普遍性に対する批判でもあった。

では、燕巖によって清朝文化の中に見出された功利的価値とは何であったのだろうか。

> 私が中国から帰ってくると、楚亭が『北学議』内外二編を見せてくれた。楚亭は私よりも先に中国に入っていた人である。(楚亭は)農蠶・畜牧・城郭・宮室・舟車から、瓦・簟《たかむしろ》、筆・尺の制度にいたるまで、目で計算し、心で比較しないことはない。目で至らないことがあれば必ず尋ね、心で詳しく分からないことがあれば必ず学んだ。(私が)試しに、一度本を開いてみると、私の日録(『熱河日記』)と齟齬がなく、まさに一つの手から出て来たもののように見える。[332]

すなわち、それは豊かな物質的経済的文化に他ならなかった。このようにして、学問とは彼の学問観の変容に照応して、物質的生産と技術文化を学ぶことと捉えられるようになったのである。この傾向は、

> 学問の道は他でもなく、知らないことがあれば、道行く人でもつかまえて尋ねることが正しい。……舜は、畑を耕し、土器を焼き、魚を捕っていた時から王になるまで、他人がよくできることを取らないことはなかった。孔子が曰く、私は若かった時には卑しく生活し、卑しい事に長じていたと。やはり、畑を耕し、土器を焼き、魚を捕るようなことがそれである。たとえ、舜や孔子の聖や芸をもってしても、物(ある対象)

（それ自体）に接して手際を学び始め、事に臨んで器具を作るが、日々なお不足し、智恵に窮することがあった。それゆえ、舜と孔子が聖人になったのは、他人に尋ねることをよしとしてよく学んだからに過ぎないのである。(333)

と論じたところによく表れている。

彼の学問観の変容が功利的価値の追求によって達成されたことはすでに述べたが、この学問観に見出される「即物……、臨事……」的な学問的態度こそ、正統朱子学派の道学的普遍性の追求とは全く異なる個別的事象をザッハリッヒに追求しようとする指向への移行を意味するものであった。もちろん、彼は中華文明それ自体の意味をトータルに否定しようとするわけではなかった。(334)しかし燕巖は、功利的価値の追求を何よりも優先していた

(332) 原文は「余自燕還、楚亭為示其北学議内外二編。蓋楚亭、先余入燕者也。自農蠶・畜牧・城郭・宮室・舟車、以至瓦簟・筆尺之制、莫不目数而心較、目有所未至、則必問焉。心有所未諦、則必学焉。試一開巻、与余日録、無所齟齬、如出一手」前掲『貞蕤集』三八〇〜三八一頁。

(333) 原文は「学問之道無他、有不識、執塗之人、而問之可也。……舜自耕稼陶漁、以至為帝、無非取諸人、孔子曰、吾少也賤、多能鄙事、亦耕稼陶漁之類是也。雖以舜孔子之聖且芸、即物而剏巧、臨事而製器、日猶不足、而智有所窮、故舜与孔子之為聖、不過好問於人、而善学之者也」同前、三八〇頁。

(334) 燕巖は正統朱子学派の閉鎖的な学問態度を批判し、「しかし、発言して言うには、今の中国をつかさどるものは、夷狄と言って、学ぶことを恥としている。そして、中国の故常（習慣）に従いながらも、それを馬鹿にしている。彼はたしかに薙髪（髪の毛を剃ること）し、左衽（左襟を下にする異民族の風俗）している。しかし、彼らの根拠としている地は、どうして三代以来の漢・唐・宋・明の函夏（中国）でないだろうか。彼らが生まれたのはその地の中であり、どうして三代以来の漢・唐・宋・明の遺黎（生き残っている民）でないだろうか。実際に、法は良く制度も美しいからには、今後は夷狄であっても進んで彼らを師としなければならない。まして、彼らの規模の広大さ、心術の精微さ、制作の宏遠さ、文章之煥爀（光りかがやくさま）さは、まさに三代以来の漢・唐・宋・明の固有の故常を保存している（然而其言曰、今之主中国者、夷狄也。恥学焉。幷与中国之故常而鄙夷之。彼誠薙髪左衽、然其所

ために、歴史的由来としての中華－夷狄民族観に必ずしも執着しない［で、民と国に利益があるものは夷狄からでも取ろうとする――丸山］のである。

天下のために行う者は、もし民に有利で国を豊かにするようなことであれば、たとえその法が夷狄から出たものであっても、それを取って手本にしようと（するはずである）[335]……。

こうした清朝観は、個別的事象をザッハリッヒに捉えようとする彼の学問的態度と照応するものであり、同じく功利的指向を追求しつつも、それを農本主義的経済基礎の上に構築しようとした経世致用学派に見られる閉鎖的思考方法を乗り越えていたことを伝えてくれる[336]。

後の楚亭においてより明白に現われるが、近世実学派の至大な目標であった国富論の次元から見てみると、燕巖にとっての清朝とは、朝鮮朝に国富をもたらし得る巨大な「力」として映っていたに違いない。燕巖の国際社会に対するリアルな見方はこうした思想状況を素地にして作られたものと考えられる[337]。

拠之地、豈非三代以来漢唐宋明之函夏乎。其生于此土之中者、豈非三代以来漢唐宋明之遺黎乎。苟使法良而制美、則固将進夷狄而師之。況其規模之広大、心術之精微、制作之宏遠、文章之煥爀、猶存三代以来漢唐宋明固有之故常哉」と述べている（前掲『貞蕤集』三八〇頁）。つまり、彼は正統朱子学派の閉鎖的な学問態度［清朝文化があるからそれを受け入れるという態度。文化が良ければ他の国にとっても良い――丸山］が彼らの「中華」主義的指向に依拠していることに着目し、その角度から批判を加えているのである。しかし、さらに進んで、彼には中華文明それ自体をも相対化しようとする指向が芽生えている。彼は韓国の地理的文化的個体性を主張して、「山川や風気が中華の地とは異なり、言語や謡俗も漢・唐の時代とは異なる。（それでも）もし作法を中華から学び、文体を漢・唐から踏襲するならば、私は作法が高尚であればあるほど、その内容が実は卑しく、文体が似ていればいるほど、その表現がより偽りになるのを見るばかりである。左海（わが国）がたとえ辺鄙な国であるとしても、これまた千乗の国であり、新羅や高麗がたとえ倹薄だとしても、民間には美しい風俗が多かったゆえに、その方言を文字で記し、その民謡に韻をつければ、自然に文章に

なり、（その中から）真の利機が発現する。踏襲にふけるのではなく、借りて来るのでもなく、落ち着いて現在に臨み、（目前の）森羅万象に正面から向きあえば、ただそれだけで詩となるのである（山川風気地異中華、言語謡俗世非漢唐。若乃効法於中華、襲体於漢唐、則吾徒見其法益高、而意実卑、体益似、而言益偽耳。左海雖僻、国亦千乗、羅麗雖倹、民多美俗、字其方言、韻其民謡、自然成章、真機発現。不事沿襲、無相仮貸、従容現在、即事森羅、惟此詩為然）」（前掲『燕巖集』巻七「嬰処稿序」八丁）と述べている。

（335）原文は「為天下者、苟利於民而厚於国、雖其法之或出於夷狄、固将取而則之……」前掲『燕巖集』巻一二『熱河日記』三丁。こうした指向は、彼の西洋観にも貫かれている。「灌田が曰く、龍尾車、龍骨車、恒升車、玉衡車には、消火のための虹吸（給水）や鶴飲（給水）の制度がある。戦車、有砲車、衝車、火車には、どれもヨーロッパの奇器図（珍しい機器の図解図）が載っている。康熙帝が建造した「耕織図」（稲作と養蚕の過程を精密に描いた図）の風景は、その文が『天工開物』や『農政全書』に収録されている。心ある人は、手に取って子細に検討せよ。そうしてわが国の生民で貧瘁して死にそうな人々が、どうか癒やされてほしいと願うのみである（灌田曰、龍尾車、龍骨車、恒升車、玉衡車。救火有虹吸・鶴飲之制。戦車、有砲車、衝車、火車、倶載泰西奇器図、康熙帝所造耕織図、其文則天工開物、農政全書。有心人可取而細攷焉、則吾東生民之貧瘁欲死、庶幾有瘳耳）」同書、八丁。

（336）たとえば、星湖は「その土地の産物によって、その土地の人々を養うことができる。ゆえに、耕して食し、織って衣服は足りる。どうして必ず粟によって遠来の物と交易する必要があるだろうか。どうしても貿易を休まないなら、奢侈に務めるのが人間だ。奢侈に務めるのは、遠方の珍奇なものでなければ役に立たない。これが、どうして国家の勤めるところだろうか。もし通貨を流通させないならば、たとえ奢侈で華麗の心があったとしても、またどうすることもできず、結局やむを得ず、倹約に帰ってくる。俗とは、すなわち益するゆえんなのである（以其土之産、可以養其土之人、故耕而食、織而衣足矣。何必以粟易遠物而後可也。必貿易不休者、務侈之人是也。務侈非遠方珍異不可。此豈国家之所勤、若使貨不流通、雖有侈麗之心、亦無可奈何。畢竟不得已而帰於倹。俗、乃所以益者也）」『星湖先生全集』巻四六「論鋳銭」一七〜一八丁。星湖は国富を論ずる時、朝鮮朝の伝統的な農本主義的経済体制、およびそれと結びついた儒教的経済倫理について、少しも疑おうとはしなかった。ここに見られる経世致用学派と利用厚生学派の対立は、後述するように、楚亭においてより顕著に現れる。

（337）燕巖の国際社会に対するリアルな見方は、彼の文学における批判的リアリズムと密接に関連していたと思われる。彼の批判的リアリズムとは、言うまでもなく、政治や社会における功利的価値の追求をその基調としていた。彼の文学活動は、朝鮮朝社会における身分的閉鎖性や両班社会の腐敗、そしてそこに露呈した朝鮮朝儒教政治体制の矛盾などを素材とし、その批判に向けられていた。しかし、『熱河日記』には、彼の批判的リアリズムが清朝文化の讃美に向けられている。これは、何事も対象をリアリスティックに捉えようとした燕巖の指向性の後退を意味するものではない。なぜなら、彼の清朝文化の讃美は、功利的価値の追求から生み出されたものだからである。

燕巖の「北学」論は、楚亭においてより具体的な形をとって現れた。[338]楚亭は一七八八年の第一次「燕行」後に『北学議』を著したが、そこには彼の「北学」論のほぼ全容が記されている。[339]彼は利用厚生学派の誰よりも「北学」を積極的かつ具体的に主唱していたが、[340]ここでは利用厚生学派の国富論との連関の中で彼の清朝観がどのように変容していったかを指摘するにとどめたい。上述したように、[341]彼は利用厚生学派の誰よりも国富論において商業政策の重要性を説いていた。国内商業、生産流通、海外貿易論がその根幹をなすものであったが、その具体的な実現は利用厚生学派の学問観の変容によってこそ成り立つと考えられていた。なぜなら、もし国内商業、生産流通、海外貿易を活発化させるためには何よりも陸運や海運機関の発達を期さなければならないとすれば、その実現のために、利用厚生学派は一様に清朝文化の中の「車」や「船」の効用性を説き、その運用技術を学ぶことを強調していたからである。[342]特に、楚亭はこの海運の可能性を重視し、「今、国家の大弊は貧しさです。何によって貧しさを救援するかといえば、中国と通商することだけです[343]」というように、清朝との積極的な貿易を唱えた。しかし、彼にとっては海外貿易は決して清朝に限定していたというわけではなかった。[344]楚亭の海外貿易論には、清朝がもはや夷狄の国ではなく、まさしく朝鮮朝に国富をもたらす貿易対象国というイメージが形成されていたと言えよう。それは、一九世紀後半における欧米や日本などの「外」から強いられた「開国」を経験する以前に、すでに内在的な契機を媒介として「開国」の論理が準備されていたことを物語っている。[345]

Ⅲ　「中華」観念の超越化

以上、正統朱子学派の「中華」主義的指向の変容過程を、李星湖から洪湛軒にかけての天文学的側面から、また朴燕巖から朴楚亭にかけての現実的要求から出発した功利性の追求を通じて、それぞれ検討してきた。茶山は両者によって達成された成果の影響を受けていたが、彼においては、理念と現実が交錯していたように思われる。

「中華」と中国との分離作業は、すでに湛軒によって試みられていた。茶山は中国における中華的世界像の由来について、次のように述べている。

> およそ天が造ったものはすべて円であり、人が作ったものはすべて方である。物がすでに方であれば、おのずから四嚮（四方）があり、東西南北の名はここから生まれた。身体には一身の四方があり、それによって左右が決まり、室には一室の四方があり、それによって向背〔前後〕をわきまえ、各国には本国の四方があ

---

(338) 朴齊家の『北学議』については、金龍徳前掲『貞蕤朴齊家研究』があげられる。その他に、姜在彦前掲『朝鮮近代史研究』三一〜三六頁、李成茂「朴齊家の思想」（『李海南博士華甲紀念史学論叢』一潮閣、一九七〇年）一六三〜一七七頁参照。

(339) 楚亭が「燕行」することになった経緯や彼の「北学」への関心については、金龍徳前掲『貞蕤朴齊家研究』七〜一三頁参照。

(340) 彼は「北学」の具体的方法として、次のことを提唱している。「今急選経綸才技之士、歳十人、襆於使行稗訳之中、以一人領之。如古質正官之例、以入于中国、往学其法、或買其器、或伝其芸」前掲『貞蕤集』四三一頁。

(341) 本章第三節参照。

(342) 前掲『貞蕤集』三八三〜三八九頁参照。

(343) 原文は「当今国之大弊曰貧、何以捄貧、曰通中国而已矣」同前、三三四頁。こうした楚亭の対中国貿易論は、経世致用学派の農本主義的経済論とは極めて対照的なものである。金龍徳前掲『貞蕤朴齊家研究』は、朝鮮朝の伝統的な農本主義的経済倫理と対比させながら、楚亭の商業論を詳しく論じている。同書、八〇〜八八頁参照。

(344) たとえば、楚亭は次のように述べている。「ただ中国船とだけ通商し、海外諸国と通商しないのは、また一時的な対応（権宜）策であり、定論ではない。国力が次第に強くなり、民業がすでに定まれば、当然次第に海外諸国と通商すべきだ（只通中国船、不通海外諸国、亦一時権宜之策、非定論、至国力稍強、民業已定、当次第通之）」前掲『貞蕤集』四三三頁。

(345) 当時の正統朱子学派の朱子学的世界像が朝鮮朝儒教政治体制と強固に密着していた状況下で、このような内在的契機を媒介とする「開国」の論理が、どのような道程をたどったのかという問題は、同時期の朝鮮実学派の政治的実践運動の挫折に関する研究とともに、今後に託された研究課題であると考える。

り、それによって四方の門を決め、中華には中華の四方があり、それによって四境（四つの国境）を決めた。上下を兼ねて言えば、それを六合と言う[346]……

すなわち、茶山は、「東西南北」という「四方」でさえも人間の知覚によって主観的に設けられた仮説に過ぎないように、華夷観念のごときも「各国」が自国を中心に「四門」を設けた類型の一つであると解釈している。したがって、国があるところには「中華」的発想があり得る。

私が見るところでは、いわゆる中国というものを見る時に、私はそれが（なぜ）中（心）になるかは分からず、いわゆる東国という時、それが（なぜ）東になるのか分からない。太陽が頂上に昇っている時に正午になるが、正午の（止まる）位置から太陽が昇って沈むその時刻が同じならば、私が立っている所が東・西の中であることが分かる。北極は、地面から若干高いが、南極は地面から若干低い。（しかし）ただ全体の半分になれば、私が立っている所が南北の中（心）であることが分かる。大体、すでに（私が立っている所が）東西南北の中（心）を得れば、どこに行っても中国でないところはないゆえ、どうしていわゆる東国と見る必要があるだろうか[347]。

つまり、人間の知覚によって設けられた地理的中心――これこそ、中華観念を中国に固定させたものであるが――と、伝播され得る移動的な「中華」（＝「堯舜禹湯之治[348]」）とが、区別されるべきものとして理解されたのである。彼は中国と「中華」を分離させ、その上で「中華」を「朝鮮」と結合させた。

臣が考えてみますに、わが国は山を背にして海に囲まれており、地利は険阻ですが、中華の文化を利用して夷（野蛮人）の風俗を変化させ、文物は光り輝く美に到っているゆえ、小華（小中華）の（国だという）号は、真に正しいのです。(349)

しかし、こうして構築された茶山の「朝鮮」を中心とする「小華」観念は、あくまでも実現されるべき理念でしかなかった。つまり、彼はこの文化的理念に対比される現実の中においては、「東アジア世界」の国家間を関係づけている「朝貢」関係や、清朝との「事大」関係について、新しい国際認識による概念構成を提示する段階

(346) 原文は「大抵天造皆円、人作皆方、物之既方、自有四嚮、東西南北之名、於是乎起焉。在身有一身之四方、以定左右、在室有一室之四方、以弁向背、在各国有本国之四方、以達四門、在中華有中華之四方、以達四境、兼言上下、則謂之六合……」丁若鏞前掲『與猶堂全書』第一集詩文集第九巻「策問」二～三丁。「中華」が中国とアプリオリに結合していることに対する批判は、すでに湛軒によってなされていた。茶山はさらに歩を進めて「天円地方」説の由来に着目し、それが客観的真理ではないことを、次のように批判している。「諸家の地が方であるという説は、実はもともと『周髀経』（『周髀算経』）の末尾にある天円地方の語にもとづいている。たとえそうだとしても、『周髀』は天地を測量して地の法則を決めたゆえに、（地を）方にしなければ成立しなかった。それゆえ、しばらく（地を）方にたとえたのだ。その本体はもともと円でなければならない（諸家地方之説、実本周髀経之末有天円地方之語。雖然周髀、所以測量天地、而量地之法、非方不立。故姑喩以方。若其本体則固莫不円也）」前掲『與猶堂全書』第一集詩文集第八巻「対策」三丁。

(347) 原文は「以余観之、其所謂中国者、吾不知其為中、而所謂東国者、吾不知其為東也。夫以日在頂上為午、而午之距、日出入其時刻同焉、則知吾所立得東西之中矣。北極出地高若干度、而南極入地低若干度、唯得全之半焉、則知吾所立得南北之中矣。夫既得東西南北之中、則無所而非中国、烏覩所謂東国哉」前掲『與猶堂全書』第一集詩文集第一三巻「序」一三丁。

(348) 彼は次のようにも説いている。「いわゆる中国とは、何をもって称するのか。堯・舜・禹・湯の統治がある所を中国と言い、孔子・顔子・子思・孟子の学問がある所を中国と言うが、今中国と言うにふさわしい所はどこにあるのか（所謂中国者、何以称焉。有堯舜禹湯之治、之謂中国。有孔顔思孟之学、之謂中国。今所以謂中国者、何存焉）」同前。

(349) 原文は「臣伏惟我東方負山環海、地利有険阻之固、用夏変夷、文物致煥爛之美。小華之号、洵其宜矣」前掲『與猶堂全書』第一集詩文集第八巻「対策」五丁。

にまでは到達できなかったのである。[350] ここに、彼の朝鮮朝対外関係に関する理念と現実の交錯を見出すことができるだろう。そして何よりも、彼にとって「朝鮮」を中心とする「中華」的理念が優先していたために、現実としての「事大」「朝貢」関係にある清朝に対して、次のように説くのである。

聖人の治（治めること）や聖人の学（問）は、東国（朝鮮）がすでに得て移して来たゆえに、またどんな必要があって（それを）遠くに求めるのか。ただ田地に種をまいて植える時に便利な方法があり、五穀が成長して茂るようになる時、それは昔良吏が残してくれた恩恵である。文詞や芸術に博雅の才能があり、鄙俚（田舎臭くて下品なこと）になっていないが、それは昔の名士の余韻である。今、まさに中国から利益を取らなければならないのは、これらだけである。[351]

天文学的側面から華夷観念を克服しようとする指向と、「北学」による華夷観念の克服の指向――この指向は燕巖や楚亭にとっては思わざる結果であったが――とが、茶山において混合していたのである［茶山の国際観の位置づけと意味――丸山］。この思考方法は、少なくとも彼の統治論に見られる政治的リアリズムとは極めて対照的なものであった。[352]

近世実学派における正統朱子学派の閉鎖的で普遍的な「中華」主義的指向の変容過程において、茶山の達成した業績は――すでに星湖や湛軒によって地理的側面では達成されていた――、中国から「中華」を分離させる作業を文化レベルにおいて達成したところにある。それは結果的には、現実の中国を文化的に相対化すると同時に、「中華」観念を特定の民族から超越化させたことを意味していた。しかも、理念と現実とが交錯する中で、文化理念的指向により強く傾倒していたために、現実における対外関係――さしあたって清朝との関係――の見方については、逆に著しく保守的かつ消極的であったように思われる。こうした思考方法は、茶山の人間観と全く照応するものである。彼は人「性」から「理」を外在化させることにより、人間の感覚的な自然性を容認する方向を切り開いていたが、それにもかかわらず、外在化された規範を重視することで、そうした規範を目標とする人間の道徳的実践を強く要求していたのである。[353]こうして、茶山の段階では、人間社会における政治的社会的価値それ自体が独自なものとして新たに定立されることなく、実践課題としての外在的な目標となっていた道徳的規範の中に未分離のまま癒着し続けることになったのである。

Ⅳ 文化的価値の多元性

それに対して恵崗は、人間を純粋に生物的人間として捉え、そこから経験的人間観を導き出すとともに、新たな倫理的価値を定立していた。こうした倫理的価値観の中に徹底した功利的思考が貫かれていたことはすでに明らかにしたところである。そして、恵崗によって定立された倫理的価値は経験論にもとづくものであったゆえに、茶山の場合のように人間による実践的目標としての客観的価値ではなかったことは言うまでもない。そこでは、

(350) 「事大考例題叙」(前掲『與猶堂全書』第一集詩文集第一五巻「叙」一～三丁)、「封典考叙」(同前、三～四頁)、「賀正考叙」(同前、五丁)、「倭情考叙」(同前、六～七丁)、「礼物考叙」(同前、九～一〇丁)参照。

(351) 原文は「若聖人之治、聖人之学、東国既得而移之矣。復何必求諸遠哉。唯田疇種植之有便利之法、而使五穀茁茂焉、則是古良吏之遺恵也。文詞芸術之有博雅之能、而不為鄙俚焉、則是古名士之餘韻也。今所宜取益於中国也者、斯而已」前掲『與猶堂全書』第一集詩文集第一三巻「序」一三丁。

(352) 茶山の政治的リアリズムについては、本章第四節参照。いささか付言しておくならば、茶山をも含めて、近世実学派の国際社会に対するリアルな見方を把握するためには、近世実学派における文化理念的指向に対して、彼らの軍事的リアリズムがどの程度まで重視されたかが明らかにされなければならないと考えられる。この点については、今後の研究課題としたい。

(353) 本章第四節参照。

常に人間が置かれている状況が重大な意味を持っていた。したがってそこに定立された価値もまた相対的な価値に過ぎなかったのは明白な事実である。

正統朱子学派における普遍的な「中華」主義的指向の変容過程において、その普遍的価値を個別的価値に、そして絶対的価値を相対的価値に移行させることを試みたのは、まず星湖であり、天体論的側面から開始された。そして、星湖から湛軒を経て茶山にかけて、個別的あるいは相対的価値の追求はすべて天体論から演繹されたものであった。一方、燕巖や楚亭は「即物……、臨事……〔物に即して……、事に臨んで……〕」的な学問的態度を標榜し、直接的経験を重視する方向に傾倒していった。恵崗はこの経験的指向の哲学的基礎を確立したのである。

恵崗は経験論に依拠して、正統朱子学派の「中華」主義的世界像に対比される経験的世界像を打ち出した。つまり、「中華」主義的指向が第一義的に文化理念的なものであるために、茶山のように「中華」と中国が分離され、中国が相対化された段階にあっても、文化理念それ自体が相対化されないかぎり、そこには文化の多元性という思考方法は生まれない。文化の多元性という思考方法は、湛軒によって切り開かれつつあった。そして、燕巖が「夷狄」の文化であっても、そこに功利的価値が見出されるかぎり、その文化的価値を認めようとしたのも、文化の多元性を打ち出そうとするもう一つの発想からであったと言えよう。

恵崗の業績は、こうした指向を継承しつつ、経験論的指向にもとづきながら、茶山によって超越化された「中華」的文化理念を相対化したことである。

> 東西南北で互いに隔たっている距離が数万里だとしても、あらゆる国の治安・政教はすべて同じであり、賢俊な人を登用すれば治を致し、愚迷な人を登用すれば乱を致すのも、また同じことである。……各国の風教は異なり、大気が運化し、赤道の南北で寒暑が進退するのは、ただ地域による変化があるだけである。海と陸が交錯していて、物産の有無は運輸して互いに通じるようになるゆえ、承順〔命令に服従すること〕の方法

はどこでも同じである……。[354]

恵崗においては、「中華」的文化理念の超越化が後退し、各国の文化それ自体の中に新たな価値が認められている。[355]しかし、彼の業績は、この「中華」的文化理念の相対化にとどまらなかった。彼は文化的価値の多元性という認識の上に立って功利的指向を貫こうとしていたのである。

海には船舶が周遊し、書籍は互いに翻訳し、耳目によって伝達されるゆえ、良い法制、役に立つ器用、良質の土産物等、もしわれわれの物を凌駕する物があれば、国を治める道として、当然取用しなければならない[356]

(354) 原文は「東西南北相距数万里、諸国治安政教、無有不同、用賢俊而致治、用愚迷而致乱、亦無不同……各国風教有異、大気運化、赤道南北寒暑進退、惟有随地之消息、海陸交錯、物産有無、常有運輸而相通、承順之方、彼此一般……」崔漢綺前掲『人政』巻二三「用人」四「万国治安在用人」二～三丁。

(355) 恵崗が文化や風俗を多元的に捉えようとした指向は、次の諸説からも明らかであろう。「四大洲のあらゆる国が、大小に関係なく、すべて教民の学がある……（四大洲諸国、無論大小、皆有教民之学……）」（前掲『人政』巻一八「選人」五「方今各国選人」二丁）、「世界のいろいろな国にはすべて、人を使うものがいる。しかし、見る所は同じでなく、人を取ることは違い、習俗はおのおの異なり、基準は一様でなく、また人を使う者と使われる者が同じでなく、その端緒は限りなく多いゆえに、国の治乱・興亡はここから生ずるのである（至于宇宙大小万国、皆有用人者。然所見不同而取人有異、習俗各異而準的不一、又有用之者与為用者之不同、以致千百其端而国之治乱興亡所以作也）」（同書、巻二四「用人」五「用人無準多端」四七～四八丁）、「中国を学ぶ者は西洋の法を学ぶことを願わず、西洋の法を学ぶ者は中国を学ぶことを願わないのである。これはすべて、偏滞（偏ってふさがること）があることで周通（あまねく通じること）がない学問である。初めて学問をした時から、すでに一方に偏よれば、その勢いによって必ずそれと反対の（もう一方の）偏りがあるようになるゆえ、どうして争いがないことがあり得ようか……（学中国者、不願学西法、学西法者、不願学中国、是皆有偏滞無周通之学。従学之初、已犯一偏之党、勢必有彼一偏之党、安得無争鬩……）」（同書、巻一二「教人」五「立本有偏党」一五丁）。

……。

そして、恵崗はさらに、「畢竟、勝（耐えて出ること）と絀（屈すること）は、風俗・礼教にあるのではなく、ただ実用に務める者は耐えて出て、虚文を崇尚する者は屈するようにな（る）[357]……」というように、「道」に対して「器」を重視する思考方法さえ切り開こうとしていた。こうした指向が、彼の「気」の哲学と照応していたことは言うまでもないだろう。

以上、近世実学派において国際秩序観がいかに捉えられていたかを考察してきた。しかし、彼らは一様に、正統朱子学派によって定立された閉鎖的でしかも普遍的な「中華」主義的指向を読み替えることにとどまっていた。朝鮮朝の対外関係を事実上規制していた「朝貢」あるいは「事大」関係については、彼らはほとんど現状をそのまま認めざるを得なかったように思われる。なぜなら、少なくとも「朝貢」や「事大」関係を克服するためには、そこに内含され、またそれを支えている階序的秩序規範としての「礼」観念それ自体の読み替えがどうしても必要であったからである。そして、この階序的秩序規範としての「礼」観念を読み替え新たな一種の自然法的な規範観念——国家平等観念——として定立していくためには、まず「東アジア世界」における国家間の事実上の秩序変化が起こらなければならなかった［日本との比較。武士相互、藩相互の礼→対等の礼的秩序（象山）——丸山］。しかし、恵崗における価値の多元化は、新しい規範観念を定立し得る内在的契機を準備していたように思われる。その具体的展開は、後述するように、一九世紀後半における欧米および日本のインパクト（impact）の中で、「東アジア世界」における伝統的秩序体制の事実上の崩壊を見出した開化派によって成し遂げられるのである。

(356) 原文は「海舶周遊、書籍互訳、耳目伝達、法制之善、器用之利、土産之良、苟有勝我者、為邦之道、固宜取用……」崔漢綺前掲『推測録』巻六「東西取捨」六一丁。

(357) 原文は「畢竟勝絀、不在於風俗礼教、惟在於務実用者勝、尚虚文者絀……」同前。恵崗はおそらく朝鮮朝後期において、また「開国」以前の段階において、「気」の哲学を確立し、そこから「器」の重要性を説いた最初の人物であると思われる。彼は「器」の重要性を説くとともに、次のように、西洋における「器」の優位を認めていた。「西方のあらゆる国は、器械の精利(優れて鋭利なこと)と貿遷(貿易等の商売をしてめぐること)の利得を取りながら、ついに天下を周行するようになるゆえ、聞見が次第に広がり、智巧がより明るく(なる)……(西方諸国、以器械之精利、貿遷之贏羨、始得周行天下、聞見漸広、智巧益明……)」(同前)、「それゆえ、西教が天下に蔓延することは心配することではなく、実用が充分に取用できないことを心配すべきである。(しかし)実用を充分に取用できないことを心配することでは、やはり足りることではない。人材を充分に集めて登用できないことを、まさに心配すべきだ……(是以西教之蔓延天下、不須憂也。実用之不尽取用、乃可憂也。実用之不尽取用、猶不足憂也。人材之不尽收用、誠可憂也……)」同前、六二丁。ここにおいて、「西教」は二義的なものでしかなかった。恵崗のこうした指向は、同時代に台頭し始めた衛正斥邪派の宗匠である李恒老の「尊華的攘夷」論と完全な対比をなしている。

第五章　「開国」期以後の社会運動とその特徴

第一節　初期の政治・思想状況

Ⅰ　開放社会への転換

一九世紀中葉以後の東北アジア国際政治史を検討すると、韓中日三カ国が「西洋の衝撃」（western impact）に対応すべく主体的に対処する一方で、伝統的な中国中心の「華夷」観念にもとづく東北アジア国際社会システムが解体し、欧米諸国を基盤とする近代的国際社会システムの中に強制的に編入されていく過程だと言える。この時期の三国の対応を見てみると、一様に軍事力や経済力を背景とする欧米諸国のパワー・ポリティクスに対抗して、自国の対外的独立と富強を政治的課題としただけでなく、そうした政治的課題を遂行するために、たとえ三国で発想様式の違いがあったにせよ、欧米諸国の自然科学技術、特に軍事技術に始まり、軍制、政治制度、教育、思想にまで及ぶ、軍事、政治、社会、文化のあらゆる領域にわたる欧米諸国の文物を受容している。すなわち、そうした対応は、韓中日三国が従来から保持してきた自足的システムである閉鎖社会を固守することを放棄し、徐々に政治、経済、文化、思想の次元で、ヨーロッパ世界に向かって国家を開放するといういわゆる開放社会への転換を意味するものであり、この時代の歴史的説明としてしばしば使用されてきたこれら三国における「開国」とは、このような「西洋の衝撃」に対応して成立した歴史的概念である。(1)

しかし、この三国の近代史の過程を見てみると、日本の場合には欧米諸国の資本主義経済体系に即時的に編入することによって「大日本帝国」に成長したが、中国の場合は半植民地に、そして韓国の場合は植民地に、それぞれ転落してしまった。これは基本的に、この三カ国がそれぞれ対処していた地理的条件や歴史的伝統文化・思想の内在的契機の差異と密接な関係を持っていた。もちろん、この三国は、欧米諸国の権力政治に対して一様に自国の対外的独立と富強を至上の課題としていた。しかし、その政治的課題を遂行するための対応過程は、当時三国に現れた対外的な危機意識の論理、西洋観、国際社会に対する認識、そして対外的な危機を克服するための対内的な政治的統合の発想様式の違いなどによって、大きく規定されていた。それは基本的に内在的契機の問題であった。それゆえ、本章では主に朝鮮朝における思想内在的な発展的契機との連関の中に、「開国」期の思想運動がどのように展開していったのかを検討してみようと思う。(2)

II 政治思想運動の基本方向

朝鮮朝思想史の文脈中、「開国」期のさまざまな思想運動をその主体に立脚して見るならば、大きく三つ――衛正斥邪派、執権派、開化派――に分類することができると思われる。(3) 徐々に明らかにしていくが、元来、衛正斥邪派と執権派には、朝鮮朝正統朱子学が政治的支配と密着していたことの当然の結果として、決して思想面での対立はなかった。両派の分裂は、「開国」後の急激な状況変化への対応様式から惹起したものであり、両派はそれぞれ異なった道のりを歩んでいくことになる。また開化派について見ると、「開国」後の急激な状況変化の中から突然現れたものではなかった。一八八〇年代に開花した開化思想の人的系譜がどのようなものであったかという問題は別途扱うこととし、[4]朝鮮朝における思想史的文脈の中から先駆的思想を探り出そうとすれば、近世

(1) 本書で使用している「開国」とは、筆者の意見では、開港よりもはるかに広義の概念であり、従来の鎖国的社会システムが自足性を喪失し、政治、経済、文化、社会など全般的な領域にわたって、「外部」世界に向かって国家を開放する、という意味である。それゆえ、「開国」とはまさしく「鎖国」と対立する概念である。これを朝鮮朝に当てはめてみると、対内的には農本主義的経済基盤の上に朱子学的体制イデオロギーが、また対外的には文化理念的な「中華」主義的世界像が、互いに内面的に結合して自足的なシステムを構築していた。しかし、一九世紀中葉の「西洋の衝撃」により、その自足的システムは崩壊し、その対応過程——抵抗と適応——において、ヨーロッパ世界に向かって国家を開放するという道のりを歩むことになったと言うことができる。

(2) 本章では、主に一八六〇年代から一八八〇年代にかけての思想史的推移を考察の対象にするつもりである。それゆえ、「開国」後における正統朱子学派の思想を自覚的に継承し、またそれに依拠して思想運動を展開した衛正斥邪派、江華島条約を契機として朱子学的な正統イデオロギーと次第に遊離していった執権派、そして衛正斥邪派の「尊華攘夷」思想と対立して「開国」を積極的に推進していった開化派の諸思想を検討することにとどめたい。

(3) ここで一八六〇年代から一八八〇年代にかけて、各派の中枢的役割を担った人物をあげれば、次のようになる。①衛正斥邪派については後述する。②執権派では、李裕元(一八一四〜一八八八年)、李最應(一八一五〜一八八二年)、洪淳穆(一八一六〜一八八四年)、金炳學(一八二一〜一八七九年)、金炳國(一八二五〜一九〇九年)、趙寧夏(一八四五〜一八八四年)などをあげることができる。③開化派については、本節註4を参照。

(4) 本章と関係する範囲内でその人的系譜を紹介するならば、朴趾源→朴珪壽(一八〇七〜一八七六年)→金玉均、朴泳孝そして兪吉濬だと言えよう。しかし、本章ではこうした人的系譜に拘泥することなく、近代的思惟の発展を、実学派から開化派へという思想史的文脈の中で見ようと思う。開化派の系譜に関しては、李光麟『韓国史講座』V近代篇(一潮閣、一九八一年)一二一〜一三二頁、および姜在彦『朝鮮の開化思想』(岩波書店、一九八〇年)一一七頁および一九四〜二〇二頁、そして同書の鄭昌烈訳『韓国の開化思想』(比峰出版社、一九八一年)一二五頁および一九二〜二〇二頁参照。

実学派の思想を度外視して論ずることはできない。したがって、ここでは従来の伝統的な正統朱子学派の流れに沿った衛正斥邪派の思想と対比させながら、「開国」期以後の思想を近世実学派との思想史的連関という観点から考察するつもりである。

では、まず「開国」後における以上の諸派の思想的動向に関連する範囲内で、一九世紀前半期における政治的思想的状況を検討することから始めよう。

朝鮮朝における西学（主に、天主教と自然科学的な側面）との遭遇は、一六世紀末まで遡ることができる。しかし、西学——特に天主教——に対応して、朝鮮朝における朱子学を正統的な学問として、または正統的な統治理念として擁護し、西学を異端・邪教として排斥し始めたのは、一八世紀末からであった。一七八六年の燕京からの「不経邪書」の購入の禁止、一七九一年の「辛亥迫害」、一八〇一年の「辛酉迫害」、一八二七年の「丁亥迫害」、一八三九年の「己亥迫害」、一八四六年の「丙午迫害」、一八六〇年の「庚申迫害」、一八六六年の「丙寅迫害」等、一連の天主教弾圧政策は、それが単純に天主教を正学＝正統朱子学に対する異端（または異教）ゆえに弾圧するという以上の思想史的意義を持っていた。つまり、この時期における正統朱子学派の天主教弾圧は、すでに取り上げた「討逆頒教文」に如実に示されている。

わが先大王におかれましては、日と月のように光臨され、正学を一念になさいました。崇儒・重道〔道を重んじること〕なさって『朱夫子全書』を表章なさり、尊華・攘夷なさって魯国の春秋の大統〔国家統一の大業〕を顕彰されました。一国に孝を起こして自ら行い、心に得て余りありましたが、四海が仁に帰し、過ぎる場所ごとに感化され、神妙さがありました。どうして、西の果ての災難を持ち込む陰寒な気が小中華礼義の邦に闖入し、あえて道（太清〔天道のこと〕）を汚そうとしていることを、考えることができたでしょうか。(5)

ここには朝鮮朝の閉鎖的でしかも普遍的な「中華」主義的指向の拡大が述べられており、正統朱子学派の伝統的ドグマ（dogma）は、従来よりも一層自覚的で強固な礎石たり得るよう求められていた。一九世紀前半期の朝鮮朝は、依然として、対内的には朱子学的思想システムに結びつく統治理念が、そして対外的にはこうした朱子学的思想システムと結びついた文化理念的な「中華」主義的指向に依拠して、西洋のいわゆる「陰沴之気」（災殃を持って来る陰寒な気）から「正学」（＝朱子学）を守るという鎖国的な体制がその軸を成していた。[6] したがって、こうした強力な思想統制下では、利用厚生学派によって新たに道が開かれた「中華」主義的指向の変容や

（5）原文は「洪惟我先大王、二紀光臨、一念正学、崇儒重道、表章朱夫子全書、尊華攘夷、昭掲魯春秋大統、一国興孝、推躬行心得之余、四海帰仁、有過化存神之妙。豈意極西方陰沴之気、敢欲滓穢太清」第四章第六節註307参照。

（6）この「討逆頒教文」は純祖元年（一八〇一年）に発布されたものであり、憲宗五年（一八三九年）に発布された「斥邪綸音」においても基本的視座に変化はなかった。ここでその一部を紹介してみると、「一つの理が発して、二つの気が幹をなし、四つの季節が運行し、万物が成長する。人がそれを得て性とするゆえに、その徳に四つあり、仁・義・礼・智という。その倫に五つあり、父子・君臣・夫婦・長幼・朋友である。それらはすべて当然そのようなものであり、（人為的に）安排〔ほどよいように処置すること〕・布置したり、勉強・作為したりするものではない。それゆえ、天が万民を生ずることにおいて、事物があればそこに方式があるようにした。それに従えば天に順応することになり、それに逆らえば天の命に逆らうことになる。およそ、天を奉り、上帝に仕えることが、どうして四端や五倫の外に出るものであろうか。……ただわが正宗大王に天が降された聖徳によって、諸王の系統を継いで文物を明らめ、燦然と具備なさったが、不幸にも凶賊な承薫（李承薫）という者がいて、西洋の本を購入して来て、名づけて『天主の学』だと言い、先王の法言ではないと言って隠れて互いにたぶらかしてさそいこみ、聖人の正道ではないと言って手なづけて夢中にさせて心を奪い、どんどん夷狄・禽獣の域に侵入していった（一理所発、二気幹焉、四序所運、万品育焉。人得之為性者、其徳、有四、曰仁義礼智也、其倫、有五、曰父子、君臣、夫婦、長幼、朋友也。此皆当然而然、無待于安排布置、勉強作為、故曰天生烝民、有物有則、率之則為順天、悖之則為逆天。凡所以奉天而事上帝者、豈有出於四端五倫之外哉。……惟我正宗大王、挺天縦之聖、紹百王之統、声明文物、燦然具備。而不幸有凶賊承薫者、購来西洋之書、号為天主之学、非先王之法言而潛相誑誘、非聖人之正道而馴致耽惑、駸駸然入於夷狄禽獣之域）」（『闢衛編』巻七「斥邪綸音」）」と記されているように、朝鮮朝は自然主義的な朱子学的世界像をもとにしながら、対外的には強固な「中華」主義的発想に依拠していた。

丁茶山も含めた改革的思惟が具体的かつ実践的な運動にまで発展できず、挫折の運命を歩まなければならなかったことは、容易に推測できることだろう。[7] しかし、それはどこまでも運動としての挫折を意味するものであって、近世実学思想それ自体が内在的に挫折の運命に瀕していたことを意味するものではない。それはむしろ、思想課題として惠崗に継承され、「開国」後は開化派の思想運動を思想内在的に準備したと考えられる。

一九世紀前半期の朝鮮朝における政治的思想的状況は、一九世紀後半期に入ると大きく変貌する。一八六六年の「丙寅洋擾」[8]、一八七一年の「辛未洋擾」[9]、一八七五年の日本軍艦「雲揚号」の来侵は、文字通り朝鮮に対する軍事的挑戦であり、このような軍事的側面における外圧に対応し、国内的には政治・社会のレベルで急激な変化をもたらすことになったのである。しかし、この時期における対応様式を執権派や衛正斥邪派について見れば、それは異端・邪教としての天主教に対する徹底的弾圧の一つの中心に立って、外部からの軍事的挑戦を克服していこうとするものであった。このような姿勢は、基本的に彼らが持っていた西洋観と密接に関連するものであり、当時の衛正斥邪派や執権派がともに欧米諸国や日本を「力（powers）」としてではなく、「華夷内外の弁別」という従来の階序的な国際秩序観念を再び拡大させて、欧米諸国を「禽獣」、そして日本をその延長である「倭洋一体」と把握していた。特に、正統朱子学派の思想を自覚的に継承していた衛正斥邪派の欧米諸国や日本に対する対応様式は、著しいまでに文化理念的指向を前面にかかげていた。

「開国」期における衛正斥邪派や執権派の存在様式は、それ以前の正統朱子学派とは、次のような点で異なっていた。つまり、高麗朝末期から朝鮮朝初期にかけての朝鮮朝朱子学の存在様式は、高麗朝の国教であった仏教を異端とみなして排斥し、朝鮮朝の建国におけるレジティメイト（legitimate）な統治理念として、朱子学そのものをナチュラル（natural）に受容している。かくしてこの時期の朝鮮朝朱子学の政治的課題は、朱子学における道統の伝を朝鮮朝儒教政治体制内に移植させつつ、朱子学を唯一正当な統治理念として朝鮮朝儒教政治体制に密着させることが至大な目標となっていたのである。こうした指向は、退溪から尤庵に至る朱子学を朝鮮朝儒教政治体制の中核的位置に固定させることを可能にした。しかし、一八世紀末に至ると、従来比較的ナチュラルに維持されてきた正統朱子学思想は、天主教との思想闘争の中で、敵（天主教）に対して自らを朝鮮朝儒教政治体制の統治理念として擁護しなければならないと自覚するようになるのである。それは、基本的に、正統朱子学思想と天主教との間の宗教的あるいは知的なレベルでの思想対立から惹起したものであった。[11]また、こうした思想的

（7）利用厚生学派によって開拓された北学思想がその後どのような道程を歩んだかということについては今後の研究課題であるが、「黄嗣永帛書」（山口正之『朝鮮西教史』八四～八九頁参照）によれば、金若撤法（ヨゼフ）・建淳は老論大家の長者として、……李瑪爾定（マルチン）・中培など五、六人と生死をともに誓って船に乗り、江浙に到達して北京に入り、西士と面会し、利用厚生の方法・技術を学んで帰国し、本国に伝えようとした。しかし、彼らは当初の目的を達成できず、みな主のために死んだという（山口正之前掲書、二四六頁）。朝鮮朝後期における天主教徒の弾圧は、老論僻派（同書、七七～七九頁）を中心とした「辛酉迫害」（一八〇一年）を契機として日が経つにつれて強化されていったが、朴齊家は一八〇一年天主教徒による「凶言」〔邪説〕投書事件に関係したという嫌疑によって、晩年は流配生活を送った（金龍徳『貞蕤朴齊家研究』三五～四〇頁参照）。また、丁若鏞は同年一〇月「黄嗣永帛書」が発覚したことから連座させられ、全羅道康津に一八年間にわたる長い流配生活を送らなければならなかった。

（8）丙寅洋擾については、田保橋潔『近代日鮮関係の研究』（上巻）（文化資料調査会、一九六三年、初出は朝鮮総督府中枢院、一九四〇年）五二～七二頁参照。

（9）辛未洋擾については、田保橋前掲書、七六～一〇〇頁参照。

（10）ここで、「比較的ナチュラルに」という表現を使ったのは、高麗朝末期から朝鮮朝初期にかけての朝鮮朝朱子学の存在形態が、一七世紀前半における朱子学のそれとは次のような点で異なっているからである。つまり、前者の場合には、朱子学が朝鮮朝の正当な統治理念としてナチュラルに定着し維持されていたのに対し、後者の場合には、対外的に清朝と新しい国際関係を形成していく時期であり、そこには閉鎖的でしかも普遍的な「中華」主義的指向が著しく提示されていた。この指向は、従来の朝鮮朝朱子学のナチュラルな存在形態を夷狄（清朝）から守護するという思考方法によるものであり、前者に比べて、存在形態の自然性が徐々に後退していったと言えよう。そして、この思考方法は、その後の朝鮮朝と清朝との朝貢関係が定着し惰性化が進行するにつれて、鈍化していった。そして、一八世紀末から積極化していった「西学」批判、そして一九世紀中葉以後の「西洋の衝撃」によって、朝鮮朝朱子学のナチュラルな存在形態は急速に後退し、正統的な朝鮮朝朱子学をより自覚的に認識するようになるのである。

対立が、政治的には天主教の迫害に発展していったのである。「開国」期における衛正斥邪派や執権派は、まさにこの時期に形成された西洋観を自覚的に継承していた。換言すれば、彼らはこうした西洋観の延長線上で欧米諸国および日本の軍事的挑戦に対応したのである。そこには、従来の正統朱子学派の「中華」主義的指向がまぎれもなく再現されていた。それだけでなく、衛正斥邪派は従来の西洋観をさらに進めて理気論の次元で再確認し、その排斥に挑戦したのである。

第二節　「尊華攘夷」思想の台頭

「開国」期に欧米諸国の軍事的挑戦に対して最初に台頭した思想運動として、衛正斥邪派の「尊華攘夷」思想をあげることができる。概略的に言えば、衛正斥邪派とは特に「丙寅洋擾」を契機とした対外的危機を克服するために登場した正統朱子学派の儒林たちであり、李恒老《イ・ハンノ》を宗匠として、その門下に集まった金平黙《キム・ピョンムク》（一八一九〜一八九一年）、柳重教《ユ・ジュンギョ》（一八三二〜一八九三年）、崔益鉉《チェ・イッキョン》（一八三三〜一九〇六年）、洪在鶴《ホン・ジェハク》（一八四八〜一八八一年）などを中心とする「尊華攘夷」運動や義兵運動の推進者を指す。[12] しかし、本節では一八八〇年代に開花した開化派思想と対比させる意味で、衛正斥邪派の初期思想に現われた特質がどのようなものかを、華西を中心に述べるにとどめたい。[13]

I　哲学的基礎

李恒老（一七九二〜一八六八年、号は華西）は、一九世紀後半における衛正斥邪派が展開した「尊華攘夷」思想の指導的理念を構築した思想家である。まず、「尊華攘夷」思想の理論的基盤となっていた彼の哲学的基礎から検討することにしよう。

華西は、次のように述べている。

堯・舜から周公にいたるまでは道統が行われ、孔子から尤翁（宋時烈）にいたるまでは学統が伝えられた。孔子は堯・舜に似て、孟子は禹に似、朱子は周公に似て、尤翁は孟子に似ている。(14)

すなわち、彼は「伝学の統」として、孔子－孟子－朱子－尤翁（尤庵）の系列を最も正統的な道学とみなし、尤庵を朱子学の直系の継承者として評価している。華西が意図的に老論派の尤庵を中枢的媒介として朝鮮朝朱子

(11) 本節は思想的対立の考察を直接の課題としているのではないため、ここではただ原史料や過去の研究業績を提示することにとどめたい。朝鮮朝における正統朱子学派の西学——主に天主教——批判における最も貴重な史料として、李晩采『闢衛編』がある。また、洪以燮「いわゆる『闢衛編』の形成について」（『人文科学』第四輯、延世大学校文科大学、一九五九年七月）は、文献的な異同の考察を試みた良い論文である。その他に、李能和『朝鮮基督教及外交史』洪以燮「実学の理念的一貌——河濱 愼後聃の『西学弁』の紹介」（『人文科学』第一輯、延世大学校文科大学、一九五七年一二月）、および朴鍾鴻「西欧思想の導入批判と摂取」（『亜細亜研究』第一二巻第三号、高麗大学校亜細亜問題研究所、一九六九年九月）等がある。

(12) 一般的に「開国」期以後に衛正斥邪派という場合、衛正斥邪派の宗匠といえる李恒老と彼とほぼ同時代に生きた奇正鎭（一七九八〜一八七九年、号は蘆沙）の系列も含むと考えられているが、ここでは老論派系統の衛正斥邪派のみに限定した。

(13) 「開国」期に台頭した衛正斥邪派の「尊華攘夷」思想は、その後急速な状況変化に対応して、緩慢ではあるが、徐々に思想的変容があったと言えよう。その運動も、単なる思想運動にとどまらず、一八九〇年代から一九〇〇年代にかけて実践的な義兵運動に発展している。この時期における衛正斥邪派の思想の歴史的変容に関する研究は、今後の課題だと考える。

(14) 原文は「自堯舜至周公、行道之統也。自孔子至尤翁、伝学之統也。孔子似堯舜、孟子似禹、朱子似周公、尤翁似孟子」李恒老『華西雅言』巻一二、一七丁。

学における道統の伝を再確認したということは、「開国」期における衛正斥邪派の思想的性格をよく表していると言えよう。彼は学問論においても、「朱子の言葉でなければあえて聴かず、朱子の旨でなければあえて従わない」[15]と論じ、徹頭徹尾朱子学的教義に傾注していたことが分かる。彼は基本的に「西洋の衝撃」への対応様式において、朱子学的思惟を基調としていた。

また、彼は理気論に関して、「朱子が言うには、理と気は断じて二物であり、これは聖賢が相伝した決案だと言った」[16]と述べ、基本的に朱子の理気二元論的発想をそのまま踏襲している。しかし、その一方で「理と気はたがいに求める物である。栗谷が言うには、気でなければよく発することはできず、理でなければ発する所がないゆえ、これは変わることのない定理である」[17]と論じるように、「理気論」に関する栗谷の見解を取り入れている。すなわち、「理気」論における華西の特質は、栗谷に見られる「理」と「気」の不可分的関係、すなわち「理」が「気」に内在するという指向に依拠しつつ、

理気の分れには二つの形態がある。理の本体から言えば、理は統気の主となり、気は理を載せる器となるゆえ、これは分離することができない説であり、気の万殊から言えば、理は至善・至中の準則となり、気は偏奇・過不及の縁由となるゆえ、これは腐ることのない説である。[18]

と述べるように、華西は一方では「理」の価値の優位を積極的に打ち出すとともに、他方では「理」と「気」の厳格な区別を強調している。こうした思考方法が、彼の「尊華攘夷」論の哲学的基礎となっていたと考えられる。結局、「理気」論において彼が最も強調したのは、それが秩序価値のレベルで有している意義についての認識だったと言えよう。それは、次の引用文に表れている。

理が主（人）になり、気が役（丁）になれば、理純気正であり、万事が治まり、天下は平安である。気が主になり、理が二（主人を助けること）になれば、気彊理隠であり、万事は乱れて天下は危うい。[19]

すなわち、「万事」の「治」「乱」と「天下」の「安」「危」は、基本的に「理」と「気」の役割いかんにかかっていると把握している。彼は一八六〇年代に対外的危機が切迫する中で、その危機を克服していくための打開策の原理を、理気論から導出しようとしていたのである。

II　政治主体の特質

では、こうした発想は、政治主体の次元でどのように把握されていたのだろうか。

天下国家の大本は人主（君主）の一心にある。それゆえ、困難や太平の時代を問わず、きちんと整えて恭しくし（荘敬）、助力して盛んにし（持養）、この心の体を立てることによって講学して理を明らかにし、そしてこの心の用に達する。これが、堯・舜以来の千古相伝の法である。[20]

（15）原文は「非朱子之言、則不敢聴。非朱子之旨、則不敢従」同前、巻三、二二丁。
（16）原文は「朱子曰、理気決是二物也。此聖賢相伝之決案也」同前、巻一、一四丁。
（17）原文は「理気相須之物也。栗谷曰非気則不能発、非理則無所発、此則不易之定理也」同前、巻三、一九丁。
（18）原文は「理気之分、有両様。以理之本体言、則理為統気之主、而気為載理之器、此則不可離之説也。以気之万殊言、則理為至善至中之準則、而気為偏奇過不及之縁由、此則不可雑之説也」同前、巻一、三丁。
（19）原文は「理為主、気為役、則理純気正、万事治而天下安矣。気為主、理為二、則気彊理隠、万事乱而天下危矣」同前、巻一、一一丁。

「天下国家」の治乱と安危は、基本的に君主の内面的姿勢（「一心」）がどのようであるかによると見ている。そして、統治論では次のように述べている。

人君（君主）の徳は、仁によって主となるのである。仁とはすなわち天地が万物を生じる心であり、万物をもとにして生じるものである。それゆえ、人君は天の心を手本として、広く天下に臨み、親疎・遠近が等しくその恩沢を被って、従わないことはないのである。(21)

このように華西は君主の峻厳な内面的修養を要求している。つまり、彼の君主論においては、退溪の自然主義的オプティミズムが少しも損なわれることなく貫徹しているのである。

華西のこうした政治的思惟は、単に君主の対内的統治論にとどまらず、

正学と異端がたがいに盛衰するのは、その（根）源が実は人（主）の一心にもとづいており、天理と人欲がたがいに消長するのは、その流（行）が実は天運の陰陽・淑慝（善と悪）と世道の升降・治乱にもとづくからであり、天下の物はただ一理だけである。それゆえ、乱世を救おうと思えば、異端を追い払うことより優先することはなく、異端を追い払う時には、正学を明らかにすることよりも急ぐことはない。正学を明らかにすることは、ただ天理と人欲に対する人主の一心・弁別にあるだけである。(22)

というように、華西は「理気」論を基調とする「尊華攘夷」論にまでその範囲を拡大させている。彼は、「天理」と「人欲」という二元的価値を対立させることで、君主の峻厳な内面的修養（「一心」）によって「弁別」させる

ことにより、「正学」（＝朱子学）の明確化と異端の排斥、そして天下国家の乱世の救出を実現しなければならないと主張するのである。[23]それゆえ、彼にとって、「開国」期における「西洋の衝撃」の中で形成された危機意識も、こうした「天理」対「人欲」という朱子学的原理に立脚した価値認識の下で成立したと考えられる。もちろん、こうした極端な普遍的「天理」への価値指向が、次の引用に明らかなように、正統朱子学派の伝統的「中華」主義的指向を継承していたことは、言うまでもないだろう。

わが大明太祖の高皇帝は、神武の資質によって野蛮人の元を掃清して万国を占有し、聖子・神孫の系統を代々継承して、華夏の義主となった。わが国の太祖大王は、受命〔天から命を受けること〕立国し、代々東藩の臣になり、（明の）字小の恩と（朝鮮の）忠貞の節は三百年間変わることがなかった。[24]

---

(20) 原文は「天下国家之大本、在人主之一心、是故無問時之艱危昇平、荘敬持養、以立此心之体、講学明理、以達此心之用。此自堯舜以来、千古相伝之法也」同前、巻九、二八〜二九丁。
(21) 原文は「人君之徳、以仁為主、仁者即天地生物之心、而万物所資以生者也。故人君体天之心、普臨天下、則親疎遠近、均被其沢、而無不服也」同前、巻九、二七丁。
(22) 原文は「正学異端互相盛衰、其源実由人之一心、天理人欲互相消長、其流実関天運之陰陽淑慝、世道之升降治乱、天下之物、只是一理而已。故救乱世、莫先於闢異端、闢異端、莫急於明正学、明正学、只在一心弁別天理与人欲而已」同前、巻一二、一丁。
(23) 華西は、「われわれが言う事天の天はもっぱら道理をもって言うのであり、洋人が言う事天の天はもっぱら形気・情欲をもって言うのである。この二者が同じでないことは実にこれによって明らかである（吾所謂事天之天、専以道理言也。洋人所謂事天之天、専以形気情欲言也。二者之不同、実分於此）」（同前、巻一二、一五丁）と述べている。すなわち、華西においては「天理」と「人欲」という二元的な道徳的認識の基礎の上に、尊‐卑、正学‐異端、正‐邪、治‐乱、順理‐逆理、人類‐禽獣等の二分法的な政治・社会的価値体系が構築されていた。朴忠錫「朝鮮朱子学――その規範性と歴史性」（朴忠錫・渡辺浩編『国家理念と対外認識――17〜19世紀』慶應義塾大学出版会、二〇〇一年、三三一〜四〇〇）参照。

Ⅲ　西洋観

では、こうした極端な正学主義を内包する文化理念的指向が「開国」期の対外的危機に直面した時、具体的にどのような形で現れたのかを検討してみよう。

彼は、「丙寅洋擾」という具体的な危機的状況を目前にした時、次のように述べている。

今、国論は交と戦の両説があるが、洋賊を攻撃すべきだというのはわが国の側の説であり、洋賊と和議すべきだというのは、賊の側に立つ人々の説である。わが国の側の説に従えば、わが国の衣裳の誉（儒教文化）を保存しようとするが、敵則に立つ人々の説に従えば、人類は禽獣の域に陥ることになる。常道を固く守る心がある者は、すべてこれを知ることができる。(25)

華西はここで、朝鮮と西洋を「天理」と「人欲」に照応させ、朝鮮朝は「人類」、西洋は「禽獣の域」に分けている。西洋とは、「中華」的世界の文化的優越性をもとにして体系化されたコスモス（cosmos）において実際の価値の次元で劣っているゆえに、排斥されなければならない存在であった。そして、その当然の結果（corollary）として、西洋は「天理・人欲」「道・器」「尊・卑」「上・下」「華・夷」という価値体系から見た時、「人欲」「器」「卑」「下」「夷」として認識されたのである。そして、華西はまさにこうした文化理念的指向に執着していたために、欧米諸国の軍事的挑戦に対して、次のような打開策を述べている。

修身・斉家をして正国（国を正すこと）をすれば、洋物を用いる所がないゆえ、交易することが絶えるでしょう。（また、このように）交易することが絶えれば、彼ら（西洋）の奇技淫巧を売ることができないようになります。(また、彼らが)奇技淫巧を売ることができないようになれば、彼らはきっとすることがなくて、来ることはないでしょう。(26)

西洋の文物を「奇技淫巧」と把握し、「身修家斉而国正」が達成された時、「洋物」はおのずから後退せざるを得ないだろうと捉えている。こうした華西の「尊華攘夷」論において、次のような点に注目する必要があるだろう。つまり、彼は極端な文化理念的指向を持っていたにもかかわらず、その一方で「西洋の衝撃」を現実問題として克服しなければならない具体的な個別事象として受け取っていたということである。直接の軍事的脅威によってもたらされた彼の対外的危機意識は、「西洋の衝撃」を単なる文化理念的把握にとどめず、現実の危機的状況を具体的・個別的に打開しなければならないものと捉えていたのである。

昔、隋の煬帝が百万の群衆で高句麗を来攻した時、その大小強弱の(形)勢は、まるで万斤の重い力が鳥卵を押さえつけることよりも甚大だった。しかし、乙支文徳《ウルチムンドク》がよく褊師〔全軍のうちの一部の軍隊。偏師の誤記〕としてその群衆を守ったゆえに、隋はそれ以上振るわなかった。唐の太宗の英武は天下無敵で、自ら安市の

(24) 原文は「欽惟我大明太祖高皇帝、以神武之資、掃清胡元、奄有万方、聖子神孫、継継縄縄、為華夏之義主、我国太祖大王、受命立国、世為東藩之臣、字小之恩、忠貞之節、三百年不替矣」『華西先生文集』巻三「辞職告帰兼陳所懐疏」。また、『日省録』高宗丙寅年一〇月七日条参照。

(25) 原文は「今国論両説交戦、謂洋賊可攻者、国辺人之説也。謂洋賊可和者、賊辺人之説也。由此則邦内保衣裳之誉、由彼則人類陥禽獣之域、有秉彝之心者、皆可以知之」『衛正新書』巻一、四三丁。

(26) 原文は「身修家斉而国正、則洋物無所用之、而交易之事絶矣。交易之事絶、則彼之奇技淫巧不得售矣。奇技淫巧不得售、則彼必無所為而不来矣」前掲『華西雅言』巻一〇、二四〜二五丁。

城を攻撃しようとした時、城守は勝つことができず、天師は惨敗して天下の物笑いとなった。[27]

彼はこのように論じて、歴史的例証から武力的抵抗を強調している。もちろん、こうした発想は、思考方法の次元から見た時、軍事的リアリズムに着眼したものと言えよう。華西は、文化理念的指向を基調とする普遍主義的思考に加えて、目前の現実に対応しようとする状況主義的思考も持っていたと言うことができる。しかし、彼のこの発想は、決して東道西器〔東洋の精神（道）を基にして西洋の技術（器）を受容すること〕論的な富国強兵論にまで及ぶものではなかった。[28] これは一八〇〇年代における華西の文化理念的指向を継承した衛正斥邪派と執権派の思想的分裂に、最もよく表れている。執権派は一八七六年の江華島条約締結以後、一方で、清朝との伝統的な「事大」・「朝貢」関係を維持しながらも、他方では、華西を筆頭とする衛正斥邪派の文化理念的指向とは対照的に、日本との条約を契機として徐々に権力政治が主導する西欧近代的国際秩序の中に引きこまれていき、開化政策＝富国強兵策を追求する歴史的道程を歩んでいくのである。[29]

第三節　開化派の思想的特質

I　思想内在的境界の打破

近世実学派の思想的特質を要約してみると、彼らに特有な功利的志向――それは初期の経世致用学派の場合、民の「恒産」を基調とする農本主義的国富論として、また利用厚生学派の場合には、社会分業論や海外貿易論を通じた国富論として現れたものであった――は、茶山や恵崗の段階に至ると、正統朱子学派の哲学的諸範疇における思想的意味を再解釈する作業にまで発展した。茶山における「道理」の外在化による人「性」と「道理」の分離作業、恵崗における「物理」の純化による認識主体としての人間論とそれを基礎にした功利的人間の創出、そして社会における新しい倫理的価値の追求は、まさしく正統朱子学派の哲学的諸範疇における思想的意味を再解釈していく道程から導き出された諸特質であった。それだけでなく、彼ら近世実学派においては、他方で、正統朱子学派の閉鎖的でしかも普遍的な「中華」主義的指向を徐々に解体し、対外関係を功利的価値によって方向づけようとする思考方法が準備されていた。

もし、以上のような正統朱子学派の哲学的諸範疇が解体していく過程において、近世実学派の諸般の思考方法の基調を形成した志向――すなわち、正統朱子学派から近世実学派へという思想史的変容の基底に流れていた志向――がどのようなものだったかを特徴づけようとするならば、それは朝鮮朝朱子学思想において支配的だった普遍的志向から状況的志向への移行だったと言えるのではないだろうか。これを今一度価値基準の次元から見ると、正統朱子学派の普遍的、絶対的、一元的価値体系が、徐々に個別的、相対的、多元的価値へと分化していく過程であったとも言えよう。

しかし、この移行過程は、朝鮮朝自体が背負って来た政治、経済、社会、思想等のあらゆる分野における歴史的伝統の中での移行過程であったのであり、そこに見出せる思想史的変容は、それ自体が内在的限界を持っていたと考えられる。(30)

その思想内在的限界は、一九世紀後半における文字通りの「西洋の衝撃」――欧米諸国やそれに触発された日

(27) 原文は「昔者、隋煬帝以百万之衆来攻高句麗、其大小強弱之勢、不翅若万斤之圧鳥卵也。然而乙支文徳能以褊師敗衂其衆、隋以不振、唐太宗之英武、天下無敵、而自将撃安市城、城守不克、天師摧敗為天下笑」『華西先生文集』巻三「辞同副承旨兼陳所懐疏」。

(28) 華西の内修対策に関しては、崔昌圭『近代韓国政治思想史』(一潮閣、一九七三年)六二〜六三頁参照。

本の軍事的、政治的、経済的挑戦――を受けることによって、ついに急速に打破されていった。それには、単純な外的条件の急激な変化だけでなく、外部からの新しい思想的インパクト（impact）が極めて大きい比重を占めていたと考えられる。

そこで、本節では、近世実学派に残された思想史的課題が主に開化派によって遂行されたという時、そこで展開された思想的様態がどのようなものであったかを検討するにとどめたい。

Ⅱ 朴泳孝《パク・ヨンヒョ》の富国強兵論(*)――伝統と近代の内的連関を中心に

（一）問題提起

一九世紀中葉以降の韓国近代史は、西勢東漸を起点とする西欧列強の東アジア進出によって、伝統的東アジア国際体系を流動化させる「外圧」への抵抗と適応という、不断の変転の道程であったと言える。

もちろん、こうした変転の道程は、基本的に「外圧」に対する内在的契機の動態化を特徴とするものであり、「外圧」に対する韓中日三ヵ国の対応様式からうかがえるように、地理的位置、国土、人口、資源などの地理的環境や、西欧列強の政治的・経済的・軍事的利害がどうであるかによって「外圧」の様式には違いがあるが、この時期の東アジア国際社会が文字通り権力政治を基調としていたという点で、韓中日三ヵ国の政治的課題は富国強兵と対外的独立を達成することにあった。

しかし、この時期の「外圧」の様式が権力政治を基調としていたとはいえ、韓中日三ヵ国が適応と抵抗の対応様式を異にしていたのは、第一に、歴史的に伝統的東アジア世界における文化伝播の同時的契機（cultural synchronization）に乏しかったことと関連して、個別国家としての歴史的独自性が相対的に認められていたからであり[31]、第二に、したがって三ヵ国の間には、政治、経済、文化、思想の存在様式の多様性があったからである。

この意味で、この時期の韓中日三ヵ国における「外圧」に対する内在的契機の動態化の多様性を認めざるを得ない。

そればかりでなく、一般論の次元から見るとき、一九世紀中葉以降の東アジアの歴史的発展は、縦の普遍史的な歴史的発展や内在的な歴史的変化の道程というよりも、「外圧」による横の文化接触としての韓中日三ヵ国の「開国」という、また、このような意味での「外発」と「内生」の不断の接触を通じた文化・思想の発展様式をとっている。(32)

これは、言い換えれば、伝統的な東アジア世界の歴史的発展の内在的性格から見ても、あるいは一九世紀中葉以降の東アジア世界における「外発」と「内生」の不断の接触を通じた文化・思想の発展様式から見ても、この時期の個別国家の歴史的道程に対する実体的把握は、基本的に個別国家の文化・思想の歴史的独自性を第一義的なものと受け止めざるを得ないということ、また、まさにこのような意味において韓国近代史に対する歴史的説明もこうした文脈の中で進められなければならないということである。

ところで、このように見るときに基本的に問題視されるのは、「外発」と「内生」の不断の接触という場合、

(29) 朴忠錫『韓国政治思想史』(三英社、一九八二年)二〇七〜二二〇頁参照〔初版の第三章第三節だが、本書では削除されている〕。

(30) ここで思想の内在的境界自体を論じることは、大変困難なことである。なぜならば、思想の内在的限界を評価する基準をどのように設定するかによって、さまざまな評価が導き出されるからである。したがって、本節では、近世実学派思想から開化派思想へという思想史的文脈に注目するにとどめる。

(＊) 本稿は、朴忠錫・渡辺浩編『「文明」「開化」「平和」――韓国と日本』(韓日共同研究叢書一九、亜研出版部、二〇〇八年)に発表したものを再掲載したものである。

(31) 渡辺浩・朴忠錫編『韓国・日本・「西洋」――その交錯と思想変容』(慶應義塾大学出版会、二〇〇五年)三〜五頁参照。

(32) このような視角については、丸山眞男「原型・古層・執拗低音――日本思想史方法論についての私の歩み」(武田清子編『日本文化のかくれた形』岩波書店、一九八四年)一〇五〜一一一頁参照。

第一に、「外圧」の主体が文化・思想の次元で「近代」の原理を伴っているということ、したがって、第二に、このような「外圧」に対応する主体の発想が、不断の接触過程で「近代」の原理を追求することにおいては数多くの道程を想定することができるが、これを内在的契機の動態化という観点から見ると、――もちろん、「外発」に抵抗する「内生」的な契機も考えられる――「外発」に相応する「内生」的な契機を媒介としているということである。

歴史的に「近代」の世界に対する自覚的な開拓は、まず西欧社会において進展している。しかし、「近代」というものは決して歴史的に西欧社会の専有物ではない。「近代」的な発想は歴史的に世界の至る所で見出すことができる。問題は、「近代」的な発想がはたしてどの程度自覚的な次元で概念化され、理論化されたのか、または、その延長線上において実際の世界に根を下ろしたのかということである。言わば、「近代」とは普遍的な概念であり、「近代」が思考方法としてだけでなく、現実の中の政治・経済・社会・文化・思想・科学などの諸領域でどの程度実体化したのかということである。

このような観点から見ると、韓国史において、はたして「内生」という場合に「近代」の原理に近接した発想、思考方法、議論、または「近代」の原理を理解‐受容するにあたって動員された発想、思考方法、議論がどのようなものであったかということに注目せざるを得ない。本節ではこうした観点から、朴泳孝（一八六一～一九三九年）が、一八八八年、亡命先の日本から高宗に奉った「上疏文」[33]の分析を通じて、彼の文明開化‐富国強兵論の構造的な連関について解明しようと考える。

朴泳孝の「上疏文」は、よく知られているように、この時期の朝鮮の富国強兵や対外的独立を達成するための代表的な献策として、すでに韓国や日本において多くの研究が蓄積されている。[34] しかし、思想史的な観点から見れば、第一に、伝統思想としての原始儒教、朝鮮朝朱子学、そして朝鮮朝時代の実学思想に対する朴泳孝の認識がどのようなものなのか、また、こうした認識の基礎の上に、原始儒教、朝鮮朝朱子学、そして朝鮮朝時代の実学思想が朴泳孝の「上疏文」で提起されている「近代」思想とどのような内的連関を有しているのか、第二に、こうした文脈の中で「上疏文」で提起されている文明社会論、そしてこの時期に朝鮮が直面していた現実の状況下で、どうすれば文明社会への進入を通じて富国強兵を達成できるのか、という思想史的な説明が充分になされたとは考えられない。

このような意味で、本節では、朴泳孝が「上疏文」で提起している原始儒教、朝鮮朝朱子学、そして朝鮮朝時代の実学思想と関連して議論している諸観念の概念的含意に留意しながら、このような概念的含意が一九世紀中

（33）朴泳孝の「上疏文」に関する主な研究としては、鄭仲煥「朴泳孝上疏文」『亜細亜学報』第一輯、亜細亜学術研究会、一九六五年、青木功一「朝鮮開化思想と福沢諭吉の著作」『朝鮮学報』第五二輯、朝鮮学会、一九六九年、姜在彦「近代朝鮮における自由民権思想の形成」『思想』五七〇号、岩波書店、一九七〇年一二月、金榮作『韓末ナショナリズムの研究』東京大学出版会、一九七五年、青木功一「朴泳孝の民本主義・新民論・民族革命論（一）」『朝鮮学報』第八〇輯、朝鮮学会、一九七六年、青木功一「朴泳孝の民本主義・新民論・民族革命論（二）」『朝鮮学報』第八二輯、朝鮮学会、一九七七年、田鳳德「朴泳孝と彼の上疏研究序説」『東洋学』第八輯、擅国大学校東洋学研究所、一九七八年、崔徳壽「朴泳孝の内政改革論および外交論研究」『民族文化研究』第二号、高大民族文化研究所、一九八八年、柳永益「甲午・乙未年間（一八九四〜一八九五年）朴泳孝の改革活動」『国史館論叢』第三六輯、国史編纂委員会、一九九二年、金信在「朴泳孝の政体構想とその性格」『素軒南都永博士古稀紀念歴史学論叢』民族文化社、一九九三年、金興洙「朴泳孝の歴史教育観」『アジア文化』第一二号、翰林大学校アジア文化研究所、一九九六年、金顯哲『朴泳孝の「近代国家構想」に関する研究』ソウル大学校大学院博士学位論文、一九九九年、などがある。特に、田鳳德「朴泳孝とその上疏研究序説」は、朴泳孝の「上疏文」に関する文献研究であり、青木功一「朝鮮開化思想と福沢諭吉の著作」は、朴泳孝の「上疏文」における福沢諭吉の著作の影響について検討している。本節における主要論点は、「上疏文」における朴泳孝自身の発想に限定したいと考える。本節を作成するに当っては、「開化に対する上疏（一八八八年）」『新東亜』「近代韓国名論説集」東亜日報社、一九六六年、「朝鮮国内政ニ関スル朴泳孝建白書」『日本外交文書』第二一巻、「朝鮮国関係雑件」No. 106「国政改革にかんする建白書」姜在彦『朝鮮近代史研究』岩波書店、一九七〇年、そして、田鳳德「朴泳孝と彼の上疏思想」『韓国近代法思想史』博英社、一九八一年において綿密に調査した〈上疏文の校勘と懸吐および注釈〉の計四編の史料を参考とした。

（34）註33参照。

葉以降の開化的思考の成長過程において占める思想史的位置はどのようなものであったのか、そして、さらにはこうした概念的含意が朴泳孝の文明社会－富国強兵論をどのような形で規定しているのかを究明したい。こうした試みは、結果的に朴泳孝の「上疏文」に表れた思想の全体的な構造的連関に注目するものであり、一九世紀中葉以降の朝鮮朝社会の対外的危機の中で、これを克服するための体制構想の思想的性格を検討することになるであろう。

(二)「内生」の特性

韓国近代史において、「外圧」に対する内在的契機の動態化という場合、その発想様式を見ると、「鎖国攘夷」から「衛正斥邪」－「尊華攘夷」、「内修外攘」、「文明開化」－「富国」・「強兵」、「輔国安民」－「斥倭洋倡義」、「自主主権」－「自由民権」、「自強」にいたるまで、実に多様に提起されている。しかし、ここでは本節の課題と関連して、朴泳孝の「上疏文」において、「外圧」に対して内在的契機として動態化する発想、思考方法、議論を中心に内在的契機の特性を検討しようと考える。したがって、ここでは「外圧」－「近代」の原理に相応する内在的契機、「近代」の原理に近接した発想、思考方式、議論、または「近代」の原理を理解－受容することにおいて動員された発想、思考方式、議論に注目しよう。

(i) 伝統

朴泳孝の「上疏文」で提示されている文明開化－富国強兵論を検討することにおいて、伝統としての内在的契機の特性が何であるのかという点に着眼すると、主要な発想、思考方法、議論は、現実認識をはじめとして学問論、人間論、統治理念の領域にわたって提起できる。それは、本節の課題と関連して、朴泳孝が「上疏文」で提示している文明開化－富国強兵論を伝統との内的連関——連続性と非連続性——という観点から見るとき、上述した現実認識、学問論、人間論、統治理念の領域で顕著な意味変化が見出されるからである。しかし、同時に朴泳孝の「上疏文」における文明開化‐富国強兵論は、この時期の朝鮮の対外的危機の中でどうすれば富国強兵と対外的独立を達成できるのかという体制構想であるという点において、伝統としての内在的契機の特性についての検討も、主に体制論についての独自の理論を披瀝している原始儒教、朱子学‐朝鮮朝朱子学、朝鮮朝時代の実学思想などがその対象とならざるを得ない。朴泳孝が「上疏文」で伝統として自身の体制構想と関連して論じている思想領域も原始儒教、朱子学‐朝鮮朝朱子学、朝鮮朝時代の実学思想であるということ、そして自身の体制構想と関連して、その議論の内容が主に現実認識、学問論、人間論、統治理念の領域であるということが次第に明らかになるであろう。ただ、ここでは伝統との内的連関という観点から、本節の課題と関連して必要な範囲内での伝統的特性を検討するにとどめたい。

第一に、現実認識について見ると、朝鮮朝朱子学は宋代朱子学を価値・理念の次元で受容しながらも、人間の内面的な善性を重要視する主観主義に力点を置いている。[35] 朱子学は元来、「朱子曰く、仁は天地生物の心にして人の得て以て心と為す所なり[36]」と論じているところに典型的に表れているように、基本的に道徳哲学の性格を帯びている。そればかりでなく、朱子の理気論に見られるように、朱子学は徹底的に「理」「気」「心」「性」を基調とする道徳的な価値規範体系として貫徹している。[37] したがって、現実認識の問題についても、どこまでもこうした道徳的な価値体系と規範体系に立脚して裁断している。朝鮮朝朱子学者の学問的傾向は、「務実」「実心」「実功」「実徳」「実学」「実事」などをモットー（motto）としているが、実はそれが「実心実学」であり、「窮経実学」であったのは決して偶然ではない。[38]「実心実学」が仁義礼智の徳性を自ら体認することであるなら、「窮経

(35) 朝鮮朝朱子学の主観主義的傾向に関しては、朴忠錫・渡辺浩編『国家理念と対外認識——17〜19世紀』（慶應義塾大学出版会、二〇〇一年）三三七〜三四二頁を参照。
(36) 「退溪先生文集内集」巻七「進聖学十図箚幷図・仁説」（『退溪全書』（上）、成均館大学校大東文化研究院、一九五八年）二〇六頁。
(37) 丸山眞男『日本政治思想史研究』（東京大学出版会、一九六二年）二〇〜三〇頁参照。

実学」とは経典を窮究するものであり、儒教的な道徳を基調とする規範主義的、思弁主義的性格を強く持っていた。

これとは対照的に、「易に曰く、窮すれば変じて、変ずれば通じる」[39]や、「(万物は)時にしたがって変易する」[40]、「程子が易を論じて曰く、時を知って(形)勢を悟ることは、易を学ぶ大綱である」[41]と論じていることからも分かるように、変化する現実状況それ自体を重要視して、これにともなう処方箋を追求する、言わば規範主義–思弁主義に対して、現実それ自体に着眼する状況主義的、事実主義的発想を重要視する傾向もあった。しかし、全体的に見ると、朝鮮朝朱子学においては後者に比べて前者の傾向に力点が置かれていたことに関して議論の余地はない。

このような状況主義的、事実主義的発想はここで詳しく論ずる余裕はないが、〔第一に、〕天文・地理など李睟光《イ・スグァン》の百科全書的な知識の紹介、柳馨遠における「道」と「器」は互いに分離して考えることができないという立場からの道徳に対する政治制度(土地制度)の相対的重要性の提起、李瀷における政治社会の民本主義的な認識や統治規範の客観主義的認識、「観通行典」の制度改革論、洪大容・朴趾源・朴齊家などの利用厚生論者における自然の効用性の発見、利用厚生の相対的重要性の強調、身分制の批判や否定、「中華」的世界秩序観念の批判、農工商の活性化を通じた経済的生産性の向上、そして儒教的な道徳主義への没入に対する批判、丁若鏞における「理」の唯名論的解釈、仁義礼智などの儒教的価値規範の経験論的解釈や、新しい政治社会の模索など、一七世紀中葉から一九世紀中葉にわたって、実学思想では朝鮮朝朱子学との対比のなかで政治、経済、社会、文化、哲学など、実に多様な領域にわたって多様な形での発想が展開している。

第二に、学問論について見ると、朝鮮朝社会では高麗末に朱子学が伝来して以来、一六世紀後半、李滉によっていわゆる朝鮮朝朱子学が確立したことにより、朱子の「居敬」と「窮理」の学問、言い換えれば学問の主観主義的傾向と客観主義的傾向を軸とする知的探求を正統的学問として継承している。もともと朱子においては、

「居敬」と「窮理」というのは相発するもので、車の両輪と同じもの、鳥の両翼と同じものであるという(42)。もちろん朝鮮朝朱子学の場合にも、朱子学のこうした学問論をそのまま受け入れている。しかし、李滉の学問論の心学的な傾向からうかがえるように(43)、「居敬」をより根源的なものと把握している。このような心学的傾向－主観主義的傾向は、朝鮮朝末期まで朝鮮朝朱子学の正統な地位を確保していたと言っても過言ではない。

朝鮮朝時代の朱子学の主観主義的傾向に対して、洪大容《ホン・デヨン》は次のように批判している。

正心と誠意がもともと学と行の体だとすれば、開物と成務が学と行の用でないことがあるだろうか(44)。

すなわち洪大容は、朱子学における「正心」「誠意」のような内面主義的な修身と実践それ自体を否定してはいない。しかし、洪大容は学問と実践の（実）「用」性に着眼し、「開物成務」、言い換えれば、事物に対する知的探求とその実践を「律暦・算数・銭穀・甲兵」のような現実の客観世界に追求することを提起している(45)。現実の客観世界に着眼する学問的傾向は、「士の学（問）は、実に農・工・賈（＝商）の理を包括するものであり、この三つの業は必ず士によってなされるのである(46)」と論じていることからも分かるように、朴趾源においても全

(38) 韓沽劤「明斎尹拯の実学観――李朝実学の概念再論」（『東国史学』第六輯、東国大学校史学会、一九六〇年）一四～二一頁参照。
(39) 原文は「易曰、窮則変、変則通」『栗谷全書』巻一五「東湖問答」成均館大学校大東文化研究院、一九五八年。
(40) 原文は「随時変易」前掲『栗谷全書』巻五「疏箚　三」「万言封事」。
(41) 原文は「程子論易曰、知時識勢、学易之大方也」同前。
(42) 『朱子語類』巻九「論知行」。
(43) 安炳周「退溪の学問観――心経後論を中心に」（『退溪学研究』第一輯、檀国大学校退溪学研究所、一九八七年）三九～五三頁参照。
(44) 原文は「正心誠意、固学与行之体也。開物成務、非学与行之用乎」『湛軒書』「内集」巻三「書」与人書二首。
(45) 同前。

く同様に主唱されている。そればかりでなく、彼は「学問の道には、方法が他にはない。分からないことがあれば、道行く人でもつかまえて尋ねなければならない(47)」と論じて、朝鮮朝朱子学の「居敬」と「窮理」の経学主義の、言わば図式化された学問論を排斥する。このような発想は、彼の文学論にも見出すことができるものであり、「両班伝」「虎叱」などの文学作品は、朝鮮朝時代の儒者の『古文真宝』や『唐詩品彙』を模範とする漢唐流の文学形式への盲従的な踏襲から脱け出し、風刺、滑稽、揶揄の形式で当時の朝鮮朝社会の現実批判を行っている。

つまり、これは思考方法の次元から見れば経験論的な発想であり、丁若鏞が「仏氏の治心の法は、治心によって事業とみなすが、吾家の治心の法は、事業によって治心とみなす(48)」、「古人のいわゆる正心は、応事接物にあり、主静凝黙にあったことはない(49)」と論じているように、知的探求というのは主観主義的な修身によって達成されるのではなく、現実の具体的な事象を媒介にする経験的な実践を通じて達成されるのである。

第三に、人間論に関して見ると、原始儒教における孟子の「四端」(50)説に見られるように、儒教における人間論は性善説を基調としている。また、『論語』で孔子が「(自然としての)己を克服し、礼に復ることを仁と言う(51)」と論じているように、儒教では理念的に道徳的人間を志向している。

一二世紀の朱子学になると、原始儒教のこのような発想は理気哲学の構築とともに、人性論に立脚して「天理を明らかにして人欲を滅ぼす(52)」朱子学的な実践命題が成立する。すなわち、朱子学では人間の「本然の性」―道徳的本性を媒介とする「天理」の具現を至上課題としているのである。

すでに言及したように、朝鮮朝時代においては、一六世紀後半に李滉によって朱子学の体系的認識が実現されている。しかし、朱子学に対するこうした自覚的認識の展開と並行して、すでに高麗末期に儒教的な道徳的実践の次元で、民に対する教化策の一環として、権溥・権準父子によって撰集された『孝行録』をはじめとして、世宗代に偰循《ソルスン》が君臣・父子・夫婦三綱の模範(忠臣・孝子・烈女)を集めて編集した『三綱行実図』、中宗代に金安国《キム・アングク》が経筵で侍講するときに記した長幼・朋友の『二倫行実図』、そして正祖代に李秉模《イ・ビョンモ》が『三綱行実図』

と『二倫行実図』を合本・編集した『五倫行実図』などが刊行され普及している。言わば、朝鮮朝時代には朱子学的人性論と照応して、儒教的道徳規範に対する儒者たちの議論とともにその実践が強く推進されていたわけで、理論と実際の両面における儒教的な道徳的人間、道徳社会、道徳国家の実現を至上の課題としていた。

徹底して儒教的な道徳的人間、道徳社会、道徳国家を志向した朝鮮朝時代の社会的性格は、このような意味で「利」に対して「義」をより重要視する傾向が強かった。『論語』で「孔子曰く、君子は（事物に応じて、つねに）義を基準とし、小人は（事物に対して）利を基準にして考える」[53]と論じているように、儒教では「義」と「利」が対置関係にあり、価値理念的に「利」に対して「義」の実践が重要視されている。『書経』によれば、「義」というのは概念的には「義によって事を制し、礼によって心を制する」[54]と論じているように、「心」が人間の内面世界の次元における議論であるのに比べ、現実の客観世界の次元における議論であり、現実の政治・経済・社会の領域での具体的な事象の善悪是非を分ける道徳的な価値基準をいう。また、このような意味で、「義」は儒教では「道理」または「義理」として広く通用している。

（46）原文は「士之学、実兼包農工賈之理、而三者之業、必皆待士而後成」『燕巖集』巻一六「課農小抄」諸家總論。
（47）原文は「学問之道無他。有不識、執塗之人、而問之可也」『燕巖集』巻七「鍾北小選」北学議序。
（48）原文は「仏氏治心之法、以治心為事業、而吾家治心之法、以事業為治心」『與猶堂全書』第二集経集第一巻「大学公議」一「旧本大学」「在明明徳」。
（49）原文は「古人所謂正心、在於応事接物、不在乎主静凝黙」同前。
（50）『孟子』「公孫丑章句上」。
（51）『論語』「顔淵篇」。
（52）『朱子語類』巻一二「持守」。
（53）『論語』「里仁篇」。
（54）『書経』「商書・仲之虺誥」。

それでは、朝鮮朝時代にはこのような「義」－「道理」－「義理」が歴史的にどう通用していたのであろうか。「義」と「利」の対比のなかで朝鮮朝時代に統治層を中心に通用した「義理」と「事功」を『朝鮮王朝実録』を中心に検討してみると、[55] 朝鮮朝時代は儒教的な道徳国家らしく、太祖代から高宗代にいたるまで「事功」に対する議論件数が三七六件なのに比べ、「義理」に対する議論件数は一〇一六四件で、「事功」よりも「義理」についての議論件数の方が約二七倍多い。[56]

朝鮮朝前期の正統的朱子学者と言える趙光祖《チョ・グァンジョ》は、「たとえ堯舜の治を致そうとしても、好悪や是非の間をよく分弁できなければ、あるいは亡滅することになるでしょう。人の牧者（君主）としては、好悪・是非・義利の分界を深く究明し、黒白をわきまえるようにしなければなりません」[57] と主張している。すなわち、趙光祖は「義」と「利」を対置させ、政治、経済、社会的な利害を基調とする功業や利禄を重要視する「事功」に対して、儒教的な道徳的実践の指標としての「義理」の重要性を主張している。『朝鮮王朝実録』によれば、統計で指摘されているように、朝鮮朝時代全般にわたって「義理」に対する窮究、規範、適用判断基準、政治、経済、社会的な実践の次元における議論が不断に試みられている。「義理」に対するこのような活発で持続的な議論は、朝鮮朝の朱子学的統治理念が対内的対外的に最高潮に達していた正祖代になると、一層醇化され、国王と金鍾秀などの臣下との間に展開された「太極図説」の宇宙生成論における文脈上の概念的含意についての議論の延長線上で、人間が稟受した「気」の卓越性（＝正気）を論じる過程において、国王が、

虚霊知覚（虚霊は、心の本体に対するもので、心が少しも濁ったり混乱したりすることがない完全な明智の妙用の状態を言う。知覚は、心が外物に接して営為する作用）は気の奥妙である。ただ聖人だけが中正と仁義によって（これを）安定させるために、これは義理を知覚の主人とするのである。したがって、学者が義理に明らかでなければ、虚霊の本体を完全に保存することができないために、必ず学問・思弁・躬行・実

践・涵養・省察・拡充・克治を要求することになるのである。(58)
と論じているように、「義理」というのは外界の事物に接する「知覚」の主体という点で、現実の客観世界における政治、経済、社会的な事象に対する道徳的判断基準であり、またこうした意味で政治、経済、社会的な実践に正当性を賦与する格率となっている。そして、「学者」は政治、経済、社会的実践のためには、学問、思弁、躬行などを通じて「義理」を確保しなければならないのである。

このような議論は、言わば朱子哲学の体系内での「義理」の理念的な位置付けと言うことができる。もちろん、朝鮮朝時代において、近世以降、朱子学の道徳的規範主義に対して実学的思考が成長してはいるものの、歴史的に朱子学的な体制イデオロギー下で道徳的人間、道徳的社会、道徳国家を志向するかぎり、現実の客観世界の政治・経済・社会的事象をそれ自体としてではなく、「義理」と「事功」の対置－緊張関係の中で儒教的な道徳の

(55) 朝鮮朝時代の政治的・経済的・社会的価値として「義理」と「事功」の存在様式を究明するということは、それ自体が大きな研究主題にならざるを得ない。本節では『国訳朝鮮王朝実録 CD-ROM』(ソウルシステム株式会社、一九九五年)を活用し、『朝鮮王朝実録』に現れた「義理」と「事功」の使用頻度を調査するにとどまっている。

(56) この統計は太祖代から高宗代に至るまで、「義理」と「事功」を検索語として、「義理」と「事功」について論議された主題件数を調査したものであって、論議された主題件数の中で「義理」と「事功」が何回使用されているかについては改めて各主題別に精密な調査を要する。また、検索語で調査するとき、翻訳 CD-ROM であるので、「義理」「事功」のハングル検索語を使用する場合、「의리」は「義理」のほかに「義利」、「사공」は「事功」のほかに「司空」「沙工」「賜功」などが多く含まれている点を勘案すると、「의리」が「사공」よりもずっと多く論議されていたと推定される。この説明は極めて概略的な論拠であることを了解していただきたい。

(57) 原文は「雖欲致堯舜之治、不能分弁於好悪是非之間、則或幾乎亡滅矣。為人牧者、当深究乎好悪、是非義利之分、如弁黒白也」『中宗実録』巻二九、中宗一二年八月辛亥条。

(58) 原文は「虚霊知覚、気之妙也。惟聖人定之以中正、仁義。是以義理為知覚之主。学者不明於義理、則或不能全其虚霊之体。所以必要学問、思弁、躬行、実践、涵養、省察、拡充、克治」『正祖実録』巻一一、正祖五年三月辛卯条。

世界に引き込み、その次元で裁断する傾向が不断に再生産されていた。このような政治、文化的雰囲気――儒教的人間論の道徳的規範主義の次元における社会化――の中で政治、経済、社会の諸問題に対する「実用」の観点が成長することは決して容易なことではなかった。

第四に、統治理念について見ると、これは基本的に儒教的な道徳国家の実現を目標としている。儒教思想は、発生的には古代中国における宗族制的な家共同体社会を天道の観念によって理念化した思想である。この意味で、儒教的な道徳国家は家共同体社会関係を基調とすることを志向していると言える。しかし、これを体制の構造的な観点から見ると、農本主義的な経済体制を実質的基盤とする儒教的な礼的秩序の確立を目標としている。儒教思想の理論的構成を見ると、「詩経に曰く、天が万民を生ずることにおいて、〈事〉物があれば、そこに〈法〉則があると。民はこの〈法〉の美徳を好む常性を持っている」[59]と論じている。

この文章は原始儒教において、「天〈道〉」＝宇宙と人間の常性と現実の道徳的実践――政治、社会的実践――の内的連関に対する含蓄ある議論として、①「天〈道〉」は万「民」＝〈人間〉、「〈事〉物」＝〈人間の社会関係〉、そして〈法〉「則」＝〈道徳規範〉の源泉になっているばかりでなく、②現実の人間社会は道徳的規範を遵守する当為的世界であり、③人間はこのような道徳的規範を実践することができる常性を持っている、というのである。これは、孟子風に言うならば、人間の内面的善性としては「四端」であり、政治、経済、社会的実践としては「仁義礼智」という道徳的価値規範である。つまり、現実世界は「天〈道〉」を実現する場所であり、政治、社会的には道徳国家、道徳社会を実現する場所なのである。

原始儒教のこのような統治理念は、朱子学の段階になると理気哲学に立脚して「仁義礼智」の価値・規範観念が構築されることで、道徳的価値・規範を実現する朱子学的な統治理念が成立している。朝鮮朝の体制イデオロギーは、朱子学のこうした統治理念を価値理念的に受容している。

儒教の統治理念には、原始儒教－朱子学の道徳主義的な統治理念とともにその下位体系として民本主義的な統治理念がある。「民は国の根本」[60]や、「民が（最も）貴く、社稷がその次で、君が（最も）軽い」[61]と論じているように、儒教思想には民本主義的な志向がある。しかし、「民」の独自的価値を認めるとか、「民」の観念を独自化していく思考の発展は積極的に提示されてはいない。そればかりでなく、このような「民」観の延長線上で、「仁政は必ず経界（を正すこと）から始める」[62]や、「民が（向かいやすい）方向は、恒産があれば恒心があり、恒産がなければ恒心もない」[63]と論じているように、「民」の経済的安定を追求する発想がいたるところで提起されている。しかし、正統的な儒教思想の中では「民」に対するこのような経済的安定策を媒介として、経済的価値や「民」の自然的欲求をそれ自体として独自化していく思考や理論が発展する道が開けているわけではない。儒教では、すでに言及したように、「（自然としての）己を克服し、礼に復ることを仁と言う」[64]と論じているところに象徴的に表れているように、思考方法の基調をなしているのは、基本的に人間、社会、国家の全ての次元で道徳世界を実現することである。これは、言い換えれば、「養民→教化」（以下、「養民‐教化」とする）論として、原始儒教での「養民」はどこまでも「教化」を実現するための現実的基盤に過ぎないということを意味する。[65]そういう意味できわめて制限的である。

こうした観点から見ると、原始儒教における民本主義は、基本的に儒教的な道徳的価値の世界に向かっている。

(59)『孟子』「告子章句上」。
(60)『書経』「夏書・五子之歌」。
(61)『孟子』「尽心章句下」。
(62)『孟子』「滕文公章句上」。
(63)同前。
(64)本章註51参照。
(65)宇野精一他編「中国思想（I）儒家思想」『講座東洋思想』（2）東京大学出版会、一九六七年、一一六頁参照。

経済が道徳に従属しているのである。もちろん、民本主義が統治理念としての独自的領域を開拓していくには数多くの思考の発展経路を想定することができる。巨視的には儒教的な道徳の羈絆から脱け出す道であるとか、民本主義それ自体の独自的価値を開拓する道程の、不断の蓄積を待たなければならないのである。

原始儒教における民本主義的な統治理念は、朝鮮朝時代には、一七世紀中葉から一九世紀中葉にわたって朝鮮朝朱子学の道徳的規範主義の傾向に対するアンチテーゼとして、現実の政治・経済・社会状況を媒介として台頭した柳馨遠、李瀷、洪大容、朴趾源、朴齊家、丁若鏞などの実学思想家の統治論において再解釈されている。原始儒教以来、民本主義の基本的な発想は「養民－教化」、「利用厚生↓正徳」（以下、「利用・厚生－正徳」とする）論である。もちろん、朝鮮朝時代の実学思想家も民本主義のこのような「養民－教化」「利用・厚生－正徳」論を起点としている。しかし、これら実学思想家の発想をみると、いずれも農本主義経済体制下における農業経営と生産の低迷のなかで、土地制度、政治・社会制度の改革、自然の効率的利用、商工業・海外貿易の振興による国富の増進など、「民」の政治、経済、社会的安定に対する議論に集中している。もちろん、そこには発想の多様性がある。柳馨遠の場合には、「養民－教化」論に立脚して疲弊した土地制度の改革とともに「民」に対する教化策を論じているという点で、その土地制度改革論は儒教的な道徳的・政治社会秩序の再建を目標としている。[66] しかし、李瀷の場合には、道徳的規範主義の傾向が希薄となり、農本主義的経済体制を基盤としながらも、「君」に対して「民」の独自性を追求し、「民」を経済的基盤とする国富を構想する、言わば伝統的な民本主義論の意味変化が進行している。[67] 丁若鏞の段階になると、政治、経済、社会制度の改革とともに、経験的な自律的人間観の基礎の上に儒教の伝統的な価値規範体系である「仁義礼智」の観念を再構成する、言わば儒教の主要価値、規範観念の意味変化が進行している。「内生」の「近代」的発想の到達点である。

（ii）変容――開化的思考の成長

一般的に、韓国近代史における開化的思考の成長という場合、朴珪壽《パク・キュス》の

「開国」論を起点としている。もちろん、これは実証的な史料による一つの正確な論拠である。しかし、一九世紀中葉以降、韓国近代史における開化的思考という場合、これはどこまでも「外発」的なもので——また、そのような意味で外来的なものである——、「外圧」の緊張の中で外からの力による一方的な、もしくは強制的な適用ではなく、外来的なものを「外圧」に対応して自律性をもって受容するという時は、方法上、受容する側に外来的なものを把握する媒介がなければならない。言い換えれば、外来的なものとしての開化的思考を把握することができる内的な認識基盤＝思考方法がなければならないということである。

以上のような観点から朴珪壽の発想を見ると、彼は外来としての開化的思考を受容できる認識基盤＝思考方法を持っていたのである。朴珪壽は次のように論じている。

別途に示してくれた経済利用厚生の方策は、それは（すべて）両家の先徳が平生より苦心して講究したものであり、どうしてかつてこの一、二件を試みなかったのだろうか。（しかし）鄙陋な習俗に終わって（それらを）手本にすることができず、すべてまとめて棚の上に置いておいたと言った。[68]

およそ、学（問）というものはすべて実事（に依拠するもの）ゆえに、天下に実（事）がないとき、どうしてこれを学（問）と言おうか。[69]

(66) 本書第四章第二節Ⅰ「客観主義的規範論——柳馨遠」、参照。
(67) 本書第四章第二節Ⅱ「磻溪的思考の継承と統治主体の問題——李瀷」、参照。
(68) 原文は「另示経済利用厚生之具、此為両家先徳平生苦心講究。何嘗無一二件試之果然者耶。陋俗終不效法、皆帰束閣而止」『瓛齋先生集』巻九、書牘「与洪一能」壬申四月一二日。
(69) 原文は「凡所謂学者、皆実事也。天下安有無実而謂之学也者乎」『瓛齋先生集』巻四、雑著「録顧亭林先生日知録論画跋」。

私が聞くには、美国（＝米国）は、地球上の諸国中で最も公平であり、難を退けたり紛争を解決したりすることが上手で、また六洲の中で最も富国であり、領土を拡張する慾もないという。(70)

すなわち、朴珪壽の思想史的位置を見ると、彼は朴趾源の『燕巖集』をはじめとする先行の利用厚生論を継承していた。すなわち、学問研究というのは現実の具体的な事象に立脚しなければならないということ、そして、対外認識においては、すでに朝鮮朝時代の世界認識の基調をなしていた華夷観を脱皮していた。(71)言い換えれば、朴珪壽のこのような発想には二つの流れ、すなわち、その一つは、学問的認識において現実の具体的な事象それ自体を重要視するという意味での事実主義的志向、もう一つは、こうした学問的認識を土台にしてどのようにすれば政治的・経済的・社会的に功利的な価値を高揚させることができるのかに集中しているという意味で、功利的な思考方法がその基底に流れていたのである。韓国近代思想史における開化的思考の成長過程では、朴珪壽に見出すことのできるこの事実主義的志向と功利的な思考方法がその基底に貫流していた。

一八七六年の対日丙子修好条約の締結以来、同年、金綺秀《キム・キス》の第一次修信使としての日本訪問、一八八〇年、金弘集《キム・ホンジプ》の第二次修信使としての日本訪問、そして一八八一年の朝士使節団の日本派遣が推進される一方、朝鮮は、衛正斥邪運動が沸き起こる状況のなかで次第に対日文化開放が拡大し、従来の鎖国体制から「開国」体制へと転換している。

このような転換は開化的思考の成長という観点から見るとき、一八八〇年代前半を通じて東道西器論、『漢城旬報』の発刊、甲申政変の形で展開していた。もちろん、東道西器論、『漢城旬報』の発刊、甲申政変はその様相を異にしていた。しかし、開化的思考の成長という観点においてはその漸進性をよく表している。

一八八〇年代前半に台頭した東道西器論は、申箕善《シン・キソン》、金允植《キム・ユンシク》、郭基洛《クァク・キラク》、尹善學《ユン・ソナク》などがその代表的な人物で、その基本的志向は西洋に対して東洋の「道」の優秀性を堅持しながら、「器」においては富国強兵の観点から西洋の優秀性を高く評価する立場である。

丙寅洋擾〔一八六六年八月から一〇月にかけて行われた朝鮮とフランスとの間の武力衝突。同年七月にはアメリカの武装商船による通商要求事件（ジェネラル・シャーマン号事件）も起きている〕以来の対外的な緊張関係が高まる中、その対応策として提起されるのが衛正斥邪論者の尊華攘夷論である。尊華攘夷論というのは、内にあっては孔子‐朱子にわたって貫徹されている春秋大義の歴史的理念を、そしてこの歴史的理念に立脚して中華文化を継承してきた周室‐明‐朝鮮の歴史的正統性を保全し、外にあってはこれらの歴史的理念と正統性を守るために夷狄を退けなければならないということである。そればかりでなく、尊華と攘夷の連関構造を見ると、中華思想の文化的優越性のために攘夷論が尊華論の歴史的理念の延長線上に置かれている。そうして攘夷のためには何よりもまず「天理」と「人欲」に対する君主の弁別を通じて正学を明らかにすることにより異端＝洋夷を退け、さらには乱世を救うことができるのであり、君主が修身・斉家を行って国を正せば奇技淫巧な洋物は必要がなくなって交易も断絶し、したがって洋夷も来なくなるであろうと論じている。また、軍事的には高句麗時代の乙支文徳が隋の煬帝を退けたという歴史的挙証を提示することにとどまっている。[72]

東道西器論者は、衛正斥邪論者のこうした発想とは対照的に、次のように論じている。

およそ中国人は形而上に明るく、その道は天下に独尊で、西洋人は形而下に明るく、その器は天下に敵がい

（70）原文は「吾聞美国在地球諸国中最号公平、善排難解紛、且富甲六洲、無啓疆之慾」『瓛齋先生集』巻七咨文「美国兵船滋擾咨」。
（71）利用厚生論者である朴趾源ら北学派からの朴珪壽に対する思想的影響に関しては、李完宰『初期開化思想研究』（民族文化社、一九八九年）四三～七四頁、および孫炯富『朴珪壽の開化思想研究』（一潮閣、一九九七年）八～三一頁参照。
（72）朴忠錫・渡辺浩編前掲『国家理念と対外認識――17～19世紀』（日本語版）三七一～三七九頁参照。

ない。……それに、中国人は西洋の器をよく行うことができないだけでなく、同様に、中国の道もただ名があるだけで実（体）がなく、無能で崩壊している。[73]（申箕善）

君臣・父子・夫婦・朋友・長幼の倫理は、天から得て（人）性に賦与されたものであり、天地に通じ万古に亘りて、変わらざる所の理にして、上にあっては道となる。舟車・軍農・器械は民に便にして国を利し、外に形《あら》われて器となる。臣の変えんと欲するのは、この器であり、道ではない[74]（尹善學）。

すなわち、申箕善によれば、東道西器論者は、第一に、東洋の「道」の優越性に対して西洋の「器」の優秀性を認めており、第二には、しかし、東洋の「道」の優越性にもかかわらず今日の東洋の「道」はその形式だけが残り、その実体がなく、したがって東洋は対外的に危機を迎えていると言うのである。申箕善は主気論の傾向を帯びた任憲晦の鼓山学派の出身で、次第に開化派の金玉均や朴泳孝と交流するようになる。つまり、申箕善は正統朱子学の流れの中で東道西器論へと転換し、開化的思考に接近していた。[75]尹善學は、儒教の「道」は万古不変の理として、その優越性を固持しながら利用厚生の立場から舟車・軍農・器械など、西洋の「器」の受容を主張している。

このような東道西器論は、当時執権派の一人であった金允植《キム・ユンシク》が、「彼ら（西洋）の教（＝宗教）は邪悪ゆえに、当然淫声美色を遠ざけるようにしなければならないが、彼らの器は有利ゆえに、真に利用厚生することができれば、農桑・医薬・甲兵・舟車の製造は、何を恐れてしないだろうか。その教えは退け、その器を手本とするのは、真に並行して食い違いはないが、ましてや強弱の形勢がすでに懸絶して差が広がっているのに、もし彼らの器を手本にしないのならば、どうやって彼らの侮辱を防ぎ、彼らの欲しがって覗くことを防ぐことができようか[76]」と論じているように、ただ単に西洋の「器」の優越性、利用厚生の功利性のためだけではなく、東アジア国際社会の権力政治の渦中で生き残るためには、富国強兵のために西洋の「器」の受容が不可避であるということを強調している。富国強兵策への転換と言うことができよう。

一八八三年一〇月に創刊された最初の近代的な新聞である『漢城旬報』は、こうした富国強兵策の結実であると言える。(77)

兪吉濬《ユ・ギルチュン》は『漢城旬報』の「創刊辞」において、その発刊趣旨を、

> 今から開化文明の進歩に従って、事理を観察し、……発行し、……その要領は一国人民の智見を拡大することにある。（そして）大きくは万国政治の事理から、小さくはすなわち一身一家の修斉（修身斉家）に至るまで、日々に新しくして、その卑陋な習俗を捨てて、開明の化運に向かうことによって弊害を取り除き、正理に帰着して、不便を捨てて有益に就き、国の文化を増進させることにあり(78)……

(73) 原文は、「蓋中土之人明於形而上者、故其道独尊於天下。西国之人明於形而下者、故其器無敵於天下。……中土之人不惟不能行西国之器、並中土之道而亦徒名無実萎靡将墜」安宗洙『農政新編』序。この時期の東道西器論に関しては、権五榮「東道西器論の構造とその展開」（『韓国史市民講座』第七輯、一潮閣、一九九〇年）七六～九六頁参照。

(74) 原文は「君臣父子夫婦朋友長幼之倫、此得於天而賦於性、通天地亘万古所不変之理、而在於上而為道也。舟車軍農器械之便民利国者、形於外而有国也。臣之欲変者、是器也、非道也」『承政院日記』高宗一九年一二月二二日条。

(75) 權五榮「申箕善の東道西器論研究」『清溪史学』一、韓国精神文化研究院清溪史学会、一九八四年、一二六～一二七頁参照。

(76) 原文は「其教則邪、当如淫声美色而遠之、其器則利。苟可以利用厚生、則農桑、医薬、甲兵、舟車之製、何憚而不為也。斥其教而效其器、固可以竝行不悖也。況強弱之形、既相懸絶。苟不效彼之器、何以禦彼之侮而防其覬覦乎」『高宗実録』巻一九、高宗一九年八月五日条、または『雲養集』巻九「御製代撰綸音布論」。

(77) 『漢城旬報』の創刊過程に関しては、李光麟「漢城旬報と漢城周報についての一考察」（『歴史学報』第三八輯、歴史学会、一九六八年）一～九頁参照。

(78) 『兪吉濬全書』第四巻「政治経済篇」（一潮閣、一九七一年）五～七頁。

と論じているように、『漢城旬報』を発刊する目的は、文明の進歩史観に立脚して事物の理を仔細に考察し、「一国人民の智見」を拡大するところにあって、朝鮮としては、大きくは世界諸国の政治・経済・社会・文化・軍事・制度などから、小さくは修身斉家にいたるまで、日々新たにし、また新たにして従来の卑陋な習俗から脱け出し、開明的な変化に向かい、弊害を除去し、正しい理に帰着し、不便さを捨てて有益さを得、国の文化を増進させようとすることである。このような発想の基底には、第一に、歴史の進歩に従って文明開化を遂行すること、第二に、文明開化というのは基本的に「一国人民の智見」を拡大するということ、第三に、理が正しく、有益な社会・文化を成就するということなど、言わば、兪吉濬の「創刊辞」においては、文明史観への転倒、一国の知識の主体としての人民の登場、功利的な文明社会に対する思考方法などが提起されているのである。

『漢城旬報』は当時の儒生、知識層を対象とした政府の開化政策についての啓蒙紙として、世界情勢の変化、世界各国の政治、経済、社会、軍事、科学、文化、制度などを紹介している。『漢城旬報』は、一号（一八八三年一〇月一日）発刊以降、一八八四年の甲申政変で博文局が破壊されて刊行が中断される時まで、四〇回前後にわたり発刊されたと推定されるが（現在伝えられているのは三六号までである）[79]、記事としては「国内官報」と「各国近事」に関する記事が主流をなしており、「国内官報」に比べて「各国近事」に関する記事が圧倒的に多い[80]。そのニュースソースは中国（主に上海と香港）、日本をはじめとして、英・米・独・仏などで発刊される新聞図書に依拠している。

甲申政変の歴史的評価については、一九六〇年代から一九八〇年代にいたるまで多様な観点が提起されている[81]。しかし、一九世紀中葉以降、韓国近代史における政治的課題が富国強兵と対外的独立にあったとするならば、甲申政変というのは当時切実に要求されていた富国強兵策の政治的実践と言うことができる。

甲申政変を契機に提起された「甲申政綱」は改革政策の大綱を示したものであって、開化派の具体的な思想内容を把握し得るものではないが、開化派が志向している基本的な発想が内在している。それは、第一に、清に対する朝貢制度の廃止であり、これは開化派においては朝鮮の対外的独立の出発点と言える。第二に、「人民平等権」の実現である。すなわち、朝鮮朝時代において伝統的に社会組織の骨格をなしていた門閥‐身分制度を廃止して、「人民平等権」を政治・経済・社会組織の基礎とするということである。これは同時に、統治体系の次元から見ると君主権の制限でもあり、「人民平等権」を基盤とする富国強兵の構想と言える。

甲申政変を主導した金玉均《キム・オッキュン》は、甲申政変の失敗で日本に亡命して奉った「巨文島事件に対する上疏文」（一八八五年）において、当時朝鮮が処していた対内的対外的な危機状況を克服するための改革政策として、

外には広く欧美〔美とは米国のこと〕各国と信義によって親交し、内には政略を改革し、愚昧の人民を教え、文明の道によって行い、商業を興起して財政を整理し、兵を養うことも、難事ではございません。方今、世界が商業を主導して、互いに生業の多を競う時に当たり、両班を除いて、その弊源を取り除くことに務めなければ、国家の廃亡を期待するのみで……門閥を廃して人材を選び、中央集権の基礎を確立し、人民の信用を収めて、広く学校を設けて人智を開発し、外国の宗教を誘入して教化の助けとすることも、また一つの方便と言うのです。(82)

(79) 李光麟前掲「漢城旬報と漢城周報についての一考察」一九頁参照。
(80) 鄭晋錫「漢城旬報と漢城周報のニュース源」(『新聞学報』第一六号、新聞学会、一九八三年) 一二～二一頁参照。
(81) 甲申政変の評価についての研究は、康玲子「甲申政変の評価をめぐって——研究諸説紹介」(『季刊三千里』四〇号、三千里社、一九八四年一一月) 七六～八一頁、および韓国政治外交史学会編『甲申政変研究』論叢第一輯 (甲申政変一〇〇周年記念国際学術会議、平民社、一九八五年) がある。

と直言している。

つまり、金玉均の改革政策に対する直言は、「甲申政綱」の内容を再三強調しつつ文明開化による朝鮮の富国強兵をより具体的に論じるものであり、朝鮮は対外的に西欧の近代的な国際体系に編入されている以上、欧米諸国と親交を厚くし、対内的には文明開化に向けた人民の教育－人智の開発、商業活動の助長を通じた国家財政の確保、両班の芟除や門閥の廃止などの政治・経済・社会改革を促進することを力説している。

以上で見てきたように、韓国近代史において一八八〇年代前半に東道西器論、『漢城旬報』の発刊、甲申政変の形で展開する文明開化－富国強兵論は、開化的思考の成長という観点から見ると、東道西器論の利用厚生の観点にもとづく西洋の「器」の受容を起点とし、『漢城旬報』の「創刊辞」での文明の進歩史観に立脚した「一国人民の智見」の拡大と社会的功利性の追求、甲申政変の政治的実践過程における門閥－身分制度の廃止と「人民平等権」の確立、教育による人智の開発、商業活動の助長、養兵など、朝鮮の文明開化－富国強兵のための実践的命題を提起している。このような実践命題を体制構想の次元で具体的に提示しているのが、朴泳孝の「上疏文」である。

(三) 朴泳孝の「上疏文」——体制構想

朴泳孝《パク・ヨンヒョ》は、一八八〇年代以降、開化的思考の成長過程において、体制構想の次元で文明開化－富国強兵策を最初に提示した思想家である。[83] 朴は、甲申政変後、金玉均、徐光範《ソ・クワンボム》、徐載弼《ソ・ジェピル》らと日本へ亡命し、滞在しながら、一八八八年、高宗に対して約一三〇〇〇字に達する長文の上疏を行っている。

朴泳孝の「上疏文」は、政治・経済・社会的改革を通じた朝鮮の文明開化－富国強兵策を論じたもので、「前文」と八条目にわたる改革政策を提起している。

「前文」では、八つの領域にわたる改革案の基本的方向を提示しており、①一八八四年の甲申政変は忠君愛国の心から出たもので、決して簒逆や乱国ではないこと、②臣が警戒しつつ望むことはただ朝鮮の中興であり、国がよく治まって富強であり、「民」が互いに信じ合って安楽であり、教化によって時に従って新たになり、上下の間が閉ざされていない社会を造らなければならないということ、③本朝（＝朝鮮）は建国以来現在までほぼ五〇〇年になったが、中葉からは国勢を振わせることができず、次第に衰弱して、近世にいたってはその衰弱ぶりが極度に至った。およそ事物が動じて極に至れば静となり、静が極に至れば動ずる、これは天地の至極な理であるが、どうして朝鮮（の現実状況）がその極に至っていながら変化をもたらさないでいられようかということ、④しかし、周の姜太公の言葉を引用して、邦国は帝王の邦国ではなく人民の邦国であり、帝王は邦国を治める職人であるということ、それゆえに統治者が邦国の利を「人民」とともにすれば邦国を得、邦国の利を意のままにすれば邦国を失うということ、したがって、政府が目標とするところは「保民」と「護国」であるということ、⑤政府が「保民」と「護国」を統治の目標としているということは、「人民」が国の根本であり、根本が丈夫であってこそ国が平安であるということにもとづいているということ、「保民」と「護国」を達成するためには国が和合しなければならず、国が和合するということは、統治者が「人民」と甘苦をともにすることであり、甘苦をともにするということは、統治者が「仁義」の統治を施すことで、こうした統治があってこそ今日の変動期に直面している朝鮮の「興復」（国勢の回復）をはかることができるとしている。[84]

この「前文」に表れた朴泳孝の基本的な構想は、今日たとえ朝鮮朝五〇〇年が衰残し国勢を鳴り響かせること

(82) 金玉均「巨文島事件に対する上疏」前掲『新東亜』「近代韓国名論説集」一〇～一一頁。
(83) 朴泳孝の生涯に関する実証的研究には、田鳳徳前掲「朴泳孝とその上疏思想」一一九～一三三頁参照。朴珪壽からの朴泳孝に対する思想的影響に関しては、孫炯富前掲『朴珪壽の開化思想研究』一八二～一八三頁参照。
(84) 「上疏文」前文。

ができなくとも、事物の動静変化という自然の至極な理によれば、今日の朝鮮は国勢を回復することができる「興復」の段階に臨んでいる。しかし、朝鮮の国勢を回復する統治方法は、統治者が「人民」と甘苦をともにする「仁義」の統治を施さなければならないという、言わば民本主義統治理念を志向しなければならないということである。

「前文」に続く具体的な改革政策としてあげている、①「世界の形勢に就き申し上げます」（「宇内之形勢」）、②「法律と紀律を興し、百姓〔人民〕と国を安定させなければならない」（「興法紀安民国」）、③「経済によって百姓と国を潤沢にしなければならない」（「経済以潤民国」）、④「養生によって『人民』を丈夫にして繁盛させなければならない」（「養生以健殖人民」）、⑤「武備を治めて百姓を保全し、国を守らなければならない」（「治武備、保民護国」）、⑥「人民に才徳・文芸を教えて根本を治めなければならない」（「教民才徳文芸以治本」）、⑦政治を正して百姓と国を安定させなければならない」（「正政治、使民国有定」）、⑧「人民に『当分の自由』を得さしめるようにして、人民の元気を養わなければならない」（「使民得当分之自由、以養元気」）の八つの条目は、文明開化‐富国強兵に対する朴泳孝の具体的な構想である。

この八条目は大きく分けて、①世界の形勢について論じた対外認識と、こうした対外認識に備えて、②から⑧にわたって法律や紀律、経済、養生、武備、教民、政治、当分の自由について論じた具体的な構想となっている。しかし、②から⑧にわたる具体的な改革構想は、それが単純に七つの条目についての個別的な議論にとどまるのではなく、この七つの条目の内的連関の中で文明開化‐富国強兵についての構想が展開されている。したがって、朴泳孝の「上疏文」に対する分析も、このような視角に立脚して論じるつもりである。

朴泳孝は、現実の国際社会について次のように論じている。

今、世界の万国が処している状況は、古代中国の戦国と類似しています。もっぱら兵勢を雄力として、強者が弱者を併合し、大国が小国を飲み込むかと思えば、つねに武備をたくらんで、文芸を修め、たがいに競い競争し、互いに励まして、先を争わないことはないゆえに、各々がその志を尽して、天下に威光をとどろかせ、他国が広げた隙に乗じて、その国を奪おうとしています。(85)

すなわち、朴泳孝は、現実の国際社会を弱肉強食の冷酷な権力政治の場と認識している。そうして国際社会にはたとえ権力政治に対応して「万国公法」「均勢」「公義」があるとはいっても、国に「自立・自存」の力がなければ必ず削裂して国を維持することができなくなると論じている。「万国公法」「公義」というものは本来頼りにならないというわけである。(86) 言わば、朴泳孝は国際社会に対する認識において、徹頭徹尾、政治的現実主義に依拠している。もちろん、朴泳孝が国際社会における権力政治に対してどの程度自覚していたのかについて論じることは決して容易なことではない。もちろん、韓国近代史において、いつ、誰によって権力政治が自覚され始めたのか、そしてその後の推移はどうだったのかという問題が提起され得るが、朴泳孝はこの時期の傑出した現実主義者であったと言うことができる。

朴泳孝によれば、歴史的に権力政治の状況下ではヨーロッパの文明化した強大国であっても敗亡しており、ましてやアジアの未開な弱小国が敗亡するのは言うまでもない。(87) すなわち、権力政治の前では、文明化した強大国に先立って富国強兵が切実に要求されているのである。彼においては、権力政治の前では、文明開化は必要条件

(85) 原文は「一曰、方今宇内万国、猶昔之戦国也。一以兵勢為雄、強者併其弱、大者呑其小、常講武備兼修文芸、相競相励、無不争先、各欲逞其志、以震威於天下、乗他之釁隙而奪之」「朴泳孝建白書」「一曰、宇内之形勢」条、外務省編纂『日本外交文書』日本国際連合協会、一九四九年、二九六頁。
(86) 同前。
(87) 同前。

ではあるが、十分条件にはなり得なかったのである。こうした意味で、今日の東アジア諸国は興亡盛衰の時を迎えていると警告している。

現実の国際社会に対するこのような現実主義的認識を背景に、朴泳孝において文明開化‐富国強兵に対する対内的な改革構想は、「(人)民」を基点としている。朴泳孝は次のように論じている。

一人(＝「個人」)の致富の根本は節用と勤労であり、一国の致富の根本は保民であり、(政府の)聚財ではない。(88)

すなわち、一国の国富の基礎は「(人)民」‐「個人」ということである。このような発想は非常に含蓄のある表現であるが、すでに兪吉濬が作成した『漢城旬報』「創刊辞」において、「一国人民の智見」を拡大するというところに暗示的に提起されており、それは「甲申政綱」や、金玉均の「巨文島事件に対する上疏文」に継承されている。既に述べたように、朴泳孝は「民は国の根本」という儒教的な民本主義を援用していた。しかし、朴において画期的なことは、「民」を個人レベルに解体したことにある。元来儒教における「民」の概念は、政治的には被支配層を指し、社会的には社会的人間の未分離状態の総体を意味している。そして、この意味で「民」は被支配層でありながら、共同体的な概念である。しかし、彼の「上疏文」のいたる所に見られるように、「(人)民」は社会的共同体の一員というよりも、一人一人の個人の集合体としての「(人)民」、すなわち、「(人)民」‐「個人」を意味している。まさにこの意味において、彼の民本主義は伝統儒教における民本主義の領域を脱していると言えよう。

朴泳孝は、人間の本性に関して次のように論じている。

人間の性情（人性が指向するもの）とは、窮（窮乏）と達（達成）によって変わるものである。（そして）窮すれば多く考えるようになるゆえ、（目的を）達することになり、（このように）達することになれば、（それに満足して）考えないようになるゆえに、窮することになる。[89]

すなわち、朴泳孝は人間の本性の問題を、原始儒教における孟子の「四端」や朱子学における「仁義礼智」のように、人間の内面的な価値規範に着眼しているのではなく、人間の自然的本性と現実の客観世界との連関の中で把握している。ここではすでに、人間の本性に対する儒教の道徳主義的な認識が大きく退色している。彼は、「およそ、人間が重んじることは、衣食住の三つの事であり、増財・致富し、必要な物品を供給し、歓楽を享受しようとしない者はない」[90]と論じている。つまり、彼は、「増財・致富」「給需用」「享歓楽」を人間の自然的本性と見ている。そうして、人間のこのような自然的本性に着眼し、「それゆえ、（人間が）富貴になっても貧窮を考えられるようになるならば、万全で危うい事はないはずである。人民と国家の富強は人々が大いに願うことであり、場合によってその願いを達成できないのは、人々が多く考えること（多思）や考えないこと（無思）によっているのである」[91]と主張する。つまり、彼は、人間をして「窮」や「達」に関係なく、これを超えて不断に「増財・致富」「給需用」「享歓楽」を考えさせれば、「増財・致富」「給需用」「享歓楽」を増大させることができると考えたのである。彼が、「（人）民」－「個人」を国富の基礎と論じていることは、こうした人間の本性に立

(88) 原文は「夫一人致富之本、則節用勤労。一国致富之本、則保民而不聚財也」「三曰、経済以潤民国」条、前掲書、二九九頁。
(89) 原文は「人之性情、随窮達而変者也。窮則多思、故致達。達則無思、故致窮」同前、三〇〇頁。
(90) 原文は「凡人之所重者、以衣食住三事為大、無不欲増財致富、給需用、享歓楽」同前、二九八～二九九頁。
(91) 原文は「是故富貴、而能思貧窮、則万全而不殆也。民国之富強、人々之所大欲、而或不克遂其願者、在多思与無思也」同前、三〇〇頁。

脚している。彼にとって、一人一人の富の総和が国富であり、またこのような意味で「(人)民」−「個人」は国富のエネルギーの源泉になっているのである。

では、今日のアジア諸国の状況はどうか。朴泳孝は次のように論じている。

考えるに、(アジア)諸国の政府が、(人)民を奴隷のように見て、仁義礼智によって(人)民を導かず、文学や才芸によって(人)民を教えなかったゆえに、(人)民は蠢愚(大変愚かなこと)・無恥で、たとえ他国に占領されたとしても(それが)恥になることを知らず、(自国に)禍乱が近づいても(それを)悟ることができないまでになった。これは政府の過ちであり、人民の過ちではない。(92)

しかし、近世におよんでは、教化が次第に衰退して風俗が廃れ、格物致知の本意を知らず、ただ文の華麗さを玩弄して古人の章句を取って文章を書くことを要領としたゆえに、四書三経や諸子百家の書を暗記して読んで文章を書くことができれば、たとえ愚かで役に立たない儒者と言われても、大学士と称して士大夫の列に立って、人民や国を誤って導いていた。これが、アジア諸国が衰頽した根源である。(93)

これらは、アジア諸国が西洋に比べて衰退することになった原因に関する議論であり、前者が被治者である「(人)民」についての議論、後者が治者である支配層についての議論である。前者について見ると、国の衰退の原因は、政府が被治者である「(人)民」を奴隷のように扱い統治と教化を疎かにしたことで、結果的に国富のエネルギーの源泉である「(人)民」が「蠢愚」「無恥」な状態に陥ったからだと言う。朴泳孝は「上疏文」のいたる所で、(アジア諸国の)「(人)民」を「固陋」「不学無識」「無知没覚」「放蕩無頼」「不弁是非曲直」「未開無識之民」「無恥」「蠢愚懶惰」「痴愚」「残弱」と指摘している。一方、後者に関して見ると、(アジア諸国の)

「(人)民」の「蠢愚」「無恥」に照応して、統治者層の間では詩文の形式主義的傾向が盛行し、「仁義礼智」によって「(人)民」を導き、「文学」と「才芸」によって「(人)民」を教えるという、統治者としての本分を忘却したと批判している。

それでは、このような状況下において、朝鮮の富国強兵に関する朴泳孝の構想はどのようなものであったのだろうか。それは二つの次元、すなわち、一つは富国のエネルギーの源泉としての「(人)民」－「個人」に関する議論であり、もう一つはこのような「(人)民」－「個人」をどうすれば富国強兵を目標として政治・経済・社会的に統合し、「(人)民」－「個人」のエネルギーを極大化するのかに関する議論である。

前者について、朴泳孝は、「(人)民」を「未開無識の民」から「開明識理の民」に転換しなければならないと言う。彼は「未開無識の民」と「開明識理の民」を、政治・経済・社会的に対比させて次のように論じている。

第一に、政治の次元で見ると、未開で無識な「(人)民」は愚かで怠惰なので圧制の暴政に耐えてそこに安住する反面、開明的で事物の理が分かる「(人)民」－「個人」は（あらゆることに）優れ、知恵があって強いので束縛の統治に服従せず、抵抗すると言う。朴泳孝によれば、人間社会の文明が進歩すれば、「(人)民」－「個人」は政府に服従する道理と服従してはならない道理が分かり、他国に服従してはならない道理が分かるようになるが、これは他でもなく「礼儀」と「廉恥」が分かるためであるという(94)。つまり、「未開無識の民」から脱し

(92) 原文は「蓋諸邦之政府、視民如奴隷、不導之以仁義礼智、教之以文学才芸。故人民蠢愚無恥、雖見領於他、而不知為恥、禍乱将至、而不能覚、此政府之過也、非人民之過也」「一曰、宇内之形勢」条、前掲書、二九七頁。

(93) 原文は「然及於近世、教化陵夷、風俗頽敗、不知格物致知之本意。而但以玩弄文華、尋章摘句為要、若読誦四書三経及諸子百家之書、而能作文章、則雖愚癡之腐儒、乃称大学士、而列於上大夫、以誤民国。此即亜洲諸邦衰頽之源也」「六曰、教民才徳文芸以治本」条、前掲書、三〇六頁。

(94) 同前。

て「開明識理の民」の水準に到達するようになれば、対内的な政治社会においても、対外的な国際社会においても、政治・社会・道徳的に何が正しく何が誤っているかを判断することができる知的能力――「礼儀」と「廉恥」――を持つようになると言うのである。

第二に、経済の次元で見ると、人間が重要だと考えるのは衣食住の三つであり、「増財致富」し、必要な物品を供給して歓楽を享受することであると言う。しかし、人間は一人では生きることができないゆえに、必然的に他人に頼って生を営むことになり、そして人間は社会生活を行わざるを得ないために、互いに助け合わざるを得なくなると言うのである。したがって、人間は社会の中で自分自身の特技によって士農工商の分業体系をなすようになり、人間はこうした士農工商の分業体系の中で「富貴」と「利達」（立身出世）を追求することになると言う。

朴泳孝は「（人）民」－「個人」の「富貴」と「利達」について、次のように論じている。

およそ、富貴や利達には二つの方途がある。一つは、自己の心力を傾け、あわせて他人にも有益なようにするというものであり、もう一つは、他人に損害を加え、それによって自己を潤沢にするというものである。それゆえ、文明の人はおのおの是と非を知り、他人を害して自己自身を利するようなことはしないゆえに、私有している財貨を計算して明らかにし、これを誇らしげに示すことができるゆえに、営業をする時に便利である。（しかし）愚昧の人は礼儀・廉恥を知らず、あるがままの本能的な貪欲によって、他人に乱暴にして自己自身を利するようにするゆえに、私有している財貨を人民が計算して明らかにすることができないように、それをひそかに隠して営業することは難しい。(95)

人間は生来的に衣食住の三つを営むために「増財・致富」－「富貴」・「利達」を追求するようになるという

意味で、人間の経済活動は競争的である。しかし、士農工商の分業体系の中での人間の「増財・致富」－「富貴」・「利達」の不断の追求は、その過程で「文明の人」は「是非」－「礼儀」・「廉恥」に依拠して「同時に他人にも有益にする」、言わば協調主義的な経済活動を遂行することで「増財・致富」－「富貴」・「利達」を増進させることができるが、「愚昧の人」は「是非」－「礼義」〔廉恥〕が欠けているため、「暴を他に行って己の事に利す」という利己主義的な経済活動を行い、したがって「増財・致富」－「富貴」・「利達」を遂行できなくなると論じている。

第三に、社会の次元で見ると、「文明国の人」は、衣食住の生活を営為することにおいて養生に努め、凍爛（凍傷と火傷）にかかったり、枯脤（体が痩せることと肥ること）を起こしたり、閉塞（住居空空間が塞がれている）した空間で生活することがなく、疾病があれば医薬で治療し、筋壮力健・心広体胖で幸福を享受し、長寿なので人口が増加することになると言う。しかし、「野蛮国の人」は、これとは反対に、衣食住の生活を営為することにおいて傷生をもたらすことになり、凍爛にかかったり、枯脤を起こしたり、閉塞した空間で生活することになったりして、疾病があっても医薬による治療を受けることができず、筋微力弱〔筋力が微弱で〕・神迷体痩〔精神が迷い身体がやせること〕で苦痛が多く、短命なので人口が減少することになると言う。[96] 朴泳孝によれば、衣食住の生活における「文明国の人」と「野蛮国の人」とのこのような対照的な相違は、前者が博学多識で養生の方法を体得し、衣食住の生活の合理的な調節を期するのに対して、後者は不学無識で、あるがままの自然的な本性に従って衣食住の不節制な生活をするためであると言う。

（95）原文は「凡富貴利達有二道。一曰、労自己之心力、而兼有益於他人、一曰、損害他人、而以潤自己。是以文明之人、各知是非、而無害人利己之事。故皆得以算明私有之財貨、而誇示之、便於営業。愚昧之人、不知礼義廉恥、而縦天然之慾、行暴於他、而利己之事。故民不得以算明其私有之財貨、而隠匿之、難於営業」「三曰、経済以潤民国」条、前掲書、二九九頁。

（96）「四曰、養生以健殖人民」条。

人民が愚かで学ぶことができなければ、成長して無知になり、相愛の情〔お互いを愛する感情〕と相信の義〔お互いを信じる義理〕が浅薄で、社会的に軽挙妄動して行動の前後を顧みず、結局刑罰を受けることとなり、世間の交際を害することが多いのに対し、教えや指導を受けて知識がある者は、犯罪を犯して罰を受けてもその罰が至当であることを甘受し、罪に対する刑罰を受けて自分の過ちを改めると言う。[97] すなわち、教育による知識の有無が、社会的な人間の愛情、信義、遵法意識の有無を左右すると言うのである。

朴泳孝は、富国のエネルギーの源泉としての「(人)民」－「個人」を、政治的・経済的・社会的に「未開無識の人」「愚昧の人」「野蛮国の人」と「開明識理の人」「文明の人」「文明国の人」に区分し、前者の「蠢愚懶惰」「不学」「無識」「不能弁是非曲直」（是非曲直を弁別できないこと）「不知礼義廉恥」（礼義・廉恥が分からないこと）「傷生」と、後者の「博学多識」「知是非曲直」（是非曲直を知っていること）「礼義廉恥」「養生」とを常に対比させている。その上で、富国のためには、「(人)民」－「個人」を教育を通じて、前者の状態から後者の状態に不断に改善しなければならないという。

しかし、これらはどこまでも、「(人)民」－「個人」の次元における政治・経済・社会的実践のための個別的な知的・肉体的能力に関する議論に過ぎない。朴泳孝は「(人)民」－「個人」の政治的・経済的・社会的実践のための個別的な知的・肉体的能力が、「(人)民」－「個人」の「増財・致富」の道程を経て富国に到達するためには、彼らに「当分の自由」を享受できるようにし、彼らの「元気」（政治・経済・社会的エネルギー）を培養しなければならないと言う。

朴泳孝は「自由」について、次のように論じている。

天が民（「(人)民」－「個人」）を下したゆえに、万民はすべて同一であり、（人間の）天賦の品性には（誰も）動かすことのできない通義がある。その通義とは、人間が自ら（自己の）生命を保存し、自由を追求し、

幸福を希求することである。(98)

これはロック(J. Locke)以来の自然権思想であるとともに、ジェファーソン(Thomas Jefferson)が作成した米国の「独立宣言文」に出てくる文章であり、人間は誰でも生来的に誰にも譲渡することのできない天賦の権利を賦与されており、その中には生命、自由、そして幸福を追求する権利がある。そして一身の安穏を保全できず、一身の自由を実現できず、自分自身の私有の財物を保全できなければ、人生の大義を失うと論じている。(99) 朴泳孝によれば、自由というのは自分が正しいと考えることを行うことであり、天地の理に従い、そこには束縛も屈撓(屈して曲がること)もないが、しかし人間はすでに社会を造り、他人と交際しながら互いに助け合って生活しているので、やむなく、その一部の自由を放棄して世俗の「通義」に従わざるを得ず、したがって国法におとなしく従うようになると言う。しかし、(この場合に)まるで人間が自分自身の自由を放棄したかのように見えても、実はその中の「蛮野の自由」を放棄し、天下のどこでも等しく及んでいる利益を得ることになると言う。そして、法律を制定して人間の罪悪を制裁することは、たとえ人間が「天賦の自由」を減少させたように見えても、実はこれによって政治的・経済的・社会的に「処世の自由」を増大させている、と論じている。(100)

人間の「自由」の実現に対する朴泳孝のこうした議論が、近代西洋政治思想における自然権の観念を受容したものであることは言うまでもない。朴泳孝は、国家の生活において教育を通じて「(人)民」-「個人」を「未

(97)「六曰、教民才徳文芸以治本」条。
(98)原文は「天降生民、億兆皆同一、而稟有所不可動之通議。其通義者、人之自保生命、求自由、希幸福是也」「八曰、使民得当分之自由、以養元気」条、前掲書、三〇九頁。
(99)同前。
(100)同前。

開無識の人」から「開明識理の人」に転換せしめ、「博学多識」で「礼義」と「廉恥」を知り、「是非曲直」の弁別力を備えるようにするとともに、政治・経済・社会的に「(人)民」－「個人」の「処世の自由」を保障することによって彼らのエネルギー(元気)を極大化させ、国富を達成することができると考えたのである。これは基本的に、個人主義的な功利的人間を媒介とする国富の実現であると言えよう。

次に、後者に関して見ると、これは国家富強のための統治論に関する議論であり、朴泳孝は、一九世紀中葉に朝鮮が置かれている状況の中で国家の富強を達成して万国と対峙しようと思えば、君権を縮小し、「(人)民」－「個人」に「当分の自由」を享受させるように各自が国に報いるための責務を負うことであり、その後に次第に文明の状態に進んでいかなければならないと言う。これは、国富のエネルギーの源泉である「(人)民」－「個人」に「当分の自由」を賦与し、「(人)民」－「個人」の「増財・致富」を極大化することによって、国富は達成できるという考え方である。したがって、政府の設立目的はどこまでも「(人)民」－「個人」に通義、つまり「生命・自由・幸福」を追求できるようにすること、また、その当然の結果として、一国の国富の根本はどこまでも「保民」にあり、「聚財」にはないのである(101)。政府が財貨を聚《あつ》めれば「(人)民」－「個人」が散じ、(政府によって)財貨が散ずれば「(人)民」－「個人」が聚集することになるために(102)、政府の「職分」はどこまでも「国民」を平安に治めて束縛せず、国法を堅く守って意のままにしてはならないのである(103)。

では、朴泳孝において、政府が「保民」のために統治して国法を堅く守るということが、統治次元で具体的にどのように議論されているだろうか。

すでに述べたように、朴泳孝は、朝鮮の文明開化－富国強兵策に関する八つの条目を、現実の国際社会状況に関する議論と、統治規範、経済、保健、武備、教育、政治、社会の七つの条目に分けていた。しかし、本節では朴泳孝のこの区分にとらわれることなく、全体を政治、経済、社会、教育、軍事の五つの領域に分け、各領域における主要論点を検討してみたい。

まず第一に、政治について見ると、朴泳孝は、君権を制限し、政府の職分として国民を平安に治めること、国民を束縛してはならないこと、国法を堅く守ることを強調している。上訴文の「前文」において、「賢聖は、道によって民を教え、義によって治め、礼によって動かし、仁によって慰めます。この四徳を治めれば興り、これを廃すれば亡びます」[104]と述べているように、これは文字通り儒教的統治論である。しかし、朴泳孝は「法律とは、人民（各自）の処身および他人との関係を規制する規範であり、正理を勧勉し、邪悪を禁じることである。それゆえ、その法を執行することにおいて無偏無党を心がけ、ただ是非曲直の理を分別して治めて、罪があれば、貴・愛を離れて刑罰を加えるのであり、罪がなければ、たとえ賤であっても、抑圧したり憎んだりして逼迫してはならない」[105]と述べているように、統治において、一方では仁義礼智、すなわち徳治を、そしてもう一方では法治を論じつつ、しかし同時に、次のようにも述べている。

およそ法律の本来の趣旨は、必ずしもその制度を施行しようとすることにあるのではない。……規例を定め、人の心を正して道理を行うように導き、化民成俗（民を教化し善良な風俗を成すこと）して犯罪がなくなるようにすることである。[106]

---

(101)「八曰、使民得当分之自由、以養元気」条、および「三曰、経済以潤民国」条。
(102)「三曰、経済以潤民国」条。
(103)「七曰、正政治、使民国有定」条。
(104) 原文は「賢聖教之以道、理之以義、動之以礼、撫之以仁。此四徳者、修之則興、廃之則亡」「上疏文」前文、前掲書、二九五頁。
(105) 原文は「法律者、人民処身結交之規矩、而勧正理、禁邪悪。故其行之也、無偏無党只弁是非曲直之理、而治之、有罪則雖貴必罰、雖愛必刑、無罪則雖賤不可抑」「二曰、興法紀安民国」条、前掲書、二九七頁。
(106) 原文は「蓋法律之本旨、不欲必行其政也。……定規例、以制人之心、而導之於道理、化民、成俗、而使無犯罪也」同前、二九七頁。

朴泳孝は統治において法治を貫徹しているわけではない。彼は、法規範に依拠した政治社会の秩序化を追求する近代的法観念を受容しながらも、究極的に法治に依存することよりも、法治を媒介にした徳治を実現しようとする。

それゆえ、たとえ法を制定して刑罰を執行しても、（法治は）必ず仁義信を根本とするのであり、刑を過酷に執行して仁を傷つけたり、罰を無理やり執行して義を駄目にしたり、法を自分勝手に運用して信を失う（ことは）……蛮邦未開の政であり、刑を執行するとき仁によって行い、罰を執行するときに義によって行い、法を執行するときに信によって行い、人民の心が豪健・和平で、信じて安穏になることが、文国開明の政である。[107]

と述べているように、朴泳孝は法の精神、さらには具体的に法執行の正邪を分ける価値判断基準を、「仁義信」に依拠しているのである。もちろん、彼は近代西洋の自然権思想を受容しており、さらに、人間が政府を設立することになった本来の趣旨がその「通義」を固くすることにあり、もしこのような設立趣旨に立脚してその義を保全すればその威権を確保することはできても、もしこの大旨に反した場合には「(人)民」－「個人」は必ずその政府を変革して新しい政府を設立し、その大旨を保全するであろうと論じている。[108] これは、政治社会の起源が本来的に人間の自然権の実現にあると考えていたことを示している。しかし、すでに自然権観念の最も核心的な価値と言える自由について「処世の自由」－「当分の自由」－「文明の自由」の実現を論じていたように、朴泳孝の自然権思想に対する議論は、法執行の価値判断基準としての「仁義信」と決して矛盾するものではない。

第二に、経済について見ると、国富の基礎は「(人)民」－「個人」である。朴泳孝は、人間が重要だと考えるものは衣食住の三つであり、人間の自然的本性として「増財・致富」し、必要な物品を供給して歓楽を享受しようとしない者はおらず、人間の性情は「窮」や「達」によって変化するものであると言う。したがって、朴泳孝は、「窮」や「達」に関係なく、人間に不断に「増財・致富」「給需用」「享歓楽」を考えさせれば、「増財・致富」「給需用」「享歓楽」は増大させられると言う。

したがって、個人の致富の根本が節用と勤労にある以上、国家の致富の根本は「保民」であり、「聚財」ではないと言う。[109]つまり、国富を実現するためにはどこまでも「保民」に努めなければならないのである。彼は、これを統治原理の次元で、「仁者は、財貨を散じるようにして、民を得る」[110]と論じている。これは、（政府によって）財貨が聚まれば「（人）民」－「個人」は散じ、財貨が散ずれば「（人）民」－「個人」が聚集することに根拠を置いている。政府が積極的に介入するのは、「保民」の延長線上において、「（人）民」－「個人」の「増財・致富」のために諸般の制度的装置や自然の効率的利用、諸般の産業の振興など、経済活性化政策を講ずることにとどまるのである。[111]

第三に、社会について見ると、人間の社会生活は、政治・経済生活と同じく、衣食住の三つを重要視しており、「増財・致富」して必要な物品を供給して歓楽を享受することを目標とし、こうした人間の社会生活は「通義」に依拠するものであると言う。

（107）原文は「是以雖立法行罰、然必以仁義信為本。故酷刑而傷仁、勒罰而敗義、擅法而失信、乃致人民之心、軟而弱、頑而暴、疑而擾乱、蛮邦未開之政也。行刑以仁、行刑以義、行法以信、乃致人民之心、豪而健、和而平、信而安穏、文国開明之政也」同前。
（108）「八曰、使民得当分之自由、以養元気」条。
（109）「三曰、経済以潤民国」条。
（110）原文は「仁者散財以得民」同前、二九九頁。
（111）同前。朴泳孝がここで提示している具体的な経済政策参照。

朴泳孝は、こうした観点から、高宗が公と私の奴婢を禁じたことを高く評価している。彼は、人間の通義に依拠して、第一に、男女均等権、家庭生活における夫婦の均等権を認めなければならず、第二に、一国の「(人)民」－「個人」は、全て同類の人間であり同祖である以上、班・常・中・庶の等級を廃止しなければならないと言う。これは、「(人)民」－「個人」の社会的平等権を意味している。[112] 彼は、男女均等権、夫婦均等権、社会的平等権の延長線上において、医療の普及、貧民救済、棄児・飲毒・堕胎・暴力の禁止、便宜施設の設置など、社会制度や社会施設等の改善を促しているのである。[113]

第四に、教育について見ると、教育は、朴泳孝の富国強兵論において最も核心的な論点となっている。それは、朝鮮の富国強兵のためには、何よりも文明開化、すなわち富国のエネルギーの源泉としての「(人)民」－「個人」を、政治・経済・社会的に「未開無識の人」「愚昧の人」「野蛮国の人」から「開明識理の人」「文明の人」「文明国の人」に転換させなければならないからである。朴泳孝は次のように論じている。

もし、政府がただ人民を処罰する政治だけを行い、人民を教育する政治を行わないならば、それはいわゆる人民を駆り立てて、わなに陥れることである。[114]

こうした指摘は、「前文」においても、(アジア)諸国の政府が「(人)民」を奴隷視して「仁義礼智」によって「(人)民」を導かず、「文学」と「才芸」で「(人)民」を教えなかったために「(人)民」は「蠢愚無恥」となり、たとえ他国に占領されたとしても(これが)恥になるということが分からず、(自国に)まさに禍乱が及んできても(これを)理解できずにいると指摘していた。[115]

では、朴泳孝が具体的に提示している教育の内容とはどのようなものだろうか。彼は、先述したように、近世朝鮮に至って教化が次第に衰退してきただけでなく、「格物致知」の本来の意味を知らずに文章の華麗さを援用することや、経典や諸子百家の文章を覚えて文章を作成する詩文主義の非実用性を批判していた。また、伝統的学問である『小学』の教育課程と『大学』の八条目を紹介しつつ、「もしその末（詩文主義）を捨ててその根本（格物致知）を取り、格物窮理の学から平天下の術に至るようになれば、それは今日の欧美〔米〕で隆盛になっている学問のようになる」[116]と論じている。すなわち、朴は、すでに伝統儒教の中に、今日のように隆盛となった欧米の学問論と軌を同じくする「格物窮理の学」があることを提起しており、この「格物窮理の学」こそが、権力政治に対応できる「平天下の術」を体得できる学問であると主張しているのである。しかし、彼は、伝統儒教におけるこのような「格物窮理の学」はすでにその伝授を喪失し、それがどのようなものであったのかが分からない以上、教えることも習うこともできないと言う。[117] 朴泳孝は次のように論じている。

学問とは、東洋西洋を問わず、その実用を優先し、その文華を後にすることである。大抵、実用は蜜柑のようなものであり、文華とは（蜜柑の）香りのようなものである。……その実を捨ててその華を取るならば、格物窮理・修身治国の学は一時に崩壊し、（その根本が消えて）浅薄で可憐な風潮にいたることになる。[118]

---

(112)「八曰、使民得当分之自由、以養元気」条。
(113)「四曰、養生以健殖人民」条で提示している社会改善策参照。
(114) 原文は「若政府、只有罰人之政、而無教人之政、則此所謂駆民入阱也」「六曰、教民才徳文芸以治本」条、前掲書、三〇五頁。
(115)「一曰、宇内之形勢」条。
(116) 原文は「若棄其末取其本、而自格物窮理之学、至於平天下之術、則与当今欧美方盛之学同也」「六曰、教民才徳文芸以治本」条、前掲書、三〇六頁。
(117) 同前。
(118) 原文は「学者、勿論東洋西洋、先其実用、而後其文華。夫実用如橘、文華如香。……故棄其実、而取其華、則格物窮理、修身治国之学、一時并廃、乃致浮華之風也」同前、三〇六〜三〇七頁。

すなわち、朴泳孝は実用主義的な学問の重要性を強調している。この観点から、彼は実用主義的な学問や知識の普及のために、小・中・壮年の学校を設立すること、政治、法律、財政、歴史、地理、算術、理化学に関する書籍を翻訳して壮年の士人を教育すること、外国人を雇用して人民に政治、法律、財政、医術、窮理、才芸に関することを教育すること、優先的に人民に国史、国語、国文を教育すること、印刷所、博物館を設置すること、有識者に大衆を相手に現実の世界状況に対する知識を普及させること、東・西洋の語学教育を普及させること、新聞を発行して国内外の事情、政治、経済、社会に対する諸情報を提供することなど、「開明識理の人」「文明の人」「文明国の人」になるための多角的教育課程の推進を促している。

第五に、軍事について見ると、朴泳孝は、朝鮮の軍事力強化のためには、軍隊を精神的に統一しなければならないと言う。そのためには、①彼らに仁義を教えて国のために自ら戦う旨意を分からせるようにすること、②軍法を確立して将士を愛すること、③兵卒に恩恵を施し、功があれば賞を与え、罪があれば罰を下して報国尽忠の志気を備えるようにし、戦争に臨んで死を顧みないようにしなければならない、と言う。ここで、国を治め軍隊を治めるには、礼を教えて義を奮い立たせ、兵士と「(人)民」に恥を知らしめなければならないことを強調している。恥を知るようになれば、大は国のために戦うことができ、小は自分を守ることができるのであり、結局「(人)民」は自分を愛し、恥が何であるかを知ることになり、またこれを推し拡げて愛国を行うことによって保身護国ができるのである。

さらに、軍事力の革新のためには、軍の強力な統率のための将帥を重用すること、当時分散していた旧式・新式、前軍・後軍、左軍・右軍の軍体制を統合すること、軍糧・軍装備の確保、軍事学校の設立、海軍の養成など、軍事力強化のための養兵策の推進、軍器庫の重修、武器の修繕などを促している。[119]

(四) 結論――儒教思想と文明開化－富国強兵論との接点

思想史的観点から見れば、一九世紀中葉以降の朝鮮は、漸進的進行ではあるものの、一方には衛正斥邪論者に代表される朱子学的イデオロギーと現実の政治・経済・社会体制との分裂過程があり、もう一方には、彼らの強固な根本主義的思想運動－義兵運動との対立の中で、朱子学的イデオロギーが次第に体制イデオロギーとしての機能を喪失し、朱子学的観念体系が解体－断片化の道を歩むことによって、それら断片化した朱子学的諸観念が現実との相互作用を経ながら意味変化をもたらすという、言わば朱子学的諸観念の変容過程があったと言えよう。

朴泳孝の「上疏文」は、韓国近代史において、このように断片化した朱子学的観念の変容過程の絶頂に位置しているものと考えられる。朝鮮朝時代の統治理念を儒教的道徳国家の実現とするならば、朴泳孝の統治理念は、東アジア国際社会の権力政治の中で文明開化による富国強兵を達成するものであった。

もちろん、朴泳孝において、体制構想は外来的な文明開化を媒介とするものであった。しかし、彼がこのような体制構想を推進することにおいて、外来的なものを理解－受容する知的媒介となったのは、原始儒教、朱子学－朝鮮朝朱子学、朝鮮朝時代の実学思想であった。彼は、「上疏文」に見られるように、儒教思想と文明開化－富国強兵論との接点を不断に追求していた。

その主要論点を整理してみると、以下のようになるだろう。

朴泳孝の「上疏文」における儒教思想と文明開化－富国強兵論との接点を言う時、最も代表的なものは、民本主義の統治理念である。

民本主義は原始儒教本来の発想である。しかし、朝鮮朝朱子学の場合、思想の主観主義的傾向や実践的次元における道徳的規範主義の傾向が強かったため、民本主義の統治理念が相対的に停滞していたことは否定できない。

---

(119)「五曰、治武備、保民護国」条。

すでに言及したように、民本主義の統治理念は朝鮮朝朱子学の思弁性に対するアンチテーゼとして、実学思想家によって経世致用論・利用厚生論の形で台頭し、一九世紀中葉以降における開化的思考の成長過程において、文明開化に向けた「一国人民の智見」の拡大、「人民平等権」の実現、「(人)民」の教育－人知の開発など、伝統儒教の場合のように統治対象としての「(人)民」ではなく、文明開化を通じた富国強兵の主体としての「(人)民」－「個人」観が構築されており、伝統儒教本来の領域から大きく逸脱している。

伝統儒教における民本主義は、基本的に「養民－教化」論であり、「利用厚生－正徳」論である。この「養民－教化」と「利用厚生－正徳」の関係は、手段(「養民」「利用厚生」)と目的(「教化」「正徳」)の関係である。伝統儒教の民本主義における「養民」や「利用厚生」は、どこまでも目標価値としての「教化」「正徳」の実現のための手段となっており、それ自体に独自の価値が認められているわけではなかった。朴泳孝における民本主義も、伝統儒教と同様に、「保民」「得民」を強調している。しかし、この場合の「保民」「得民」とは、「およそ、人間が重んじるものは、衣食住の三つの事であり、増財・致富し、必要な物品を供給し、歓楽を享受しようとしない者はいない[120]」と述べているように、「(人)民」－「個人」の自然権の実現であった、「保民」「得民」それ自体が目標価値となっている。そして、朝鮮の富国強兵は、このような「保民」「得民」の延長線上に置かれているだけでなく、伝統儒教における「教化」「正徳」が、彼の民本主義においては、目標価値としての「保民」「得民」を実現するための政治・経済・社会的装置(apparatus)、すなわち手段となっている。朴泳孝の民本主義においては、伝統儒教における民本主義とは対照的に、目標と手段が転倒しているのである。

それでは、民本主義のこのような対照性を、統治論の次元から見るとどうなるだろうか。原始儒教の「仁政は必ず経界(にもとづくこと)から始まる[121]」や、朴泳孝の「賢聖は道によって教え、義によって治め、礼によって動かすようにし、仁によって慰める[122]」、「たとえ法を制定して刑罰を執行しても、(法治は)必ず仁義信を根本とする[123]」、「仁者は、財貨を散じるようにして、民を得る[124]」などは、両者いずれも「仁政」を民本主義の統治原理としているが、「仁政」の含意するところは非常に対照的である。

伝統儒教では、「(自然としての)自己を克服して礼に復ることを仁という[125]」、「孝弟とは仁の根本ではないだろうか[126]」、「仁政は必ず経界(にもとづくこと)から始まる[127]」というように、「礼」や「孝悌」など、儒教的な家共同体社会関係における道徳的規範を包括する道徳的価値を基調としており、「仁政」という言葉は、儒教では家共同体社会関係を基盤とするこうした道徳的価値が理想的な統治原理に昇華していることを表している。また、朱子は『論語集注』で、「仁は愛の理であり、心の徳である[128]」と論じているように、朱子にとっての「仁」とは人間の内面的な道徳的価値であり、これが人間関係における主体的道徳的実践の次元では「愛」として表されている。

もちろん、朴泳孝の「上疏文」においても、すでに検討したように[129]、伝統儒教同様に「仁」を道徳的次元における統治原理として論じている。しかし、彼は一方で伝統儒教同様に「(人)民」－「個人」を「仁として慰める」が、他方では「仁義信」を法執行の正邪を分ける価値判断基準の根拠としている。また、「仁者は、財貨

(120) 本章註90参照。
(121) 本章註62参照。
(122) 前掲「上疏文」前文。
(123) 本章註106参照。
(124) 本章註109参照。
(125) 本章註51参照。
(126)『論語』「学而篇」。
(127) 本章註62参照。
(128)『論語集注』「学而篇」。
(129) 本章註121、122、123参照。

を散じるようにして、民を得る[130]」と論じているように、「仁」は富国強兵のための統治原理となっている。もちろん、「仁者は、財貨を散じるようにして、民を得る」というのは、朱子学本来の発想である。しかし、朱子のこの発想は、「(人)民」－「個人」が「増財・致富」して必要な物品を供給し、歓楽を享受するものの、富国強兵を目標とするわけではなく、政治・経済・社会的に儒教的道徳的秩序を確立することを目標としていた。朴泳孝の場合も、その体制構想における「仁」の含意が、伝統儒教の「仁」の道徳的意味を完全に払拭しているわけではない。しかし、統治原理としての「仁」が、「義」「礼」「信」とともに、①政治・経済・社会関係における個人の自然権の実現を目標としていること、また②その延長線上で、各個人が「増財・致富」して必要な物品を供給し、歓楽を享受し、さらに富国強兵を目標としているのである。すなわち、朴泳孝において、伝統儒教の「仁」の観念が拡大・変容しており、このような推移は「義」「礼」「信」の観念の場合にも当てはまると考えられる。

朴泳孝における儒教的観念の拡大・変容は、「養民」「利用・厚生」の次元にとどまらず、その延長線上で目的化されている「教化」「正徳」の次元においても進行している。元来、伝統儒教では「民」が「恒産」を通じて経済的に安定すれば、学校を振興し、道徳教育を施して、人倫の道を教えることになっていた[131]。朴泳孝も道徳教育を否定しているわけではないが、すでに言及したように、「養民」「利用厚生」と「教化」「正徳」が転倒しており、「教化」「正徳」が「養民」「利用・厚生」のための手段となり、教育(「教民」)が文明開化を通じて富国強兵を極大化するための手段となっている。すなわち、彼における教育とは、政治・経済・社会的に「(人)民」－「個人」を「未開無識の人」「愚昧の人」「野蛮国の人」から「開明識理の人」「文明の人」「文明国の人」に養成すること、換言すれば、「(人)民」－「個人」が自然権を実現し、個人の次元で「増財・致富」して必要な物品を供給して歓楽を享受し、国家の次元で富国強兵を極大化するという目標を達成するために、政治的・経済的・社会的に適合した人間を養成することを意味していた。さらに付け加えるならば、彼は、「(人)民」－

「個人」に修身、窮理、天文、地理、法律、医学、算数、音楽、漢（中国）・蒙古・満州・日本・インド等の諸国の文語の学など、「格物窮理の学」から「才徳文芸」「平天下の術」にいたるまで(132)教育することを主張している。

元来、朱子学では「居敬」と「窮理」、すなわち学問の主観主義的傾向と客観主義的傾向が、車の両輪や鳥の両翼のように均衡をなしていた。しかし、朝鮮朝朱子学では「居敬」と「窮理」を論じながらも、どちらかといえば「居敬」、つまり学問の主観主義的な傾向に偏っていた。これに反して、朴泳孝の学問論は実用の学問であり、現実の客観世界を対象とする「格物窮理の学」「才徳文芸」「平天下の術」に傾倒していた。彼における以上のような教育論は、原始儒教－朝鮮朝朱子学はもちろん、朝鮮朝時代の実学思想家の「養民－教化」論、「利用厚生－正徳」論をも超えるものであった。

原始儒教－朝鮮朝朱子学が「恒産」という基盤の上に儒教的道徳的教化を目標としていたとすれば、朝鮮朝時代の実学思想家は、その思想的展開において、主として「養民」「利用厚生」論を開拓することに力点を置いていた。朴泳孝は、「養民」「利用厚生」論をはじめとして、その延長線上に文明開化－富国強兵論を契機とした「教化」「正徳」論の拡大変容を展開していたのである。

Ⅲ　開化思想の理論的構造――兪吉濬

最後に、兪吉濬《ユ・キルチュン》を中心とした開化思想の特質を検討しておこう。

---

(130) 本章註109参照。
(131) 宇野精一他編「中国思想（Ⅰ）儒家思想」前掲『講座東洋思想』（2）一一六頁参照。
(132) 「六曰、教民才徳文芸以治本」条。

兪吉濬《ユ・ギルチュン》（一八五六〜一九一四年）は、朝鮮朝末期における開化派思想を最も体系的に構築した思想家であった(133)。近世実学派の「古代論」は、磻溪や茶山に典型的な制度改革論の模範として、また他方では利用厚生学派によって遂行された学問観の変容の論理的媒介として、いつもその引照基準になっていた。しかし、こうした「尚古」主義的指向は、惠崗の状況主義的指向、すなわち経験論や「変通」論がより強力に推し進められることによってついに断絶することになった。惠崗にとって、「物理」の世界と対する人間の知識とは、経験的な知識を意味していた。しかし、その「変通」論は、主気論的志向によって、従来の実学派に見られた「変通」論よりも徹底した状況主義的指向に移行していた。ただし、彼にとって従来の「尚古」主義的指向の断絶は、決して彼の歴史観を変化させることを意味するものではなかった。

兪吉濬は、近世実学派の「変通」論の伝統に依拠しながらも、歴史観において、文明の進歩という新しい歴史観に傾いていた。彼は次のように論じている。

> 世代の等級が下って行くほど、人間の開化する道は前進するが、その意味（言者）は、ある人が言うには、後人は前人に及ぶことができないと言ったが、しかしこれは隅々まで達していない談論である。人事（人が行う事）というものは無窮ゆえに、時代にしたがって変幻することがあっても、後人が変化にしたがって処理する道理を行わず、古い規模（手本）を固守して、実際に事を施行して合わないことがあれば、すなわち、「今人がなぜあえて古人と同じだろうか」と言うが、この言葉がどうしてその通りだろうか。もし人の気質と局量（才能と度量）が代々減衰すれば、まさに今から幾千年が過ぎれば、当然人の施行する事は終わるはずであり、またさらに幾千年が過ぎれば、人の道理も無くなるはずゆえに、これは理がそうでないことは間違いない(134)。

すなわち、彼は「変通」論と並行して、恵崗の段階で訣別していた「尚古」主義的指向への批判を前面に掲げることにより、文明の進歩を主唱したのである。しかし、たとえ文明の進歩という新しい歴史観が主張されたとしても、それは決して、「変通」論はもちろん、彼の哲学的基礎をなしていた循環論的宇宙論[135]に意味変化をもたらすものではなかった。この新しい歴史観は、一八八〇年代に外からの思想的インパクトを媒介にして形成されたものに過ぎなかった。

兪吉濬は、「開化」の定義について、「人間の千事万物が至善極美な境域に至ることを言う[136]」と述べている。つまり、そこには、国家の形態、人間社会の諸制度、法、人間の思考様式等の一切の事物や事象が、「至善極美な境域」に向かって前進して行くという文明の進歩史観が貫徹されているのである。

しかし、彼が歴史の説明として「文明の進歩」という観念を使用したとすれば、「変通」論は明らかに政策論であって、制度改革論はもちろん[137]、彼の法思想にも多大な影響を及ぼしたと考えられる[138]。彼は、法を「恒久法」

---

(133) 本節では、一八八〇年代の代表的著作といえる『西遊見聞』を主に考察の対象とした。一八八〇年代における兪吉濬の活動について言及するならば、彼は一八八一年執権派の一環として「朝士視察団」（紳士遊覧団）が日本に派遣された時、魚允中《オ・ユンジュン》（一八四八～一八九五年）の随行員となって日本を訪問、慶應義塾に入学し、福澤諭吉に師事した。一八八二年の冬に一旦帰国し、一八八三年には報聘使の閔泳翊《ミン・ヨンイク》（一八六〇～一九一四年）に従って渡米し、マサチューセッツ州セーラム市のダマー学院（Dummer Academy）で修学した。一八八五年にヨーロッパ各国を遍歴し、同年冬に帰国したが、「開化」的思考の所有者だとして逮捕され、六年間の軟禁生活を送ることになった。当時の開化思想の最高峰を飾ると考えられる『西遊見聞』は、主にこの軟禁生活中に執筆された。『西遊見聞』が出版されたのは一八九五年だが、著作はすでに一八八九年に完成していた。彼の渡米生活に関しては、李光麟『韓国開化史研究』（一潮閣、一九六九年）二五八～二七四頁参照。

(134) 兪吉濬『西遊見聞』（兪吉濬全書編纂委員会編『兪吉濬全書』第一巻、一潮閣、一九七一年）三八三頁。

(135) 本書第三章註77参照。

(136) 兪吉濬前掲『西遊見聞』三七五頁。

と「変遷法」に二分して、次のように述べている。

変遷法（実定法）は、時俗の趨向〔向かうところ〕や事物の移換にしたがってもっと補充したり削ったりするものであり、恒久法（自然法）は、国内の伝統的な規範や制度・文物を保護し、永久に変わらないものであり、変遷法は、実は恒久法にしたがって流出したものである。(139)

「変遷法」とは、人間社会の具体的な状況によって生成する――「変通論」に照応するもの――のであり、その源泉は常に「恒久法」――人「性」から外在化した普遍的「道理」に照応するもの――だと言うのである。

次に、彼の人間論について見ると、朴泳孝と同様に、人間の欲望を積極的に肯定する志向が基調となっている。兪吉濬によれば、人間は本質的に「おのおの職分を努め、自己の好悪にしたがって、自己の趣意を達成しようと、先を争う(140)」のであり、社会とはこのような人間の「互いに競って互いに励ます（相競相励する）(141)」場だと言っている。こうした人間観や社会観は、文明の進歩の観念、あるいは「至善至極な境域に到達する」という開化思想と完全に照応するものであった。

しかし、こうした開明的人間観が創出されたにもかかわらず、そこには近世実学派に残されていた課題とも言い得る楽観主義的人間観(142)の克服はなされなかった。彼は「至善極美な境域に到達する」ための処方箋として教育と法律の必要性を論じ(143)、その両者が実行されることによって、「相競相励する」社会において「自己の利益と栄達を追求する者は、他人の利益と栄達もやはり成し遂げるようにし、自己の幸福を成し遂げる者は、他人の幸福もやはり成し遂げ、自己の力で他人の（財）物を欲しがる弊風・悪習がついになくなる(144)」と考えたのである。その根底には、教育や法律によって人間を矯正していけば、人間の「相競相励する」社会自体がみずから自然的調和に至り、「至善極美な境域に至る」という、一種の自由放任的な楽観主義的指向が流れていた。

最後に、兪吉濬の国際秩序観念について検討してみよう。既述したように、[145]茶山は「中華」を特定の民族＝漢民族から超越化させ、文化の次元で「中国」を相対化させ、惠崗はその超越化された「中華」的文化理念を排斥しつつ、文化的な価値の多元化を推進していった。しかし、こうした思考方法の変容は、決してそれが「東アジア世界」において支配的だった階序的規範＝「礼」観念自体の変容を意味していたのではない。「礼」観念は、一方で中華観念に内包されていた「礼」観念を意味するとともに、他方では「東アジア世界」における国家

(137) 彼は制度改革論について、次のように論じている。「政府の事務は、大小を問わず時にしたがって変易するものであり、凡人のことは、昔には適合したものが今ではそうではないものがあり、あちら側では至極善いものがこちら側では適合しないものがある。法とは、久しければ弊害が生まれ、時が移れば事が変化するのは、世間の自然な道程である」同前、一四二頁。

(138) 朴泳孝の法律観に関してはすでに言及した。兪吉濬は法律に関して、次のように述べている。「およそ法律とは、大衆の秩序を維持する大きな具器であるゆえ、国にこれがなければ（秩序が）紊乱し、人類にこれがなければ（道理が）食い違うようになる。それゆえ、世界のどの国でも、その智・愚の等級の高下を問わず、各々（その人民に）ふさわしい法律があり、互いにともにする権利を保守するのである」（同前、二六二〜二六三頁）。すなわち、兪吉濬にとって普遍的な「自然の道理」は超越化されており、彼の「変通」論に照らして「法律」――「綱紀」――が論じられている。

(139) 同前、二六七頁。

(140) 同前、一三〇頁。

(141) 同前。

(142) 本書、第四章第五節参照。

(143) 彼によれば、人間の「相競相励する」社会において、教育と法律はそれぞれ、「自己の考えることを達成しようとすれば、世人を考えず、公平な道理を妨害し、私的な欲心を自分勝手に恣行する心配」（同前、一三〇頁）を教育によって善導し、「今、教育を受けられない野蛮未開の人民が群れをなして集まった中に、一片の宝物を投げれば、すなわちその群衆は突然動乱し、互いに戦って争う醜態や恥ずかしい癖」（同前）を法律によって防止するという意味で把握している。

(144) 同前、一三一〜一三二頁。

(145) 本書、第四章第六節参照。

間の対外関係をきわめて政治的に規律化させる「礼」観念をも意味していた。その典型的事例として、正統朱子学派が、理念的には普遍的な「中華」主義的指向を取りながらも、「夷狄」視していた清朝に対する「事大」「朝貢」関係――すなわち君臣関係――としての「礼」を尽くしていたことがあげられよう。そして、それは茶山の場合も全く同様だったと言うことができる。彼は、中国から「中華」を超越化させながらも、清朝との「事大」「朝貢」関係を規範の次元では克服できずにいた。「東アジア世界」における階序的規範観念を克服するためには、「礼」観念自体を再解釈していく必要があったのである。

この階序的な「礼」観念の克服は、朝鮮朝末期における客観的状況の急激な変化の中で、清朝との政治的な階序関係（すなわち「事大」「朝貢」関係）が事実上崩壊していく過程――一八七〇年代において惹起し、進行していった――において、また外部からの思想的インパクト（すなわち近代的な国家平等観念）を受けながら階序的規範観念から平等的規範観念に移行していく過程において遂行されていったと考えられる。

兪吉濬は、こうした状況下にある諸国家間の関係について、次のように述べている。

> 財物が均一にはならないゆえに、諸人の強弱や貧富は必然的にその差異があるが、各々一家をなし、平等な地位を保全して守ることは、国法の公道として人の権利を保護するからである。（これと同様に）邦国の交際もやはり公法によって操制（固く権柄をとって調整すること）し、偏りのない正理によって同等にみなす道を行うことにより、大国も一国であり、小国も一国である。国の上に国はまたなく、国の下に国はやはりなく、一国が国になる権利は彼此で同じ地位として分毫の差異も生じないのである。[146]

すなわち、個人の事実上（*de facto*）の強弱貧富の差異にもかかわらず、「国法の公道」によって平等の権利を有しているということと平行して、国家においても「天地無偏の正理」による基本的な権利があり、国家間の平等が主唱されている。ここには、階序的規範観念から平等的規範観念への移行が見られる。さらに彼は、「権利は天然（天が下したこと）の正理であり、形勢（現実の変化する状況）は人為的な剛力（強い力）である」[147]と述べているように、「権利」と事実上の「力」とを明確に区別することによって、朝鮮朝の伝統的「事大」「朝貢」関係を、規範の次元からではなく、純粋に「形勢」の次元から捉えていた。それゆえ、彼は「属邦」と「贈貢国」を、次のように区別している。

およそ属邦は服属して仕える国の政令・制度をすべて遵守し、（一国の）内外の諸般の事務に対する自主的な権利が全くなく、贈貢国（朝貢をささげる国）は、強大国の侵伐を免れるために対抗できない形勢を自ら悟り、たとえ本心に合わないとしても、条約を遵守し、貢物をささげて享有できる権利の範囲内で独立主権を獲存するのである。それゆえ、贈貢国が諸他の独立国が保有している権利を行使できるものと見て、世界中の堂々とした独立主権国として……贈貢国は、他の独立主権国と同等の修好・航海および通商諸約を議定し[148]……。

彼は、「属邦」と「贈貢国」との根本的な相違を明確にし、「贈貢国」はその受貢国によって「独立主権」を侵害されるのではないと言っている。これは、次のような意味で理解されなければならない。つまり、朝鮮朝と中国大陸の諸国との間に設定されてきた「事大」「朝貢」関係は、単にその「形勢」や強弱によって持続されてき

(146) 同前、八八頁。
(147) 同前、九一頁。
(148) 同前、九二頁。

たものに過ぎないということである。

以上、開国後における対外的状況の急激な変化の中で、その対応様式を、一つは正統朱子学派を中心に、もう一つは開化派の思想を主に近世実学派との思想的連関という観点から考察してきた。正統朱子学派が、執権派と衛正斥邪派との政治的思想的分裂の中で、執権派が対外的に近代的国際体系に編入されていくのとは対照的に、衛正斥邪派は激烈な「尊華攘夷」の思想運動を展開してきたが、開化派は、近世実学派の思想的伝統に依拠しつつ外部からの思想的インパクトを積極的に受容することによって、近世実学派の思想的限界を突破し、極めて近代的な思惟に到達することができたのである。そこには、思想の急速な変容だけでなく、実質的な飛躍もあった。しかしその時、すでに朝鮮朝は日本、ロシア、中国等の間で繰り広げられた「権力」政治の渦中に置かれていたのである。

第四節　韓国近代史における国際関係観念[*]——伝統的な存在様式の変容過程を中心に

I　問題の所在

一九世紀半ば以降の東アジア三国、韓・中・日の近代史は、国際関係史の観点から見れば、伝統的な東アジア国際体系と西洋の近代的な国際体系との角逐の過程であり、各国それぞれの対応の仕方によって国際関係観念が転換、維持、拡大、変形、解体し、その展開過程において複雑多義な様相を呈している。

ホール（John W. Hall）が近代日本を指して、「新たな極西の国、日本[149]（Japan, the new far west）」と呼んだことに象徴されるように、近代日本は、政治的・社会的・文化的・思想的に華夷観念を支える実体的基盤がなかっただけでなく、伝統的な東アジア国際体系を政治・経済的に支えていた朝貢体制から自由であったために、極めて容易に西洋の近代的国際体系に編入できたのに比べ、中国の場合はアヘン戦争以来、西洋の近代的な国際体系に編入されながらも、伝統的に中国が世界の中心であるという天下観念を背景にして、文化的には中華理念を基調とする華夷秩序、および政治的・経済的・軍事的に近隣諸国との緊張関係を緩和する朝貢体制という、言わば東アジア国際体系──もちろんこのような国際体系が東アジア世界において歴史的にどのくらい普遍性をもっていたのかという問題は、今後も引き続き研究や議論を要する課題と言えるが──を依然として維持、拡大、またはこの道程における変形－解体をもたらすことになる歴史的挫折を経ずにはいられなかった。[150]

この日中両国と比べると、朝鮮は欧米列強によって引き起こされた東アジア国際社会における権力政治の中で、むしろ中国や日本からの外圧から逃れようとする──結果的には失敗して日本の植民地に転落することになるが──両截体制を両極とする多様な発想が提起されてきた。[151]

つまり、東アジア近代史における韓・中・日三カ国の対外的発想様式には、危機克服に対する成功や失敗とは別に、それぞれ個別の特殊性があったことに留意しなければならない。もちろん近代以前の東アジア国際関係史

(＊) 本節は、渡辺浩・朴忠錫編『韓国・日本・「西洋」』(韓日共同研究叢書一一、亜研出版部、二〇〇八年)に発表したものを再掲載したものである。

(149) John W.Hall, "Changing Conceptions of the Modernization of Japan" in Marius B. Jansen ed., *Changing Japanese Attitudes Toward Modernization*, Princeton University Press,1965, p. 10.

(150) 植手通有「対外観の転回」(橋川文三・松本三之介編『近代日本政治思想史』(Ⅰ) 有斐閣、一九七一年) 三五～四一頁。

(151) 「両截体制」とは、兪吉濬『西洋見聞』(交詢社、一八九五年、第三編「邦国の権利」八五～九九頁) に見える概念で、朝鮮が伝統的東アジア国際体系と西欧の公法的国際体系の両方に編入されている対外的国際関係状況の二重的性格をいう。この「両截体制」に関する研究としては、原田環『朝鮮の開国と近代化』(溪水社、一九九七年) 一九一～二一八頁、および金容九『世界観衝突の国際政治学──東洋礼と西洋公法』(ナナム出版、一九九七年) 二三一～二六八頁を参照。

において、中国大陸が中心舞台であったこと、またそのために中国を中心とした中華観念－華夷秩序、事大－朝貢・冊封体制が支配的傾向であったことは認めざるを得ない。伝統的な東アジア国際関係史に対する歴史的説明の妥当性も有効であろう。しかし、他方で、中国大陸内では歴史的に漢族と異民族との間に力による絶え間ない抗争と侵略が繰り返され、流動的状況が頻繁に展開されていた。そして、中国大陸におけるこうした歴史的変動は、当然のことながら、大陸に隣接する韓国に大きな影響を及ぼした。日本の場合は、韓国とは対照的に、航路が未発達であったために、中国大陸における歴史的変動から比較的自由な地理的環境に置かれていた。伝統的な東アジア国際社会は、このような意味において、歴史的多元性を認めざるを得ないのである[152]。

　こうした伝統的東アジア国際社会において特徴的なのは、中国を中心とする中華観念－華夷秩序、事大－朝貢・冊封体制が支配的な状況下であっても、事大－朝貢・冊封体制が維持されるかぎり、中国の朝貢・冊封国に対する直接的支配関係は成立しなかった[153]、ということである。言わば、「中国を中心とする異民族支配の存在様式――これは異民族間でも同様だったが（引用者）――は、……異民族の相対的自立性を認めるという、はなはだルーズな結びつきであり、異民族社会の多様性と中国との力関係がどのようであるかによって、多様な変差を示すという特質をもっている[154]」と言うことができる。

　伝統的東アジア国際社会のこのような性格は、結果的に政治・経済・社会・文化・思想のレベルにおける体制・価値・規範・思考方式などにおいて、個別国家としての歴史的独自性への道を開くものであったが、こうした歴史的独自性の存在様式が、逆に伝統的な東アジア国際社会の存在様式を規定する結果をもたらしたと考えられる。歴史的に伝統的東アジア世界において、文化伝播の同時的契機（cultural synchronization）が乏しかったことも決して偶然ではない[155]。こうした観点から見ると、伝統的東アジア国際関係史を検討する際には、まず基礎研究として、韓・中・日三カ国の個々の国家を対象にして、伝統的東アジア国際関係史と密接な関係を有する体制、価値、規範、思考方式などの存在様式に着目しなければならない。東アジア国際関係史の実体的把握は、こうした観点からの個別研究の蓄積の上に、その全体的な連関構造の存在様式を究明して初めて達成できると言えよう。

本節では、このような問題意識から出発し、伝統的東アジア国際体系と西洋の近代的国際体系が交叉する一九世紀半ば以降の東アジア国際関係史において、西洋の近代的国際体系の基本軸としての権力、法〔国家平等観念〕と、伝統的東アジア国際体系の基本軸としての中華観念－華夷秩序、事大－朝貢・冊封体制、礼、そして交隣をめぐって展開する複雑多義な様相を、主に韓国近代史における初期発想様式――丙子修好条約〔朝日修好条規〕と朝美〔美とは米国のこと〕条約――を中心にして検討したい。

一般論のレベルから見れば、「西洋の衝撃」（western impact）はアヘン戦争（一八四〇～四二年）を起点としている。しかし、韓国近代史における対外的国際体系の変動は、一八七六年の丙子修好条約を契機として始まった。周知のように、丙子修好条約第一款には「朝鮮国ハ自主ノ邦ニシテ日本国ト平等ノ権利ヲ保有セリ[156]」と明記されているが、この条文は、それが自覚的なものであれ日本側の一方的な要求によるものであれ、韓国近代史においては伝統的東アジア国際体系からの権力政治と近代的国家平等観念を基調とする西欧的国際体系への移行を意味する最初の歴史的経験であり、次のような政治的含意を随伴していた。

それは、第一に、伝統的東アジア国際体系である中華観念－華夷秩序、事大－朝貢・冊封体制とは相容れない

(152) George B. Sansom, *The Western World and Japan*, Cresset Press, 1960. 金井圓他訳『西欧世界と日本』（上）、筑摩書房、一九六六年、二一四頁参照。
(153) 茂木敏夫「中華世界の『近代』的変容」（溝口雄三他編『アジアから考える（2）地域システム』東京大学出版会、一九九三年）二六九頁。
(154) 堀敏一「近代以前の東アジア世界」（『歴史学研究』第二八一号、一九六三年）一五～一六頁。
(155)『丸山眞男講義録』第四冊「日本政治思想史（一九六四）」（東京大学出版会、一九九八年）一三頁。
(156) 国立国会図書館立法調査局『旧韓末条約彙纂』（上）（一九六四年）九頁。

ものであったために、実際には朝鮮が清に対する事大－朝貢・冊封体制から離脱できる端緒を提供するものであったこと、第二に、その当然の結果として、清に対する事大－朝貢・冊封体制が清算されないかぎり、朝鮮としてはやむなく両截体制の道程を歩まざるを得なくなったということである。

しかし、朝鮮の対外的発想における両截体制を含めて、一八七六年の丙子修好条約は、韓国近代史においては、清に対する事大－朝貢・冊封体制と、日本との近代的な国家平等関係——実際に丙子修好条約が朝鮮と日本との国家間の平等を貫徹していたのかとは別次元の問題として、ここでは丙子修好条約の第一款が近代的な国家平等観念に立脚した端緒になっているという点から——を両極として（もちろん清日戦争で清が敗北し、両極のバランスが崩れるのであるが）、朝鮮の対外関係が流動的性格を帯びることになる歴史的起点であった。

丙子修好条約を契機に提起される「朝鮮は清の属邦か」という清日間の論争をはじめ、一九〇四年の露日戦争に至るまで、朝鮮をめぐる清・日・露・米の角逐に関する国際関係史的研究には、これまでに多くの蓄積がある。[157]

本節では、このような既存の研究成果に依りつつ、伝統的東アジア国際関係を規定してきた中華－華夷、事大－朝貢・冊封、礼、交隣などの国際関係観念をはじめ、朝鮮の対清関係において提起される属邦論、そして伝統的東アジア国際体系と西欧の近代的国際体系が交叉する過程において提起される権力（政治）、法（近代的な国家平等）観念を中心にして、これら諸観念が韓国近代史の過程においてどう展開したのかを、支配層の発想様式に注目し、その思想的特性を検討したい。したがって、本節では、韓国における伝統的国際関係観念の存在様式を概念的に分析し、それらの観念が、丙子修好条約、『朝鮮策略』の波紋、朝米条約などの歴史的事件を媒介にして、どう展開したのかを検討するにとどめたいと思う。

II 概念の多義性

歴史的に近代以前の東アジア国際関係を規定してきた観念、すなわち中華－華夷、事大－朝貢・冊封体制、礼、そして交隣等は、近代以降の西欧国際体系の軸をなす権力政治や国家平等観念に比べると非常に多義的である。これらの諸観念は、発生的には中国古代の西周時代以来、春秋戦国時代や秦・漢の統一時代にいたる長い時間をかけて形成されたものであるが、同時にそれぞれ個別的な契機を媒介にして形成されてきたものでもあった。そのため、国家間の関係を規制することにおいては、当初から内的に何らかの形で互いに関連する統一的国際関係観念として機能したというよりも、政治・経済・文化・軍事などの歴史的状況の特殊な契機が媒介となって、個別的、または結合－分離の過程を経ながら、意味や内容を異にしつつ機能する傾向が強かったと考えられる。こうした意味において、これらの観念は歴史的概念であった。

(157) 一九四五年以降の同分野に関する研究としては、彭澤周『明治初期日韓清関係の研究』(塙書房、一九六九年)、全海宗『韓中関係史研究』(一潮閣、一九七〇年)、白鍾基『近代韓日交渉史研究』(正音社、一九七七年)、宋炳基『近代韓中関係史研究』(檀大出版部、一九八五年)、權錫奉『清末対朝鮮政策史研究』(一潮閣、一九八六年)、森山茂徳『近代日韓関係史研究』(東京大学出版会、一九八七年)、董徳模『朝鮮朝の国際関係』(博英社、一九九〇年)、浜下武志『近代中国の国際的契機』(東京大学出版会、一九九〇年)、金源模『近代韓美関係史』(哲学と現実社、一九九二年)、溝口雄三他編『アジアから考える(1)交錯するアジア』(東京大学出版会、一九九三年)、溝口他前掲『アジアから考える(2)地域システム』(東京大学出版会、一九九三年)、溝口他『アジアから考える(3)周縁からの歴史』(東京大学出版会、一九九四年)、平野健一郎編『講座　現代アジア地域システムと国際関係』(東京大学出版会、一九九四年)、原田前掲『朝鮮の開国と近代化』、金容九前掲『世界観衝突の国際政治学——東洋礼と西洋公法』、具仙姫『韓国近代対清政策史研究』(図書出版ヘアン、一九九九年)、および權赫秀『一九世紀末韓中関係史研究』(白山資料院、二〇〇〇年)などがある。

（一）原型

歴史的に、中華－華夷秩序、事大－朝貢・冊封体制、礼、交隣などの伝統的な東アジア国際関係観念が、どのような個別的契機を媒介にして、互いに内的関連をともなう国際関係観念（たとえば、その典型的存在様式として、文化・地理的な中国＝中華観念－華夷秩序や、政治・経済・軍事的な事大－朝貢・冊封体制を構築しながら、周辺諸国を儒教的礼規範のなかに編入してきた明・清時代の国際体系）として定着したのかについて秩序立てて論証することは決して容易な作業ではない。そのため、ここでは、伝統的東アジア国際社会の政治的・文化的含意を検討するという観点から、これらの諸観念についての概念的性格を分析してみることにする。

まず第一に、古今東西を問わず、国内の政治社会や国家を単位とする国際社会を秩序化するための最も核心的な統制要素は、権力と規範である。また、権力と規範のどちらに力点が置かれるかによって、国際社会の性格が規定されてくる。[158] 伝統的に中国大陸を中心とした東アジア国際社会において国家間の関係を規制してきた統制要素は、相対的ではあるものの、権力よりも規範であったと言えよう。もちろん、歴史的に力や覇道、事大、合従連衡などの権力主義的発想がなかったわけではない。実際、権力主義的実践は絶えず繰り返されてきたのだが、中国大陸を中心とした東アジア世界は、イデオロギー的には儒教文化圏であり、価値理念的には、たとえ存在様式の違いがあろうとも、国内の政治社会においても、国家を単位とする国際社会においても、徳や礼の規範を基調としていた。[159] むろん、礼は発生的には五倫に代表される家共同体社会の規範観念である以上、国際関係観念としての礼も、その拡大された擬制（fiction）に過ぎなかった。

こうした観点から、まず礼規範について見てみると、『孟子』に、以下のような論がある。

国君（＝諸侯）が仁を好めば、天下に敵はない。今、国君は天下に敵がいないことを望みながら、仁によって治めてはいない。[160]

力によって人を服従させる者は、〔人が〕心から服従するのではない。力が足りないからである。徳によって人を服従させる者は、〔人が〕心から喜び誠心から服従するのである。(161)

儒教の統治論では、政治社会における統制要素として、どちらかといえば権力主義、法治主義、統治技術に頼るよりも、徳や礼による統治を最も理想的な統治様式と考えていた。そのため、儒教思想の基底には、現実社会における礼的秩序の実現を目標とする道徳的規範主義の思考方法が貫流していたと考えられる。これを政治的正統性(political legitimacy)の次元から見れば、権力による支配というよりも、(儒教的)道徳による支配と規定する方がより自然であろう。伝統的東アジア国際社会で機能していた規範観念が、こうした礼観念の拡大した擬制だとすれば、国際関係観念としての礼規範も、その当然の結果として、儒教本来の概念的性格を随伴せざるを得なくなってくる。

第二に、中華－華夷観念は、こうした礼規範を核心的内容としていた。中華というのは、発生的には中夏、華夏、または諸夏ともいい、漢民族が四囲の夷蛮戎狄に対して自国を称した用語であり、①地理的に中国が世界の中心であり、②中国が文化的世界において最も優秀である、という文化的優越性によって、禽獣に等しい四囲の

(158) 川田侃『帝国主義と権力政治』(東京大学出版会、一九七一年)一〇～一七頁参照。
(159) 儒教の統治原理について見ると、「子曰く、之を道くに政を以てし、之を斉ふるに刑を以てすれば、民免れて恥づるなし。之を道くに徳を以てし、之を斉ふるに礼を以てすれば、恥づる有りて且つ格る」(『論語』為政篇)と論じているように、イデオロギー的に徳・礼主義を志向している。
(160) 『孟子』離婁章句上。
(161) 『孟子』公孫丑章句上。

夷蛮戎狄を礼的秩序の中に編入して文化的恩恵に浴させるという、言わば開放的かつ世界主義的性格を内包している。したがって、中華においては、理念的には、国家または民族による領域や国境を超越した「天下」だけが存在することになる。[162]

『論語』に、「孔子が、九夷にでも行って住もうかと言うと、ある人が、（そこは）卑賤な所で、それをどうしようというのかと尋ねるので、君子がそこに行って住めば、その感化によって風俗が良くなるはずだから、どんな卑賤があるというのか」[163]とあるように、中華思想は種族や血族による差別を前提としていない。また『孟子』に、「私は夏（＝中国）の教えによって夷狄の風俗を変化させたということを聞いたが、夷狄の風俗によって夏が変化したということは聞かなかった」[164]とあるように、中華とは、中国を中心とした礼文化が夷蛮戎狄の領域に教化によって絶えず拡大する文化理念的概念であった。[165]

第三に、事大と交隣について見ると、これは西周時代の封建的宗法秩序が世代交代が長期にわたって続く中で、親属関係が疎遠になり、諸侯国間の軍事的緊張関係を規制する過程で形成された観念であった。[166]そのため、事大と交隣は、発生的には国家（諸侯国）間の軍事的、政治的関係概念としての流動的性格を特徴としている。『春秋左氏伝』に、

礼とは、小（国）が大（国）に事え、大（国）が小（国）を慈愛するということである。大（国）に事えること（事大）は、その時その時の命令をよく受け入れることであり、小（国）を慈愛すること（字小）は、なくて苦しいことを救恤することである。[167]

という記述があるが、これは小国と大国間の力関係を、礼観念を媒介とした規範のレベルで論じたものであり、ここにはすでに流動的な「事大」が規範を媒介として固定化されている。このような規範主義的発想は、「小

（国）が大（国）に事えることは信（義）であり、大（国）が小（国）を保護することは仁（愛）である」[168]という文に典型的に表れている。また、このような規範主義的発想は、「およそ、諸侯が即位すれば、小国は君主が自ら来朝し、大国は使臣を来聘している」[169]というように、小国と大国間の来朝、来聘という「朝聘の礼」「事大」「字小〔小国をいたわること〕」の礼に転化している。[170] しかし、「事大」のこのような規範主義への転化が、「事大」本来の軍事的、流動的性格を消し去ってしまうことはなく、それゆえ、「朝聘の礼」「事大」「字小」の礼の持続的恒例化が、結果的に「事大」関係の儀礼化、形式化につながっていくことには議論の余地はないだろう。

ただ、『孟子』には、次のような文（斉の宣王が交隣について質問したことに対して、孟子が答える）がある。

ただ仁者だけが、自国が大国でありながら隣の小国に対して礼を尽くして交流することができる。……ただ智者だけが、（自国が）小国でありながら大国に対して礼を尽くして交流することができる。……大国でありながら小国に対して礼を尽くすことは、（天の意にしたがって天下のあらゆる事物を慈愛して）天を楽し

(162) 本書第三章を参照。
(163) 『論語』子罕篇。
(164) 『孟子』滕文公章句上。
(165) もちろん、実践論の次元で見れば、礼文化を基調とする中華思想が、君主による民の徳化という王道政治思想と密接に結びついていることは言うまでもない。小倉芳彦『中国古代政治思想研究』（青木書店、一九七〇年）三二〇～三二一頁参照。
(166) 李春植「『左伝』中に見える事大の意味」（『史叢』第一四輯、高麗大学校史学会、一九六九年）一八～三二頁参照。
(167) 『春秋左氏伝』昭公三〇年。
(168) 『春秋左氏伝』哀公七年。
(169) 『春秋左氏伝』襄公元年。
(170) 李春植前掲「『左伝』中に見える事大の意味」二九頁参照。

むことであり、小国でありながら大国に対して礼を尽くすことは、(天の条理を知って)天を畏れることである。天(の意)を楽しむ者は天下を保全することができ、天を畏れる者はその国を(安全に)維持することができる。[171]

ここでは、大国と小国との対外関係を、①大国の力による一方的な小国支配ではなく交隣の次元で論じており、②このような交隣が天の条理に拠らなければならないということ、そして、③以上の理由から考えれば、大国と小国との交隣を儒教的自然法に依拠して理念化していることが分かる。むろん、これはあくまでも理念的レベルでの発想である。すでに、春秋時代において、交隣の次元での大国と小国との交流は、弱小国に対する攻伐や併呑が横行する中で、強大国による絶え間ない侵入や圧迫により、[172]小国の大国に対する一方的な「事大」の礼へと移行していた。

第四に、「事大」観念と密接な関連のある朝貢・冊封に関して見ると、最も典型的な範型は、諸侯国‐藩国として冊封体制の下で天子に使臣を送り、方物を献納して臣下としての礼を尽くすことである。朝貢制度は、発生的には西周時代の封建的宗法秩序における諸侯の天子に対する「朝覲《ちょうきん》〔臣下が天子にお目にかかること〕の礼」にその源流を見出すことができ、天子が諸侯‐藩国を統制し支配するための一種の政治的手段であった。この制度は、すでに西周時代に諸夏の世界だけでなく九夷、八蛮、六戎、五狄にも拡大され、諸侯とともに「朝覲の礼」を行なっている。しかし、これら異族は、天子に対する「朝覲の礼」に参与しながら、その一方で諸夏に対する侵奪を行なっている。[173]この意味で、朝貢・冊封体制は、発生的には漢族を中心に中原を舞台に形成されたが、特に漢代以降の東アジア世界においては、異民族間の緊張関係を緩和する国際関係観念として拡大・変形している。

以上のように、国際社会秩序を統制する根本的機制を権力および規範とすると、概念的には、文化理念的で道徳的性格を基本的特徴とする礼規範や中華‐華夷観念は後者に近く、事大、交隣、朝貢・冊封体制は本来政治的、軍事的、経済的性格を帯びている観念であり、前者に近いと言える。しかし、これらの観念の内在的特性を見ると、前者の場合は、歴史的にその本来の属性を独自化－拡大していくよりも、これらの観念に内在している現実主義的、権力主義的発想が具現される一方で、これらの観念が礼規範や中華－華夷観念と結合し、国家・異民族間の関係を儀礼化・形式化する儒教的道徳的規範主義に寄生し、その本来の属性が色あせる傾向を帯びることもある。これに比べて、後者の場合は、前者とは対照的に、歴史的にその本来の属性を独自化－拡大していくことにより、特に韓国史においては一七世紀前半から一九世紀後半にわたって対外的イデオロギーとして構築され、哲学的原理として理論化する作業が進められてきた。中国大陸を中心とした東アジア世界において、国際関係観念のこのような意味変化が伝統的東アジア国際体系の性格を大きく規定してきたことは論を俟たない。国際関係観念が歴史的に分離－結合の道程を経ながら、東アジア国際社会における国家間関係を規制する国際関係観念として拡大・適用され、漢族の占有物としてではなく、東アジア国際社会を構成する異民族とこれらの国際関係観念を共有することにより、東アジア国際社会の多元的性格が形作られたと考えられる。

(二) 拡大と変形——韓国史の場合

韓国は地理的に中国大陸と接している。そのため、韓国は歴史的に中国大陸から、特に政治的・思想的・文化的・軍事的に大きな影響を受けてきた。しかし、このような歴史的環境は、韓国史の歴史的他律性を規定するものではない。歴史的自律性の問題は、歴史の主体的発想の存在様式に関する実体的把握にもとづくものだからで

(171) 『孟子』梁恵王章句下。
(172) 李前掲「『左伝』中に見える事大の意味」二九～三二頁参照。
(173) 李春植「朝貢の起源とその意味」(『中国学報』第一〇輯、韓国中国学会、一九六九年) 三～五頁および一七～一九頁参照。

ある。韓国史において、歴史的に中国大陸から大きな影響を受けたという問題と、こうした歴史的環境のもとで韓国人の歴史的自律性がどう追求されたのかという問題は、全く別の問題である。

このような観点から、中国大陸を始点とする国際関係観念が、漢代以来、中国大陸はもちろん東アジア世界の国際関係観念として拡大・適用されたとするならば、東アジア国際社会ではこれらの観念がどう機能したのか、また韓国史ではこれらの観念がどのような形で受容され、定着したのか、という問題が提起され得る。ここでは本節の課題と関連して、一九世紀半ば以降の東アジア国際関係史における朝鮮の対外的発想の存在様式を究明するために、必要な範囲内で、予備的考察的レベルにおいて、その特徴的様相を検討しておきたい。

まず、韓国史における東アジア国際関係観念の存在様式に関する議論に先立ち、韓国の政治・思想的伝統について略述しておこう。

儒教と仏教は、すでに三国時代（儒教伝来の年代ははっきりしないが、仏教は四世紀後半から六世紀前半にわたって伝来している）に受容され、韓国の政治・文化・思想的伝統として今日に至るまで大きな影響を及ぼしている。しかし、この二つの思想を「支配の論理」という観点から見ると、非常に対照的な性格をもっている。儒教は礼、五倫、六官制度（天・地・春・夏・秋・冬に準ずる治・教・礼・兵・刑・工）を源とする思想の客観主義的傾向、また、この意味で独自的体制論を持っていると言えるが、孟子の心学論、人性論（性善説）に代表される思想の主観主義的傾向をも同時に兼ね備えている。これに比べて、仏教は、主に思想の内面王義的・主観主義的傾向を特徴としている。そのため、儒教が国家統治のための政治体制論を提示する一方で、仏教は国家安寧の精神的支柱となり、儒教と仏教は歴史的に国家統治体系における思想的競合関係にありながらも共存するという様相を示している。韓国史でいえば、高麗時代がその典型的な例と言える。[174]

もちろん、この時期の儒教思想における主観主義的思想傾向が、仏教のそれに対抗するだけの理論的成熟を期することができなかったのは論を俟たない。しかし、高麗末に伝来した朱子学は、従来のこうした儒教と仏教の思想的競合関係を崩壊させた。それは朱子学の「居敬」に見られるように、人間の内面世界に対する独自の理論を開拓した。儒学は、それまで貧弱だった主観主義的領域に対する独自の理論を構築し、仏教の主観主義論の非現実性・非実用性を異端視し、朝鮮時代に入ると、朱子学が単に体制イデオロギーとしてではなく現実の客観世界と人間の内面世界に関する独自の理論を確保することによって、思想的正統として朝鮮朝社会の思想界を独占するようになったのである。それは、一六世紀後半、李退溪によって朝鮮朝朱子学が体系化され、正統－異端の観念が成長し、理論と実践の両面で思想界における異教・異端に対する排斥をはじめとして、朱子学内部での経典解釈にともなう政治的社会的実践論、東アジア世界に対する歴史的認識、またこうした理論的武器を背景に、東アジア国際社会に対する認識にいたるまで、朝鮮朝時代の対内外的イデオロギーの性格を大きく規定していった。これを別の言葉で表現すれば、主体的認識においては正統－異端の教条主義の傾向を、そして主体的実践においては儒教的な道徳的規範主義の傾向を基調としており、これを朝鮮朝時代の対外的発想という観点から見れば、理念的には春秋の大義を起点とする歴史的規範主義——尊王攘夷・華夷秩序・衛正斥邪——の傾向を、実際のレベルでは権力主義に対する儒教の道徳的規範主義——事大－朝貢・冊封の儀礼化による緊張緩和——の傾向を強く持っていたと言えよう。

すでに「原型」に関する議論において言及したように、中華－華夷観念はもちろん、発生的に政治的、軍事的性格を帯びていた事大－朝貢・冊封観念も、礼観念と結びついて儀礼化が進行し、権力主義に対して規範主義の傾向を強く持っていた。のみならず、これらの諸観念は、漢代以降、東アジア国際関係観念として拡大適用されて、匈奴と漢の文帝との交流[175]、東晋時代（三一七～四二〇年）に高句麗と後趙、晋、前燕、前秦、後燕、北燕、

(174) 朴忠錫前掲『韓国政治思想史』一六～一八頁参照〔初版にあった仏教に関する叙述は後の改訂で割愛されている〕。
(175) 李春植「漢代の羈縻政策と事大朝貢」（『史学志』第四輯、檀国大学校史学会、一九七〇年）五九～七一頁参照。

南燕、そして宋代（四二〇～四七八年）には高句麗と宋、北魏との交流等からうかがえるように、事大−朝貢・冊封体制は漢族もしくは中華−華夷観念を中心に一元的に構築されたのではなく、政治的軍事的要素を媒介にして多元的に形成された。[176] もちろん、明清代の東アジア世界に見られるように、中華−華夷観念と結びついた形での事大−朝貢・冊封体制が一元的に構築されることもあった。

しかし、高麗の場合を見ると、遼・金・元とは政治的軍事的レベルで朝貢・冊封関係を結んでいた。[177] 明の洪武帝が高麗の恭愍王に送った親諭には、「昔から天下には中国があり、外国がある。高麗は海外の国として昔から中国と相通し、事大の礼を失わなかった[178]」と記されているように、明と高麗は明確に互いを他国として認識し、「事大の礼」によって平和を維持したのである。さらに（中国から見ると）、「高麗は山によって境界をなし、海によって遮られている。天が東夷（＝高麗）（という国）を造った（天造）ゆえに、わが中国が治める所ではない。……声教（＝徳化）は自由であり[179]」と指摘しているように、現実的には政治的軍事的レベルで高麗が明に対して「事大の礼」の関係にあり、またその意味で規範的に君臣関係と規定されてはいるものの、これはあくまでも拡大された擬制であり、外交的修辞（rhetoric）の性格を強く持っている。少なくとも理念的には、天と東夷は直接、媒介なしに、いいかえれば明＝中華を通過せずに、高麗それ自体として独自に天と直接連結している。これは高麗という国家に対する儒教的な自然法的認識であり、国家の成立が近代国家の場合のように作為によるものではなく、自然法的所与であることを意味している。この意味で、国家権力の作為的性格は排除されており、政治社会における国家権力の概念を独自化し醇化させていく自覚的作業が進行することは、決して容易なことではなかった。

ここで朝鮮朝時代の対明・対清関係の流れを簡単に見ておくと、明・礼部の咨文〔対等の地位にあって往復する公文書〕に、以下のような言及がある。

本部尚書の門克新がつつしんで聖旨をうけたまわって言うには、古代から今におよぶまで、小国が大国に事《つか》える時において、至極に恭敬する礼の最も貴いものは、辞令を修めることであった。それゆえ、古代の聖王の制度は、列国の諸侯や九夷と八蛮の中で朝貢せずに、王にふさわしくない者がいれば、辞令を修め、文字を修め、意志を修めさせたゆえに、これによって見るならば、上から下を取ることと、下から上に事えることは、ともに辞令を修めることであった。古代に列国が紛争してやまなかったのは、なぜだったのだろうか。すべて意志を修め、辞令を修め、文字を修めることが、ともに理に適合せず、紛争が止まなかったからである。(180)

この文章は、朝鮮が明の視察の際に送った表箋について、礼儀にかなっているようだが文辞において軽薄で、内容が無礼であることを叱責する趣旨で書かれたものである。ここに込められている全体的な意味構造を見ると、①朝鮮が明に対して事大の礼をとること、②この事大とは、朝貢・冊封とともに、朝貢・冊封にともなう手順としての辞令でもあり、特にその文辞に留意しなければならないこと、そしてそれゆえ文治が重視され、詩文が極めて尊重されたこと、③事大－朝貢・冊封関係は、諸侯はもちろん九夷八蛮にも拡大されており、明を中心とし

(176) 全海宗前掲『韓中関係史研究』三八頁。
(177) 同前、四六〜五〇頁参照。
(178) 原文は「自古天下有中国、有外国、高麗是海外之国、自来与中国相通、不失事大之礼」『高麗史』(上) 巻四三「恭愍王世家」延禧大学校東方学研究所、一九五五年、八四九頁。
(179) 原文は「高麗限山隔海、天造東夷、非我中国所治。……声教自由」『太祖実録』巻二、太祖元年一一月甲辰条。
(180) 原文は「本部尚書門克新等官欽奉聖旨、自古及今、以小事大、至敬之礼、莫貴乎修辞。是以古先聖王之制、列国諸侯九夷八蛮、有不貢不王者、則修辞修文修意、以此観之、上之取下、下之事上、皆在乎修辞。昔者、列国紛争不已、為何。皆為修意修辞修文、俱不中理、所以紛争不已」『太祖実録』巻九、太祖五年三月丙戌条。

て事大－朝貢・冊封体制と中華－華夷観念が統一的に結びついた形で構築されていたこと、④政治的・軍事的事大－朝貢・冊封体制が中国（漢族）＝中華－華夷観念を背景に儀礼化し(181)、儒教的規範主義の傾向を帯びていたこと、などが分かる。ここには、国際関係における権力主義が消去されてはいないものの、儒教的規範主義により重点が置かれるという、東アジア国際社会における政治的現実主義が後退する傾向が現れている。

朝鮮の対中国事大－朝貢・冊封体制は、丙子の乱（一六三六～三七年）を契機として明から清に転換した後も、格式において大きな変化はなかった。かえって、

皇上の諭旨をたてまつるに、朝鮮が藩邦の列にありながら、代々忠貞が篤実であり、盛京（瀋陽）に臨幸するたびに、朝貢する礼儀をととのえて来た(182)。

と記されているように、イデオロギー的に中華主義的価値理念が高まっていた正祖代においても、清に対する事大－朝貢・冊封体制は強固に維持されていた。しかし、

わが国の武備は最近さらに廃れており、民は桴鼓《ふこ》（軍陣の時にばちで鼓を打つこと）の音を聞かず、軍兵は坐作（すわって立ち上がる動作）の手順を理解できないが、一日二日と歳月だけが過ぎるので、丙子乱の時の事を考えれば、君臣上下がどうしてこのように事を怠ることができようか。……わが国は小さな鰈域（＝朝鮮）であり、礼儀をおおまかに知る地方ゆえ、世の中に中華という称があるものの、今は徐々に家事に慣れるようになり、大義（＝大明義理論－対清復讐論）は徐々により痕跡を隠し、北に行く礼物（＝朝貢）をありふれたことと感じて恥ずかしいとは思わないゆえに、考えがここに及べば、どうして嘆かわしくないだろうか(183)。

と言及されているように、丙子の乱以来約一四〇年余にわたる事大‐朝貢・冊封体制の惰性化による政治的現実主義の希薄化を嘆きつつも、他方では「再造の恩」に立脚した対明義理論‐対清復讐論の形骸化を警戒している。つまり、丙子の乱以来、朝鮮の対清関係は、政治・軍事的レベルでの事大‐朝貢・冊封体制を維持しながらも、文化理念的レベルでは中華‐華夷観念に立脚した対明義理論‐対清復讐論という二重構造をなしていた。しかし、

（181）事大‐朝貢・冊封体制のこうした儀礼化は、明代はもちろん清代においてもそのまま持続している。その事例として、『仁祖実録』巻二〇、仁祖七年五月丁亥条、および『正祖実録』巻二、正祖即位年一〇月乙丑条を参照。前者は明清交替期を迎える一七世紀前半の対明関係、後者は朝鮮朝における中華主義的価値理念の爛熟期とも言える正祖代の対清関係に関する事例である。

（182）原文は「奉上諭、朝鮮列在東藩、忠貞世篤、歴届臨幸盛京、竝朝貢之礼」『正祖実録』巻一六、正祖七年九月辛丑条。このような発想は、哲宗代においても依然として見られる。たとえば、使臣として清に往復した趙徽林を召見した際、王（哲宗）が「中国の事勢はどうか」と問うたのに対して、「各省に賊匪がはびこっていて、すぐさま討滅することは難しいですが、総督に適切な人物を得て、防御が非常に堅くなり、賊も兵卒をまとめて自守しているありさまで、再び侵掠できないでしょう。……そうして、この度の別行に格外の恩賞があったことをみると、皇帝が特別に優遇する意を示したと考えられます。また、朝士が伝えるところを聞きますと、今回の使行は、列国からはなかったが、唯一朝鮮からあったので、ひたむきな心構えで事大を行なう誠実さは深く欽嘆するほどである。誠に礼儀の国であると仰せになったということです（各省賊匪猖獗猝難剿滅、然総督得人防禦甚固、賊亦斂兵自守更不敢侵掠。洋夷則別無侵擾之端、故都民安堵矣。今番別行、以格外恩賞之、典觀之皇上特示優礼之意、可揣。而又聞朝士所伝、『則今行、即列国所無、東国独有之、一心事大之誠、深可欽歎。真是礼義之邦』）」と述べており、これに対して、王が「この困難で危険な時に当たって、事大の道理においてどうして問安〔目上の人の安否をたずねること〕する礼がなくていられようか（当此艱危之時、其在事大之道、豈可無一番問安之礼乎）」と言及している。『哲宗実録』巻一三、哲宗一二年六月丙子条。

（183）原文は「我国武備、近益踈虞、民不聞桴皷之響、兵不解坐作之節、一日二日、玩愒以度。若念丙子時事、君臣上下、烏可若是恬嬉乎。日暮途遠、聖祖所以発歎於中朝也。閉関絶約、先正所以屢陳於上疏也。我東以蕞爾鰈域、粗知礼義之方、世有中華之称。而今則、人心漸至狃安、大義転益湮晦、北走之皮幣、看作常事、不以為恥。思之及此、寧不心寒」『正祖実録』巻八、正祖三年（一七七九年）八月甲寅条。

実際レベルにおいて、対明義理論－対清復讐論が清に対する事大－朝貢・冊封体制惰性化の中で形骸化の道程を歩んでいたということは、その当然の結果として、朝鮮の文化理念的（小）中華主義が少なくとも実践的レベルにおいて色褪せていかざるを得なかったことを意味している。

中華－華夷観念は、漢民族を中心に構築された文化理念的な国際関係観念である。しかし、この中華－華夷観念それ自体が独自の哲学的基礎を有していたわけではない。それは原始儒教の思想的性格と密接な関連があり、道徳的実践レベルにとどまる議論であった。しかし、中華－華夷観念が発生的に民族を超越して開放的、世界主義的性格をもっていたために、異民族も中華的文化世界に編入できるだけでなく、中華的文化世界の中に自身を位置付けることを可能にする道が開かれていた。これは朝鮮朝にも当てはまることであり、朝鮮朝時代における中華－華夷観念は、構造的に歴史的実際の次元における明に対する「再造の恩」と、歴史的理念のレベルにおける春秋の大義の歴史的正統性を継承する尊周攘夷論の両面性をもっていた。[184]明に対する「再造の恩」は対明義理論－対清復讐論であり、これを思考方法のレベルで見れば、儒教の道徳的規範主義が貫かれている。また、春秋の大義の歴史的正統性を継承する尊周攘夷論は、歴史認識のレベルで見れば、中華＝文化的理念（＝礼の実現）が歴史的に中国古代の周室を頂点とし、明－朝鮮へと継承されるという歴史的規範主義の傾向が見られる。つまり、朝鮮朝時代における中華－華夷観念は、李退溪以来の朝鮮朝朱子学の確立を背景にして、徹底的に規範主義的性格を有するようになっただけでなく、中華－華夷観念を歴史認識のレベルで定式化したのである。

朝鮮朝時代のこのような中華－華夷観念は、英祖正祖代に続き純祖代を経た一九世紀半ばになると、朱子哲学のレベルで理論的に強化される。[185]李恒老（華西）は、一九世紀半ばの対外的危機の中で、朝鮮朝の正統朱子学にもとづく衛正斥邪論を理論的に主導した代表的思想家である。李恒老は朝鮮朝の正統朱子学の基本的特性と言える正統－異端の観念、堯舜から周公にいたるまでの道統、孔子から孟子－朱子を経て、宋時烈（尤翁）にいたるまでの学統の継承を主張し、この文脈の中で、朱子の理気哲学、宋時烈の周室－明－朝鮮を根幹とする歴史的規範主義を理論的武器とする中華－華夷観念を構築した[186]。

李恒老は、朱子の理気二元論について、次のように論じている。

理とは、初め（根本）であって、二番目ではない。（事）物に命じて（事）物によって命を受けるのではないゆえ、主（体）となって客（体）にはならない。気とは、二番目であって、初めではない。物を受けて命じるものではなく、客（体）となって主（体）になるものではない[187]。

彼によれば、理は万物を主管する主体であり、気はこの主体の命令に従う客体に過ぎないという。また、理を価値体系の観点から、「理と気は互いに混ざらない。それゆえ、理が主（体）となって気を率いれば、行って善でないものはない。（しかし）気が主（体）となって（事物の）理に反せば、行って凶（悪）でないものはない[188]」と指摘しているように、「理」と「気」の主客関係はどこまでも儒教的な道徳的善を実現しなければならないという価値理念レベルにおける当為論を提起している。そして、「事物の理はこれに従うだけである。これに逆えば必ず亡ぶ[189]」と論じていることから、価値と秩序体系における気に対する理の絶対的優越性を強調しているので

（184）朴忠錫・渡辺浩編『国家理念と対外認識――17～19世紀』（慶應大学出版会、二〇〇一年）三六一～三六二頁。桑野栄治は、同書で「大報壇」祭祀を中心にして、英祖代の朝鮮の小中華意識を検討している（一四九～一八五頁）。

（185）純祖代の中華－華夷観念については、たとえば、『純祖実録』巻一、純祖元年一二月甲子条の頒教文を参照。この時期の朱子哲学－尊華攘夷思想については、朴・渡辺前掲『国家理念と対外認識――17～19世紀』三七一～三七九頁参照。

（186）同前。

（187）原文は「理者一而不二者也。命物而不命於物者也。為主而不為客物也。気物二而不一者也。命於物而不命物者也。客而不為主者也」『華西雅言』巻一「形而第一総説理気」。

（188）原文は「理与気不相雑。故以理為主而率其気、則無往不善、以気為主而反其理、則無往不凶」同前。

ある。

李恒老はこうした観点から西洋に対して、「西洋とは、天地の大勢から言えば、西極の（秋と同じく）肌寒くて痩せた偏気（に該当する）[190]」と解釈している。したがって、西洋のこのような状況は「四夷八蛮が中国を慕悦〔喜んで身近に得たいとねがうこと〕し、華夏を模倣することは、自然不易の理である[191]」と論じているように、周囲の「四夷八蛮」が、礼文化の最高の頂点に位置する中国を仰ぎ見て喜び、中華の礼文化に従おうとしているのに比べて、「地勢が（中国から）遠く、中国と互いに通交することが最も遅く、不幸にも堯舜文武の盛んな時を目睹できなかった[192]」と惜しんでいる。

ここまで、東アジア国際関係観念について概念的検討に続いて、主として韓国史における国際関係観念の存在様式を、概略的ではあるがその支配的傾向に注目しつつ、歴史的文脈を追跡してきた。一九世紀半ばの東アジア国際関係史において権力政治の場に乗り出す時点での特徴的傾向を見てみると、対清関係において事大－朝貢・冊封体制はそれ自体が政治・軍事的緊張関係をともなう国際関係観念であるものの――歴史的にそのような契機や状況がなかったわけではないが――全般的傾向としては慣例化した儀礼として行なわれる傾向が強かった[193]。対清関係における事大－朝貢・冊封体制の慣例化した儀礼が事大－朝貢・冊封観念本来の現実主義的力動性を弱め、その当然の結果として、力のレベルでの空洞化現象が進み、一九世紀半ば以降の東アジア国際社会における権力政治による対外的緊張関係の中で他者依存の道を歩むことになったのは、決して偶然ではない。

しかし、その一方で、（小）中華－華夷観念について見ると、中華観念に内在している開放的な世界主義的性格を媒介として、礼文化はもちろん、朝鮮朝朱子学の確立を背景として周室－明－朝鮮を主軸とする春秋の大義の歴史的理念－歴史的規範主義の理論を構築するだけでなく、（小）中華－華夷観念を、理気哲学に立脚して価値体系のレベルで理論化する極めて文化理念的な理念を構成し、さらに理想主義的な道程を進んでいたのである。

一九世紀半ば以降、理気哲学を媒介として理論化した（小）中華－華夷観念が、強固な対外的イデオロギーとして機能するかぎり、文明開化に向かう思考の転回が決して容易でなかったことは論を俟たない。一九世紀半ばの朝鮮は、以上のような二つの対外的発想を基調としながら、東アジア国際社会における権力政治の場に乗り出していくことになったのである。

Ⅲ　転換期の存在様式――理念と実際

一九世紀半ばの東アジア国際社会における朝鮮の一次的課題は、「西洋の衝撃」の中で富国強兵と対外的独立を達成することであった。しかし、この政治課題を、当時の東アジア国際関係史の観点から朝鮮が選択できる道を想定するならば、それは――もちろん、見方によってさまざまな道を想定できるが――大きく三つの道程をあげることができるだろう。その一つは、内修外攘策を強化し、伝統的東アジア国際体系――たとえば対清事大関係、(小)中華主義など――にとどまること、二つ目は、西洋文明を積極的に受容し、富国強兵策を講ずることによって欧米列強の隊列に適時編入すること、そして、三つ目は、伝統的東アジア国際体系と近代的西欧の公法的国際体系が交差する――これを韓国近代史の観点から見れば、主として中・日・露を中心とする権力政治の場と言えるが――中で、朝鮮の中立化論を実現することであった。しかし、一九世紀半ば以降の韓国近代史の実質的道程はこの三極を連結する線上を往き来しながら、最終的には日本の植民地に転落している。

(189)　原文は「事物之理順之而已。逆之則必亡」『華西雅言』巻七「雑記論学」。
(190)　原文は「西洋以天地大勢言之、則西極粛殺之偏気」『華西雅言』巻一〇「尊中華」。
(191)　原文は「四夷八蛮慕悦中国模倣華夏、亦自然不易之理也」同前。
(192)　原文は「地勢絶遠、与中国相通最晩、不幸而不得睹堯舜文武盛祭」同前。
(193)　朝鮮の対清朝貢関係の実体については、全海宗前掲『韓中関係史研究』五九～一一二頁参照。

では、こうした道程を対外的に規定していった発想の基調は何だったのだろうか。これを当時の支配層に大きな影響を及ぼした衛正斥邪論における現実認識に見てみよう。

乱世を救おうと思えば、異端を追い払うことより優先することはなく、異端を追い払う時には、正学を明らかにすることよりも急ぐことはない。正学を明らかにすることは、ただ天理と人欲に対する人主の一心・弁別にあるだけである。[194]

殿下（高宗）がこのような（修身とふるまい）を誠実になされば、すなわち誠心が至極であるならば、心が感動しないわけはないので、官吏の誰一人として美しく純潔な心でその優れた徳を受け入れようとしない者がいるでしょうか。このようになされば、（殿下の）指示が宮殿の門外にそのまま出る前に、千里の外にいる民はもはや鼓舞されるはずです。これによって実際に弊害を除去して中身のある恵が及ぶことになれば、尊君親上の心があとからあとから自ずと生まれるでしょう。杖を打ち振るって外敵と戦うことが、どうして恐れるに値するでしょうか。[195]

すなわち、対内的には、朝鮮朝朱子学の特性である「千変万化を、ただ心を出発点としてその上から説明する[196]」という統治原理の内面主義的傾向、伝統的な朱子学的価値理念の下での心情的な政治的統合に依拠した攘夷論、対外的には、すでに言及したように、価値理念のレベルでは（小）中華主義、実際のレベルでは対清事大－朝貢冊封体制、を起点としている。したがって、対外関係においては、「隣国との良い関係を永く保存する方法を言うなら、まさに礼義〔儀〕と義理、誠意と信頼の四つだけである[197]」と主張しているように、国家間の関係を規定する規範として「礼義〔儀〕」「義理」「誠意」「信頼」を提起している。

韓国近代史において、日本が砲艦外交を前面に打ち出した朝日間の丙子修好条約〔日朝修好条規〕は、一九世紀半ば以降の東アジア国際関係史における権力政治の典型的産物である。のみならず、この丙子修好条約を媒介にして、朝鮮は、対外関係において従来の対清事大－朝貢・冊封体制と近代的主権国家観念を基盤とする国際法上の条約締結という二重構造的状況に入った。これは国際関係の観点から見れば、朝鮮の対外関係の流動化の始まりと言えるものであり、その当然の結果として、両者間に緊張関係が生じたこの時期に支配層の対応のあり方がどうだったのかが問題として提起される。

一八七六年に江華島で締結された丙子修好条約の第一款によれば、「朝鮮国ハ自主ノ邦ニシテ、日本国ト平等ノ権利ヲ保有セリ」[198]となっている。この第一款の内包する意味は、①朝鮮は自主国家であること、そして②朝鮮国は日本国と国家関係において平等の権利を有しているということである。これは朝鮮が近代的な意味での主権国家であることを闡明するものであり、伝統的な清朝従属関係を正面から否定したものである。しかし、朝鮮側の接見大官である申櫶《シンホン》と日本側の特命全権弁理大臣である黒田清隆との間で行なわれた江華島会談の過程を見る

(194) 本章註22参照。
(195) 原文は「殿下一念之誠実如此、則至誠未有不動者也。凡厥士大夫、孰不欲精白一心、以承休徳乎。若是則教令不及出於九門、而黎民已鼓舞於千里之外矣。於是祛実弊、行実恵、則尊君親上之心、油然自生。制梃撻、甲外寇、何足慮哉」『高宗実録』巻三、高宗三年一一月一五日条。
(196) 『孟子集注』「孟子序説」。孟子心学、そして儒教のこうした心学的傾向－内面主義的傾向を非常に重要視した退溪心学については、安炳周「退溪の学問観――心経後論を中心に」『退溪学研究』第一輯、檀国大学校退溪学研究所、一九八七年、四一～五三頁参照。
(197) 原文は「論其隣好之永保、即不出礼義誠信四字耳」『高宗実録』巻一三、高宗一三年正月二五日条。
(198) 本章註156参照。
(199) 原文は「我邦僻在海左、浜海蘆葦、荒寒斥鹵、一無財貨湊集之地。……国俗倹嗇、狃於旧習、厭苦新令、雖或朝家強令行之、必不楽従」『高宗実録』巻一三、高宗一三年正月二〇日条。

と、申櫶が「条約というものはそれが何を意味するのか」と尋ね、（日本側の通商要求に対して）「わが国は海の東側に偏って存在し、蘆だけが生い茂る痩せた土地であり、ただの一ヶ所も物品が集結する所がない。……国の風俗が倹素で旧習になじんでいる」[199]と述べるなど、朝鮮の社会・経済状況が外国と貿易をするほどには整備されていないことを提示したのに対し、黒田清隆は「条約を締結して、永遠に変わらない規程とすれば、両国は必ずこれ以上遠く隔たることはないのであり、これこそすべての国が万国公法を廃してはならない理由である」[200]と応じている。朝鮮側は、対日関係において、あくまでも交隣、すなわち「礼義〔儀〕」「義理」「誠意」「信頼」に立脚した交流を固持したのであった。[201]

もちろん丙子修好条約の締結は、一八七五年末に北京を訪問した李裕元あてに送った李鴻章の書簡に見られるように、朝鮮はもうこれ以上、閉関自守できない状況であり、日本に対する宥和策を勧める側面も作用したと考えられるが、[202]朝鮮が万国公法的な西欧国際体系に入ることになった直接的動機は、日本という外部からの強要によるものであった。もちろん、日本のこのような外部からの強要は、近代東アジア国際政治史の観点から見れば、伝統的清朝従属関係の瓦解を試みたものであり、清から朝鮮を分離孤立させることに政治的な目的があった。このことは、日本の駐清公使である森有礼と清側の沈桂芬、李鴻章との間で展開された朝鮮の対清属邦論争が克明に物語っている。朝鮮の対清属邦論争において最も核心的な論点は、朝鮮が清の属国なのか、それとも独立自主国なのかということであった。

森有礼公使の清朝従属関係についての質問に対して、清側首席代表の沈桂芬は、「政教禁令ノ如キ総テ彼レノ自カラ為スニ任カス……」「外国ト交ハル如キモ彼ノ自由ニ任セテ中国之ニ関セザルナリ」[203]と闡明しており、朝鮮の対清属邦問題に関しても、「所謂属国トハ我カ所有ノ地ニアラズシテ其ノ時ヲ以テ進貢シ我冊封頒暦ヲ奉スルヲ以テ云フナリ」[204]と明らかにしている。これに対して森有礼公使は、次のように述べている。

所謂属国ノ実更ニ見ル可キ者無シ夫レ内政外交ノ権利ヲ全有スルノ国ハ其政体勢力等ノ如何ニ拘ハラズ之ヲ独立自在ノ国[205]……。

沈桂芬と森有礼による議論に依拠すれば、沈桂芬の属国概念は、伝統的な清朝従属関係、つまり一種の擬制と言えるが、藩属として朝貢と冊封を受容することを意味するにとどまっており、清の朝鮮に対する直接的支配は行われていない。これに対し、森有礼は、その意図するところを留保すれば、近代的主権国家観念の核心的条件と言える内政・外交に着目し、朝鮮が独立自主国であることを強調している。

既述したように、[206]（中国から見ると）天が東夷を作ったのだから、高麗は中国（明）が治めるのではない、つまり高麗は明を経ないで天と直接つながっているという認識は、朝明関係や朝清関係の史料の随所に見られる「陪臣」という概念も一種の擬制による修辞であることを表わしている。高麗が「天造」の国という儒教的自然

(200) 原文は「不可不講定約条、以為永久不渝之章程、則両国必無更阻之端、而此皆万国公法之不可廃者也」同前。
(201) 儒教的な道徳的規範主義としての「礼義〔儀〕」「義理」「誠意」「信頼」は、後述するように、米国との条約交渉過程でも一貫していて、万国公法を受容する過程でも支配層の思考方式として価値理念的に作用している。こうした儒教的道徳的規範主義と関連して、この時期の対外的発想に関する研究としては、張寅性『場所の国際政治思想——東アジア秩序変動期の横井小楠と金允植』（ソウル大学校出版部、二〇〇二年）三四六～三五六頁、および月脚達彦「朝鮮開化思想の構造——兪吉濬『西洋見聞』の文明論的立憲君主制論」（『朝鮮学報』第一五九輯、一九九六年）一三四～一三五頁参照。
(202) 宋炳基前掲『近代韓中関係史研究』一二～一三頁、および金基赫「江華島条約の歴史的背景と国際的環境」（『国史館論叢』第二五輯、一九九一年）三二～三三頁参照。
(203) 伊藤博文編『秘書類纂朝鮮交渉資料』（上巻）六四～六五頁、および外務省編『日本外交文書』第九巻（一九五八年）一四六頁。
(204) 同前。
(205) 前掲『日本外交文書』第九巻、一六三頁。
(206) 本章註179参照。

法的認識は、国家主権観念の理論的端緒である。しかし、韓中関係史におけるこうした発想は、一種の自然法的解釈が提起されながらも、国家観念それ自体としての理論的醇化の方向よりも、むしろ国家間の関係に着目し、政治的軍事的レベルでの事大－朝貢・冊封体制の方に重点が置かれていた。のみならず、歴史的にこうした事大－朝貢・冊封体制が国家間の儀礼的性格を帯びていたために、事大－朝貢・冊封体制に内在していた対外的現実主義が希薄化するという、言わば力の空洞化現象をもたらしている。

もちろん、西欧的国際体系の受容過程において、雲揚号の砲艦外交から丙子修好条約にかけて展開された様相は、そこに権力政治と近代的国家平等観念－万国公法の両面が共存していたことを示している。しかし、この時期における朝鮮の対外的な力の空洞化現象、そして丙子修好条約が不平等条約であるという観点から見れば、それ以後の韓国近代史が物語るように、近代的国家平等観念－万国公法に比べて権力政治の方が先導していたと言えよう。

丙子修好条約を締結した後、同年五月に金綺秀が修信使として日本に派遣されるが、金は日本訪問の見聞録『日東紀游』において、「いわゆる万国公法は、諸国が盟約を締結することを六国連衡の法のようにして、一国が難しければ万国がこれを助け、一国に失政があれば万国がこれを攻め、愛憎と攻撃に偏りがない[207]」と論じている。ここでいう「六国連衡論」とは均勢についての説明であり、近代国家平等観念のような規範的議論ではなく、権力政治の中での勢力均衡を意味すると言える。万国公法における均勢に関する議論は、一八八〇年七月に第二次修信使として日本を訪問した金弘集と駐日清国公使である何如璋との会談でも提起されている[208]。こうした均勢論的思考は、すでに李鴻章が一八七八～一八七九年に李裕元に送った書簡において、李鴻章が朝鮮に対し、西洋諸国との立約・通商を勧告しているところによく表れている[209]。清側による均勢の勧めについては後述するが、清が対外関係を強化する一環として、朝鮮を拡大した意味での対清「属国」化する意図と表裏をなすものであった。

これに比べて、一八八〇年以降の朝鮮の対外政策に見られる均勢傾向は、一方で清の勧誘があったにせよ、事大－朝貢・冊封体制に内在していた対外的現実主義の後退による力の空洞化現象の中で、対外的危機を克服し得る力を対内的レベルではなく外部に追求するという、言わば他者依存に期待せざるを得ない状況に置かれたため選択せざるを得なかった道程であった。したがって、朝鮮の場合は、清の場合とは異なり、均勢が力の空洞化現象と表裏をなしていたのである。

修信使である金弘集が日本訪問の際に持ち帰った黄遵憲『私擬朝鮮策略』は、こうした文脈の中で提示されたものであった。『朝鮮策略』の基本趣旨は、東アジア地域におけるロシアの南下政策に対する防露策の一環として、朝鮮は消極的な鎖国政策から脱け出し、「親中国」「結日本」「聯美国」を通じた均勢の対外政策を積極的に推進しなければならない、と同時に、朝鮮は文明開化を通じた「自強」策を図らなければならない、ということであった。[210]

一八八〇年代に入ると、斥邪運動が激しさを増す中で、[211] 朝鮮は均勢と自強を目標に統理機務衙門の設置（一八八〇年一二月）、朝士視察団（紳士遊覧団）の日本派遣（一八八一年一月）、軍械学造事のための天津機器局への留学生派遣（一八八一年九月）、軍制改革（一八八一年四月および一二月）など、一連の開化・自強策を推進することになる。『朝鮮策略』の影響は清からの勧めではあったが、朝鮮にとっては伝統的東アジア国際関

(207)『日東紀游』巻三（『修信使記録』国史編纂委員会、一九七四年）七〇頁。金綺秀の万国公法に関する論議と関連し、この時期の万国公法の伝来および受容様式に関する研究としては、李光麟「韓国における万国公法の受容とその影響」（『東亜研究』第一輯、西江大学校東亜研究所、一九八二年）一二一～一四三頁、および金容九前掲『世界観衝突と国際政治学――東洋礼と西洋公法』一八六～二八五頁参照。

(208)李光麟前掲「韓国における万国公法の受容とその影響」一三二～一三三頁。

(209)宋炳基前掲『近代韓中関係史研究』二三～四四頁参照。

(210)朴・渡辺前掲『国家理念と対外認識――17～19世紀』三七九～三八一頁、および宋前掲『近代韓中関係史研究』五九～八〇頁。

(211)この時期の斥邪運動に関する研究は、宋炳基前掲『近代韓中関係史研究』一五八～一七七頁参照。

係の中で万国公法的西欧国際体系に入っていく転機となった。その最初の政治的課題が「聯美」論の実現であった。

しかし、「聯美」論は、それ自体は万国公法的な西欧の国際体系への編入を意味するものであり、朝鮮の伝統的対清関係、すなわち事大－朝貢・冊封体制とは相反するものであった。したがって、こうした状況下では、この両者の緊張関係を現実的にどのように解決していくかという問題が提起されざるを得ない。均勢のレベルでの「聯美」論は清からの勧めであったゆえに、清が自国と伝統的な事大－朝貢・冊封体制にある朝鮮に、万国公法的な西欧国際体系に編入するよう勧めた背景にどのような意味が込められていたのか、という問題である。黄遵憲は『朝鮮策略』「親中国」論において、「親中国においては少し旧章を変更し、……陪臣を常駐（できるようにし）、……中国商人が船で釜山・元山津・仁川港などの各港に来て通商（できるようにする）。そして（朝鮮の）海軍と陸軍が中国の龍旗を襲用して旗幟とできる」ように勧めている[212]。

『朝鮮策略』における清のこの勧誘は、伝統的東アジアの国際体系の下で朝鮮に対する事大－朝貢・冊封体制を強化させることだったが、実は事大－朝貢・冊封体制の中に西欧の公法的国際秩序を編入させる、言わば伝統的東アジア国際体系を拡大しようとする発想であった。こうした発想は、「政教禁令ノ如キ総テ彼レノ自カラ為スニ任カス……」、「外国ト交ハル如キモ彼ノ自由ニ任セテ中国之ニ関与セザルナリ[213]」等の、伝統的事大－朝貢・冊封体制の存在様式を超えるものと言えよう。

駐日公使である何如璋は、一八八〇年五月上旬頃に、上中下の「三策」を総理各国事務衙門に建議している。この「三策」は、この時期における清の朝鮮に対する姿勢の変化を傍証する根拠として評価できるものであるが、その構想を見ると、①朝鮮を清の郡県にし、政治を改良して武備を整備することが「上策」、②辦事大臣を朝鮮に駐箚させ、内政・外交の重大事を主管して外国が覬覦《きゆ》〔身分不相応なことをのぞむこと〕することを防止するのが「中策」、③朝鮮が外国と通商条約を結ぶ時、条約の内容に大清国の命を奉じて云々という声明を明記するのが

「下策」であるというものであった。[214]

この何如璋の構想は、彼が一八八〇年一〇月下旬頃に総理各国事務衙門と北洋大臣である李鴻章に送った「主持朝鮮外交議」の段階に至っても、依然として辦事大臣を朝鮮に駐箚させ、内治および外国との条約締結を主管し、条約締結時には、「朝鮮が中国政府の命を奉り、某某国と条約を結ぶことを願う云々[215]」と明記するよう要求している。

つまり、何如璋の「三策」論から『朝鮮策略』、そして「主持朝鮮外交議」に至る一連の発想は、この時期の東アジア国際社会における権力政治の渦中にあって、清が対外関係を強化していくための外交構想であり、対朝鮮関係においては、内政干渉だけでなく他国との条約締結過程において、これを西欧的国際体系の概念に立脚していうならば国家の主権行使に介入するものであって、結局「聯美」論は朝清関係においてこうした文脈の中で展開されている。

では、こうした対清関係において、朝鮮の対米認識はどうだったのだろうか。『朝鮮策略』の「聯美」論によれば、①米国の地は本来英国に属していたが、一〇〇年前にヨーロッパ人の虐政から脱け出して独立した国であること、②米国はこれまで先王の遺訓を守り、礼儀で国を建て、他の土地や人民を貪らず政事に関与しなかったこと、③米国は中国と条約を締結して一〇年余りになるが、その間小さな紛争もなかったこと、④米国は常に弱小国を扶助し、公義を維持してヨーロッパ人がむやみに悪事をはたらかないようにしたこと、⑤米国の国勢は大東洋に近く、商務は大東洋においてのみ盛んだったこと、⑥米国は歴史的に、東洋諸国がそれぞれ自国を保全

(212) 黄遵憲『朝鮮策略』(建国大学校出版部、一九九七年)参照。
(213) 本章註203参照。
(214) 『茶陽三家文鈔』「清詹事府少急何公伝」一〇頁。
(215) 『茶陽三家文鈔』巻一「主持朝鮮外交議」三九~四一頁参照。

して平安無事に生存することを望んだこと、⑦朝鮮はこうした国とともに修好条約を結ばなければならないこと、⑧米国を引き寄せて友邦とすれば援助を受けて禍を解決できること、が強調されている。[216]

つまり、米国は礼儀の国であり、伝統的に他国を侵略したり紛争を起こしたりしないばかりか、弱小国を助け公義を守る国として東洋諸国が平安無事に自国を保存することを望んでいるというのである。『朝鮮策略』に提示された米国のこうした国家像は、朝鮮が対外関係において伝統的に重視してきた儒教の道徳的規範主義としての「礼儀」「義理」「誠意」「信頼」と心情的に符合し、対外的現実主義が後退して生じた力の空洞化状況の中で提起された均勢の論理と合致するものであった。

一八八〇年九月の御前会議で領議政である李最應〔高宗の伯父〕は、高宗が『朝鮮策略』について問うたのに対して、「あの人の諸条目にまたがる論弁は、私の心算と符号する」[217]と述べているが、これは朝鮮の「開国」[218]への積極的転換を象徴的に物語るものである。

欧米諸国に対する朝鮮の「開国」については、李鴻章が一八七九年に李裕元に送った「密函」において西洋諸国との立約・通商を勧告していた。しかし、李裕元の「回函」では、これは拒否されている。また、一八八〇年五月から八月にかけて進められたシューフェルト（R. W. Shufeldt）提督の朝鮮との予備交渉も拒否されている。[219]

さらに、一八八〇年末からは嶺南万人疏〔嶺南地方の士林が中心になって行った在野儒生たちの上疏運動〕を筆頭に、『朝鮮策略』を排斥する斥邪運動が忠清、湖南、江原、京畿地方の儒生を中心に全国的規模に拡大する。[220] 朝米条約締結は、斥邪論が激化した政治・社会的状況のなかで進められていくのである。

軍械学造事〔新しい武器の製造方法を学ぶこと〕のため、一八八一年九月に清に派遣された領選使である金允植《キム・ユンシク》は、北洋大臣である李鴻章と朝米条約締結のための交渉に臨み、一八八一年の冬、保定府滞在中に李鴻章に送った書簡で次のように述べている。

西洋諸国の中で、久しい前から聞くには、アメリカは国富兵強で、心は公正、性品は温和だという。国が富めば欲しがるものが少なく、兵が強ければ頼ることができる。心が公正ならば事を処理する時に公平で、性品が温和ならば礼儀を守って恭しい[221]。

つまり、金允植の米国に対するこうした認識は、彼の儒教的な道理レベルでの好意の発露と考えられる[222]。金允植と李鴻章との条約交渉に関する会談は、全部で七回（保定府で五回、天津の北洋通商大臣衙門で二回）にわたり行なわれている。会談での主要議題は二つあった。一つは、朝米条約交渉の主体の問題であり、二つ目は属邦条款を条約に含めるかどうか、という問題であった。まず、朝米条約交渉の主体について見ると、金允植が李鴻章に対して、シューフェルトと直接交渉できるように周旋するよう要請している。しかし、金の度重なる

(216) 黄遵憲前掲『朝鮮策略』。
(217) 原文は「彼人諸条論弁、相符我之心筭」『高宗実録』巻一七、高宗一七年九月八日条。
(218) ここで「開国」というのは、従来の鎖国的価値体系がその自足性を喪失し、政治、経済、社会、文化、思想などの諸般の領域にわたって「外部」の世界に向かって国家を開放するという意味であり、鎖国と対立する概念である。これを朝鮮朝に関して見ると、伝統的に、対内的には農本主義的な経済的基盤の上に朱子学的体制イデオロギーが、そして対外的には文化理念的な「中華」主義的世界像が、互いに内面的に結びついた形で自足的体系を構築していた。しかし、一九世紀半ば以降の「西洋の衝撃」によってその自足的体系は崩壊し、その対応過程――抵抗と適応――においてヨーロッパ世界に向かって国家を開放する道程を歩むことになる。「開国」をめぐる研究としては、丸山眞男「開国」（『講座現代倫理』巻一一「転換期の倫理思想（日本）」筑摩書房、一九六五年）、および渡辺浩「思想問題としての『開国』――日本の場合」（朴・渡辺前掲『国家理念と対外認識――17～19世紀』）などがある。
(219) 李普珩「Shufeldt 提督と一八八〇年の朝美交渉」（『歴史学報』第一五輯、歴史学会、一九六一年）六七～七七頁参照。
(220) 宋炳基「辛巳斥邪運動研究」（『史学研究』第三七号、韓国史学会、一九八三年）一六四～一七八頁参照。
(221) 『雲養集』巻一一「上北洋大臣李鴻章書」（辛巳冬在保定府時）。
(222) 本章註201参照。

要請にもかかわらず、領選使には条約を締結する全権が与えられておらず、シューフェルトは直接交渉に応じないであろうことを理由に、朝鮮が全権大臣を派遣することを要求し、金允植の要請を拒否している。斥邪論が激化した国内の政治・社会的状況の中で、全権大臣を公式に派遣できなかった朝鮮としては、シューフェルトとの直接交渉をあきらめ、李鴻章が朝米条約締結に関する交渉を主導する結果を招いた。こうして、李鴻章の主導で進められた朝米条約交渉過程において、何如璋「主持朝鮮外交議」に見られるように、拡大した意味で朝鮮が清の「属国」であることを明文化させる機会を提供したのである。[223]

次に、朝米条約にこの属邦条款を含めるかという問題については、金允植と李鴻章が、朝鮮総理機務衙門参謀官であった李東仁が作成した草案と黄遵憲が作成した草案をたたき台にして、朝米条約の草稿作成を検討している。[224]

李鴻章は、李東仁案に対する検討過程で、「朝鮮は長い間中国の属邦としてあったが、外交と内政はともに自主（的）である[225]」という条項を条約に挿入することを提案している。また、金允植は黄遵憲案に、「第一款に、朝鮮が中国政府の命を奉る云々ということは、そうした場合にアメリカもやはり中国の命を奉らなければならないということになるために、シューフェルトはこれを承諾しないだろう[226]」と指摘している。

しかし、金允植は李鴻章の属邦條款を受け入れた。彼は、李鴻章による属邦条款を受け入れることについて、次のように述べている。

> （アメリカとの条約文に）属邦朝官（＝国家官僚）を置けば、わが国が有事の際に（中国が）努めて助けないならば、必ず天下の物笑いとなるはずであり、天下の人が中国がわが国の安危〔安全と危険〕を担任するならば、各国はわが国を軽視する心も少なくなるはずである。さらに、自主を（享受している）自説を措けば、各国と相交わることにおいて、平等権を行使する時にも支障がないはずである。（このようにすれば）失権

する心配もない上に、事大の義にも背かないゆえに、両得だと言うことができる。(227)

この金允植の両便両得論は、両截体制論への道程を志向していると言えるが、(228)この時期の伝統的東アジア国際体系と西欧の近代的国際体系が交叉する状況の中で展開する絶え間ない外圧に対応するものであり、主体的実践的レベルで見れば、従来の儒教的自然法と言える道理の「礼儀」「義理」「誠意」「信頼」にとどまっている限りにおいて、朝鮮執権層が取り得る選択肢の中で最善の方策であったと思われる。

朝米条約締結のための米国との交渉は、朝鮮代表の参与がないまま、李鴻章－シューフェルト会談という単独交渉の形で、一八八二年三月二五日から四月一八日まで五回にわたって天津において開催された。この会談でも、シューフェルト草案と李鴻章草案を検討する過程で属邦条款が最大の争点となり、結局二者会談において、朝清関係においては朝鮮が清の属邦であることを条約条項に明示できないが、その代わりに、条約締結後に朝鮮国王が米国大統領に送る別途照会文に明文化することで、最終的に合意を見ている。(229)

(223) 朝米条約締結のための金允植と李鴻章との交渉の推移に関しては、宋炳基前掲『近代韓中関係史研究』二一〇～二二二頁、および金源模「シューフェルト・李鴻章の朝鮮開港交渉始末（一八八二年）」（『国史館論叢』第四四輯、国史編纂委員会、一九九三年）一三三～一三四頁参照。
(224) 同前。
(225)『陰晴史』（上）（国史編纂委員会、一九五八年）五二頁。
(226) 同前、五七頁。
(227) 同前、五七～五八頁。金允植のこうした発想の基底には、「思うに、我が国が中国に対しては属国となり、各国に対しては自主を維持するというのは、名正言順であり、事理の両便である」（五二頁）という思考があった。
(228) 本章註151参照。
(229) 金源模前掲「シューフェルト・李鴻章の朝鮮開港交渉始末（一八八二年）」一五二～一五五頁。

朝米条約締結は、一八八二年五月二二日に済物浦花島鎮に設置された帳房〔テントを張って作った部屋〕で行なわれた。清の馬建忠、丁汝昌はすでに同年五月八日に到着しており、シューフェルトが乗船したスワタラ号は五月一二日に仁川港沖の虎島に到着した。

歴史的な朝米条約調印式は五月二二日、朝鮮全権大官である申櫶と憲副官の金弘集、そして米国全権大使シューフェルトとの間で、清の馬建忠、丁汝昌が別室に控える中、朝鮮の太極図形旗と米国の星条旗を並べ立たせた帳房で執り行なわれた。そして、五月二四日には、申櫶大官一行がスワタラ号を礼訪して、朝鮮国王から米国大統領宛の、五月一五日付で清が作成した属邦に関する別途照会文を伝達している。ここに朝鮮の対清対米関係における両截体制が具現したのである。

Ⅳ　結論——その後の推移

朝米修好通商条約締結後、朝鮮は同年六月の朝英通商修好条約の調印に続いて、ドイツ（一八八二年）、ロシア（一八八四年）、フランス（一八八六年）とそれぞれ修好通商条約を結ぶことになる。[230] こうして朝鮮は、朝清商民水陸貿易章程の調印（一八八二年）で「この章程〔規則〕は、朝清両国だけの関係によって、清は属邦を優待しようとする意図から出発したために、他の条約国はこれに均霑（＝平等に利益恩恵を受けること）することができない[231]」と明記されているように、朝鮮の対清属邦関係が拡大・変形する中で、西欧の公法的国際体系に編入されたのである。これは朝鮮の対外関係における両截体制の深化を意味する。むろん、両截体制は対外関係の相互矛盾した発想であるが、均勢論は相互矛盾する両截体制の成立・拡大をもたらした。韓国近代史において両截体制は、対内的に事大と自主、斥邪と文明開化、鎖国と「開国」の政治的社会的対立を激化させただけでなく、対外的には対清従属関係と決別し、対内的には近代的改革を通じて政治的統合を目指す開化派による甲申政変

（一八八四年）の失敗によって、分裂と対立を再生産するメカニズムを助長したのである。

一九世紀の半ば、李恒老を起点に展開されるいわゆる尊華攘夷論を基調とする衛正斥邪思想およびその運動は、一八七六年の丙子修好条約を契機として執権派の漸進的開化政策とイデオロギー的に分裂した後、尊華攘夷論を固守する中で、一八九五年の乙未事変を契機として従来の上疏などによる政治・思想運動から戦闘的義兵運動へと転換した。また、衛正斥邪運動とイデオロギー的に対極の立場に立っていた文明開化論は、甲申政変失敗の後、一八八〇年代後半に朴泳孝の功利主義的人間観を基調とする富国強兵構想、兪吉濬の国家主権論、国家平等観念、基本的人権論、功利主義的社会観など、朝鮮の文明開化の実践的方向と理念的性格を提示しており[232]、対内的には近代的国民国家を構想するものであり、対外的には国家主権を基調とする国家平等を志向するものであった[233]。

「万国公法」という新しい用語が韓国の史料に初めて記録されたのは、一八七六年江華島会談の過程においてであった[234]。マーティンの『万国公法』が韓国に伝わったのは、これよりずっと前だったと推定されている[235]。また、万国公法を積極的に導入するよう主張したのは、一八八二年の池錫永や卞鋈らによってであり[236]、万国公法を原理

(230) 朝英修好通商条約は、英国によって一方的に批准が拒否され、一八八三年一一月に新たに朝英修好通商条約が締結されている。朝英条約締結の推移に関しては、崔文衡『帝国主義時代の列強と韓国』（民音社、一九九〇年）六五～八七頁参照。
(231) 原文は「惟此次所訂水陸貿易章程、係中国優待属邦之意、不在各与中国一体均霑之列」『高宗実録』巻一九、高宗一九年一〇月一七日条。
(232) 一九世紀後半の朴泳孝および兪吉濬の文明開化思想の特性に関しては、崔徳壽「朴泳孝の内政改革論および外交論研究」（『民族文化研究』第二一号、高大民族文化研究所、一九九八年）、金鳳珍「兪吉濬の国際秩序観」（『北九州大学外国語学部紀要』第八三号、一九九五年）、朴忠錫「韓国近代史における開化的思考の成長」（『東北亜』第六輯、東北亜文化研究院、一九九七年）、および金鳳珍「兪吉濬の国際秩序観——朝貢体系と国家平等秩序の間」（『東洋文化研究所紀要』第一三七冊、一九九九年）参照。
(233) 同前。
(234) 金容九前掲『世界観衝突の国際政治学——東洋礼と西洋公法』一八二～一八五頁。

的レベルで理解したのは兪吉濬であった。彼は、東アジア国際体系における対清朝貢関係と西欧の近代的国際体系下での属国との違いを概念的に区別し、朝鮮が「独立主権国」であることを主張していた。[237]

高宗が一八八二年に米・英・独と修好通商条約を締結した後、同年九月に高宗が全国の士民に下した伝教（命令）の主な内容を要約してみると、次のようになる。

①我が国（朝鮮）は海の一辺に偏っており、外国との交渉もできず見聞も広めることができないまま、五〇〇年を過ごしてきた。

②近来宇内の大勢が変化し、欧米諸国は精利な機器を作り、国を富強にするために精進している。

③これらの国は世界の国々と条約を結び、兵力で相対して公法を共有しているが、これは春秋列国時代とよく似ている。また、清や日本も条約を結んで修好通商を行うようになったので、（朝鮮としては）形勢はやむを得ない。

④我が国は一八七六年に日本と修好条約を結び、そして今度は米国、英国、独逸と条約を結んだが、交際の礼が平等で義理に照らしても憚る必要がない。交隣に道理があるということは経典に記されている。

⑤西洋諸国と修好通商条約を結ぶのは、ひたすら公法に依拠するからである。したがって、士民が元来、長きにわたって孔孟の教えを修め、礼義の風俗の中にあったのに、どうして急に正道を捨てて邪道に従うことがあろうか。

⑥（西洋の）機器が役に立ち、利用厚生を実現できるのに、農業・養蚕・医薬・甲兵・舟車に従事するのをどうして憚ることがあろうか。

⑦（朝鮮としては）強弱の形勢がすでに明らかであるので、もし西洋の機器を見習わなければどうやって西洋からの侮辱や非望を遮断できるのか。（朝鮮としては）内にあっては政教を磨き、外に対しては外国と交わって、

我が国の礼義を守り、諸外国に対して対等で富強な国にならなければならない。
⑧また、西洋諸国とは友誼を厚くしてきたので、京外に立てられている斥洋碑は全て撤去する。

と命を下して（下教して）いる。[238]

高宗のこの伝教は、自国と他国に対する現実認識、国家間の権力主義的緊張関係、文明開化による富国強兵、西欧の公法的国際体系への編入、朝鮮の伝統的な義理と公法との調和などを力説している。

しかし、高宗のこのような開化政策の推進にもかかわらず、対外的に展開された均勢政策は、朝鮮が権力の主体として参与したのではなく、他者依存的な方便として従来の対清事大－朝貢冊封体制が拡大したことによる「属国」化の傾向を帯びつつ、清・日・露ならびに欧米列強の勢力均衡の中に解消されてしまったのである。

(235) 李光麟前掲「韓国における万国公法の受容とその影響」一一三頁、および金容九前掲『世界観衝突の国際政治学――東洋礼と西洋公法』一八〇～一八二頁。
(236) 金容九前掲『世界観衝突の国際政治学――東洋礼と西洋公法』二一五頁。
(237) 金鳳珍前掲「兪吉濬の国際秩序観――朝貢体系と国家平等秩序の間」六～一〇頁。
(238) 『高宗実録』巻一九、高宗一九年壬午八月五日条。

補論一

一　韓国政治思想史研究における問題点——特に朝鮮朝朱子学思想の特質に関して

Ⅰ　方法論の問題(1)

「韓国政治思想史」と言えば、韓国の社会科学分野で学問的業績が最も貧弱なものの一つと言える。その主たる理由は、今日、一般的に思想史研究において何らかの理論が適用され得るという学界共有の方法論がないためである。それにもかかわらず、従来思想史研究において学問的業績を蓄積してきた欧米諸国や日本はもちろんの

（1）一般的に思想史をどう研究するのかに関する方法論的視角については、丸山眞男「思想史の考え方について——類型・範囲・対象」（武田清子編『思想史の方法と対象』創文社、一九六一年）から示唆を受けたところが大きい。

こと、韓国でも近年になって思想史研究への関心度が高まり、この分野の研究が続けられているのも事実である。韓国政治思想史研究の現況はというと、大きく二つの傾向に分かれていると考えられる。一つは、経学史ないし教義史的な研究傾向であり、もう一つはある特定の時代の思想家の思想に関する研究である。前者は、一般的に教義史（history of doctrine）と言われるものであり、今日の個別科学の次元から見れば、学説史であると言えよう。このカテゴリーに属する例として「朝鮮儒学史」や「韓国哲学史」を挙げることができるが、これは主に哲学の分野で研究されている。後者は、主に歴史学の分野で研究される傾向にあり、ある特定の時代の思想家の経済思想や実学思想といった思想家中心の個別研究が追求されている。以上を要約すると、今日の韓国政治思想史研究は、人文科学分野において多少の業績を見せているとは言え、ある思想家の哲学的理論や経済思想はどのようなものかという思想家中心の個別研究に傾斜しており、哲学的理論や経済思想が時代の変遷とともにどのように変容していったのかという思想の歴史的文脈（historical context）に関する研究は貧弱であると言わざるを得ない。

今日、欧米諸国や日本で「思想史」という場合、history of doctrine〔教義史〕に関する研究もあるにはあるが、一般的には人文社会科学分野において、特にアメリカの場合には Intellectual History と呼ばれている。日本では「日本政治思想史研究」や「東洋政治思想史研究」と呼ばれ、history of doctrine と内容的に区別されている。この場合の「思想史」とは、一般的に観念史（history of ideas）と呼ばれるものであり、ある特定の時代、またはいくつかの時代にわたって通用してきた観念——朱子学思想でたとえれば「理」や「気」など——の内部構造が、同時代の他の諸観念の内部構造とどのような論理的連関を持ち、具体的な政治・社会過程の中でどのように変容していくのかを追究している。つまり、「観念」という同じ用語を使っているとはいえ、思想家により、時代によってその意味内容は異なっており、それゆえこうした諸観念の変容が時代の政治的社会的基礎といかなる連関を有しているのかということに注目するのである。もう少し具体的に言えば、ある特定の時代の政治的社会的支柱となっていた観念も、時代や政治社会状況が変われば、変容したその中で孤立して変化しないままであり続けることは到底できない。もし、その観念が新しい時代の政治的社会的支柱たろうとするのであれば、新たな時代の政治・社会状況に対応できるように観念の意味が変化せざるを得ないのであり、意味が変化した観念は、今度は逆に新たな時代の政治・社会状況を規定するような機能を持つことになるのである。したがって、「観念史」的な思想史研究においては、同じ観念が時代によってどのように意味内容を変化させていったのか、また時代時代の政治・社会的基礎をどのように規定していったのか、できなかったのか、という推移に注目することになる。すなわち、観念史的な思想史研究が思想発展の推移を時代の政治的社会的基礎との相関関係の中で見ようとするのに対し、教義史や学説史は、教義の伝承や学説の継起的発展に注目するのである。

こうした二つの研究視角を、特定の時代の思想史研究に当てはめてみると、教義史や学説史の場合には、たとえばある思想家の理気論が同時代の他の理気論とどのように連関していたのか、またその理気論はたとえば後代の理気論とはどのような関係を持っているのかに留意するわけであるが、観念史的な思想史研究の場合には、その思想家の思想全体が同時代の政治・社会的基礎といかなる連関を有していたのかについて、たとえば理気論だけを問題とするのではなく、理気論を彼の宇宙論や人間論との関連の中で把握するとともに、そこに表れた思想的特徴がその思想家の政治思想、経済思想、社会思想等とどういう論理的連関を有するのかを、同時代の政治・社会的基礎との連関の中で把握しようとするのである。したがって、ある思想家の政治思想を把握するにあたっては、それを彼の思想全体との連関の中で把握しようとするのである。この視角こそ、思想史の構造的研究、あるいは機能的研究と言い得るのではないだろうか。

韓国政治思想史研究も、こうした視角から追究されて初めて「思想史学」という独立した学問としての市民権を獲得できると思われる。では実際に、こうした視角を朝鮮朝時代に風靡していた朱子学思想を分析対象として見た場合、朝鮮朝政治思想史研究においてどのような問題点があるのかを吟味してみよう、というのが本論のねらいである。

Ⅱ　外来思想としての朱子学

朝鮮朝朱子学は、朝鮮朝体制イデオロギーの理論的支柱となってきただけでなく、朝鮮朝の歴史的方向を規定してきた思想でもある。それゆえ、朝鮮朝朱子学とはいかなるものだったのかを理解することは、朝鮮朝政治思想史研究における根本的課題である。しかし、朝鮮朝朱子学が、それ以前の韓国社会の内在的発展過程の中から自生的に形成された思想ではなく、高麗朝末期に受容された「外来思想」であるということには議論の余地がない。もちろん、このように外来思想であるにもかかわらず、朝鮮朝朱子学が朝鮮朝における思想の発展に決定的影響を及ぼしたということは自明であるが、わざわざ本稿で朝鮮朝朱子学を外来思想と規定したのは、外来思想である朱子学が本来持っていた固有の論理がそのまま朝鮮朝時代の思想界に移植されて発展したのではないと考えられるからである。そこには朱子学の移植過程において明らかに韓国的な変形（metamorphosis）があったと思われる。したがって、朝鮮朝政治思想史を研究するにあたっては、外来思想としての朱子学と朝鮮朝社会の内的発展がいかなる関係にあったのか、また朱子学受容に際して受容する側の主体的条件はどの程度成熟していたのか、ということを理解することが前提条件となってくる。

では、こうした前提条件を踏まえた上で、朝鮮朝朱子学における次の二つの問題を提起したい。

第一は、一般的に朱子学が高麗朝末期に伝わったことは実証的研究によってすでに通念化しているが、その歴史的事実だけでは、思想史研究においてそれほど大きな意味は持たない。つまり、朱子学がどのように受容されたのかという受容過程、すなわち、朱子学が高麗朝末期に伝来し一六世紀後半になって李退溪によって体系化されるまでの間、いかなる形で受容され、定着したのかということが問題となるのである。そして、この受容過程に関する研究は、宋代朱子学と朝鮮朝朱子学は基本的にどこが違うのかという、朝鮮朝朱子学思想の根本的性格を究明することにも繋がると考えられる。なぜなら、教義史や観念史の観点から朝鮮朝儒学史ないし朝鮮朝政治思想史を研究しようとする時、朝鮮朝朱子学は宋代朱子学と思想構造においてどのように異なるのかがその出発点となるからである。

第二は、朝鮮朝に受容され体系化された朱子学が同時代の政治的社会的基礎といかなる関係にあったのか、という連関構造の問題である。なぜこれが問題になるのかと言えば、朝鮮朝における朱子学的統治原理が、どれだけ整合的な哲学的体系として当時の政治的社会的基礎を規定していたとしても、時代の変化に対応しつつ、新たな政治的社会的基礎を規定し続けるためには、統治原理自体を時代の変化に即応するように変移させていかざるを得ないからである。このような政治的社会的基礎を統治原理との関係の中で、実は統治原理だけでなく、統治原理の思想的背景をなす哲学的体系——朝鮮朝朱子哲学——の変容までをも招来し、やがては思想の発展を可能にするのである。朝鮮朝朱子学の場合、李退溪によってその思想自体が論理的に完結し、連続的な思惟体系をなしているが、こうした思想体系を構築している諸観念が規制の論理として実際に同時代の政治的社会的基盤に適合的であったかどうかは別問題であり、思想自体のレベルでは構造的に一糸乱れぬバランスを維持していた。そのため、同時代の政治的・社会的基礎が動揺し変化していく中で、思想の構造的バランスがどのような形で失われていったかが問題となるのである。

Ⅲ　朝鮮朝朱子学の思想的特質(2)

ここまで、朝鮮朝政治思想史研究の出発点をなす朝鮮朝朱子学をどのように理解すればよいのかについて簡単に述べてきたが、この問題を突き詰めると、李退溪によって体系化された朝鮮朝朱子学の構造的特徴と密接な連関を有していると言える。[3] しかし、朱子学が移植過程においてどのように変形（metamorphose）したのかという基礎作業がまだ十分に遂行されていない状況下にある。それゆえ、ここでは筆者がつねづね留意してきたいくつかの問題点、すなわち朝鮮朝朱子学が宋代朱子学とどの点でつながり、またどの点で区別されるのかを指摘しながら、朝鮮朝政治思想史を考える際の焦点となる朝鮮朝朱子学の思想的特質を吟味してみよう。

朝鮮朝朱子学の最も基本的な特徴として、普遍主義的性格をあげることができる。普遍主義的性格は、言うまでもなく、宋代朱子学自体の特徴でもあった。

普遍主義的性格の共有という点から見れば、宋代朱子学と朝鮮朝朱子学は連続していると言い得るが、問題は普遍主義的性格が意味する内容である。そのことを理解するために、朱子学的宇宙論の基礎となっている周廉溪（一〇一七〜一〇七三年）の『太極図説』から検討してみよう。

周廉溪の『太極図説』には、次のように述べられている。

無極でありながら太極である。太極が動いて陽を生じ、動きが極に至れば静ゆえに、静であって陰を生じ、静が極に至れば再び動くゆえに、一動一静は互いにその根本となる。陰と陽に分かれて、両儀を成す。陽が変じて陰が合すれば、水火木金土を生ずるゆえ、五気が順布し、四時が行われる。……無極の真と二・五——陰陽と五行を言う——の精が妙合して凝結し、乾道は男を成し、坤道は女を成す。二気が交感して万物を化生するゆえに、万物が生じに生じて、変化は無窮である。[4]

「太極」、「陰陽」、「五気」の順布、四時の運行、「万物」の化生、変化、無窮という表現を見れば、中国の伝統的な陰陽五行説が周廉溪の宇宙論の基礎となっていることは明らかである。冒頭の「無極而太極」という五文字は後に朱子と陸象山の激烈な論争の的となるが、その問題は省略し、ここでは、朝鮮朝政治思想史を吟味する際に問題となると思われる点を中心に述べるにとどめる。

『太極図説』は、「太極が動いて陽を生じ、……二気が交感して万物を化生するゆえに、万物が生じに生じて、変化は無窮である」という表現から考えれば、発出論（Emanations-theorie）的宇宙論の性格を持っている。これは後に朱子学的宇宙論の基本的パターンをなした思想であり、特に「理」の捉え方に決定的な影響を与えた。朱子に与えた影響とは、次のようなものである。周廉渓は「無極而太極」と言って、「無極」や「太極」が宇宙の究極者であるとは言っても、「太極」がすなわち「理」であるとは言わなかった。しかし朱子は「太極」を「天地万物の理」と捉え、そのために朱子学の宇宙論では発出論的性格が希薄化し、「理」を究極的根源とする宇宙論へと転換することになった。「太極」を「理」と捉えるという時の「理」の性格を考えると、朱子学では「太極」＝「理」はまだ天地が生じる前にまず「理」があったとしている。「理」は、天地万物を超越した究極的根源であると同時に、「気」とともに万物に内在して「性」になると捉えることで、「理」は超越的であると同時に内在的性格をも持つに至った。さらに朱子は、「理」が事物に内在する時には動静変合の自然法則となり、「本然の性」（この点に関しては後述）として人間に内在した時には人間が守らねばならない内面的規範になると言う。したがって、朱子学における「理」は物理であると同時に道理でもあるのだが、「理」は一つなので、自然法則と道徳規範（＝内面的規範）が「理」によって連続したものとなるのである。

このように「理」を基礎とする普遍主義的思考が朱子学の特徴だが、李退溪はこの朱子学における「理」の超越性と内在性の論理、そして宇宙論と人間論の結合を、内在的に受容・理解していた。退溪以後における朝鮮朝

（2）本論文では、朝鮮朝朱子学の特質を、李退溪と李栗谷を中心にして、韓国政治思想史の全体的展望と連関させて考察したい。

（3）このような諸問題に関する研究は、朝鮮朝時代の政治思想史研究の前提となっているが、まだ充分な研究が伴っていないと言える。

（4）原文は「無極而太極、太極動而生陽、動極而静、静而生陰、静極復動。一動一静互為其根、分陰分陽両儀立焉。陽変陰合而生水火木金土、五気順布四時行焉。……無極之真二五之精、妙合而凝。乾道成男坤道成女、二気交感化生万物、万物生生而変化無窮焉」。

の統治原理は、以上のような朱子から退溪に至る普遍主義的哲学体系を背景に理論化されていったと言えよう。

ところで、李退溪の思想は普遍主義的性格の次元から見ると、朱子思想と共通している——特に「理」の観念を自らの哲学的体系の基礎として受容している——ものの、朝鮮朝の政治・社会状況に即応して自らの朱子学的哲学的体系を確立させており、そこには当然、「理」の思想的性格が宋代朱子学のそれとは様態（attitude）を異にし、退溪思想の独自性を生み出していると考えられる。換言すれば、退溪によって宋代朱子学とは異なる——宋代朱子学を体系的に構築していた諸カテゴリーの論理的連関の様態を異なるものにさせた——朝鮮朝朱子学独自の基本的パターンが形成されたと考えられる。(5) 具体的に退溪朱子学の特徴をあげるならば、それは朱子学的実践倫理における主観主義的側面の強調にあると言うことができる。

もともと、朱子学の実践倫理には主観的方法と客観的方法があった。両者の違いを説明してみると、次のようになる。朱子学で重視するのは四書（『論語』『孟子』『大学』『中庸』）であるが、その中でも『大学』と『中庸』がより重視された。『中庸』に「故に、君子は徳性を尊んで問学により（故君子尊徳性而道問学……）」とあるように、「尊徳性」と「道問学」の実践によって人間は「人欲」を離れ「天理」に帰することができる。この場合、一般的に「尊徳性」を主観的方法、「道問学」を客観的方法とみなしている。主観的方法は「存心」あるいは「持敬静坐」とも言われ、人間の内面的な「本然の性」（＝理）に到達する修身論である。客観的方法は「格物致知」や「窮理」とも言われ、これは外界の事物の「理」を究める、言わば知的探求による修身論である。(6) 朱子学的実践倫理では、このように内面的な「理」（道徳知）と外界の「理」（知識知）の合一を追求し、両者は分離されることなく未分化のままである。つまり、朱子学では両者の合一を達成したとき初めて聖人になれるのであり、人間の修身論が人間社会における一切の政治社会的価値実現の前提条件となっている。(7) 「格物・致知・正心・誠意・修身・斉家・治国・平天下」（八条目）という『大学』の根本命題は、このような修身論から一切の政治的社会的価値の実現に至る朱子学的思惟を包括的に示したものと言える。

しかし、李退溪は、こうした朱子学的実践倫理における主観主義と客観主義の両者を受容しながらも、人間の内省的主観主義へと傾斜していた。その背景には、彼が南宋の朱子学者である真徳秀（一一七八～一二三五年）の『心経』（聖賢が心を論じた格言を集めた本で、「正心」を大旨としている）への心酔があった。[8] 退溪が平生この書を尊信し、四書や『近思録』の下に置かなかったということは、[9] 彼の主観主義へ傾倒を象徴的に表現しているものである。彼は「心は万事の本であり、性は万善の原である」と言っているように、退溪の学問論は「居敬」と「窮理」、すなわち主観的方法と客観的方法の両者を重視しながらも、重心は主観的方法の方にあった。[10]

では、退溪のこの主観主義的傾向が持つ思想的意味は何であろうか。退溪の主観主義的傾向は、学問論や実践倫理だけでなく、政治思想においても見出すことができる。李退溪の思想体系における主観主義的傾向を構造的に説明するためには、まず朱子の人間論との比較から説き起こす必要がある。すなわち、朱子学の人間論によれば、[11]「理」は万物に内在して「性」となり、人間の場合これを「本然の性」と言う。この「本然の性」は具体的には「仁義礼智」を意味しており、「純善無悪」な人間の内面的規範と言える。しかし他方では、人間の「性」は「気」を稟受しており、「気質の性」をも具えている。「気質の性」とは「性」の差別相を表現するものであり、稟受した「気」の清濁いかんによって聖賢暗愚の差別が生じる。「本然の性」は未発の状態にあるかぎり「純善

（5）朴忠錫「李朝後期における政治思想の展開」（1）（『國家學會雜誌』第八八巻第九・一〇号、東京大学法学部・国家学会、一九七五年九月）一六～二一頁参照。
（6）この点に関しては本論の直接の課題ではないので、具体的な検討は省略する。
（7）丸山眞男『日本政治思想史研究』二三～二五頁参照。
（8）李退溪がこうした主観主義に傾倒することになった客観的条件＝政治的状況に関しては、朴忠錫前掲論文、八～九頁参照。
（9）『退溪先生文集内集』巻四一「雜著」（『退溪全書』（上）所収、成均館大学校大東文化研究院、一九五八年）九一六頁参照。
（10）より詳しくは、阿部吉雄『日本朱子学と朝鮮』（東京大学出版会、一九七一年）三七二～三七三頁参照。
（11）この点に関しては、朴忠錫前掲論文、一九～二〇頁参照。

無悪」であるが、外界と接触して已発となった場合には「情」となって現れる。「情」は已発と同時に動くものであるため、「情」が中正を失えば悪に流れてしまうことになる。すなわち、悪とは「情」の過不及を意味する。したがって、朱子学的人間論に立てば、主観的には「本然の性」を覆っている混濁した「気」を除去しさえすれば、人間本来の善性が顕現することになる。退溪の主観主義的傾向とは、この朱子学の「本然の性」という人間の内面的規範（仁義礼智）を、より重視するのである。ここから、退溪の朱子学的統治原理、すなわち政治的社会的秩序をいかに確立するかという統治論においても、主観主義的傾向の当然の結果（corollary）として、内省的な主観主義的修身論（あるいは教化主義）が強調されることになったのである。

この退溪の統治論における内省的修身論ないし教化主義論を、彼の有名な四端七情論から再検討してみると、一般に朱子学では「心」は未発の「性」（体）と已発の「情」（用）の両面から把握されるのに対して、退溪は「四端の情」を「理発而気随之」と言い、「七情」を「気発而理乗之」と解釈した。そして、両者が完全に発した時には「純善無悪」と「無有不善」が顕現し、そうでない場合には「流為不善」と「放而為悪」が現れるという。[12] すなわち、現実における人間の政治的社会的行為には「純善無悪」「無有不善」と、「流為不善」「放而為悪」の二つの方向があるが、退溪の統治論においては、彼の主観主義的傾向によって前者の「純善無悪」「無有不善」が著しく重要視されているのである。このことは、退溪が「本然の性」である人間の内面的規範を顕現させさえすれば、その結果として政治的社会的秩序は自然と確立すると考えていたことを意味していると言えよう。このような統治原理の下では、人間を積極的に外から規制しなければならないという法治主義論や制度的規範論は発想されにくい。退溪が統治の根本義を「存心」に求め、統治とは第一義的に統治者の「修身」であり、さらに被治者の「教化」であるとしたのは、まさに前述したような人間論を前提としたことに起因している。退溪にとって、「法制」という制度的規範は第二義的なものとみなされたのである。

以上、退溪朱子学の哲学的特徴と、その哲学を背景とする政治思想を考察してきたが、退溪の統治論は、同時代の政治的社会的状況に対する現実主義的な事実認識から出発していたと言うよりも、朱子学的人間論を背景とする理想主義へと流れていったと言えよう。この退溪の理想主義的統治論は、彼の完結した朱子学的哲学体系とともに、朝鮮朝正統朱子学派の統治原理として採択され、朝鮮朝末期に至るまで朝鮮朝の体制イデオロギーとしての地位を確保してきた。それは、朝鮮朝末期の衛正斥邪派、とくに、その代表的思想家である李恒老の政治思想を見ても理解することができる。(13)

退溪のこうした統治論は、「理」の哲学に依拠した普遍主義的指向を持つ政治的思考と言えるものだが、この政治的思考にあまりに執着しているかぎり、その中で歴史や人間の個体性、ないし時代の個別性の論理は発想しがたいだろう。その一例として、『大学』の八条目を取り上げてみよう。実践命題としての八条目、すなわち「格物・致知・誠意・正心・修身・斉家・治国・平天下」の思惟構造を見てみると、「格物」から「平天下」に至るまで論理的に連続しており、したがって朱子学的統治原理においては「平天下」という普遍的世界像が前提となっている。朝鮮朝時代において少なくとも正統朱子学派の場合、「平天下」という世界主義——これは退溪の普遍的世界像を背景とする正統朱子学派の「中華」的世界秩序観念によく現れている——的発想の下では、(14)その普遍主義的性格のために民族を単位とする歴史の個体性についての論理は発想されがたく、その結果国家の個体性についての論理も現れにくい。八条目の「治国」は「格物」から「平天下」へと移る中で見られるのみであり、究極的な関心はあくまでも「平天下」にある。したがって、朝鮮朝政治思想において国家の個体性の論理が発想

(12) 朴忠錫前掲論文、二〇頁参照。
(13) 李恒老の政治思想に関しては本論文の直接の課題ではないため省略する。
(14) 朝鮮朝において実際に「平天下」という世界主義的理念が実現したのかは、別問題である。少なくとも理念としては普遍的視座の確立はあったが、実際にはいくつかの限界を内包していたと言うべきであろう。朝鮮朝における国際観の基本的視座に関しては、朴忠錫前掲論文、三一～四一頁参照。

されるためには「天下」観念から「国家」観念への価値転換（transvaluation）が必要である。哲学の次元であろうと、政治的思考の次元であろうと、普遍性から個別性への思想的転換を指すものとして政治思想史ないし政治史のレベルから見るとき、西欧近代国家観念と一致するわけではないとしても、朱子学的な自然法思想――もちろん国家の個体性の論理が出てくる時には、朱子学的自然法思想それ自体も変容するのだが――が論理的媒介となって「近代」国家概念が発想されるのである。

このような「近代」国家、すなわち国家ないし歴史の個体性に関する論理は、二つの側面から検討することができる。一つは、はたして朱子学思想それ自体の中にもともと個体性や個別性に関する論理が内在しているのかという問題であり、もう一つは、もしその論理が内在していた場合に、朱子学的思惟の普遍性に応じて個体性や個別性の論理が拡大し得る政治的社会的基礎はいかなるものだったのか、という問題である。換言すれば、普遍的価値にコミットしている政治的社会的秩序を維持することができない以上、政治的社会的基礎に関する事実認識へと力点が移る場合、これを退溪の政治的思考に当てはめてみると、人間の内面的規範の顕現によって政治的社会的秩序を確立しようとした理想主義が政治的社会的状況と乖離した時、個別性や独自性を重視する思考が発動し始めるのである。

では第一の、朱子学思想それ自体の中に個体性や個別性に関する論理が内在しているのかという問題から検討することにする。

朱子学では、「太極」は「理」であり、「理」は超越的な性格を持つとともに、内在的性格も持っている普遍概念である。しかし、「理」が内在している万物は「気」でできており、「理」が普遍概念であるのに対して、「気」は個別概念である。それゆえ、「理」に対して「気」をいかに理解するのかに従って、朱子学における「理」と「気」の論理的連関が崩れ、結果的に「気」や「理」の概念自体の変化をもたらすこともある。こうした事例は、朝鮮朝の有名な理気論争においてしばしば見ることができるものである。もし「気」の思想的意義を強調することで「理」の再解釈をもたらすのではなく、「理」それ自体を否定する純粋な唯気論となる場合には、経験論的哲学は現れ得ても、「合理」主義哲学は随伴され得なかった。

では具体的に、朝鮮朝においては個体性や個別性の論理がいかなる形で発展したのかを、第二の問題である朱子学的思想体系の中で拡大し得る政治的社会的基礎はいかなるものだったのかという問題を念頭に置きながら、李栗谷の政治思想との関連の中で見ることにしよう。

朱子から退溪にいたる宇宙論において、太極は「理」であり、「理」を究極的根源とする宇宙論が確立していた。しかし、栗谷の宇宙論では、「理」は次のように説明されている。

聖賢の説もはたして未尽〔まだ説き尽くしていないこと〕の所があるゆえに、ただ「太極が両儀を生じた」とだけ言い、「陰陽が本来ある」と言わなかったのは、始めに生じた時があるのではないからです。それゆえ、文字だけを見て解釈する者は、気が生じる前にはただ理だけがあったと言いますが、これは真に一つの誤謬です(15)。

栗谷は、朱子学における「理」の超越的性格を否定しただけでなく「陰陽」を宇宙の「本有」的なものと理解している。栗谷は宇宙論において「理」の内在的性格だけを認めており、そこから理気不可分論が主張されるのであるが、ここですでに「陰陽」を「本有」的なものと見る「気」論が提唱されており、「理」の意味変化がもたらされているのが分かる。では、栗谷は「本有」的「陰陽」をどのように理解しているのだろうか。

(15) 原文は「聖賢之説、果有未尽所。以但言太極生両儀、而不言陰陽本有、非有始生之時故也。是故縁文生解者、乃曰気之未生也。只有理而已、此固一病也」『栗谷全書』巻九「書」「答朴和叔」一八～一九丁。

そもそも、陰陽両端は循環して止まず、本来始めというものはない。陰が尽きれば、陽が生じ、陽が尽きれば陰が生じ、[16]……

栗谷は、朱子とは対照的に、周廉渓『太極図説』に見られる陰陽動静の循環論的性格の方を強調している。つまり、栗谷は永遠不変な「理」の普遍性に対して、「陰陽」や「万物」のような「気」の個別性を重要視する方向へと傾斜している。これは同時に、万物が変化する状況を重視する状況主義への傾斜をも意味しており、退渓と比較してみると、明らかに普遍主義から個別主義への移行を示している。

栗谷の循環論的宇宙論にもとづく状況主義的思考を、統治論のレベルで見ると「変わらない者は天地の常経であり、変通する者は古今の通誼である[17]」と言い、「不変者天地之常経也」という自然法的思考に対して、栗谷は「変通」という状況主義的思考を強調している。「変通」とは『周易』に出てくる言葉であり、その基底には「随時変易」という歴史的思考法が横たわっている。これこそ、政治社会現象が時代によって「変易」するという、時代の個別性に関する論理と言えるだろう。栗谷はこの論理にもとづいて、「法は時代によって制定するものゆえ、時代が変われば法も同じではない[18]……」というように、時代の個別性の論理から制度の個別性の論理をも導き出し、制度改革の理論的根拠としたのである。

こうした栗谷による時代や制度の個別性に関する論理の提唱は、明らかに退渓的理想主義とは対照的なものであり、制度をそれぞれの時代の状況に合うように作り直さなければならないという政治的リアリズムの現れである。栗谷によって生み出された政治的リアリズムは、その後、実学派——磻溪・星湖・茶山・恵崗——に受け継がれ、朝鮮朝における政治理論の発展を見ることになった。むろん実学派における政治理論は栗谷的な政治的リアリズムの拡大過程における産物ではあったが、すでに指摘したように、これは同時に退渓の普遍主義的な政治的思考を思想内在的に克服していく過程でもあった。

Ⅳ　結論

以上、朝鮮朝朱子学の思想的特徴を退溪と栗谷を中心に検討してきた。退溪から栗谷へという文脈の中で思想史的推移を要約してみると、大局的には、退溪の「理」の哲学を基調とする普遍主義的指向から栗谷の「気」の哲学を基調とする――もちろんこの場合に「理」の意味変化が伴うことになる――個別主義的指向へと移行していったと言うことができる。栗谷による個別性の論理の展開は、哲学の次元から見ると、「理」よりも「気」を重視する、言うなれば「気」へと力点が移行していくことによって朱子学における「理」「気」の論理的構造に亀裂が入り、「理」の再解釈（reinterpretation）を呼び起こすことになった。

もっとも、思想発展の契機が論理的にこのような過程を経たとはいえ、そうした契機は、実際には必ずしも哲学の次元で最初に起こるとは言えない。朝鮮朝朱子学思想の場合にも、退溪によって朝鮮朝朱子学が体系化され、思想の全体的均衡をなすようになったが、その中のどのレベル――宇宙論、人間論、統治論――でまず思想全体の均衡を失わせる発酵作用が起こったのかが問題となる。ここで詳論する余裕はないが、栗谷においては、統治論が発端となったと考えられる。新たな統治論＝政治体制論を出発点として、退溪の教化主義的な政治的思考が

（16）原文は「大抵陰陽両端、循環不已、本無其始、陰尽則陽生、陽尽則陰生……」同前、一九丁。
（17）原文は「不変者、天地之常経也。変通者、古今之通誼也」同前、巻二六「聖学輯要」八、三六丁。
（18）原文は「法因時制、時変則法不同……」同前、巻五「疏箚　三」「萬言封事」一三丁。

批判されただけでなく、退溪の政治的思考に対応して、栗谷独自の統治論が徐々に理論的に展開されていく中で、退溪の教化主義的な政治的思考の基礎となっていた人間の内面的規範に対しても疑問が抱かれるようになり、ついには、朱子学的人間論それ自体を政治体制論の立場から再定義していかざるを得なかったと思われる。これを政治思想史の観点から見れば、政治的社会的秩序を確立させるために第一義的に「本然の性」としての人間の内面的規範を具現させようとする退溪の教化主義から、栗谷の時代や制度の個別性を重視する政治体制論へと移行していく過程と捉えることができるだろう。しかし、栗谷が「養民然後、可施教化〔民を養った後に、教化を施すべきである〕」と主張しているように、栗谷にとって政治的思考の力点は「教化」論それ自体を否定することではなかった。「教化」論を否定し、人間の政治社会的秩序は人間の「教化」によって確立され得ないとみなすことは、「本然の性」としての人間の内面的規範を否定することになり、さらには結果的に朱子学的哲学体系全体の解体をもたらすことにつながるからである。

退溪の普遍の論理から栗谷の個別の論理へという思想史的推移は、筆者としては朝鮮朝における政治思想史研究の基本的な枠組(framework)になるものと考えている。退溪が外来思想である朱子学を内在的に理解・受容し、朱子学の普遍的自然法思想を朝鮮朝に定着させたということそれ自体は、朝鮮朝思想史の発展に大きく寄与した業績である。こうした退溪の評価について反論がないわけではない。しかし、われわれが思想史研究において留意すべき点は、思想活動が到達した結果だけで、換言すれば現在を基準にして過去を評価することでもたらされる視角の矮小化に陥ってしまってはならないということである。何よりも、思想の発展に関する研究においては、思想それ自体の論理の中に内在する発展の可能性がどのようなものなのかに注目することによって、思想の発展の全体的構造は明らかにされるのである。この姿勢は決して伝統主義的視角を意味するものではない。

上述したように、栗谷における個別性の論理は、退溪によって定立された普遍思想が前提とされなければ発想されがたかったものであり、また他方では、退溪的な普遍思想を受容し、それとの対応関係の中で展開していたものであった。この意味で、朝鮮朝政治思想の発展的推移も、西欧近代思想の発展的推移との比較研究が可能になるものと考えている。

二　「思想史学」と思想史研究

I　序論

私たちはなぜ思想史を研究するのか。思想史とはどんな学問なのか。そして、思想史とはどのように研究するものなのか、という思想史の研究方法に関する諸問題は、思想史研究を志す学徒にとって必要不可欠な基礎知識であろう[19]。

ここではこうした問題に留意しつつ、これから韓国思想史を研究しようとする際に方法上の問題として主にどのような問題が提起され得るのかについて検討してみたい。

まず、私たちはなぜ思想史を研究するのだろうか。思想史を研究する目的とは何なのだろうか。

思想史研究の目的は、私たちが生きている現在または現代を自覚し意識するためだと言える。思想史研究のこうした目的の基底には基本的に次のような仮説がある。すなわち、私たちが生きている現在とは、あくまでも歴史としての現在であり、また歴史としての現代だというものである。思想史研究はまさにこうした仮説を前提に

(19) 本論文は、朴忠錫「韓国政治思想史における問題点」(『現象と認識』第一巻第三号、一九七七年九月)を一般論のレベルで補完したものである。

して、私たちは今歴史のどこに立っているのかを自覚し、意識するためのものであると言える。ではこの「自覚し意識する」ということはいかなる意味であるか。それは方法的には、私たちが生きている現在を対象化するということである。これは過去の歴史的発展の推移に関する知識を前提にしている。したがって、逆にもし過去の歴史的発展の推移に関する知識がなければ、私たちは私たちの生きている現在・現代を対象にできなくなるだけでなく、むしろ私たちは現在の趨勢の中に埋没してしまい、現在直面している歴史的制約が何なのか、私たちが現在を克服し得る歴史的可能性は何なのか、ということが分からなくなってしまう。すなわち、私たちは歴史の自律性を追求しがたくなる。つまり、私たちは歴史の中で何らかの価値を選び享有することができなくなるのである。

では、私たちが生きている現在を対象化するということは、具体的に何を意味しているのだろうか。私たちは現代の日常生活の中で至極当然であると考えている物事が多い。現在、自明・当然と考えている物事に対しては、何も疑問を提起しないことが多い。しかし、現代の日常生活の中で自明と考えている物事の歴史的推移を検討してみると、それらがどれだけ特殊であるかが分かる。しかしこれらは、実際には歴史のタテの推移だけではその特殊性は明確には現れない。それは、世界史的なヨコの比較研究を通してはじめて、その特殊性がより明確に現れるようになるのである。一つ例を挙げてみることにしよう。中国宋代に開花した朱子学は、高麗朝末期に韓国に伝来し、朝鮮朝になってからは統治イデオロギー理論としてだけでなく、朝鮮朝の政治的社会的規範の基礎となって、朝鮮朝の歴史的方向を大きくコントロールしてきた。しかも朝鮮朝時代には朱子学的な政治的社会的規範がごく一般的で当然のものとみなされてきたのである。しかし、この時代の朱子学的な政治的社会的規範を一旦対象化させてみると、たとえば朝鮮朝朱子学の歴史的推移を検討し、さらに中国や日本の場合と比較してみると、朝鮮朝朱子学がどれほど特殊な意味を持っていたのかを理解できるようになる。

私たちが生きている「この現在」を対象化するということ、すなわち現代の趨勢から私たち自身を隔離させ、現代の趨勢に至る歴史的推移を検討し、その特殊性を解明するということは、「この現在」に対する客観的認識への歩みでもである。この客観的認識に至る道程を経てはじめて、私たちは歴史の自律性、価値選択の自律性を維持することができるのである。

一九世紀中葉に登場した初期衛正斥邪派の思想的指向こそ、実はこうしたこととはきわめて対照的な性格を有していた。彼らは従来の正統朱子学を自覚的に再確認し、かつ自らが直面していた現実状況を朱子学的価値体系にもとづいて捉えようとしていた。しかし実際には、彼らは目の前の現実的制約性を自覚することができず、結果的には客観性の乏しさを免れなかった。彼らにとっては「当然」なものとみなしていた朱子学的価値体系が、世界史の流れの中で検討してみる時、どれほど特殊なものかという点についての自覚と認識が欠如していたのである。

Ⅱ 「思想史学」に関して

思想史とはどんな学問なのだろうか。思想史関係の研究文献を概観してみると、ある特定の観念を中心として思想史を研究したもの——たとえば、フリードリヒ・マイネッケ(Friedrich Meinecke 一八六二〜一九五四年)の「国家理性(Staatsräson)」、コリングウッド(R. G. Collingwood 一八八九〜一九四三年)の「自然(nature)」、そしてマンハイム(Karl Mannheim 一八九三〜一九四七年)の「イデオロギー(Ideologie)」に関する研究——から、なるべく思想の全体的な流れをつかんでその歴史的推移を検討する思想史研究——たとえば、ボルケナウ(Franz Borkenau 一九〇〇〜一九五七年)の『封建的世界像から市民的世界像へ』(*Der Übergang von feudalen zum bürgerlichen Weltbild*, Paris, 1934)——に至るまで、実に多角的な観点から思想史研究が進められてきた。

しかし、いかなる思想史研究であっても、「観念」の歴史的変容過程に留意するのは共通した傾向であり、思想史研究とは、つまるところ、思考の歴史的推移に関する研究であると言える。

では、こうした思想史研究が一つの独立した学問として、すでに分化した専門分科——たとえば政治学、法学、経済学、社会学など——と同様に「思想史学」として成立するためには、どのような条件が備わっていなければならないだろうか。

従来の思想史に関する研究傾向を回顧してみると、大きく二つに分けることができる。[20] その一つは「教義史」(history of doctrine) 的な研究傾向であり、もう一つは「観念史」(history of ideas) 的な研究傾向である。

具体的に言えば、前者の場合は教義の歴史的発展を追跡する思想史研究であり、たとえばキリスト教の教義史、儒教の儒学史、仏教の教義史などがこのカテゴリーに属する。これを個別科学のレベルで言うならば、「学説史」に該当するものであり、たとえば政治学説史、経済学説史、社会学説史などがあげられる。この場合、思想史研究は、すでに分化したある専門分科における学説の発達史をその内容とすることになる。一方、後者の「観念史」的な思想史研究は、前者のような特定の宗教や思想、または分化した専門分科の学説の発達史には限定されない。観念史的研究は、基本的に二つの点に留意しているものと考えられる。一つは、ある時代、あるいはいくつかの時代を経て通用してきた特定の諸観念——ある時代にその社会の歴史を方向付けていった支配的な諸観念——を選び出し、それらの諸観念が時代や思想家によってどのように変容していったのか、その時その構造的連関はどうだったのか、またその構造的連関が時代や思想家によってどのように変遷していったのかという点である。もう一つは、これら諸観念の時代的変容や構造的連関の変遷をたんに観念の歴史的推移という視角から検討するにとどまらず、これらの変容・変遷が、同時代の政治的社会的基礎といかなる関連を有していたのか、あるいは同時代の政治的社会的基礎がこれら諸観念をどのように特徴づけていったのか、そして逆にこれらの諸観念が政治的社会的基礎をどう方向づけていったのかという相互連関に注目するという点である。したがってこの思想史研究には、同時代の社会経済史的な研究が必要不可欠になる。[21]

教義史的な思想史研究では、キリスト教、儒教、仏教など、ある専門分科の学説を一つの完結した観念形態と捉え、当時の政治的社会的基礎とは一旦分離させて、思想の存在形態それ自体を問題とする傾向がある。この思想史研究には、教義史、学説史、理論史などが属する。[22] これに対して、観念史的な思想史研究では、諸観念をあくまでもその時代の政治的社会的基礎と関連づけるだけでなく、それら諸観念がどのように機能していたのかを歴史的に追跡する傾向がある。

これら二つの研究傾向を検討した時、思想史研究が一つの独立した学問である「思想史学」として成立し得るのは、観念史的研究であると思われる。なぜならば、教義史的な思想史研究では、キリスト教、儒教、仏教という思想の世界における教義や思想の歴史的発展に注目するのが一般的であり、個別科学の場合もすでに分化した政治学、経済学、社会学という専門分科内の学説や理論的枠組に限定された、個別の歴史的発展に留意するのが一般的である。こうした関心からなされる思想史研究は、否応なく、ある特定の思想世界や分化した学問世界の中に限定されてしまい、そこから独立した「思想史学」として成立することは困難となる。他方、観念史的な思想史研究の場合、原則として研究対象の制約性というものは存在しない。つまり、観念史的な思想史研究では、政治学、経済学、法律学、芸術など、あらゆる分野を包括する人間の文化活動や思想活動全般を問題とし、ただこの場合でも、政治、経済、法律、芸術など、どの分野に力点を置くかによって、政治思想史、経済思想史、法律思想史、芸術思想史などに分類され得る。したがってこのような、観念史的な思想史研究においては、たとえそれが政治思想史や経済思想史等、特定の研究領域に限定された名称を名乗るとしても、その特定の専門分科の

(20) 丸山眞男「思想史の考え方について――類型・範囲・対象」参照。
(21) 観念史的研究についての具体的な議論は後述する。
(22) この点に関しては、松本三之介『近代日本の知的状況』(中央公論社、一九七四年)八～一〇頁参照。

領域だけを研究対象とするわけではない。ただこの場合、問題関心は常に人間の文化活動全般にわたって問題とみなされる諸観念の相互連関に留意しつつ、相対的に政治に力点を置いた時には政治思想史となり、経済に力点を置いた時には経済思想史になるわけである。

以上のように、思想史研究がすでに確立した専門分科同様に一つの独立した学問、すなわち「思想史学」として成立するのは、観念史的な思想史研究の場合だと言えよう。

Ⅲ　思想史研究における諸問題

では、独立した学問としての「思想史学」、すなわち観念史的思想史研究ではどんな問題が提起され得るのかを、方法論上の問題を中心に検討してみよう。

思想史研究の分野においては、まだ学界の共有財産と呼べるような研究方法論が確立されていない。その理由としては、（1）思想史研究が他の専門分科に比べて研究が遅れていること、また（2）その研究対象が極めて包括的な性格を帯びているということが挙げられる。それゆえ、本稿では筆者がこれまで関心を持ってきた範囲内で、今日の思想史研究において最小限指摘しておくべき方法や問題を中心に言及したいと思う。

（一）思想の構造的把握に関して

思想史研究においては、何よりも思想の構造的把握が問題視されると考えられる。これは、あらゆる思想は何らかの形の構造をなしているという仮説を前提にしている。そして、思想・思想史研究において思想を構造的に把握するためには、思想構造が持つ性格を明らかにする必要がある。

一般的に思想と言えば、抽象度が高い教義、学説、理論などが連想されやすい。しかし、思想とは、それが現実的であれ、抽象的であれ、ある物事についての思考様式であることには変わりはない。そしてその思考様式が不断に再生産される時、ある一つの観念を形成するようになる。しかし、人間の現実世界が非常に複雑多義的であり、それに比例して実際に、人間社会には数え切れないほど多くの観念が形成される。一般に思想とは、このような数え切れないほど多くの観念の結合、または組合わせを言うのである。実際、その観念の結合や組合わせの様式により、思想はその構造的性格を異にするのである。

では、第一に、思想の構造的性格を異にするとは何を意味しているのだろうか。私たちは日常的に思想という言葉を使っているが、詳しく見れば思想はすべての問題に対して解答を提示しているわけではない。たとえばある思想家の思想とは、特定の提起された問題に対するその思想家の解答である。つまり、いかなる思想であれ、その思想が開拓した「領域」があるのである。これを単純化して、思想とはその開拓した領域における諸観念の結合や組合わせと言うことができる。

思想を構成する諸観念は、絶えず醇化（refine）されるものから全く醇化されないものまで、あるいは非常に整合的な観念からまったく不明瞭な観念に至るまで、多様な諸観念の結合や組合わせだと言える。また、思想家によって深化された観念も、そうでないものもある。これを幾何学的に表現するならば、思想を構成する諸観念にはそれぞれ到達した「地点」というものがあり、その地点を結合させていくことによって、思想の全体像を描くことができる。諸観念が到達した地点の多様さに応じて、思想の全体像も多様になることは言うまでもない。

したがって、思想・思想史の研究者は、思想を構成する諸観念の到達した「地点」がどこなのかを明確に理解する必要がある。ある思想家の思想を構成する諸観念が、はたして新たな領域を開拓しているのかどうか、そして開拓した領域はいかなる領域なのか、あるいは既存の領域にとどまる、もしくは後退しているのかどうか、さらに新たに開拓された領域の諸観念は既存の諸観念をいかに規定しようとしているのか、などを正しく跡づけなければならない。

第二に、思想が諸観念の結合や組合わせから構成されているといっても、その諸観念の中には絶えず醇化され、抽象度が高いものから低いものまで、さまざまなレベルの観念が混在している。どちらかと言えば、「不断に醇化して抽象度が高い観念」を軸としていくつかの重要な観念が結合し組み合わさっているとみなすのが一般的である。もちろん、諸観念の中には、トーンの高い観念やウェイトが置かれた諸観念の結合・組み合わせとなるものもある。しかし、果たして「不断に醇化して抽象度が高い観念」が必ずしもトーンの高い、ウェイトが置かれた観念と一致しているとは限らないため、折衷的に論ずることはできない。

しかし、第三に、すでにふれたように、思想には思想家が開拓した「領域」がある。たとえば、宇宙論、人間論、政治的社会的実践論など、実に膨大な領域があるが、しかし、歴史的にこれら三つの領域を貫通する思想体系を構築した思想というものはそれほど多くはない。たとえば性理学の思想家たちにも、宇宙論の次元で理気論に没頭する者、一生をかけて人間論の次元で理気論に没頭する者、政治的社会的実践論の次元での理気論に没頭する者等を見出すことができる。あるいは、宇宙論、人間論、政治的社会的実践論の三領域を行き来しながらも、ある領域、たとえば政治的社会的実践論について多くを論じる者もある。つまり、思想の存在様式と「領域」の関係は、①その思想が体系的であればあるほど、宇宙論、人間論、政治的社会的実践論が相互に内的連関を持った形で領域を自由に横断しながら、理論的整合性を持つ体系を構築していく場合や、②宇宙論、人間論、政治的社会的実践論のある一領域からその他の領域と連関を持ちつつ理論的に体系化が行われる場合など、実に様々なパターンを想定することができる。

したがって、思想の構造的把握という場合には、思想の構造的多様性に注目しなければならない。そして、さらに思想・思想史研究をする場合は、必然的にその思想の諸観念の構造的連関に着眼しなければならない。この場合、観念の醇化の度合いや、トーンの高低、ウェイトの軽重などを考慮しながら、諸観念の内在的連関を解明する必要がある。思想・思想史研究では、一定の方法論や定説の提起は困難な作業であるが、思想・思想史研究は研究自体が対象内在的であるゆえに、研究方法には十分に意識的である必要がある。すなわち、研究対象が研究方法を決めるのである。

(二) 思想の歴史的変容に関して

思想史研究は、単に特定の思想の全体的枠組や思想構造を把握することだけにとどまらない。思想史研究においては、その思想が歴史的にどのように「変容」していったのかに注目する。ある特定の思想の全体的枠組を問題にする時であれ、ある思想家の思想構造を問題にする時であれ、ある思想が論理的に理論的体系を構築している場合、それは宇宙論から人間論、政治的社会的実践論に至るまで、様々な観念が論理的に相互に連関している。したがって、もしある根本的なカテゴリーを構成している重要な観念もしくは具体的な政治的・社会的基礎と密着している観念に意味変化が起きた場合、その変化は否応なく思想の体系的整合性や諸観念の論理関係に大きな影響を与えることになる。つまり、ある思想を構成している特定観念の意味変化が、その思想全体の構造的変化までも招来することがあり得るのである。思想史研究とは、このように、ある特定の観念が歴史的にどのように意味変化を起こしたのか、そしてそれが思想の全体構造をどのように変えていったのかに着目するのである。その際、宇宙論、人間論、政治的社会的実践論などの、思想領域の相互連関性に留意しながら追求することになろう。

これは一般的には観念の歴史的変移についての研究だと言えるが、こうした視角は決して、人類の歴史はあらゆる観念の歴史だという意味ではない。つまり、人類の歴史の方向は、常に何らかの特定の観念によって限界づけられているというわけではない。この点に関しては次のように説明することができる。

ある思想の歴史的変移を観念と現実の相互作用という視角から考えると、ある思想がその論理的整合性を誇っている場合でも、思想の原理自体に変化が起きることをわれわれは知っている。すなわち、ある思想体系が時代的要求によって現実的基盤の上に確立され、その時代の政治的社会的基礎を見事に規制できたとしても、前提とされていた政治的社会的条件が時代とともに変化していくことによって、その思想体系は新たな政治的社会的条件に対応できるように原理自体を変容させていかざるを得なくなるのである。この時、観念は政治的社会的基礎によって方向づけられていると言える。思想史研究における現実と理論の関係に関しては、M・ウェーバーの歴史観が大変示唆的である。

M・ウェーバーによれば、人間の行為を直接支配するのは理念ではなく、「利害」であるという。しかし、理念によって作られた世界像はしばしば転轍手のように軌道を決め、その理念が決めた軌道に従って、今度は利害の力学が人間の行為を押し出していくと喝破している。歴史に対するウェーバーのこの視角は、理念と現実の相互連関に注目したものであり、思想史研究における主要な座標の一つではないかと考える。要するに、思想史研究は理念と政治的社会的基礎の歴史的な相互連関に注目しなければならないのである。もちろん思想史研究において社会経済史的研究は不可欠の要件となるが、しかし逆に、社会経済史的研究を重視して、ある時代の政治・社会的条件が諸観念をどのように方向付けていったのかという点だけに注目して歴史・思想研究をするならば、それはその時代の思想が持つ自律性を無視することになる。つまり、こうした見方は、思想それ自体には歴史がなく、時代が変われば思想も変わっていくが、そこで実際に展開しているのは単なる社会構造であり、思想はこれに付随した現象に過ぎないのである[23]。

しかし、もしこうした視角を固持すれば、そこから思想史研究の豊饒な成果は期待できない。たとえば、東洋儒教思想の歴史的機能について見た場合、政治的・社会的基礎を強調する視角からは、儒教的（朱子学的）世界像を基盤とする価値体系が東洋史をどのように方向付けていったのかに関する歴史的説明を期待することはできなくなる。したがって、思想史研究においては、いくつかの時代を経て一旦確立したある思想の価値体系がその時代をどう規制していたのか、またその時代の中でいかに機能したのかに注目することは重要な視角である。

しかしここで言っておきたいのは、思想史研究においてある思想の価値体系がその時代をいかに規定し、またどう機能したのかを見ることは決してこれまで述べて来たその政治的社会的基礎が同時代の諸観念をどう方向づけたのかという点を度外視するものではないということである。思想史研究においては基本的に歴史現象における因果関連に対して、常に多元的な視角を前提として接近することが要求されているのである。

（三）比較思想的研究の重要性に関して

思想史研究における比較思想史的なアプローチは、次の二点に留意する時、極めて重要な意味を持っている。第一は、歴史の普遍性と特殊性の観点であり、第二には、思想史研究における世界史的理解の観点である。比較思想的研究において、この二つの観点は密接な論理的連関を有している。なぜなら、歴史現象の普遍性と特殊性の発見を媒介として、歴史的発展を世界史のレベルと関連づけることができるからである。しかし、筆者自身が方法上の何らかのフレームを持っているわけではないので、これから述べることはあくまでも試論的な領域を出るものではないことを予めことわっておく。

まず、比較思想的研究において歴史の普遍性と特殊性に留意することで、思想の歴史的発展を世界史レベルに関連づける際に問題となるのは、歴史の普遍性と特殊性の意味内容――概念的理解の問題――である。歴史現象における普遍的側面と特殊的側面とはいかなるものだろうか。この問題は三つの次元から考えることができると思われる。すなわち、価値観念、社会体系――具体的には法体系、政治体系、経済体系などの下位体系――、そして歴史的実際である。

価値観念とは、ある社会や国家において自明の真理として公認されている価値であり、たとえば韓国や中国の

（23）武田清子編『思想史の方法と対象――日本と西欧』（創文社、一九六一年）四四～五〇頁参照。

伝統社会を支配してきた儒教的な「仁義礼智」や、西洋近代社会を支配してきた自由民主主義体制下の「自由」や「平等」などである。また社会体系とは、その価値観念を社会や国家において達成し護持するためのシステムであり、たとえば韓国や中国の伝統社会における家族形態や儒教的政治体制、そして西洋近代社会における多数決原理や代議制などである。そして、歴史的実際とは、同時代の対内・対外的歴史的状況との関連の中で展開する現実の様相である。これら三者は、一般的には歴史現象における特殊性を表すものと考えられるが、しかし、価値観念の次元における普遍的価値の追求、社会体系の次元における規範主義的思考、歴史的実際の次元における経験主義的、合理主義的、功利主義的社会的実践等は、どの社会や国家においても見出すことのできる普遍性であるとも言えよう。

歴史現象における普遍性と特殊性の違いを明確にするために、もう少し詳しく検討してみよう。ある社会や国家における普遍的な価値と普遍的な価値指向とは論理的に明確に区別されている。たとえば、人間愛や美徳などの社会的善を追求することは、古代中国や古代ギリシャに限らずどの社会においても共通に見出だせる普遍的側面と言うことができる。しかし、このような普遍性を指向することによって構築された普遍的価値そのものは、たとえば古代中国における「道」とか、古代ギリシャにおける「ロゴス」などは、それ自体が特有の論理的構造を有している特殊性であるとも言える。すなわち、人間が普遍的価値を追求=指向するということと、その人間によって構築された普遍的価値とは、区別しなければならないのである。また注意すべき点は、古代中国の「道」や古代ギリシャの「ロゴス」を普遍的価値として受け取るか否かは、価値理念の問題であって、社会科学的認識の問題ではないということである。

もう一つの例として、一九世紀中葉以降の衛正斥邪派の思想を検討してみよう。彼らは一三世紀中国宋代に体系化された「理」の観念を核とする普遍主義的な朱子学的世界像を理論的支柱としていた。彼らにとって「理」にもとづく政治的社会的基礎としての「仁義礼智」は自明の真理であり、普遍的な価値観念であった。しかし、彼らの「仁義礼智」という普遍的価値にもとづく現実認識——たとえば彼らの西洋観——は、世界史的立場から見ればあまりに特殊なものであった。こうした歴史現象における普遍性と特殊性の問題は、価値観念の次元だけでなく、社会体系や歴史的実際においても同様に見られる現象である。

では、歴史現象における普遍性と特殊性に関する認識が、思想史研究においていかなる意義を持つのかについて検討してみよう。

たとえば、一七世紀後半に台頭し、一九世紀前半に開花した朝鮮朝実学思想の歴史的推移を、ほぼ同時代のイギリスにおける思想の歴史的発展と比較検討してみると、次のような思想史的理解が可能である。

朝鮮朝実学思想は、韓国思想史の文脈では、李退溪によって確立された朝鮮朝正統朱子学思想を思想内在的に克服していった思想運動であったと言える。しかし、朝鮮朝実学思想内部それ自体の歴史的文脈から見てみると、政治的実践として主張された制度改革論はその基底に流れていた功利的思考法を媒介にして経験論的思考体系を構築していたと見ることもできる。

一方、ほぼ同時代のイギリスでは、一六世紀中葉から一八世紀中葉にかけて、F・ベーコン、T・ホッブス、J・ロック、D・ヒューム、G・バークリーらによるイギリス経験論が、そして一八世紀後半から一九世紀後半にかけては、J・ベンサム、J・S・ミルによる功利主義思想が展開していた。

韓国とイギリスの同時代における思想の歴史的発展を普遍性と特殊性という視角から比較してみた時、どのような思想史的理解が可能となるだろうか。まず、歴史現象における普遍性としては、両者ともに経験主義的あるいは功利主義的社会的実践を主張しており、洋の東西を問わず、異なった社会や国家であっても、共通して見出だせる普遍的な歴史現象と言える。この歴史現象は韓国であれイギリスであれ、思想の歴史的文脈の核心を構成している。

しかし、思想の論理的構造となると、両者はそれぞれ顕著な特殊性を有しており、両者の思想の固有性が顕著となってくる。

たとえば、朝鮮朝実学派の特質は功利的思考法を根幹とするものだが、しかしその場合の「功利的」あるいは「功利性」とは、個人の集合体ではなく、同族集団を中心とする未分離の状態にあった「民」や、国家、そして社会という統一体にとっての「功利」をいうのであり、国家功利主義的性格の強いものであった。しかし、イギリスにおける功利主義は、周知のように、イギリス経験論を背景とする個人的人間観を前提とするものであった。J・ベンサムは、人間とは必然的に幸福を求め、不幸を避けるのであり、これは人間が生まれながらにして与えられた自然法則である、と述べている。さらに『道徳と立法に関する原理序説』(*An Introduction to the Principles of Morals and Legislation*, 1789)において、「自然は人類を苦痛と快楽という二人の主権者の支配下に置いた。私たちが何をしなければならないのかを指示し、また私たちが何をするのかを決めるのは、ただ苦痛と快楽だけである」とも論じている。J・ベンサム以降に発達したイギリスの功利主義は、心理的経験を前提とする経験的人間観から出発し、T・ホッブズ以来の個人主義的原理の下に展開したものであった。

しかし、このイギリスの経験論的・個人主義的人間観に比べると、朝鮮朝実学派の人間観にはこうした哲学的基礎が欠けているだけでなく、その功利的思考法も、制度改革論＝客観主義的規範論に繋がっていた。朝鮮朝実学派の経験論とは、李退溪に代表される朱子学的思弁主義にもとづいた政治社会論に対抗することに主眼が置かれ、政治社会的状況を「経験的に」把握する段階にとどまっていた。李栗谷の『万言封事』や柳磻溪の『磻溪随録』で強調された「良民」論＝経済政策論も、当時の政治的社会的状況を「経験的に」認識して思考されたものに過ぎなかった。つまり、この段階では、当時の政治社会的状況を認識する方法として経験的思考が採用されただけであり、その経験的思考を哲学の次元で議論するほどには成熟していなかったのである。朝鮮朝思想史において、経験論哲学の理論的構築が完成されるのは、実に朝鮮朝後期の崔漢綺の段階に至ってからであった。したがって、両者の思想の論理構造の特殊性を歴史的推移という点から見れば、朝鮮朝実学思想とほぼ同時代に発展したイギリス経験論とでは、前者は功利的思考法から経験哲学へ、そして後者は経験哲学から功利主義へという、正反対の思想の歩みを進めていったことになるのである。

Ⅳ　結論

以上、思想史研究において独立した学問分野としての「思想史学」が成立し得るのか、そして今日の思想史研究においていかなる問題が提起され得るのかについて考察してきた。ただ、ここで述べた事柄はあくまでも筆者自身がこれまで思想史研究に従事してきた中で考えてきたことを概略的に提示したものであり、あくまでも試論の域を出ていない。また、本稿では韓国思想史の「特殊性」に留意する際に、いかなる視角が問題となるのかについても言及する余裕がなかった。これらは、今後の課題としたい。

補論二

一　儒教の政治学[*]——原理的考察

I　序論

儒教は東アジアの知的伝統の中で唯一、政治・社会体制に対する独自の理論を持った思想である。[1] のみならず、儒教は東アジア世界、特に中国と韓国における政治思想の性格はもちろんのこと、両国家における歴史の歩みを大きく規定してきた。

（＊）本論文は、梨花女子大学校法政大学『社会科学論集』第一五輯（一九九五年一二月）に発表したものを、梨花女子大学校社会科学研究所の了解を得て再掲載したものである。

儒教思想の最も特徴的なのは、人間の政治、経済、社会の問題を道徳のレベルで解決しようとした点にある。もちろん古今東西いかなる思想であっても、道徳について論じないものはない。しかし、歴史的にいかなる社会においても政治・経済・社会的秩序の問題をどういう方法で解決すべきかという問題が提起された時、それは通常、道徳、法、権力、技術などのどれかに力点が置かれて議論されていたのが一般的傾向であった。徳治主義(道徳主義)、法治主義、権力主義、そして政治的技術(統治術)に関する諸理論は、こうした傾向がもたらした思想家たちの不断の思索の所産だと言えよう。(2)

一方儒教も、道徳が主軸をなしているとはいえ、その思想内容を見ると、どれほど整合的であるかという問題はあるが、哲学、宗教、教育、政治、社会、経済、文学などに関する思想領域が開拓され、その思想領域が儒教的思考体系の基調をなしていたり、儒教的な道徳思想のレール(rail)上で展開しているものを見出せる。それゆえ、儒教思想には道徳思想と結びついた形での哲学があり、宗教があり、政治に関する議論があり、社会や経済に関する議論があると言えるのである。また、こうした視角に立って、儒教の政治学、儒教の社会学、儒教の経済学というものを考えることも可能である。

本稿では、このような観点から、儒教思想において「政治」の領域がどのような形で理論化されているのかを、春秋戦国時代に開花した原始儒教を中心に検討してみたい。

II　儒教——発想様式の特性

儒教思想は、古代中国の宗族制的家共同体社会を「天道」の観念によって理念化した思想である。古代儒教の発想様式を見ると、「天道」とは自然および人間社会を支配している宇宙の絶対的秩序であり、価値理念のレベルで見ると、人間行為や社会秩序がこの「天道」と合致する時、人間社会は最も理想的な状態に到達すると考えられていた。また、天道は自然のレベルでは「自然法則」として、また人間や社会のレベルでは「道理」（道徳規範）として認識され、道徳のレベルで天道を現実社会に具現化することがその実践的目標になっている。これがいわゆる「天人合一思想」であり、儒教ではこの天道の観念を軸として、人間や政治・社会・経済の諸問題に道徳的価値と規範のレベルで「理」の実現を追求している。

では、原始儒教における天道を基調とする理念的思考は、どのような形で理論化されているのだろうか。

子貢が言うには、夫子の文章（礼楽などの文物制度）は得て聞くことができるが、夫子の性と天道に関する言葉は、得て聞くことができないと。(3)

つまり、孔子においては、宇宙論や人間論に関する哲学的思索はさほど鮮明ではなかったことが分かる。(4)むしろ、孔子の段階では、現実の政治的社会的実践としての道徳規範に関する議論に力点が置かれていた。孔子は次のように述べている。

（1）東洋思想の思想的性格を考えてみると、仏教思想、儒教思想、道家思想、法家思想、墨家思想など、多様な発想が見られるが、いずれの思想も歴史的に主観主義的傾向が強く、現実の客観世界に対する独自の理論を提示しているものは儒家思想だけである。仏教思想は現世的価値を否定する宗教思想であり、道家思想は反作為主義的思考を基調とする思想で、体制論においては老子が小国寡民論を提示するに止まっている。法家思想や墨家思想は、思想内容が現実の客観世界レベルでの議論であるとはいえ、独自の理論的発展は見られない。

（2）もちろん、ここでいう徳治主義、法治主義、権力主義、政治的技術は、政治社会の秩序化という点に関してみれば、理論や実際のいずれのレベルにおいても、決して独自に存立し得るものではないと考えられる。

（3）原文は「子貢曰、夫子之文章、可得而聞也。夫子之言性与天道、不可得而聞也」『論語』公冶長篇。

（4）『論語』中に、天、天命、天道、性などに関する議論がないわけではないが、これらの諸観念についての概念的議論が明確ではない。

周は夏と殷の二代を模倣することによって、馥郁として文物制度が輝いた。私は周に従おう。[5]

礼でなければ見ず、礼でなければ聞かず、礼でなければ言わず、礼でなければ動かない。[6]

君子は広く学文（詩・書・礼・楽記など、先王の道としての文物制度）を学び、それを集約して実行するが、礼によって行えば、道にはずれることはないはずである。[7]

孔子は、夏殷以来の周代の礼制を理想的な道徳規範として崇敬しただけでなく、礼的秩序の確立こそ天道の実現だと考えたのである。また、次のようにも述べている。

有子が言うには、その性格が孝弟を行って、上の人に背くことを好む者はほとんどいない。上の人に背くことを好まずして乱を起こすことを好む者は、今までいなかった。君子はその根本に努める。その根本が立って道が生じるのである。孝弟は仁になる根本ではないだろうかと。[8]

こうした礼的秩序は、以下のような特徴を備えていると考えられる。第一に、政治・社会の礼的秩序を家共同体社会の道徳規範に求めたものであり、第二に、孝弟のような家共同体社会の道徳規範こそ政治・社会の秩序化において最も理想的な規範であり、第三に、まさにこのような家共同体社会の道徳規範の政治・社会的実現こそが天道の具現と捉えられている、ということである。

しかし、儒教の礼的秩序に内在する規範は、「君は君としての道理を尽し、臣は臣としての道理を尽し、父は父としての道理を尽し、子は子としての道理を尽さなければならない」[9]と言われるように、名分的秩序をその基調とするものである。換言すれば、政治・社会における名分的秩序の確立こそが現実社会における天道の実現なのであり、儒教的秩序観とは階序的思考を出発点とするものであった。たとえば、「君は君としての道理」「臣は臣としての道理」「父は父としての道理」「子は子としての道理」をそれぞれ尽くす道徳的実践が要求されているというとき、政治や社会において人間は誰もがそれぞれ置かれた位置があり、そしてその位置は階序的秩序を形成しているということである。もちろん、孔子の段階――孟子の段階も同じだが――では、人間の階序的存在様式がどのようにして天道と合致するのか、そしてなぜそれが正当なのかに関する哲学的思索は進行してはいなかったが、この階序的秩序こそ天道の実現であり、最も理想的な政治・社会的秩序――これを「和」という――の存在様式とみなされていた。[10]

(5) 原文は「子曰、周監於二代、郁郁乎文哉。吾従周」『論語』八佾篇。
(6) 原文は「子曰、非礼勿視。非礼勿聴。非礼勿言。非礼勿動」『論語』顔淵篇。
(7) 原文は「子曰、君子博学於文、約之以礼、亦可以弗畔矣夫」『論語』雍也篇。
(8) 原文は「有子曰、其為人也。孝弟而好犯上者鮮矣。不好犯上而好作乱者、未之有也。君子務本、本立而道生。孝弟也者、其為仁之本与」『論語』学而篇。
(9) 原文は「孔子対曰、君君、臣臣、父父、子子」『論語』顔淵篇。
(10) 元来、儒教思想には、階序的思考とともに平等的思考も存在している。平等的思考に属するものとしては、原始儒教における孟子の四端説（人間は誰しも生来的に、惻隠の心、羞悪の心、辞譲の心、是非の心を持っているという性善説）を起点として、宋代性理学の段階に至ると、人間は誰もが生来的に仁義礼智という「本然の性」を持っているゆえに誰もが「学問によって聖人に到達できる」と論じられるようになり、人間の精神的・知的能力の平等を論じていた（『近思録』為学大要篇参照）。しかし、こうした平等的思考

Ⅲ　政治――その理論的構成

（一）政治理念

儒教の政治理念は、天人合一思想を基本としている。『孟子』にある『詩経』に言うには、天が万民を生ずることにおいて、事物があればそこに法則があるようにした。民は法則の美徳を好む常性を持っている」[11]という一節には、原始儒教における宇宙と人間の道徳的実践＝政治・社会的実践に関する基本的な思考――「天」を現実世界における万民と事物の法則の究極的根源とみなす――が表出されている。その内容を分節化して吟味してみると、第一に、「天生蒸民」からは、天が万民を〈生〉じさせたという、〈生〉という動詞が使われることによって、宇宙の究極者としての天と人間の内的連続性が確認されている。第二に、「天が……、事物があればそこに法則があるようにした（天……有物有則）」からは、天は儒教的自然法の根源であり、宇宙万物が自然法的に認識されていることが理解できる。ここで事物とは、人間の社会関係――たとえば、父と子との関係――および物理的自然関係を意味しており、また法則とは、人間の社会関係の法則である道徳規範――この場合の道徳規範は儒教の自然法にもとづく人間の当為的実践を要請するものである――を意味している。第三に、「民＝人間はこのような法則＝道徳規範の美徳を好む常性を持っている（民之秉夷、好是懿徳）」からは、人間の本性として、道徳規範－美徳を好む常性、すなわち人間の道徳的善性が前提とされている。

この道徳規範を好む常性は、『孟子』の「万物（の理法）はすべて私（＝人間の本性）に具備されている」[12]により鮮明に提示されている。すなわち、人間の常性とは万物の理法＝普遍的な天の理法であり、この普遍的な天の理法が人間の常性として内在しているというのである。これを人間における絶対者の内在化と言うこともできる。では、この人間に内在する普遍的な天の理法とはいかなるものなのだろうか。『孟子』では次のように論じている。

惻隠の心は仁の端であり、羞悪の心は義の端であり、辞譲の心は礼の端であり、是非の心は智の端である。(13)

すなわち、普遍的な天の理法は人間の本性である「惻隠の心」「羞悪の心」「辞譲の心」「是非の心」であり、これが人間の道徳的行為の基礎となっている。そして、これらの道徳的心性が仁義礼智の「端」(＝萌芽)であると捉えられたことにより、人間はこの道徳的心性を拡充させる——道徳的心性を基礎として思考し行動する——ことによって、現実社会に仁義礼智という道徳的価値を具現化できると考えられていた。

以上のように、原始儒教においては、必ずしも理論的整合性が十分であるとは言えないが、宇宙の究極者としての「天」と、天の理法が内在化した人間、そして天を源泉とする現実社会の道徳的な価値規範の間には、明確な内的連続性が貫徹している。これを政治理念という側面から見るならば、人間は内在化された天の理法を基礎として、天を源泉とする道徳的な価値・規範を実現することによって、儒教的な道徳国家や儒教的な道徳的価値の世界、すなわち天人合一を達成することができるのである。

は性理学においては哲学の領域にとどまっており、政治・社会・経済的価値としては展開できなかった。一方、階序的思考は哲学の領域だけではなく、政治・社会・経済的な価値規範として、儒教思想の理論体系の骨幹をなしていた。興味深いのは、儒教思想には階序的思考と平等思考という対照的な思考が共存していたにもかかわらず、儒者はこの二つの思考の対称的性格を議論しなかったという点である。

(11) 原文は「詩曰、天生蒸民、有物有則、民之秉夷、好是懿徳」『孟子』告子章句上。

(12) 原文は「孟子曰、万物皆備於我矣」『孟子』盡心章句上。

(13) 原文は「惻隠之心、仁之端也。羞悪之心、義之端也。辞譲之心、礼之端也。是非之心、智之端也」『孟子』公孫丑章句上。

（二）政治の概念

儒教における政治の概念は、基本的には天人合一の実現、すなわち儒教的な道徳国家の実現という旋律上に置かれている。

前述したように、原始儒教では、天と人間や現実の道徳的価値・規範との間に内的連続性が貫徹している。したがって、儒教における政治とは、統治者あるいは統治層が人間に内在化された天の理法を根拠として天を源泉とする道徳的な価値・規範を現実社会に具現するところに成立する。それは『論語』に「民を引導する時に徳によって行い、民を整える時に礼によって行えば、民は悪いことを行うと、恥を知り、またその上に善に至るようになる」[14]とあるように、有徳の治者が無知な被治者を道徳的価値の世界に導くという政治的支配の考え方によく表れている。『論語』で「政は正である」[15]というように、政治とは人間の過ちを正すものである。儒教における政治の概念は、政治社会において人間を道徳的に正しくすることを基本としていた。このような観点から治者と被治者との関係を見ると、「君子の徳は風であり、小人の徳は草である。草は風を与えれば、必ずなびく」[16]という表現に、儒教的政治支配の特性がよく表れている。すなわち、君子の徳性を風に、小人の特性を草になぞらえることによって、君子と小人の関係を自然の原理を利用して、君子（＝治者）による小人（＝被治者）の支配を、草は風に従ってどの方向にでも靡《なび》くというように合理化している。君子が道徳的主体であるならば、小人は道徳的客体であり、小人に対する君子の道徳による支配は一種の自然的所与である。こうした儒教の政治的発想には明らかに自然主義的傾向が強く見られる。

こうした自然主義的解釈は、「孔子が言うには、民というものは統治者が定めた政策にしたがって行うことができても、どうしてそのような政策を採択したのかを分かるようにするのは、難しいことである」[17]というような愚民観にもとづいている。儒教の政治社会論では、人民の政治的主体化という問題は出にくく、逆に政治社会の秩序化の問題は常に治者の徳の有無に帰着する。つまり儒教の政治社会論では、こうした愚民観にもとづいて有徳な治者が無知の被治者を道徳的価値の世界に導くのである。

このように考える時、儒教における政治とは、治者が自らを（道徳的に）正し、また被治者を（道徳的に）正すものであり、治者の修身と被治者の道徳的教化を統治の評価基準としている。したがって、儒教における政治の概念は基本的に道徳的実践を意味しているのである。

では、治者の修身論において何が重視されているのであろうか。治者の修身論は『論語』の「自身の修養を完成し、それによって民を平安にする」[18]を論拠としている。しかし、孔子の修身論は、「君子（治者）は広く学文（詩・書・礼・楽記など、先王の道としての文物制度）を学び、それを集約して実行するが、礼によって行えば、道にはずれることはないはずである」[19]というように、詩〔経〕書〔経〕や先王の道としての文物制度を学ぶことに止まっている。天道や人性に関して哲学的原理のレベルで論じているものは見出しにくく、実践的命題を提示するに止まっていたと言えよう。治者の修身論に関する哲学的議論が展開されるのは、孟子の段階に至ってであった。しかし孟子の場合にも、「広く学問をして詳しく説明する（博学詳説）のは、その本源に帰り、その要旨を明白に説明しようとするからである」[20]というように、基本的に孔子の学問的実践論を継承していた。その一方で、孟子は君子の修身論について新たな領域を開拓していた。

---

(14) 原文は「道之以徳、斉之以礼、有恥且格」『論語』為政篇。
(15) 原文は「政者正也」『論語』顔淵篇。
(16) 原文は「君子之徳風。小人之徳草。草尚之風必偃」『論語』顔淵篇。
(17) 原文は「子曰、民可使由之、不可使知之」『論語』泰伯篇。また、次のようにも論じている。「孔子曰、生而知之者上也。学而知之者次也。困而学之又其次也。困而不学、民於斯為下矣」『論語』季氏篇。
(18) 原文は「修己以安百姓」『論語』憲問篇。
(19) 本論文註7参照。
(20) 原文は「孟子曰、博学而詳説之、将以反説約也」『孟子』離婁章句下。

孟子は、人間の本性には天の理法が内在することを述べていた。人間に内在する天の理法とは、惻隠・羞悪・辞譲・是非の心、すなわち四端であった。孟子の修身論における新たな領域とは、この人間に内在する天の理法＝四端を自覚し、これを現実社会に具現することを説いた点にある。孟子は次のように論じている。

仁義礼智は、外部から人間の本性に鍍金したものではない。人間が生来的に持っているものである。ただ、このような道徳的本性を自覚していないだけである。それゆえ、人間のこのような道徳的本性を追求すれば、これを修得することができ、これを放置すれば、人間の道徳的本性を喪失することになる。[21]

すなわち、人間は誰もが生来的に四端という道徳的本性を持っているが、それはあくまでも自然的所与に過ぎない。人間が道徳的人間を目指して、道徳的に思考し、行動するためには、人間の道徳的本性を自覚する主体的努力が必要とされているのである。孟子は人間の主体的努力について、次のように論じている。

その心を尽くす者は、その性を知り、その性を知れば、天（道）を知るようになる。その心を保存して、その性を養うことは、天に事えることである。[22]

ここで言う「心」とは、四端の心（惻隠・羞悪・辞譲・是非の心）のことであり、それを自覚することは、すなわち人間の本性である善性を自覚することであり、天道を自覚することである。そして、治者は人間本来の心性を自覚して保全する「存心」と、人間の善なる本性を涵養する「養性」を心掛けねばならない。それゆえ、「学問の道とは他にはない。ただ放ってしまった本心をふたたび探そうと求める（求其放心）ことだけである」[23]というのは、まさに孟子における治者の修身論を要約したものと言えよう。

また、孟子の治者の修養論は、「博学詳説」と「求其放心」も求めている。「博学詳説」が現実の客観世界のさまざまな原理を対象としているのに比べて、「求其放心」は人間の内面世界の原理に着眼している。ただ、孟子の段階では、「博学詳説」や「求其放心」を概念的に明らかにし、さらにその知的探究の方法を具体的に提示する方法論的思索や、両者の学問論のレベルにおける内的連関についての議論は提起されなかった。それが提起されるのは、宋代の性理学の段階にいたって初めて遂行されるのである。

次に、被治者の道徳的教化について見ると、前述した「君子の徳は風であり、小人の徳は草である。草は風を与えれば、必ずなびく」に典型的に表れているように、儒教の政治社会論において民はあくまでも統治の客体でしかなかった。換言すれば、君子が道徳的主体であり、民は道徳的客体であったことを意味している。民の道徳的客体化は愚民観に依拠していた。しかし、孔子は「上にいる君子として、父母を恭啓することを篤実にするならば、その道徳的な感化によって民に仁愛の気風が起こるようにするのである(24)」と述べているように、人間の道徳的本性についての議論はしていないが、民が道徳的な人間になれることを認めていた。つまり、孔子の主張は、治者からの道徳的感化なくして民が自力で道徳的人間になることはできないが、民が道徳的人間になること自体を否定するものではなかったのである。

こうした思考は、孟子の段階にいたってより鮮明に提示された。孟子は次のように論じている。

---

(21) 原文は「仁義礼智、非由外鑠我也。我固有之也、弗思耳矣。故曰、求則得之、舎則失之」『孟子』告子章句上。

(22) 原文は「孟子曰、尽其心者、知其性也。知其性、則知天矣。存其心、養其性、所以事天也」『孟子』盡心章句上。

(23) 原文は「学問之道無他、求其放心而已矣」『孟子』告子章句上。

(24) 原文は「君子篤於親、則民興於仁」『論語』泰伯篇。また次のようにも論じている。「子曰、上好礼、則民易使也」『論語』憲問篇。この議論から窺えるように、儒教における統治は民の道徳的教化にあったのであり、政治社会の秩序化の問題も基本的には道徳のレベルで構成されていた。

民が（自然に常に）向かいやすい方向は、恒産（＝一定の生産と収入）があれば、恒心（＝いつでも正しいことに従う一定不変の心）が維持されるが、恒産がない時には、（心がけも動揺し）恒心を失うことになる。[25]

すなわち、民とは基本的に、道徳的存在である以前に自然的存在であるということ、そして自然的存在としての経済的自己充足[26]が実現された時、道徳生活への移行が可能になると言うのである。しかし他方で、「庠序学校を設立して民を教化することから始める。……これらはすべて人倫を明らかにする教えである[27]」と述べているように、民は道徳的教化によって人倫へと導かねばならない。孟子においても民は道徳的存在である以前に自然的な存在であり、さらに民とは経済的な自己充足が実現しても民自身では主体的に道徳的存在にはなり得ない以上、学校を設立して道徳的教化を行わなければならないというのである。つまり、孟子にとって最も理想的な統治とは、「（いわゆる）善政は、善教をして民を得ることには及ばない[28]」というように、究極的には民の道徳的教化なのである。孟子のこうした民の教化論は、人間の内面的道徳性を肯定する彼の人間論と照応するものであった。

（三）統治規範

一般的に、政治社会を秩序化するための統治方式には、道徳、法、権力、技術の四つの領域が考えられ、それぞれ徳治主義、法治主義、権力主義、政治的技術が対応している。しかし、政治思想史の流れを見ると、時代や政治思想の性格により、どこかの領域に力点が集中するのが通例である。たとえば、「孔子が言うには、（政治社会において）民を引導する時、政（法律や命令）によって民を整然とさせる時、刑によって行えば、民はそのような刑罰を免れさえすればいいと考え、悪いことをしても恥がない。しかし、民を引導する時、徳によって行って民を整然とさせる時、礼によってするならば、民は悪いことをするようになっても、恥を知り、またその上善に至るようになる」[29]というのは政刑主義（法治主義）に対して徳治主義を理想的統治様式として強調するものである。[30]政刑主義とは、客観的な法や制度による社会の秩序化を追求するものであり、徳治主義とは、人間の道徳性を前提とした礼＝道徳規範による社会の秩序化を追求するものである。また、『孟子』は次のように述べている。

国君（諸侯）が仁を好めば、天下に敵はない。今、国君が天下に敵がいないことを望みながら、仁によって治めてはいない。[31]

力によって人を服属させることは、心の底から服従することではない。力が足りないからである。徳によって人を服従させることは、中心から悦び、誠心から服従することである。[32]

（25）原文は「民之為道也、有恒産者有恒心、無恒産者無恒心」『孟子』滕文公章句上。
（26）人間の自然的存在としての経済的自己充足がどの程度の水準を意味しているのかについては、儒教には具体的な議論はない。あくまでも民が儒教的な道徳生活をするにあたって必要な経済的自己充足を意味しており、経済生活の自己目的化を指向するものではなかった。
（27）原文は「設為庠序学校、以教之……皆所以明人倫也」『孟子』滕文公章句上。
（28）原文は「善政、不如善教之得民也」『孟子』盡心章句上。
（29）原文は「子曰、道之以政、斉之以刑、民免而無恥、道之以徳、斉之以礼、有恥且格」『論語』為政篇。
（30）政刑主義を法治主義とみなすことは、近代西欧社会における法治主義を意味しているのではない。古代中国における法観念は、韓非子に代表される法家思想に典型的に表れており、それは基本的に刑罰や強制を核心とするもので、統治者の統治道具のレベルで議論されていた。さらに、「故明主使法択人、不自学也。使法量功、不自度也」（『韓非子』有度篇、本書第一章註170参照）というように、統治者の法の施行は刑名参同と信賞必罰にもとづく徹底した客観主義的性格を帯びていた。
（31）原文は「夫国君好仁、天下無敵。今也欲無敵於天下、而不以仁」『孟子』離婁章句上。

孟子は、統治における権力主義を排撃した。儒教の統治様式は法治主義や権力主義を媒介として登場した政治的技術と対極的な位置にあった。孟子にとって徳や礼による統治こそが最も理想的な統治様式であり、礼を根本的な統治規範として捉えていた。

礼規範は、元来宗教的儀礼をその起点とするものである。[33] しかし、礼は殷王朝から周王朝に至って、徐々に宗法的秩序を維持するための人倫的規範観念へと発展し、原始儒教では政治社会における核心的統治規範として定着するに至った。原始儒教思想とは、中国古代社会における家共同体社会を天道の観念によって理念化した思想であり、礼観念は天人合一を実現するための統治規範なのである。孔子が「自然としての自己を克服し、礼に返ることを仁という[34]」と述べているように、人間は自然的世界の中の自己を克服して道徳的な礼的世界へと帰らねばならないのであり、人間が道徳的な礼的世界へと帰るということが、すなわち仁の実現なのである。換言すれば、礼とは天道を政治・社会のレベルで表現した規範観念であり、この礼的世界の実現が天人合一の達成を意味するのである。この礼規範は、本質的に理念的で、家共同体社会の根本観念である孝悌を基盤としているが[35]、『孟子』で「有物有則[36]〔物があれば規則がある〕」と言われるように、儒教思想において人倫的規範である孝悌は儒教的自然法によって根拠づけられているのである。

もちろん、孝悌は古代中国の家父長制的家共同体社会における服従の倫理である。しかし、儒教思想においては、孝悌観念は一般的社会関係から政治的な支配服従関係における人間の結合様式に至るまで拡大・適用されており、『孟子』における五倫はその拡大された政治的社会的規範である。五倫とは、父子有親、君臣有義、夫婦有別、長幼有序、朋友有信というように親・義・別・序・信（政治・社会での結合様式の概念）を意味し、それらが実現される時、最も理想的な政治的社会的関係が成立すると考えられた。この五倫は社会関係の結合様式に関する規範をめぐる議論であり、儒教ではこの五倫を政治的社会的規範として提示し、人間の政治的社会的秩序を確立しようとした。五倫は、孟子の性善説に表れている人間の内省的な道徳的善性と照応するものだった。まさにこの点で五倫は階序的思考にもとづく名分的秩序をも意味していた。したがって、統治における徳礼主義の実現は、五倫という名分的秩序を確立することにあったのである。

（四）政治的正統性

政治的正統性とは、政治社会における支配の正当性の根拠に関する議論をいう。儒教では徳治主義を最も理想的な統治様式とみなしており、統治主体のレベルでは有徳者君主論を提唱していた。では、有徳者はどのようにして君主として支配の正当性を確保するのだろうか。原始儒教ではこれを歴史的に弁証しており、政治社会の起源に関する儒教的解釈とも言い得るものである。孟子は次のように説明している。

堯が治め始めた最初の時代には、天下は未平の状態、すなわちまだ天下が平穏ではなかった。洪水が横流して天下が氾濫し、草木が暢茂して禽獣が繁殖し、五穀が育たず、禽獣が近くて人を傷つけ、獣や鳥の足跡が中国の地を荒らしていた。(37)

（32）原文は「以力服人者、非心服也。力不贍也。以徳服人者、中心悦而誠服也」同前、公孫丑章句上。
（33）この点に関しては、宇野精一他編『講座東洋思想』（2）「中国思想（I）儒家思想」七～九頁参照。
（34）原文は「子曰、克己復礼為仁」『論語』顔淵篇。
（35）本論文註8参照。
（36）同註11参照。
（37）原文は「当堯之時、天下猶未平、洪水横流、氾濫於天下、草木暢茂、禽獣繁殖、五穀不登、禽獣偪人、獣蹄鳥跡之道、交於中国」『孟子』滕文公章句上。

腹がすけば腹が一杯になるまで食べ、寒ければ暖かい服を着込んで、何もすることがなく平安に過ごしながら、(そこには文化、道徳等を)教えることがなかったので、禽獣に近い生活をしていた。[38]

これは、人間が政治社会へと移行する前段階の人間の自然的生活を描写したものである。人間は自然状態の中で、自然が与える恵みを享受し、無為に過ごしていたが、洪水で河川が氾濫し、草木は生い茂って、鳥獣が繁殖し、五穀がきちんと育たない不安定な状態であった。堯は、人間のこのような不安定な自然状態を憂えて、舜にこれを治めさせるよう命じた。舜は益に火を掌らせて草木と鳥獣を治めさせ、禹に黄河を治めさせて洪水が起こらないようにし、后稷には民に農事を教えさせ、[39]さらに民に自分たちが鳥獣に近い生活をしていることを思い至らせて、次のように述べた。

契をして民の教育を担当させて人倫を教えたが、それが父子有親、君臣有義、夫婦有別、長幼有序、朋友有信である。[40]

こうして、堯舜によって初めて人間は不安定な自然状態における自然の脅威から脱し、農業生産による経済的安定を基盤とした道徳生活を始めるようになったのである。これは、人間が自然状態から道徳的五倫の世界へ移行したことを意味している。孟子はさらに次のように述べている。

心を労する者は人を治め、力を労する者は人に治められる。人に治められる者は生産物を生産して治める者に生産物を提供し、治める者はその代わりに彼らをよく治める。これは、天下のどこでも通用する道理である。[41]

孟子はここで「労心者」と「労力者」を区別して論じており、これは一種の社会的分業論というものであるが、それは同時に、政治のレベルでは、「労心者」による「労力者」の支配を合理化したものでもあった。「労心者」とは、自然と道徳の両面で卓越した知的能力を有している者であり、天道——つまり、自然法則と道徳規範——の原理を体得している有徳者である。そして有徳者とは、自然と道徳の両面で天の理法を知っている最高の知者である。つまりここでは、知者による愚者の支配を合理化しているのである。ただその場合に、儒教における有徳者の知的能力はどこまでも道徳知であり、儒教における政治社会は道徳による支配を根幹とするものであった。

しかし、このように有徳者による統治を理想として論じる一方で、孟子は次のようにも述べている。

民の父母となって、民をして涙を流させ、日照りの間勤勉に働いても父母を奉養できないようにさせた。また（民に）金を貸してやって利子を取り、老人や子どもをして溝や谷に転落させて死なせた。（このようにして）どうして民の父母だと言えようか。[42]

(38) 原文は「飽食煖衣、逸居而無教、則近於禽獣」同前。
(39) 同前、滕文公章句上参照。
(40) 原文は「使契為司徒、教以人倫、父子有親、君臣有義、夫婦有別、長幼有序、朋友有信」同前。
(41) 原文は「労心者治人、労力者治於人。治於人者食人、治人者食於人、天下之通義也」同前。
(42) 原文は「為民父母、使民盻盻然、将終歳勤動、不得以養其父母、又称貸而益之、使老稚転乎溝壑、悪在其為民父母也」『孟子』滕文公章句上。

すなわち、君は民の父母であるというように、政治社会における君民関係を家共同体社会内における家父長制になぞらえて規定している。[43] もちろん、君が民の父母であるというのは政治的擬制（fiction）に過ぎない。これは君民関係を親愛と孝悌恭順という情の関係で扮装しているもので、君民間の支配・服従関係を家父長制的思考によって合理化していると言えよう。しかし、儒教における支配の正当性の根拠は情誼的・家父長的擬制によって合理化されているとしても、有徳者君主論にもとづく道徳による支配がより根源的なものであることには変わりはない。

では、情誼的・家父長的擬制によって合理化された場合、君民間の政治的義務、すなわち支配・服従関係における政治的規範についてはどのように議論されているのだろうか。すでに検討したように、儒教における人間の政治・社会的結合様式は、「五倫」に象徴されるような名分的秩序を根幹としている。その原型は『論語』に見出すことができる。『論語』で「君は君としての道理を尽くし、臣は臣としての道理を尽くし、父は父としての道理を尽くし、子は子としての道理を尽くさなければならない」[44] というように、君臣・父子はそれぞれ自らが置かれた位置で自らの「分」（道理）を尽くさなければならない。しかしこれは、名分論的な関係からの説明であって、これ自体が君臣・父子間の結合様式に対する規範とはなり得ない。人間の政治的社会的結合様式に対する規範は、『孟子』の五倫、すなわち親・義・別・序・信として明示された。これを、さらに支配・服従関係における規範として具体的に論じているのは、『礼記』の次のような記述である。

人（君主）の臣下になった礼として、君主の間違いに対してあらわに諫言をしない。三回の諫言をしても聞き入れられないならば、臣下はその君主から退く。子が父母に仕える時、三回の諫言をしても聞き入れられないならば、声を出して泣きながら父母の言葉に従わなければならない。[45]

ここで、君臣関係においては、君主が道理を守る時、臣下は君主と結合し得ると言えるが、父子関係においては、父母が道理を守るときには言うまでもなく、たとえ父母が道理を守らないとしても、子は父母を離れることはできないのである。この意味で、君臣関係は「君臣義合」、父子関係は「父子天合」という結合形態を取っていると言うことができる。すなわち、君臣間には義の有無によって結合や分離が起きうるが、父子間には義の有無に制約を受けず、天から与えられたものとしての結合があるだけなのである。したがって、君臣関係においては、君主が君主としての道理を守る時にのみ臣下は君主に服従するという、言わば条件付き服従が容認されているのに対し、父子関係においては、父母が父母としての道理を尽くせなかった時にも、子は父母に服従せざるを

(43) M・ウェーバーによれば、家父長制的支配とは伝統的支配の最も純粋な形態であり、伝統によって神聖視された命令者(たとえば家父長)自身が持っている権威のために(家共同体の構成員が)孝悌恭順という心性によって服従することをいう。このような支配・服従の様式は、家共同体の社会関係を越えて、一般的な政治・社会関係にまで拡大適用されている。M・ウェーバー(世良晃志郎訳)『支配の社会学』(I)(創文社、一九六〇年)三九～四七頁、および一四三～一五三頁参照。

(44) 本論文註9参照。

(45) 原文は「為人臣之礼、不顕諫、三諫而不聴、則逃之。子之事親也、三諫而不聴、則号泣而随之」『礼記』曲礼下篇。

(46) 儒教における「君臣義合」と「父子天合」の規範的性格についての政治学的・社会学的研究は、別に検討を要する問題であり、本論文ではその事例的な議論にとどめたい。

「君臣義合」は、『孟子』の次のような議論にその規範的性格を見出すことができる。(公孫丑が尋ねるには)「伯夷と伊尹はいかがですか。(孟子が答えて)言うには、道(＝行為)を同じくしなかった。その君でなければ(すなわち、君が君としての道理を守らなければ)仕えず、その民でなければ(すなわち、民が民としての道理を尽くさなければ)使わず、また(政治社会が)よく治まる時には進出し、(政治社会が)混乱をもたらす時には退くのが、伯夷である。……(その君に)仕えなければならないと考えた時には仕え、(仕えることを)止めなければならないと考えた時には止め、(その国に)久しく留まらなければならないと考えた時には久しく留まり、(その国から)速やかに離れなければならないと考えた時には速やかに離れるのが、孔子である(伯夷伊尹何如。曰、不同道。非其君不事、非其民不使。治則進、乱則退。伯夷也。……可以仕則仕、可以止則止、可以久則久、可以速則速。孔子也)」(『孟子』公

得ないという、言わば無条件服従、ないしは絶対的服従が要求されているのである。(46)

もちろん『孟子』の五倫（親・義・別・序・信）はすべて実践的命題のレベルでの議論であるが、信を除けば、親（父子関係）・義（君臣関係）・別（夫婦関係）・序（長幼関係）はともに人間の社会的な結合様式についての規範的な議論であり、歴史的に儒教の政治社会における君臣・君民間の支配・服従関係の規範観念として拡大適用されるのは否めない。しかし、「君臣義合」や「父子天合」という結合様式は、君臣・父子関係を超えて、君臣・君民間の支配的服従関係を規定する規範観念の基調となった。すなわち、道徳による支配の延長線上に「君臣義合」型の支配・服従関係の規範観念が、そして家父長制的支配の延長線上に「父子天合」型の支配・服従関係の規範観念が措定されることになったのである。この二つの類型を実際の歴史に当てはめて考察してみると、「君臣義合」と「父子天合」という両極をつなぐ線上に、あまたの支配・服従関係の存在様式を想定することができる。したがって、儒教的政治社会における歴史的な君臣・君民間の支配・服従関係は、「君臣義合」型でなければ「父子天合」型であるという単純な二分法によって解釈するよりは、両者をつなぐ線上において、多様性と複合性に注目しながら分析をすすめることが必要であると考える。

Ⅳ　結論

以上、原始儒教の理論的構成に着目し、政治の領域における根本的要素として政治理念、政治の概念、統治規範、政治的正統性の問題などを中心に、政治的思考の特質を検討してきた。

儒教思想は基本的に道徳思想である。そして政治はこのような道徳の延長線上に位置づけられる。また、原始儒教とは古代中国における宗族制的家共同体社会を天道の観念によって理念化した思想である。したがって儒教における政治の観念は、こうした道徳的旋律の上で展開されている。

この点を踏まえた上で、本論文で検討した儒教的な政治的思考を中心に、その政治学的特性がいかなるものであるのかをまとめてみると、四つのことを指摘することができる。

第一に、儒教の政治理念は、基本的に天人合一を実現することを究極の目標として、規範レベルでは儒教的な道理の実現、儒教的な名分的秩序の実現、社会レベルでは儒教的な道徳国家の実現を目指すものである。したがって、儒教的な道理の実現は、政治・社会的価値としての「義」＝正義の実現を意味しており、それは当然儒教の名分的秩序の線上に展開するものであると言える。なお、「義」と対になる観念は「利」（事功）であった。

第二に、儒教の政治的概念は、基本的に「正」の実現、すなわち名分的秩序実現のための統治者の修身が要求されており、有徳者君主論が強調されている。そして、政治はあくまでも統治者と統治層の専有物であり、民はつねに統治の客体に過ぎなかった。この意味で、儒教の政治社会における統治は、上から下への一方通行的性格を強く帯びており、儒教における政治社会の秩序化の問題はつねに統治者の修身の問題に帰着することを意味し

孫丑章句上）。すなわち、これは伯夷と孔子の政治的行為に表れた臣下の儒教的エートス（ethos）とも言い得るものであり、君臣間の結合は、道理（すなわち義）を媒介として成立している。

「父子天合」も、同じく『孟子』の次のような議論にその規範的性格を見出すことができる。「桃応が尋ねて言うには、舜が天子の位にいる時、皐陶は刑を治める臣下でしたが、瞽瞍（舜の父）が殺人をしたならば、どうするべきでしょうか。孟子が答えて言うには、瞽瞍を逮捕するまでである。桃応が言うには、では、舜はそれを禁じないのですか。（孟子が）言うには、舜としても、どうしてそれを禁じようか。それを受け入れるだけである。（桃応が言うには）では、舜はどうすべきでしょうか。（孟子が）言うには、舜は天子の地位を棄てることを、まるで履物を捨てるように見て、ひそかに父の瞽瞍を背負って逃げ、（遠くの）海辺について行き、そこで父の瞽瞍に仕えて暮らしながら、一生涯楽しんで、天下を忘れるのである（桃応問曰、舜為天子、皐陶為士、瞽瞍殺人、則如之何。孟子曰、執之而已矣。然則舜不禁与。曰、夫舜悪得而禁之、夫有所受之也。然則舜如之何。曰、舜視棄天下、猶棄敝蹝也。窃負而逃、遵海浜而処、終身訢然、楽而忘天下）」『孟子』盡心章句上。すなわち、儒教の政治・社会的価値体系では、忠に対して孝が優位に置かれていることが理解できよう。

ている。

第三に、儒教における統治規範は、古代中国の家共同体社会を基盤にして規範の観念が構築されてきたために、儒教の統治規範は家共同体社会関係の規範を起点としており、孝悌が根本徳（cardinal virtue）とされていたように、価値体系において忠よりも孝が優先されてきた。つまり、儒教的な政治・社会においては価値実現の道程が家共同体社会における孝から出発し、政治社会においての忠へと移行するが、究極的目標としては再び孝へと帰着することを要求しているのである。この意味で、儒教的政治・社会は遠心的（centrifugal）な性格を帯びており、その当然の結果として、忠を求心点とする政治・社会的統合の達成は決して容易なことではなくなる。しかし、その一方で、家共同体社会内における家父長制的性格が、「君は民の父母である」という言葉に見られるように政治社会に拡大適用された時には、忠は孝を吸収して強力な政治的統合を達成することも可能である。

第四に、儒教の政治的正統性は、道徳による支配を根拠にする場合と、家父長制的な支配を根拠にする場合に分けられる。道徳による支配は、有徳者君主、すなわち「徳のカリスマ」による支配を意味し、家父長制的な支配は、家父長の伝統的権威による支配を意味している。統治者の「徳のカリスマ」と家父長の伝統的権威が融合して、儒教的権威主義の原生的母胎を形成しているのである。また、この場合の支配・服従の規範的性格は、「君臣義合」と「父子天合」のどちらの場合であっても、下からの積極的な政治的革新は期待しにくいものであった。

最後に、以上論じてきた儒教の統治原理を思考様式のレベルからあらためて整理してみると、次のようになる。

①儒教の統治原理の基底には伝統主義的思考が貫流している。『論語』に「子曰、述而不作、信而好古〔子曰く、述べて作らず、信じて古を好む〕」（述而篇）とあるように、孔子は先王の道を聖域化し、先王の道＝伝統（的規範）を神聖視したが、儒教ではこれを伝統思想として継承していった。この伝統的思考が支配的な社会では、政治・社会的革新は極めて起こりにくいのである。

②儒教の統治論では、天道が自然法則であるとともに、人間社会の道理（道徳規範）として認識された。人間社会の実践的目標は、道徳のレベルにおいて天道を現実社会に具現することであった。これが、儒教の天人合一思想である。したがって、有徳者君主論における統治者の徳とは、統治者が天道の道を体得することを意味した。これを孟子の人間観から考えると、「万物皆備於我矣〔万物はすべて我にそなわっている〕」（『孟子』盡心章句上）と論じているように、万物の理法＝天の理法＝四端＝天道は人間の本性に備わっていた。つまり絶対者を内在化しているのである。したがって、人間はこの理法を自覚してそれを現実社会に具現しさえすれば、天道を実現＝天人合一することは可能になるのである。この現実世界に対する極めて楽観主義的な態度を、儒教の「現世的楽観主義」と言う。

③実際に儒教の政治学を論じてみると、天道を起点とする統治原理から政治・社会の価値・規範、そしてその政治的実践に至るまでの議論は道徳の領域におけるものであった。換言すれば、儒教では、政治を道徳の領域から開拓していったのである。したがって、儒教的世界では、現実政治の領域では権力政治の現象が絶えず再生産されながらも、権力政治に対する理論的自覚が極めて乏しかっただけでなく、その当然の帰結として政治社会における権力の制度化も貧弱であった。一九世紀中葉以降の韓国近代史において、韓国が欧米列強や日本などの権力政治の真っ只中に位置していながらも、いち早く権力政治に目覚めることができなかったのは、決して偶然ではないだろう。

二　儒教の生財論(*)――その原型と変容

Ⅰ　序論

儒教思想の基本的性格は、天人合一思想にあると言える。

中国古代の宇宙論では、宇宙には絶対的秩序があり、宇宙は一定の規則性をもって永遠に運行していると考えられていた。「道」あるいは「天道」という観念がまさにそれである。ここで詳論する余裕はないが、春秋戦国時代に台頭した代表的な思想である儒家思想、道家思想、法家思想において、この「道」の観念は共通した特徴だった。それにもかかわらず、結果的にこれら三つの思想が思想構造において極めて対照的なものであるのは、この「道」の観念をどのように認識しているのかという問題に密接に関連している。(47)

儒家の特徴は、この「道」や「天道」の観念を、自然を支配する自然法則としてだけではなく、人間や社会を支配する道徳的価値や道徳規範の源泉としても考えていたところにある。これは、「道」「天道」の価値理念のレベルでの理解だが、これを主体的・実践的レベルで考えれば、人間や社会は道徳規範の源泉となっている「道」「天道」に従わなければならない。つまり、人間の行為や社会秩序がこの「道」「天道」と合致する時、最も理想的な状態に到達し得るのであり、これが天人合一思想である。この思考は、原始儒教からそれを哲学的原理のレベルで体系化した宋代朱子学に至るまで貫徹していた。それゆえ、儒家思想においては、「道」「天道」に従った道徳的実践が絶対的な課題として提示されており、五倫や仁義礼智の実践がまさにその中核をなしている。

では、このような道徳的実践は、どのようにしてなしとげられるのだろうか。それを可能にするのは徳治主義と考えられている。(48)儒家の政治社会論では有徳者君主論が強調され、徳望のある統治者が政治社会を治めてこそ「道」「天道」に合致した理想社会に到達し得ると考えるのである。この時、徳・徳望が、「道」「天道」を体得したものであることは言うまでもない。

儒教の生財論とは、こうした道徳的価値理念とその実践論の枠の中で展開された思考である。本論文では、まず中国古代の原始儒家思想に現れた生財論の原形を検討し、次に道学的性格を強く帯びた宋代朱子学と朝鮮朱子学における生財論の存在様式、そして最後に、朱子学の道学主義的傾向について原理的反省を促した朝鮮時代の実学思想における生財論の存在様式を考察してみることにする。

Ⅱ 原型――農本主義経済

中国古代の原始儒家思想は、孔子より孟子にかけて開花した。しかし、生財論は、孟子の段階になって初めて明確な形で提示されたものである。

孔子の段階では徳治主義による道徳国家の実現を思想的基調として儒教の道徳的原理とその実践に力点が置かれており、(49) 儒教の生財論に関する具体的議論は提示されてはいない。しかし、孔子は道徳主義的な考え方を基調としながらも、生財論とこれに伴う経済倫理についての基本的方向を提示している。


(＊) 本論文は『精神文化研究』第一三巻第四号(韓国精神文化研究院、一九九〇年一二月)に発表したものを韓国学中央研究院の了解を得て掲載したものである。
(47) 朴忠錫「古代中国の政治思想」(『社会科学論集』(Ⅰ)、梨花女子大学校法政大学、一九八〇年)一〇二頁参照。
(48) 孔子は政治社会の統治様式に関して次のように述べている。「子曰、道之以政、斉之以刑、民免而無恥、道之以徳、斉之以礼、有恥且格」(『論語』為政篇)。すなわち、孔子は政治社会の統治様式として政刑主義と徳治主義を提示し、徳治主義にこそ依拠することを力説している。
(49) 孔子の段階における儒教の道徳的原理と実践に関する議論は、本論文の直接的な課題ではないため詳論は避ける。山井湧「孔子」(宇野精一他編『講座東洋思想』(2)「中国思想(Ⅰ)儒家思想」)七五〜一〇〇頁参照。

孔子は次のように論じている。

千乗の国〔兵車千台を出すことができるほどの国力を持つ大国〕を治める時には、万事を慎重に行って民の信頼を失わないようにし、用（国の経済または費用）を節度があるようにして民を慈愛し、国の事で民を使役する時には、農耕などの仕事に支障がない時を選ばなければならない。[50]

この文章は孔子が治国の要道を述べたものだが、ここで彼は「節用」、すなわち国の費用を節度あるものにすることを強調している。これは儒家思想における「財」についての基本的観点を提示したものであり、生財論はこうした「節用」論の延長線上に展開したものである。孔子のこの議論で注目されるのは、「節用」を起点としつつ財貨の生産（すなわち生財）が「節用」に従属しているということである。そのために、財貨の生産を「節用」から分離してそれ自体の独自化を進めるということは難しくなる。儒教思想において「生産」に積極的価値が付与されなかったのは決して偶然ではない。

したがって、儒教の経済倫理は、こうした生財論と儒教的道徳主義に即したものだった。孔子は次のように論じている。

君子は事物に対して、義（＝道理）を基準にして考えるが、小人は万事に対してそれが自身に利をもたらすか、あるいはそうはできないのかという利（利害）を基準にして考える。[51]

これは、孔子が人間の道徳的実践を強調したものであり、「義」が「道」をよりどころとしているのに対して、「利」は人間の自然的欲求をよりどころとしているものと捉えられている。「克己復礼を仁となす[52]」と言っているように、「克己」に必要なのは「礼」や「仁」であり、決して「利」ではなかった。
彼はまた次のようにも述べてもいる。

国を率いている諸侯や家を率いている大夫は、その物資の不足を心配するのではなく、民への配分が均等でないことを心配し、民の生活が貧しいことを心配するのではなく、民心が安定しないことを心配せよ。(53)

これは、孔子が統治者の政策論を論じたものであるが、その政策論が道徳的実践論に向かっているだけでなく、人間の自然的欲求に対して非常に楽観的に考えていることがうかがえる。

このように孔子の段階では、生財論は「節用」に従属したものであり、経済倫理においても、君子（または治者）の道徳的実践が強調され、「利」や人間の自然的欲求は小人（または被治者）の領域に縛り付けられていた。

しかし、孟子は次のように論じている。

およそ、仁政とは、必ず土地の境界を正すことから始まる。(54)

この主張は、王道政治の基調をなす「仁政」が、①「土地の境界を正すこと」、すなわち公平な土地政策に則

(50) 原文は「子曰、道千乗之国、敬事而信、節用而愛人、使民以時」『論語』学而篇。
(51) 原文は「子曰、君子喩於義、小人喩於利」『論語』里仁篇。
(52) 原文は「克己復礼為仁」『論語』顔淵篇。
(53) 原文は「有国有家者、不患寡而患不均、不患貧而患不安」『論語』季氏篇。
(54) 原文は「夫仁政、必自経界始」『孟子』滕文公章句上。孟子のこうした議論は彼の井田法論を前提としている。

った民の経済的安定を基点としているということ、②孟子における生財論とは、農業生産、すなわち農本主義経済に根を下ろしていたということを意味している。孟子のこの着想の基底には、「民が（自然に常に）向かいやすい方向は、恒産（＝一定の生産と収入）があれば、恒心（＝いつでも正しいことに従う一定不変の心）が維持され、恒産がない時には、（心がけも動揺し）恒心を失うことになる」[55]という考え方が横たわっている。つまり、孟子にとって、人間の道徳的実践や道徳国家の実現のためには、その現実的基盤として民の経済的安定が成立していなければならないというのである。もちろん人間の自然的欲求に着目した「恒産」も、人間の内面的道徳規範に着眼した「恒心」も、ともに孟子においては、こうした人間の自然性を直視しようとする思考法が台頭していたことによる。ただ、孟子にとっての「恒産」とは、あくまでも「恒心」の実現のための手段に過ぎず、「恒産」論は常に「恒心」論によって制約されていた。それゆえ、孟子の段階においても、農本主義的な生産論が提示されていながらも、利の独自化が進行したわけではなかった。孟子における生財論は、あくまでも人間の道徳的実践や道徳国家の実現のための手段という次元で議論されているのである。

経済倫理においても、この考え方は一貫していた。彼は次のように述べている。

（人間の）心性を修養する時には、寡欲より善いものはない。[56]

すなわち、孟子は人間の自然的欲求を否定しているのではない。それを少なくすることによって、道徳的心性を存養することができ、それによって道徳的実践が可能になると考えていた。

以上のように、孔子や孟子における原始儒家思想の生財論の特徴は、それが農本主義的な生産論を現実的基盤としながらも、生財論の独自化は進まず、①基本的に「節用」という次元で認識されていたのであり、②あくまでも儒教的な道徳的実践ないし道徳国家の実現のための手段のレベルで認識されていたと言えよう。

Ⅲ　朱子学と生財論

朱子学は、朱子学の根本理念とも言える「理」の観念を軸として原始儒教を理論的に体系化した思想である。朱子学は一名「道学」とも言われているように、周濂渓、程明道、程伊川、朱子にかけて体系化された理気論を基盤として、人間の道徳の普遍性を理論化したものである。朱子哲学によれば、世界は唯一永久不変の「理」にもとづいて成立しており、人間は誰もが仁義礼智という「性」＝「理」を具えており、歴史は「理」によって展開すべきものだった。しかし、実際には人間には「気質の偏り」があり、それゆえに聖人と小人のような差異がある。また歴史について見れば、聖賢が現れ、世道を興隆させれば、「理」が発現し世の中は安定するが、聖賢が現れず「理」が暗愚に沈めば、世道は衰退する。このような歴史観に立って、朱子は「道統の伝」を確立する。すなわち、古代の聖人である堯・舜・禹・湯・文・武・周公から、孔子・曾氏・子思・孟子・程明道と程伊川へと正しい「道」が系統的に伝授されたという。[57]これがいわゆる道学的な歴史観である。

朱子学における生財論は、こうした道学的理念のレール（rail）上でその議論が展開された。

徳は本であり、財は末である。[58]

財を増やす時には、大道がある。財（＝農産物）を作る者は多く、その農産物を食べる者は少なく、その農

(55) 本章註25参照。
(56) 原文は「養心莫善於寡欲」『孟子』盡心章句下。
(57)『中庸章句』序参照。
(58) 原文は「徳者本也、財者末也」『大学』伝、第一〇章。

産物を作る者がその業に努め、その農産物から収められる税を慎重に使用すれば、国家の財用は常に充分なのである。(59)

すなわち、朱子学における生財論はまず、「財者末也〔財は末のことである〕」というように、経済的実践は道徳的実践よりも末端に置かれている。そのため、生財論は道徳的な「大道」に従わなければならない。そして、その場合最も重要なのは、生産よりも消費を少なくすることであった（「生之者衆、食之者寡」）。これは、朱子の生財論が孔子以来の節用主義のレベルで論じられているものであり、それゆえに経済倫理も消費面に留意し、「崇倹」を美徳としている。もちろん「崇倹」は、資本の原始的蓄積期における経済倫理の一般的傾向と言えるが、原始儒教から朱子学にかけて一貫している「崇倹」の決定的な特徴は、それが資本主義的経済倫理のように生産を目標とすることにはなく、道徳的実践を目標としていたということである。換言すれば、儒教における節用＝生財論とは、資本の原始的蓄積に向かっているわけではなかったのである。

道学的傾向がより強烈だった朝鮮朝朱子学における生財論が朱子学的生財論の延長線上にあったということは詳論する必要はないであろう。

Ⅳ　実学思想と生財論

朝鮮時代における実学思想は、朝鮮朝朱子学の道徳的規範主義に対する原理的反省を促す思考が発展したものだった。

その典型が、『磻溪随録』序文に表れている。

道徳は天に根源を置くものであり、政制は地に根本を置くものゆえ、天を師匠として地を知らなかったり、地を師匠として天を知らなかったりすることが、どうして正しいと言えようか。……天下の功労を言う者で、禹王より尊い者はないが、禹王の功労は土地に根本を置き、天下の統治を言う者は、周より具備した国はないが、周の統治は田制に根本を置くゆえに、聖賢にまたどんな心があるだろうか。天と地に順応するだけである。形而上者はこれを道と言い、形而下者はこれを器と言うが、道は円で器は方ゆえに、政制は器である。……孟子が王道を論じる時には、必ず井田を言いながら、かつて道と器を分離させて言わなかった。……そもそも程子や朱子といった大賢が、慨然として三代の統治に意味を置き、その論じて著す所は道には詳しくて器には欠けているのは、どんなわけだろうか。……思うにその意味は、道が明らかであれば器は自然に回復するだろうと考えるゆえに、……しかし程子や朱子以後に道が明らかだったとは言えず、器の蕩然さは以前と変わることがないゆえに、道がなぜかつて器を離れて独り行われただろうか。(60)……

これは、呉光運が『磻溪随録』に表れた柳磻溪の政治的思考の基本的特質を要約したものであるが、ここで指摘されているのは、従来の朱子学が道徳主義に偏っているということだけでなく、その基底には、「道明則器自復爾〔道が明らかになれば器は自ずから回復するのである〕」というように、道が明らかになれば器は自ずと復するだろうという楽観的な見通し、すなわち道徳的な価値規範が具現化すれば経済的な価値規範も自ずと解決するだろう

(59) 原文は「生財有大道。生之者衆、食之者寡、為之者疾、用之者舒、則財恒足矣」。同前。

(60) 原文は「道徳原乎天、政制本乎地、師天而不知地、師地而不知天可乎。……天下之言功者、莫尚於禹、而禹之功本於土、天下之言治者、莫備於周、而周之治本於田、聖賢亦何心哉。順天地而已。形而上者謂之道、形而下者謂之器、道円而器方、政制者器也。……孟子論王道、必曰井田、未嘗離道器而言之。……夫以程朱之大賢、慨然有意於三代之治、而其所論著、詳於道而闕於器何也。……蓋其意以為道明則器自復爾、……然程朱以後、道不可謂不明、而器之蕩然者自如、道何嘗離器而独行哉。……」『磻溪随録』巻一、序。

という思考の跛行性にあるものと言えよう。したがって、磻溪は、朱子学の道学的傾向、およびその延長線上にあった当時の朝鮮朝朱子学の主観主義的傾向、すなわち人間社会の秩序化の問題を朱子学的人間論にもとづいて人間の内面的道徳規範によって解決しようとした極めて主観主義的な傾向を[61]、正面から批判するものであった。朱子学のこうした道学的な指向、そしてその延長線に築かれていた主観主義的傾向が支配的な思想的状況下では、生財論も色あせざるを得なかったことは言うまでもないだろう。

朱子学の道徳的規範主義に対する原理的反省の要請は、孟子の王道論で提起された「道」と「器」は二元的であり、「道徳」と「政制」も二元的であるが、最も理想的な統治論は「道徳」と「政制」を分けて考えることはできないという点から発していた。こうした発想は朱子学の道徳的規範主義に比べて、「器」に重要な意味を与えていた。

この「道」「器」論が、朝鮮朝実学思想を貫く基本的な視角となったのである。そして、朝鮮朝実学者たちは「器」の領域において、経世致用論と利用厚生論という二つの巨大な領域を開拓していった。実学思想における生財論は、まさにこの経世致用論と利用厚生論という二つの領域で展開していったのである。

まず、経世致用論の代表的思想家である柳磻溪と李星湖の生財論を見てみよう。彼らは伝統的な農本主義経済体制に則った上で、朱子学の道徳的規範主義から抜け出し、新たな道を開拓していった。

磻溪は次のように論じている。

> 古代の井田法は至極なものである。土地の経界が一様に正しく定められれば、万事すべて畢わり、民は恒業を固くし、兵は捜索して集める弊害がなく、貴賤上下のすべてが各々その職分を持たないようなことがなくなり、これによって人心が安定し、風俗が敦厚になったゆえに、古代に国を鞏固に維持して数百千年になり、礼楽が興行するようになったのは、この井田法を根基としたからである。

これは孟子の恒産・恒心論と軌を一にする考え方であり、磻溪の生財論は明らかに孟子的生財論に回帰していたと言えよう。磻溪は当時の朝鮮朝朱子学の道学的ないしは主観主義的な思想的状況下で明らかに色あせていた生財論を、儒教本来の生財論へと回帰させることで、精彩を取り戻そうとしていた。

これに比べ、星湖の段階では、同じく農本主義的経済体制を基盤とする生財論ではあるものの、そこには新たな領域が開拓されていた。

彼は生財論について次のように述べている。

生財には道があるゆえに、生衆（生産する人が多いこと）と食寡（消費する人が少ないこと）、為疾（することを熱心にすること）と用徐（使うことをゆっくり行うこと）に関わらないだけである。[63]

これは、一見、朱子学の「財を増やす時には、大道がある。財（＝農産物）を作る者は多く、その農産物を食べる者は少なく、その農産物を作る者がその業に努め、その農産物から収められる税を慎重に使用すれば、国家の財用は常に充分なのである」[64]と同じことを論じているように見える。しかし、星湖の生財論は朱子学の「徳は本であり、財は末である」[65]という道学的生財論から脱し、より民本的、かつ国富を追求するという次元で議論さ

(61) 朴忠錫「実学の政治思想的特質」『儒教思想研究』第三輯、儒教学会、一九八八年、六一～六二頁参照。
(62) 原文は「古井田法至矣。経界一正而万事畢、挙民有恒業之固、兵無捜括之弊、貴賤上下無不各得其職。是以人心底定、風俗敦厚、古之所以鞏固維持数百千年、礼楽興行者、以有此根基故也」『磻溪随録』巻一「田制」（上）一頁。
(63) 原文は「生財有道、不過曰生衆食寡、為疾用徐而已」『藿憂録』「生財」。
(64) 本論文註59参照。

れている。

彼は次のように論じている。

国用は民力から出るものである。[66]

国家を利するには、民を利する他はない。治を論じて民を優先しないのは、末である。[67]

すなわち、星湖における生財論は「民力」を強調し、また「利国」「利民」というように、明らかに国富を念頭に置いて議論されていた。

実学思想における生財論は利用厚生論において多様な展開を見せる。もともと「利用厚生」とは、『書経』「大禹謨篇」に出てくる用語であり、宋代の蔡沈の『書経集伝』に、

用を有利にすることとは、什器を工作・経営し、財貨を推し量って通じるようにすることであり、民の生活を有利にすることであり、生を厚くすることとは、絹や絹織物などの衣服を着て肉を食べ、飢えず寒くないようにすることであり、民の生活を厚くすることである。[68]

と説明されているように、「利用厚生」とは、「農」だけではなく、「工」と「商」を含んだ人間の日常的な経済生活全体を対象とするものであった。経世致用論が主に「農」の経済制度の問題に力点を置いていたのに対し、利用厚生論は「農」「工」「商」を全体的に問題として扱おうとした経済的思考である。

利用厚生論の代表的人物の一人である朴燕巖は、次のように論じている。

利用がある後に厚生をすることができ、厚生をした後に正徳を成すことができる。(69)

燕巖はここで「利用」→「厚生」→「正徳」という道筋を考えている。これは、原始儒教における孟子の「恒産」→「恒心」論と発想を同じくするものである。しかし、燕巖を含め、他の洪湛軒や朴楚亭ら利用厚生論者たちの「正徳」論は、すでに大きく色あせていた。彼らにとっての「正徳」とは、孟子の「恒心」論や磻溪の「礼楽興行」論に見られる儒教的道徳主義に比べて、その理念的目標が明確に提示されていないのである。彼らはもはや「正徳」よりは、「利用厚生」に思想的関心を集中させていたと考えるべきであろう。

こうした観点から見ると、利用厚生論者たちの生財論は、①たとえ原理的レベルでの自覚的認識が乏しかったとしても、「利用厚生」それ自体を独自化させていく思考の道を切り拓き、②それを具体的に「農」「工」「商」の領域で模索したものであった。彼らの生財論は、実に多様な領域で追求された。

湛軒は次のように論じている。

実翁曰く、ああ、哀しいかな。道術が滅んでから久しい。孔子が世を去って、諸弟子が道をまどわし、朱門の末葉に至ると、諸儒学者が道を混乱させた。(70)

(65) 本論文註58参照。
(66) 原文は「国用出於民力」『藿憂録』「国用」。
(67) 原文は「利国不外於利民、論治而不先民者末矣」『藿憂録』「銭論」。
(68) 原文は「利用者、工作什器、商通貨財之類、所以利民之用也。厚生者、衣帛食肉、不飢不寒之類、所以厚民之生也」『書経集伝』。
(69) 原文は「利用然後、可以厚生。厚生然後、正其徳矣」『燕巖集』巻一一『熱河日記』。

湛軒は、孔子の原始儒教や宋代の朱子学自体を否定しているわけではなく、その学問と思想の堕落した姿を批判しているのである。しかし、「正心誠意は、真に学と行の体である。開物成務は学と行の用ではないのだろうか」[71]と論じているように、彼の学問的関心は朱子学を道徳的原理の次元で追求することにはなく、学問を「開物成務」の次元で開拓していこうとすることにあった。

学問の領域が明確な形で示されるのは、燕巖の段階であった。燕巖は次のように述べている。

しかし、士の学は実に農工賈の理を兼包するものゆえ、三者の業は必ずすべて士を俟った後に成る。[72]

彼は学問の対象を「農」に限定するのではなく、「工」「商」も含めた「農工賈の理」の追求に設定している。彼のこうした学問観の変容と照応するように、二つの領域で生財論と関連した思考の発展があったと思われる。一つは、農業生産における営農法と農業技術に対する関心である。彼は『課農小抄』で、自然の効率的合理的利用による農業生産の増大を力説している。[73]もう一つは、商業による利と富の追求であり、それは『許生伝』における対内的商業と海外貿易を通じて巨額の富を蓄積する商人の描写に表されている。

さらに楚亭の段階になると、生財論は「商」の領域へと傾倒する。もちろん、彼も「財物をよく収める者は、上で天時を失わず、下で地利を失わず、中間で人事を失わない」[74]と論じているように、「農」の領域における生財論に関心がなかったわけではない。しかし、「今もし一切の民が土地を耕して食べたならば、彼らは生業を失い、農業はひたすら益々傷つくだろう」[75]と述べているように、彼は生財論を農本主義的経済体制だけに依存しようという考え方からは明らかに脱していた。そして、「そもそも商人も四民の一つであり、その一によって三(士・農・工)に通じるとすれば、十分の三を知らなければだめである」[76]というように、彼は伝統的な士農工商の分業体系における「商」の位置を確固として提示している。楚亭のこのような主張は、生財論における「商」の独自化を物語るものである。楚亭がこの観点から国内商業と海外通商による国富の追求を力説したことは、改めて再論する必要はないだろう。

V　結論

以上、原始儒教における原型としての生財論を起点として、朱子学思想から実学思想にかけての生財論の推移、および思考レベルにおける内在的発展について検討してきた。

実学思想における生財論は、原始儒教や朱子学の道徳的規範主義的な生財論から抜け出し、民本主義や国富という価値理念との連関の中で徐々に発展し、農本主義的な経済観から重商主義的な経済観へと移行していった。もちろん、その思考の発展の歩みは決して整合的だったとは言いがたい。またその当然の結果として、生財論に対する原理的レベルでの理論的構成が乏しかったことも確かである。

しかし、朝鮮朝実学思想の歴史的性格をしばしば「近代」指向と呼んでいるが、以上検討してきたように、そ

(70) 原文は「嗚呼哀哉。道術之亡、久矣。孔子之喪、諸子乱之、朱門之末、諸儒汨之」『湛軒書』「内集」巻四『毉山問答』。
(71) 原文は「正心誠意、固学与行之体也。開物成務、非学与行之用乎」『湛軒書』「内集」巻三、与人書二首。
(72) 原文は「然而士之学、実兼包農工賈之理、而三者之業、必皆待士而後成」『燕巖集』巻一六「課農小抄」。
(73) 同前参照。
(74) 原文は「善理財者、上不失天、下不失地、中不失人」『貞蕤集』「北学議」外篇、財賦論。
(75) 原文は「今若一切食士、則民失其業、農日益傷矣」同前「北学議」外篇、末利。
(76) 原文は「夫商処四民之一、以其一而通於三、則非十之三不可」同前。

の生財論は「近代に向かって」変容していったものであった。

思想史の観点から「近代」の問題を考えてみた場合、「近代」に向かった思考の発展は、すべての領域で同時進行していたわけではなく、またトータルな形で展開したわけでもない。それは、その社会の政治、経済、社会、文化、思想などの歴史的特殊性と関連しながら、進行の歩みを異にしたものと思われる。

解題——丸山眞男の「日本政治思想史」との関係を中心に

飯田泰三

朴忠錫さんは東大大学院での私の先輩である。年齢で言えば七年、大学院の学年で言えば三年、また博士論文の提出年次で言えば二年の先輩になる。

丸山眞男先生が一九六九年三月、いわゆる東大紛争の渦中に肝炎で倒れ、同年一一月から大学院の演習のみが吉祥寺の先生ご自宅で行われることになったとき、朴さんもその演習に出ておられた。——もっとも、博士課程に進んで四年目であった朴さんは、そこでは報告は担当されなかったと記憶する。そもそも朴さんが丸山先生の研究指導を受けることになった経緯については、本書冒頭の「日本の読者のために」で子細に述べられている通りである。[1]（以下、敬称略）

本書の最大の特色は、何といっても、丸山眞男の「日本政治思想史」の研究方法を踏まえつつ、著者独自に「韓国政治思想史」の通史を描き切ったことであろう。[2]

もっとも、著者の『韓国政治思想史』がこのような「通史」記述となったのは今回の「第二版」からであって、「初版」は違っていた。すなわち、同書の原型である一九七二年に東京大学に提出された博士論文の題目は、「李朝後期における政治思想の展開——特に近世実学派の思惟方法を中心に」であった。[3]（傍点筆者）そしてその韓国語版である初版『韓国政治思想史』（一九八二年）は、「第一章　朝鮮朝初期の政治社会と朱子学思想」から説き起こされ、ついで「第二章　近世実学の政治思想」、さらに「第三章『開国』期以後の思想運動とその特質」が続くという構成になっていた。（傍点筆者）

つまり、当初の著者の「韓国政治思想史」構想は、日本史の時代区分にならっていえば、「近世」から「近代」初頭にかけての時期——ちょうど朝鮮王朝（李氏朝鮮）期にあたる——に、李退渓《イテゲェ》に代表される朱子学派儒教の政治思想が「正統」的——学問的な orthodoxy の意味でも、政治的な legitimacy の意味でも——な政治思想として成立し、それが、「一七世紀後半以降の近世実学思想の展開過程の中でどのように内面的に崩壊していったのか」、また、「このような過程で構築された近世実学思想との思想史的連関という観点から見たとき、『開国』期に台頭した開化派の思想史的特質はどのようなものなのか」を究明しようとしたものであった（「初版まえがき」本書八頁）。

これは明らかに、丸山眞男の『日本政治思想史研究』（一九五二年刊、原形は、一九四〇～四年に『國家學會雜誌』に掲載された三つの論文）を踏まえて書かれたものである。この丸山の著作は、標題は一見、通史のような外観をもっていたけれども、実質的には、「近世日本政治思想史研究」なのであった。すなわち同書は、「第一章　近世儒教の発展における徂徠学の特質並にその国学との関聯」、「第二章　近世日本政治思想における『自然』と『作為』——制度観の対立としての」、「第三章　国民主義の『前期的』形成」から成っていた。

とりわけその中心をなす第一章（第一論文）は、丸山の「助手論文」であって、これが一九四〇年二～五月の『國家學會雜誌』に発表された後の六月、丸山は東京帝国大学法学部助教授に任ぜられている。その構成は、「第一節　まへがき——近世儒教の成立」、「第二節　朱子学的思惟様式とその解体」、「第三節　徂徠学の特質」、「第四節　国学とくに宣長学との関連」、「第五節　むすび」というものであった。つまり丸山は、「朱子学的思惟様式の解体」の中から登場してきた荻生徂徠の思想——「道徳」からの「政治」の分離・独立、また、社会秩序に対する主体的「作為」、さらに「公と私の分離」、等々の発想——に日本における「近代的」政治思想の内発的成立を見ようとしたのである。

ただし丸山は、同書の「あとがき」（一九五二年執筆）において、この点につき、自己批判ともいえる文章を残している。少し長くなるが引用しておく。

本書執筆当時の思想的状況を思ひ起しうる人は誰でも承認するように、近代の「超克」や「否定」が声高く叫ばれたなかで、明治維新の近代的側面、ひいては徳川社会における近代的要素の成熟に着目することは私だけでなく、およそファシズム的歴史学に対する強い抵抗感を意識した人々にとつてはいわば必死の拠点であつたことも否定できぬ事実である。（中略）しかしその反面、とくに第一章において顕著であるように、正統的なイデオロギーの解体過程を裏返せばそのまま近代的イデオロギーの成熟になるといふ機械的な偏向に陥つてしまつた。たとへ、近代的イデオロギーを直接の政治的発言において捉へることの危険性ないし恣意性はまさに本章にいふ通りであるとしても、そのことからして、封建的イデオロギーを内部から解体させる思想的契機を以て直ちに近代意識の表徴とは看做し難い。それはむしろ本来の近代意識の成熟を準備する前提条件とでもいふべきものである。（同書「あとがき」八頁）

また丸山は一九七四年（原型論文執筆の三〇年後）に書いた「英語版への著者の序文」（新装版『日本政治思想史研究』一九八三年、所収）において、さらに、「現在の著者が本書の叙述のなかでそのまま放置できず、ミニマムの註釈を加えることが必要と思われる二つの論点」について述べている。これも長文だが引いておく。

第一に本書の第一・第二両章に共通する前提は、江戸時代の初期に、著者のいう「朱子学的思惟様式」が社会的にひとたび普遍化し、その普遍性が十七世紀の後半から十八世紀初頭にかけて徐々に崩壊して、古学派の擡頭によって口火をきられたような挑戦にさらされる、ということである。けれども、この前提はあまりに歴史的進化の考えに捉われているだけでなく、具体的事実にも正確に対応しているとはいえない。（中略）要するに、本書の基底に流れている「朱子学的思惟様式の普及と、それにつづくその漸次的な解体」とか、あるいは「自然から作為へ」といった進化論的図式が、どこまで歴史的実証に堪えるか、については少なからず疑問の余地がある。（中略）第二に本書の致命的欠陥として目に映るのは、日本の朱子学の、まさに日本的な特性をほとんど考慮に入れず、とくに江戸時代前期の朱子学を「最も純粋な、（中国からの）直輸入的な朱子学」としている点である。（中略）もちろん、日・中の儒学の比較ははじめから本書のテーマの外にある問題であり、その点で著者は自分の学力の不足をも含めて留保を怠っていなかったけれども、もし闇斎だけでなく、江戸儒学の出発点に位置する林羅山がすでに朱子学の「修正主義的」理解のうえに立っていることを、もっと前面に押し出したならば、徳川儒教史の全体は本書とかなりちがったパースペクティヴの下にとらえられることになるであろう。

なお、比較という問題についていうならば、江戸時代の朱子学がその出発点からして、きわめて多くを負うている李氏朝鮮の朱子学、とくに李退溪の学問と思想を考察に含めることが絶対に必要であることを附け加えておく。朝鮮の思想史を軽視して、日本と中国とを主要な視野に置いて来たのは、史料利用の便宜という点を別にしても、私だけでなく、日本における「伝統」思想研究に多少とも共通する盲点であった。

この最後の、丸山が朝鮮儒学史との比較の重要性を説く部分は、明らかに丸山の朴論文に対する研究指導の経験を踏えてのものと読める。丸山は右のように自己批判しているものの、極めて興味深いのは、丸山が一九四〇年代前半に作った江戸思想史についての図式が、むしろ朝鮮王朝期の思想史により良く当て嵌まるかに見えることである。著者も、今回われわれが翻訳を作る過程で打ち合わせのために四年前ソウルを訪れたさい、「〔丸山〕先生の方法論は、徳川政治思想史を論ずるときよりも韓国政治思想史を論ずるときのほうが有効だ」と語っていたのが強く印象に残っている。

つまり、一九四〇年代初めに丸山が江戸思想史について作った図式に関し、煩を厭わず紹介すると、丸山の一九五二年刊『日本政治思想史研究』の「あとがき」では、先に引いた箇所の前の部分に次のようにあった。

第一章と第二章はとくに密接に補充し合う関係に立つている。そこで共通するライト・モティーフになつているのは封建社会における正統的な世界像がどのように内面的に崩壊して行つたかという課題である。この課題の解明を通じて私は広くは日本社会の、狭くは日本思想の近代化の型《パターン》、それが一方西欧に対し、他方アジア諸国に対してもつ特質、を究明しようと思つた。その際、とくに第一章において、いわゆる狭義の政治思想に視野を限定せず、むしろ徳川封建社会における視座構造（Aspektstruktur）をなした儒教的（特殊的には朱子学的）世界観全体の構造的推移をなにより問題とした所以は、第一章の結びにも若干触れておいた通り、そのことが徳川封建体制の崩壊の必然性を思想史的な側面から最も確実に実証すると考えたからで、この考え方に関する限り、いまでも私は正しいと思つている。

（同書「あとがき」五頁）

その第一章「むすび」の冒頭近くでは、次のように言われている。

近世初期の思想界を殆ど独占した朱子学が、その後の歴史的推移とともに如何に社会的な適合性を喪失して行つたか、その適合性を恢復すべく儒教を「政治化」した徂徠学が、却つて非政治的契機を自らのうちに導入することによつて、如何に国学の擡頭を必然ならしめたか、その過程を通じて近代意識が如何に徐々に芽生へて行つたか、――かうした経過を思惟様式の微妙な変容のうちに、いくらかでも具体的に読取ることが出来たら、われわれのこのたびの企図は全く無駄ではなかつたと思ふ。（同書一八三頁）

そうして、第一章「近世儒教の発展における徂徠学の特質並にその国学との関聯」では、徳川初期にいったん隆盛を誇ったかに見える「朱子学的思惟方法」が、寛文より享保にかけて急速に「分解過程」に入る様相を、山鹿素行・伊藤仁斎・貝原益軒に即して辿ったのち、荻生徂徠が「古文辞学」の方法によりつつ、「道」の本質を「治国平天下」という政治性に求め、その内容を「聖人乃至先王」の制作した唐虞三代の「礼楽刑政」という客観的＝具体的な定在に求める「徂徠学」を樹立するに至る、と述べられる。[4]（こうした「朱子学的思惟様式の解体」の中から「近代的思惟」が生まれるという図式は、丸山においては、フランツ・ボルケナウが『封建的世界像から市民的世界像へ』で描いた図式――ヨーロッパ中世のトマス・アクィナス的なカトリック自然法世界の解体の中から、一七世紀のデカルト・ガッサンディ・パスカル・ホッブスらの「マニュファクチュア時代の科学」が生まれる――と重ね合わされていた形跡がある。）

まさにこの図式の適用として、初版『韓国政治思想史』は読むことが出来るであろう。すなわち、一六世紀後半に「朝鮮正統朱子学」と言えるものを構築したのは、李滉《イファン》（退溪《テゲェ》）と李珥《イイ》（栗谷《ユルゴク》）であったが、前者が内面的道徳性を強調する性理学を打ち建てて「嶺南学派」（慶尚道）を形成した（本書第三章第二節Ⅱ）のに対し、後者は、同じく朝鮮性理学の高峰として「畿湖学派」（京畿道と忠清道）を形づくりながら、状況主義的な政治的指向をもった変法（変通・更張）思想を展開した（第三章第二節Ⅲ）。そして一七世紀の朝鮮朱子学は、東人派（嶺南学派）と西人派（畿湖学派）の中に、それぞれ南人派と北人派、老論派と少論派など、性理学をめぐる学説上の論争から学派＝党派が形づくられ、それが地縁と絡み合って、熾烈な「朋党」争いの様相を呈するに至った。

しかしその中にあって、李栗谷的な流れの中から「実事求是」をこととする「近世実学派」が生長し、一八世紀後半の英祖《ヨンジョ》・正祖《チョンジョ》両朝時代にその全盛を誇ることになる。功利主義的な政治的思考を追求した「経世致用学派」（客観主義的規範論を展開した柳馨遠《ユヒョンウォン》（磻溪《パンゲェ》）、その磻溪的思考を継承し統治主体の問題を提起した李瀷《イイク》（星湖《ソンホ》）など（第四章第二節））を先駆とし、朱子学的自然観を変容させ、社会・経済的功利性を追求した「利用厚生学派」（朱子学的諸観念の批判者、洪大容《ホンデヨン》（湛軒《タモン》）、現実批判と学問観の変容に顕著なものを見せた朴趾源《パクチウォン》（燕巖《ヨナム》）、商業政策論を展開した朴齊家《パクジェガ》（楚亭《チョジョン》）など（第四章第三節））の系列である。

そして一九世紀の丁若鏞《チョンヤギョン》（茶山《ダサン》）と崔漢綺《チェハンギ》（惠崗《ヘガン》）において、「近世実学派の政治思想」は集大成された観があるが、それは在野の学としての達成であり、一九世紀も八〇年代に入るまでは宋時烈《ソンシヨル》（尤庵《ウアム》、老論派の総帥）の「尊華攘夷」思想の流れを汲む「衛正斥邪」派（李恒老《イハンノ》が総帥）が制覇したが、八〇年代以後になってようやく、朴趾源の孫に当たる朴珪壽《パクキュス》の門下に集まった、のちの「開化派」を形作る若い世代（金允植《キムユンシク》、金玉均《キムオッキュン》、朴泳孝《パクヨンヒョ》、洪英植《ホンヨンシク》、徐光範《ソグァンボム》、兪吉濬《ユギルチュン》ら）が「実学」思想を継承・発展させるものとして——もはや「朋党」としてではなく——現われる。

ただし、そうした朝鮮実学派の形成は、日本の徳川期における徂徠学派の形成とは、ある根本的な一点において異なった様相を呈していた。すなわち、日本の「古学派」は、当初より明確な反「朱子学」的な学派として形成され、とりわけ徂徠学は、一八世紀中葉に一世を風靡したのち、「寛政異学の禁」（一七九〇年）以後は「異端」とされながらも影響を残し続けていったのに対して、朝鮮の場合は、次のように言われるのである。

> 近世朝鮮朝における実学思想は、哲学のレベルで朝鮮朝朱子学〔それ自身「実心実学」ないし「窮理実学」と呼称していた——筆者〕をふまえつつ、それを超越的にではなく、思想内在的に批判かつ克服していくことによって、朝鮮朝朱子学それ自体の変容がもたらされたと考えるべきであろう。（本書三一〇頁、傍点筆者）

したがって、近世朝鮮朝における実学思想を朝鮮朝朱子学との関連の中で評価するならば、一七世紀から一八世紀にかけての経世致用学派ならびに利用厚生学派に関する限り、朝鮮朝朱子学を思想内在的に批判するところまではいかなかったと考えられる。彼らはむしろ、その名が示すように朝鮮朝における家産官僚制的な儒教政治体制の矛盾を批判することに重点を置いていた。しかし同時に、その体制批判の過程における思わざる結果として、散発的ではあるが、朱子学の革新的諸範疇を読みかえ（reinterpretation）ていったのである。そして、一九世紀に入ると、丁茶山や崔恵崗らがそうした体制批判に基づいて朝鮮朝朱子学を思想内在的に克服していくのである。（本書三一七頁）

つまり、同じく「朱子学的思惟様式の解体」→「近代的」な政治的思惟の内発的形成といっても、朱子学が体制の「正統的」イデオロギーとして占める位置と比重が、李氏朝鮮と徳川期日本とでは、決定的といっていいほど違うのである（その違いは、朝鮮半島と日本列島の中華帝国からの距離・近接度という「空間的所与」の問題（本書序論Ⅱ）にかかわる）。

ところで、丸山がしばしば、李氏朝鮮と江戸期日本の中国儒学受容を比較して、朝鮮は「教条主義」で日本は「修正主義」だ、と語っていたことが思い起こされる。言うまでもなく、「教条主義」（Dogmatism）と「修正主義」（Revisionism）という用語は、二〇世紀マルクス主義における論争の中で生まれた対立概念――それも、互いに相手に対する蔑称として投げつけられたところの――である。丸山はその用語を援用することによって、一方の朝鮮の思想（朱子学）が原理に主観的に忠実であろうとするあまり、現実的状況へのリアリズムと適応能力を失ってしまう傾向が強いのに対し、他方の日本の思想は、状況の変化への適応力を持つかわりに、原理への内面的コミットメントを欠いて、「なりゆき」に流されていく傾向が強い（'the floating world'：本書三一頁、参照）ことを言ったのである。（丸山が書いた最後の力作論文は「闇斎学と闇斎学派」（一九八〇年）であるが、そこで丸山は「崎門の絶交」の意味などを論じつつ、闇斎派朱子学を、日本思想史の流れの中の例外的現象として、或る種肯定的に再評価しているように見える。）

さて話を元に戻す。本訳書の原本である第二版『韓国政治思想史』は二〇一〇年に刊行された。初版刊行から二八年経っている。この第二版の段階で、「原型」論ないし「古層」論が加えられたことによって、著者の「韓国政治思想史」はまさに「通史」としての実質を備えることになったのである。

「第二版まえがき」によると、「初版『韓国政治思想史』を発表して以降、筆者の学問的関心は徐々に、韓国政治思想の歴史的道程を大きく規定してきた基層文化がどのようなものであるかについての問いへと傾き、これを解明する作業に取りかかることになった」。

今回新たに刊行することになった第二版『韓国政治思想史』は、このような観点から、古代韓国人が開拓した思考の原型－古層についての議論として、第一章で古代韓国人の文化・思想的発想の存在様式——古代韓国人の宇宙、自然、社会、人間についての原イメージ——としての古層の構造、すなわち「天」・「生」・「化」の観念、そしてこのような基調の上に形成された政治社会の存在様式を検討し、第二章でこうした内生と外来の接合という観点から、三国時代から高麗前期にかけての儒教的政治理念の成長過程を、新たに考察し論じた。（本書二頁）

この新しい展開も、丸山眞男が一九六〇年代以後に展開した、日本思想についての「原型」論→「古層」論→「執拗低音《バッソ・オスティナート》」論に導かれたものである。

丸山は「六〇年安保」でオピニオンリーダー的役割を果たしたあと、ハーバード大とオクスフォード大で二年間の在外研究期間を過ごしたのち、一九六三年度冬学期の「東洋政治思想史」講義から、日本思想の「原型《プロト・タイプ》」について論じ始めた。（たまたま私は学部三年生でその年の講義を受講した。著者はちょうどその年四月、東京大学大学院修士課程に入学したが、丸山の学部の講義は受講しなかったようである。）

この丸山の「原型」論・「古層」論については、私は「丸山思想史学における鎌倉仏教論の位置——『古層』論との関連において」（『丸山眞男手帖』第八・九号）および「丸山眞男の文化接触論・古層論と『伝統』の問題」（『戦後精神の光芒』所収）で特定の角度から論じたことがあるが、ここでは丸山の論と著者の論の違いについてだけ見ておきたい。

丸山にとって「なんとも短い春だった」という「戦後民主主義」期は、一九五〇年の朝鮮戦争勃発・「冷戦」の幕開け・「レッド・パージ」など、「逆コース」の開始で終わる。そして「朝鮮特需」を梃子に復興した日本経済は、一九五五年から「高度経済成長」へと離陸する（一九五六年版『経済白書』が「戦後は終わった」と宣言）。その一九五六年度から、丸山は東洋政治思想史講義を古代にまで遡らせて、「神国思想の端緒的形態」から始める。それまでの講義は、戦前の『日本政治思想史研究』のいわば延長であって、江戸の儒教から説き起こし、日本思想がいわゆる「封建思想」からいかに「近代化」されてゆくかという問題関心でもって、明治期まで講ずるというものだった。しかし「封建的」という言葉が死語と化そうとし、「民主化」という語も形骸化して、消費文化、大衆文化の波に呑み込まれようとしている状況下で、丸山は「超国家主義の論理と心理」(一九四六年)以来追求してきた「精神構造としての天皇制」解明の課題を、封建→近代という短いタイム・スパンにおいてではなく、もっと古い時代から根柢的に捉え直さねばならぬと思ったのであろう。

一九六四~七年度の講義(『丸山眞男講義録』第四~七冊)では、毎年度冒頭で「日本思想の原型」が講じられた後、古代天皇制のイデオロギー的構造、王法と仏法、鎌倉仏教の思想、武士のエトス、神国思想の形成、キリシタンの思想、徳川幕藩体制の精神構造、儒教と国学、等々が年度を越えて順次、講ぜられた。四年間通じて受講すれば、「通史」を聴いたことになるわけである。その「日本思想の原型」論のうち、一九六四年度に述べられた「生成のオプティミズム」に貫かれた「原型的世界像」が、記紀の世界生成神話に現われるとき、「化生」(なる)∨「生殖」(うむ)∨「創造」(つくる)という三者の優越関係になるという指摘が、一九六七年度講義でヨリ精緻化された「なりゆき」と「いきほひ」論となり、さらにこの部分が一九七二年刊の『歴史思想集』の解説として書かれた、「なる」と「つぎ」と「いきほひ」の三つの「基底範疇」で構成される「歴史意識の古層」論に結実するのである。

この丸山「古層」論の意義については、私が『丸山眞男集』第十巻の「解題」で「歴史意識の古層」論文について述べた一部分を引用することにとどめ、改めて述べることは略することにする。

戦後の「民主化」の根幹となるべきものが、自由な「主体的」人民の形成であり(「その主体を私達がうみだすことが、とりもなおさず私達の『革命』の課題である。」『日本の思想』六〇頁)、さらにその課題を妨げる最大の要因が、「天皇制」的な精神構造と行動様式(まさに「なりゆき」と「いきほひ」で行動と思想を「つぎつぎ」に変えてゆく「無責任の体系」!)なのであった(「超国家主義の論理と心理」および「軍国支配者の精神形態」参照)。(『丸山眞男集』第十巻、三七四頁)

こうして、回帰すべき伝統も自前のユートピアも持たず、ひたすら「おのづからなりゆくいきほひ」に依拠しながら、結局のところ、およそ普遍的な理念によって自己を制縛しつつ現実に対して批判的・変革的に働きかけてゆくための自然法的規範一般を排除してゆくことで、「つぎつぎ」に「持続のなかの変容」をなしとげ「成長」してきたのが、この国の歴史であった。その構造のトータルな変革のためのトータルな認識を獲得すべく構築された仮説が、著者の「古層」論である（同書三七九頁）。

それに対して、著者の韓国「古層＝原型」論は、本書第一章第四節Ⅱの末尾近くで、次のように要約されている。

〔韓国古代史における「天」・「生」・「化」を基調とする〕発想様式＝思考様式は、価値理念的には自然・道徳・宗教の領域を開拓しており、方法的には、①作為主義に対して相対的に自然主義に、②現実の客観世界に対して相対的に人間の内面世界に、より力点を置いていたとまとめることができる。（本書一五四頁）

これを丸山「古層」論と比較すると、「生」・「化」は「なる」・「うむ」と共通し、それは両者が①の作為主義の欠如をも共有することを意味する。しかし、日本の「古層」は「天」を基調とする発想様式を欠いており、おそらくそれが②の内面主義的指向を日本「古層」が持たないことと連なっている。もっとも、日本「古層」には、「心情の純粋性」に高い価値を置くという意味での、いわば心情的内面性の要素はあるのだが、韓国「古層」のような規範主義的内面性にはつながらないのである（中江兆民が『一年有半』で「日本には哲学なし」と嘆いたのも、この点にかかわっている）。これはまさに日本「古層」を乗り越えていくための最大の問題点にかかわるわけだが、逆に韓国「古層」にとっての最大の問題点も、この内面主義の質の問題にある。本書「第二版まえがき」は冒頭、次のように書き出されている。

韓国の文化・思想が開拓した領域は、歴史的に人間の内面世界に偏っている。そのため、韓国人は現実の客観世界で起こる諸問題をそれ自体として解決する方法を追求するよりも、人間の内面世界へと引きつけ、そのレベルで解決方法を探求する傾向が強い。韓国の文化・思想を規定してきた伝統思想が、歴史的に人間の内面世界に偏った仏教思

想、儒家思想、道家思想、陽明学思想、東学思想などであったことは決して偶然ではない。（本書一頁）

この問題意識から、著者は朝鮮朱子学の胎内からその内面主義的思惟様式を克服する「近世実学派」の思惟様式が形成・展開されていく過程をたどったのである。

いずれにしろ、われわれ日本政治思想史を専攻するものにとって、興味津津たる韓国政治思想史の誕生である。

註

（1）その他に、朴忠錫「丸山先生を師として――私の学問の歩み」（『丸山眞男手帖24』二〇〇三年一月）、および「丸山眞男の社会科学と韓国」（『丸谷眞男手帖69』二〇一四年八月一五日）も参照されたい。

（2）じつは「日本政治思想史」においても、「通史」といえるものは、『丸山眞男講義録　第四～七冊（日本政治思想史一九六四～七）』を唯一の例外として、ほとんど存在しないと言ってよい。なお、広義における「日本思想史」の通史的叙述としては、津田左右吉『文学に現はれたる我が国民思想の研究』第一～四巻（一九一六～二一年）、和辻哲郎『日本倫理思想史』上・下巻（一九五二年）、亀井勝一郎『日本人の精神史研究』第一～四部（一九六〇～六年）、加藤周一『日本文学史序説』上・下（一九八〇年）、長谷川宏『日本精神史』上・下（二〇一五年）などが代表的なものとして挙げられよう。

（3）これは『國家學會雜誌』第八八巻第九・一〇号、同巻第一一・一二号、第八九巻第一・二号（一九七五年九月～一九七六年二月）に、（一）（二）（三）として発表された。

（4）そのさい、「近世欧州における科学としての政治学の樹立者の栄誉を『君主論』の著者が担つてゐる様に、我が徳川封建制下における『政治の発見』を徂徠学に帰せしめることはさまで不当ではなからう」とまで言われる（同書八四頁）。

訳者あとがき

本書の初版『韓国政治思想史』(三栄社、一九八二年)が出版されるに先立って、一九八〇年に韓国で朴忠錫・柳根鎬著『조선조의 정치사상(朝鮮朝の政治思想)』(平和出版社)が出版された。初版『韓国政治思想史』のダイジェスト版とも呼べる『朝鮮朝の政治思想』は、「第1章　朝鮮朝の儒教政治体制と朱子学思想」、「第2章　実学と政治思想の特徴」、「第3章　近代朝鮮の国際認識」、「第4章　近代的国際観の形成」で構成されており、第1章と第2章を本書の著者である朴忠錫先生が執筆されている。この本は出版されるや広く江湖の関心を呼び起こし、その余韻が冷めやらぬ中、一九八二年に初版『韓国政治思想史』が出版された。初版『韓国政治思想史』が提示した思想の構造的把握、歴史的変容、比較思想史研究という新鮮な問題提起は、その後の韓国における政治思想史研究を刺激し、牽引し、多くの研究者を育成して来たまさに古典と呼べるテキストである。

その後、本書初版が提起した朝鮮朝朱子学思想の捉え方、そして近世実学派思想の捉え方は、多くの後進研究者たちによって吟味=再検討され、近年は新たな問題関心や問題領域が生み出されている。しかし、初版『韓国政治思想史』が韓国における政治思想史研究隆盛の出発点となったことはあらためて記憶されてしかるべきである。そして今回第二版(三栄社、二〇一〇年)が出版されるにあたり、韓国の古代・中世史料の政治思想史的分析が書き加えられ、古代から近代に及ぶ一貫した問題関心と方法論による韓国政治思想の通史が完成したことは、著者の五〇年に及ぶたゆまない努力と研鑽の集大成を意味するだけでなく、韓国史(朝鮮史)や韓国思想史(朝鮮思想史)に関心を持つ日本人研究者が一度は目を通しておきたい基本文献がやっと登場したことを意味するものでもある。六六〇頁に及ぶ原著、また七〇〇頁に及ぶ日本語版を読み通すことは容易なことではないが、日本における韓国政治思想史研究、そして東洋政治思想史研究を活性化させるためにも、一度は本書を手に取り、韓国政治思想史研究に関する基本的事項や基本的枠組み、そして問題関心の所在を確認していただければと思う。

「初版まえがき」で著者が述べているように、本書の出発点は、「韓中日の三国は一九世紀中葉のほとんど同時期に『西欧の衝撃』を受けながら、なぜ、日本の場合は、欧米諸国の資本主義経済体制に時宜を得て編入されることで日本帝国へと成長し、中国の場合には半植民地へ、そして韓国の場合には植民地へとそれぞれ転落してしまったのか」という根本的な疑問にあった。それから四〇余年が経過した二一世紀の現時点においても、この問題は依然として韓国人にとってもどかしい問題であり続けている。それは、単に日本人による過酷な植民地支配を経験したという戦争記憶や遺恨の問題ではなく、より大きな問題、すなわち韓国思想史（思想家）の中に現代にも生き続ける思想があるのか、あるいは現代でも学ぶべき思想（思想家）があるのか、というナショナル・アイデンティティに直結した切実な課題だからである。

さらに、本書が掲げるもう一つの大きな課題として、東洋政治思想史研究における韓国政治思想の「歴史的独自性」（序論「韓国政治思想史」をどう考えるのか、を参照）を明らかにしなければならないという社会的要請がある。すなわち、本書は中国政治思想史や日本政治思想史とは異なる韓国の歴史的「独自性」を発見しなければならないという難しい課題を出発点から抱え込んだ研究なのである。「独自性」へのこだわりは、本書の著者だけでなく、韓国のあらゆる歴史研究において常に問題となってきたテーマである。なぜなら、三国時代から朝鮮王朝中期まで中国文明の圧倒的な影響下にあり、さらにそれ以後は西欧文明と日本の侵略によって外発的な変容を余儀なくされたという暗黙のネガティヴな歴史観を容易に払拭することはできないからである。こうしたネガティヴな歴史観（あるいは批判）を一方に見すえながら、韓国思想の独自性をどこに見出すべきか。第二版で新たに書き加えられた第一章および第二章において、史料的制約や限界がある中で「古代韓国人の思考様式」や「内生と外来の接合」に多くのページが割かれ、「韓国史における中国大陸からの文化・思想の受容は、単に受容された外来の文化・思想に安住するのではなく、内生と外来の相互作用を経て新たな思想領域を開拓するその基底に文化・思想の歴史的独自性が貫流していた」（一六八頁）ことを証明するための考察が重ねられているのは故なしとしないのである。対象内在的方法によって韓国政治思想史の「独自性」を明らかにしようという課題は、中国文明を海を隔てて遠望し取捨選択してきた私たち日本人には想像できないほど困難かつ慎重な腑分けを必要とする作業であることを踏まえておく必要がある。

この大きな二つの課題を背負って韓国政治思想史研究に踏み込んだ著者が全面的に信頼し依拠したのが、丸山眞男による日本政治思想史研究であった。「日本の読者のために」や「初版まえがき」で繰り返し言及されているように、著者にとって丸山眞男との出合いは決定的なものであった。第二版における古層論の全面的採用にしても、初版以来の朱子学的自然観や政治的リアリズムなどの分析概念の採用にしても、韓国政治思想史に対する対象内在的分析方法はすべて丸山眞男のアイデアの援用であることを著者自身が認めている。著者から閲覧を許可された博士論文草稿のあちこちに書き込まれた丸山眞男直筆の傍線や傍点、さらに細部にわたる修正や詳細なアドバイスの添付は、丸山眞男にとっても韓国政治思想史が重要な研究テーマであったことを物語っているように思われる。そして、今回書き足された第一章と第二章そして初版の第三章〜第五章とを合わせて古代から近代に及ぶ韓国政治思想の通史が完成したことは、指導教官であった丸山眞男と留学生であった著者の長年にわたる師弟による共同作業の集大成なのではないかという感慨を抱かせるものである。それほど、著者の丸山眞男に対する傾倒と信頼には絶対的なものがあることは、本書をお読みになった読者の誰しもが気づかれることだろう。

ただ、本書全体を通して上記二つの課題がどこまで達成されているのかという点については、識者によって意見の別れるところであろう。たとえば、初版出版時に提出された琴章泰「思想史の体系と発展史観の問題」（『現象と認識』第六巻第四号通巻二三号、一九八二年冬号）という論考では、「著者も指摘しているように、朝鮮朝朱子学は朝鮮朝において始終正統的学問として恒存していたという事実を見ることが重要であり、性理学の理論と統治論に内包された政治思想との連関性を分析し解明することによって提示される朱子学派の政治思想を解釈する理論体系の斬新で整然とした構成から見ることが重要な比重を持っていると確信する」（二六三頁）と指摘されているように、日本の江戸時代とは異なり、朱子学が五百年間にわたって朝鮮王朝の政治的指導理念であったことを考えれば、「性理学の理論と統治論に内包された政治思想」を解明することは、当然要求される課題である。また、「朱子学派（道学派）が朝鮮後期の社会変動によって提起した経世論の問題点は何であり、また彼らの性理説は各時代段階の現実状況とどのように関連させて理解することができるのかという問題が提起され得るならば、道学派と実学派の関係は単線的発展ではなく、複合的相関関係として解明することができるのではないか」（二六五頁）という指摘も、本書が提出した韓国政治思想史の分析的枠組みに対する根本的な疑問であろう。

本書初版は、戦前に日本人の高橋亨が提唱した朝鮮朱子学における主理派と主気派の対立という、李退溪と李栗谷を対立的に捉える二元的発想に対して、「李退溪から李栗谷へという思想の歴史的変容」（二五八頁）という新しい捉え方を提出したものであったが、それが今日の韓国政治思想史研究や韓国哲学研究の進展によって、現在でも首肯されるかどうかは難しい問題である。また、朴泳孝に対する高い評価（たとえば「朴泳孝の『上訴文』は、韓国近代史において、このように断片化した朱子学的観念の変容過程の絶頂に位置している」（五一七頁））も、今日の歴史学界における評価とはいささか異なるものがある。

こうした本書に対する一連の疑問や批判は、丸山眞男『日本政治思想史研究』が発見した荻生徂徠による朱子学的思惟様式の解体＝近代化というテーゼをそのまま朝鮮儒学に当てはめ、李栗谷を荻生徂徠が果たした役割に重ね合わせて（二七九頁）、李退溪に代表される朝鮮の正統朱子学が「朝鮮朝儒教政治体制を支えていた農本主義的な経済的基礎が自らの力で持続できなくなった時、それと照応していた閉鎖的かつ普遍的な『中華』主義的指向もまた崩れていかざるを得なかった」（三〇三頁）という本書が描く韓国政治思想史のストーリー自体が、日本的近代化理論をそのまま朝鮮朝に当てはめたものではないのかという批判として総括されるものである。

しかし、本書が丸山眞男の政治思想史分析の手法を忠実に敷衍して韓国政治思想史に関する尨大な文献を丹念に分析し、その結果一つの韓国政治思想史分析のモデルを提出したことは不滅の業績であることに変わりはない。われわれ日本人読者は、賞賛するにせよ批判するにせよ、これまでの日本国内における研究の空白を埋めるべく、本書を海図として韓国政治思想史研究という大海原に乗り出す必要があることも確かであろう。

最後に、本書の翻訳にあたって配慮した点について追記しておきたい。本書の日本語版が韓国語版（初版および第二版）と大きく異なる点は、著者の博士論文草稿に丸山眞男が直筆で書き込んだ傍線およびコメントを再現したところにある。そのため、博士論文が執筆された当時の研究環境を再現する必要があると考え、韓国語版では削除されている説明もできるだけ削除することなく復元する方向で翻訳した。また丸山眞男が付加したコメントは韓国語版では地の文に取り込まれているが、あえてオリジナルの形式を再現させる意味で［ ］内にそのまま書き込んでいる。こうした復元は韓国語版には一切なく、それをなぜ二〇一六年の日本語版で復元する必要があるのかと疑問に思われる読者も多いだろう。その理由はただ一つ。著者が提出した朝鮮儒教に関する論文に対して丸山眞男がどのように評価していたか、そして丸山自身がどのように朝鮮朝朱子学の思惟構造を捉えていたのかをわずかながらでも日本人読者に伝えたいという、著者のたっての要望があったからである。現在の研究水準からすればすでに古めかしいと思えるような論文に依拠した博士論文の考察は、著者が指導教官である丸山眞男とともに二人三脚で韓国政治思想史を構想していた努力の痕跡であり、また結晶でもある（松沢弘陽・植手通有・平石直昭編『定本　丸山眞男回顧談（下）』岩波現代文庫、二〇一六年、一四八頁に、丸山の言葉として「朴論文は、方法的にはぼくの仕事を朝鮮に適用したのだけど、事実の知識としては、ぼくは博士論文の審査をしながら、朝鮮儒学の発展過程をほとんど一緒に勉強していったようなものです」とある）。したがって、読者諸賢には古い論文に依拠した古めかしい論考が収録されているとは思わないでいただきたい。むしろ、本書を通して韓国政治思想史研究がいかにして生まれ、何が問題として提起されてきたのか、そこに関心を持って本書をお読みいただければと思う。そうした関心を持って辛抱強く本書を読み進めていただければ、本書が提唱した思想の対象内在的分析が持つ意味、そして韓国政治思想史研究が持つダイナミズムや問題点が自ずと浮かび上がってくるはずである。それこそが、浩瀚な本書を日本語で出版する最大の意義であり、ひいては今後の韓国政治思想史研究を推進させるきっかけになることを願っている。

なお、末尾となったが、本書は二〇一二年に平成二三年度島根県立大学学術教育研究助成金の支援を受けて翻訳を開始し、二〇一五年には出版社が法政大学出版局に決定するとともに、同年の韓国国際交流財団の出版助成を受けて完成にこぎつけたものである。その間、法政大学出版局の高橋浩貴さんには七〇〇頁を超える煩雑な校正作業や註記等の記載において常に冷静なアドバイスを下さり、翻訳作業の円滑な進行において絶大なる後ろ盾となった。ここに記して感謝申し上げる次第である。

訳者を代表して　井上厚史

索　引

ア行

安珦（アン・ヒャン）　19, 242, 243
李珥（イ・イ／栗谷）　19, 25, 251–253, 260–285, 299, 302, 312, 313, 316–321, 328, 329, 334, 337, 338, 341, 342, 346, 354–356, 372, 374, 393, 468, 469, 483, 573, 579–582, 596
星李瀷（イ・イク）　308, 309, 311, 313, 314, 316, 317, 319, 334–349, 366, 374, 379, 392, 400, 425, 430, 432, 434–438, 447, 448, 452, 454, 580, 630–632
家共同体　69, 144, 151, 163, 164, 182–184, 190, 195, 213, 238, 488, 519, 534, 600, 602, 612, 616–618, 620
李基白（イ・ギベク）　25, 35, 49, 75, 81, 85, 171, 173, 199–201, 213, 215, 229, 231, 233, 235, 291, 297
李奎報（イ・ギュボ）　35, 55–87, 131–134, 136–138
為己の学　262, 263, 280, 332
衣食足、然後知礼義（いしょくたりて、しかるのちにれいぎをしる）　392
為人の学　262, 332
李成桂（イ・ソンゲ）　241, 256
任聖周（イム・ソンジュ）　253, 373, 402, 403
李穡（イ・セク）　131, 242, 245
異端　65, 246, 247, 462, 464, 470, 471, 493, 541, 546, 550
李最應（イ・チェウン）　461, 558
一字褒貶　207
一切皆苦　153, 188
夷狄　286, 288, 304, 305, 441, 445, 446, 447, 448, 454, 463, 465, 493, 526, 536
李東仁（イ・ドンイン）　560
夷蛮戎狄（いばんじゅうてき）　300, 535, 536
李恒老（イ・ハンノ／華西）　255, 402, 403, 457, 466–475, 546, 547, 548, 549, 562, 577
李滉（イ・ファン／退溪）　19, 25, 170, 247, 249–253, 255, 260–285, 299, 300, 302, 316, 319–322, 324, 328, 329, 332, 335–338, 341, 346, 350, 352, 355, 356, 359, 365, 372, 379–381, 390, 431, 435, 464, 470, 482–484, 541, 546, 551, 570, 571, 573–582, 595, 596
任憲晦（イム・ホンフェ）　253, 373, 494
李裕元（イ・ユウォン）　461, 552, 554, 558
彜倫（いりん）　272, 273
intellectual history　568
尤庵（ウアム）　→宋時烈（ソン・シヨル）
義天（ウィチョン）　25, 170
ウェーバー（Max Weber）　243, 592, 617
元暁（ウォニョ）　25, 170
圓光（ウォングァン）　208, 209
宇宙創成論　40, 48, 91, 92, 95–97, 100, 101, 114, 118, 120, 122, 123, 156, 161, 185, 191, 192
宇宙論　188, 190, 246, 264–268, 272, 274–276, 283, 301, 321, 336, 342, 353, 361, 372, 380, 416, 430, 433, 435, 438, 523, 569, 572, 573, 579–581, 590, 591, 601, 622
生む　54, 62, 65–72, 96–99, 103, 114, 116, 117, 121, 128, 193
雲揚号　464, 554
衛正斥邪　480, 492, 541, 546, 550, 563
衛正斥邪派　255, 286, 289, 402, 403, 431, 457, 460–462, 464, 466–468, 474, 528, 577, 585, 594
易　136, 283, 284
『易学緒言』　372
エリアーデ（Mircea Eliade）　76, 79, 80, 82, 83
遠心的（centrifugal）　620
円融会通　170
応事接物　382, 383, 385, 386, 484, 485
呉光運（オ・グヮンウン）　322, 323, 324, 629
呉熙常（オ・ヒサン）　402, 403

カ行

華夷　22, 439, 532
開化　12, 267, 309, 317, 351, 430, 456, 460, 461, 464, 466, 474–481, 490–502, 510, 514, 517, 518, 520–524, 528, 549, 553, 555, 562, 563, 565
華夷観念　224, 287, 364, 450, 452, 528, 535, 538, 539,

サ行

タ行

ナ行

ハ行

マ行

ヤ行

ラ行・ワ行

参考文献

1　資料（50音順）

陰晴史、雲養集、衛正新書、瀛環志略、燕巖集、燕行録選集、海国図志、華西雅言、華西先生文集、漢城旬報、韓非子、毅菴集、旧韓末条約彙纂（上）、藿憂録、近世朝鮮政鑑、近代韓国名論説集、旧唐書、経国大典、瓛齋先生集、孝経、甲申日録、高宗・純宗実録、高麗史、高麗史節要、高麗図経、国朝宝鑑、古事記、崔文昌侯全集、雑阿含経、三国遺事、三国志、三国史記、三峯集、詩経、四書集註、芝峰集、芝峰類説、重菴先生文集、周易、周子全書、修信使記録、周礼、朱子語類、朱子文集、主持朝鮮外交議、荀子、春秋左氏伝、尚書、承政院日記、心経、星湖僿説、星湖僿説類選、星湖先生全集、荘子、宋子大全、増一阿含経、増補文献備考、続陰晴史、孫晉泰先生全集、大学、退溪全書、大般涅槃経、澹溪遺稿、湛軒書、通文館志、朝鮮王朝実録、朝鮮金石総覧（上）、朝鮮策略、中阿含経、中庸、帝王韻紀、貞蕤集、丁茶山全書、党議通略、桐溪先生集、東國李相國全集、（老子）道徳経、東文選、日省録、日東記游、日本外交文書、日本書紀、入学図説、燃藜室記述、磻溪随録、磻溪先生年譜、万国公法、福沢諭吉全集、闢衛編、勉菴集、補閑集、北史、法句経、明南楼叢書、孟子、維摩経、兪吉濬全書、礼記、六堂崔南善全集、李朝初葉名賢集選、栗谷全書、論語。

2　（韓国）（政治）思想史研究方法論および比較思想研究

単行本（韓国語書籍著者名50音順→日本語書籍著者名50音順→英語書籍ABC順・以下同）

姜光植（강광식）他『韓国政治思想史文献資料研究』（Ⅰ）朝鮮前期編、集文堂、2005年。

――――『韓国政治思想史文献資料研究』（Ⅱ）朝鮮中・後期編、集文堂、2005年。

――――『韓国政治思想史文献資料研究』（Ⅲ）朝鮮開港期編、集文堂、2006年。

金學俊（김학준）『韓国政治論――研究の現況と方向（韓国政治論――研究의 現況과 方向）』、한길사、1983年。

金弘宇（김홍우）『現象学と政治哲学（現象学과 政治哲学）』、文学과 知性社、1999年。

洪以燮（홍이섭）『韓国史の方法（韓国史의 方法）』探求新書、探求堂、1968年。

崔在錫（최재석）『韓国古代社会史方法論』一志社、1987年。

文丞益（문승익）『主体理論――序文』亜人閣、1970年。

朴英宰（박영재）他『19世紀日本の近代化（19世紀日本의 近代化）』서울大学校出版部、1996年。

朴忠錫（박충석）『韓国政治思想史』三英社、1982年。

李基白（이기백）『民族と歴史（民族과 歴史）』一潮閣、1971年。

――――『韓国史像の再構成（韓国史像의 再構成）』一潮閣、1991年。

――――『韓国史学の方向（韓国史学의 方向）』一潮閣、1978年。

李基白（이기백）他『韓国思想史方法論』図書出版小花、1997年。

李正馥（이정복）『韓国政治の分析と理解（韓国政治의 分析과 理解）』서울大学校出版部、2007年。

李澤徽（이택휘）『韓国政治思想史』伝統文化研究会、1999年。

安藤英治他編『マックス・ヴェーバーの思想像』新泉社、1973年。

飯田泰三『戦後精神の光芒――丸山眞男と藤田省三を読むために』みすず書房、2006年。

家永三郎『福沢諭吉』現代日本思想大系（2）、筑摩書房、1966年。

石田雄『日本近代思想史における法と政治』岩波書店、1976年。

――――『日本の社会科学』東京大学出版会、1984年（韓榮惠訳『日本의 社会科学』小花、2003年）。

――――『丸山眞男との対話』みすず書房、2005年。

入谷敏男『丸山眞男の世界』近代文芸社、1998年。

岩崎允胤『日本文化論と深層分析』新日本出版社、1990年。

植手通有『日本近代思想の形成』岩波書店、1974年。

内田芳明『ヴェーバー社会科学の基礎研究』岩波書店、1971年。

大隅和雄・平石直昭編『思想史家　丸山眞男論』ぺりかん社、2002年。

大塚久雄『社会科学の方法――ヴェーバーとマルクス』岩波新書、岩波書店、1966年。

小野川秀美『清末政治思想研究』みすず書房、1969年。

神島二郎編『近代化の精神構造』評論社、1974年。

島田虔次『中国における近代的思惟の挫折』筑摩書房、1970年。

杉本勲『近世実学史の研究』吉川弘文館、1962年。

武田清子編『思想史の方法と対象』創文社、1961年。

――――『日本文化のかくれた形』岩波書店、1984年。

――――『比較近代化論』未來社、1970年。

橋川文三・松本三之介編『近代日本政治思想史』（Ⅰ）、有斐閣、1971年。

旗田巍『朝鮮史入門』太平出版社、1966年。

日高六郎編『近代主義』現代日本思想大系（34）、筑摩書房、1970年。

尾藤正英『日本封建思想史研究』青木書店、1966年。

福田歓一『近代政治原理成立史序説』岩波書店、1971年。

――――『近代の政治思想』岩波新書、岩波書店、1970年。

藤原保信『近代政治哲学の形成』早稲田大学出版部、1974年。

朴鴻圭『山崎闇斎の政治理念』東京大学出版会、2002年。

松本三之介『近代日本の知的状況』中央公論社、1974年。

――――『国学政治思想の研究』未來社、1972年。

丸山眞男『忠誠と反逆――転形期日本の精神史的位相』筑摩書房、1992年（朴忠錫・金錫根訳『忠誠과 反逆――転換期日本의 精神史的位相』나남出版、1998年）。

――――『日本政治思想史研究』東京大学出版会、1952年（金錫根訳『日本政治思想史研究』통나무、1995年）。

――――『丸山眞男講義録』第四冊「日本政治思想史（1964）」東京大学出版会、1998年。

――――『丸山眞男講義録』第五冊「日本政治思想史（1965）」東京大学出版会、1999年。

――――『丸山眞男講義録』第六冊「日本政治思想史（1966）」東京大学出版会、2000年。

――――『丸山眞男講義録』第七冊「日本政治思想史（1967）」東京大学出版会、1998年。

丸山眞男編『歴史思想集』日本の思想（6）、筑摩書房、1972年。

丸山眞男手帖の会編『丸山眞男話文集』（2）、みすず書房、2008年。

――――『丸山眞男話文集』（3）、みすず書房、2008年。

源了圓『近世初期実学思想の研究』創文社、1980年。

守本順一郎『東洋政治思想史研究』未來社、1967年。

余英時（森紀子訳）『中国近世の宗教倫理と商人精神』平凡社、1992年。

渡辺浩『近世日本社会と宋学』東京大学出版会、1985年（朴鴻圭訳『朱子学と近世日本社会（朱子

学과 近世日本社会)』礼文書院、2007年)。

────『東アジアの王権と思想』東京大学出版会、1997年。

『現代思想(特集・丸山眞男)』vol. 22–1、青土社、1994年。

Bluhm, William T., *Ideologies and Attitudes*, Englewood Cliffs, N. J., Prentice Hall Inc., 1974.
Borkenau, Franz, *Der Übergang vom feudalen zum bürgerlichen Weltbild*, Paris, Félix Alcan, 1934.
Collingwood, R. G., *The Idea of Nature*, Oxford, The Clarendon Press, 1965.
Mannheim, Karl, *Ideology and Utopia*, London, Routledge & Kegan Paul, 1960.
Meinecke, Friedrich, *Die Idee der Staatsräson in der neueren Geschichite*, München, R. Oldenbourg, 1957.
Weber, Max, *Gesammelte Aufsätze zur Religionssoziologie I*, Tübingen, J. C. B. Mohr, 1920.
────, *Wirtschaft und Gesellschaft*, Tübingen, J.C.B. Mohr, 1956.

論　文

姜光植(강광식)「政治思想史研究の対象と方法(政治思想史研究의 対象과 方法)」(『東洋政治思想史』第1巻2号、韓国・東洋政治思想史学会、2002年)。

────「政治思想の言語的パラダイムについての歴史的アプローチの意義とその分析焦点(政治思想의 言語的패러다임에 대한 歴史的접근법의 意義와 그 分析焦点)」(姜光植『新儒学思想と朝鮮朝儒教政治文化(新儒学思想과 朝鮮朝儒教政治文化)』集文堂、2000年)。

高熙卓(고희탁)「高橋亨の朝鮮思想史論の両面性(高橋亨 朝鮮思想史論의 両面性)」(『今日の東洋思想(오늘의 동양사상)』第13号、礼文東洋思想研究院、2005年)。

孫文鎬(손문호)「韓国政治思想史研究序説」(『韓国政治研究』第3号、서울大学校韓国政治研究所、1991年)。

────「韓国政治思想史研究の現況と論点(韓国政治思想史研究의 現況과 論点)」(韓国政治学会編『韓国政治学50年──政治思想と最新研究分野を中心に(韓国政治学50年──政治思想과 最新研究分野를 中心으로)』한울、2001年)。

趙燦來(조찬래)「政治思想研究の現況と方向の模索(政治思想研究의 現況과 方向의 模索)」(『韓国政治学会報』第21輯第2号、韓国政治学会、1987年)。

鄭允在(정윤재)「自我準拠的政治学と韓国政治思想研究──問題解決的アプローチの探索(自我準拠的政治学과 韓国政治思想研究──問題解決的 접근의 探索)」(鄭允在他『韓国政治思想の比較研究(韓国政治思想의 比較研究)』韓国精神文化研究院、1999年)。

夫南哲(부남철)「韓国政治思想研究の現況と課題(韓国政治思想研究의 現況과 課題)」(『東洋政治思想史』第1巻1号、韓国・東洋政治思想史学会、2002年)。

────「韓国政治思想研究」(金桂洙他『韓国政治学研究の対象と方法(韓国政治学研究의 対象과 方法)』한울、1993年)。

朴忠錫(박충석)「朱子学の存在様式に関する比較研究──朝鮮時代と徳川時代を中心に(朱子学의 存在様式에 관한 比較研究──朝鮮時代와 徳川時代를 中心으로)」(『論叢』第59輯第2号、梨花女子大学校韓国文化研究院、1991年)。

────「韓国・東洋政治思想・思想史学史」(韓国政治学会50年史編纂委員会『韓国政治学会五十年史』、2003年)。

李基白(이기백)「半島的性格論批判」(李基白『韓国史像의 再構成』一潮閣、1991年)。

李正馥(이정복)「政治学の方法論と政治理論(政治学의 方法論과 政治理論)」(韓国政治学会50年史編纂委員会『韓国政治学会五十年史』、2003年)。

────「韓国政治学の変化と発展方向(韓国政治学의 変化와 発展方向)」(『韓国政治研究』第8・9号、서울大学校韓国政治研究所、1999年)。

李澤徽(이택휘)「韓国社会科学のアイデンティティと韓国政治思想研究(韓国社会科学의 정체성과

韓国政治思想史研究)」(『東洋政治思想史』第3巻1号、韓国・東洋政治思想史学会、2004年)。

――――「韓国政治思想史研究の方法と方向(韓国政治思想史研究의 方法과 方向)」(李澤徽『韓国政治思想史』伝統文化研究会、1999年)。

魯炳浩(노병호)「歴史意識の古層と日本の近代――丸山眞男の2つの時間(歴史意識의 古層과 日本의 近代――丸山眞男의 두 시간)」(『日本研究』第37号、韓国外国語大学校日本研究所、2008年)。


安藤英治「マックス・ヴェーバーにおける『客観性』の意味」(大塚久雄他『マックス・ヴェーバー研究』岩波書店、1973年)。

石田雄「日本政治思想史における丸山眞男の位置――『緊張』という視角を中心として」(『思想』岩波書店、1998年1月)。

旗田巍「朝鮮史研究の課題」(旗田巍編『朝鮮史入門』太平出版社、1966年)。

丸山眞男「江戸時代における異端類型化の試み」日本学士院論文報告、1987年9月14日(『丸山眞男手帖』(48)、丸山眞男手帖の会、2009年1月)。

――――「明治国家の思想」(歴史学研究会編『日本社会の史的究明』岩波書店、1961年)。

――――「思想史の考え方について――類型・範囲・対象」(武田清子編『思想史の方法と対象』創文社、1961年)。

――――「思想史の方法を模索して――一つの回想」(名古屋大学『法政論集』(77)、故守本順一郎教授追悼論文集、名古屋大学法学部、1978年)。

――――「闇斎学と闇斎学派」(『山崎闇斎学派』日本思想大系(31)、岩波書店、1980年)。

――――「歴史意識の『古層』」(丸山眞男編『歴史思想集』日本の思想(6)、筑摩書房、1972年)。

――――「原型・古層・執拗低音――日本思想史方法論についての私の歩み」(武田清子編『日本文化のかくれた形』岩波書店、1984年)。

――――「日本思想史における『古層』の問題」(『丸山眞男集』第11巻、岩波書店、1996年)。

――――「政事(まつりごと)の構造」(『現代思想』vol. 22–1、青土社、1994年)。

松本三之介「主体的人格の確立をめぐって――丸山眞男の思想についての一考察」(『駿河台法学』第10巻第2号、1997年)。

魯炳浩「丸山眞男における朝鮮論の『古層』」(『社会システム研究』第8号、2005年2月、京都大学大学院人間・社会環境学研究科社会システム研究刊行会)。

米谷匡史「丸山眞男の日本批判」(『現代思想』vol.22-1, 青土社、1994年)。

3　基礎研究

単行本

安炳周(안병주)『儒教の民本思想(儒教의 民本思想)』成均館大学校出版部、1987年。

貝塚茂樹(金錫根(김석근)訳)『諸子百家』까치、1989年。

韓国史研究会編『韓国史研究入門』知識産業社、1981年。

韓国哲学会編『韓国哲学研究』(上・中・下)、東明社、1977～1978年。

金勝惠(김승혜)『原始儒教』民音社、1990年。

成均館大学校大東文化研究院『韓国思想大系』(Ⅱ)社会・経済思想篇、1976年。

――――『韓国思想大系』(Ⅲ)政治・法制思想篇、1979年。

――――『韓国思想大系』(Ⅳ)性理学思想篇、1984年。

全世營(전세영)『孔子の政治思想――論語に表れた統治観を中心に(孔子의 政治思想――論語에 나타난 統治観을 中心으로)』인간사랑、1992年。

裵宗鎬(배종호)『韓国儒学の哲学的展開(続)(韓国儒学의 哲学的展開(続))』円光大学校出版局、

1989年。

李春植（이춘식）『中国古代史の展開（中国古代史의 展開）』図書出版新書苑、1986年。

―――『儒学の天道観と政治理念（儒学의 天道観과 政治理念）』高麗大学校出版部、2004年。

李相佰（이상백）『韓国文化史研究論攷』韓国文化叢書第2輯、乙酉文化社、1954年。

労思光（노사광）（鄭仁在（정인재）訳）『中国哲学史』古代篇、探求堂、1986年。


石田雄『明治政治思想史研究』未來社、1954年。

宇井伯壽『仏教思想の基礎』東成出版社、1960年。

内山俊彦『中国古代思想史における自然認識』創文社、1967年。

小倉芳彦『中国古代政治思想研究』青木書店、1970年。

加地伸行『儒教とは何か』中公新書、中央公論社、1993年。

苅部直『丸山眞男――リベラリストの肖像』岩波新書、岩波書店、2006年。

楠本正継『宋明時代儒学思想の研究』広池学園出版部、1964年。

小島祐馬『中国の政治思想』ハーバード・同志社東方文化講座委員会、1956年。

島田虔次『朱子学と陽明学』岩波書店、1967年（金錫根訳『朱子学과 陽明学』図書出版까치、1986年）。

友枝龍太郎『朱子の思想形成』春秋社、1969年。

那波利貞『中華思想』（岩波講座『東洋思潮』第7巻、東洋思想の諸問題〔1936年〕）。

根本誠『中国伝統社会とその法思想』東洋哲学研究所、1978年。

板野長八『中国古代における人間観の展開』岩波書店、1972年。

平石直昭『天』三省堂、1996年。

諸橋轍次他『朱子学大系』（全15巻）、明徳出版社、1974年。

山田慶児『朱子の自然学』岩波書店、1978年（金錫根訳『朱子의 自然学』통나무、1991年）。

李進熙『江戸時代の朝鮮通信使』講談社、1996年。

渡辺浩『日本政治思想史――十七～十九世紀』東京大学出版会、2010年。

Fairbank, J.K., ed., *Chinese Thought and Institutions*, Chicago, The University of Chicago Press, 1967.
―――, *Trade and Diplomacy on the China Coast*, Stanford, Stanford University Press, 1969.
Wright, Arthur F., ed., *Confucianism and Civilization*, New York, Atheneum, 1964.

論　文

尹大植（윤대식）「孟子の王道主義に内在する政治的義務の機制（孟子의 王道主義에 内在한 政治的義務의 機制）」（『韓国政治学会報』第39号第3号、韓国政治学会、2005年）。

―――「孟子の天命観が帯びる政治的含意（孟子의 天命観이 지닌 政治的含意）」（『韓国政治学会報』第36輯第4号、韓国政治学会、2002年）。

―――「先秦法家哲学の内的発展経路――商鞅から韓非子へ（先秦法家哲学의 内的発展経路――商鞅에서 韓非子로）」（『東洋政治思想史』第8巻1号、韓国・東洋政治思想史学会、2009年）。

全世營（전세영）「孔子の政治的理想郷に関する研究（孔子의 政治的理想郷에 関한 研究）」（『韓国政治学会報』第25輯第2号、韓国政治学会、1992年）。

―――「荀子の政治思想研究（荀子의 政治思想研究）」（『韓国政治学会報』第30輯第2号、韓国政治学会、1996年）。

朴忠錫（박충석）「実学思想における民本主義（実学思想에서의 民本主義）」（李乙浩他『韓国思想の深層研究（韓国思想의 深層研究）』図書出版우석、1982年）。

―――「古代中国の政治思想（古代中国의 政治思想）」（『社会科学論集』（1）、梨花女子大学校法政大学、1980年）。

―――「儒教の生財論――その原型と変容（儒教의 生財論――그 原型과 変容）」（『精神文化研究』

第13巻第4号、韓国精神文化研究院、1990年)。

———「儒教の政治学——原理的考察(儒教의 政治学——原理的考察)」(『社会科学論集』第15輯、梨花女子大学校法政大学、1995年)。

李禧柱(이희주)「儒教の政治思想における統治者の資質——『論語』を中心に(儒教의 政治思想에 있어서 統治者의 資質——『論語』를 中心으로)」(『東洋政治思想史』第6巻2号、韓国・東洋政治思想史学会、2007年)。

———「『孟子』に表れた統治者の資質論(『孟子』에 나타난 統治者의 資質論)」(『東洋政治思想史』第7巻2号、韓国・東洋政治思想史学会、2008年)。

———「『荀子』に表れた統治者の資質論(『孫子』에 나타난 統治者의 資質論)」(『東洋政治思想史』第8巻2号、韓国・東洋政治思想史学会、2009年)。

柳美林(유미림)「支配の正当性の観点から見た孟子の政治思想(支配의 正当性의 観点에서 본 孟子의 政治思想)」(『韓国政治学会報』第38輯第1号、韓国政治学会、2004年)。

4 通論

単行本

尹絲淳(윤사순)『韓国儒学思想論』열음사、1986年。

韓国経済史学会編『韓国史時代区分論』乙酉文化社、1970年。

韓国哲学会編『韓国哲学史』(上・中・下)東明社、1987年。

韓国・東洋政治思想史学会編『韓国政治思想史』白山書堂、2005年。

姜淑子(강숙자)『韓国女性解放理論』知識産業社、2005年。

韓培浩(한배호)『韓国政治変動論』法文社、1994年。

金雲泰(김운태)『朝鮮王朝行政史』近世篇、博英社、1981年。

金柄夏(김병하)『韓国経済思想史』一潮閣、1977年。

金榮国(김영국)他『韓国政治思想』博英社、1991年。

玄相允(현상윤)『朝鮮儒学史』民衆書舘、1949年。

黃義東(황의동)『韓国の儒学思想(韓国의 儒学思想)』서광사、1995年。

高麗大学校民族文化研究所編『韓国文化史大系』(Ⅱ)政治・経済史篇、高麗大学校民族文化研究所出版部、1965年。

国史編纂委員会編『韓国史』探求堂、1977年。

崔在錫(최재석)『韓国家族研究』一志社、1987年。

崔鐘庫(최종고)『韓国法思想史』서울大学校出版部、1989年。

車基璧(차기벽)『韓国民主主義の理念と実態(韓国民主主義의 理念과 實態)』車基璧著作集2、한길사、2005年
申福龍(신복룡)『韓国政治思想史』나남出版、1997年。

成校珍(성교진)『韓国儒学の哲学思想(韓国儒学의 哲学思想)』以文出版社、1990年。

全海宗(전해종)『韓中関係史研究』一潮閣、1970年。

宋恒龍(송항룡)『韓国道教哲学史』成均館大学校出版部、1987年。

趙璣濬(조기준)『韓国資本主義成立史論』大旺社、1977年。

張志淵(장지연)『朝鮮儒教淵源』匯東会館、1922年。

陳德奎(진덕규)『韓国政治の歴史的起源(韓国政治의 歴史的起源)』知識産業社、2002年。

丁時采(정시채)『韓国官僚制度史』和信出版社、1978年。

田鳳德(전봉덕)『朝鮮法制史研究』서울大学校出版部、1968年。

裵宗鎬(배종호)『韓国儒学史』延世大学校出版部、1974年。

李基白（이기백）『韓国史新論』一潮閣、2005年。

李載錫（이재석）他『韓国政治思想史』集文堂、2002年。

李相佰（이상백）『韓国史』近世前期篇、震檀学会、1966年。

李丙燾（이병도）『韓国史』中世篇、震檀学会、1962年。

――――『韓国儒学史』亜細亜文化社、1987年。

李佑成（이우성）他編『韓国の歴史認識（韓国의 歷史認識）』（上）、創作과 批評社、1976年。


浅見倫太郎『朝鮮法制史稿』巌松堂書店、1922年。

荒野泰典他『アジアのなかの日本史』（Ⅱ）外交と戦争、東京大学出版会、1994年。

宇野精一他『講座東洋思想』（2）、中国思想（Ⅰ）、儒家思想、東京大学出版会、1967年。

――――『講座東洋思想』（3）、中国思想（Ⅱ）、道家と道教、東京大学出版会、1967年。

――――『講座東洋思想』（4）、中国思想（Ⅲ）、墨家・法家・論理思想、東京大学出版会、1967年。

狩野直喜『中国哲学史』岩波書店、1964年。

京城帝国大学法文学会編『朝鮮社会経済史研究』以文社、1978年。

――――『朝鮮社会法制史』以文社、1978年。

小島祐馬『中国思想史』創文社、1968年。

5　古朝鮮・三国時代研究

単行本

尹以欽（윤이흠）他『檀君その理解と資料（檀君 그 理解와 資料）』서울大学校出版部、1994年。

尹世遠（윤세원）『仏陀の政治思想に関する研究――原始経典を中心に（仏陀의 政治思想에 관한 研究――原始経典을 中心으로）』中央大学校大学院博士学位論文、1985年。

尹乃鉉（윤노현）『韓国古代史新論』一志社、1993年。

『韓国上古史の諸問題（韓国上古史의 諸問題）』報告論叢87–1、韓国精神文化研究院、1987年。

金憲宣（김헌선）『韓国の創世神話（韓国의 創世神話）』図書出版길벗、1994年。

金仁會（김인회）『韓国巫俗思想研究』集文堂、1987年。

金仁會（김인회）他『韓国巫俗の総合的考察（韓国巫俗의 総合的考察）』高麗大学校民族文化研究所出版部、1982年。

金泰坤（김태곤）『韓国巫俗研究』集文堂、1995年。

金貞培（김정배）『韓国古代の国家起源と形成（韓国古代의 国家起源과 形成）』高麗大学校出版部、1993年。

金哲俊（김철준）『韓国古代史研究』서울大学校出版部、1993年。

――――『韓国古代社会研究』知識産業社、1977年。

金烈圭（김열규）『東北アジアシャーマニズムと神話論（東北아시아 샤머니즘과 神話論）』아카넷、2003年。

――――『韓国神話と巫俗研究（韓国神話와 巫俗研究）』一潮閣、1992年。

黃淳九（황순구）『叙事詩東明王篇研究』白山出版社、1992年。

崔英成（최영성）『崔致遠の思想研究（崔致遠의 思想研究）』亜細亜文化社、1990年。

――――『崔致遠の哲学思想（崔致遠의 哲学思想）』亜細亜文化社、2001年。

――――『韓国儒学思想史』（Ⅰ）古代高麗篇、亜細亜文化社、1996年。

崔珉子（최민자）『天符経』図書出版모시는 사람들、2008年。

徐大錫（서대석）『韓国巫歌の研究（韓国巫歌의 研究）』文学思想社、1997年。

――――『韓国神話の研究（韓国神話의 研究）』集文堂、2002年。

申瀅植（신형식）『韓国古代史の新たな理解（韓国古代史의 새로운 理解）』周留城、2002年。

――――『韓国の古代史（韓国의 古代史）』三英社、1999年。

全德在（전덕재）『新羅六部体制研究』一潮閣、1996年。

趙興胤（조흥윤）『巫――韓国巫の歴史と現象（巫――韓国巫의 歴史와 現象）』民族社、1997年。

――――『巫と民族文化（巫와 民族文化）』民族文化社、1991年。

――――『韓国巫の世界（韓国巫의 世界）』韓国学術情報（株）、2004年。

――――『韓国の巫（韓国의 巫）』正音社、1983年。

趙興胤（조흥윤）・金烈圭（김열규）他『韓国民族の起源と形成（韓国民族의 起源과 形成）』（下）、小花、1996年。

中村元（楊貞圭（양정규）訳）『原始仏教』比峰出版社、1981年。

文相熙（문상희）『宗教とは何か（宗教란 무엇인가）』분도出版社、1975年。

増谷文雄（李元燮（이원섭）訳）『阿含経の話（阿含経 이야기）』玄岩社、1976年。

李箕永（이기영）『韓国仏教研究』韓国仏教研究院出版部、1983年。

李基白（이기백）『新羅思想史研究』一潮閣、1986年。

――――『新羅政治社会史研究』一潮閣、1977年。

――――『韓国古代史論』李基白韓国史学論集4、一潮閣、1995年。

――――『韓国史新論』一潮閣、2005年。

――――『韓国史学の方向（韓国史学의 方向）』一潮閣、1981年。

李基白（이기백）・李基東（이기동）『韓国史講座』（1）古代編、一潮閣、1985年。

李基白（이기백）他『韓国思想史方法論』図書出版小花、1997年。

李志映（이지영）『韓国神話の神格由来に関する研究（韓国神話의 神格由来에 관한 研究）』太学社、1995年。

李鍾遠（이종원）『新羅初期仏教史研究』民族社、1992年。

李鐘旭（이종욱）『新羅国家形成史研究』一潮閣、1982年。

李瑄根（이선근）編『韓国民族思想大系』（2）古代編、蛍雪出版社、1973年。

李相日（이상일）他『韓国思想の源泉（韓国思想의 源泉）』博英社、1980年。

李佑成（이우성）・姜萬吉（강만길）編『韓国の歴史認識（韓国의 歴史認識）』（上）、創作과 批評社、1976年。

柳東植（유동식）『民俗宗教と韓国文化（民俗宗教와 韓国文化）』現代思想社、1978年。

――――『韓国巫教の歴史と構造（韓国巫教의 歴史와 構造）』延世大学校出版部、1983年。

――――『韓国宗教と基督教（韓国宗教와 基督教）』韓国基督教書会、1986年。

歴史学会編『韓国古代の国家と社会（韓国古代의 国家와 社会）』一潮閣、1987年。

盧重國（노중국）『百済政治史研究』一潮閣、1994年。

盧泰敦（노태돈）編『檀君と古朝鮮史（檀君과 古朝鮮史）』사계절、2000年。


岩波講座『世界歴史』古代（4）、岩波書店、1970年。

岩波講座『日本歴史』古代（2）、岩波書店、1967年。

藤間生大『東アジア世界の形成』春秋社、1966年。

中村元『原始仏教の思想』（上）原始仏教（3）（中村元選集13巻）、春秋社、1978年。

Eliade, M., *Shamanism: Archaic Techniques of Ecstasy*, Princeton University Press, 1974.

論　文

尹乃鉉（윤내현）「古朝鮮の位置と疆域（古朝鮮의 位置과 疆域）」（尹乃鉉『韓国古代史新論』一志社、1993年）。

————「中国文献に表れた古朝鮮認識（中国文献에 나타난 古朝鮮認識）」（『韓国史論』（14）、韓国古代史の諸問題（韓国古代史의 諸問題）、国史編纂委員会、1985年）。

韓永愚（한영우）「17世紀の反尊華的道家史学の成長——北崖の揆園史話について（17世紀의 反尊華的道家史学의 成長——北崖의 揆園史話에 대하여）」（李佑成（이우성）・姜萬吉（강만길）編『韓国の歴史認識（韓国의 歴史認識）』（上）、創作과 批評社、1976年）。

姜正遠（강정원）「シベリアシャーマニズム概念形成と展開（시베리아 샤머니즘概念形成과 展開）」（韓国シャーマニズム学会編『シャーマニズム研究』（韓国샤머니즘学会編『샤머니즘研究』）第5輯、文徳社、2003年）。

金炯孝（김형효）「古代神話に表れた韓国人の哲学的思惟（古代神話에 나타난 韓国人의 哲学的思惟）」（韓国哲学会編『韓国哲学史』（上）、東明社、1987年）。

金成禮（김성례）「韓国巫教のアイデンティティと宗教性（韓国巫教의 정체성과 宗教性）」（韓国シャーマニズム学会編『シャーマニズム研究』（韓国샤머니즘学会編『샤머니즘研究』）第4輯、文徳社、2002年）。

————「韓国의 샤머니즘概念形成과 展開」（韓国シャーマニズム学会編『シャーマニズム研究』（韓国샤머니즘学会編『샤머니즘研究』）第5輯、文徳社、2003年）。

金錫根（김석근）「転輪聖王、弥勒、そしてメシア——弥勒信仰の政治的機能と含意についての試論的アプローチ（転輪聖王、弥勒、그리고 메시아——弥勒信仰의 政治的機能과 含意에 대한 試論的 접근）」（『東洋政治思想史』第9巻1号、韓国・東洋政治思想史学会、2010年）。

金泰坤（김태곤）「巫俗上から見た檀君神話（巫俗上으로 본 檀君神話）」（『史学研究』第20号、韓国史学会、1968年）。

————「韓国巫系の分化変遷（韓国巫系의 分化変遷）」（『韓国民俗学』創刊号、韓国民俗学研究会、1969年）。

————「韓国샤머니즘 構成体系」（『韓国宗教史研究』第2輯、韓国宗教史学会、1973年）。

金貞培（김정배）「古朝鮮の再認識（古朝鮮의 再認識）」（金貞培『韓国古代の国家起源と形成（韓国古代의 国家起源과 形成）』高麗大学校出版部、1993年）。

————「韓国古代国家起源論」（『白山学報』第14号、白山学報、1973年）。

金哲埈（김철준）「韓国古代国家発達史」（金哲埈『韓国古代史研究』서울大学校出版部、1993年）。

金東華（김동화）「儒教の国家観（儒教의 国家観）」（『仏教学報』第10輯、東国大学校仏教文化研究所、1973年）。

金明河（김명하）「韓国上古代政治思想史における天人関係（韓国上古代政治思想史에서의 天人関係）」（『東洋政治思想史』第1巻2号、韓国・東洋政治思想史学会、2002年）。

洪庭植「仏教の政治思想（仏教의 政治思想）」（『仏教学報』第10輯、東国大学校仏教文化研究所、1973年）。

崔吉成「韓国民間信仰の系統と類型（韓国民間信仰의 系統과 類型）」（『石宙善教授回甲紀念民俗学論叢』、1971年）。

崔光植「韓国古代の祭天儀礼（韓国古代의 祭天儀礼）」（『国史館論叢』第13輯、国史編纂委員会、1990年）。

崔南善「檀君及其研究」（『六堂崔南善全集』（5）、図書出版亦楽、2003年）。

崔炳憲「檀君認識の歴史的変遷——高麗時代檀君神話伝承文献の検討（檀君認識의 歴史的変遷——高麗時代檀君神話伝承文献의 検討）」（尹以欽（윤이흠）他『檀君その理解と資料（檀君 그 理解와 資料）』서울大学校出版部、1994年）。

————「東洋仏教史上の韓国仏教（東洋仏教史上의 韓国仏教）」（『韓国史市民講座』第4輯、一潮閣、1989年）。

崔珉子「元暁の和諍思想と会通の政治理念（元暁의 和諍思想과 会通의 政治理念）」（『韓国政治学会報』第28輯第2号、韓国政治学会、1994年）

徐榮洙「古朝鮮の位置と疆域（古朝鮮의 位置와 疆域）」（『韓国史市民講座』第2輯、一潮閣、1988年）。

徐永大「檀君関係文献資料研究」（尹以欽他『檀君その理解と資料（檀君 그 理解와 資料）』서울大学校出版部、1994年）。

――――「《三国史記》と原始宗教（《三国史記》와 原始宗教）」（『歴史学報』第105輯、歴史学会、1985年）。

――――「檀君神話の歴史的理解（檀君神話의 歴史的理解）」（『韓神人文学研究』第2輯、韓神大学校人文学研究所、2001年）。

――――「神話の中の檀君（神話속의 檀君）」（『韓国史市民講座』第27輯、一潮閣、2000年）。

――――「韓国原始宗教研究史小考」（『韓国学報』一志社、1983年）。

申瀅植「韓国古代国家の特性とその展開過程（韓国古代国家의 特性과 그 展開過程）」（申瀅植『韓国古代史の新たな理解（韓国古代史의 새로운 理解）』周留城、2002年）。

辛鍾遠「古代日官の性格（古代日官의 性格）」（『韓国民俗学』、民俗学会、1980年）。

――――「古代の日官と巫（古代의 日官과 巫）」（『国史館論叢』第13輯、国史編纂委員会、1990年）。

任東權「三国時代の巫・占俗（三国時代의 巫・占俗）」（『白山学報』第3号、白山学会、1967年）。

卓奉心「《東明王篇》に表れた李奎報の歴史認識（《東明王篇》에 나타난 李奎報의 歴史認識）」（『韓国史研究』(44)、韓国史研究会、1984年）。

趙仁成「『揆園史話』と『桓檀古記』（『揆園史話』와『桓檀古記』）」（『韓国史市民講座』第2輯、一潮閣、1988年）。

趙興胤他「韓国社会の原型的道徳律とその変動（韓国社会의 原型的道徳律과 그 変動）」（『峨山研究論文集』第13輯、峨山社会福祉事業財団、1995年）。

趙興胤「韓国巫の神話的性格（韓国巫의 神話的性格）」（韓国シャーマニズム学会編『シャーマニズム研究』（韓国샤머니즘学会編『샤머니즘研究』）第4輯、文徳社、2002年）。

鄭榮勲「檀君神話の政治思想（檀君神話의 政治思想）」（『東洋政治思想史』第8巻2号、韓国・東洋政治思想史学会、2009年）

文相熙（문상희）「韓国のシャーマニズム（韓国의 샤머니즘）」（文相熙『宗教とは何か（宗教란 무엇인가）』분도出版社、1975年）。

邊東明「李承休の『帝王韻紀』撰述とその史書としての性格（李承休의『帝王韻紀』撰述과 그 史書로서의 性格）」（『震檀学報』第70号、震檀学会、1990年）。

朴斗抱「民族英雄東明王説話考」（『国文学研究』第1輯、暁星女子大学校国語国文学研究室、1968年）。

李箕永「韓国仏教の伝統と特質（韓国仏教의 伝統과 特質）」（『韓国仏教研究』、韓国仏教研究院出版部、1983年）。

李熙貞「シャーマンの神霊接触形式（샤먼의 神霊接触形式）」（韓国シャーマニズム学会編『シャーマニズム研究』（韓国샤머니즘学会編『샤머니즘研究』）第2輯、文徳社、2000年）。

李基東「百済国の政治理念についての一考察（百済国의 政治理念에 대한 一考察）」（『震檀学報』第69号、震檀学会、1990年）。

李基白「古朝鮮の国家形成（古朝鮮의 国家形成）」（『韓国史市民講座』第2輯、一潮閣、1988年）。

――――「三国遺事の史学史的認識（三国遺事의 史学史的認識）」（李佑成（이우성）・姜萬吉（강만길）編『韓国の歴史認識（韓国의 歴史認識）』（上）、創作과 批評社、1976年）。

――――「儒教受容の初期形態（儒教受容의 初期形態）」（李瑄根編『韓国民族思想大系』(2) 古代編、蛍雪出版社、1971年）。

――――「韓国の原始思想と伝統文化（韓国의 原始思想과 伝統文化）」（李基白他『韓国思想史方法論』図書出版小花、1997年）。

李載浩「『三国史記』と『三国遺事』に表れた国家意識（『三国史記』와『三国遺事』에 나타난 国家意識）」（『釜山大学校論文集』第10輯、1969年）。

李載昌「仏教の社会経済観（仏教의 社会経済観）」（『仏教学報』第10輯、東国大学校仏教文化研究所、

1973年)。

李春植「東アジア国際社会の形成と朝貢外交(東아시아国際社会의 形成과 朝貢外交)」(『東洋政治思想史』第5巻2号、韓国・東洋政治思想史学会、2006年)。

――――「朝貢の起源とその意味(朝貢의 起源과 그 意味)」(『中国学報』第10輯、韓国中国学会、1969年)。

――――「漢代の羈縻政策と事大朝貢(漢代의 羈縻政策과 事大 朝貢)」(『史学志』第4輯、檀国大学校史学会、1970年)。

――――「『左伝』中に見られる事大の意味(『左伝』中에 보이는 事大의 意味)」(『史叢』第14輯、高麗大学校史学会、1969年)。

李瑄根「民族指導理念の確立(民族指導理念의 確立)」(李瑄根編『韓国民族思想大系』(2)古代編、蛍雪出版社、1971年)。

李符永「シャーマニズムと巫俗(샤머니즘과 巫俗)」(李相日他『韓国思想の源泉(韓国思想의源泉)』博英社、1980年)。

李佑成「高麗中期の民族叙事詩――東明王篇と帝王韻紀(高麗中期의 民族叙事詩――東明王篇과 帝王韻紀)」(李佑成(이우성)・姜萬吉(강만길)編『韓国の歴史認識(韓国의 歴史認識)』(上)、創作과 批評社、1976年)。

柳東植「韓国巫教の宗教的特性(韓国巫教의 宗教的特性)」(金仁會他『韓国巫俗の総合的考察(韓国巫俗의 総合的考察)』高麗大学校民族文化研究所出版部、1982年)。

盧泰敦(노태돈)「檀君と古朝鮮史についての理解(檀君과 古朝鮮史에 대한 理解)」(盧泰敦編『檀君と古朝鮮史(檀君과 古朝鮮史)』사계절、2000年)。

――――「歴史的実体としての檀君(歴史的実体로서의 檀君)」(『韓国史市民講座』第27輯、一潮閣、2000年)。


西嶋定生「6~8世紀の東アジア」(岩波講座『日本歴史』古代(2)、岩波書店、1967年)。

藤間生大「東アジア世界形成の契機」(『歴史学研究』第283号、1963年)。

堀敏一「近代以前の東アジア世界」(『歴史学研究』第281号、1963年)。

――――「東アジアの歴史像をどう構成するか」(『歴史学研究』第276号、1963年)。

6　統一新羅・高麗時代研究

単行本

尹瑢均(윤용균)『尹文学士遺藁』京城:申奭鎬・末松保和、1933年。

河炫綱(하현강)『韓国中世史研究』一潮閣、1988年。

『韓国史』4、国史編纂委員会、1977年。

金永壽(김영수)『建国の政治(建国의 政治)』이학사、2006年。

金成俊(김성준)『韓国中世政治法制史研究』一潮閣、1985年。

金忠烈(김충렬)『高麗儒学史』高麗大学校出版部、1993年。

崔英成(최영성)『崔致遠の思想研究(崔致遠의 思想研究)』亜細亜文化社、1990年。

田鳳德(전봉덕)『韓国法制史研究』서울大学校出版部、1968年。

都賢喆(도현철)『高麗末士大夫の政治思想研究(高麗末士大夫의 政治思想研究)』一潮閣、1999年。

邊太燮(변태섭)編『高麗史の諸問題(高麗史의 諸問題)』三英社、1986年。

邊東明(변동명)『高麗後期性理学受容研究』一潮閣、1995年。

李基白(이기백)他『崔承老上書文研究』一潮閣、1993年。

李丙燾(이병도)『高麗時代の研究(高麗時代의 研究)』亜細亜文化社、1980年。

論　文
河炫綱（하현강）「高麗王朝の成立と豪族連合政権（高麗王朝의 成立과 豪族連合政権）」（『韓国史』（4)、国史編纂委員会、1977年）。

————「豪族と王権（豪族과 王権）」（『韓国史』（4)、国史編纂委員会、1977年）。

金庠基（김상기）「高麗太祖の建国と経綸（1）（高麗太祖의 建国과 経綸（1））」（『国史上の諸問題（国史上의 諸問題）』（1)、国史編纂委員会、1959年）。

崔炳憲（최병헌）「道詵の風水地理説と高麗の建国理念（道詵의 風水地理説과 高麗의 建国理念）」（国際文化財団編『韓国の風水文化（韓国의 風水文化）』図書出版박이정、2002年）。

宋恒龍（송항룡）「崔致遠思想研究」（『韓国哲学思想研究』韓国精神文化研究院、1982年）。

孫文鎬（손문호）「儒教国家主義とその台頭過程（儒教国家主義과 그 台頭過程）」（金榮国（김영국）他『韓国政治思想』博英社、1991年）。

鄭玉子（정옥자）「麗末朱子性理学の導入についての試考——李齊賢を中心に（麗末朱子性理学의 導入에 대한 試考——李齊賢를 中心으로）」（『震檀学報』第51号、震檀学会、1981年）。

文暻鉉（문경현）「麗末性理学派の形成（麗末性理学派의 形成）」（『韓国の哲学（韓国의 哲学）』第9号、慶北大学校退溪研究所、1980年）。

李乙浩（이을호）「高麗の儒教哲学（高麗의 儒教哲学）」（韓国哲学会編『韓国哲学研究』（上)、東明社、1984年）。

李基白（이기백）「新羅統一期および高麗初期の儒教的政治理念（新羅統一期 및 高麗初期의 儒教的政治理念）」（『大東文化研究』第6・7輯、成均館大学校大東文化研究院、1969～70年）。


旗田巍「高麗朝に於ける寺院経済」（『史学雑誌』第43編第5号、史学会、1932年）。

7　朝鮮朝時代研究

単行本
安應烈（안응렬）・崔奭祐（최석우）『韓国天主教会史』（上・下)、분도出版社、1980年。

尹絲淳（윤사순）『退溪哲学の研究（退溪哲学의 研究）』学術研究叢書（14)、高麗大学校出版部、1980年。

————『韓国儒学論究』玄岩社、1980年。

延世大学校国学研究院編『延世実学講座』（Ⅰ）～（Ⅳ)、혜안、2003年。

河宇鳳（하우봉）『朝鮮後期実学者の日本観研究（朝鮮後期実学者의 日本観研究）』一志社、1989年。

韓永愚（한영우）『鄭道傳思想の研究（鄭道傳思想의 研究）』수울大学校文理大学附設韓国文化研究所、1973年。

————『朝鮮前期史学史研究』韓国文化研究叢書（22)、서울大学校人文大学韓国文化研究所、1981年。

————『朝鮮前期の社会思想（朝鮮前期의 社会思想）』韓国日報社、1976年。

韓沽劤（한우근）『星湖李瀷研究』서울大学校出版部、1990年。

————『李朝後期の社会と思想（李朝後期의 社会과 思想）』韓国文化叢書第16輯、乙酉文化社、1961年。

————『朝鮮時代思想史研究論攷』一潮閣、1996年。

韓沽劤（한우근）他『丁茶山研究の現況（丁茶山研究의 現況）』民音社、1985年。

姜光植（강광식）『新儒学思想と朝鮮朝儒教政治文化（新儒学思想과 朝鮮朝儒教政治文化）』集文堂、2000年。

————『儒教政治思想の韓国的変容——朝鮮朝事例研究（儒教政治思想의 韓国的変容——朝鮮朝

事例研究)』白山書堂、2009年。

姜周鎭(강주진)『李朝党争史研究』서울大学校出版部、1971年。

金雲泰(김운태)『朝鮮王朝政治・行政史』近世篇、博英社、2002年。

金泳謨(김영모)『朝鮮支配層研究』一潮閣、1977年。

金漢植(김한식)『実学の政治思想(実学의 政治思想)』一志社、1979年。

金吉煥(김길환)『朝鮮朝儒学思想研究』一志社、1980年。

———『韓国陽明学研究』一志社、1981年。

金玉姫(김옥희)『曠菴李蘗の西学思想(曠菴李蘗의 西学思想)』카톨릭出版社、1979年。

金敬琢(김경탁)『栗谷の研究(栗谷의 研究)』韓国研究叢書第7輯、韓国研究図書館、1960年。

金駿錫(김준석)『朝鮮後期政治思想史研究』知識産業社、2004年。

琴章泰(금장태)『退溪学派の思想(退溪学派의 思想)』(Ⅰ)、集文堂、1996年。

———『韓国実学思想研究』集文堂、1993年。

———『韓国儒教の再照明(韓国儒教의 再照明)』展望社、1982年。

金相洪(김상홍)『茶山学研究』啓明文化社、1990年。

金文植(김문식)『朝鮮後期経学思想研究』一潮閣、1996年。

金萬圭(김만규)『朝鮮朝の政治思想研究(朝鮮朝의 政治思想研究)』仁荷大学校出版部、1982年。

———『韓国の政治思想(韓国의 政治思想)』현문사、1999年。

金容傑(김용걸)『星湖李瀷の哲学思想研究(星湖李瀷의 哲学思想研究)』成均館大学校出版部、1989年。

金容燮(김용섭)『朝鮮後期農業史研究』(Ⅰ)、一潮閣、1970年。

———『朝鮮後期農業史研究』(Ⅱ)、一潮閣、1971年。

金龍德(김룡덕)『貞蕤朴齊家研究』中央大学校出版局、1970年。

———『朝鮮後期思想史研究』韓国文化叢書第21輯、乙酉文化社、1977年。

權五榮(권오영)『朝鮮後期儒林の思想と活動(朝鮮後期儒林의 思想과 活動)』図書出版돌베개、2003年。

吳錫源(오석원)他『朝鮮朝儒学思想の探求(朝鮮朝儒学思想의 探求)』驪江出版社、1988年。

洪以燮(홍이섭)『丁若鏞の政治経済思想研究(丁若鏞의 政治経済思想研究)』韓国研究図書館、1959年。

———『韓国近代史의 性格』韓国日報社、1975年。

高麗大学校亜細亜問題研究所韓国研究室編『実学思想の探求(実学思想의 探求)』玄岩社、1974年。

崔然植(최연식)『創業と守成の政治思想(創業과 守成의 政治思想)』集文堂、2003年。

崔完基(최완기)『韓国性理学の脈(韓国性理学의 脈)』느티나무、1989年。

崔根德(최근덕)『韓国儒学思想研究』哲学と現実社、1992年。

崔承熙(최승희)『朝鮮初期言官・言論研究』서울大学校出版部、1976年。

崔大羽(최대우)他『丁茶山の経学(丁茶山의 経学)』民音社、1989年。

崔東熙(최동희)『西学に対する韓国実学の反応(西学에 대한 韓国実学의 反応)』高麗大学校民族文化研究所、1988年。

崔東熙(최동희)『朝鮮の外交政策(朝鮮의 外交政策)』集文堂、2004年。

崔鎭弘(최진홍)『栗谷の経世論——法と疎通を中心に(栗谷의 経世論——法과 疎通를 中心으로)』서울大学校大学院政治学科博士学位論文、2009年。

車長燮(차장섭)『朝鮮後期閥閲研究』一潮閣、1997年。

千寛宇(천관우)『近世朝鮮史研究』一潮閣、1979年。

———『韓国史の再発見(韓国史의 再発見)』一潮閣、1974年。

全世營(전세영)『栗谷の君主論(栗谷의 君主論)』集文堂、2005年。

全斗河(전도하)『退溪思想研究』一志社、1974年。

全南大学校湖南文化研究所『実学論叢』李乙浩博士停年記念、全南大学校出版部、1975年。

宋洙煥（송수환）『朝鮮前期王室財政研究』集文堂、2000年。

宋俊浩（송준호）『朝鮮朝社会史研究』一潮閣、1987年。

孫承喆（손승철）『朝鮮時代韓日関係史研究』지성의 샘、1995年。

退溪先生四百周忌紀念事業会『退溪学研究』1972年。

趙璣濬（조기준）他『朝鮮後期社会経済史研究入門』民族文化社、1991年。

張淑必（장숙필）『栗谷李珥の聖学研究（栗谷李珥의 聖学研究）』高麗大学校民族文化研究所出版部、1992年。

鄭一均（정일균）『茶山四書経学研究』一志社、2000年。

鄭允在（정윤재）他『世宗の国家経営（世宗의 国家経営）』知識産業社、2006年。

鄭弘俊（정홍준）『朝鮮中期政治権力構造研究』高麗大学校民族文化研究所、1996年。

鄭奭鍾（정석종）『朝鮮後期社会変動研究』一潮閣、1983年。

丁淳睦（정순목）『退溪教学思想研究』正益社、1978年。

────『韓国書院教育制度研究』民族文化叢書（3）、嶺南大学校民族文化研究所、1980年。

鄭杜熙（정도희）『朝鮮初期政治支配勢力研究』一潮閣、1983年。

鄭炳連（정병련）『茶山四書学研究』景仁出版社、1994年。

夫南哲（부남철）『朝鮮時代7人の政治思想（朝鮮時代7人의 政治思想）』사계절出版社、1996年。

朴賢模（박현모）『政治家正祖』푸른 역사、2003年。

朴洪甲（박홍갑）『朝鮮時代門蔭制度研究』探求堂、1994年。

朴忠錫（박충석）・柳根鎬（유근호）『朝鮮朝の政治思想（朝鮮朝의 政治思想）』平和出版社、1980年。

朴秉濠（박병호）『韓国の伝統社会と法（韓国의 伝統社会와 法）』서울大学校出版部、1985年。

朴丙錬（박병연）『南冥曺植』청계、2001年。

李榮薫（이영훈）『朝鮮後期社会経済史』한길사、1988年。

李乙浩（이을호）『茶山経学思想研究』韓国文化叢書第19輯、乙酉文化社、1966年。

────『茶山学の理解（茶山学의 理解）』玄岩社、1977年。

李家源（이가원）『燕巖小説研究』韓国文化叢書第18輯、乙酉文化社、1965年。

李家源（이가원）他編『韓国学研究入門』知識産業社、1981年。

李銀順（이은순）『朝鮮後期党争史研究』一潮閣、1988年。

李迎春（이영춘）『朝鮮後期王位継承研究』集文堂、1998年。

李載浩（이재호）『朝鮮政治制度研究』一潮閣、1995年。

李樹健（이수건）『嶺南士林派の形成（嶺南士林派의 形成）』民族文化叢書（2）、嶺南大学校民族文化研究所、1979年。

李成茂（이성모）『朝鮮両班社会研究』一潮閣、1995年。

────『朝鮮初期両班研究』一潮閣、1980年。

────『朝鮮の科挙制度（朝鮮의 科挙制度）』韓国日報社、1976年。

李成茂（이성모）他『朝鮮後期党争の総合的検討（朝鮮後期党争의 総合的検討）』、韓国精神文化研究院、1992年。

李相佰（이상백）『李朝建国の研究（李朝建国의研究）』乙酉文化社、1949年。

李相殷（이산은）『退溪の生涯と学問（退溪의 生涯와 学問）』瑞文堂、1973年。

李泰鎭（이태진）『朝鮮儒教社会史論』知識産業社、1989年。

李篪衡（이지형）他『李晦斎の思想とその世界（李晦齊의 思想과 그 世界）』成均館大学校出版部、1992年。

────『茶山経学研究』太学社、1996年。

李丙燾（이병도）『栗谷の生涯と思想（栗谷의 生涯와 思想）』瑞文堂、1973年。

李秉烋（이병휴）『朝鮮前期畿湖士林派研究』一潮閣、1984年。

李萬珪（이만규）『朝鮮教育史』（上）、乙酉文化社、1947年。

柳洪烈（유홍렬）『高宗治下西学受難の研究（高宗治下西学受難의 研究）』韓国文化叢書第10輯、乙酉文化社、1962年。

――――『韓国天主教会史』카톨릭出版社、1962年。

柳根鎬（유근호）『朝鮮朝対外思想の流れ（朝鮮朝対外思想의 흐름）』誠信女子大学校出版部、2004年。

柳正東（유정동）『退溪の生涯と思想（退溪의 生涯와 思想）』博英社、1974年。

柳美林（유미림）『朝鮮後期政治思想』知識産業社、2002年。

歴史学会編『実学研究入門』一潮閣、1973年。

――――『韓国親族制度研究』一潮閣、1992年。


阿部吉雄『李退溪』日本教育先哲叢書第23巻、文教書院、1944年。

――――『日本朱子学と朝鮮』東京大学出版会、1971年。

浦川和三郎『朝鮮殉教史』全国書房、1944年。

朝鮮総督府中枢院調査課編『李朝法典考』朝鮮総督府中枢院、1938年。

山口正之『朝鮮西教史』雄山閣、1967年。

渡部学『近世朝鮮教育史研究』雄山閣、1970年。

論　文

安炳周（안병주）「退溪の学問観――心経後論を中心に（退溪의 学問観――心経後論을 中心으로）」（『退溪学研究』第1輯、檀君大学校退溪学研究所、1987年）。

尹絲淳（윤사순）「高橋亨の韓国儒学観（高橋亨의 韓国儒学観）」（『韓国学』第12輯、中央大学校永信アカデミー韓国学研究所（中央大学校永信아카데미韓国学研究所）、1976年）。

――――「実学思想の哲学的性格（実学思想의 哲学的性格）」（『亜細亜研究』第19巻第2号、高麗大学校亜細亜問題研究所、1976年）。

――――「鄭道傳性理学の特性とその評価問題（鄭道傳性理学의 特性과 그 評価問題）」（『震檀学報』第50号、震檀学会、1980年）。

――――「朝鮮前期性理学の思想的機能（朝鮮前期性理学의 思想的機能）」（『民族文化研究』第9号、高麗大学校民族文化研究所、1975年）。

――――「退溪の心性観に関する研究（退溪의 心性観에 関한 研究）」（『亜細亜研究』第14巻第1号、高麗大学校亜細亜問題研究所、1971年）。

尹大植（윤대식）「朝鮮実学の中国実学思想受容と主体的変容過程（朝鮮実学의 中国実学思想受容과 主体的変容過程）」（『東洋政治思想史』第6巻1号、韓国・東洋政治思想史学会、2007年）。

尹南漢（윤남한）「李朝陽明学の伝来と受容の問題（李朝陽明学의 伝来와 受容의 問題）」（『中央史論』第1輯、中央大学校史学研究会、1972年）。

尹龍赫（윤용혁）「朝鮮時代の郡県制と地方統治（朝鮮時代의 郡県制와 地方統治）」（『湖西史学』第8・9合輯、湖西史学会、1980年）。

小川晴久「地転（動）説から宇宙無限論へ――金錫文と洪大容の世界（地転（動）説에서 宇宙無限論으로――金錫文과 洪大容의 世界）」（『東方学志』第21輯、延世大学校国学研究院、1979年）。

郭信煥（곽신환）「宋尤菴の哲学思想研究（宋尤菴의 哲学思想研究）」（『国際大学論文集』第7輯、国際大学附設人文社会科学研究所、1979年）。

河宇鳳（하우봉）「丁茶山の西学関係についての一考察（丁茶山의 西学関係에 対한 一考察）」（『教会史研究』第1輯、韓国教会史研究所、1977年）。

韓永愚（한영우）「16世紀士林の歴史叙述と歴史認識（16世紀士林의 歴史叙述과 歴史認識）」（『東洋学』第10輯、檀国大学校東洋学研究所、1980年）。

――――「17世紀反尊華的道家史学の成長――北崖の『揆園史話』について（17世紀反尊華的道家

史学의 成長――北崖의『揆園史話』에 대하여)」(『韓国学報』第1輯、一志社、1977年)。

――――「鄭道傳の社会・政治思想(鄭道傳의 社会・政治思想)」(『韓国史論』第1号、서울大学校韓国史学会、1973年)。

――――「鄭道傳の人間と社会思想(鄭道傳의 人間과 社会思想)」(『震檀学報』第50号、震檀学会、1980年)。

――――「朝鮮初期の歴史叙述と歴史認識(朝鮮初期의 歴史叙述과 歴史認識)」(『韓国学報』第7輯、一志社、1977年)。

姜尚雲「禮訟と老少分党(禮訟과 老少分党)」(『亜細亜学報』第5輯、亜細亜学術研究会、1968年)。

韓鍾萬(한종만)「麗末鮮初の排仏・護仏思想(麗末鮮初의 排仏・護仏思想)」(『韓国仏教思想史』崇山朴吉真博士華甲紀念、崇山朴吉真博士華甲紀念事業会、1975年)。

韓沽劤「明齋尹拯の『実学』観――李朝実学の概念再論(明齋尹拯의『実学』観――李朝実学의 概念再論)」(『東国史学』第6輯、東国大学校史学会、1960年)。

――――「天主教初期伝播とその反響(天主教初期伝播와 그 反響)」(『韓国天主教会史論文選集』第1輯、韓国天主教会史研究所、1976年)。

許在一(허재일)「朝鮮王朝における士禍発生の政治社会的背景に関する考察(朝鮮王朝에 있어서 士禍発生의 政治社会的背景에 관한 考察)」(『学術誌』第25輯、建国大学校、1981年)。

金永壽(김영수)「世宗代の法と政治(I)(世宗代의 法과 政治(I))」(『東洋政治思想史』第6巻1号、韓国・東洋政治思想史学会、2007年)。

――――「威化島回軍の政治――崔瑩・李成桂の遼東征伐政争と李穡・李成桂の政治改革・正統性論争(威化島回軍의 政治――崔瑩・李成桂의 遼東征伐政争과 李穡・李成桂의 政治改革・正統性論争)」(『韓国政治学会報』第33集第1号、韓国政治学会、1999年)。

――――「朝鮮公論政治の理想と現実(I)(朝鮮公論政治의 理想과 現実(I))」(『韓国政治学会報』第39集第5号、2005年)。

金泳謨(김영모)「李氏王朝時代の支配層の形成と移動に関する研究(李氏王朝時代의 支配層의 形成과 移動에 관한 研究)」(『中央大学校論文集』第11輯、中央大学校、1966年)。

――――「李氏王朝時代の支配層の形成と移動に関する研究(李氏王朝時代의 支配層의 形成과 移動에 관한 研究)(続)」(『中央大学校論文集』第12輯、中央大学校、1967年)。

――――「朝鮮後期の身分概念と身分構造の変化(朝鮮後期의 身分概念과 身分構造의 変化)」(『現象と認識(現象과 認識)』第2巻第1号、韓国人文社会科学院、1978年)。

――――「朝鮮後期の身分構造とその変動(朝鮮後期의 身分構造과 그 変動)」(『東方学志』第26輯、延世大学校国学研究院、1981年)。

金漢植(김한식)「我が国近代政治思想に与えた基督教の影響(우리나라 近代政治思想에 끼친 基督教의 影響)」(『韓国政治学会報』第16輯、韓国政治学会、1982年)。

――――「惠崗思想に表れた近代性論理構造(惠崗思想에 나타난 近代性論理構造)」(『韓国政治学会報』第34輯第4号、韓国政治学会、2000年)。

金基鉉(김기현)「趙靜菴の道学観(趙靜菴의 道学観)」(『民族文化研究』第14号、高麗大学校民族文化研究所、1979年)。

――――「晦齋李彦迪の哲学思想(晦齋李彦迪의 哲学思想)」(『民族文化研究』第15号、高麗大学校民族文化研究所、1980年)。

金吉煥(김길환)「陽明学と朝鮮朝陽明学の実際(陽明学과 朝鮮朝陽明学의 實際)」(『韓国学報』第21輯、一志社、1980年)。

――――「栗谷性理学における実学概念と体系(栗谷性理学에 대한 実学概念과 体系)」(『亜細亜研究』第15巻第2号、高麗大学校亜細亜問題研究所、1972年)。

金玉姬(김옥희)「西学の受容とその意識構造――李蘗の『聖教要旨』を中心に(西学의 受容과 그 意識構造――李蘗의『聖教要旨』를 中心으로)」(『韓国史論』第1号、서울大学校韓国史学会、

1973年)。

金惠承（김혜승）「朝鮮朝経済体制における問題点とその要因（朝鮮朝経済体制에 있어서 問題点과 그 要因)」(『韓国政治学会報』第35輯第3号、韓国政治学会、2001年)。

金敬琢（김경탁）「退高の四・七論弁（退高의 四・七論弁)」(『亜細亜研究』第8巻第2号、高麗大学校亜細亜問題研究所、1965年)。

金弘宇（김홍우）「正祖朝の天主学批判――安鼎福と李献慶を中心に（正祖朝의 天主学批判――安鼎福과 李献慶을 中心으로)」(『韓国政治学会報』第20輯第2号、韓国政治学会、1986年)。

――――「正祖朝の天主学批判――後期（正祖朝의 天主学批判――後期)」(『韓国政治学会報』第23輯第2号、韓国政治学会、1990年)。

金在得（김재득）「成均館の日課小考（成均館의 日課小考)」(『研究論叢』第3輯、建国大学校行政大学院、1975年)。

金錫根（김석근）「朝鮮時代君臣関係のエートスとその特性――比較思想的な視角から（朝鮮時代君臣関係의 에토스와 그 特性――比較思想的인 視角에서)」(『韓国政治学会報』第29輯第1号、韓国政治学会、1995年)。

――――「朝鮮の‘建国’と‘政治体制構想’についての試論的アプローチ――いくつかの争点に関連して（朝鮮의‘建国’과‘政治体制構想’에 대한 試論的 접근――몇가지 争点과 関連하여)」(『東洋政治思想史』第7巻2号、韓国・東洋政治思想史学会、2008年)。

金潤坤（김윤곤）「李朝後期における成均館の変遷と改革（李朝後期에 있어서의 成均館의 変遷과 改革)」(『大東文化研究』第6・7輯、成均館大学校大東文化研究院、1970年)。

金駿錫（김준석）「朝鮮前期の社会思想――『小学』の社会的機能分析を中心に（朝鮮前期의 社会思想――『小学』의 社会的機能分析을 中心으로)」(『東方学志』第29輯、延世大学校国学研究院、1981年)。

琴章泰（금장태）「茶山哲学の人間学的基礎（茶山哲学의 人間学的基礎)」(『韓国学報』第18輯、一志社、1980年)。

――――「宋・明理学の二主流と退溪の陽明学批判（宋・明理学의 二主流과 退溪의 陽明学批判)」(『同大論叢』第10輯、同徳女子大学、1980年)。

――――「丁若鏞と天主教信仰（丁若鏞과 天主教信仰)」(『韓国学』第24輯、中央大学校永信アカデミー韓国学研究所（中央大学校永信아카데미韓国学研究所)、1981年)。

――――「朝鮮後期儒学・西学間の教理論争と思想的性格（朝鮮後期儒学・西学間의 教理論争과 思想的性格)」(『教会史研究』第2輯、韓国教会史研究所、1979年)。

金鍾德（김종덕）「李朝党争に関する社会学的考察（李朝党争에 관한 社会学的考察)」(『韓国学報』第24輯、一志社、1981年)。

金聖七（김성칠）「燕行小攷」(『歴史学報』第12輯、歴史学会、1960年)。

金泰永（김태영）「朝鮮前期封建的社会思想試論」(『経済史学』第2号、経済史学会、1978年)。

――――「朝鮮初期祀典の成立について――国家意識の変遷を中心に（朝鮮初期祀典의 成立에 대하여――国家意識의 変遷을 中心으로)」(『歴史学報』第58輯、歴史学会、1973年)。

――――「初期士林派の性格について――金宗直を中心に（初期士林派의 性格에 대하여――金宗直을 中心으로)」(『慶熙史学』第6・7・8合輯、慶熙大学校史学会、1980年)。

金斗憲（김도헌）「退溪の聖学十図（退溪의 聖学十図)」(『東洋学』第5輯、檀国大学校東洋学研究所、1975年)。

金容燮（김용섭）「朝鮮後期の農業問題と実学（朝鮮後期의 農業問題와 実学)」(『東方学志』第17輯、延世大学校東方学研究所、1976年)。

金龍德（김룡덕）「茶山の商業観研究（茶山의 商業観研究)」(『歴史学報』第70輯、歴史学会、1976年)。

――――「朴齊家の経済思想（朴齊家의 経済思想)」(『震檀学報』第52号、震檀学会、1981年)。

――――「北学派思想の源流研究――第1部・重峯の実学思想（北学派思想의 源流研究――第1部・重峯의 実学思想）」（『東方学志』第15輯、延世大学校東方学研究所、1974年）。

金正昊（김정호）「18世紀後半東アジア3国の気思想の政治思想的意義と特性比較――洪大容・戴震・三浦梅園の気思想を中心に（18世紀後半東아시아 3国 気思想의 政治思想的意義와 特性比較――洪大容・戴震・三浦梅園의 気思想을 中心으로）」（『韓国政治学会報』第36輯第3号、韓国政治学会、2002年）。

――――「洪大容『毉山問答』の政治思想的特性と意義（洪大容『毉山問答』의 政治思想的特性과 意義）」（『東洋政治思想史』第6巻1号、韓国・東洋政治思想史学会、2007年）。

――――「後期実学思想――国家発展論の理論的土台（後期実学思想――国家発展論의 理論的土台）」（『韓国政治学会報』第35輯第2号、韓国政治学会、2001年）。

具良根（구양근）「朝鮮後期の地方官吏社会（朝鮮後期의 地方官吏社会）」（『社会科学研究』第4輯、朝鮮大学校社会科学研究所、1981年）。

權五惇（권오순）「北伐大義――尤菴宋時烈先生を中心に（北伐大義――尤菴宋時烈先生를 中心으로）」（『斯文論叢』1輯、斯文学会、1973年）。

玄相允（현상윤）「朝鮮思想史（近世篇）」（『亜細亜研究』第7巻第3号、高麗大学校亜細亜問題研究所、1964年）。姜周鎭「経世家としての茶山丁若鏞論（経世家로서의 茶山丁若鏞論）」（『韓国学』第24輯、中央大学校永信アカデミー韓国学研究所（中央大学校永信아카데미韓国学研究所）、1981年）。

――――「書院とその社会的機能（書院과 그 社会的機能）」（『韓国史論』(8)、国史編纂委員会、1980年）。

洪以燮（홍이섭）「所謂『闢衛編』の形成について（所謂『闢衛編』의 形成에 対하여）」（『人文科学』第4輯、延世大学校文科大学、1959年）。

――――「実学における南人学派の思想的系譜（実学에 있어 南人学派의 思想的系譜）」（『人文科学』第10輯、延世大学校文科大学、1963年）。

――――「実学の理念的一貌――河濱・慎後聃の『西学辨』の紹介（実学의 理念的一貌――河濱・慎後聃의『西学辨』의 紹介）」（『人文科学』第1輯、延世大学校文科大学、1957年）。

――――「李蘗――韓国近代思想史上の彼の位置（李蘗――韓国近代思想史上의 그의 位置）」（『韓国天主教会史論文選集』第1輯、韓国天主教会史研究所、1976年）。

洪淳昶（홍순창）「士禍と党争との関係（士禍와 党争과의 関係）」（『大丘史学』第7・8輯、大丘史学会、1973年）。

――――「朝鮮王朝の社会経済的基礎――土地経済を中心に（朝鮮王朝의 社会経済的基礎――土地経済를 中心으로）」（『嶺南史学』第2輯、嶺南大学校史学会、1972年）。

――――「朝鮮王朝の社会経済的基礎（続）――商工業と財務制度を中心に（朝鮮王朝의 社会経済的基礎（続）――商工業과 財務制度를 中心으로）」（『東洋文化』第14・15輯、嶺南大学校東洋文化研究所、1974年）。

高承濟（고승제）「李朝律令体制の形成と良賤制度の特殊性（李朝律令体制의 形成과 良賤制度의 特殊性）」（『学術院論文集』第20輯、人文・社会科学篇、学術院、1981年）。

崔鉛植（최연식）「麗末鮮初の権力構想――王権論・臣権論・君臣共治論を中心に（麗末鮮初의 権力構想――王権論・臣権論・君臣共治論을 中心으로）」（『韓国政治学会報』第32輯第3号、韓国政治学会、1998年）。

――――「靜菴趙光祖（1482～1519）の道徳的根本主義と政治改革（靜菴趙光祖（1482～1519）의 道徳的根本主義와 政治改革）」（『韓国政治学会報』第37輯第5号、韓国政治学会、2003年）。

――――「朝貢体制の変動と朝鮮時代中華――事大観念の屈折（朝貢体制의 変動과 朝鮮時代中華――事大観念의 屈折）」（『韓国政治学会報』第41輯第1号、韓国政治学会、2007年）。

崔完基（최완기）「朝鮮書院一考――成立と発達を中心に（朝鮮書院一考――成立과 発達을 中心으

로)」(『歴史教育』第18輯、歴史教育研究会、1975年)。

――――「朝鮮朝書院教学機能一考」(『史学研究』第25号、韓国史学会、1975年)。

――――「朝鮮朝書院成立の諸問題(朝鮮朝書院成立의 諸問題)」(『韓国史論』(8)、国史編纂委員会、1980年)。

崔在錫(최재석)「朝鮮前期の家族形態(朝鮮前期의 家族形態)」(『震檀学報』第37号、震檀学会、1974年)。

――――「朝鮮後期常民の家族形態――谷城県戸籍を中心に(朝鮮後期常民의家族形態――谷城県戸籍을 中心으로)」(『湖南文化研究』第7輯、全南大学校湖南文化研究所、1975年)。

崔昭子(최소자)「西学受容についての問題――中国と韓国の比較試論(西学受容에 対한 問題――中国과 韓国의 比較試論)」(『論叢』第36輯、梨花女子大学校韓国文化研究院、1980年)。

崔淳姫(최순희)「茶山丁若鏞が見た農民生活相およびその改善策――牧民心書を中心に(茶山丁若鏞이 본 農民生活相 및 그 改善策――牧民心書를 中心하여)」(『史学史』第7輯、檀国大学校史学会、1973年)。

崔鎮弘(최진홍)「栗谷の為政論――退溪の治本論と比較して(栗谷의為政論――退溪의 治本論와 比較하여)」(『東洋政治思想史』第8巻2号、韓国・東洋政治思想史学会、2009年)。

崔東熙(최동희)「愼後聃の西学辨に関する研究(慎後聃의 西学辨에 관한 研究)」(『亜細亜研究』第15巻第2号、高麗大学校亜細亜問題研究所、1972年)。

――――「安鼎福の西学批判に関する研究(安鼎福의 西学批判에 관한 研究)」(『亜細亜研究』第19巻第2号、高麗大学校亜細亜問題研究所、1976年)。

申福龍(신복룡)「天主学の伝来と朝鮮朝知識人の苦悩(天主学의 伝来와 朝鮮朝知識人의 苦悩)」(『韓国政治学会報』第31輯第2号、韓国政治学会、1997年)。

全海宗(전해종)「釈実学」(『震檀学報』第20号、震檀学会、1959年)。

――――「清代韓中関係の一考察(清代韓中関係의 一考察)」(『東洋学』第1輯、東洋学研究所、1971年)。

全樂熙(전락희)「朝鮮朝の改革思想――栗谷を中心に(朝鮮朝의 改革思想――栗谷을 中心으로)」(『韓国政治学会報』第18輯、韓国政治学会、1984年)。

千寛宇(천관우)「磻溪柳馨遠研究」(上・下)(『歴史学報』第2、3輯、歴史学会、1952、1953年)。

――――「『実学』概念成立に関する史学史的考察(『実学』概念成立에 関한 史学史的考察)」(『李弘稙博士回甲紀念韓国史学論叢』、新丘文化社、1969年)。

全世營(전세영)「退溪の君主論研究(退溪의 君主論研究)」(『韓国政治学会報』第37輯第1号、韓国政治学会、2003年)。

全正姫(전정희)「朴珪壽における華夷観の変容(朴珪壽에 있어서 華夷観의 変容)」(『韓国政治学会報』第27輯第2号、韓国政治学会、1993年)。

――――「栗谷の改革思想と思想史的意義(栗谷의 改革思想과 思想史的意義)」(『韓国政治学会報』第34輯第1号、韓国政治学会、2000年)。

全斗河(전도하)「李退溪哲学における実在観(李退溪哲学에 있어서의 実在観)」(『韓国学論叢』第1輯、国民大学校韓国学研究所、1979年)。

――――「退溪・高峯・栗谷の四七論に関する研究(退溪・高峯・栗谷의 四七論에 関한 研究)」(『韓国思想』第14輯、韓国思想研究会、1976年)。

宋恒龍(송항룡)「南塘韓元震の荘子研究と道家哲学思想研究(南塘韓元震의 荘子研究와 道家哲学思想研究)」(『大東文化研究』第14輯、成均館大学校大東文化研究所、1981年)。

――――「道家哲学思想의 韓国的展開와 그 推移」(『東洋学』第10輯、檀国大学校東洋学研究所、1981年)。

宋贊植(송찬식)「朝鮮朝士林政治の権力構造――銓郎と三司を中心に(朝鮮朝士林政治의 権力構造――銓郎과 三司를 中心으로)」(『経済史学』第2号、経済史学会、1978年)。

宋俊浩（송준호）「朝鮮時代の科挙と両班及び良人（2）——文科と生員・進士試を中心として（朝鮮時代의 科挙와 両班 및 良人（2）——文科와 生員・進士試를 中心으로）」（『歴史学報』第69輯、歴史学会、1976年）。

宋柱永（송주영）「星湖李瀷の経済思想（星湖李瀷의 経済思想）」（『亜細亜研究』第12巻第4号、高麗大学校亜細亜問題研究所、1969年）。

————「燕巖朴趾源の経済思想（燕巖朴趾源의 経済思想）」（『亜細亜研究』第10巻第1号、高麗大学校亜細亜問題研究所、1967年）。

趙 珖（조광）「辛酉迫害の分析的考察（辛酉迫害의 分析的考察）」（『教会史研究』第1輯、韓国教会史研究所、1977年）。

————「丁若鏞の民権意識研究（丁若鏞의 民権意識研究）」（『亜細亜研究』第19巻第2号、高麗大学校亜細亜問題研究所、1976年）。

————「洪大容の政治思想研究（洪大容의 政治思想研究）」（『民族文化研究』第14号、高麗大学校民族問題研究所、1979年）。

————「黃嗣永帛書の社会思想的背景（黃嗣永帛書의 社会思想的背景）」（『史叢』第21・22合輯、高麗大学校史学会、1977年）。

趙德子（조덕자）「燕岩文学と清朝実学（燕岩文学과 清朝実学）」（『韓国学』第23輯、中央大学校永信아카데미韓国学研究所、1980年）。

鄭允在（정윤재）「世宗の政治リーダーシップ形成過程研究（世宗의 政治리더십 形成過程研究）」（『東洋政治思想史』第6巻1号、韓国・東洋政治思想史学会、2007年）。

————「丁若鏞の自作的人間観と王政改革論（丁若鏞의 自作的人間観과 王政改革論）」（『韓国政治学会報』第33輯第4号、韓国政治学会、1999年）。

鄭求福（정구복）「磻溪柳馨遠の社会改革思想（磻溪柳馨遠의 社会改革思想）」（『歴史学報』第45輯、歴史学会、1970年）。

鄭奭鍾（정석종）「茶山丁若鏞の経済思想（茶山丁若鏞의 経済思想）」（『李海南博士華甲紀念史学論叢』一潮閣、1970年）。

————「朝鮮後期社会身分制の崩壊（朝鮮後期社会身分制의 崩壊）」（『大東文化研究』第9輯、成均館大学校大東文化研究院、1972年）。

————「退溪心学論」（『弘大論叢』（V）、弘益大学校、1973年）。

裵炳三（배병삼）「丁茶山の‘政治’に関する認識（丁茶山의 ‘政治’ 에 관한 認識）」（『韓国政治学会報』第27輯第1号、韓国政治学会、1993年）。

————「朝鮮時代政治リーダーシップ論——修己治人論と無為而治論を中心に（朝鮮時代政治리더십論——修己治人論과 無為而治論을 中心으로）」（『韓国政治学会報』第31輯第4号、韓国政治学会、1997年）。

裵賢淑（배현숙）「17・18世紀に伝来した天主教書籍（17・18世紀에 伝来된 天主教書籍）」（『教会史研究』第3輯、韓国教会史研究所、1981年）。

裵宗鎬（배종호）「畿湖学派の心性論（畿湖学派의 心性論）」（『人文科学』第35輯、延世大学校人文科学研究所、1976年）。

————「畿湖学派の心性論Ⅱ（畿湖学派의 心性論Ⅱ）」（『人文科学』第37輯、延世大学校人文科学研究所、1977年）。

————「栗谷の理気通局説（栗谷의 理気通局説）」（『東方学志』第27輯、延世大学校国学研究院、1981年）。

閔丙河（민병하）「韓国儒学の伝統的教化課程（韓国儒学의 伝統的教化課程）」（『民族文化』第4輯、民族文化推進会、1978年）。

夫南哲（부남철）「韓国政治思想における政治と宗教（韓国政治思想에 있어서의 政治와 宗教）」（『韓国政治学会報』第34輯第3号、韓国政治学会、2000年）。

朴賢謨（박현모）「10年の危機——丁卯丙子胡乱期の公論政治批判（10年間의 危機——丁卯丙子胡乱期의 公論政治批判）」（『韓国政治学会報』第37輯第2号、韓国政治学会、2003年）。

————「正祖の蕩平政治研究——聖王論の理念と限界（正祖의 蕩平政治研究——聖王論의 理念과 限界）」（『韓国政治学会報』第34輯第1号、韓国政治学会、2000年）。

朴鴻圭（박홍규）「鄭道傳と道統（鄭道傳과 道統）」（『東洋政治思想史』第6巻2号、韓国・東洋政治思想史学会、2007年）。

————「太宗と公論政治（太宗과 公論政治）」（『韓国政治学会報』第40輯第3号、韓国政治学会、2006年）。

朴星來「丁若鏞の科学思想（丁若鏞의 科学思想）」（『茶山学報』第1輯、茶山学報刊行委員会、1978年）。

————「韓国近世の西欧科学受容（韓国近世의 西欧科学受容）」（『東方学志』第20輯、延世大学校国学研究院、1978年）。

————「洪大容の科学思想（洪大容의 科学思想）」（『韓国学報』第23輯、一志社、1981年）。

朴忠錫（박충석）「実学の政治思想的特質（実学의 政治思想的特質）」（『儒教思想研究』第3輯、儒教学会、1988年）。

————「楚亭の思想史的位置（楚亭의 思想史的位置）」（『震檀学報』第52号、震檀学会、1981年）。

朴德培（박덕배）「郷約の法的研究（郷約의 法的研究）」（『法史学研究』第3号、韓国法史学会、1976年）。

松田弘「朝鮮陽明学の特質とその論理構造（朝鮮陽明学의 特質과 그 論理構造）」（『韓国学報』第24輯、一志社、1981年）。

李乙浩（이을호）「改新儒学と茶山経学（改新儒学과 茶山経学）」（『韓国学』第24輯、中央大学校永信アカデミー韓国学研究所（中央大学校永信아카데미韓国学研究所）、1981年）。

李禧柱（이희주）「朝鮮初期諫言形態と権力構造——‘三諫不聴則去’を中心に（朝鮮初期諫言形態와 権力構造——‘三諫不聴則去’를 中心으로）」（『韓国政治学会報』第36号第4号、韓国政治学会、2002年）。

李景植（이경식）「朝鮮前期職田制の運営とその変動（朝鮮前期職田制의 運営과 그 変動）」（『韓国史研究』（28）、韓国史研究会、1980年）。

李元淳（이원순）「星湖李瀷の西学世界（星湖李瀷의 西学世界）」（『教会史研究』第1輯、韓国教会史研究所、1977年）。

————「朝鮮後期実学知性の西洋教学論（朝鮮後期実学知性의 西洋教学論）」（『教会史研究』第2輯、韓国教会史研究所、1979年）。

————「朝鮮後期実学者の西学意識（朝鮮後期実学者의 西学意識）」（『歴史教育』第17輯、歴史教育研究会、1975年）。

李元澤（이원택）「己亥服制論争とその理念的指向（己亥服制論争과 그 理念的指向）」（『韓国政治学会報』第34輯第4号、韓国政治学会、2000年）。

————「顯宗朝の復讐義理論争と公私観念（顯宗朝의 復讐義理論争과 公私観念）」（『韓国政治学会報』第35輯第4号、韓国政治学会、2001年）。

李載浩（이재호）「丁茶山の地方行政研究——特に牧明心書を中心に（丁茶山의 地方行政研究——特히 牧明心書를 中心으로）」（『釜山大学校文理科大学論文集』第14輯　（人文社会科学篇）、釜山大学校文理科大学、1975年）

李春寧（이춘녕）「進北学議を通じて見た朴齊家の農業論（進北学議를 通하여 본 朴齊家의 農業論）」（『震檀学報』第52号、震檀学会、1981年）。

李正勲（이정훈）「朝鮮時代儒教的法治の法解釈論（朝鮮時代儒教的法治의 法解釈論）」（『東洋政治思想史』第6巻2号、韓国・東洋政治思想史学会、2007年）。

李成茂（이성모）「朴齊家の経済思想（朴齊家의 経済思想）」（『李海南博士華甲紀念史学論叢』一潮

閣、1970年)。

――――「鮮初の成均館研究(鮮初의 成均館研究)」(『歴史学報』第35・36合輯、歴史学会、1967年)。

――――「朝鮮前期の身分制度(朝鮮前期의 身分制度)」(『東亜文化』第13輯、서울大学校人文大学東亜文化研究所、1976年)。

――――「朝鮮初期文科の応試資格(朝鮮初期文科의 応試資格)」(『国民大学論文集』第9輯第2部(人文科学篇)、国民大学校、1976年)。

李相殷(이상은)「朝鮮朝国論に反映した義理精神――朴祥・金浄上疏是非を中心に(朝鮮朝国論에 反映된 義理精神――朴祥・金浄上疏是非를 中心으로)」(『斯文論叢』1輯、斯文学会、1973年)。

李泰鎮(이태진)「16世紀士林の歴史的性格(16世紀士林의 歴史的性格)」(『大東文化研究』第13輯、成均館大学校大東文化研究院、1979年)。

李楠永(이남영)「李星湖の退溪学的精神(李星湖의 退溪学的精神)」(『退溪学報』第17輯、退溪学研究院、1978年)。

李佑成(이우성)「18世紀ソウルの都市的様相(18世紀서울의 都市的様相)」(『郷土서울』第17号、서울特別市編纂委員会、1963年)。

李龍範(이룡범)「金錫文の地転論とその思想的背景(金錫文의 地転論과 그 思想的背景)」(『震檀学報』第41号、震檀学会、1976年)。

――――「李瀷の地動論とその論拠(李瀷의 地動論과 그 論拠)」(『震檀学報』第34号、震檀学会、1972年)。

柳正東(유정동)「斥和義理――清陰金尚憲先生を中心に(斥和義理――清陰金尚憲先生을 中心으로)」(『斯文論叢』1輯、斯文学会、1973年)。

――――「退溪の哲学思想研究――窮理と居敬を中心に(退溪의 哲学思想研究――窮理와 居敬을 中心으로)」(『退溪学報』第9輯、退溪学研究院、1976年)。

柳美林(유미림)「18世紀君主聖学論の心学化(18世紀君主聖学論의 心学化)」(『韓国政治学会報』第35輯第3号、韓国政治学会、2001年)。

――――「朝鮮後期王権についての研究(2)――正祖年間の義理論争を中心に(朝鮮後期王権에 대한 研究(2)――正祖年間의 義理論争을 中心으로)」(『東洋政治思想史』第1巻第1号、韓国・東洋政治思想史学会、2002年)。

梁創三(양창삼)「朝鮮後期社会の階級と構造についての理論的研究(朝鮮後期社会의 階級과 構造에 대한 理論的研究)」(『現象と認識』第6巻第1号、韓国人文社会科学院、1982年)。

Wagner, Edward W.,「李朝士林問題に関する再検討(李朝士林問題에 関한 再検討)」(『全北史学』第4輯、全北大学校史学会、1980年)。


申奭鎬「己卯士禍の由来に関する一考察」(『青丘学叢』第20号、1935年)。

末松保和「麗末鮮初に於ける対明関係」(『史学論叢』第2、京城帝国大学文学会論纂第10輯、岩波書店、1941年)。

瀬野馬熊「燕山朝の二大禍獄」(『青丘学叢』第3号、1931年)。

高橋亨「李朝儒学史に於ける主理派主気派の発達」(京城帝国大学法文学会編『朝鮮支那文化の研究』、1929年)。

松田弘「李栗谷における理気論の特質とその思想史的位置」(『筑波大学哲学・思想学系論集』第5号、1980年)。

深谷敏鉄「科田法から職田法へ」(上・下)(『史学雑誌』第51編第9・10号、史学会、1940年)。

――――「鮮初の土地制度・一班」(上・下)(『史学雑誌』第50編第5・6号、史学会、1939年)。

朴忠錫「李朝後期における政治思想の展開」(1)(『国家学会雑誌』第88巻第9・10号、東京大学法学部・国家学会、1975年10月)。

――――「李朝後期における政治思想の展開」(2)(『国家学会雑誌』第88巻第11・12号、東京大学

法学部・国家学会、1975年12月）。

――――「李朝後期における政治思想の展開」(3)（『国家学会雑誌』第89巻第1・2号、東京大学法学部・国家学会、1976年2月）。

山口正之「近世朝鮮における西学思想の東漸と其の発展」（『小田先生頌寿記念朝鮮論叢』、1934年）。

柳洪烈「麗末鮮初の私学」（『青丘学叢』第24号、1936年）。

――――「朝鮮における書院の成立」（『青丘学叢』第29号、1939年）。

渡部学「退溪李滉の教育思想」（『法史学研究』第6号、韓国法史学会、1981年）。

渡辺浩「儒者・読書人・両班――儒教的『教養人』の存在形態」（梅棹忠夫・栗田靖之編『知と教養の文明学』中央公論社、1991年）。

8　19世紀転換期および比較思想研究

単行本

亜細亜学術研究会編『韓国民族思想大系』(4) 近代・現代、蛍雪出版社、1978年。

韓国政治外交史学会編『甲申政変研究』論叢第1輯、平民社、1985年。

姜在彦（강재언）（鄭昌烈（정창렬）訳）『韓国の開化思想（韓国의 開化思想）』比峰出版社、1981年。

――――『近代韓国思想史研究』한울、1983年。

――――『韓国の近代思想（韓国의 近代思想）』한길사、1985年。

韓沽劤（한우근）『韓国開港期の商業研究（韓国開港期의 商業研究）』一潮閣、1970年。

金雲泰（김운태）『朝鮮王朝政治・行政史』近代篇、博英社、2002年。

金榮作（김영작）『近代韓日関係の明暗（近代韓日関係의 明暗）』白山書堂、2006年。

――――『韓末ナショナリズム（韓末내셔널리즘）』白山書堂、2006年。

金學俊（김학준）『韓末の西洋政治学受容研究（韓末의 西洋政治学受容研究）』서울大学校出版部、2002年。

金玉均（김옥균）・朴泳孝（박영효）・徐載弼（서재필）（趙一文（조일문）・申福龍（신복룡）編訳）『甲申政変回顧録』、建国大学校出版部、2006年。

金景昌（김경창）『東洋外交史』集文堂、1982年。

金顯哲（김현철）『朴泳孝の近代国家構想に関する研究（朴泳孝의 近代国家構想에 関한 研究）』서울大学校大学院博士学位論文、1999年。

金源模（김원모）『近代韓美関係史』哲学과 現実社、1992年。

琴章泰（금장태）『東西交渉と近代韓国思想（東西交渉과 近代韓国思想）』成均館大学校出版部、1984年。

金容九（김용구）『世界観衝突の国際政治学――東洋礼と西洋公法（世界観衝突의 国際政治学――東洋礼와 西洋公法）』나남出版、1997年。

具汏列（구대열）『帝国主義と言論（帝国主義와 言論）』梨花女子大学校出版部、1986年。

具仙姫（구선희）『韓国近代対清政策史研究』혜안、1999年。

權赫秀（권혁수）『19世紀末韓中関係史研究』白山資料院、2000年。

權錫奉（권석봉）『清末対朝鮮政策史研究』一潮閣、1986年。

呉文煥（오문환）『東学の政治哲学――道徳、生命、権力（東学의 政治哲学――道徳、生命、権力）』図書出版모시는 사람들、2003年。

――――『人は天なり――海月の意志と思想（사람이 하늘이다――海月의 뜻과 사상）』솔出版社、1996年。

――――『海月崔時亨の政治思想（海月崔時亨의 政治思想）』図書出版모시는 사람들、2003年。

洪一植（홍일식）『韓国開化期の文学思想研究（韓国開化期의 文学思想研究）』韓国文化芸術叢書

(6)、悦話堂、1980年。
洪淳昶（홍순창）『韓末の民族思想（韓末의 民族思想）』探求堂、1975年。

崔昌圭（최창규）『近代韓国政治思想史』一潮閣、1972年。

崔鍾庫（최종고）『韓国の西洋法受容史（韓国의 西洋法受容史）』博英社、1983年。

崔文衡（최문형）『帝国主義時代の列強と韓国（帝国主義時代의 列強과 韓国）』民音社、1990年。

申福龍（신복룡）『東学思想と甲午農民戦争（東学思想과 甲午農民戦争）』平民社、1985年。

宋炳基（송병기）『近代韓中関係史研究』檀国大学校出版部、1985年。

孫炯富（손형부）『朴珪壽の開化思想研究（朴珪壽의 開化思想研究）』一潮閣、1997年。

趙一文（조일문）（訳）『朝鮮策略』建国大学校出版部、1977年。

張寅性（장인성）『近代韓国の国際観念に表れた道徳と権力（近代韓国의 国際観念에 나타난 道徳과 権力）』서울大学校出版部、2006年。

――――『場所の国際政治思想（場所의 国際政治思想）』서울大学校出版部、2002年。

趙恒來（조항래）『開港期対日関係史研究』蛍雪出版社、1972年。

鄭然渲（정연선）『韓国政治思想』崇実大学校出版部、1997年。

鄭容和（정용화）『文明の政治思想――兪吉濬と近代韓国（文明의 政治思想――兪吉濬과 近代韓国）』文学과 知性社、2004年。

田福姫（전복희）『社会進化論と国家思想（社会進化論과 国家思想）』한울아카데미、1996年。

田鳳德（전봉덕）『韓国近代法思想史』博英社、1981年。

董德模（동덕모）『朝鮮朝の国際関係（朝鮮朝의 国際関係）』博英社、1990年。

――――『韓国の開国と国際関係（韓国의 開国과 国際関係）』서울大学校出版部、1980年。

白鍾基（백종기）『近代韓日交渉史研究』正音社、1977年。

――――『韓国近代史研究』博英社、1981年。

閔泰瑗（민태원）『甲申政変と金玉均（甲申政変과 金玉均）』国際文化社、1947年。

朴鍾鴻（박종홍）『韓国思想史論攷』瑞文堂、1977年。

朴忠錫（박충석）他編『国家理念と対外認識――17～19世紀（国家理念과 対外認識――17～19世紀）』、高麗大学校亜研出版部、2002年。

李完宰（이완재）『初期開化思想研究』民族文化社、1989年。

李光麟（이광린）『開化党研究』一潮閣、1973年。

――――『開化派と開化思想研究（開化派와 開化思想研究）』一潮閣、1989年。

――――『韓国開化思想研究』一潮閣、1979年。

――――『韓国開化史研究』一潮閣、1969年。

――――『韓国史講座』（V）近代編、一潮閣、1981年。

李泰鎮（이태진）『高宗時代の再照明（高宗時代의 再照明）』太学社、2000年。

――――『日本の大韓帝国強占（日本의 大韓帝国強占）』까치、1995年。

李澤徽（이택휘）『韓国政治思想史』伝統文化研究会、1999年。

李娜美（이나미）『韓国自由主義の起源（韓国自由主義의 起源）』책세상、2001年。

李能和（이능화）『朝鮮基督教及外交史』新韓書林、1968年。

渡辺浩他共編『「文明」「開化」「平和」――韓国と日本（「文明」「開化」「平和」――韓国과 日本）』高麗大学校亜研出版部、2008年。

――――『韓国・日本・「西洋」』高麗大学校亜研出版部、2008年。


有賀貞他『講座国際政治』（1）国際政治の理論、東京大学出版会、1995年。

植手通有『日本近代思想の形成』岩波書店、1974年。

大江志乃夫他『岩波講座　近代日本と植民地』（1）植民地帝国日本、岩波書店、1992年。

奥平武彦『朝鮮開国交渉始末』刀江書院、1938年。

金井圓他訳『西欧世界と日本』(上)、筑摩書房、1966年。(George B. Sansom, *The Western World and Japan*, Cresset Press, 1966)

川田侃『帝国主義と権力政治』東京大学出版会、1971年。

姜在彦『近代朝鮮の変革思想』日本評論社、1973年。

――――『近代朝鮮の思想』未來社、1984年。

――――『朝鮮近代史研究』日本評論社、1970年。

――――『朝鮮の開化思想』岩波書店、1980年。

――――『朝鮮の攘夷と開化』平凡社、1978年。

姜東局『「属邦」の政治思想史――19世紀後半における「朝鮮地位問題」をめぐる言説の系譜』東京大学大学院法学政治学研究科博士学位審査論文、2004年3月。

金鳳珍『東アジア「開明」知識人の思惟空間――鄭観応・福沢諭吉・兪吉濬の比較研究』九州大学出版会、2004年。

金榮作『韓末ナショナリズムの研究』東京大学出版会、1975年。

古筠記念会編『金玉均伝』(上)、慶應出版社、1944年。

柴田高好『近代自然法国家理論の系譜』論創社、1986年。
J. -J. ルソー(本田喜代治他訳)『人間不平等起源論』岩波書店、1965年。
J. -J. ルソー(桑原武夫他訳)『社会契約論』岩波書店、1967年。
田畑茂二郎『国家平等観念の転換』秋田屋、1946年。

――――『国家平等思想の史的系譜』同文書院、1958年。

田保橋潔『近代日鮮関係の研究』(上・下)、朝鮮総督府中枢院、1940年。

朝鮮史編修会編『近代朝鮮史研究』朝鮮総督府、1944年。

橋川文三・松本三之介編『近代日本政治思想史』(Ⅰ)、有斐閣、1971年。

濱下武志『近代中国の国際的契機』東京大学出版会、1990年。

原田環『朝鮮の開国と近代化』溪水社、1997年。

坂野正高『近代中国政治外交史』東京大学出版会、1973年。

東アジア近代史学会編『東アジア近代史』第2号、ゆまに書房、1999年。

――――『東アジア近代史』第3号、ゆまに書房、2000年。

平石直昭『日本政治思想史』放送大学教育振興会、1997年。

福田歓一『近代政治原理成立史研究序説』岩波書店、1971年。

彭澤周『明治初期日韓清関係の研究』塙書房、1969年。

松本三之介『明治思想における伝統と近代』東京大学出版会、1996年。

三谷博・山口輝臣『19世紀日本の歴史』放送大学教育振興会、2000年。

溝口雄三他編『アジアから考える』(4) 社会と国家、東京大学出版会、1994年。

――――『アジアから考える』(5) 近代化像、東京大学出版会、1994年。

森山茂徳『近代日韓関係史研究』東京大学出版会、1987年(金世民訳『近代韓日関係史研究』玄音社、1994年)。

渡邊勝美『朝鮮開国外交史』東光堂書店、1934年。

論　文

尹大植(윤대식)「毅菴柳麟錫の斥邪とその実践過程(毅菴柳麟錫의 斥邪와 그 実践過程)」(『東洋政治思想史』第1巻2号、韓国・東洋政治思想史学会、2002年)。

尹南漢(윤남한)「韓国近代文化の儒教的基礎(韓国近代文化의 儒教的基礎)」(『韓国史学』(1)、韓国精神文化研究院史学研究室、1980年)。

禹男淑(우남숙)「朴殷植の『自強』・『独立』思想――理論的構造を中心に(朴殷植의『自強』・『独立』思想――理論的構造를 中心으로)」(『韓国政治学会報』第31輯第2号、韓国政治学会、1997

年)。

———「社会進化論と近代民族主義——朴殷植を中心に(社会進化論과 近代民族主義——朴殷植을 中心으로)」(『東洋政治思想史』第7巻2号、韓国・東洋政治思想史学会、2008年)。

———「申采浩の国家論研究——理論的構造を中心に(申采浩의 国家論研究——理論的構造를 中心으로)」(『韓国政治学会報』第32輯第4号、韓国政治学会、1998年)。

———「韓国近代史における社会進化論の受容様式——張志淵・朴殷植・申采浩を中心に(韓国近代史에 있어서 社会進化論의 受容様式——張志淵・朴殷植・申采浩를 中心으로)」(『韓国政治外交史論叢』21輯1号、韓国政治外交史学会、1999年)。

姜相圭(강상규)「高宗の対内外情勢認識と大韓帝国外交の背景(高宗의 対内外情勢認識과 大韓帝国外交의 背景)」(『東洋政治思想史』第4巻2号、韓国・東洋政治思想史学会、2005年)。

———「明成王后と大院君の政治的関係研究(明成王后와 大院君의 政治的関係研究)」(『韓国政治学会報』第40輯2号、韓国政治学会、2006年)。

金雲泰(김운태)「甲午改革に関する考察(甲午改革에 관한 考察)」(『韓国政治学会報』第13輯、韓国政治学会、1969年)。

金泳鎬(김영호)「実学と開化思想の連関問題(実学과 開化思想의 連関問題)」(『韓国史研究』第8輯、韓国史研究会、1972年)。

———「韓末西洋技術の受容(韓末西洋技術의 受容)」(『亜細亜研究』第11巻第3号、高麗大学校亜細亜問題研究所、1968年)。

金顯哲(김현철)「朴泳孝の『1888年上疏文』に表れた民権論の研究(朴泳孝의『1888年上疏文』에 나타난 民権論의 研究)」(『韓国政治学会報』第33輯4号、韓国政治学会、1999年)。

金源模(김원모)「シューフェルト・李鴻章の朝鮮開港交渉始末(1882)(슈펠트・李鴻章의 朝鮮開港交渉始末(1882))」(『国史館論叢』第44輯、国史編纂委員会、1993年)。

金度亨(김도형)「毅菴柳麟錫の政治思想研究(毅菴柳麟錫의 政治思想研究)」(『韓国史研究』第25輯、韓国史研究会、1979年)。

具範模(구범모)「開化期の政治意識状況(開化期의 政治意識状況)」(『韓国政治学会報』第3輯、韓国政治学会、1969年)。

權錫奉(권석봉)「『朝鮮策略』と清側の意図(『朝鮮策略』과 清側意図)」(『全海宗博士華甲紀念史学論叢』一潮閣、1979年)。

———「清廷における大院君と彼の還国(清廷에 있어서 大院君과 彼의 還国)」(上・下)(『東方学志』第27輯・第28輯、延世大学校国学研究院、1981年)。

呉文煥(오문환)「東学思想における自律性と公共性(東学思想에서의 自律性과 公共性)」(『韓国政治学会報』第36輯第2号、韓国政治学会、2002年)。

———「東学の国家建設思想(東学의 国家建設思想)」(『韓国政治学会報』第37輯第3号、韓国政治学会、2003年)。

洪淳昶(홍순창)「鎖国攘夷と衛正斥邪思想——丙寅洋擾と辛未洋擾の場合(鎖国攘夷와 衛正斥邪思想——丙寅洋擾와 辛未洋擾의 場合)」(『嶺南史学』第5・6合輯、嶺南大学校史学会、1976年)。

崔昌圭(최창규)「朝鮮朝儒学と韓民族の主体性——その政治思想的側面を中心に(朝鮮朝儒学과 韓民族의 主体性——그 政治思想的側面을 中心으로)」(『斯文論叢』1輯、斯文学会、1973年)。

崔鍾庫(최종고)「開化期の韓国法文化(開化期의 韓国法文化)」(『韓国学報』第24輯、一志社、1981年)。

車基璧(차기벽)「開化史研究の再吟味(開化史研究의 再吟味)」(『韓国政治学会報』第10輯、韓国政治学会、1976年)。

諸成鎬(제성호)「旧韓末万国公法の認識と受容——急進開化派人士を中心に(旧韓末万国公法의 認識과 受容——急進開化派人士를 中心으로)」(『韓国法史学論叢』博英社、1991年)。

申起鉉(신기현)「韓国の伝統思想と平等意識——朝鮮時代を中心に(韓国의 伝統思想과 平等意

識――朝鮮時代를 中心으로)」(『韓国政治学会報』第29輯第2号、韓国政治学会、1995年)。

申福龍（신복룡)「東学の政治思想（東学의 政治思想)」(『韓国政治学会報』第17輯、韓国政治学会、1983年)。

宋炳基（송병기)「辛巳斥邪運動研究」(『史学研究』第37号、韓国史学会、1983年)。

趙　珖（조 광)「韓国近代文化の実学的基礎（韓国近代文化의 実学的基礎)」(『韓国史学』(1)、韓国精神文化研究院史学研究室、1980年)。

趙恒來（조항래)「庚辰（1880年）修信使と朝鮮策略の波紋（庚辰（1880年）修信使와 朝鮮策略의 波紋)」(『韓日研究』第2輯、韓国日本問題研究会、1973年)。

趙燦來（조찬래)「独立協会の政治示威運動化過程に関する研究（独立協会의 政治示威運動化過程에 관한 研究)」(『韓国政治学会報』第24輯第2号、韓国政治学会、1990年)。

陳德奎（진덕규)「斥邪衛正論の民族主義的批判認識（斥邪衛正論의 民族主義的批判認識)」(『論叢』第31輯、梨花女子大学校韓国文化研究院、1978年)。

鄭晋錫（정진석)「漢城旬報と周報のニュース源（漢城旬報와 周報의 뉴스源)」(『新聞学報』第16輯、新聞学会、1983年)。白鍾基（백종기)「丙寅洋擾に関する史的考察（丙寅洋擾에 관한 史的考察)」(『大東文化研究』第12輯、成均館大学校大東文化研究院、1978年)。

――――「事大・交隣外交の地政学的および歴史的考察（事大・交隣外交의 地政学的 및 歴史的考察)」(『人文科学』第10輯、成均館大学校人文科学研究所、1981年)。

鄭然渲（정연선)「朝鮮朝末の民衆政治思想（朝鮮朝末의 民衆政治思想)」(『韓国政治学会報』第18輯、韓国政治学会、1984年)。

鄭容和（정용화)「儒教と人権（Ⅰ）――兪吉濬の‘人民の権利’論（儒教와 人権（Ⅰ）――兪吉濬의‘人民의 権利’論)」(『韓国政治学会報』第33輯第4号、韓国政治学会、1999年)。

――――「朝鮮における立憲民主主義の観念の受容――1880年代を中心に（朝鮮에서의 立憲民主主義의 観念의 受容――1880年代를 中心으로)」(『韓国政治学会報』第32輯第2号、1998年)。

鄭ナックン（정낙근)「開化知識人の対外観の理論的基礎（開化知識人의 対外観의 理論的基礎)」(『韓国政治学会報』第27輯第1号、韓国政治学会、1993年)。

田福姫（전복희)「19世紀末進歩的知識人の人種主義的特性――『独立新聞』と『尹致昊日記』を中心に（19世紀末進歩的知識人의 人種主義的特性――『独立新聞』과『尹致昊日記』를 中心으로)」(『韓国政治学会報』第29輯第1号、韓国政治学会、1995年)。

――――「社会進化論の19世紀末から20世紀初めまでの韓国における機能（社会進化論의 19世紀末부터 20世紀初까지 韓国에서의 機能)」(『韓国政治学会報』第27輯第1号、韓国政治学会、1993年)。

田鳳德（전봉덕)「朴泳孝とその上疏研究序説（朴泳孝와 그의 上疏研究序説)」(『東洋学』第8輯、檀国大学校東洋学研究所、1978年)。

――――「西遊見聞と兪吉濬の法律思想（西遊見聞과 兪吉濬의 法律思想)」(『学術院論文集』第15輯（人文・社会科学篇)、学術院、1976年)。

文丞益（문승익)「韓国近代政治思想の論理的性格――自主思想の構造（1876～1910)（韓国近代政治思想의 論理的性格――自主思想의 構造（1876～1910))」(「韓国政治学会報」第10輯、韓国政治学会、1976年)。

朴星來（박성래)「開化期の科学受容（開化期의 科学受容)」(『韓国史学』(1)、韓国精神文化研究院史学研究室、1980年)。

朴鍾鴻（박종홍)「西欧思想の導入批判と摂取（西欧思想의 導入批判과 摂取)」(『亜細亜研究』第12巻第3号、高麗大学校亜細亜問題研究所、1969年)。

朴忠錫（박충석)「韓日両国の国際秩序観についての比較研究（韓日両国의国際秩序観에 대한 比較研究)」(『亜細亜研究』第23巻第2号、高麗大学校亜細亜問題研究所、1980年)。

李漢基（이한기)「韓国および日本の開国と国際法（韓国 및 日本의 開国과 国際法)」(『学術院論文

集』第19輯（人文・社会科学篇）、学術院、1980年）。

李元榮（이원영）「文明史観と文明社会論——兪吉濬の『西遊見聞』を中心に（文明史観과 文明社会論——兪吉濬의『西遊見聞』을 中心으로）」（『韓国政治学会報』第30輯第4号、1996年）。

李元淳（이원순）「韓国近代文化の西欧的基礎（韓国近代文化의 西欧的基礎）」（『韓国史学』（1）、韓国精神文化研究院史学研究室、1980年）。

李元澤（이원택）「開化期近代法に関する認識と近代的司法体制の形成（開化期近代法에 관한 認識과 近代的司法体制의 形成）」（『東洋政治思想史』第6巻2号、韓国・東洋政治思想史学会、2007年）。

李光麟（이광린）「開化派の改新教観（開化派의 改新教観）」（『歴史学報』第66輯、歴史学会、1975年）。

————「旧韓末進化論の受容とその影響（旧韓末進化論의 受容과 그 影響）」（『世林韓国学論叢』第1輯、世林奨学会、1977年）。

————「韓国における万国公法の受容とその影響（韓国에 있어서의 万国公法의 受容과 그 影響）」（『東西研究』第1輯、西江大学校東西研究所、1982年）。

————「漢城旬報と漢城周報についての一考察（漢城旬報와 漢城周報에 대한 一考察）」（『歴史学報』第38輯、歴史学会、1968年）。

李載錫（이재석）「斥邪衛正論のイデオロギー的特性（斥邪衛正論의 이데올로기的特性）」（『東洋政治思想史』第1巻2号、韓国・東洋政治思想史学会、2002年）。

李太一（이태일）「金玉均の政治思想における現実性の限界（金玉均의 政治思想에 있어서의 現実性의 限界）」（『韓国政治学会報』第13輯、韓国政治学会、1979年）。

李澤徽（이택휘）「朝鮮末期の政治思想研究（1）（朝鮮末期의 政治思想研究（1））」（『서울教育大学論文集』第13輯、서울教育大学、1980年）。

————「重菴政治思想研究論攷」（『論文集』第10輯、서울教育大学校、1977年）。

李娜美（이나미）「19世紀末開化派の自由主義思想——『独立新聞』を中心に（19世紀末開化派의 自由主義思想——『独立新聞』을 中心으로）」（『韓国政治学会報』第35輯第3号、2001年）。

李普珩（이보형）「Shufeldt提督と1880年の朝美交渉（Shufeldt提督과 1880年의 朝美交渉）」（『歴史学報』第15輯、歴史学会、1961年）。

李玟洙（이문수）「韓末開国にはたした李鴻章の役割についての小考（韓末開国에 끼친 李鴻章의 役割에 対한 小考）」（『大丘史学』第18輯、大丘史学会、1980年）。

李佑成（이우성）「崔漢綺の家系と年表（崔漢綺의 家系와 年表）」（『柳洪烈博士華甲紀念論叢』探究堂、1971年）。

李陽子（이양자）「清の対朝鮮政策と袁世凱（清의 対朝鮮政策과 袁世凱）」（『釜山史学』第5輯、釜山大学校史学科、1981年）。

李離和（이이화）「斥邪衛正論の批判的検討——華西李恒老の所論を中心に（斥邪衛正論의 批判的検討——華西李恒老의 所論을 中心으로）」（『韓国史研究』（18）、韓国史研究会、1977年）。

柳初夏（유초하）「李恒老の理気論（李恒老의 理気論）」（『韓国思想』第18輯、韓国思想研究会、1981年）。


井上厚史「近代日本における李退溪研究の系譜学——阿部吉雄・高橋進の学説の検討を中心に」（『総合政策論叢』第18号、島根県立大学総合政策学会、2010年2月）。

植手通有「対外観の転回」（橋川文三・松本三之介編『近代日本政治思想史』（I）、有斐閣、1971年）。

廉玲子「甲申政変の評価をめぐって——研究諸説紹介」（『季刊三千里』40号、三千里社、1984年11月）。

姜在彦「近代朝鮮における自由民権思想の形成」（『思想』570号、岩波書店、1970年12月）。

金鳳珍「兪吉濬の国際秩序観——朝貢体系と国家平等秩序の間」（『東洋文化研究所紀要』第137冊、東京大学東洋文化研究所、1999年）。

―――――「兪吉濬の国際秩序観」（『北九州大学外国語学部紀要』第83号、北九州大学、1995年）。

―――――「兪吉濬の近代国家観」（『東洋文化研究所紀要』第136冊、東京大学東洋文化研究所、1998年）。

月脚達彦「朝鮮開化思想の構造」（『朝鮮学報』第159輯、1996年）。

松本三之介「近代日本における社会進化思想」（1・2・3）（『駿河台法学』第7巻第1号、第11巻第2号、第16巻第1号、1993、1998、2002年）。

丸山眞男「開国」（『講座現代倫理』第11巻 転換期の倫理思想（日本）、筑摩書房、1965年）。

茂木敏夫「中華世界の『近代』的変容」（溝口雄三他編『アジアから考える』（2）地域システム、東京大学出版会、1993年）。

山本隆基「金允植の初期政治思想（1）」（『福岡大学法学論叢』第55巻第2号、2010年9月）。

―――――「金允植の初期政治思想（2）」（『福岡大学法学論叢』第59巻第2号、2014年9月）。

Hall, John W., Changing Conceptions of the Modernization of Japan, Marius B. Jansen ed., *Changing Japanese Attitude Toward Modernization*, Princeton University Press, 1965.

KOREA FOUNDATION
한국국제교류재단
The Korea Foundation has provided financial assistance for the undertaking of this publication project.

韓国政治思想史

2016年9月30日　初版第1刷発行

著　者　朴 忠錫
監修者　飯田泰三
訳　者　井上厚史・石田 徹
発行所　一般財団法人　法政大学出版局
〒102-0071東京都千代田区富士見2-17-1
電話03(5214)5540　振替00160-6-95814
組版：HUP　印刷：日経印刷　製本：誠製本

Printed in Japan
ISBN978-4-588-62532-9

著　者

朴 忠錫（ぱく・ちゅんそく）
1936年生。延世大学校政治外交学科卒業。東京大学大学院法学政治学研究科にて丸山眞男に師事、博士学位取得。梨花女子大学校名誉教授。韓国政治思想史、東洋政治思想専攻。共編著に『韓国思想大系』Ⅲ（成均館大学大東文化研究院、2005年）、『国家理念と対外認識』（慶應義塾大学出版会、2001年／韓国語版、亜研出版部、2002年）、『韓国・日本・「西洋」』（同、2005年／同、2008年）、『「文明」「開化」「平和」』（同、2006年／同、2008年）、共訳書に丸山眞男『충성과　반역（忠誠と反逆）』（나남出版、1998年）ほか。2014年、大韓民国学術院賞受賞。

監修者

飯田泰三（いいだ・たいぞう）
1943年生。東京大学大学院法学政治学研究科博士課程修了。博士論文は「大正知識人の成立と政治思想」。法政大学名誉教授、島根県立大学名誉教授。日本政治思想史専攻。著書に『批判精神の航跡』（筑摩書房、1997年）、『戦後精神の光芒』（みすず書房、2006年）、共編書に『長谷川如是閑集』（岩波書店、1989–90年）、『吉野作造選集』（同、1995–97年）、『丸山眞男集』（同、1995–97年）、『福澤諭吉書簡集』（同、2001–03年）、『藤田省三著作集』（みすず書房、1997–98年）、『丸山眞男講義録』（東京大学出版会、1998–2000年）ほか。

訳　者

井上厚史（いのうえ・あつし）
1958年生。大阪大学大学院文学研究科博士後期課程単位取得満期退学。現在、島根県立大学総合政策学部教授。日本思想史、韓国思想史、日韓関係史専攻。共著に『高橋亨與韓國儒學研究』（台湾大学出版中心、2015年）、『한일 상호인식과 선린의 길（韓日相互認識と善隣の道）』（景仁文化社、2016年）ほか。

石田 徹（いしだ・とおる）
1973年生。早稲田大学大学院政治学研究科博士後期課程満期退学。現在、島根県立大学総合政策学部准教授。日朝関係史、日本政治史専攻。著書に『近代移行期の日朝関係』（溪水社、2013年）ほか、共訳書に金日宇・文素然『韓国・済州島と遊牧騎馬文化』（明石書店、2015年）。